팔리율 Ⅳ
PALI VINAYA Ⅳ

팔리율 Ⅳ
PALI VINAYA Ⅳ

釋 普雲 國譯

혜안

역자의 말
보운

　율장의 번역을 시작하고서 10년을 넘긴 세월을 보내면서 또 하나의 전생에 지었던 악업의 고통의 강을 건너왔고 번민을 잠시라도 잊을 수 있었던 것도 불·보살님들께서 항상 보살펴주셨던 커다란 공덕이었으리라. 한 사문으로써 지내오면서 수행하던 세월에서 여러 장애와 환란도 존재하였을지라도 사문의 행원이라는 경계에서는 악업보다는 선업(善業)이 조금이라도 많았다고 말할 수 있는 시간이었다.
　10년이 넘는 시간을 되돌아보니 어제와 같이 느껴지는 것은 세상사의 다양한 모습들에 대하여 많은 관심을 가질 수 없었던 현실이 작용했으리라. 올해는 창문 너머로 바라보는 산들의 모습이 예년보다는 다양하게 변화되는 모습을 지켜보면서 주위의 환경도 많이 변하고 있다고 새삼스럽게 느껴진다. 이러한 감정들도 지나왔던 세월의 흔적을 가슴에 담아가고 있는 삶의 한 부분이리라.
　역경을 시작하면서 발원하였던 때와 비교한다면 시간과 역경의 분량도 많은 변화가 있었으나, 이제는 율장의 역경을 마무리해야 하는 시간이 점차 다가오는 듯하다. 많은 생에 지었던 악업을 참회하면서 한 걸음을 나아간 정명(正命)을 받들고자 노력하였던 시간을 통하여 더욱 넓고 높은 수행의 다양성을 경험하였고, 미래를 준비할 수 있는 지식을 쌓을 수 있는 시간이었다.
　사문의 삶의 기준은 무엇인가를 되새기면서 대한불교조계종 비구의 한 사람으로 살아왔던 수행의 시간은 여러 관점으로 살펴보아도 많은 은혜와 이익을 받았던 시간이었다. 어느 시대이거나, 어느 환경에서도 스스로에게 가장 합리적이고 안락한 삶은 보장되지 않으리라.

오늘 아침에 바라보는 햇볕은 어제보다도 아름답게 보이는 것은 부처님의 가호(加護)가 나에게 충만한 까닭이리라. 내일도 부처님의 가호가 가득한 햇볕을 맞이할 수 있으리라. 출라박가를 끝으로 율장의 바라제목차와 건도는 번역의 과정을 마쳤다. 나의 작은 번역의 행이 여러 스님들께 도움이 되었으면 하는 바람이다.

지금까지의 율장의 바라제목차와 건도에 대한 번역 불사가 원만하게 회향할 수 있도록 동참하신 대중들은 현세에서 여러 이익을 얻으시고, 세간의 삼재팔난의 장애를 벗어나시며, 지금의 생(生)의 인연을 마치신 영가들께서는 극락정토에 왕생하시기를 발원드린다.

또한 지금까지 후원과 격려를 보내주신 은사이신 세영 스님과 죽림불교문화연구원의 사부대중들께 감사드리고, 이 불사에 동참하신 분들께 불보살들의 가호(加護)가 항상 가득하기를 발원드리면서 감사의 글을 마친다.

불기 2567년(2023) 9월에
서봉산 자락의 죽림불교문화연구원에서
사문 보운이 삼가 적다.

출판에 도움을 주신 분들

경 국丘	견 명丘	두 념丘	등 현丘	혜 곡丘	설 안尼	지 정尼
이수진	이현수	이수영	황미옥	홍완표	이수빈	손영덕
오해정	손영상	이지은	손민하	이계철	유혜순	김양순
김혜진	고재형	고현주	김아인	채두석	황명옥	채수학
정송이	정영우	고연서	정지민	정윤민	홍기표	남장규
남이슬	남종구	하정효	허완봉	이명자	허윤정	김진섭
심성준	조윤주	심은기	강석호	박혜경	강현구	홍태의
권태임	허 민	허 승	함용재	김미경	김봉수	이유진
김성도	김도연	정송순	최재연	하연지	하연주	김태현
김태욱	국윤부	전금란	최새암	한묵욱		
손선군靈駕	우효순靈駕	김길환靈駕	손성호靈駕	이민두靈駕	여 씨靈駕	이학헌靈駕
오입분靈駕	이순범靈駕	김옥경靈駕	강성규靈駕	최재희靈駕	고예림靈駕	이기임靈駕
고장환靈駕	김두식靈駕	김차의靈駕	김창원靈駕	주영남靈駕	김경희靈駕	오오순靈駕
정 씨靈駕	박맹권靈駕	정남구靈駕	안병열靈駕	윤 씨靈駕	박 씨靈駕	윤 씨靈駕
박 씨靈駕	박광자靈駕	박순애靈駕	조인순靈駕	박충한靈駕	노성미靈駕	임응준靈駕
곽정준靈駕	이연숙靈駕	유순이靈駕	김승화靈駕	이경찬靈駕	이경섭靈駕	남무호靈駕
남장순靈駕	김경호靈駕	권만출靈駕	권만일靈駕			

차 례

역자의 말 4
출판에 도움을 주신 분들 6
일러두기 16

건도 소품(Cullavagga 犍度小品)

건도 제11권 제1장 갈마건도(羯磨犍度) 19

1. 제1송출품(誦出品) 19
   1) 가책갈마(呵責羯磨)의 연기(緣起) 19
   2) 비법갈마의 열두 종류 23
   3) 여법갈마의 열두 종류 26
   4) 원하였던 여섯 종류 28
   5) 열여덟 종류의 의무 29
   6) 해제할 수 없는 열여덟 종류 30
   7) 해제할 수 있는 열여덟 종류 31
   8) 갈마의 해제(解制) 32

2. 제2송출품 34
   9) 의지갈마(依止羯磨)의 연기 34
   10) 비법갈마의 열두 종류 37
   11) 여법갈마의 열두 종류 39
   12) 원하였던 여섯 종류 42
   13) 열여덟 종류의 책무(責務) 43
   14) 해제할 수 없는 열여덟 종류 44

15) 해제할 수 있는 열여덟 종류 45
16) 갈마의 해제 46

3. 제3송출품 48
   17) 구출갈마(驅出羯磨)의 연기 48
   18) 비법갈마의 열두 종류 56
   19) 여법갈마의 열두 종류 58
   20) 원하였던 얼네 종류 61
   21) 열여덟 종류의 의무 64
   22) 해제할 수 없는 열여덟 종류 65
   23) 해제할 수 있는 열여덟 종류 67
   24) 갈마의 해제 68

4. 제4송출품 69
   25) 하의갈마(下意羯磨)의 연기 69
   26) 비법갈마의 열두 종류 75
   27) 여법갈마의 열두 종류 77
   28) 원하였던 스무 종류 80
   29) 열여덟 종류의 의무 81
   30) 참회와 승가의 반려자(伴侶者) 82
   31) 해제할 수 없는 열여덟 종류 84
   32) 해제할 수 있는 열여덟 종류 85
   33) 갈마의 해제 86

5. 제5송출품 87
   34) 의불견죄(依不見罪) 거죄갈마(擧罪羯磨)의 연기 87
   35) 비법갈마의 열두 종류 90
   36) 여법갈마의 열두 종류 93
   37) 원하였던 여섯 종류 96
   38) 마흔세 종류의 의무 97
   39) 해제할 수 없는 마흔세 종류 98
   40) 해제할 수 있는 마흔세 종류 101
   41) 갈마의 해제 104

6. 제6송출품 106
   42) 의불참회(依不懺悔) 거죄갈마의 연기 106
   43) 비법갈마의 열두 종류 108
   44) 여법갈마의 열두 종류 111
   45) 원하였던 여섯 종류 114

46) 마흔세 종류의 의무 115
47) 해제할 수 없는 마흔세 종류 117
48) 해제할 수 있는 마흔세 종류 120
49) 갈마의 해제 122

7. **제7송출품** 124

50) 의불사악견(衣不捨惡見) 거죄갈마의 연기 124
51) 비법갈마의 열두 종류 129
52) 여법갈마의 열두 종류 133
53) 원하였던 여섯 종류 136
54) 열여덟 종류의 의무 137
55) 해제할 수 없는 열여덟 종류 138
56) 해제할 수 있는 열여덟 종류 140
57) 갈마의 해제 141

건도 제12권 제2장 별주건도(別住犍度) 149

1. **제1송출품** 149

1) 별주를 받은 자의 아흔네 가지의 의무 149
2) 날짜를 제외하는 세 종류 154
3) 별주의 행법(行法) 154
4) 본일치를 받은 자의 의무 155
5) 마땅히 마나타를 받을 자의 의무 160
6) 마나타를 받은 자의 의무 165
7) 날짜를 제외하는 세 종류 170
8) 마나타의 행법 170
9) 마땅히 출죄를 받을 자의 의무 171

건도 제13권 제3장 집건도(集犍度) 179

1. **제1송출품** 179

1) 불부장죄(不覆藏罪)의 갈마 179
2) 불부장죄의 출죄(出罪) 182
3) 부장일일죄(覆藏一日一罪)의 별주 185
4) 부장일일죄의 갈마 187
5) 부장일일죄의 출죄 190
6) 부장이일죄(覆藏二日一罪)의 별주 193
7) 부장삼일죄(覆藏三日一罪)의 별주 196

8) 부장사일일죄(覆藏四日一罪)의 별주 198
9) 부장오일일죄(覆藏五日一罪)의 별주 201
10) 부장죄의 본일치갈마 203
11) 두 번째 부장죄의 본일치갈마 206
12) 세 번째의 부장죄 210
13) 마나타 중간의 불부장죄 214
14) 마나타 기간의 불부장죄 219
15) 마나타 기간이 불부장죄이 출죄 225
16) 보름의 부장일죄(覆藏一罪) 230
17) 별주 기간의 부장오일죄의 본일치 233
18) 마나타 기간의 부장오일죄의 본일치 236
19) 세 종류의 부장죄 240
20) 마나타 기간의 부장오일죄 245
21) 출죄 기간의 부장오일죄 250
22) 부장십오일죄의 출죄 255
23) 제죄(諸罪) 부장십일죄(覆藏十日罪) 261
24) 제죄(諸罪) 부장최구죄(覆藏最久罪) ① 265
25) 제죄 부장최구죄 ② 270
26) 제죄 부장이월죄(覆藏二月罪) ① 276
27) 제죄 부장일월죄(覆藏一月罪) ① 281
28) 제죄 부장일월죄(覆藏一月罪) ② 286
29) 청정변별주(淸淨邊別住) 292
30) 40종류의 별주 295
31) 36종류의 별주 299
32) 100종류의 마나타 ① 301
33) 100종류의 마나타 ② 307
34) 별주의 네 종류 ① 308
35) 별주의 네 종류 ② 313
36) 별주의 여덟 종류 317
37) 두 비구의 열한 종류 319
38) 청정하지 않은 아홉 종류 321
39) 청정한 아홉 종류 324

건도 제14권 제4장 멸쟁건도(滅諍犍度) 339

1. 제1송출품 339

   1) 현전비니(現前毘尼) 339
   2) 비법인 현전비니의 아홉 종류 340
   3) 여법한 현전비니의 아홉 종류 343

4) 억념비니(憶念毘尼)　345
5) 불치비니(不癡毘尼)　355
6) 불치비니의 종류　360
7) 자언비니(自言毘尼) ①　361
8) 자언비니(自言毘尼) ②　362
9) 다멱비니(多覓毘尼) ①　366
10) 다멱비니 ②　367
11) 멱죄상비니(覓罪相毘尼) ①　368
12) 멱죄상비니 ②　370
13) 여초비니(如草毘尼) ①　377
14) 네 종류의 쟁사　380

건도 제15권 제5장 소사건도(小事犍度)　416

1. 제1송출품　416

1) 사소한 일　416
2) 몸의 장엄(莊嚴)　421
3) 노래　426
4) 가죽옷　427
5) 암바라과(菴婆羅果)　428
6) 자호주(自護咒)　430
7) 생지(生支)의 절단　431
8) 전단(栴檀) 발우　432
9) 발우　435
10) 박 그릇(瓠壺)　441

2. 제2송출품　444

11) 옷　444
12) 주머니　451
13) 녹수낭(濾水囊)　452
14) 경행(經行)과 욕실(浴室)　454
15) 나형(裸形)　460
16) 욕실　460
17) 목욕　464
18) 육군비구(六群比丘)　465
19) 모직물(氈布)　466
20) 복발갈마(覆鉢羯磨)　468
21) 모직물(毛織物)　473

3. 제3송출품 477

   22) 비사거녹자모(毘舍佉鹿子母) 477
   23) 모기채(蚊拂) 478
   24) 지팡이와 발랑 481
   25) 되새김을 하는 자 485
   26) 떨어트린 음식 485
   27) 손톱과 머리카락 486
   28) 구리 불건 490
   29) 허리띠(腰帶) 491
   30) 멜대(天秤棒) 496
   31) 치목(齒木) 496
   32) 초목(草木) 498
   33) 외도(外道)의 학문 499
   34) 마늘(蒜) 502
   35) 대·소변(大小便) 503
   36) 비행(非行) 508
   37) 구리 물건 510

건도 제16권 제6장 와좌구건도(臥坐具犍度) 517

1. 제1송출품 517

   1) 정사(精舍) 조성(造成)의 연기(緣起) 517
   2) 정사의 조성 520
   3) 벽체와 평상 528

2. 제2송출품 538

   4) 급고독장자(給孤獨長子) 538
   5) 정사의 수리(修理) 546
   6) 첫째의 자리와 물과 음식 548
   7) 천막과 부구와 공터 554
   8) 높은 평상과 큰 평상 556
   9) 기수급고독원(祇樹給孤獨園) 557
   10) 승차식(僧次食)의 자리 559
   11) 방사와 분배자 561

3. 제3송출품 565

   12) 두 주처의 와구와 좌구 565
   13) 우바리(優波離)의 교계(教戒) 566

14) 전각(殿閣) 568
15) 버릴 수 없는 물건 569
16) 나눌 수 없는 물건 572
17) 정사의 수리(修理) 574
18) 와구와 자구의 이동(移動) 579
19) 와구와 자구의 교환(交換) 579
20) 와구와 자구의 청결 580
21) 분배자 582

건도 제17권 제7장 파승사건도(破僧事犍度) 599

1. 제1송출품 599
    1) 석씨(釋氏) 여섯 명의 출가 599
    2) 제바달다와 아사세(阿闍世) 607

2. 제2송출품 614
    3) 제바달다의 음모(陰謀) 614

3. 제3송출품 636
    4) 제바달다와 파승사 636
    5) 우바리의 질문 647

건도 제18권 제8장 위의법건도(威儀法犍度) 656

1. 제1송출품 656
    1) 객비구의 위의법(威儀法) 656
    2) 구주비구의 위의법 660
    3) 원행비구(遠行比丘)의 위의법 662
    4) 식당(食堂)의 위의법 664

2. 제2송출품 669
    5) 걸식비구(乞食比丘)의 위의법 669
    6) 아란야 비구의 위의법 672
    7) 와구와 좌구의 위의법 675
    8) 욕실(浴室)의 위의법 678
    9) 측간의 위의법 ① 680
    10) 측간의 위의법 ② 681
    11) 제자의 화상 시봉의 위의법 683

12) 화상의 제자에 대한 책무 위의법 690

3. 제3송출품 696
13) 제자의 아사리 시봉의 위의법 696
14) 아사리의 제자에 대한 책무의 위의법 703

건도 제19권 제9장 차설계건도(遮說戒犍度) 722

1. 제1송출품 722
1) 설계(說戒) 중지(中止)의 연기 722
2) 설계의 중지(中止) 732
3) 육군비구 732

2. 제2송출품 743
4) 우바리의 질문 ① 743
5) 우바리의 질문 ② 745

건도 제20권 제10장 비구니건도(比丘尼犍度) 754

1. 제1송출품 754
1) 비구니 팔경법(八敬法) 754
2) 석가녀들의 출가 761
3) 비구니에 대한 예배 762
4) 비구니의 학처(學處) 763
5) 구담미의 청원(請願) 764
6) 바라제목차의 송출 765
7) 멸쟁(滅諍)의 소멸 768
8) 연화색(蓮華色) 비구니 769

2. 제2송출품 770
9) 비구와 비구니 770
10) 몸의 장엄(莊嚴) 778
11) 자구(資具) 781
12) 말라녀(摩羅女) 782
13) 발우 783
14) 남근(男根) 785
15) 음식 785
16) 와구와 좌구 787

3. 제3송출품 789
   17) 수계(受戒)의 장애법(障礙法) 789
   18) 좌차(座次) 796
   19) 자자(自恣) 797
   20) 포살과 자자의 방해 799
   21) 수레 801
   22) 사자(使者)의 수구족계(受具足戒) 802
   23) 아란야(阿蘭若) 804
   24) 저장실 805
   25) 반려(伴侶) 비구니 806
   26) 환속(還俗)한 비구니 808
   27) 사소한 일 808

건도 제21권 제11장 오백결집건도(五百結集犍度) 818
1. 제1송출품 818
   1) 결집(結集)의 연기 818
   2) 소소(小小)한 계율의 논의 825
   3) 천타(闡陀)의 범단(梵壇) 829

건도 제22권 제12장 칠백결집건도(七百結集犍度) 836
1. 제1송출품 836
   1) 결집의 연기 836

2. 제2송출품 850
   2) 쟁사의 판결 850

일러두기

1 이 책의 저본(底本)은 팔리성전협회(The Pali Text Society, 약칭 PTS)의 『팔리율』이다.
2 번역은 한역 남전대장경과 PTS의 영문본에서 서술한 형식을 참고하여 번역하였고, 미얀마와 스리랑카의 팔리율도 참고하여 번역하였다.
3 PTS본의 팔리율의 구성은 건도는 전반부에, 바라제목차는 중간에, 부수는 후반부에 결집되고 있으나, 한역 율장의 번역형식과 같이 바라제목차, 건도, 부수의 순서로 구성하여 번역한다.
4 원문에는 없으나 독자의 이해를 위해 번역자의 주석이 필요한 경우 본문에서 ( ) 안에 삽입하여 번역하였다.
5 인명이나 지명은 사분율을 기본으로 설정하였고, 한역 남전대장경에 번역된 용어를 사용하였으며, 팔리어는 주석으로 처리하였다.
6 원문에서 사용한 용어 중에 현재는 뜻이 통하지 않는 용어는 원문의 뜻을 최대한 살려 번역하였으나 현저하게 의미가 달라진 용어의 경우 현재에 통용하는 용어로 바꾸어 번역하였다

건도 소품
(Cullavagga 犍度小品)

건도 제11권

그 분이신 여래(如來), 응공(應供),
정등각(正等覺)께 귀명(歸命)하옵니다.

제1장 갈마건도(羯磨犍度)

1. 제1송출품(誦出品)

1) 가책갈마(呵責羯磨)[1]의 연기(緣起)

1-1 그때 불·세존(佛世尊)께서는 사위성(舍衛城)[2]의 기수급고독원(祇樹給孤獨園)[3]에 머무르셨다.

이때 반나(盤那)[4]와 노혜(盧醯)[5]의 도중(徒衆)들은 스스로가 승가의

---

1) 팔리어 tajjanīyakamma(타짜니야캄마)의 번역이다.
2) 팔리어 Sāvatthi(사바띠)의 번역이다.
3) 팔리어 Jetavane anāthapiṇḍika(제타바네 아나타핀디카)의 번역이다.
4) 팔리어 Paṇḍuka(판두카)의 음사이다.
5) 팔리어 Lohitakā(로히타카)의 음사이다.

가운데에서 쟁송(訴訟), 투쟁(鬪諍), 논쟁(論諍), 분쟁(紛爭) 등을 일으켰고, 그들은 다른 승가의 가운데에 이르렀으며, 여러 비구들의 처소에서 쟁송, 투쟁, 논쟁, 역시 분쟁 등을 일으키고자 하면서 이와 같이 말하였다.

"여러 장로들이여. 그대들은 그들에게 패배하지 마십시오. 큰 소리로 그들과 투쟁하고 그대들이 그들과 비교하여 현명하고 능력이 있으며 총명하고 다문이라는 뜻이 있다면 그들을 두려워하지 마십시오. 우리들도 역시 그대들을 위하여 붕당(朋黨)을 짓겠습니다."

이와 같아서 생겨나지 않았던 쟁송을 생겨나게 하였고, 이미 생겨났던 쟁송을 더욱 크게 증장(增長)시켰다.

1-2 여러 비구들의 가운데에서 욕심이 적은 자들은 싫어하고 비난하였다.

"무슨 까닭으로써 반나와 노혜의 도중들은 스스로가 승가의 가운데에서 쟁송, 투쟁, 논쟁, 분쟁 등을 일으켰고, …… 여러 비구들의 처소에서 쟁송, 투쟁, 논쟁, 분쟁시키려고 하였으며, '여러 장로들이여. 그대들은 그들에게 패배하지 마십시오. 큰 소리로 그들과 투쟁하였고, …… 우리들도 역시 그대들을 위하여 붕당을 짓겠습니다.'라고 이와 같이 말하는가?"

이때 그 여러 비구들은 이 일로써 세존께 아뢰었다. 이때 세존께서는 이 인연으로써 비구 승가를 모으셨으며, 여러 비구들에게 물어 말씀하셨다.

"여러 비구들이여. 반나와 노혜의 도중들이 진실로 스스로가 승가의 가운데에서 쟁송, 투쟁, 논쟁, 분쟁 등을 일으켰고, …… 여러 비구들의 처소에서 쟁송, 투쟁, 논쟁, 분쟁시키려고 하였으며, '여러 장로들이여. 그대들은 그들에게 패배하지 마십시오. 큰 소리로 그들과 투쟁하였고, …… 우리들도 역시 그대들을 위하여 붕당을 짓겠습니다.'라고 이와 같이 말하였는가?"

"세존이시여. 진실로 그렇습니다."

세존께서는 꾸짖으셨다.

"여러 비구들이여. 이 어리석은 사람들은 행할 것이 아니고, 수순하는 행이 아니며, 상응하는 법이 아니고, 위의가 아니며, 사문의 행이 아니고,

청정한 행이 아니며, 마땅히 지을 것이 아니니라. 여러 비구들이여. 이 어리석은 사람들은 어찌하여 스스로가 승가의 가운데에서 쟁송, 투쟁, 논쟁, 분쟁 등을 일으켰고, …… 여러 비구들의 처소에서 쟁송, 투쟁, 논쟁, 분쟁시키려고 하였고, '여러 장로들이여. 그대들은 그들에게 패배하지 마십시오. 큰 소리로 그들과 투쟁하였고, …… 우리들도 역시 그대들을 위하여 붕당을 짓겠습니다.'라고 이와 같이 말하였는가? 여러 비구들이여. 이것은 오히려 믿지 않는 자에게 신심이 생겨나지 않게 하고, 이미 믿었던 자는 증장시키지 않느니라. …… 이미 믿었던 자는 일부가 전전하여 다른 곳을 향하여 떠나가게 하느니라."

1-3 세존께서는 여러 종류의 방편으로써 그 비구들을 꾸짖으셨고, 만족하기 어렵고 부양하기 어려우며 욕심이 많아서 만족을 모르며 가르치고 양육함이 어려우며, 욕심이 많아서 만족함을 알지 못하고, 대중을 모으셨으며 해태(懈怠)하였던 일에 상응(相應)하여 교계(教誡)하셨고, 여러 종류의 방편으로써 만족하기 쉽고 부양하기 쉬우며 욕심이 적어서 만족을 알며 여러 악업을 점차 없애고 두타(頭陀)를 행하며 정정한 믿음으로 여러 장애를 감소시키고 정진하는 일을 찬탄하셨다.

　여러 비구들을 위하여 적절한 법을 수순하여 설하셨으며, 뒤에 여러 비구들에게 알려 말씀하셨다.

　"여러 비구들이여. 그와 같다면 승가는 마땅히 반나와 노혜의 도중인 비구들에게 가책갈마(呵責羯磨)를 행해야 하느니라."

1-4 여러 비구들이여. 이 갈마를 행하면서 마땅히 이와 같이 그것을 행해야 한다. 마땅히 먼저 반나와 노혜의 도중들을 꾸짖어야 하고 꾸짖은 뒤에 마땅히 억념시켜야 하며 억념시키고서 뒤에 마땅히 스스로가 죄를 아뢰게 하고 스스로가 죄를 아뢰게 한 뒤에 마땅히 한 총명하고 현명하며 능력있는 비구가 승가의 가운데에서 창언(唱言)하여 말해야 한다.

　"'대덕 승가께서는 허락하십시오. 이 반나와 노혜의 도중인 비구들이 진실로 스스로가 승가의 가운데에서 쟁송, 투쟁, 논쟁, 분쟁 등을 하였고, …… 여러 비구들의 처소에서 쟁송, 투쟁, 논쟁, 역시 분쟁시키려고 하였으며, 〈여러 장로들이여. 그대들은 그들에게 패배하지 마십시오. 큰 소리로 그들과 투쟁하고 …… 우리들도 역시 그대들을 위하여 붕당을 짓겠습니다.〉라고 이와 같이 말하였습니다. 만약 승가께서 때에 이르렀다면 승가는 마땅히 반나와 노혜의 도중인 비구들에게 가책갈마를 행하겠습니다. 이와 같이 아룁니다.'

'대덕 승가께서는 허락하십시오. 이 반나와 노혜의 도중인 비구들이 진실로 스스로가 승가의 가운데에서 쟁송, 투쟁, 논쟁, 분쟁 등을 하였고, …… 여러 비구들의 처소에서 쟁송, 투쟁, 논쟁, 분쟁시키려고 하였으며, 〈여러 장로들이여. 그대들은 그들에게 패배하지 마십시오. 큰 소리로 그들과 투쟁하고 …… 우리들도 역시 그대들을 위하여 붕당을 짓겠습니다.〉라고 이와 같이 말하였으므로, 승가는 반나와 노혜의 도중인 비구들에게 가책갈마를 행하겠습니다. 여러 대덕들께서 반나와 노혜의 도중인 비구들에게 가책갈마를 행하는 것을 인정하신다면 묵연하시고, 인정하지 않으신다면 말씀하십시오.'

저는 두 번째로 이 일을 아룁니다.

'대덕 승가께서는 허락하십시오. 이 반나와 노혜의 도중인 비구들이 진실로 스스로가 승가의 가운데에서 쟁송, 투쟁, 논쟁, 분쟁 등을 하였고, …… 여러 비구들의 처소에서 쟁송, 투쟁, 논쟁, 분쟁시키려고 하였으며, 〈여러 장로들이여. 그대들은 그들에게 패배하지 마십시오. 큰 소리로 그들과 투쟁하고 …… 우리들도 역시 그대들을 위하여 붕당을 짓겠습니다.〉라고 이와 같이 말하였으므로, 승가는 반나와 노혜의 도중인 비구들에게 가책갈마를 행하겠습니다. 여러 대덕들께서 반나와 노혜의 도중인 비구들에게 가책갈마를 행하는 것을 인정하신다면 묵연하시고, 인정하지 않으신다면 말씀하십시오.'

저는 세 번째로 이 일을 아룁니다.

'대덕 승가께서는 허락하십시오. 이 반나와 노혜의 도중인 비구들이 진실로 스스로가 승가의 가운데에서 쟁송, 투쟁, 논쟁, 분쟁 등을 하였고, …… 여러 비구들의 처소에서 쟁송, 투쟁, 논쟁, 분쟁시키려고 하였으며, 〈여러 장로들이여. 그대들은 그들에게 패배하지 마십시오. 큰 소리로 그들과 투쟁하고 …… 우리들도 역시 그대들을 위하여 붕당을 짓겠습니다.〉라고 이와 같이 말하였으므로, 승가는 반나와 노혜의 도중인 비구들에게 가책갈마를 행하겠습니다. 여러 대덕들께서 반나와 노혜의 도중인 비구들에게 가책갈마를 행하는 것을 인정하신다면 묵연하시고, 인정하지 않으신다면 말씀하십시오.'

'승가시여. 반나와 노혜의 도중인 비구들에게 가책갈마를 행하는 것을 마쳤습니다. 여러 대덕들께서 인정하신 것은 묵연하였던 까닭입니다. 나는 이와 같이 알고 이해하겠습니다.'"

[가책갈마의 연기를 마친다.]

2) 비법갈마의 열두 종류

2-1 "여러 비구들이여. 세 요소(要素)를 갖추었던 가책갈마라면, 곧 비법의 갈마이고 율의 갈마가 아니며 갈마가 성취되지 않느니라. 이를테면, 꾸짖을 사람이 현전(現前)하지 않았는데 행하였거나, 힐문(詰問)하지 않을 사람에게 행하였거나, 꾸짖을 사람에게 스스로가 말하게 시키지 않고서 행하는 것이다. 여러 비구들이여. 이와 같은 세 요소를 갖추었던 가책갈마라면, 곧 비법의 갈마이고 율의 갈마가 아니며 갈마가 성취되지 않느니라.

여러 비구들이여. 또한 세 요소를 갖추었던 가책갈마라면, 곧 비법의 갈마이고 율의 갈마가 아니며 갈마가 성취되지 않느니라. 이를테면, 무죄인 사람에게 행하였거나, 마땅히 죄를 참회하지 않은 사람에게 행하였거나, 이미 죄를 참회하였는데 행하는 것이다. 여러 비구들이여. 이와 같은 세 요소를 갖추었던 가책갈마라면, 곧 비법의 갈마이고 율의 갈마가

아니며 갈마가 성취되지 않느니라.

　여러 비구들이여. 또한 세 요소를 갖추었던 가책갈마라면, 곧 비법의 갈마이고 율의 갈마가 아니며 갈마가 성취되지 않느니라. 이를테면, 비난받을 행이 아니었는데 행하였거나, 억념시키지 않고서 행하였거나, 스스로가 죄를 아뢰게 시키지 않고서 행하는 것이다. 여러 비구들이여. 이와 같은 세 요소를 갖추었던 가책갈마라면, 곧 비법의 갈마이고 율의 갈마가 아니며 갈마가 성취되지 않느니라.

　여러 비구들이여. 세 요소를 갖추었던 가책갈마라면, 곧 비법의 갈마이고 율의 갈마가 아니며 갈마가 성취되지 않느니라. 이를테면, 꾸짖을 사람이 현전하지 않았는데 행하였거나, 비법으로 행하였거나, 별중(別衆)에서 행하는 것이다. 여러 비구들이여. 이와 같은 세 요소를 갖추었던 가책갈마라면, 곧 비법의 갈마이고 율의 갈마가 아니며 갈마가 성취되지 않느니라.

　여러 비구들이여. 세 요소를 갖추었던 가책갈마라면, 곧 비법의 갈마이고 율의 갈마가 아니며 갈마가 성취되지 않느니라. 이를테면, 힐문하지 않을 사람에게 행하였거나, 비법으로 행하였거나, 별중에서 행하는 것이다. 여러 비구들이여. 이와 같은 세 요소를 갖추었던 가책갈마라면, 곧 비법의 갈마이고 율의 갈마가 아니며 갈마가 성취되지 않느니라.

　여러 비구들이여. 세 요소를 갖추었던 가책갈마라면, 곧 비법의 갈마이고 율의 갈마가 아니며 갈마가 성취되지 않느니라. 이를테면, 스스로가 죄를 아뢰게 시키지 않고서 행하였거나, 비법으로 행하였거나, 별중에서 행하는 것이다. 여러 비구들이여. 이와 같은 세 요소를 갖추었던 가책갈마라면, 곧 비법의 갈마이고 율의 갈마가 아니며 갈마가 성취되지 않느니라."

2-2 "여러 비구들이여. 세 요소를 갖추었던 가책갈마라면, 곧 비법의 갈마이고 율의 갈마가 아니며 갈마가 성취되지 않느니라. 이를테면, 무죄인 사람에게 행하였거나, 비법으로 행하였거나, 별중에서 행하는 것이다. 여러 비구들이여. 이와 같은 세 요소를 갖추었던 가책갈마라면,

곧 비법의 갈마이고 율의 갈마가 아니며 갈마가 성취되지 않느니라.

여러 비구들이여. 세 요소를 갖추었던 가책갈마라면, 곧 비법의 갈마이고 율의 갈마가 아니며 갈마가 성취되지 않느니라. 이를테면, 마땅히 죄를 참회하지 않은 사람에게 행하였거나, 비법으로 행하였거나, 별중에서 행하는 것이다. 여러 비구들이여. 이와 같은 세 요소를 가책갈마라면, 곧 비법의 갈마이고 율의 갈마가 아니며 갈마가 성취되지 않느니라.

여러 비구들이여. 세 요소를 갖추었던 가책갈마라면, 곧 비법의 갈마이고 율의 갈마가 아니며 갈마가 성취되지 않느니라. 이를테면, 이미 죄를 참회하였는데 행하였거나, 비법으로 행하였거나, 별중에서 행하는 것이다. 여러 비구들이여. 이와 같은 세 요소를 갖추었던 가책갈마라면, 곧 비법의 갈마이고 율의 갈마가 아니며 갈마가 성취되지 않느니라.

여러 비구들이여. 세 요소를 갖추었던 가책갈마라면, 곧 비법의 갈마이고 율의 갈마가 아니며 갈마가 성취되지 않느니라. 이를테면, 비난받을 행이 아니었는데 행하였거나, 비법으로 행하였거나, 별중에서 행하는 것이다. 여러 비구들이여. 이와 같은 세 요소를 갖추었던 가책갈마라면, 곧 비법의 갈마이고 율의 갈마가 아니며 갈마가 성취되지 않느니라.

여러 비구들이여. 세 요소를 갖추었던 가책갈마라면, 곧 비법의 갈마이고 율의 갈마가 아니며 갈마가 성취되지 않느니라. 이를테면, 억념시키지 않고서 행하였거나, 비법으로 행하였거나, 별중에서 행하는 것이다. 여러 비구들이여. 이와 같은 세 요소를 갖추었던 가책갈마라면, 곧 비법의 갈마이고 율의 갈마가 아니며 갈마가 성취되지 않느니라.

여러 비구들이여. 세 요소를 갖추었던 가책갈마라면, 곧 비법의 갈마이고 율의 갈마가 아니며 잘 성취되지 않느니라. 이를테면, 스스로가 죄를 아뢰게 시키지 않고서 행하였거나, 비법으로 행하였거나, 별중에서 행하는 것이다. 여러 비구들이여. 이와 같은 세 요소를 갖추었던 가책갈마라면, 곧 비법의 갈마이고 율의 갈마가 아니며 갈마가 성취되지 않느니라."

[비법갈마의 열두 종류를 마친다.]

3) 여법갈마의 열두 종류

3-1 "여러 비구들이여. 세 요소를 갖추었던 가책갈마라면, 곧 여법한 갈마이고 율의 갈마이며 갈마가 성취되느니라. 이를테면, 꾸짖을 사람이 현전하여 행하였거나, 힐문할 사람에게 행하였거나, 꾸짖을 사람에게 스스로가 말하게 시키고서 행하는 것이다. 여러 비구들이여. 이와 같은 세 요소를 갖추었던 가책갈마라면, 곧 여법한 갈마이고 율의 갈마이며 갈마가 성취되느니라.

여러 비구들이여. 또한 세 요소를 갖추었던 가책갈마라면 곧 여법한 갈마이고 율의 갈마이며 갈마가 성취되느니라. 이를테면, 유죄인 사람에게 행하였거나, 마땅히 죄를 참회한 사람에게 행하였거나, 죄를 참회하지 않았으므로 행하는 것이다. 여러 비구들이여. 이와 같은 세 요소를 갖추었던 가책갈마라면 곧 여법한 갈마이고 율의 갈마이며 갈마가 성취되느니라.

여러 비구들이여. 또한 세 요소를 갖추었던 가책갈마라면, 곧 여법한 갈마이고 율의 갈마이며 갈마가 성취되느니라. 이를테면, 비난받을 행이 었으므로 행하였거나, 억념시키고서 행하였거나, 스스로가 죄를 아뢰게 시키고서 행하는 것이다. 여러 비구들이여. 이와 같은 세 요소를 갖추었던 가책갈마라면, 곧 여법한 갈마이고 율의 갈마이며 갈마가 성취되느니라.

여러 비구들이여. 세 요소를 갖추었던 가책갈마라면, 곧 여법한 갈마이고 율의 갈마이며 갈마가 성취되느니라. 이를테면, 꾸짖을 사람이 현전하여 행하였거나, 여법하게 행하였거나, 화합하여 행하는 것이다. 여러 비구들이여. 이와 같은 세 요소를 갖추었던 가책갈마라면, 곧 여법한 갈마이고 율의 갈마이며 갈마가 성취되느니라.

여러 비구들이여. 세 요소를 갖추었던 가책갈마라면, 곧 여법한 갈마이고 율의 갈마이며 갈마가 성취되느니라. 이를테면, 힐문할 사람에게 행하였거나, 여법하게 행하였거나, 화합하여 행하는 것이다. 여러 비구들이여. 이와 같은 세 요소를 갖추었던 가책갈마라면, 곧 여법한 갈마이고 율의 갈마이며 갈마가 성취되느니라.

여러 비구들이여. 세 요소를 갖추었던 가책갈마라면, 곧 여법한 갈마이고 율의 갈마이며 갈마가 성취되느니라. 이를테면, 스스로가 죄를 아뢰게 시키고서 행하였거나, 여법하게 행하였거나, 화합하여 행하는 것이다. 여러 비구들이여. 이와 같은 세 요소를 갖추었던 가책갈마라면, 곧 여법한 갈마이고 율의 갈마이며 갈마가 성취되느니라."

3-2 "여러 비구들이여. 세 요소를 갖추었던 가책갈마라면, 곧 여법한 갈마이고 율의 갈마이며 갈마가 성취되느니라. 이를테면, 유죄인 사람에게 행하였거나, 여법하게 행하였거나, 화합하여 행하는 것이다. 여러 비구들이여. 이와 같은 세 요소를 갖추었던 가책갈마라면, 곧 여법한 갈마이고 율의 갈마이며 갈마가 성취되느니라.

여러 비구들이여. 세 요소를 갖추었던 가책갈마라면, 곧 여법한 갈마이고 율의 갈마이며 갈마가 성취되느니라. 이를테면, 마땅히 죄를 참회한 사람에게 행하였거나, 여법하게 행하였거나, 화합하여 행하는 것이다. 여러 비구들이여. 이와 같은 세 요소를 갖추었던 가책갈마라면, 곧 여법한 갈마이고 율의 갈마이며 갈마가 성취되느니라.

여러 비구들이여. 세 요소를 갖추었던 가책갈마라면, 곧 여법한 갈마이고 율의 갈마이며 갈마가 성취되느니라. 이를테면, 아직 죄를 참회하지 않았으므로 행하였거나, 여법하게 행하였거나, 화합하여 행하는 것이다. 여러 비구들이여. 이와 같은 세 요소를 갖추었던 가책갈마라면, 곧 여법한 갈마이고 율의 갈마이며 갈마가 성취되느니라.

여러 비구들이여. 세 요소를 갖추었던 가책갈마라면, 곧 여법한 갈마이고 율의 갈마이며 갈마가 성취되느니라. 이를테면, 비난받을 행이었으므로 행하였거나, 여법하게 행하였거나, 화합하여 행하는 것이다. 여러 비구들이여. 이와 같은 세 요소를 갖추었던 가책갈마라면, 곧 여법한 갈마이고 율의 갈마이며 갈마가 성취되느니라.

여러 비구들이여. 세 요소를 갖추었던 가책갈마라면, 곧 여법한 갈마이고 율의 갈마이며 갈마가 성취되느니라. 이를테면, 억념시키고서 행하였거나, 여법하게 행하였거나, 화합하여 행하는 것이다. 여러 비구들이여. 이와 같은 세 요소를 갖추었던 가책갈마라면, 곧 여법한 갈마이고 율의 갈마이며 갈마가 성취되느니라.

여러 비구들이여. 세 요소를 갖추었던 가책갈마라면, 곧 여법한 갈마이고 율의 갈마이며 갈마가 성취되느니라. 이를테면, 스스로가 죄를 아뢰게 시키고서 여법하게 행하였거나, 화합하여 행하는 것이다. 여러 비구들이여. 이와 같은 세 요소를 갖추었던 가책갈마라면, 곧 여법한 갈마이고 율의 갈마이며 갈마가 성취되느니라."

[여법갈마의 열두 종류를 마친다.]

4) 원하였던 여섯 종류

4-1 "여러 비구들이여. 세 요소를 갖추었던 비구이었고, 승가가 만약 원하였다면 마땅히 가책갈마를 행할 수 있느니라. 이를테면, 승가의 가운데에서 쟁송하였고 투쟁하였으며 논쟁하였고 분쟁하였거나, 우치(愚癡)하였고 우매(愚昧)하였으며 죄가 많았고 교계를 받아들이지 않았거나, 재가에 머물렀고 재가의 대중과 수순(隨順)하지 않으면서 함께 머무르는 것이다. 여러 비구들이여. 이와 같은 세 요소를 갖추었던 비구이었고, 승가가 만약 원하였다면 마땅히 가책갈마를 행할 수 있느니라.

여러 비구들이여. 세 요소를 갖추었던 비구이었고, 승가가 만약 원하였다면 마땅히 가책갈마를 행할 수 있느니라. 이를테면, 증상계(增上戒)에서 계를 파괴하였거나, 증상행(增上行)에서 행을 파괴하였거나, 증상견(增上見)에서 견을 파괴한 것이다. 여러 비구들이여. 이와 같은 세 요소를 갖추었던 비구이었고, 승가가 만약 원하였다면 마땅히 가책갈마를 행할 수 있느니라.

여러 비구들이여. 세 요소를 갖추었던 비구이었고, 승가가 만약 원하였다면 마땅히 가책갈마를 행할 수 있느니라. 이를테면, 세존(佛)을 훼방(毁謗)하였거나, 법(法)을 훼방하였거나, 승가(僧)를 훼방한 것이다. 여러 비구들이여. 이와 같은 세 요소를 갖추었던 비구이었고, 승가가 만약 원하였다면 마땅히 가책갈마를 행할 수 있느니라."

4-2 "여러 비구들이여. 세 부류의 비구들이었고, 승가가 만약 원하였다면 마땅히 가책갈마를 행할 수 있느니라. 이를테면, 첫째는 승가의 가운데에서 쟁송하였고 투쟁하였으며 논쟁하였고 분쟁하였던 부류이고, 둘째는 우치하였고 우매하였으며 죄가 많았고 교계를 받아들이지 않았던 부류이며, 셋째는 재가에 머물렀고 재가의 대중과 수순하지 않으면서 머물렀던 부류이다. 여러 비구들이여. 이와 같은 세 부류의 비구들이었고, 승가가 만약 원하였다면 마땅히 가책갈마를 행할 수 있느니라.

　여러 비구들이여. 또한 세 부류의 비구들이었고, 승가가 만약 원하였다면 마땅히 가책갈마를 행할 수 있느니라. 이를테면, 세존을 비방(誹謗)하였거나, 법을 비방하였거나, 승가를 비방한 것이다. 여러 비구들이여. 이와 같은 세 부류의 비구들이었고, 승가가 만약 원하였다면 마땅히 가책갈마를 행할 수 있느니라."

[원하였던 여섯 종류를 마친다.]

5) 열여덟 종류의 의무

5-1 "여러 비구들이여. 가책갈마를 받은 비구는 마땅히 바르게 행해야 하느니라. 이 가운데에서 바르게 행하는 것은 이를테면, 사람들에게 구족계를 줄 수 없고, 사람들의 의지를 받을 수 없으며, 사미를 양육할 수 없고, 비구니를 교계하는 사람으로 뽑힐 수 없으며, 뽑혔더라도 역시 가서 비구니를 교계할 수 없고, 이미 승가가 가책갈마를 행하였다면

죄를 범할 수 없으며, 비슷한 죄를 범할 수 없고, 이것보다 더욱 악한 죄를 범할 수 없으며, 갈마를 비난할 수 없고, 갈마를 행하는 것을 비난할 수 없으며, 청정한 비구의 포살(布薩)을 방해할 수 없고, 자자(自恣)를 방해할 수 없으며, 대중에게 명령할 수 없고, 교계할 수 없으며, (갈마를) 허락할 수 없고, 꾸짖을 수 없으며, 억념(憶念)시킬 수 없고, 여러 비구들과 투쟁할 수 없느니라."

[열여덟 종류의 의무를 마친다.]

6) 해제할 수 없는 열여덟 종류

6-1 그때 승가는 반나와 노혜의 도중(徒衆)인 비구들에게 가책갈마를 행하였다. 그들은 승가에게 가책갈마를 받았으므로 바르게 행하였고, 수순하였으며 죄를 소멸시키고자 원하였으므로, 여러 비구들의 처소에 이르러서 이와 같이 말을 지었다.
"여러 장로들이여. 우리들은 승가에게 가책갈마를 받았으므로 바르게 행하였고, 수순하였으며 죄를 소멸시키고자 원하고 있습니다. 우리들은 마땅히 어떻게 해야 합니까?"
여러 비구들은 이 일로써 세존께 아뢰었고, 세존께서는 말씀하셨다.
"여러 비구들이여. 그와 같다면 승가는 마땅히 반나와 노혜의 도중인 비구들에게 가책갈마를 해제하여 주어야 하느니라."

6-2 "여러 비구들이여. 다섯 요소를 갖추었던 비구라면 가책갈마를 해제할 수 없느니라. 이를테면, 사람들에게 구족계를 주었거나, 사람들의 의지를 받았거나, 사미를 양육하였거나, 비구니를 교계하는 사람으로 뽑혔거나, 뽑혔고 역시 가서 비구니를 교계하였던 자이다. 여러 비구들이여. 이와 같은 다섯 요소를 갖추었던 비구라면 가책갈마를 해제할 수

없느니라.

　여러 비구들이여. 다섯 요소를 갖추었던 비구라면 가책갈마를 해제할 수 없느니라. 이를테면, 승가가 이미 가책갈마를 행하였는데 죄를 범하였거나, 비슷한 죄를 범하였거나, 이것보다 더욱 악한 죄를 범하였거나, 갈마를 비난하였거나, 갈마를 행하는 것을 비난하는 것이다. 여러 비구들이여. 이와 같은 다섯 요소를 갖추었던 비구라면 가책갈마를 해제할 수 없느니라.

　여러 비구들이여. 여덟 요소를 갖추었던 비구라면 가책갈마를 해제할 수 없느니라. 이를테면, 청정한 비구의 포살을 방해하였거나, 자자를 방해하였거나, 대중에게 명령하였거나, 교계하였거나, (갈마를) 허락하였거나, 꾸짖었거나, 억념시켰거나, 여러 비구들과 투쟁한 것이다. 여러 비구들이여. 이와 같은 여덟 요소를 갖추었던 비구라면 가책갈마를 해제할 수 없느니라."

[해제할 수 없는 열여덟 종류를 마친다.]

7) 해제할 수 있는 열여덟 종류

7-1 "여러 비구들이여. 다섯 요소를 갖추었던 비구라면 가책갈마를 해제할 수 있느니라. 이를테면, 사람들에게 구족계를 주지 않았거나, 사람들의 의지를 받지 않았거나, 사미를 양육하지 않았거나, 비구니를 교계하는 사람으로 뽑히지 않았거나, 뽑혔어도 역시 가서 비구니를 교계하지 않은 것이다. 여러 비구들이여. 이와 같은 다섯 요소를 갖추었던 비구라면 가책갈마를 해제할 수 있느니라.

　여러 비구들이여. 다섯 요소를 갖추었던 비구라면 가책갈마를 해제할 수 있느니라. 이를테면, 승가가 이미 가책갈마를 행하였으므로 죄를 범하지 않았거나, 비슷한 죄를 범하지 않았거나, 이것보다 더욱 악한 죄를 범하지 않았거나, 갈마를 비난하지 않았거나, 갈마를 행하는 것을 비난하지 않은 것이다. 여러 비구들이여. 이와 같은 다섯 요소를 갖추었던 비구라면 가책갈마를 해제할 수 있느니라.

여러 비구들이여. 여덟 요소를 갖추었던 비구라면 가책갈마를 해제할 수 있느니라. 이를테면, 청정한 비구의 포살을 방해하지 않았거나, 자자를 방해하지 않았거나, 대중에게 명령하지 않았거나, 교계하지 않았거나, (갈마를) 허락하지 않았거나, 꾸짖지 않았거나, 억념시키지 않았거나, 여러 비구들과 투쟁하지 않은 것이다. 여러 비구들이여. 이와 같은 여덟 요소를 갖추었던 비구라면 가책갈마를 해제할 수 있느니라."

[해제할 수 있는 열여덟 종류를 마친다.]

8) 갈마의 해제(解制)

8-1 "여러 비구들이여. 마땅히 이와 같이 해제해야 하느니라. 여러 비구들이여. 이 반나와 노혜의 도중인 비구들은 마땅히 승가의 가운데에 이르러 오른쪽 어깨를 드러내고 상좌 비구의 발에 예배하고 호궤(胡跪) 합장하고서 이와 같이 아뢰어야 한다.

'여러 대덕들이여. 우리들은 승가에게 가책갈마를 받았으므로 바르게 행하고 수순하면서 죄를 소멸시키고자 원하고 있으니, 가책갈마를 해제(解制)하여 주시기를 청(請)합니다.'

마땅히 이와 같이 두 번째에도 애원해야 하고, …… 나아가 …… 세 번째에도 애원해야 한다. 마땅히 한 총명하고 현명하며 능력있는 비구가 승가의 가운데에서 창언해야 한다.

'대덕 승가께서는 허락하십시오. 이 반나와 노혜의 도중인 비구들은 승가에게 가책갈마를 받았으므로 바르게 행하고 수순하면서 죄를 소멸시키고자 원하고 있으며, 그들은 가책갈마를 해제하여 주시기를 청하고 있습니다. 만약 승가께서 때에 이르렀다면 승가께서는 마땅히 반나와 노혜의 도중인 비구들에게 가책갈마를 해제하여 주십시오. 이와 같이 아룁니다.'

'대덕 승가께서는 허락하십시오. 이 반나와 노혜의 도중인 비구들은 승가에게 가책갈마를 받았으므로 바르게 행하고 수순하면서 죄를 소멸시키고자 원하고 있으며, 그들은 가책갈마를 해제하여 주시기를 청하고 있습니다. 승가시여. 반나와 노혜의 도중들에게 가책갈마를 해제하여 주겠습니다. 여러 대덕들께서 반나와 노혜의 도중인 비구들의 가책갈마를 해제하는 것을 인정하신다면 묵연하시고, 인정하지 않으신다면 말씀하십시오.'

저는 두 번째로 이 일을 아룁니다.

'대덕 승가께서는 허락하십시오. 이 반나와 노혜의 도중인 비구들은 승가에게 가책갈마를 받았으므로 바르게 행하고 수순하면서 죄를 소멸시키고자 원하고 있으며, 그들은 가책갈마를 해제하여 주시기를 청하고 있습니다. 승가시여. 반나와 노혜의 도중인 비구들에게 가책갈마를 해제하여 주겠습니다. 여러 대덕들께서 반나와 노혜의 도중들의 가책갈마를 해제하는 것을 인정하신다면 묵연하시고, 인정하지 않으신다면 말씀하십시오.'

저는 세 번째로 이 일을 아룁니다.

'대덕 승가께서는 허락하십시오. 이 반나와 노혜의 도중인 비구들은 승가에게 가책갈마를 받았으므로 바르게 행하고 수순하면서 죄를 소멸시키고자 원하고 있으며, 그들은 가책갈마를 해제하여 주시기를 청하고 있습니다. 승가시여. 반나와 노혜의 도중인 비구들에게 가책갈마를 해제하여 주겠습니다. 여러 대덕들께서 반나와 노혜의 도중들의 가책갈마를 해제하는 것을 인정하신다면 묵연하시고, 인정하지 않으신다면 말씀하십시오.'

'승가시여. 반나와 노혜의 도중인 비구들의 가책갈마를 해제하는 것을 마쳤습니다. 여러 대덕들께서 인정하신 것은 묵연하였던 까닭입니다.

나는 이와 같이 알고 이해하겠습니다.'"

[갈마의 해제를 마친다.]

○ 첫째의 송출품을 마친다.

2. 제2송출품

9) 의지갈마(依止羯磨)[6]의 연기

9-1 그때 장로 시월(施越)[7]이 있었는데, 우치하고 우매하였으며 죄가 많았고 교계를 받아들이지 않았으며 재가에 머물렀고 재가의 대중과 수순하지 않으면서 함께 머물렀으므로, 여러 비구들은 별주(別住)를 주었고 본일치(本日治)를 주었으며 마나타(摩那埵)를 주었고 출죄(出罪)를 주었다. 여러 비구들의 가운데에서 욕심이 적은 자들은 싫어하고 비난하였다.
"무슨 까닭으로써 장로 시월 비구는 우치하고 우매하였으며 죄가 많았고 교계를 받아들이지 않았으며 재가에 머물렀고 재가의 대중과 수순하지 않으면서 함께 머물렀으므로, 여러 비구들은 별주를 주었고 본일치를 주었으며 마나타를 주었고 출죄를 주게 하는가?"
이때 그 여러 비구들은 이 일로써 세존께 아뢰었다. 이때 세존께서는 이 인연으로써 여러 비구들을 모으셨으며, 여러 비구들에게 물어 말씀하셨다.
"여러 비구들이여. 장로 시월 비구는 우치하고 우매하였으며 죄가 많았고 교계를 받아들이지 않았으며 재가에 머물렀고 재가의 대중과

---

6) 팔리어 Niyassakamma(니야싸캄마)의 번역이다.
7) 팔리어 Seyyasaka(세이야사카)의 음사이다.

수순하지 않으면서 함께 머물렀으므로, 여러 비구들은 별주를 주었고 본일치를 주었으며 마나타를 주었고 출죄를 주게 하였는가?"

"세존이시여. 진실로 그렇습니다."

세존께서는 꾸짖으셨다.

"여러 비구들이여. 이 어리석은 사람은 행할 것이 아니고, 수순하는 행이 아니며, 상응하는 법이 아니고, 위의가 아니며, 사문의 행이 아니고, 청정한 행이 아니며, 마땅히 지을 것이 아니니라. 여러 비구들이여. 이 어리석은 사람은 어찌하여 우치하고 우매하였으며 죄가 많았고 교계를 받아들이지 않았으며 재가에 머물렀고 재가의 대중과 수순하지 않으면서 함께 머물렀으므로, 여러 비구들은 별주를 주었고 본일치를 주었으며 마나타를 주었고 출죄를 주게 하였는가? 여러 비구들이여. 이것은 오히려 믿지 않는 자에게 신심이 생겨나지 않게 하고, 이미 믿었던 자는 증장시키지 않느니라. …… 이미 믿었던 자는 일부가 전전하여 다른 곳을 향하여 떠나가게 하느니라."

세존께서는 여러 종류의 방편으로써 그 비구들을 꾸짖으셨고, …… 적절한 법을 수순하여 설하신 뒤에 여러 비구들에게 알려 말씀하셨다.

"여러 비구들이여. 그와 같다면 승가는 마땅히 시월에게 의지갈마를 행해야 하고, 마땅히 말해야 하느니라. '그대는 마땅히 의지하며 머무르십시오.'"

9-2 "여러 비구들이여. 마땅히 이와 같이 행해야 하느니라. 마땅히 먼저 시월비구를 꾸짖어야 하고 꾸짖은 뒤에 마땅히 억념시켜야 하며 억념시킨 뒤에 마땅히 스스로가 죄를 아뢰게 하고 스스로가 죄를 아뢰게 한 뒤에 마땅히 한 총명하고 현명하며 능력있는 비구가 승가의 가운데에서 창언해야 한다.

"대덕 승가께서는 허락하십시오. 이 시월 비구는 우치하고 우매하였으며 죄가 많았고 교계를 받아들이지 않았으며 재가에 머물렀고 재가의 대중과 수순하지 않으면서 함께 머물렀으므로, 여러 비구들은 별주를 주었고 본일치를 주었으며 마나타를 주었고 출죄를 주게 하였습니다. 만약 승가께서 때에 이르렀다면 승가는 마땅히 시월 비구에게 의지갈마를 행하겠으며, 〈그대는 마땅히 의지하며 머무르십시오.〉라고 말하겠습니다. 이와 같이 아룁니다.'

'대덕 승가께서는 허락하십시오. 이 시월 비구는 우치하고 우매하였으며 죄가 많았고 교계를 받아들이지 않았으며 재가에 머물렀고 재가의 대중과 수순하지 않으면서 함께 머물렀으므로, 여러 비구들은 별주를 주었고 본일치를 주었으며 마나타를 주었고 출죄를 주게 하였습니다. 승가는 시월 비구에게 의지갈마를 행하겠으며, 〈그대는 마땅히 의지하며 머무르십시오.〉라고 말하는 것을 여러 대덕들께서 인정하신다면 묵연하시고, 인정하지 않으신다면 말씀하십시오.'

저는 두 번째로 이 일을 아룁니다.

'대덕 승가께서는 허락하십시오. 이 시월 비구는 우치하고 우매하였으며 죄가 많았고 교계를 받아들이지 않았으며 재가에 머물렀고 재가의 대중과 수순하지 않으면서 함께 머물렀으므로, 여러 비구들은 별주를 주었고 본일치를 주었으며 마나타를 주었고 출죄를 주게 하였습니다. 승가는 시월 비구에게 의지갈마를 행하겠으며, 〈그대는 마땅히 의지하며 머무르십시오.〉라고 말하는 것을 여러 대덕들께서 인정하신다면 묵연하시고, 인정하지 않으신다면 말씀하십시오.'

저는 세 번째로 이 일을 아룁니다.

'대덕 승가께서는 허락하십시오. 이 시월 비구는 우치하고 우매하였으며 죄가 많았고 교계를 받아들이지 않았으며 재가에 머물렀고 재가의 대중과 수순하지 않으면서 함께 머물렀으므로, 여러 비구들은 별주를 주었고 본일치를 주었으며 마나타를 주었고 출죄를 주게 하였습니다. 승가는 시월 비구에게 의지갈마를 행하겠으며, 〈그대는 마땅히 의지하며 머무르십시오.〉라고 말하는 것을 여러 대덕들께서 인정하신다면 묵연하시고, 인정하지 않으신다면 말씀하십시오.'

'승가시여. 시월 비구에게 의지갈마를 행하면서 〈그대는 마땅히 의지하며 머무르십시오.)라고 말하는 것을 마쳤습니다. 여러 대덕들께서 인정하신 것은 묵연하였던 까닭입니다. 나는 이와 같이 알고 이해하겠습니다.'"

[의지갈마의 연기를 마친다.]

10) 비법갈마의 열두 종류

10-1 "여러 비구들이여. 세 요소를 갖추었던 의지갈마라면, 곧 비법의 갈마이고 율의 갈마가 아니며 갈마가 성취되지 않느니라. 이를테면, 꾸짖을 사람이 현전하지 않았는데 행하였거나, 힐문하지 않을 사람에게 행하였거나, 꾸짖을 사람에게 스스로가 말하게 시키지 않고서 행하는 것이다. 여러 비구들이여. 이와 같은 세 요소를 갖추었던 의지갈마라면, 곧 비법의 갈마이고 율의 갈마가 아니며 갈마가 성취되지 않느니라.
　여러 비구들이여. 또한 세 요소를 갖추었던 의지갈마라면, 곧 비법의 갈마이고 율의 갈마가 아니며 갈마가 성취되지 않느니라. 이를테면, 무죄인 사람에게 행하였거나, 마땅히 죄를 참회하지 않은 사람에게 행하였거나, 이미 죄를 참회하였는데 행하는 것이다. 여러 비구들이여. 이와 같은 세 요소를 갖추었던 의지갈마라면, 곧 비법의 갈마이고 율의 갈마가 아니며 갈마가 성취되지 않느니라.
　여러 비구들이여. 또한 세 요소를 갖추었던 의지갈마라면, 곧 비법의 갈마이고 율의 갈마가 아니며 갈마가 성취되지 않느니라. 이를테면, 비난받을 행이 아닌데 행하였거나, 억념시키지 않고서 행하였거나, 스스로가 죄를 아뢰게 시키지 않고서 행하는 것이다. 여러 비구들이여. 이와 같은 세 요소를 갖추었던 의지갈마라면, 곧 비법의 갈마이고 율의 갈마가 아니며 갈마가 성취되지 않느니라.
　여러 비구들이여. 세 요소를 갖추었던 의지갈마라면, 곧 비법의 갈마이고 율의 갈마가 아니며 갈마가 성취되지 않느니라. 이를테면, 꾸짖을 사람이 현전(現前)하지 않았는데 행하였거나, 비법으로 행하였거나, 별중에서 행하는 것이다. 여러 비구들이여. 이와 같은 세 요소를 갖추었던 의지갈마라면, 곧 비법의 갈마이고 율의 갈마가 아니며 갈마가 성취되지 않느니라.

여러 비구들이여. 세 요소를 갖추었던 의지갈마라면, 곧 비법의 갈마이고 율의 갈마가 아니며 갈마가 성취되지 않느니라. 이를테면, 힐문하지 않을 사람에게 행하였거나, 비법으로 행하였거나, 별중에서 행하는 것이다. 여러 비구들이여. 이와 같은 세 요소를 갖추었던 의지갈마라면, 곧 비법의 갈마이고 율의 갈마가 아니며 갈마가 성취되지 않느니라.

여러 비구들이여. 세 요소를 갖추었던 의지갈마라면, 곧 비법의 갈마이고 율의 갈마가 아니며 갈마가 성취되지 않느니라. 이를테면, 스스로가 죄를 아뢰게 시키지 않고서 행하였거나, 비법으로 행하였거나, 별중에서 행하는 것이다. 여러 비구들이여. 이와 같은 세 요소를 갖추었던 의지갈마라면, 곧 비법의 갈마이고 율의 갈마가 아니며 갈마가 성취되지 않느니라."

10-2 "여러 비구들이여. 세 요소를 갖추었던 의지갈마라면, 곧 비법의 갈마이고 율의 갈마가 아니며 갈마가 성취되지 않느니라. 이를테면, 무죄인 사람에게 행하였거나, 비법으로 행하였거나, 별중에서 행하는 것이다. 여러 비구들이여. 이와 같은 세 요소를 갖추었던 의지갈마라면, 곧 비법의 갈마이고 율의 갈마가 아니며 갈마가 성취되지 않느니라.

여러 비구들이여. 세 요소를 갖추었던 의지갈마라면, 곧 비법의 갈마이고 율의 갈마가 아니며 갈마가 성취되지 않느니라. 이를테면, 마땅히 죄를 참회하지 않은 사람에게 행하였거나, 비법으로 행하였거나, 별중에서 행하는 것이다. 여러 비구들이여. 이와 같은 세 요소를 갖추었던 의지갈마라면, 곧 비법의 갈마이고 율의 갈마가 아니며 갈마가 성취되지 않느니라.

여러 비구들이여. 세 요소를 갖추었던 의지갈마라면, 곧 비법의 갈마이고 율의 갈마가 아니며 갈마가 성취되지 않느니라. 이를테면, 이미 죄를 참회하였는데 행하였거나, 비법으로 행하였거나, 별중에서 행하는 것이다. 여러 비구들이여. 이와 같은 세 요소를 갖추었던 의지갈마라면, 곧 비법의 갈마이고 율의 갈마가 아니며 갈마가 성취되지 않느니라.

여러 비구들이여. 세 요소를 갖추었던 의지갈마라면, 곧 비법의 갈마이고 율의 갈마가 아니며 갈마가 성취되지 않느니라. 이를테면, 비난받을 행이 아닌데 행하였거나, 비법으로 행하였거나, 별중에서 행하는 것이다. 여러 비구들이여. 이와 같은 세 요소를 갖추었던 의지갈마라면 곧 비법의 갈마이고 율의 갈마가 아니며 갈마가 성취되지 않느니라.

여러 비구들이여. 세 요소를 갖추었던 의지갈마라면, 곧 비법의 갈마이고 율의 갈마가 아니며 갈마가 성취되지 않느니라. 이를테면, 억념시키지 않고서 행하였거나, 비법으로 행하였거나, 별중에서 행하는 것이다. 여러 비구들이여. 이와 같은 세 요소를 갖추었던 의지갈마라면, 곧 비법의 갈마이고 율의 갈마가 아니며 갈마가 성취되지 않느니라.

여러 비구들이여. 세 요소를 갖추었던 의지갈마라면, 곧 비법의 갈마이고 율의 갈마가 아니며 갈마가 성취되지 않느니라. 이를테면, 스스로가 죄를 아뢰게 시키지 않고서 행하였거나, 비법으로 행하였거나, 별중에서 행하는 것이다. 여러 비구들이여. 이와 같은 세 요소를 갖추었던 의지갈마라면, 곧 비법의 갈마이고 율의 갈마가 아니며 갈마가 성취되지 않느니라."

[비법갈마의 열두 종류를 마친다.]

11) 여법갈마의 열두 종류

11-1 "여러 비구들이여. 세 요소를 갖추었던 의지갈마라면 곧 여법한 갈마이고 율의 갈마이며 갈마가 성취되느니라. 이를테면, 꾸짖을 사람이 현전하여서 행하였거나, 힐문할 사람에게 행하였거나, 꾸짖을 사람에게 스스로가 말하게 시키고서 행하는 것이다. 여러 비구들이여. 이와 같은

세 요소를 갖추었던 의지갈마라면 곧 여법한 갈마이고 율의 갈마이며 갈마가 성취되느니라.

　여러 비구들이여. 또한 세 요소를 갖추었던 의지갈마라면 곧 여법한 갈마이고 율의 갈마이며 갈마가 성취되느니라. 이를테면, 유죄인 사람에게 행하였거나, 마땅히 죄를 참회한 사람에게 행하였거나, 죄를 참회하지 않았으므로 행하는 것이다. 여러 비구들이여. 이와 같은 세 요소를 갖추었던 의지갈마라면 곧 여법한 갈마이고 율의 갈마이며 갈마가 성취되느니라.

　여러 비구들이여. 또한 세 요소를 갖추었던 의지갈마라면 곧 여법한 갈마이고 율의 갈마이며 갈마가 성취되느니라. 이를테면, 비난받을 행이 었으므로 행하였거나, 억념시키고서 행하였거나, 스스로가 죄를 아뢰게 시키고서 행하는 것이다. 여러 비구들이여. 이와 같은 세 요소를 갖추었던 의지갈마라면 곧 여법한 갈마이고 율의 갈마이며 갈마가 성취되느니라.

　여러 비구들이여. 세 요소를 갖추었던 의지갈마라면 곧 여법한 갈마이고 율의 갈마이며 갈마가 성취되느니라. 이를테면, 꾸짖을 사람이 현전하여서 행하였거나, 여법하게 행하였거나, 화합하여 행하는 것이다. 여러 비구들이여. 이와 같은 세 요소를 갖추었던 의지갈마라면 곧 여법한 갈마이고 율의 갈마이며 갈마가 성취되느니라.

　여러 비구들이여. 세 요소를 갖추었던 의지갈마라면 곧 여법한 갈마이고 율의 갈마이며 갈마가 성취되느니라. 이를테면, 힐문할 사람에게 행하였거나, 여법하게 행하였거나, 화합하여 행하는 것이다. 여러 비구들이여. 이와 같은 세 요소를 갖추었던 의지갈마라면 곧 여법한 갈마이고 율의 갈마이며 갈마가 성취되느니라.

　여러 비구들이여. 세 요소를 갖추었던 의지갈마라면 곧 여법한 갈마이고 율의 갈마이며 갈마가 성취되느니라. 이를테면, 스스로가 죄를 아뢰게 시키고서 행하였거나, 여법하게 행하였거나, 화합하여 행하는 것이다. 여러 비구들이여. 이와 같은 세 요소를 갖추었던 의지갈마라면 곧 여법한 갈마이고 율의 갈마이며 갈마가 성취되느니라."

11-2 "여러 비구들이여. 세 요소를 갖추었던 의지갈마라면 곧 여법한 갈마이고 율의 갈마이며 갈마가 성취되느니라. 이를테면, 유죄인 사람에게 행하였거나, 여법하게 행하였거나, 화합하여 행하는 것이다. 여러 비구들이여. 이와 같은 세 요소를 갖추었던 의지갈마라면 곧 여법한 갈마이고 율의 갈마이며 갈마가 성취되느니라.

 여러 비구들이여. 세 요소를 갖추었던 의지갈마라면 곧 여법한 갈마이고 율의 갈마이며 갈마가 성취되느니라. 이를테면, 마땅히 죄를 참회한 사람에게 행하였거나, 여법하게 행하였거나, 화합하여 행하는 것이다. 여러 비구들이여. 이와 같은 세 요소를 갖추었던 의지갈마라면 곧 여법한 갈마이고 율의 갈마이며 갈마가 성취되느니라.

 여러 비구들이여. 세 요소를 갖추었던 의지갈마라면 곧 여법한 갈마이고 율의 갈마이며 갈마가 성취되느니라. 이를테면, 아직 죄를 참회하지 않았으므로 행하였거나, 여법하게 행하였거나, 화합하여 행하는 것이다. 여러 비구들이여. 이와 같은 세 요소를 갖추었던 의지갈마라면 곧 여법한 갈마이고 율의 갈마이며 갈마가 성취되느니라.

 여러 비구들이여. 세 요소를 갖추었던 의지갈마라면 곧 여법한 갈마이고 율의 갈마이며 갈마가 성취되느니라. 이를테면, 비난받을 행이었으므로 행하였거나, 여법하게 행하였거나, 화합하여 행하는 것이다. 여러 비구들이여. 이와 같은 세 요소를 갖추었던 의지갈마라면 곧 여법한 갈마이고 율의 갈마이며 갈마가 성취되느니라.

 여러 비구들이여. 세 요소를 갖추었던 의지갈마라면 곧 여법한 갈마이고 율의 갈마이며 갈마가 성취되느니라. 이를테면, 억념시키고서 행하였거나, 여법하게 행하였거나, 화합하여 행하는 것이다. 여러 비구들이여. 이와 같은 세 요소를 갖추었던 의지갈마라면 곧 여법한 갈마이고 율의 갈마이며 갈마가 성취되느니라.

 여러 비구들이여. 세 요소를 갖추었던 의지갈마라면 곧 여법한 갈마이고 율의 갈마이며 갈마가 성취되느니라. 이를테면, 스스로가 죄를 아뢰게 시키고서 여법하게 행하였거나, 화합하여 행하는 것이다. 여러 비구들이여. 이와 같은 세 요소를 갖추었던 의지갈마라면 곧 여법한 갈마이고 율의 갈마이며 갈마가 성취되느니라."

[여법갈마의 열두 종류를 마친다.]

12) 원하였던 여섯 종류

12-1 "여러 비구들이여. 세 요소를 갖추었던 비구이었고, 승가가 만약 원하였다면 마땅히 의지갈마를 행할 수 있느니라. 이를테면, 승가의 가운데에서 쟁송하였고 투쟁하였으며 논쟁하였고 분쟁하였거나, 우치하였고 우매하였으며 죄가 많았고 교계를 받아들이지 않았거나, 재가에 머물렀고 재가의 대중과 수순하지 않으면서 함께 머무르는 것이다. 여러 비구들이여. 이와 같은 세 요소를 갖추었던 비구이었고, 승가가 만약 원하였다면 마땅히 의지갈마를 행할 수 있느니라.

여러 비구들이여. 또한 세 요소를 갖추었던 비구이었고, 승가가 만약 원하였다면 마땅히 의지갈마를 행할 수 있느니라. 이를테면, 증상계에서 계율을 파괴하였거나, 증상행에서 행을 파괴하였거나, 증상견에서 견해를 파괴한 것이다. 여러 비구들이여. 이와 같은 세 요소를 갖추었던 비구이었고, 승가가 만약 원하였다면 마땅히 의지갈마를 행할 수 있느니라.

여러 비구들이여. 또한 세 요소를 갖추었던 비구이었고, 승가가 만약 원하였다면 마땅히 의지갈마를 행할 수 있느니라. 이를테면, 세존을 훼방하였거나, 법을 훼방하였거나, 승가를 훼방한 것이다. 여러 비구들이여. 이와 같은 세 요소를 갖추었던 비구이었고, 승가가 만약 원하였다면 마땅히 의지갈마를 행할 수 있느니라."

12-2 "여러 비구들이여. 세 부류의 비구들이었고, 승가가 만약 원하였다면 마땅히 의지갈마를 행할 수 있느니라. 이를테면, 첫째는 승가의 가운데

에서 쟁송하였고 투쟁하였으며 논쟁하였고 분쟁하였던 부류이고, 둘째는 우치하였고 우매하였으며 죄가 많았고 교계를 받아들이지 않았던 부류이며, 셋째는 재가에 머물렀고 재가의 대중과 수순하지 않으면서 머물렀던 부류이다. 여러 비구들이여. 이와 같은 세 부류의 비구들이었고, 승가가 만약 원하였다면 마땅히 의지갈마를 행할 수 있느니라.

여러 비구들이여. 또한 세 부류의 비구들이었고, 승가가 만약 원하였다면 마땅히 의지갈마를 행할 수 있느니라. 이를테면, 세존을 비방하였거나, 법을 비방하였거나, 승가를 비방한 것이다. 여러 비구들이여. 이와 같은 세 부류의 비구들이었고, 승가가 만약 원하였다면 마땅히 의지갈마를 행할 수 있느니라."

[원하였던 여섯 종류를 마친다.]

13) 열여덟 종류의 책무(責務)

13-1 "여러 비구들이여. 의지갈마를 받은 비구는 마땅히 바르게 행해야 하느니라. 이 가운데에서 바르게 행하는 것은 이를테면, 사람들에게 구족계를 줄 수 없고, 사람들의 의지를 받을 수 없으며, 사미를 양육할 수 없고, 비구니를 교계하는 사람으로 뽑힐 수 없으며, 뽑혔더라도 역시 가서 비구니를 교계할 수 없고, 승가가 이미 의지갈마를 행하였다면 죄를 범할 수 없으며, 비슷한 죄를 범할 수 없고, 이것보다 더욱 악한 죄를 범할 수 없으며, 갈마를 비난할 수 없고, 갈마를 행하는 것을 비난할 수 없으며, 청정한 비구의 포살을 방해할 수 없고, 자자를 방해할 수 없으며, 대중에게 명령할 수 없고, 교계할 수 없으며, (갈마를) 허락할 수 없고, 꾸짖을 수 없으며, 억념시킬 수 없고, 여러 비구들과 투쟁할 수 없느니라."

[열여덟 종류의 책무를 마친다.]

14) 해제할 수 없는 열여덟 종류

14-1 그때 승가는 시월 비구에게 의지갈마를 행하였고, 〈그대는 마땅히 의지하며 머무르십시오.〉라고 말하였다. 그는 승가에게 의지갈마를 받았으므로 의지하였고 친근하였으며 선한 비구들을 섬겼고 경전을 송출하는 것을 들었으며 그것을 질문하였던 까닭으로 4아함(阿含)[8]을 통하였고 법을 수지하였으며 율을 수지하였고 마이(摩夷)[9]를 수지하였으므로, 총명하였고 현명하였으며 지혜가 있었고 부끄러움이 있었으며 참회가 있었고 배운 것을 좋아하였다. 바르게 행하였고 수순하면서 죄를 소멸시키고자 원하였으므로, 여러 비구들의 처소에 이르러서 이와 같이 말을 지었다.

"여러 장로들이여. 그는 승가에게 의지갈마를 받았으므로 바르게 행하였고 수순하면서 죄를 소멸시키고자 원하고 있습니다. 나는 마땅히 어떻게 해야 합니까?"

이때 그 여러 비구들은 이 일로써 세존께 아뢰었고, 세존께서는 말씀하셨다.

"여러 비구들이여. 그와 같다면 승가는 마땅히 시월비구의 의지갈마를 해제해야 하느니라."

14-2 "여러 비구들이여. 다섯 요소를 갖추었던 비구라면 의지갈마를 해제할 수 없느니라. 이를테면, 사람들에게 구족계를 주었거나, 사람들의 의지를 받았거나, 사미를 양육하였거나, 비구니를 교계하는 사람으로 뽑혔거나, 뽑혔고 역시 가서 비구니를 교계하였던 것이다. 여러 비구들이여. 이와 같이 다섯 요소를 갖추었던 비구라면 의지갈마를 해제할 수 없느니라.

여러 비구들이여. 다섯 요소를 갖추었던 비구라면 의지갈마를 해제할 수 없느니라. 이를테면, 승가가 이미 가책갈마를 행하였는데 죄를 범하였

---

8) 팔리어 Āgatāgama(아가타마타)의 음사이고, 네 종류의 아함경을 가리킨다.
9) 팔리어 Mātika(마티카)의 음사이고, 논장을 가리킨다.

거나, 비슷한 죄를 범하였거나, 이것보다 더욱 악한 죄를 범하였거나, 갈마를 비난하였거나, 갈마를 행하는 것을 비난한 것이다. 여러 비구들이여. 이와 같이 다섯 요소를 갖추었던 비구라면 의지갈마를 해제할 수 없느니라.

여러 비구들이여. 여덟 요소를 갖추었던 비구라면 의지갈마를 해제할 수 없느니라. 이를테면, 청정한 비구의 포살을 방해하였거나, 자자를 방해하였거나, 대중에게 명령하였거나, 교계하였거나, (갈마를) 허락하였거나, 꾸짖었거나, 억념시켰거나, 여러 비구들과 투쟁한 것이다. 여러 비구들이여. 이와 같이 여덟 요소를 갖추었던 비구라면 의지갈마를 해제할 수 없느니라."

[해제할 수 없는 열여덟 종류를 마친다.]

15) 해제할 수 있는 열여덟 종류

15-1 "여러 비구들이여. 다섯 요소를 갖추었던 비구라면 의지갈마를 해제할 수 있느니라. 이를테면, 사람들에게 구족계를 주지 않았거나, 사람들의 의지를 받지 않았거나, 사미를 양육하지 않았거나, 비구니를 교계하는 사람으로 뽑히지 않았거나, 뽑혔어도 역시 가서 비구니를 교계하지 않은 것이다. 여러 비구들이여. 이와 같이 다섯 요소를 갖추었던 비구라면 의지갈마를 해제할 수 있느니라.

여러 비구들이여. 다섯 요소를 갖추었던 비구라면 의지갈마를 해제할 수 있느니라. 이를테면, 승가가 이미 의지갈마를 행하였으므로 죄를 범하지 않았거나, 비슷한 죄를 범하지 않았거나, 이것보다 더욱 악한 죄를 범하지 않았거나, 갈마를 비난하지 않았거나, 갈마를 행하는 것을 비난하지 않은 것이다. 여러 비구들이여. 이와 같이 다섯 요소를 갖추었던 비구라면 의지갈마를 해제할 수 있느니라.

여러 비구들이여. 여덟 요소를 갖추었던 비구라면 의지갈마를 해제할 수 있느니라. 이를테면, 청정한 비구의 포살을 방해하지 않았거나, 자자를 방해하지 않았거나, 대중에게 명령하지 않았거나, 교계하지 않았거나, (갈마를) 허락하지 않았거나, 꾸짖지 않았거나, 억념시키지 않았거나, 여러 비구들과 투쟁하지 않은 것이다. 여러 비구들이여. 이와 같이 여덟 요소를 갖추었던 비구라면 의지갈마를 해제할 수 있느니라."

[해제할 수 있는 열여덟 종류를 마친다.]

16) 갈마의 해제

16-1 "여러 비구들이여. 마땅히 이와 같이 해제해야 하느니라. 여러 비구들이여. 이 시월비구는 마땅히 승가의 가운데에 이르러 오른쪽 어깨를 드러내고 상좌 비구의 발에 예배하고서 호궤 합장하고서 이와 같이 아뢰어야 한다.

'여러 대덕들이여. 나는 승가에게 의지갈마를 받았으므로 바르게 행하고 수순하면서 죄를 소멸시키고자 원하고 있으므로, 의지갈마를 해제하여 주시기를 청합니다.'

마땅히 이와 같이 두 번째에도 애원해야 하고, …… 나아가 …… 세 번째에도 애원해야 한다. 마땅히 한 총명하고 현명하며 능력있는 비구가 승가의 가운데에서 창언해야 한다.

'대덕 승가께서는 허락하십시오. 이 시월비구는 승가에게 갈마를 받았으므로 바르게 행하고 수순하면서 죄를 소멸시키고자 원하고 있으며, 그는 의지갈마를 해제하여 주시기를 청하고 있습니다. 만약 승가께서 때에 이르렀다면 승가는 마땅히 시월비구의 의지갈마를 해제하여 주십시오. 이와 같이 아룁니다.'

'대덕 승가께서는 허락하십시오. 이 시월비구는 승가에게 의지갈마를 받았으므로 바르게 행하고 수순하면서 죄를 소멸시키고자 원하고 있으며, 그는 의지갈마를 해제하여 주시기를 청하고 있습니다. 승가시여. 시월비구의 의지갈마를 해제하여 주겠습니다. 여러 대덕들께서 시월비구의 의지갈마를 해제하는 것을 인정하신다면 묵연하시고, 인정하지 않으신다면 말씀하십시오.'

저는 두 번째로 이 일을 아룁니다.

'대덕 승가께서는 허락하십시오. 이 시월비구는 승가에게 의지갈마를 받았으므로 바르게 행하고 수순하면서 죄를 소멸시키고자 원하고 있으며, 그는 의지갈마를 해제하여 주시기를 청하고 있습니다. 승가시여. 시월비구의 의지갈마를 해제하여 주겠습니다. 여러 대덕들께서 시월비구의 의지갈마를 해제하는 것을 인정하신다면 묵연하시고, 인정하지 않으신다면 말씀하십시오.'

저는 세 번째로 이 일을 아룁니다.

'대덕 승가께서는 허락하십시오. 이 시월비구는 승가에게 의지갈마를 받았으므로 바르게 행하고 수순하면서 죄를 소멸시키고자 원하고 있으며, 그는 의지갈마를 해제하여 주시기를 청하고 있습니다. 승가시여. 시월비구의 의지갈마를 해제하여 주겠습니다. 여러 대덕들께서 시월비구의 의지갈마를 해제하는 것을 인정하신다면 묵연하시고, 인정하지 않으신다면 말씀하십시오.'

'승가시여. 시월비구의 의지갈마를 해제하는 것을 마쳤습니다. 승가께서 인정하신 것은 묵연하였던 까닭입니다. 나는 이와 같이 알고 이해하겠습니다.'"

[갈마의 해제를 마친다.]

○ 둘째의 송출품을 마친다.

3. 제3송출품

17) 구출갈마(驅出羯磨)10)의 연기

17-1 그때 아습바(阿濕婆)11)와 부나바사(富那婆娑)12)의 도중이 계타산(雞咤山)13)에 머물렀는데, 부끄러움이 없는 악한 비구들이었고, 그들은 이와 같은 비법을 행하였다.

이를테면, 스스로가 꽃과 나무를 심었고 또한 다른 사람을 시켜서 심었으며, 스스로가 물을 뿌렸고 혹은 다른 사람을 시켜서 뿌렸으며, 스스로가 꽃을 꺾었고 혹은 다른 사람을 시켜서 꺾었으며, 스스로가 꽃을 묶었고 혹은 다른 사람을 시켜서 묶었으며, 스스로가 하나의 꽃과 줄기로 꽃다발을 지었고 혹은 다른 사람을 시켜서 지었으며, 스스로가 두 개의 꽃과 줄기로 꽃다발을 지었고 혹은 다른 사람을 시켜서 지었으며, 스스로가 꽃과 줄기로 줄기와 같은 꽃다발을 지었고 혹은 다른 사람을 시켜서 지었으며, 스스로가 꽃으로 화살(箭)을 지었고 혹은 다른 사람을 시켜서 지었으며, 꽃으로 귀걸이(耳環)를 지었고 혹은 다른 사람을 시켜서 지었으며, 머리 장식을 지었고 혹은 다른 사람을 시켜서 지었으며, 가슴 장식을 지었고 혹은 다른 사람을 시켜서 지었다.

그들은 좋은 가문의 부인을 위하여, 좋은 가문의 소녀를 위하여, 좋은 가문의 동녀(童女)를 위하여, 좋은 가문의 며느리를 위하여, 좋은 가문의 여노비를 위하여, 스스로가 하나의 꽃과 줄기의 꽃다발을 지어서 운반하였고 혹은 다른 사람을 시켜서 운반하였으며, 두 개의 꽃과 줄기의 꽃다발을 지어서 운반하였고 혹은 다른 사람을 시켜서 운반하였으며, 스스로가

---

10) 팔리어 Pabbājanīyakamma(파빠자니야캄마)의 번역이다.
11) 팔리어 Assaji(아싸지)의 음사이다.
12) 팔리어 Punabbasuka(푸나빠수카)의 음사이다.
13) 팔리어 Kīṭāgiri(키타기리)의 음사이다.

가지와 같은 꽃과 줄기의 꽃다발을 지어서 운반하였고 혹은 다른 사람을 시켜서 운반하였으며, 스스로가 꽃화살을 지어서 운반하였고 혹은 다른 사람을 시켜서 운반하였으며, 스스로가 꽃 귀걸이를 지어서 운반하였고 혹은 다른 사람을 시켜서 운반하였으며, 스스로가 가슴 장식을 지어서 운반하였고 혹은 다른 사람을 시켜서 운반하였으며, 스스로가 머리 장식을 지어서 운반하였고 혹은 다른 사람을 시켜서 운반하였다.

그들은 고귀한 가문의, 부인, 딸, 동녀, 며느리, 노비 등과 함께 한 그릇으로 먹었고, 함께 한 그릇으로 마셨으며, 함께 하나의 자리에 앉았고, 함께 하나의 양탄자 위에 누웠으며, 함께 누워서 하나의 양탄자를 덮었다.

때가 아닌 때에 먹었고, 술을 마셨으며, 꽃다발을 걸쳤고, 향유(香油)를 발랐으며, 춤을 추었고, 노래를 불렀으며, 연주하였고, 오락하였다. 그 여인들이 춤추는 것을 따라서 춤을 추었고, 노래하였으며, 연주하였고, 오락하였고, 그 여인들이 노래하는 것을 따라서 춤을 추었고, 노래하였으며, 연주하였고, 오락하였다. 그 여인들이 연주하는 것을 따라서 춤을 추었고, 노래하였으며, 연주하였고, 오락하였고, 그 여인들이 오락하는 것을 따라서 춤을 추었고, 노래하였으며, 연주하였고, 오락하였다.

17-2 팔목바둑(八目碁)을 즐겼고, 혹은 십목바둑(十目碁)을 즐겼으며, 허공바둑, 원형 놀이,14) 블록 쌓기,15) 주사위 놀이, 자치기,16) 손금 보기,17) 공놀이 등을 즐겼고, 풀피리를 불었고, 쟁기질을 즐겼으며, 재주를 넘었고, 바람개비를 돌렸으며, 대나무 놀이를 즐겼고, 수레 놀이를 즐겼으며, 활 놀이를 즐겼고, 글자 맞추기를 즐겼고, 생각을 맞추기를 즐겼으며, 장애인 놀이18)를 즐겼다.

---

14) 팔리어 Parihārapatha(파리하라파타)의 번역이다. 여러 원형의 선들을 그려놓고 서로가 피하면서 즐기는 놀이이다.
15) 팔리어 Santikāya kīḷanti(산티카야 키란티)의 번역이다.
16) 팔리어 Ghatikena kīḷanti(가티케나 키란티)의 번역이다. 큰 나무를 사용하여 작은 나무를 움직이는 놀이이다.
17) 팔리어 Salākahatthena kīḷanti(사라카하떼나 키란티)의 번역이다.

혹은 코끼리를 조련하는 것을 배웠고, 말을 조련하는 것을 배웠으며, 수레를 이끄는 것을 배웠고, 활쏘기를 배웠으며, 칼을 다루는 것을 배웠고, 코끼리의 앞을 달려갔으며, 말의 앞을 달려갔고, 수레의 앞을 달려갔으며, 혹은 달려갔고 돌아왔으며, 휘파람을 불었고, 박수(拍手)쳤으며, 씨름하였고, 주먹으로 싸웠으며, 또한 무대의 위에서 승가리를 펼쳐놓고 무녀를 마주하고서 '자매여. 이곳에서 춤을 추시오.'라고 말하였고, 또한 갈채를 보냈으며, 또한 이와 같은 여러 악행을 행하였다.

17-3 그때 한 비구가 가시국(迦尸國)19)에서 안거를 마치고 세존을 보고자 사위성으로 가는 도중에 계타산에 이르렀다. 이때 그 비구는 이른 아침에 하의(下衣)를 입고서 옷과 발우를 지니고 걸식하기 위하여 계타산으로 들어갔다. 나아가고 물러났으며 앞을 보았고 뒤를 돌아보았으며 손을 굽히고 펼쳤는데, 모두가 가지런히 정돈되었고 단정하였으며 가는 눈으로 아래를 보았으므로 위의가 구족(具足)되었다. 여러 사람들은 그 비구를 보고서 이와 같이 말하였다.

"이 자는 누구인가? 오히려 나약하고 우둔(愚鈍)하며 눈살을 찌푸리고 얼굴을 찡그리는 사람과 같지 않은가? 이 사람이 왔더라도 누가 음식을 베풀어 주겠는가? 우리들의 존자인 아습바와 부나바사의 도중은 온화하고 친절하며 쉽게 말하고 웃으며 미소를 지으면서 '어서 오십시오. 잘 오셨습니다.'라고 말하고, 얼굴을 찌푸리지 않으며 이빨을 드러내고 밝게 먼저 말을 건네는 까닭으로, 그들에게 마땅히 음식을 베풀어 주어야 한다."

한 우바새가 그 비구가 계타산에서 걸식하는 것을 보았고, 그 비구의 처소에 나아갔으며, 나아가서 그 비구에게 예배하고서 말하였다.

"대덕이여. 음식을 얻었습니까?"

"얻지 못하였습니다."

"우리집으로 와서 머무십시오."

---

18) 팔리어 Yathāvajjena kīḷanti(야타바쩨나 키란티)의 번역이다.
19) 팔리어 Kāsī(카시)의 음사이다.

17-4 이때 그 우바새는 그 비구를 데리고 그의 집에 이르렀고 음식을 공양하였으며 말하였다.

"존자께서는 장차 어느 곳으로 가고자 합니까?"

"사위성으로 나아가서 세존께 예경하려고 합니다."

"만약 그와 같다면 나의 이름으로 세존의 발에 예경하고서 말씀하여 주십시오. '세존이시여. 계타산의 주처(住處)는 매우 염오(染汚)되었습니다. 아습바와 부나바사라고 이름하는 도중이 계타산에 머무르고 있는데, 부끄러움이 없는 악한 비구입니다. 그들은 이와 같은 악행을 지었는데 이를테면, 스스로가 꽃과 나무를 심었고 또한 다른 사람을 시켜서 심었으며, 스스로가 물을 뿌렸고 혹은 다른 사람을 시켜서 뿌렸으며, …… 또한 무대의 위에 승가리를 펼쳐놓고 무녀를 마주하고서 〈자매여. 이곳에서 춤을 추시오.〉라고 말하였고, 또한 갈채를 보냈으며, 또한 여러 악행을 행하였습니다.

이전에는 신심과 청정한 믿음이 있었으나, 지금은 불신하고 청정하지 않습니다. 이전에는 승가에게 보시하였던 이치가 있었으나, 지금은 이미 끊어졌습니다. 선한 비구들은 이미 떠나갔고, 다만 악한 비구들이 머무르고 있습니다. 세존이시여. 원하옵건대 여러 비구들을 계타산에 보내주시고, 여러 비구들이 와서 계타산의 주처를 다스리게 하여 주십시오.'"

17-5 "알겠습니다. 현자여."

그 비구는 그 우바새에게 허락하였고 자리에서 일어나서 사위성으로 떠나갔다. 점차로 유행하여 사위성의 기수급고독원에 이르렀고 세존의 주처로 나아갔다. 나아가서 세존의 발에 예경하고서 한쪽에 앉았다. 세존께서 여러 객비구들과 함께 서로가 친절하게 문신(問訊)하는 것이 바로 제불의 상법(常法)이었다. 이때 세존께서는 그 비구에게 물어 말씀하셨다.

"비구여. 견딜 수 있었는가? 걸식은 만족하였는가? 도로를 다니면서 피로하지 않았는가? 비구여. 그대는 어느 곳에서 왔는가?"

"세존이시여. 견딜 수 있었고 걸식은 만족하였으며 도로를 다니면서 피로하지 않았습니다. 저는 가시국에서 우안거를 하였고, 세존을 보고자 사위성으로 오면서 도중에 계타산읍에 이르렀습니다. 세존이시여. 그때 저는 아침에 하의를 입고 옷과 발우를 지니고 걸식을 위하여 계타산으로 들어갔는데, 한 우바새가 계타산에서 걸식하는 저를 보았고, 저의 처소에 이르러 예배하고서 말하였습니다.

'음식을 얻었습니까?'

'얻지 못하였습니다.'

'우리집으로 와서 머무십시오.'

이때 그 우바새는 저를 데리고 그의 집에 이르렀고 음식을 공양하였으며 이와 같이 말하였습니다.

'존자여. 어느 곳으로 가고자 합니까?'

'사위성으로 가서 세존께 예경하고자 합니다.'

'만약 그와 같다면 나의 이름으로 세존의 발에 예경하고서 말씀하여 주십시오. '세존이시여. 계타산의 주처는 매우 염오되었습니다. 아습바와 부나바사라고 이름하는 도중이 계타산에 머무르고 있는데, …… 또한 무대의 위에 승가리를 펼쳐놓고 무녀를 마주하고서〈자매여. 이곳에서 춤을 추시오.〉라고 말하였고, 또한 갈채를 보냈으며, 또한 여러 악행을 행하였습니다.

이전에는 신심과 청정한 믿음이 있었으나, 지금은 불신하고 청정하지 않습니다. 이전에는 승가에게 보시하였던 이치가 있었으나, 지금은 이미 끊어졌습니다. 선한 비구들은 이미 떠나갔고, 다만 악한 비구들이 머무르고 있습니다. 세존이시여. 원하옵건대 여러 비구들을 계타산에 보내주시고 여러 비구들이 와서 계타산의 주처를 다스리게 하여 주십시오.'

세존이시여. 저는 그러한 뒤에 왔습니다."

17-6 이때 세존께서는 이 인연으로서 여러 비구들을 모으셨으며, 여러 비구들에게 물어 말씀하셨다.

"여러 비구들이여. 아습바와 부나바사라고 이름하는 도중이 계타산에 머무르고 있는데, 부끄러움이 없는 악한 비구들이다. 그들은 이와 같은 악행을 지었는데 이를테면, 스스로가 꽃과 나무를 심었고 또한 다른 사람을 시켜서 심었으며, 스스로가 물을 뿌렸고 혹은 다른 사람을 시켜서 뿌렸으며, 스스로가 꽃을 꺾었고 혹은 다른 사람을 시켜서 꺾었으며, 스스로가 꽃을 묶었고 혹은 다른 사람을 시켜서 묶었으며, 스스로가 하나의 꽃과 줄기로 꽃다발을 지었고 혹은 다른 사람을 시켜서 지었으며, …… 때가 아닌 때에 먹었고, 술을 마셨으며, 꽃다발을 걸쳤고, 향유를 발랐으며, 춤을 추었고, 노래를 불렀으며, 연주하였고, 오락하였다. 그 여인들이 춤추는 것을 따라서 춤을 추었고, 노래하였으며, 연주하였고, 오락하였고, 그 여인들이 노래하는 것을 따라서 춤을 추었고, 노래하였으며, 연주하였고, 오락하였다. …… 팔목바둑을 즐겼고, 혹은 십목바둑을 즐겼으며, 허공바둑, 원형 놀이, 블록 쌓기, 주사위 놀이, 자치기, 손금보기, 공놀이 등을 즐겼고, 풀피리를 불었고, 쟁기질을 즐겼으며, 재주를 넘었고, 바람개비를 돌렸으며, 대나무 놀이를 즐겼고, 수레 놀이를 즐겼으며, …… 혹은 코끼리를 조련하는 것을 배웠고, 말을 조련하는 것을 배웠으며, 수레를 이끄는 것을 배웠고, 활쏘기를 배웠으며, 칼을 다루는 것을 배웠고, 코끼리의 앞을 달려갔으며, 말의 앞을 달려갔고, 수레의 앞을 달려갔으며, 혹은 달려갔고 돌아왔으며, 휘파람을 불었고, 박수쳤으며, 씨름하였고, 주먹으로 싸웠으며, 또한 무대의 위에서 승가리를 펼쳐놓고 무녀를 마주하고서 '자매여. 이곳에서 춤을 추시오.'라고 말하였고, 또한 갈채를 보냈으며, 또한 이와 같은 여러 악행을 행하였는가?"

"진실로 그렇습니다. 세존이시여."

세존께서는 여러 종류의 방편으로써 꾸짖으셨다.

"여러 비구들이여. 이것은 오히려 믿지 않는 자는 신심이 생겨나지 않게 하고, …… 이미 믿었던 자는 일부가 전전하여 다른 곳으로 향하여 떠나가게 하느니라."

세존께서는 여러 종류의 방편으로써 꾸짖으셨고, 뒤에 부양이 어렵고 가르치고 양육함이 어려우며, 욕심이 많아서 만족을 알지 못하고, 대중의 가운데에 참여하면서 방일한 허물을 설하셨으며, …… 사리불(舍利弗)[20]과 목건련(目犍連)[21]에게 알려 말씀하셨다.

"사리불과 목련이여. 그대들은 계타산읍에 가서 아습바와 부나바사의 처소에 이르러 구출갈마(驅出羯磨)를 행하도록 하게. 그들은 그대들의 제자들이네."

"세존이시여. 그 여러 비구들은 흉악하고 거칠며 폭력적입니다. 우리들은 어떻게 아습바와 부나바사의 도중인 비구들에게 계타산에서 구출갈마를 행해야 합니까?"

"사리불과 목련이여. 그와 같다면 그대들은 대중의 여러 비구들과 함께 그곳으로 떠나가도록 하게."

"알겠습니다. 세존이시여."

사리불과 목련은 세존을 마주하고서 허락하였다.

17-7 "여러 비구들이여. 이와 같이 갈마를 행해야 하느니라. 먼저 아습바와 부나바사의 도중을 꾸짖을 것이고, 꾸짖었다면 그것을 억념시켜야 하며, 억념시키고서 뒤에 스스로가 죄를 아뢰게 해야 한다. 스스로가 죄를 아뢰게 하고서 뒤에 마땅히 한 총명하고 유능한 비구가 승가의 가운데에서 창언해야 한다.

'대덕 승가께서는 허락하십시오. 이 아습바와 부나바사의 도중인 비구들은 속가(俗家)를 염오시키면서 악행(惡行)을 행하였습니다. 그들은 악행하면서 지금 그들은 속가를 염오시켰던 것을 보여주었고 들려주었으며, 지금도 역시 보여주고 들려주고 있습니다. 만약 승가께서 때에 이르렀다면 승가는 아습바와 부나바사의 도중인 비구들에게 계타산에서 구출갈마를 행하면서 〈아습바와 부나바사의 도중인 비구들은 계타산에 머무를 수 없습니다.〉라고 말하겠습니다. 이와 같이 아룁니다.'

---

20) 팔리어 Sāriputta(사리푸따)의 음사이다.
21) 팔리어 Moggallāna(목갈라나)의 음사이다.

'대덕 승가께서는 허락하십시오. 이 아습바와 부나바사의 도중인 비구들은 속가를 염오시키면서 악행을 행하였습니다. 그들은 악행하면서 지금 그들이 속가를 염오시켰던 것을 보여주었고 들려주었으며, 지금도 역시 보여주고 들려주고 있습니다. 승가는 이 아습바와 부나바사의 도중인 비구들에게 구출갈마를 행하면서 〈아습바와 부나바사의 도중인 비구들은 계타산에 머무를 수 없습니다.〉라고 말하겠습니다. 여러 대덕들께서 이 아습바와 부나바사의 도중인 비구들에게 구출갈마를 행하면서 〈아습바와 부나바사의 도중인 비구들은 계타산에 머무를 수 없습니다.〉라고 말하는 것을 인정하신다면 묵연하시고, 인정하지 않으신다면 말씀하십시오.'

저는 두 번째로 이 일을 아룁니다.

'대덕 승가께서는 허락하십시오. 이 아습바와 부나바사의 도중인 비구들은 속가를 염오시키면서 악행을 행하였습니다. 그들은 악행하면서 지금 그들이 속가를 염오시켰던 것을 보여주었고 들려주었으며, 지금도 역시 보여주고 들려주고 있습니다. 승가는 이 아습바와 부나바사의 도중인 비구들에게 구출갈마를 행하면서 〈아습바와 부나바사의 도중인 비구들은 계타산에 머무를 수 없습니다.〉라고 말하겠습니다. 여러 대덕들께서 이 아습바와 부나바사의 도중인 비구들에게 구출갈마를 행하면서 〈아습바와 부나바사의 도중인 비구들은 계타산에 머무를 수 없습니다.〉라고 말하는 것을 인정하신다면 묵연하시고, 인정하지 않으신다면 말씀하십시오.'

저는 세 번째로 이 일을 아룁니다.

'대덕 승가께서는 허락하십시오. 이 아습바와 부나바사의 도중인 비구들은 속가를 염오시키면서 악행을 행하였습니다. 그들은 악행하면서 지금 그들이 속가를 염오시켰던 것을 보여주었고 들려주었으며, 지금도 역시 보여주고 들려주고 있습니다. 승가는 이 아습바와 부나바사의 도중인 비구들에게 구출갈마를 행하면서 〈아습바와 부나바사의 도중인 비구들은 계타산에 머무를 수 없습니다.〉라고 말하겠습니다. 여러 대덕들께서 이 아습바와 부나바사의 도중인 비구들에게 구출갈마를 행하면서 〈아습바와 부나바사의 도중인 비구들은 계타산에 머무를 수 없습니다.〉라고 말하는

것을 인정하신다면 묵연하시고, 인정하지 않으신다면 말씀하십시오.'
 '승가시여. 이 아습바와 부나바사의 도중인 비구들에게 구출갈마를 행하면서 〈아습바와 부나바사의 도중인 비구들은 계타산에 머무를 수 없습니다.〉라고 말하는 것을 마쳤습니다. 여러 대덕들께서 인정하신 것은 묵연하였던 까닭입니다. 나는 이와 같이 알고 이해하겠습니다.'"

[구출갈마의 연기를 마친다.]

18) 비법갈마의 열두 종류

18-1 "여러 비구들이여. 세 요소를 갖추었던 구출갈마라면 곧 비법의 갈마이고 율의 갈마가 아니며 갈마가 성취되지 않느니라. 이를테면, 꾸짖을 사람이 현전하지 않았는데 행하였거나, 힐문하지 않을 사람에게 행하였거나, 꾸짖을 사람에게 스스로가 말하게 시키지 않고서 행하는 것이다. 여러 비구들이여. 이와 같은 세 요소를 갖추었던 구출갈마라면 곧 비법의 갈마이고 율의 갈마가 아니며 갈마가 성취되지 않느니라.
 여러 비구들이여. 또한 세 요소를 갖추었던 구출갈마라면 곧 비법의 갈마이고 율의 갈마가 아니며 갈마가 성취되지 않느니라. 이를테면, 무죄인 사람에게 행하였거나, 마땅히 죄를 참회하지 않은 사람에게 행하였거나, 이미 죄를 참회하였는데 행하는 것이다. 여러 비구들이여. 이와 같은 세 요소를 갖추었던 구출갈마라면 곧 비법의 갈마이고 율의 갈마가 아니며 갈마가 성취되지 않느니라.
 여러 비구들이여. 또한 세 요소를 갖추었던 구출갈마라면 곧 비법의 갈마이고 율의 갈마가 아니며 갈마가 성취되지 않느니라. 이를테면, 비난받을 행이 아닌데 행하였거나, 억념시키지 않고서 행하였거나, 스스로가 죄를 아뢰게 시키지 않고서 행하는 것이다. 여러 비구들이여. 이와 같은 세 요소를 갖추었던 구출갈마라면 곧 비법의 갈마이고 율의 갈마가

아니며 갈마가 성취되지 않느니라.

　여러 비구들이여. 세 요소를 갖추었던 구출갈마라면 곧 비법의 갈마이고 율의 갈마가 아니며 갈마가 성취되지 않느니라. 이를테면, 꾸짖을 사람이 현전(現前)하지 않았는데 행하였거나, 비법으로 행하였거나, 별중에서 행하는 것이다. 여러 비구들이여. 이와 같은 세 요소를 갖추었던 구출갈마라면 곧 비법의 갈마이고 율의 갈마가 아니며 갈마가 성취되지 않느니라.

　여러 비구들이여. 세 요소를 갖추었던 구출갈마라면 곧 비법의 갈마이고 율의 갈마가 아니며 갈마가 성취되지 않느니라. 이를테면, 힐문하지 않을 사람에게 행하였거나, 비법으로 행하였거나, 별중에서 행하는 것이다. 여러 비구들이여. 이와 같은 세 요소를 갖추었던 구출갈마라면 곧 비법의 갈마이고 율의 갈마가 아니며 갈마가 성취되지 않느니라.

　여러 비구들이여. 세 요소를 갖추었던 구출갈마라면 곧 비법의 갈마이고 율의 갈마가 아니며 갈마가 성취되지 않느니라. 이를테면, 스스로가 죄를 아뢰게 시키지 않고서 행하였거나, 비법으로 행하였거나, 별중에서 행하는 것이다. 여러 비구들이여. 이와 같은 세 요소를 갖추었던 구출갈마라면 곧 비법의 갈마이고 율의 갈마가 아니며 갈마가 성취되지 않느니라."

18-2 "여러 비구들이여. 세 요소를 갖추었던 구출갈마라면 곧 비법의 갈마이고 율의 갈마가 아니며 갈마가 성취되지 않느니라. 이를테면, 무죄인 사람에게 행하였거나, 비법으로 행하였거나, 별중에서 행하는 것이다. 여러 비구들이여. 이와 같은 세 요소를 갖추었던 구출갈마라면 곧 비법의 갈마이고 율의 갈마가 아니며 갈마가 성취되지 않느니라.

　여러 비구들이여. 세 요소를 갖추었던 구출갈마라면 곧 비법의 갈마이고 율의 갈마가 아니며 갈마가 성취되지 않느니라. 이를테면, 마땅히 죄를 참회하지 않은 사람에게 행하였거나, 비법으로 행하였거나, 별중에서 행하는 것이다. 여러 비구들이여. 이와 같은 세 요소를 구출갈마라면 곧 비법의 갈마이고 율의 갈마가 아니며 갈마가 성취되지 않느니라.

여러 비구들이여. 세 요소를 갖추었던 구출갈마라면 곧 비법의 갈마이고 율의 갈마가 아니며 갈마가 성취되지 않느니라. 이를테면, 이미 죄를 참회하였는데 행하였거나, 비법으로 행하였거나, 별중에서 행하는 것이다. 여러 비구들이여. 이와 같은 세 요소를 갖추었던 구출갈마라면 곧 비법의 갈마이고 율의 갈마가 아니며 갈마가 성취되지 않느니라.

여러 비구들이여. 세 요소를 갖추었던 구출갈마라면 곧 비법의 갈마이고 율의 갈마가 아니며 갈마가 성취되지 않느니라. 이를테면, 비난받을 행이 아닌데 행하였거나, 비법으로 행하였거나, 별중에서 행하는 것이다. 여러 비구들이여. 이와 같은 세 요소를 갖추었던 구출갈마라면 곧 비법의 갈마이고 율의 갈마가 아니며 갈마가 성취되지 않느니라.

여러 비구들이여. 세 요소를 갖추었던 구출갈마라면 곧 비법의 갈마이고 율의 갈마가 아니며 갈마가 성취되지 않느니라. 이를테면, 억념시키지 않고서 행하였거나, 비법으로 행하였거나, 별중에서 행하는 것이다. 여러 비구들이여. 이와 같은 세 요소를 갖추었던 구출갈마라면 곧 비법의 갈마이고 율의 갈마가 아니며 갈마가 성취되지 않느니라.

여러 비구들이여. 세 요소를 갖추었던 구출갈마라면 곧 비법의 갈마이고 율의 갈마가 아니며 갈마가 성취되지 않느니라. 이를테면, 스스로가 죄를 아뢰게 시키지 않고서 행하였거나, 비법으로 행하였거나, 별중에서 행하는 것이다. 여러 비구들이여. 이와 같은 세 요소를 갖추었던 구출갈마라면 곧 비법의 갈마이고 율의 갈마가 아니며 갈마가 성취되지 않느니라."

[비법갈마의 열두 종류를 마친다.]

19) 여법갈마의 열두 종류

19-1 "여러 비구들이여. 세 요소를 갖추었던 구출갈마라면 곧 여법한 갈마이고 율의 갈마이며 갈마가 성취되느니라. 이를테면, 꾸짖을 사람이

현전하여서 행하였거나, 힐문할 사람에게 행하였거나, 꾸짖을 사람에게 스스로가 말하게 시키고서 행하는 것이다. 여러 비구들이여. 이와 같은 세 요소를 갖추었던 구출갈마라면 곧 여법한 갈마이고 율의 갈마이며 갈마가 성취되느니라.

여러 비구들이여. 또한 세 요소를 갖추었던 구출갈마라면 곧 여법한 갈마이고 율의 갈마이며 갈마가 성취되느니라. 이를테면, 유죄인 사람에게 행하였거나, 마땅히 죄를 참회한 사람에게 행하였거나, 죄를 참회하지 않았으므로 행하는 것이다. 여러 비구들이여. 이와 같은 세 요소를 갖추었던 구출갈마라면 곧 여법한 갈마이고 율의 갈마이며 갈마가 성취되느니라.

여러 비구들이여. 또한 세 요소를 갖추었던 구출갈마라면 곧 여법한 갈마이고 율의 갈마이며 갈마가 성취되느니라. 이를테면, 비난받을 행이었으므로 행하였거나, 억념시키고서 행하였거나, 스스로가 죄를 아뢰게 시키고서 행하는 것이다. 여러 비구들이여. 이와 같은 세 요소를 갖추었던 구출갈마라면 곧 여법한 갈마이고 율의 갈마이며 갈마가 성취되느니라.

여러 비구들이여. 세 요소를 갖추었던 구출갈마라면 곧 여법한 갈마이고 율의 갈마이며 갈마가 성취되느니라. 이를테면, 꾸짖을 사람이 현전하여서 행하였거나, 여법하게 행하였거나, 화합하여 행하는 것이다. 여러 비구들이여. 이와 같은 세 요소를 갖추었던 구출갈마라면 곧 여법한 갈마이고 율의 갈마이며 갈마가 성취되느니라.

여러 비구들이여. 세 요소를 갖추었던 구출갈마라면 곧 여법한 갈마이고 율의 갈마이며 갈마가 성취되느니라. 이를테면, 힐문할 사람에게 행하였거나, 여법하게 행하였거나, 화합하여 행하는 것이다. 여러 비구들이여. 이와 같은 세 요소를 갖추었던 구출갈마라면 곧 여법한 갈마이고 율의 갈마이며 갈마가 성취되느니라.

여러 비구들이여. 세 요소를 갖추었던 구출갈마라면 곧 여법한 갈마이고 율의 갈마이며 갈마가 성취되느니라. 이를테면, 스스로가 죄를 아뢰게 시키고서 행하였거나, 여법하게 행하였거나, 화합하여 행하는 것이다. 여러 비구들이여. 이와 같은 세 요소를 갖추었던 구출갈마라면 곧 여법한 갈마이고 율의 갈마이며 갈마가 성취되느니라."

19-2 여러 비구들이여. 세 요소를 갖추었던 구출갈마라면 곧 여법한 갈마이고 율의 갈마이며 갈마가 성취되느니라. 이를테면, 유죄인 사람에게 행하였거나, 여법하게 행하였거나, 화합하여 행하는 것이다. 여러 비구들이여. 이와 같은 세 요소를 갖추었던 구출갈마라면 곧 여법한 갈마이고 율의 갈마이며 갈마가 성취되느니라.

여러 비구들이여. 세 요소를 갖추었던 구출갈마라면 곧 여법한 갈마이고 율의 갈마이며 갈마가 성취되느니라. 이를테면, 마땅히 죄를 참회한 사람에게 행하였거나, 여법하게 행하였거나, 화합하여 행하는 것이다. 여러 비구들이여. 이와 같은 세 요소를 갖추었던 구출갈마라면 곧 여법한 갈마이고 율의 갈마이며 갈마가 성취되느니라.

여러 비구들이여. 세 요소를 갖추었던 구출갈마라면 곧 여법한 갈마이고 율의 갈마이며 갈마가 성취되느니라. 이를테면, 아직 죄를 참회하지 않았으므로 행하였거나, 여법하게 행하였거나, 화합하여 행하는 것이다. 여러 비구들이여. 이와 같은 세 요소를 갖추었던 구출갈마라면 곧 여법한 갈마이고 율의 갈마이며 갈마가 성취되느니라.

여러 비구들이여. 세 요소를 갖추었던 구출갈마라면 곧 여법한 갈마이고 율의 갈마이며 갈마가 성취되느니라. 이를테면, 비난받을 행이었으므로 행하였거나, 여법하게 행하였거나, 화합하여 행하는 것이다. 여러 비구들이여. 이와 같은 세 요소를 갖추었던 구출갈마라면 곧 여법한 갈마이고 율의 갈마이며 갈마가 성취되느니라.

여러 비구들이여. 세 요소를 갖추었던 구출갈마라면 곧 여법한 갈마이고 율의 갈마이며 갈마가 성취되느니라. 이를테면, 억념시키고서 행하였거나, 여법하게 행하였거나, 화합하여 행하는 것이다. 여러 비구들이여. 이와 같은 세 요소를 갖추었던 구출갈마라면 곧 여법한 갈마이고 율의 갈마이며 갈마가 성취되느니라.

여러 비구들이여. 세 요소를 갖추었던 구출갈마라면 곧 여법한 갈마이고 율의 갈마이며 갈마가 성취되느니라. 이를테면, 스스로가 죄를 아뢰게 시키고서 여법하게 행하였거나, 화합하여 행하는 것이다. 여러 비구들이여. 이와 같은 세 요소를 갖추었던 구출갈마라면 곧 여법한 갈마이고 율의 갈마이며 갈마가 성취되느니라."

[여법갈마의 열두 종류를 마친다.]

20) 원하였던 열네 종류

20-1 "여러 비구들이여. 세 요소를 갖추었던 비구이었고, 승가가 만약 원하였다면 마땅히 구출갈마를 행할 수 있느니라. 이를테면, 승가의 가운데에서 쟁송하였고 투쟁하였으며 논쟁하였고 분쟁하였거나, 우치하였고 우매하였으며 죄가 많았고 교계를 받아들이지 않았거나, 재가에 머물렀고 재가의 대중과 수순하지 않으면서 함께 머무르는 자이다. 여러 비구들이여. 이와 같은 세 요소를 갖추었던 비구이었고, 승가가 만약 원하였다면 마땅히 구출갈마를 행할 수 있느니라.

여러 비구들이여. 또한 세 요소를 갖추었던 비구이었고, 승가가 만약 원하였다면 마땅히 구출갈마를 행할 수 있느니라. 이를테면, 증상계에서 계율을 파괴하였거나, 증상행에서 행을 파괴하였거나, 증상견에서 견해를 파괴한 자이다. 여러 비구들이여. 이와 같은 요소를 갖추었던 비구이었고, 승가가 만약 원하였다면 마땅히 구출갈마를 행할 수 있느니라.

여러 비구들이여. 또한 세 요소를 갖추었던 비구이었고, 승가가 만약 원하였다면 마땅히 구출갈마를 행할 수 있느니라. 이를테면, 세존을 훼방하였거나, 법을 훼방하였거나, 승가를 훼방한 자이다. 여러 비구들이여. 이와 같은 세 요소를 갖추었던 비구이었고, 승가가 만약 원하였다면 마땅히 구출갈마를 행할 수 있느니라."

20-2 "여러 비구들이여. 또한 세 요소를 갖추었던 비구들이었고, 승가가 만약 원하였다면 마땅히 구출갈마를 행할 수 있느니라. 이를테면, 첫째는 몸으로 오락하였고, 둘째는 입으로 오락하였으며, 셋째는 몸과 입으로 오락하였던 부류이다. 여러 비구들이여. 이와 같은 세 요소를 갖추었던 비구들이었고, 승가가 만약 원하였다면 마땅히 구출갈마를 행할 수 있느니라.

여러 비구들이여. 또한 세 요소를 갖추었던 비구들이었고, 승가가 만약 원하였다면 마땅히 구출갈마를 행할 수 있느니라. 이를테면, 첫째는 몸으로 비행(非行)을 갖추었고, 둘째는 입으로 비행을 갖추었으며, 셋째는 몸과 입으로 비행을 갖추었던 자이다. 여러 비구들이여. 이와 같은 세 요소를 갖추었던 비구들이었고, 승가가 만약 원하였다면 마땅히 구출갈마를 행할 수 있느니라.

여러 비구들이여. 또한 세 요소를 갖추었던 비구들이었고, 승가가 만약 원하였다면 마땅히 구출갈마를 행할 수 있느니라. 이를테면, 첫째는 몸으로 위해(違害)를 갖추었고, 둘째는 입으로 위해를 갖추었으며, 셋째는 몸과 입으로 위해를 갖추었던 자이다. 여러 비구들이여. 이와 같은 세 요소를 갖추었던 비구들이었고, 승가가 만약 원하였다면 마땅히 구출갈마를 행할 수 있느니라."

20-3 "여러 비구들이여. 또한 세 요소를 갖추었던 부류의 비구들이었고, 승가가 만약 원하였다면 마땅히 구출갈마를 행할 수 있느니라. 이를테면, 첫째는 몸으로 삿된 생활(邪命)을 갖추었고, 둘째는 입으로 삿된 생활을 갖추었으며, 셋째는 몸과 입으로 삿된 생활을 갖추었던 자이다. 여러 비구들이여. 이와 같은 세 요소를 갖추었던 부류의 비구들이었고, 승가가 만약 원하였다면 마땅히 구출갈마를 행할 수 있느니라.

여러 비구들이여. 세 요소를 갖추었던 부류의 비구들이었고, 승가가 만약 원하였다면 마땅히 구출갈마를 행할 수 있느니라. 이를테면, 승가의 가운데에서 쟁송하였고 투쟁하였으며 논쟁하였고 분쟁하였거나, 우치하였고 우매하였으며 죄가 많았고 교계를 받아들이지 않았거나, 재가에 머물렀고 재가의 대중과 수순하지 않으면서 함께 머무르는 자이다. 여러 비구들이여. 이와 같은 세 요소를 갖추었던 부류의 비구들이었고, 승가가 만약 원하였다면 마땅히 구출갈마를 행할 수 있느니라.

여러 비구들이여. 또한 세 요소를 갖추었던 부류의 비구들이었고, 승가가 만약 원하였다면 마땅히 구출갈마를 행할 수 있느니라. 이를테면, 증상계에서 계율을 파괴하였거나, 증상행에서 행을 파괴하였거나, 증상견에서 견해를 파괴한 자이다. 여러 비구들이여. 이와 같은 세 요소를 갖추었던 부류의 비구들이었고, 승가가 만약 원하였다면 마땅히 구출갈마를 행할 수 있느니라."

20-4 "여러 비구들이여. 또한 세 요소를 갖추었던 부류의 비구들이었고, 승가가 만약 원하였다면 마땅히 구출갈마를 행할 수 있느니라. 이를테면, 세존을 훼방하였거나, 법을 훼방하였거나, 승가를 훼방한 자이다. 여러 비구들이여. 이와 같은 세 요소를 갖추었던 부류의 비구들이었고, 승가가 만약 원하였다면 마땅히 구출갈마를 행할 수 있느니라.

여러 비구들이여. 또한 세 요소를 갖추었던 부류의 비구들이었고, 승가가 만약 원하였다면 마땅히 구출갈마를 행할 수 있느니라. 이를테면, 첫째는 몸으로 오락하였고, 둘째는 입으로 오락하였으며, 셋째는 몸과 입으로 오락하였던 부류이다. 여러 비구들이여. 이와 같은 세 요소를 갖추었던 부류의 비구들이었고, 승가가 만약 원하였다면 마땅히 구출갈마를 행할 수 있느니라.

여러 비구들이여. 또한 세 요소를 갖추었던 부류의 비구들이었고, 승가가 만약 원하였다면 마땅히 구출갈마를 행할 수 있느니라. 이를테면, 첫째는 몸으로 비행을 갖추었고, 둘째는 입으로 비행을 갖추었으며, 셋째는 몸과 입으로 비행을 갖추었던 자이다. 여러 비구들이여. 이와 같은 세 요소를 갖추었던 부류의 비구들이었고, 승가가 만약 원하였다면 마땅히 구출갈마를 행할 수 있느니라."

20-5 "여러 비구들이여. 또한 세 요소를 갖추었던 부류의 비구들이었고, 승가가 만약 원하였다면 마땅히 구출갈마를 행할 수 있느니라. 이를테면, 첫째는 몸으로 위해를 갖추었고, 둘째는 입으로 위해를 갖추었으며, 셋째는 몸과 입으로 위해를 갖추었던 자이다. 여러 비구들이여. 이와 같은 세 요소를 갖추었던 부류의 비구들이었고, 승가가 만약 원하였다면 마땅히 구출갈마를 행할 수 있느니라.

여러 비구들이여. 또한 세 요소를 갖추었던 부류의 비구들이었고, 승가가 만약 원하였다면 마땅히 구출갈마를 행할 수 있느니라. 이를테면, 첫째는 몸으로 삿된 생활을 갖추었고, 둘째는 입으로 삿된 생활을 갖추었으며, 셋째는 몸과 입으로 삿된 생활을 갖추었던 자이다. 여러 비구들이여. 이와 같은 세 요소를 갖추었던 부류의 비구들이었고, 승가가 만약 원하였다면 마땅히 구출갈마를 행할 수 있느니라."

[원하였던 열네 종류를 마친다.]

21) 열여덟 종류의 의무

21-1 "여러 비구들이여. 구출갈마를 받은 비구는 마땅히 바르게 행해야 하느니라. 이 가운데에서 바르게 행하는 것은 이를테면, 사람들에게 구족계를 줄 수 없고, 사람들에게 의지를 받을 수 없으며, 사미를 양육할 수 없고, 비구니를 교계하는 사람으로 뽑힐 수 없으며, 뽑혔더라도 역시 가서 비구니를 교계할 수 없고, 승가가 이미 구출갈마를 행하였다면 죄를 범할 수 없으며, 비슷한 죄를 범할 수 없고, 이것보다 더욱 악한 죄를 범할 수 없으며, 갈마를 비난할 수 없고, 갈마를 행하는 것을 비난할 수 없으며, 청정한 비구의 포살을 방해할 수 없고, 자자를 방해할 수 없으며, 대중에게 명령할 수 없고, 교계할 수 없으며, (갈마를) 허락할 수 없고, 꾸짖을 수 없으며, 억념시킬 수 없고, 여러 비구들과 투쟁할 수 없느니라."

[열여덟 종류의 의무를 마친다.]

22) 해제할 수 없는 열여덟 종류

22-1 그때 사리불과 목건련을 상수(上首)로 삼은 승가는 계타산으로 갔으며, 아습바와 부나바사의 도중인 비구들에게 구출갈마를 행하면서 "아습바와 부나바사의 도중인 비구들은 계타산에 머무를 수 없습니다."라고 말하였다. 그들은 승가에게 구출갈마를 받았으나, 바르게 행하지 않았고 수순하지 않았으며 죄를 소멸시키고자 원하지 않았고, 여러 비구들을 향하여 죄를 참회하지 않았고 또한 욕설하였으며 비난하였고 욕망을 따랐고 성냄을 따랐으며 어리석음을 따랐고 두려움을 따랐다고 승가를 비방하였으며, 혹은 떠나갔고 혹은 환속(還俗)하였다. 여러 비구들의 가운데에서 욕심이 적은 자들은 싫어하고 비난하였다.

"무슨 까닭으로써 아습바와 부나바사의 도중인 비구들은 승가에게 구출갈마를 받고서, 나아가 바르게 행하지 않았고 수순하지 않았으며 죄를 소멸시키고자 원하지 않았고, 여러 비구들을 향하여 죄를 참회하지 않았고 또한 욕설하였으며 비난하였고 욕망을 따랐고 성냄을 따랐으며 어리석음을 따랐고 두려움을 따랐다고 승가를 비방하였으며, 혹은 떠나갔고 혹은 환속하는가?"

이때 여러 비구들은 이 일로써 세존께 아뢰었다. 이때 세존께서는 이 인연으로써 승가 대중을 모으셨으며, 여러 비구들에게 물어 말씀하셨다.

"여러 비구들이여. 아습바와 부나바사의 도중인 비구들은 승가에게 구출갈마를 받고서, 나아가 바르게 행하지 않았고 수순하지 않았으며 죄를 소멸시키고자 원하지 않았고, 여러 비구들을 향하여 죄를 참회하지 않았고 또한 욕설하였으며 비난하였고 욕망을 따랐고 성냄을 따랐으며 어리석음을 따랐고 두려움을 따랐다고 승가를 비방하였으며, 혹은 떠나갔고 혹은 환속하였는가?"

"진실로 그렇습니다. 세존이시여."

"여러 비구들이여. 어찌하여 그 어리석은 사람들은 승가에게 구출갈마를 받고서, 나아가 바르게 행하지 않았고 수순하지 않았으며 죄를 소멸시키고자 원하지 않았고, 여러 비구들을 향하여 죄를 참회하지 않았고 또한 욕설하였으며 비난하였고 욕망을 따랐고 성냄을 따랐으며 어리석음을 따랐고 두려움을 따랐다고 승가를 비방하였으며, 혹은 떠나갔고 혹은 환속하였는가? 여러 비구들이여. 이것은 오히려 믿지 않는 자는 신심이 생겨나지 않게 하고, …… 이미 믿었던 자는 일부가 전전하여 다른 곳으로 향하여 떠나가게 하느니라."

세존께서는 여러 종류의 방편으로써 꾸짖으셨고, 설법하셨으며 여러 비구들에게 알려 말씀하셨다.

"여러 비구들이여. 그와 같다면 승가에게 구출갈마를 받은 그들을 해제할 수 없느니라."

22-2 "여러 비구들이여. 다섯 요소를 갖추었던 비구라면 구출갈마를 해제할 수 없느니라. 이를테면, 사람들에게 구족계를 주었거나, 사람들의 의지를 받았거나, 사미를 양육하였거나, 비구니를 교계하는 사람으로 뽑혔거나, 뽑혔고 역시 가서 비구니를 교계하였던 것이다. 여러 비구들이여. 이와 같이 다섯 요소를 갖추었던 비구라면 구출갈마를 해제할 수 없느니라.

여러 비구들이여. 다섯 요소를 갖추었던 비구라면 구출갈마를 해제할 수 없느니라. 이를테면, 승가가 이미 구출갈마를 행하였는데 죄를 범하였거나, 비슷한 죄를 범하였거나, 이것보다 더욱 악한 죄를 범하였거나, 갈마를 비난하였거나, 갈마를 행하는 것을 비난한 것이다. 여러 비구들이여. 이와 같이 다섯 요소를 갖추었던 비구라면 구출갈마를 해제할 수 없느니라.

여러 비구들이여. 여덟 요소를 갖추었던 비구라면 구출갈마를 해제할 수 없느니라. 이를테면, 청정한 비구의 포살을 방해하였거나, 자자를 방해하였거나, 대중에게 명령하였거나, 교계하였거나, (갈마를) 허락하였거나, 꾸짖었거나, 억념시켰거나, 여러 비구들과 투쟁한 것이다. 여러 비구들이여. 이와 같이 여덟 요소를 갖추었던 비구라면 구출갈마를 해제할 수 없느니라."

[해제할 수 없는 열여덟 종류를 마친다.]

23) 해제할 수 있는 열여덟 종류

23-1 "여러 비구들이여. 다섯 요소를 갖추었던 비구라면 구출갈마를 해제할 수 있느니라. 이를테면, 사람들에게 구족계를 주지 않았거나, 사람들의 의지를 받지 않았거나, 사미를 양육하지 않았거나, 비구니를 교계하는 사람으로 뽑히지 않았거나, 뽑혔어도 역시 가서 비구니를 교계하지 않은 것이다. 여러 비구들이여. 이와 같이 다섯 요소를 갖추었던 비구라면 구출갈마를 해제할 수 있느니라.

여러 비구들이여. 다섯 요소를 갖추었던 비구라면 구출갈마를 해제할 수 있느니라. 이를테면, 승가가 이미 구출갈마를 행하였다면 죄를 범하지 않았거나, 비슷한 죄를 범하지 않았거나, 이것보다 더욱 악한 죄를 범하지 않았거나, 갈마를 비난하지 않았거나, 갈마를 행하는 것을 비난하지 않은 것이다. 여러 비구들이여. 이와 같이 다섯 요소를 갖추었던 비구라면 구출갈마를 해제할 수 있느니라.

여러 비구들이여. 여덟 요소를 갖추었던 비구라면 구출갈마를 해제할 수 없느니라. 이를테면, 청정한 비구의 포살을 방해하지 않았거나, 자자를 방해하지 않았거나, 대중에게 명령하지 않았거나, 교계하지 않았거나, (갈마를) 허락하지 않았거나, 꾸짖었지 않았거나, 억념시키지 않았거나, 여러 비구들과 투쟁하지 않은 것이다. 여러 비구들이여. 이와 같이 여덟 요소를 갖추었던 비구라면 구출갈마를 해제할 수 있느니라."

[해제할 수 있는 열여덟 종류를 마친다.]

24) 갈마의 해제

24-1 "여러 비구들이여. 마땅히 이와 같이 해제해야 하느니라. 여러 비구들이여. 승가에게 구출갈마를 받은 비구는 마땅히 승가의 가운데에 이르러 오른쪽 어깨를 드러내고 상좌 비구의 발에 예배하고서 호궤 합장하고서 이와 같이 아뢰어야 한다.

'여러 대덕들이여. 나는 승가에게 구출갈마를 받았으므로 바르게 행하고 수순하면서 죄를 소멸시키고자 원하고 있으므로, 구출갈마를 해제하여 주시기를 청합니다.'

마땅히 이와 같이 두 번째에도 애원해야 하고, …… 나아가 …… 세 번째에도 애원해야 한다. 마땅히 한 총명하고 현명하며 능력있는 비구가 승가의 가운데에서 창언해야 한다.

'대덕 승가께서는 허락하십시오. 이 누구 비구는 승가에게 구출갈마를 받았으므로 바르게 행하고 수순하면서 죄를 소멸시키고자 원하고 있으며, 그는 갈마를 해제하여 주시기를 청하고 있습니다. 만약 승가께서 때에 이르렀다면 승가는 마땅히 어느 비구의 구출갈마를 해제하여 주십시오. 이와 같이 아룁니다.'

'대덕 승가께서는 허락하십시오. 이 누구 비구는 승가에게 구출갈마를 받았으므로 바르게 행하고 수순하면서 죄를 소멸시키고자 원하고 있으며, 그는 구출갈마를 해제하여 주시기를 청하고 있습니다. 승가시여. 누구 비구의 구출갈마를 해제하여 주겠습니다. 여러 대덕들께서 누구 비구의 구출갈마를 해제하는 것을 인정하신다면 묵연하시고, 인정하지 않으신다면 말씀하십시오.'

저는 두 번째로 이 일을 아룁니다.

'대덕 승가께서는 허락하십시오. 이 누구 비구는 승가에게 구출갈마를 받았으므로 바르게 행하고 수순하면서 죄를 소멸시키고자 원하고 있으며, 그는 구출갈마를 해제하여 주시기를 청하고 있습니다. 승가시여. 누구 비구의 구출갈마를 해제하여 주겠습니다. 여러 대덕들께서 누구 비구의

구출갈마를 해제하는 것을 인정하신다면 묵연하시고, 인정하지 않으신다면 말씀하십시오.'

저는 세 번째로 이 일을 아룁니다.

'대덕 승가께서는 허락하십시오. 이 누구 비구는 승가에게 구출갈마를 받았으므로 바르게 행하고 수순하면서 죄를 소멸시키고자 원하고 있으며, 그는 구출갈마를 해제하여 주시기를 청하고 있습니다. 승가시여. 누구 비구의 구출갈마를 해제하여 주겠습니다. 여러 대덕들께서 누구 비구의 구출갈마를 해제하는 것을 인정하신다면 묵연하시고, 인정하지 않으신다면 말씀하십시오.'

'승가시여. 누구 비구의 구출갈마를 해제하는 것을 마쳤습니다. 여러 대덕들께서 인정하신 것은 묵연하였던 까닭입니다. 나는 이와 같이 알고 이해하겠습니다.'"

[갈마의 해제를 마친다.]

○ 셋째의 송출품을 마친다.

4. 제4송출품

25) 하의갈마(下意羯磨)[22]의 연기

25-1 그때 장로 선법(善法)[23]은 마차지타(摩叉止陀)[24]의 건축을 감독하는 질다라(質多羅)[25] 거사(居士)의 주처에서 항상 음식을 받았다. 이때

---

22) 팔리어 Paṭisāraṇīyakamma(파티사라니야캄마)의 번역이다.
23) 팔리어 Sudhamma(수담마)의 번역이다.
24) 팔리어 macchikāsaṇḍa(마찌카산다)의 음사이다.

질다라 거사는 승가를 청하거나, 혹은 별중, 혹은 개인을 청하는 때에 만약 먼저 장로 선법에게 말하지 않았다면 곧 승가를 청하거나, 혹은 별중, 혹은 개인을 청하지 않았다.

그때 대중의 장로 비구들인 장로 사리불(舍利弗), 장로 마하목건련(摩訶目犍連), 장로 마하 가전연(摩訶迦旃延)26), 장로 마하구치라(摩訶拘絺羅)27), 장로 마하겁빈나(摩訶劫賓那)28), 장로 마하주나(摩訶周那)29), 장로 아나율(阿那律)30), 장로 이월(離越)31), 장로 우바리(優波離)32), 장로 아난(阿難)33), 장로 라후라(羅睺羅)34) 등이 유행하여 마차지원에 이르렀다.

질다라 거사는 "여러 장로 비구들이 마차지원에 이르렀다."라고 들었고, 이때 질다라 거사는 장로 비구들의 처소로 나아갔다. 나아가서 장로 비구들에게 예배하고 한쪽에 앉았다. 한쪽에 앉은 때에 장로 사리불은 설법하여 열어서 보여주었고, 교계하였으며, 인도하였고, 권유하였으며 환희하게 하였다. 이때 질다라 거사는 장로 사리불이 설법하여 열어서 보여주었고, 교계하였으며, 인도하였고, 권유하였으며 환희하게 하였으므로, 여러 장로 비구들에게 알려 말하였다.

"여러 장로들이여. 내일에 음식을 받기를 청합니다."

여러 장로들은 묵연히 허락하였다.

25-2 이때 질다라 거사는 여러 장로들의 허락을 받고서 자리에서 일어나

---

25) 팔리어 Citta(치따)의 음사이다.
26) 팔리어 Mahākaccāna(마하카짜나)의 음사이다.
27) 팔리어 Mahākoṭṭhika(마히코띠카)의 음사이다.
28) 팔리어 Mahākappina(마하카삐나)의 음사이다.
29) 팔리어 Mahācunda(마하춘다)의 음사이다.
30) 팔리어 Anuruddha(아누루따)의 음사이다.
31) 팔리어 Revata(레바타)의 음사이다.
32) 팔리어 Upāli(우파리)의 음사이다.
33) 팔리어 Ānanda(아난다)의 음사이다.
34) 팔리어 Rāhula(라후라)의 음사이다.

서 장로 비구들에게 예배하고 오른쪽으로 돌면서 떠나갔으며, 장로 선법의 주처에 이르렀다. 이르러서 장로 선법에게 예배하고 한쪽에 서 있었다. 한쪽에 서 있으면서 질다라 거사는 장로 선법에게 알려 말하였다.

"선법 존자여! 청하건대 내일은 여러 장로들과 음식을 주겠으니, 함께 받으십시오."

이때 장로 선법은 생각하였다.

'이전에 질다라 거사는 승가를 청하거나, 혹은 별중, 혹은 개인을 청하는 때에 만약 먼저 나에게 말하지 않았다면 곧 승가를 청하거나, 혹은 별중, 혹은 개인을 청하지 않았다. 그러나 지금 먼저 나에게 말하지 않고 여러 장로들을 청하였다. 지금 이 질다라 거사는 나를 마주하고서 악한 뜻을 품었고 무시하며 좋아하지 않는다.'

곧 질다라 거사에게 말하였다.

"거사여. 그만두시오. 나는 허락할 수 없소."

두 번째에도, …… 나아가 …… 세 번째에도 질다라 거사는 장로 선법에게 알려 말하였다.

"선법 존자여! 청하건대 내일은 여러 장로들과 음식을 주겠으니 함께 받으십시오."

"거사여. 그만두시오. 나는 허락할 수 없소."

이때 질다라 거사는 생각하였다.

'선법 존자는 함께 음식을 주는 것을 허락하지 않는다. 나는 어떻게 해야 하는가?'

장로 선법에게 예배하고 오른쪽으로 돌면서 떠나갔다.

25-3 이때 질다라 거사는 이 밤이 지나간 뒤에 여러 장로들을 위하여 상묘(上妙)한 작식(嚼食)과 담식(噉食)을 조리(調理)하였다. 이때 장로 선법은 생각하였다.

'나는 마땅히 질다라 거사가 여러 장로들을 위하여 조리한 것을 보아야겠다.'

이른 아침에 하의를 입고 옷과 발우를 지니고서 질다라 거사의 집에 이르렀다. 이르러서 펼쳐진 자리에 앉았다. 이때 질다라 거사는 장로 선법이 앉을 자리에 이르렀으므로 장로 선법에게 예배하고 한쪽에 앉았다. 한쪽에 앉은 때에 장로 선법은 질다라 거사에게 말하였다.

"거사여. 그대는 이 처소에서 매우 많은 작식과 담식을 조리하였으나, 하나가 부족한데 곧 호마(胡麻)의 떡(餠)이오."

"존자여. 세존의 말씀에는 보배가 매우 많습니다. 무슨 까닭으로써 선법 존자께서는 오직 호마의 떡을 말씀하십니까? 존자여. 지나간 옛날에 남쪽의 도로에 많은 상인이 있었는데, 교역하기 위하여 동쪽의 나라로 갔으며, 그곳에서 암탉을 사서 가지고 왔습니다. 이때 그 암탉과 수컷 까마귀가 함께 머물렀으므로 병아리가 태어났습니다. 존자여! 그 병아리는 닭의 소리로 울고자 하였다면 까마귀의 소리이었고, 까마귀의 소리로 울고자 하였다면 닭의 소리이었습니다. 존자여. 이와 같이 세존의 말씀에는 보배가 매우 많이 있습니다. 무슨 까닭으로써 선법 존자께서는 오직 호마의 떡을 말씀하십니까?"

25-4 "거사여. 그대는 나를 욕하였소. 거사여. 그대는 나를 비방(誹謗)하였소. 거사여. 이곳은 그대의 처소이니, 나는 떠나가겠소."

"선법 존자여. 나는 그대를 비방하지 않았고 그대를 욕하지 않았습니다. 선법 존자여. 안바달가(安婆達迦)[35]의 숲속은 무성하고 고요하여 사람에게 알맞습니다. 청하건대 마차지원에 머무르십시오. 내가 마땅히 선법 존자에게 옷·음식·좌상(坐牀)·필수 의약품·자구(資具) 등을 공급하겠습니다."

두 번째에도, ······ 나아가 ······ 세 번째에도 장로 선법은 여전히 질다라 거사를 향하여 말하였다.

"거사여. 그대는 나를 욕하였소. 거사여. 그대는 나를 비방하였소. 거사여. 이곳은 그대의 처소이니, 나는 떠나가겠소."

---

35) 팔리어 Ambāṭakavana(암바타카바나)의 음사이고, 고대 인도의 마지마데사(중부)에 위치한 숲의 이름이다.

"선법 존자여. 어느 곳으로 가고자 합니까?"

"사위성으로 가서 세존을 보고자 하오."

"만약 그와 같다면 존자여. 그대가 스스로 말한 것과 내가 말한 것을 모두 세존께 아뢰십시오. 선법존자여. 그러나 그대는 다시 마차지원에 돌아오더라도, 역시 희유(希有)하지 않습니다."

25-5 이때 장로 선법은 그의 와구와 좌상을 거두고서, 옷과 발우를 지니고 사위성으로 갔다. 차례로 유행하여 기수급고독원의 세존의 주처에 이르렀다. 이르러서 세존께 예경하고 한쪽에 앉았다. 한쪽에 앉아서 장로 선법은 스스로 말한 것과 거사가 말한 것을 모두 세존께 아뢰었다. 세존께서는 꾸짖으셨다.

"어리석은 사람이여. 이것은 행할 것이 아니고, 수순하는 행이 아니며, 상응하는 법이 아니고, 위의가 아니며, 사문의 행이 아니고, 청정한 행이 아니며, 마땅히 지을 것이 아니니라. 어리석은 사람이여. 그대는 무엇을 위하여 신심이 있어서 청정한 마음으로 보시하는 자이고 선업(善業)의 자이며 승가에게 이익되는 자인 질다라 거사를 업신여겼고 또한 모욕(侮辱)하였는가? 어리석은 사람이여. 이것은 오히려 믿지 않는 자에게 신심이 생겨나지 않게 하고, 이미 믿었던 자는 증장시키지 않느니라. …… 이미 믿었던 자는 일부가 전전하여 다른 곳을 향하여 떠나가게 하느니라."

세존께서는 여러 방편으로 꾸짖으셨고 적절한 법을 수순하여 설하신 뒤에 여러 비구들에게 알려 말씀하셨다.

"여러 비구들이여. 그와 같다면 승가는 마땅히 선법에게 하의갈마(下意羯磨)를 행해야 하느니라."

25-6 "여러 비구들이여. 마땅히 이와 같이 행해야 하느니라. 마땅히 먼저 선법 비구를 꾸짖어야 하고 꾸짖은 뒤에 마땅히 억념시켜야 하며 억념시키고서 뒤에 마땅히 스스로가 죄를 아뢰게 할 것이고 스스로가 죄를 아뢰게 해야 한다. 그 뒤에 마땅히 한 총명하고 현명하며 능력있는

비구가 승가의 가운데에서 창언해야 한다.

"'대덕 승가께서는 허락하십시오. 이 선법 비구는 신심이 있어서 청정한 마음으로 보시하는 자이고 선업의 자이며 승가에게 이익되는 자인 질다라 거사를 업신여겼고 또한 모욕하였습니다. 만약 승가께서 때에 이르렀다면 승가는 마땅히 선법 비구에게 하의갈마를 행하면서 〈그대는 질다라 거사를 향하여 허물을 참회하십시오.〉라고 말하겠습니다. 이와 같이 아룁니다.'

'대덕 승가께서는 허락하십시오. 이 선법 비구는 신심이 있어서 청정한 마음으로 보시하는 자이고 선업의 자이며 승가에게 이익되는 자인 질다라 거사를 업신여겼고 또한 모욕하였습니다. 승가는 하의갈마를 행하면서 〈그대는 질다라 거사를 향하여 허물을 참회하십시오.〉라고 말하겠습니다. 여러 대덕들께서 선법 비구에게 하의갈마를 행하면서 〈그대는 질다라 거사를 향하여 허물을 참회하십시오.〉라고 말하는 것을 인정하신다면 묵연하시고, 인정하지 않으신다면 말씀하십시오.'

저는 두 번째로 이 일을 아룁니다.

'대덕 승가께서는 허락하십시오. 이 선법 비구는 신심이 있어서 청정한 마음으로 보시하는 자이고 선업의 자이며 승가에게 이익되는 자인 질다라 거사를 업신여겼고 또한 모욕하였습니다. 승가는 하의갈마를 행하면서 〈그대는 질다라 거사를 향하여 허물을 참회하십시오.〉라고 말하겠습니다. 여러 대덕들께서 선법 비구에게 하의갈마를 행하면서 〈그대는 질다라 거사를 향하여 허물을 참회하십시오.〉라고 말하는 것을 인정하신다면 묵연하시고, 인정하지 않으신다면 말씀하십시오.'

저는 세 번째로 이 일을 아룁니다.

'대덕 승가께서는 허락하십시오. 이 선법 비구는 신심이 있어서 청정한 마음으로 보시하는 자이고 선업의 자이며 승가에게 이익되는 자인 질다라 거사를 업신여겼고 또한 모욕하였습니다. 승가는 하의갈마를 행하면서 〈그대는 질다라 거사를 향하여 허물을 참회하십시오.〉라고 말하겠습니다. 여러 대덕들께서 선법 비구에게 하의갈마를 행하면서 〈그대는 질다라 거사를 향하여 허물을 참회하십시오.〉라고 말하는 것을 인정하신다면

묵연하시고, 인정하지 않으신다면 말씀하십시오.'

'승가시여. 선법 비구에게 하의갈마를 행하면서 〈그대는 질다라 거사를 향하여 허물을 참회하십시오.〉라고 말하는 것을 마쳤습니다. 여러 대덕들께서 인정하신 것은 묵연하였던 까닭입니다. 나는 이와 같이 알고 이해하겠습니다.'"

[하의갈마의 연기를 마친다.]

26) 비법갈마의 열두 종류

26-1 "여러 비구들이여. 세 요소를 갖추었던 하의갈마라면, 곧 비법의 갈마이고 율의 갈마가 아니며 갈마가 성취되지 않느니라. 이를테면, 꾸짖을 사람이 현전하지 않았는데 행하였거나, 힐문하지 않을 사람에게 행하였거나, 꾸짖을 사람에게 스스로가 말하게 시키지 않고서 행하는 것이다. 여러 비구들이여. 이와 같은 세 요소를 갖추었던 하의갈마라면, 곧 비법의 갈마이고 율의 갈마가 아니며 갈마가 성취되지 않느니라.

여러 비구들이여. 또한 세 요소를 갖추었던 하의갈마라면, 곧 비법의 갈마이고 율의 갈마가 아니며 갈마가 성취되지 않느니라. 이를테면, 무죄인 사람에게 행하였거나, 마땅히 죄를 참회하지 않은 사람에게 행하였거나, 이미 죄를 참회하였는데 행하는 것이다. 여러 비구들이여. 이와 같은 세 요소를 갖추었던 하의갈마라면, 곧 비법의 갈마이고 율의 갈마가 아니며 갈마가 성취되지 않느니라.

여러 비구들이여. 또한 세 요소를 갖추었던 하의갈마라면, 곧 비법의 갈마이고 율의 갈마가 아니며 갈마가 성취되지 않느니라. 이를테면, 비난받을 행이 아닌데 행하였거나, 억념시키지 않고서 행하였거나, 스스로가 죄를 아뢰게 시키지 않고서 행하는 것이다. 여러 비구들이여. 이와 같은 세 요소를 갖추었던 하의갈마라면, 곧 비법의 갈마이고 율의 갈마가

아니며 갈마가 성취되지 않느니라.

여러 비구들이여. 세 요소를 갖추었던 하의갈마라면, 곧 비법의 갈마이고 율의 갈마가 아니며 갈마가 성취되지 않느니라. 이를테면, 꾸짖을 사람이 현전하지 않았는데 행하였거나, 비법으로 행하였거나, 별중에서 행하는 것이다. 여러 비구들이여. 이와 같은 세 요소를 갖추었던 하의갈마라면, 곧 비법의 갈마이고 율의 갈마가 아니며 갈마가 성취되지 않느니라.

여러 비구들이여. 세 요소를 갖추었던 하의갈마라면, 곧 비법의 갈마이고 율의 갈마가 아니며 갈마가 성취되지 않느니라. 이를테면, 힐문하지 않을 사람에게 행하였거나, 비법으로 행하였거나, 별중에서 행하는 것이다. 여러 비구들이여. 이와 같은 세 요소를 갖추었던 하의갈마라면, 곧 비법의 갈마이고 율의 갈마가 아니며 갈마가 성취되지 않느니라.

여러 비구들이여. 세 요소를 갖추었던 하의갈마라면, 곧 비법의 갈마이고 율의 갈마가 아니며 갈마가 성취되지 않느니라. 이를테면, 스스로가 죄를 아뢰게 시키지 않고서 행하였거나, 비법으로 행하였거나, 별중에서 행하는 것이다. 여러 비구들이여. 이와 같은 세 요소를 갖추었던 하의갈마라면, 곧 비법의 갈마이고 율의 갈마가 아니며 갈마가 성취되지 않느니라."

26-2 "여러 비구들이여. 세 요소를 갖추었던 하의갈마라면, 곧 비법의 갈마이고 율의 갈마가 아니며 갈마가 성취되지 않느니라. 이를테면, 무죄인 사람에게 행하였거나, 비법으로 행하였거나, 별중에서 행하는 것이다. 여러 비구들이여. 이와 같은 세 요소를 갖추었던 하의갈마라면, 곧 비법의 갈마이고 율의 갈마가 아니며 갈마가 성취되지 않느니라.

여러 비구들이여. 세 요소를 갖추었던 하의갈마라면, 곧 비법의 갈마이고 율의 갈마가 아니며 갈마가 성취되지 않느니라. 이를테면, 마땅히 죄를 참회하지 않은 사람에게 행하였거나, 비법으로 행하였거나, 별중에서 행하는 것이다. 여러 비구들이여. 이와 같은 세 요소를 갖추었던 하의갈마라면, 곧 비법의 갈마이고 율의 갈마가 아니며 갈마가 성취되지 않느니라.

여러 비구들이여. 세 요소를 갖추었던 하의갈마라면, 곧 비법의 갈마이고 율의 갈마가 아니며 갈마가 성취되지 않느니라. 이를테면, 이미 죄를 참회하였는데 행하였거나, 비법으로 행하였거나, 별중에서 행하는 것이다. 여러 비구들이여. 이와 같은 세 요소를 갖추었던 하의갈마라면, 곧 비법의 갈마이고 율의 갈마가 아니며 갈마가 성취되지 않느니라.

여러 비구들이여. 세 요소를 갖추었던 하의갈마라면, 곧 비법의 갈마이고 율의 갈마가 아니며 갈마가 성취되지 않느니라. 이를테면, 비난받을 행이 아닌데 행하였거나, 비법으로 행하였거나, 별중에서 행하는 것이다. 여러 비구들이여. 이와 같은 세 요소를 갖추었던 하의갈마라면 곧 비법의 갈마이고 율의 갈마가 아니며 갈마가 성취되지 않느니라.

여러 비구들이여. 세 요소를 갖추었던 하의갈마라면 곧 비법의 갈마이고 율의 갈마가 아니며 갈마가 성취되지 않느니라. 이를테면, 억념시키지 않고서 행하였거나, 비법으로 행하였거나, 별중에서 행하는 것이다. 여러 비구들이여. 이와 같은 세 요소를 갖추었던 하의갈마라면, 곧 비법의 갈마이고 율의 갈마가 아니며 갈마가 성취되지 않느니라.

여러 비구들이여. 세 요소를 갖추었던 하의갈마라면, 곧 비법의 갈마이고 율의 갈마가 아니며 갈마가 성취되지 않느니라. 이를테면, 스스로가 죄를 아뢰게 시키지 않고서 행하였거나, 비법으로 행하였거나, 별중에서 행하는 것이다. 여러 비구들이여. 이와 같은 세 요소를 갖추었던 하의갈마라면, 곧 비법의 갈마이고 율의 갈마가 아니며 갈마가 성취되지 않느니라."

[비법갈마의 열두 종류를 마친다.]

27) 여법갈마의 열두 종류

27-1 "여러 비구들이여. 세 요소를 갖추었던 하의갈마라면, 곧 여법한 갈마이고 율의 갈마이며 갈마가 성취되느니라. 이를테면, 꾸짖을 사람이

현전하여서 행하였거나, 힐문할 사람에게 행하였거나, 꾸짖을 사람에게 스스로가 말하게 시키고서 행하는 것이다. 여러 비구들이여. 이와 같은 세 요소를 갖추었던 하의갈마라면, 곧 여법한 갈마이고 율의 갈마이며 갈마가 성취되느니라.

여러 비구들이여. 또한 세 요소를 갖추었던 하의갈마라면, 곧 여법한 갈마이고 율의 갈마이며 갈마가 성취되느니라. 이를테면, 유죄인 사람에게 행하였거나, 마땅히 죄를 참회한 사람에게 행하였거나, 죄를 참회하지 않았으므로 행하는 것이다. 여러 비구들이여. 이와 같은 세 요소를 갖추었던 하의갈마라면, 곧 여법한 갈마이고 율의 갈마이며 갈마가 성취되느니라.

여러 비구들이여. 또한 세 요소를 갖추었던 하의갈마라면 곧 여법한 갈마이고 율의 갈마이며 갈마가 성취되느니라. 이를테면, 비난받을 행이었으므로 행하였거나, 억념시키고서 행하였거나, 스스로가 죄를 아뢰게 시키고서 행하는 것이다. 여러 비구들이여. 이와 같은 세 요소를 갖추었던 하의갈마라면 곧 여법한 갈마이고 율의 갈마이며 갈마가 성취되느니라.

여러 비구들이여. 세 요소를 갖추었던 하의갈마라면, 곧 여법한 갈마이고 율의 갈마이며 갈마가 성취되느니라. 이를테면, 꾸짖을 사람이 현전하여서 행하였거나, 여법하게 행하였거나, 화합하여 행하는 것이다. 여러 비구들이여. 이와 같은 세 요소를 갖추었던 하의갈마라면, 곧 여법한 갈마이고 율의 갈마이며 갈마가 성취되느니라.

여러 비구들이여. 세 요소를 갖추었던 하의갈마라면, 곧 여법한 갈마이고 율의 갈마이며 갈마가 성취되느니라. 이를테면, 힐문할 사람에게 행하였거나, 여법하게 행하였거나, 화합하여 행하는 것이다. 여러 비구들이여. 이와 같은 세 요소를 갖추었던 하의갈마라면, 곧 여법한 갈마이고 율의 갈마이며 갈마가 성취되느니라.

여러 비구들이여. 세 요소를 갖추었던 하의갈마라면, 곧 여법한 갈마이고 율의 갈마이며 갈마가 성취되느니라. 이를테면, 스스로가 죄를 아뢰게 시키고서 행하였거나, 여법하게 행하였거나, 화합하여 행하는 것이다. 여러 비구들이여. 이와 같은 세 요소를 갖추었던 하의갈마라면, 곧 여법한 갈마이고 율의 갈마이며 갈마가 성취되느니라."

27-2 "여러 비구들이여. 세 요소를 갖추었던 하의갈마라면, 곧 여법한 갈마이고 율의 갈마이며 갈마가 성취되느니라. 이를테면, 유죄인 사람에게 행하였거나, 여법하게 행하였거나, 화합하여 행하는 것이다. 여러 비구들이여. 이와 같은 세 요소를 갖추었던 하의갈마라면, 곧 여법한 갈마이고 율의 갈마이며 갈마가 성취되느니라.

여러 비구들이여. 세 요소를 갖추었던 하의갈마라면, 곧 여법한 갈마이고 율의 갈마이며 갈마가 성취되느니라. 이를테면, 마땅히 죄를 참회한 사람에게 행하였거나, 여법하게 행하였거나, 화합하여 행하는 것이다. 여러 비구들이여. 이와 같은 세 요소를 갖추었던 하의갈마라면, 곧 여법한 갈마이고 율의 갈마이며 갈마가 성취되느니라.

여러 비구들이여. 세 요소를 갖추었던 하의갈마라면, 곧 여법한 갈마이고 율의 갈마이며 갈마가 성취되느니라. 이를테면, 아직 죄를 참회하지 않았으므로 행하였거나, 여법하게 행하였거나, 화합하여 행하는 것이다. 여러 비구들이여. 이와 같은 세 요소를 갖추었던 하의갈마라면, 곧 여법한 갈마이고 율의 갈마이며 갈마가 성취되느니라.

여러 비구들이여. 세 요소를 갖추었던 하의갈마라면, 곧 여법한 갈마이고 율의 갈마이며 갈마가 성취되느니라. 이를테면, 비난받을 행이었으므로 행하였거나, 여법하게 행하였거나, 화합하여 행하는 것이다. 여러 비구들이여. 이와 같은 세 요소를 갖추었던 하의갈마라면, 곧 여법한 갈마이고 율의 갈마이며 갈마가 성취되느니라.

여러 비구들이여. 세 요소를 갖추었던 하의갈마라면, 곧 여법한 갈마이고 율의 갈마이며 갈마가 성취되느니라. 이를테면, 억념시키고서 행하였거나, 여법하게 행하였거나, 화합하여 행하는 것이다. 여러 비구들이여. 이와 같은 세 요소를 갖추었던 하의갈마라면, 곧 여법한 갈마이고 율의 갈마이며 갈마가 성취되느니라.

여러 비구들이여. 세 요소를 갖추었던 하의갈마라면, 곧 여법한 갈마이고 율의 갈마이며 갈마가 성취되느니라. 이를테면, 스스로가 죄를 아뢰게 시키고서 여법하게 행하였거나, 화합하여 행하는 것이다. 여러 비구들이여. 이와 같은 세 요소를 갖추었던 하의갈마라면, 곧 여법한 갈마이고 율의 갈마이며 갈마가 성취되느니라."

[여법갈마의 열두 종류를 마친다.]

28) 원하였던 스무 종류

28-1 "여러 비구들이여. 다섯 요소를 갖추었던 비구이었고, 승가가 만약 원하였다면 마땅히 하의갈마를 행할 수 있느니라. 이를테면, 재가자에게 소득이 없게 도모하였거나, 재가자에게 이익이 없게 도모하였거나, 재가자에게 주처가 없게 도모하였거나, 재가자에게 비방하고 욕설하였거나, 재가인과 재가인을 이간질한 자이다. 이와 같이 다섯 요소를 갖추었던 비구이었고, 승가가 만약 원하였다면 마땅히 하의갈마를 행할 수 있느니라.
여러 비구들이여. 또한 다시 요소를 갖추었던 비구이었고, 승가가 만약 원하였다면 마땅히 하의갈마를 행할 수 있느니라. 이를테면, 재가자를 향하여 세존을 비방하였거나, 재가자를 향하여 법을 비방하였거나, 재가자를 향하여 승가를 비방하였거나, 재가자를 업신여기고 모욕하였거나, 재가자와 함께 여법하게 약속하고서 실행하지 않는 자이다. 이와 같이 다섯 요소를 갖추었던 비구이었고, 승가가 만약 원하였다면 마땅히 하의갈마를 행할 수 있느니라."

28-2 "여러 비구들이여. 다섯 부류의 비구들이었고, 승가가 만약 원하였다면 마땅히 하의갈마를 행할 수 있느니라. 이를테면, 한 부류가 재가자에게 소득이 없게 도모하였거나, 한 부류가 재가자에게 이익이 없게 도모하였거나, 한 부류가 재가자에게 주처가 없게 도모하였거나, 한 부류가

재가자에게 비방하고 욕설하였거나, 한 부류가 재가인과 재가인을 이간질한 자이다. 이와 같이 다섯 요소를 갖추었던 비구들이었고, 승가가 만약 원하였다면 마땅히 하의갈마를 행할 수 있느니라.

여러 비구들이여. 또한 다시 요소를 갖추었던 비구이었고, 승가가 만약 원하였다면 마땅히 하의갈마를 행할 수 있느니라. 이를테면, 한 부류가 재가자를 향하여 세존을 비방하였거나, 한 부류가 재가자를 향하여 법을 비방하였거나, 한 부류가 재가자를 향하여 승가를 비방하였거나, 한 부류가 재가자를 업신여기고 모욕하였거나, 한 부류가 재가자와 함께 여법하게 약속하고서 실행하지 않는 자이다. 이와 같이 다섯 요소를 갖추었던 비구이었고, 승가가 만약 원하였다면 마땅히 하의갈마를 행할 수 있느니라."

[원하였던 스무 종류를 마친다.]

29) 열여덟 종류의 의무

29-1 "여러 비구들이여. 하의갈마를 받은 비구는 마땅히 바르게 행해야 하느니라. 이 가운데에서 바르게 행하는 것은 이를테면, 사람들에게 구족계를 줄 수 없고, 사람들의 의지를 받을 수 없으며, 사미를 양육할 수 없고, 비구니를 교계하는 사람으로 뽑힐 수 없으며, 뽑혔더라도 역시 가서 비구니를 교계할 수 없고, 승가가 이미 하의갈마를 행하였다면 죄를 범할 수 없으며, 비슷한 죄를 범할 수 없고, 이것보다 더욱 악한 죄를 범할 수 없으며, 갈마를 비난할 수 없고, 갈마를 행하는 것을 비난할 수 없으며, 청정한 비구의 포살을 방해할 수 없고, 자자를 방해할 수 없으며, 대중에게 명령할 수 없고, 교계할 수 없으며, (갈마를) 허락할 수 없고, 꾸짖을 수 없으며, 억념시킬 수 없고, 여러 비구들과 투쟁할 수 없느니라."

[열여덟 종류의 의무를 마친다.]

30) 참회와 승가의 반려자(伴侶者)[36]

30-1 이때 승가는 선법 비구에게 하의갈마를 행하면서 "질다라 거사를 향하여 허물을 참회하십시오."라고 말하였다. 그 비구는 승가에게 하의갈마를 받고서 마차지원으로 갔으나, 부끄러웠던 인연으로 능히 다라 거사를 향하여 허물을 참회하지 못하였고, 다시 사위성으로 돌아왔다. 여러 비구들은 그 비구에게 말하였다.

"질다라 거사를 향하여 허물을 참회하였습니까?"

"장로들이여. 나는 이곳에서 마차지원으로 갔으나, 부끄러웠던 인연으로 능히 질다라 거사를 향하여 허물을 참회하지 못하였습니다."

여러 비구들은 이 일로써 세존께 아뢰었고, 세존께서는 말씀하셨다.

30-2 "여러 비구들이여. 그와 같다면 승가는 마땅히 선법 비구에게 반려자를 부촉하여 질다라 거사를 향하여 허물을 참회하게 해야 하느니라. 여러 비구들이여. 마땅히 이와 같이 반려자를 부촉해야 한다. 마땅히 먼저 반려자인 비구를 청할 것이고, 청한 뒤에 마땅히 한 총명하고 현명하며 능력있는 비구가 승가의 가운데에서 창언해야 한다.

'대덕 승가께서는 허락하십시오. 만약 승가께서 때에 이르렀다면 승가는 누구의 비구로써 선법 비구의 반려자로 삼아서 질다라 거사를 향하여 허물을 참회하게 하겠습니다. 이와 같이 아룁니다.'

'대덕 승가께서는 허락하십시오. 누구의 비구로써 선법 비구의 반려자로 삼아서 질다라 거사를 향하여 허물을 참회하게 하겠습니다. 만약 승가께서 누구의 비구로써 선법 비구의 반려자로 삼아서 질다라 거사를

---

36) 팔리어 anudūta(아누두타)의 음사이다.

향하여 허물을 참회하게 하는 것을 인정하신다면 묵연하시고, 인정하지 않으신다면 말씀하십시오.'

'승가시여. 누구의 비구로써 선법 비구의 반려자로 삼아서 질다라 거사를 향하여 허물을 참회하게 하는 것을 마쳤습니다. 여러 대덕들께서 인정하신 것은 묵연하였던 까닭입니다. 나는 이와 같이 알고 이해하겠습니다.'"

30-3 "여러 비구들이여. 그 선법 비구와 반려자 비구는 함께 마차지원으로 갈 것이고, 질다라 거사를 향하여 허물을 참회하면서 마땅히 말해야 한다.

'거사여. 청하건대 나의 참회를 받아주십시오. 용서를 청합니다.' 만약 이와 같이 말하여서 참회를 받아준다면 좋은 것이다. 만약 참회를 받아주지 않는다면, 곧 마땅히 오히려 반려자인 비구가 말해야 한다. '거사여. 이 비구의 참회를 받아주십시오. 내가 용서를 청합니다.' 만약 이와 같이 말하여서 참회를 받아준다면 좋은 것이다.

만약 참회를 받아주지 않는다면, 곧 마땅히 오히려 반려자인 비구가 말해야 한다. '거사여. 이 비구의 참회를 받아주십시오. 내가 용서를 청합니다.' 만약 이와 같이 말하여서 참회를 받아준다면 좋은 것이다. 만약 참회를 받아주지 않는다면, 곧 마땅히 오히려 반려자인 비구가 말해야 한다. '거사여. 승가의 이름을 의지하여 이 비구의 참회를 받아주십시오. 내가 용서를 청합니다.' 만약 이와 같이 말하여서 참회를 받아준다면 좋은 것이다. 만약 참회를 받아주지 않는다면 곧 반려자인 비구는 선법 비구에게 질다라 거사를 벗어나지 않아서 그에게 보이는 경계이거나, 벗어나지 않아서 그에게 들리는 경계에서 오른쪽 어깨를 드러내고 호궤합장하고서 스스로가 그의 죄를 말하게 해야 하느니라."

[참회와 승가의 반려자를 마친다.]

31) 해제할 수 없는 열여덟 종류

31-1 이때 장로 선법과 반려자 비구는 함께 마차지원으로 갔고, 질다라 거사를 향하여 허물을 참회하였다. 그리고 바르게 행하였고 수순하면서 죄를 소멸시키고자 원하였으므로, 여러 비구들의 처소에 이르러서 이와 같이 말을 지었다.

"여러 장로들이여. 나는 승가에게 하의갈마를 받았으므로 바르게 행하였고 수순하면서 죄를 소멸시키고자 원하고 있습니다. 나는 마땅히 어떻게 해야 합니까?"

이때 그 여러 비구들은 이 일로써 세존께 아뢰었고, 세존께서는 말씀하셨다.

"여러 비구들이여. 그와 같다면 승가는 마땅히 선법 비구에게 하의갈마를 해제해야 하느니라."

31-2 "여러 비구들이여. 다섯 요소를 갖추었던 비구라면 하의갈마를 해제할 수 없느니라. 이를테면, 사람들에게 구족계를 주었거나, 사람들의 의지를 받았거나, 사미를 양육하였거나, 비구니를 교계하는 사람으로 뽑혔거나, 뽑혔고 역시 가서 비구니를 교계하였던 것이다. 여러 비구들이여. 이와 같이 다섯 요소를 갖추었던 비구라면 하의갈마를 해제할 수 없느니라.

여러 비구들이여. 다섯 요소를 갖추었던 비구라면 하의갈마를 해제할 수 없느니라. 이를테면, 승가가 이미 하의갈마를 행하였는데 죄를 범하였거나, 비슷한 죄를 범하였거나, 이것보다 더욱 악한 죄를 범하였거나, 갈마를 비난하였거나, 갈마를 행하는 것을 비난한 것이다. 여러 비구들이여. 이와 같이 다섯 요소를 갖추었던 비구라면 하의갈마를 해제할 수 없느니라.

여러 비구들이여. 여덟 요소를 갖추었던 비구라면 하의갈마를 해제할 수 없느니라. 이를테면, 청정한 비구의 포살을 방해하였거나, 자자를 방해하였거나, 대중에게 명령하였거나, 교계하였거나, (갈마를) 허락하였거나, 꾸짖었거나, 억념시켰거나, 여러 비구들과 투쟁한 것이다. 여러 비구들이여. 이와 같이 여덟 요소를 갖추었던 비구라면 하의갈마를 해제할 수 없느니라."

[해제할 수 없는 열여덟 종류를 마친다.]

32) 해제할 수 있는 열여덟 종류

32-1 "여러 비구들이여. 다섯 요소를 갖추었던 비구라면 하의갈마를 해제할 수 있느니라. 이를테면, 사람들에게 구족계를 주지 않았거나, 사람들의 의지를 받지 않았거나, 사미를 양육하지 않았거나, 비구니를 교계하는 사람으로 뽑히지 않았거나, 뽑혔어도 역시 가서 비구니를 교계하지 않은 것이다. 여러 비구들이여. 이와 같이 다섯 요소를 갖추었던 비구라면 하의갈마를 해제할 수 있느니라.

여러 비구들이여. 다섯 요소를 갖추었던 비구라면 하의갈마를 해제할 수 있느니라. 이를테면, 승가가 이미 하의갈마를 행하였으므로 죄를 범하지 않았거나, 비슷한 죄를 범하지 않았거나, 이것보다 더욱 악한 죄를 범하지 않았거나, 갈마를 비난하지 않았거나, 갈마를 행하는 것을 비난하지 않은 것이다. 여러 비구들이여. 이와 같이 다섯 요소를 갖추었던 비구라면 하의갈마를 해제할 수 있느니라.

여러 비구들이여. 여덟 요소를 갖추었던 비구라면 하의갈마를 해제할 수 없느니라. 이를테면, 청정한 비구의 포살을 방해하지 않았거나, 자자를 방해하지 않았거나, 대중에게 명령하지 않았거나, 교계하지 않았거나, (갈마를) 허락하지 않았거나, 꾸짖었지 않았거나, 억념시키지 않았거나, 여러 비구들과 투쟁하지 않은 것이다. 여러 비구들이여. 이와 같이 여덟 요소를 갖추었던 비구라면 하의갈마를 해제할 수 있느니라."

[해제할 수 있는 열여덟 종류를 마친다.]

33) 갈마의 해제

33-1 "여러 비구들이여. 마땅히 이와 같이 해제해야 하느니라. 여러 비구들이여. 이 선법 비구는 마땅히 승가의 가운데에 이르러 오른쪽 어깨를 드러내고 상좌 비구의 발에 예배하고서 호궤 합장하고서 이와 같이 아뢰어야 한다.

'여러 대덕들이여. 나는 승가에게 하의갈마를 받았으므로 바르게 행하고 수순하면서 죄를 소멸시키고자 원하고 있으므로, 하의갈마를 해제하여 주시기를 청합니다.'

마땅히 이와 같이 두 번째에도 애원해야 하고, …… 나아가 …… 세 번째에도 애원해야 한다. 마땅히 한 총명하고 현명하며 능력있는 비구가 승가의 가운데에서 창언해야 한다.

'대덕 승가께서는 허락하십시오. 이 선법 비구는 승가에게 하의갈마를 받았으므로 바르게 행하고 수순하면서 죄를 소멸시키고자 원하고 있으며, 그는 하의갈마를 해제하여 주시기를 청하고 있습니다. 만약 승가께서 때에 이르렀다면 승가께서는 마땅히 선법 비구에게 하의갈마를 해제하여 주십시오. 이와 같이 아룁니다.'

'대덕 승가께서는 허락하십시오. 이 선법 비구는 승가에게 하의갈마를 받았고 바르게 행하고 수순하면서 죄를 소멸시키고자 원하고 있으며, 그들은 하의갈마를 해제하여 주시기를 청하고 있습니다. 승가시여. 선법 비구에게 하의갈마를 해제하여 주겠습니다. 여러 대덕들께서 선법 비구의 하의갈마를 해제하는 것을 인정하신다면 묵연하시고, 인정하지 않으신다면 말씀하십시오.'

저는 두 번째로 이 일을 아룁니다.

'대덕 승가께서는 허락하십시오. 이 선법 비구는 승가에게 하의갈마를 받았으므로 바르게 행하고 수순하면서 죄를 소멸시키고자 원하고 있으며, 그들은 하의갈마를 해제하여 주시기를 청하고 있습니다. 승가시여. 선법 비구의 하의갈마를 해제하여 주겠습니다. 여러 대덕들께서 선법 비구의

하의갈마를 해제하는 것을 인정하신다면 묵연하시고, 인정하지 않으신다면 말씀하십시오.'

저는 세 번째로 이 일을 아룁니다.

'대덕 승가께서는 허락하십시오. 이 선법 비구는 승가에게 하의갈마를 받았으므로 바르게 행하고 수순하면서 죄를 소멸시키고자 원하고 있으며, 그들은 하의갈마를 풀어주도록 청하고 있습니다. 승가시여. 선법 비구의 하의갈마를 해제하여 주겠습니다. 여러 대덕들께서 선법 비구의 하의갈마를 해제하는 것을 인정하신다면 묵연하시고, 인정하지 않으신다면 말씀하십시오.'

'승가시여. 선법 비구의 하의갈마를 해제하는 것을 마쳤습니다. 여러 대덕들께서 인정하신 것은 묵연하였던 까닭입니다. 나는 이와 같이 알고 이해하겠습니다.'"

[갈마의 해제를 마친다.]

○ 넷째의 송출품을 마친다.

5. 제5송출품

34) 의불견죄(依不見罪) 거죄갈마(擧罪羯磨)[37]의 연기

34-1 이때 불·세존께서는 구섬미국(拘睒彌國)[38] 구사라원(瞿師羅園)[39]

---

37) 팔리어 Āpattiyā adassane ukkhepanīyakamma(아파띠야 아다싸네 우께파니야캄마)의 번역이고, 이 가운데에서 ukkhepanīyakamma는 거죄갈마의 번역이다.
38) 팔리어 Kosambi(코삼비)의 음사이다.
39) 팔리어 Ghositārāma(고시타라마)의 음사이다.

에 머무르셨다. 그때 장로 천타(闡陀)[40]는 죄를 범하였으나 죄를 보지 않으려고 하였다. 이때 여러 비구들의 가운데에서 욕심이 적은 자들은 싫어하고 비난하였다.

"무슨 까닭으로써 장로 천타는 죄를 범하고서 보지 않으려고 하는가?"

이때 그 여러 비구들은 이 일로써 세존께 아뢰었고, 세존께서는 승가대중을 모으셨으며 여러 비구들에게 물어 말씀하셨다.

"여러 비구들이여. 진실로 천타 비구가 죄를 범하고서 보지 않으려고 하였는가?"

"진실로 그렇습니다. 세존이시여."

세존께서는 꾸짖으셨다.

"여러 비구들이여. 어찌하여 그 어리석은 사람은 죄를 범하고서 보지 않으려고 하였는가? 여러 비구들이여. 이것은 오히려 믿지 않는 자에게 신심이 생겨나지 않게 하고, 이미 믿었던 자는 증장시키지 않느니라. …… 이미 믿었던 자는 일부가 전전하여 다른 곳을 향하여 떠나가게 하느니라."

세존께서는 여러 방편으로 꾸짖으셨고 적절한 법을 수순하여 설하신 뒤에 여러 비구들에게 알려 말씀하셨다.

"여러 비구들이여. 그와 같다면 승가는 마땅히 천타 비구가 죄를 보지 않는 것에 의지하여 거죄갈마(擧罪羯磨)를 행해야 하고, 승가와 함께 머무를 수 없게 해야 하느니라."

34-2 "여러 비구들이여. 마땅히 이와 같이 행해야 하느니라. 마땅히 먼저 천타 비구를 꾸짖어야 하고 꾸짖은 뒤에 마땅히 억념시켜야 하며 억념시키고서 뒤에 마땅히 스스로가 죄를 아뢰게 하고 스스로가 죄를 아뢰게 한 뒤에 마땅히 한 총명하고 현명하며 능력있는 비구가 승가의 가운데에서 창언해야 한다.

---

40) 팔리어 Channa(찬나)의 음사이다.

"대덕 승가께서는 허락하십시오. 이 천타 비구는 죄를 범하고서 보지 않으려고 하였습니다. 만약 승가께서 때에 이르렀다면 승가는 마땅히 천타 비구에게 죄를 보지 않는 것에 의지하여 거죄갈마를 행하겠고, 승가와 함께 머무를 수 없게 하겠습니다. 이와 같이 아룁니다.'

'대덕 승가께서는 허락하십시오. 이 천타 비구는 죄를 범하고서 보지 않으려고 하였으므로, 승가는 죄를 보지 않는 것에 의지하여 거죄갈마를 행하겠고, 승가와 함께 머무를 수 없게 하겠습니다. 여러 대덕들께서 천타 비구에게 죄를 보지 않는 것에 의지하여 거죄갈마를 행하겠고, 승가와 함께 머무를 수 없게 하는 것을 인정하신다면 묵연하시고, 인정하지 않으신다면 말씀하십시오.'

저는 두 번째로 이 일을 아룁니다.

'대덕 승가께서는 허락하십시오. 이 천타 비구는 죄를 범하고서 보지 않으려고 하였으므로, 승가는 죄를 보지 않는 것에 의지하여 거죄갈마를 행하겠고, 승가와 함께 머무를 수 없게 하겠습니다. 여러 대덕들께서 천타 비구에게 죄를 보지 않는 것에 의지하여 거죄갈마를 행하겠고, 승가와 함께 머무를 수 없게 하는 것을 인정하신다면 묵연하시고, 인정하지 않으신다면 말씀하십시오.'

저는 세 번째로 이 일을 아룁니다.

'대덕 승가께서는 허락하십시오. 이 천타 비구는 죄를 범하고서 보지 않으려고 하였으므로, 승가는 죄를 보지 않는 것에 의지하여 거죄갈마를 행하겠고, 승가와 함께 머무를 수 없게 하겠습니다. 여러 대덕들께서 천타 비구에게 죄를 보지 않는 것에 의지하여 거죄갈마를 행하겠고, 승가와 함께 머무를 수 없게 하는 것을 인정하신다면 묵연하시고, 인정하지 않으신다면 말씀하십시오.'

'승가시여. 이미 천타 비구가 죄를 범하고서 보지 않으려고 하였던 것에 의지하여 거죄갈마를 행하였고, 승가와 함께 머무를 수 없게 하였습니다. 여러 대덕들께서 인정하신 것은 묵연하였던 까닭입니다. 나는 이와 같이 알고 이해하겠습니다.'"

"여러 비구들이여. 마땅히 이 주처에서 다른 주처에 이르러 마땅히 알려서 말해야 하느니라. '천타 비구는 죄를 범하고서 보지 않으려고 하였던 것에 의지하여 거죄갈마를 받았으므로, 이미 승가와 함께 머무를 수 없게 되었습니다.'"

[의불견죄 거죄갈마의 연기를 마친다.]

35) 비법갈마의 열두 종류

35-1 "여러 비구들이여. 세 요소를 갖추었던 죄를 보지 않은 것에 의지한 거죄갈마라면 곧 비법의 갈마이고 율의 갈마가 아니며 갈마가 성취되지 않느니라. 이를테면, 꾸짖을 사람이 현전하지 않았는데 행하였거나, 힐문하지 않을 사람에게 행하였거나, 꾸짖을 사람에게 스스로가 말하게 시키지 않고서 행하는 것이다. 여러 비구들이여. 이와 같은 세 요소를 갖추었던 죄를 보지 않은 것에 의지한 거죄갈마라면 곧 비법의 갈마이고 율의 갈마가 아니며 갈마가 성취되지 않느니라.

여러 비구들이여. 또한 세 요소를 갖추었던 죄를 보지 않은 것에 의지한 거죄갈마라면 곧 비법의 갈마이고 율의 갈마가 아니며 갈마가 성취되지 않느니라. 이를테면, 무죄인 사람에게 행하였거나, 마땅히 죄를 참회하지 않은 사람에게 행하였거나, 이미 죄를 참회하였는데 행하는 것이다. 여러 비구들이여. 이와 같은 세 요소를 갖추었던 죄를 보지 않은 것에 의지한 거죄갈마라면 곧 비법의 갈마이고 율의 갈마가 아니며 갈마가 성취되지 않느니라.

여러 비구들이여. 또한 세 요소를 갖추었던 죄를 보지 않은 것에 의지한 거죄갈마라면 곧 비법의 갈마이고 율의 갈마가 아니며 갈마가 성취되지 않느니라. 이를테면, 비난받을 행이 아닌데 행하였거나, 억념시키지 않고서 행하였거나, 스스로가 죄를 아뢰게 시키지 않고서 행하는 것이다.

여러 비구들이여. 이와 같은 세 요소를 갖추었던 죄를 보지 않은 것에 의지한 거죄갈마라면 곧 비법의 갈마이고 율의 갈마가 아니며 갈마가 성취되지 않느니라.

여러 비구들이여. 세 요소를 갖추었던 죄를 보지 않은 것에 의지한 거죄갈마라면 곧 비법의 갈마이고 율의 갈마가 아니며 갈마가 성취되지 않느니라. 이를테면, 꾸짖을 사람이 현전하지 않았는데 행하였거나, 비법으로 행하였거나, 별중에서 행하는 것이다. 여러 비구들이여. 이와 같은 세 요소를 갖추었던 죄를 보지 않은 것에 의지한 거죄갈마라면 곧 비법의 갈마이고 율의 갈마가 아니며 갈마가 성취되지 않느니라.

여러 비구들이여. 세 요소를 갖추었던 죄를 보지 않은 것에 의지한 거죄갈마라면 곧 비법의 갈마이고 율의 갈마가 아니며 갈마가 성취되지 않느니라. 이를테면, 힐문하지 않을 사람에게 행하였거나, 비법으로 행하였거나, 별중에서 행하는 것이다. 여러 비구들이여. 이와 같은 세 요소를 갖추었던 죄를 보지 않은 것에 의지한 거죄갈마라면 곧 비법의 갈마이고 율의 갈마가 아니며 갈마가 성취되지 않느니라.

여러 비구들이여. 세 요소를 갖추었던 죄를 보지 않은 것에 의지한 거죄갈마라면 곧 비법의 갈마이고 율의 갈마가 아니며 갈마가 성취되지 않느니라. 이를테면, 스스로가 죄를 아뢰게 시키지 않고서 행하였거나, 비법으로 행하였거나, 별중에서 행하는 것이다. 여러 비구들이여. 이와 같은 세 요소를 갖추었던 죄를 보지 않은 것에 의지한 거죄갈마라면 곧 비법의 갈마이고 율의 갈마가 아니며 갈마가 성취되지 않느니라."

35-2 "여러 비구들이여. 세 요소를 갖추었던 죄를 보지 않은 것에 의지한 거죄갈마라면 곧 비법의 갈마이고 율의 갈마가 아니며 갈마가 성취되지 않느니라. 이를테면, 무죄인 사람에게 행하였거나, 비법으로 행하였거나, 별중에서 행하는 것이다. 여러 비구들이여. 이와 같은 세 요소를 갖추었던 죄를 보지 않은 것에 의지한 거죄갈마라면 곧 비법의 갈마이고 율의 갈마가 아니며 갈마가 성취되지 않느니라.

여러 비구들이여. 세 요소를 갖추었던 죄를 보지 않은 것에 의지한 거죄갈마라면 곧 비법의 갈마이고 율의 갈마가 아니며 갈마가 성취되지 않느니라. 이를테면, 마땅히 죄를 참회하지 않은 사람에게 행하였거나, 비법으로 행하였거나, 별중에서 행하는 것이다. 여러 비구들이여. 이와 같은 세 요소를 갖추었던 죄를 보지 않은 것에 의지한 거죄갈마라면 곧 비법의 갈마이고 율의 갈마가 아니며 갈마가 성취되지 않느니라.

여러 비구들이여. 세 요소를 갖추었던 죄를 보지 않은 것에 의지한 거죄갈마라면 곧 비법의 갈마이고 율의 갈마가 아니며 갈마가 성취되지 않느니라. 이를테면, 이미 죄를 참회하였는데 행하였거나, 비법으로 행하였거나, 별중에서 행하는 것이다. 여러 비구들이여. 이와 같은 세 요소를 갖추었던 죄를 보지 않은 것에 의지한 거죄갈마라면 곧 비법의 갈마이고 율의 갈마가 아니며 갈마가 성취되지 않느니라.

여러 비구들이여. 세 요소를 갖추었던 죄를 보지 않은 것에 의지한 거죄갈마라면 곧 비법의 갈마이고 율의 갈마가 아니며 갈마가 성취되지 않느니라. 이를테면, 비난받을 행이 아닌데 행하였거나, 비법으로 행하였거나, 별중에서 행하는 것이다. 여러 비구들이여. 이와 같은 세 요소를 갖추었던 죄를 보지 않은 것에 의지한 거죄갈마라면 곧 비법의 갈마이고 율의 갈마가 아니며 갈마가 성취되지 않느니라.

여러 비구들이여. 세 요소를 갖추었던 죄를 보지 않은 것에 의지한 거죄갈마라면 곧 비법의 갈마이고 율의 갈마가 아니며 갈마가 성취되지 않느니라. 이를테면, 억념시키지 않고서 행하였거나, 비법으로 행하였거나, 별중에서 행하는 것이다. 여러 비구들이여. 이와 같은 세 요소를 갖추었던 죄를 보지 않은 것에 의지한 거죄갈마라면 곧 비법의 갈마이고 율의 갈마가 아니며 갈마가 성취되지 않느니라.

여러 비구들이여. 세 요소를 갖추었던 죄를 보지 않은 것에 의지한 거죄갈마라면 곧 비법의 갈마이고 율의 갈마가 아니며 갈마가 성취되지 않느니라. 이를테면, 스스로가 죄를 아뢰게 시키지 않고서 행하였거나, 비법으로 행하였거나, 별중에서 행하는 것이다. 여러 비구들이여. 이와 같은 세 요소를 갖추었던 죄를 보지 않은 것에 의지한 거죄갈마라면 곧 비법의 갈마이고 율의 갈마가 아니며 갈마가 성취되지 않느니라."

[비법갈마의 열두 종류를 마친다.]

36) 여법갈마의 열두 종류

36-1 "여러 비구들이여. 세 요소를 갖추었던 죄를 보지 않은 것에 의지한 거죄갈마라면 곧 여법한 갈마이고 율의 갈마이며 갈마가 성취되느니라. 이를테면, 꾸짖을 사람이 현전하여서 행하였거나, 힐문할 사람에게 행하였거나, 꾸짖을 사람에게 스스로가 말하게 시키고서 행하는 것이다. 여러 비구들이여. 이와 같은 세 요소를 갖추었던 죄를 보지 않은 것에 의지한 거죄갈마라면 곧 여법한 갈마이고 율의 갈마이며 갈마가 성취되느니라.

여러 비구들이여. 또한 세 요소를 갖추었던 죄를 보지 않은 것에 의지한 거죄갈마라면 곧 여법한 갈마이고 율의 갈마이며 갈마가 성취되느니라. 이를테면, 유죄인 사람에게 행하였거나, 마땅히 죄를 참회한 사람에게 행하였거나, 죄를 참회하지 않았으므로 행하는 것이다. 여러 비구들이여. 이와 같은 세 요소를 갖추었던 죄를 보지 않은 것에 의지한 거죄갈마라면 곧 여법한 갈마이고 율의 갈마이며 갈마가 성취되느니라.

여러 비구들이여. 또한 세 요소를 갖추었던 죄를 보지 않은 것에 의지한 거죄갈마라면 곧 여법한 갈마이고 율의 갈마이며 갈마가 성취되느니라. 이를테면, 비난받을 행이었으므로 행하였거나, 억념시키고서 행하였거나, 스스로가 죄를 아뢰게 시키고서 행하는 것이다. 여러 비구들이여. 이와 같은 세 요소를 갖추었던 죄를 보지 않은 것에 의지한 거죄갈마라면 곧 여법한 갈마이고 율의 갈마이며 갈마가 성취되느니라.

여러 비구들이여. 세 요소를 갖추었던 죄를 보지 않은 것에 의지한 거죄갈마라면 곧 여법한 갈마이고 율의 갈마이며 갈마가 성취되느니라. 이를테면, 꾸짖을 사람이 현전하여서 행하였거나, 여법하게 행하였거나, 화합하여 행하는 것이다. 여러 비구들이여. 이와 같은 세 요소를 갖추었던 죄를 보지 않은 것에 의지한 거죄갈마라면 곧 여법한 갈마이고 율의 갈마이며 갈마가 성취되느니라.

여러 비구들이여. 세 요소를 갖추었던 죄를 보지 않은 것에 의지한 거죄갈마라면 곧 여법한 갈마이고 율의 갈마이며 갈마가 성취되느니라. 이를테면, 힐문할 사람에게 행하였거나, 여법하게 행하였거나, 화합하여 행하는 것이다. 여러 비구들이여. 이와 같은 세 요소를 갖추었던 죄를 보지 않은 것에 의지한 거죄갈마라면 곧 여법한 갈마이고 율의 갈마이며 갈마가 성취되느니라.

여러 비구들이여. 세 요소를 갖추었던 죄를 보지 않은 것에 의지한 거죄갈마라면 곧 여법한 갈마이고 율의 갈마이며 갈마가 성취되느니라. 이를테면, 스스로가 죄를 아뢰게 시키고서 행하였거나, 여법하게 행하였거나, 화합하여 행하는 것이다. 여러 비구들이여. 이와 같은 세 요소를 갖추었던 죄를 보지 않은 것에 의지한 거죄갈마라면 곧 여법한 갈마이고 율의 갈마이며 갈마가 성취되느니라."

36-2 "여러 비구들이여. 세 요소를 갖추었던 죄를 보지 않은 것에 의지한 거죄갈마라면 곧 여법한 갈마이고 율의 갈마이며 갈마가 성취되느니라. 이를테면, 유죄인 사람에게 행하였거나, 여법하게 행하였거나, 화합하여 행하는 것이다. 여러 비구들이여. 이와 같은 세 요소를 갖추었던 죄를 보지 않은 것에 의지한 거죄갈마라면 곧 여법한 갈마이고 율의 갈마이며 갈마가 성취되느니라.

여러 비구들이여. 세 요소를 갖추었던 죄를 보지 않은 것에 의지한 거죄갈마라면 곧 여법한 갈마이고 율의 갈마이며 갈마가 성취되느니라. 이를테면, 마땅히 죄를 참회한 사람에게 행하였거나, 여법하게 행하였거나, 화합하여 행하는 것이다. 여러 비구들이여. 이와 같은 세 요소를 갖추었던 죄를 보지 않은 것에 의지한 거죄갈마라면 곧 여법한 갈마이고 율의 갈마이며 갈마가 성취되느니라.

　여러 비구들이여. 세 요소를 갖추었던 죄를 보지 않은 것에 의지한 거죄갈마라면 곧 여법한 갈마이고 율의 갈마이며 갈마가 성취되느니라. 이를테면, 아직 죄를 참회하지 않았으므로 행하였거나, 여법하게 행하였거나, 화합하여 행하는 것이다. 여러 비구들이여. 이와 같은 세 요소를 갖추었던 죄를 보지 않은 것에 의지한 거죄갈마라면 곧 여법한 갈마이고 율의 갈마이며 갈마가 성취되느니라.

　여러 비구들이여. 세 요소를 갖추었던 죄를 보지 않은 것에 의지한 거죄갈마라면 곧 여법한 갈마이고 율의 갈마이며 갈마가 성취되느니라. 이를테면, 비난받을 행이었으므로 행하였거나, 여법하게 행하였거나, 화합하여 행하는 것이다. 여러 비구들이여. 이와 같은 세 요소를 갖추었던 죄를 보지 않은 것에 의지한 거죄갈마라면 곧 여법한 갈마이고 율의 갈마이며 갈마가 성취되느니라.

　여러 비구들이여. 세 요소를 갖추었던 죄를 보지 않은 것에 의지한 거죄갈마라면 곧 여법한 갈마이고 율의 갈마이며 갈마가 성취되느니라. 이를테면, 억념시키고서 행하였거나, 여법하게 행하였거나, 화합하여 행하는 것이다. 여러 비구들이여. 이와 같은 세 요소를 갖추었던 죄를 보지 않은 것에 의지한 거죄갈마라면 곧 여법한 갈마이고 율의 갈마이며 갈마가 성취되느니라.

　여러 비구들이여. 세 요소를 갖추었던 죄를 보지 않은 것에 의지한 거죄갈마라면 곧 여법한 갈마이고 율의 갈마이며 갈마가 성취되느니라. 이를테면, 스스로가 죄를 아뢰게 시키고서 여법하게 행하였거나, 화합하여 행하는 것이다. 여러 비구들이여. 이와 같은 세 요소를 갖추었던 죄를 보지 않은 것에 의지한 거죄갈마라면 곧 여법한 갈마이고 율의 갈마이며 갈마가 성취되느니라."

[여법갈마의 열두 종류를 마친다.]

37) 원하였던 여섯 종류

37-1 "여러 비구들이여. 세 요소를 갖추었던 비구이었고, 승가가 만약 원하였다면 마땅히 죄를 보지 않은 것에 의지한 거죄갈마를 행할 수 있느니라. 이를테면, 승가의 가운데에서 쟁송하였고 투쟁하였으며 논쟁하였고 분쟁하였거나, 우치하였고 우매하였으며 죄가 많았고 교계를 받아들이지 않았거나, 재가에 머물렀고 재가의 대중과 수순하지 않으면서 함께 머무르는 것이다. 여러 비구들이여. 이와 같은 세 요소를 갖추었던 비구이었고, 승가가 만약 원하였다면 마땅히 죄를 보지 않은 것에 의지한 거죄갈마를 행할 수 있느니라.

여러 비구들이여. 또한 세 요소를 갖추었던 비구이었고, 승가가 만약 원하였다면 마땅히 죄를 보지 않은 것에 의지한 거죄갈마를 행할 수 있느니라. 이를테면, 증상계에서 계율을 파괴하였거나, 증상행에서 행을 파괴하였거나, 증상견에서 견해를 파괴한 것이다. 여러 비구들이여. 이와 같은 세 요소를 갖추었던 비구이었고, 승가가 만약 원하였다면 마땅히 죄를 보지 않은 것에 의지한 거죄갈마를 행할 수 있느니라.

여러 비구들이여. 또한 세 요소를 갖추었던 비구이었고, 승가가 만약 원하였다면 마땅히 죄를 보지 않은 것에 의지한 거죄갈마를 행할 수 있느니라. 이를테면, 세존을 훼방하였거나, 법을 훼방하였거나, 승가를 훼방한 것이다. 여러 비구들이여. 이와 같이 세 요소를 갖추었던 비구이었고, 승가가 만약 원하였다면 마땅히 죄를 보지 않은 것에 의지한 거죄갈마를 행할 수 있느니라."

37-2 "여러 비구들이여. 세 부류의 비구들이었고, 승가가 만약 원하였다면 마땅히 죄를 보지 않은 것에 의지한 거죄갈마를 행할 수 있느니라. 이를테면, 첫째는 승가의 가운데에서 쟁송하였고 투쟁하였으며 논쟁하였고 분쟁하였던 부류이고, 둘째는 우치하였고 우매하였으며 죄가 많았고 교계를 받아들이지 않았던 부류이며, 셋째는 재가에 머물렀고 재가의

대중과 수순하지 않으면서 머물렀던 부류이다. 여러 비구들이여. 이와 같은 세 부류의 비구들이었고, 승가가 만약 원하였다면 마땅히 죄를 보지 않은 것에 의지한 거죄갈마를 행할 수 있느니라.

여러 비구들이여. 또한 세 부류의 비구들이었고, 승가가 만약 원하였다면 마땅히 죄를 보지 않은 것에 의지한 거죄갈마를 행할 수 있느니라. 이를테면, 세존을 비방(誹謗)하였거나, 법을 비방하였거나, 승가를 비방한 것이다. 여러 비구들이여. 이와 같은 세 부류의 비구들이었고, 승가가 만약 원하였다면 마땅히 죄를 보지 않은 것에 의지한 거죄갈마를 행할 수 있느니라."

[원하였던 여섯 종류를 마친다.]

38) 마흔세 종류의 의무

38-1 "여러 비구들이여. 죄를 보지 않는 것에 의지하여 거죄갈마를 받은 비구는 마땅히 바르게 행해야 한다. 이 가운데에서 바르게 행하는 것은 이를테면, 사람들에게 구족계를 줄 수 없고, 사람들에게 의지를 받을 수 없으며, 사미를 양육할 수 없고, 비구니를 교계하는 사람으로 뽑힐 수 없으며, 뽑혔더라도 역시 가서 비구니를 교계할 수 없고, 승가가 이미 거죄갈마를 행하였다면 그러한 죄를 범할 수 없으며, 비슷한 죄를 범할 수 없고, 이것보다 더욱 악한 죄를 범할 수 없으며, 갈마를 비난할 수 없고, 갈마를 행하는 것을 비난할 수 없다.

청정한 비구에게 예배를 받을 수 없고, 영접을 받을 수 없으며, 합장을 받을 수 없고, 공경을 받을 수 없으며, 펼쳐진 좌구(座具)를 받을 수 없고, 펼쳐진 와구(臥具)를 받을 수 없으며, 발을 씻는 물을 받을 수 없고, 발의 받침대를 받을 수 없으며, 발의 수건을 받을 수 없고, 영접받으며 발우를 취하는 것을 받을 수 없으며, 목욕하는 때에 그들이 등을 밀어주는 것을 받을 수 없다.

　청정한 비구들에게 계(戒)를 무너트렸다고 비난할 수 없고, 행(行)을 무너트렸다고 비난할 수 없으며, 견해(見)를 무너트렸다고 비난할 수 없고, 명(命)을 무너트렸다고 비난할 수 없다. 여러 비구들과 여러 비구들을 이간질할 수 없고, 재가인의 모습을 지닐 수 없으며, 외도(外道)의 모습을 지닐 수 없으며, 외도와 친근하면서 봉사할 수 없고, 마땅히 비구와 친근하면서 봉사해야 하며, 마땅히 비구의 학처(學處)를 배워야 한다.

　청정한 비구와 한 지붕의 주처이고 동일한 처소에서 머무를 수 없고, 한 지붕의 주처가 아닌 동일한 처소에서 머무를 수 없으며, 한 지붕의 주처이거나 혹은 주처가 아닌 동일한 처소에서 머무를 수 없고, 청정한 비구를 보았다면 반드시 자리에서 일어나야 하며, 정사의 안과 밖에서 청정한 비구를 접촉할 수 없고, 청정한 비구의 포살을 방해할 수 없으며, 자자를 방해할 수 없고, 대중에게 명령할 수 없으며, 교계할 수 없고, (갈마를) 허락할 수 없으며, 꾸짖을 수 없고, 억념시킬 수 없으며, 여러 비구들과 투쟁할 수 없느니라."

[마흔세 종류의 의무를 마친다.]

39) 해제할 수 없는 마흔세 종류

39-1 이때 승가는 천타 비구가 죄를 보지 않는 것에 의지하여 거죄갈마를 행하였고, 승가와 함께 머무를 수 없게 하였다. 그 비구는 죄를 보지 않는 것을 인연하여 승가에게 거죄갈마를 받았으므로 이 주처에서 다른 주처로 갔으나, 그 주처의 여러 비구들도 예경하지 않았고 영접하지 않았으며 합장하지 않았고 공경하지 않았으며 존중하지 않았고 존경하지 않았으며 봉사하지 않았고 공양하지 않았다.

　그 처소의 여러 비구들이 예경하지 않았고 영접하지 않았으며 합장하지 않았고 공경하지 않았으며 존중하지 않았고 존경하지 않았으며 봉사하지 않았고 공양하지 않았던 인연으로 그 주처에서 다른 주처로 갔으나, 그 다른 주처의 여러 비구들도 역시 예경하지 않았고 …… 공양하지 않았다. 그 처소의 여러 비구들이 역시 예경하지 않았고 …… 공양하지 않았던 인연으로 다시 구섬미국으로 돌아왔다. 그는 바르게 행하였고 수순하면서 죄를 소멸시키고자 원하였으므로, 여러 비구들의 처소에 이르러서 이와 같이 말을 지었다.

"여러 장로들이여. 내가 죄를 보지 않는 것을 의지하여 승가는 거죄갈마를 행하였으므로 바르게 행하였고 수순하면서 죄를 소멸시키고자 원하고 있습니다. 나는 마땅히 어떻게 해야 합니까?"

이때 그 여러 비구들은 이 일로써 세존께 아뢰었고, 세존께서는 말씀하셨다.

"여러 비구들이여. 그와 같다면 승가는 마땅히 천타 비구에게 죄를 보지 않는 것을 의지하여 행하였던 거죄갈마를 해제해야 하느니라."

39-2 "여러 비구들이여. 다섯 요소를 갖추었던 비구라면 죄를 보지 않는 것을 의지하여 행하였던 거죄갈마를 해제할 수 없느니라. 이를테면, 사람들에게 구족계를 주었거나, 사람들의 의지를 받았거나, 사미를 양육하였거나, 비구니를 교계하는 사람으로 뽑혔거나, 뽑혔고 역시 가서 비구니를 교계하였던 자이다. 여러 비구들이여. 이와 같은 다섯 요소를 갖추었던 비구라면 죄를 보지 않는 것을 의지하여 행하였던 거죄갈마를 해제할 수 없느니라.

여러 비구들이여. 다섯 요소를 갖추었던 비구라면 죄를 보지 않는 것을 의지하여 행하였던 거죄갈마를 해제할 수 없느니라. 이를테면, 승가에게 이미 거죄갈마를 행하였는데 죄를 범하였거나, 비슷한 죄를 범하였거나, 이것보다 더욱 악한 죄를 범하였거나, 갈마를 비난하였거나, 갈마를 행하는 것을 비난한 것이다. 여러 비구들이여. 이와 같은 다섯 요소를 갖추었던 비구라면 죄를 보지 않는 것을 의지하여 행하였던 거죄갈마를 해제할 수 없느니라.

　여러 비구들이여. 다섯 요소를 갖추었던 비구라면 죄를 보지 않는 것을 의지하여 행하였던 거죄갈마를 해제할 수 없느니라. 이를테면, 청정한 비구에게 예배를 받았거나, 영접을 받았거나, 합장을 받았거나, 공경을 받았거나, 펼쳐진 좌구를 받은 자이다. 여러 비구들이여. 이와 같은 다섯 요소를 갖추었던 비구라면 죄를 보지 않는 것을 의지하여 행하였던 거죄갈마를 해제할 수 없느니라.

　여러 비구들이여. 다섯 요소를 갖추었던 비구라면 죄를 보지 않는 것을 의지하여 행하였던 거죄갈마를 해제할 수 없느니라. 이를테면, 펼쳐진 와구를 받았거나, 발을 씻는 물을 받았거나, 발의 받침대를 받았거나, 발의 수건을 받았거나, 영접받으며 발우를 취하는 것을 받았거나, 목욕하는 때에 그들이 등을 밀어주는 것을 받은 자이다. 여러 비구들이여. 이와 같은 다섯 요소를 갖추었던 비구라면 죄를 보지 않는 것을 의지하여 행하였던 거죄갈마를 해제할 수 없느니라.

　여러 비구들이여. 다섯 요소를 갖추었던 비구라면 죄를 보지 않는 것을 의지하여 행하였던 거죄갈마를 해제할 수 없느니라. 이를테면, 청정한 비구들에게 계를 무너트렸다고 비난하였거나, 행을 무너트렸다고 비난하였거나, 견해를 무너트렸다고 비난하였거나, 명을 무너트렸다고 비난하였거나, 여러 비구들과 여러 비구들을 이간질하였던 자이다. 여러 비구들이여. 이와 같은 다섯 요소를 갖추었던 비구라면 죄를 보지 않는 것을 의지하여 행하였던 거죄갈마를 해제할 수 없느니라.

　여러 비구들이여. 다섯 요소를 갖추었던 비구라면 죄를 보지 않는 것을 의지하여 행하였던 거죄갈마를 해제할 수 없느니라. 이를테면, 재가인의 모습을 지녔거나, 외도의 모습을 지녔거나, 외도와 친근하면서 봉사하였거나, 마땅히 비구와 친근하면서 봉사하지 않았거나, 마땅히 비구의 학처를 배우지 않은 자이다. 여러 비구들이여. 이와 같이 다섯 요소를 갖추었던 비구라면 죄를 보지 않는 것을 의지하여 행하였던 거죄갈마를 해제할 수 없느니라.

여러 비구들이여. 다섯 요소를 갖추었던 비구라면 죄를 보지 않는 것을 의지하여 행하였던 거죄갈마를 해제할 수 없느니라. 이를테면, 청정한 비구와 한 지붕의 주처이고 동일한 처소에서 머물렀거나, 한 지붕의 주처가 아닌 동일한 처소에서 머물렀거나, 한 지붕의 주처이거나 혹은 주처가 아닌 동일한 처소에서 머물렀거나, 청정한 비구를 보았다면 반드시 자리에서 일어나지 않았거나, 정사의 안과 밖에서 청정한 비구를 접촉하였던 자이다. 여러 비구들이여. 이와 같이 다섯 요소를 갖추었던 비구라면 죄를 보지 않는 것을 의지하여 행하였던 거죄갈마를 해제할 수 없느니라.

여러 비구들이여. 여덟 요소를 갖추었던 비구라면 죄를 보지 않는 것을 의지하여 행하였던 거죄갈마를 해제할 수 없느니라. 이를테면, 청정한 비구의 포살을 방해하였거나, 자자를 방해하였거나, 대중에게 명령하였거나, 교계하였거나, (갈마를) 허락하였거나, 꾸짖었거나, 억념시켰거나, 여러 비구들과 투쟁한 것이다. 여러 비구들이여. 이와 같이 여덟 요소를 갖추었던 비구라면 죄를 보지 않는 것을 의지하여 행하였던 거죄갈마를 해제할 수 없느니라.

[해제할 수 없는 마흔세 종류를 마친다.]

40) 해제할 수 있는 마흔세 종류

40-1 "여러 비구들이여. 다섯 요소를 갖추었던 비구라면 죄를 보지 않는 것을 의지하여 행하였던 거죄갈마를 해제할 수 있느니라. 이를테면, 사람들에게 구족계를 주지 않았거나, 사람들에게 의지를 받지 않았거나, 사미를 양육하지 않았거나, 비구니를 교계하는 사람으로 뽑히지 않았거나, 뽑혔으나 역시 가서 비구니를 교계하지 않았던 자이다. 여러 비구들이여. 이와 같은 다섯 요소를 갖추었던 비구라면 죄를 보지 않는 것을

의지하여 행하였던 거죄갈마를 해제할 수 있느니라.

　여러 비구들이여. 다섯 요소를 갖추었던 비구라면 죄를 보지 않는 것을 의지하여 행하였던 거죄갈마를 해제할 수 있느니라. 이를테면, 승가에게 이미 거죄갈마를 행하였는데 죄를 범하지 않았거나, 비슷한 죄를 범하지 않았거나, 이것보다 더욱 악한 죄를 범하지 않았거나, 갈마를 비난하지 않았거나, 갈마를 행하는 것을 비난하지 않은 것이다. 여러 비구들이여. 이와 같은 다섯 요소를 갖추었던 비구라면 죄를 보지 않는 것을 의지하여 행하였던 거죄갈마를 해제할 수 있느니라.

　여러 비구들이여. 다섯 요소를 갖추었던 비구라면 죄를 보지 않는 것을 의지하여 행하였던 거죄갈마를 해제할 수 있느니라. 이를테면, 청정한 비구에게 예배를 받지 않았거나, 영접을 받지 않았거나, 합장을 받지 않았거나, 공경을 받지 않았거나, 펼쳐진 좌구를 받은 자이다. 여러 비구들이여. 이와 같은 다섯 요소를 갖추었던 비구라면 죄를 보지 않는 것을 의지하여 행하였던 거죄갈마를 해제할 수 있느니라.

　여러 비구들이여. 다섯 요소를 갖추었던 비구라면 죄를 보지 않는 것을 의지하여 행하였던 거죄갈마를 해제할 수 있느니라. 이를테면, 펼쳐진 와구를 받지 않았거나, 발을 씻는 물을 받지 않았거나, 발의 받침대를 받지 않았거나, 발의 수건을 받지 않았거나, 영접받으며 발우를 취하는 것을 받지 않았거나, 목욕하는 때에 그들이 등을 밀어주는 것을 받지 않은 자이다. 여러 비구들이여. 이와 같은 다섯 요소를 갖추었던 비구라면 죄를 보지 않는 것을 의지하여 행하였던 거죄갈마를 해제할 수 있느니라.

　여러 비구들이여. 다섯 요소를 갖추었던 비구라면 죄를 보지 않는 것을 의지하여 행하였던 거죄갈마를 해제할 수 있느니라. 이를테면, 청정한 비구들에게 계를 무너트렸다고 비난하지 않았거나, 행을 무너트렸다고 비난하지 않았거나, 견해를 무너트렸다고 비난하지 않았거나, 명을 무너트렸다고 비난하지 않았거나, 여러 비구들과 여러 비구들을 이간질하지 않았던 자이다. 여러 비구들이여. 이와 같은 다섯 요소를 갖추었던 비구라면 죄를 보지 않는 것을 의지하여 행하였던 거죄갈마를 해제할 수 있느니라.

　여러 비구들이여. 다섯 요소를 갖추었던 비구라면 죄를 보지 않는 것을 의지하여 행하였던 거죄갈마를 해제할 수 있느니라. 이를테면, 재가인의 모습을 지니지 않았거나, 외도의 모습을 지니지 않았거나, 외도와 친근하면서 봉사하지 않았거나, 마땅히 비구와 친근하면서 봉사하였거나, 마땅히 비구의 학처를 배웠던 자이다. 여러 비구들이여. 이와 같이 다섯 요소를 갖추었던 비구라면 죄를 보지 않는 것을 의지하여 행하였던 거죄갈마를 해제할 수 있느니라.

　여러 비구들이여. 다섯 요소를 갖추었던 비구라면 죄를 보지 않는 것을 의지하여 행하였던 거죄갈마를 해제할 수 있느니라. 이를테면, 청정한 비구와 한 지붕의 주처이고 동일한 처소에서 머무르지 않았거나, 한 지붕의 주처가 아닌 동일한 처소에서 머무르지 않았거나, 한 지붕의 주처이거나 혹은 주처가 아닌 동일한 처소에서 머무르지 않았거나, 청정한 비구를 보았다면 반드시 자리에서 일어났거나, 정사의 안과 밖에서 청정한 비구를 접촉하지 않았던 자이다. 여러 비구들이여. 이와 같이 다섯 요소를 갖추었던 비구라면 죄를 보지 않는 것을 의지하여 행하였던 거죄갈마를 해제할 수 있느니라.

　여러 비구들이여. 여덟 요소를 갖추었던 비구라면 죄를 보지 않는 것을 의지하여 행하였던 거죄갈마를 해제할 수 없느니라. 이를테면, 청정한 비구의 포살을 방해하지 않았거나, 자자를 방해하지 않았거나, 대중에게 명령하지 않았거나, 교계하지 않았거나, (갈마를) 허락하지 않았거나, 꾸짖었지 않았거나, 억념시키지 않았거나, 여러 비구들과 투쟁하지 않은 것이다. 여러 비구들이여. 이와 같이 여덟 요소를 갖추었던 비구라면 죄를 보지 않는 것을 의지하여 행하였던 거죄갈마를 해제할 수 있느니라."

[해제할 수 있는 마흔세 종류를 마친다.]

41) 갈마의 해제

41-1 "여러 비구들이여. 마땅히 이와 같이 해제해야 하느니라. 여러 비구들이여. 이 천타 비구는 마땅히 승가의 가운데에 이르러 오른쪽 어깨를 드러내고 상좌 비구의 발에 예배하고서 호궤 합장하고서 이와 같이 아뢰어야 한다.

'여러 대덕들이여. 나는 승가에게 죄를 보지 않는 것을 의지하여 행하였던 거죄갈마를 받았고 바르게 행하고 수순하면서 죄를 소멸시키고자 원하고 있으므로, 죄를 보지 않는 것을 의지하여 행하였던 거죄갈마를 해제하여 주시기를 청합니다.'

마땅히 이와 같이 두 번째에도 애원해야 하고, …… 나아가 …… 세 번째에도 애원해야 한다. 마땅히 한 총명하고 현명하며 능력있는 비구가 승가의 가운데에서 창언해야 한다.

'대덕 승가께서는 허락하십시오. 이 천타 비구는 승가에게 죄를 보지 않는 것을 의지하여 행하였던 거죄갈마를 받았고 바르게 행하고 수순하면서 죄를 소멸시키고자 원하고 있으며, 그는 거죄갈마를 해제하여 주시기를 청하고 있습니다. 만약 승가께서 때에 이르렀다면 승가께서는 마땅히 천타 비구의 죄를 보지 않는 것을 의지하여 행하였던 거죄갈마를 해제하여 주십시오. 이와 같이 아룁니다.'

'대덕 승가께서는 허락하십시오. 이 천타 비구는 승가에게 죄를 보지 않는 것을 의지하여 행하였던 거죄갈마를 받았고 바르게 행하고 수순하면서 죄를 소멸시키고자 원하고 있으며, 그는 죄를 보지 않는 것을 의지하여 행하였던 거죄갈마를 해제하여 주시기를 청하고 있습니다. 승가시여. 천타 비구의 죄를 보지 않는 것을 의지하여 행하였던 거죄갈마를 해제하여 주겠습니다. 여러 대덕들께서 천타 비구의 죄를 보지 않는 것을 의지하여 행하였던 거죄갈마를 해제하는 것을 인정하신다면 묵연하시고, 인정하지 않으신다면 말씀하십시오.'

저는 두 번째로 이 일을 아룁니다.

'대덕 승가께서는 허락하십시오. 이 천타 비구는 승가에게 죄를 보지 않는 것을 의지하여 행하였던 거죄갈마를 받았고 바르게 행하고 수순하면서 죄를 소멸시키고자 원하고 있으며, 그는 죄를 보지 않는 것을 의지하여 행하였던 거죄갈마를 해제하여 주시기를 청하고 있습니다. 승가시여. 천타 비구의 죄를 보지 않는 것을 의지하여 행하였던 거죄갈마를 해제하여 주겠습니다. 여러 대덕들께서 천타 비구의 죄를 보지 않는 것을 의지하여 행하였던 거죄갈마를 해제하는 것을 인정하신다면 묵연하시고, 인정하지 않으신다면 말씀하십시오.'

저는 세 번째로 이 일을 아룁니다.

'대덕 승가께서는 허락하십시오. 이 천타 비구는 승가에게 죄를 보지 않는 것을 의지하여 행하였던 거죄갈마를 받았고 바르게 행하고 수순하면서 죄를 소멸시키고자 원하고 있으며, 그는 죄를 보지 않는 것을 의지하여 행하였던 거죄갈마를 해제하여 주시기를 청하고 있습니다. 승가시여. 천타 비구의 죄를 보지 않는 것을 의지하여 행하였던 거죄갈마를 해제하여 주겠습니다. 여러 대덕들께서 천타 비구의 죄를 보지 않는 것을 의지하여 행하였던 거죄갈마를 해제하는 것을 인정하신다면 묵연하시고, 인정하지 않으신다면 말씀하십시오.'

'승가시여. 천타 비구의 죄를 보지 않는 것을 의지하여 행하였던 거죄갈마를 해제하는 것을 마쳤습니다. 여러 대덕들께서 인정하신 것은 묵연하였던 까닭입니다. 나는 이와 같이 알고 이해하겠습니다.'"

[갈마의 해제를 마친다.]

○ 다섯째의 송출품을 마친다.

6. 제6송출품

42) 의불참회(依不懺悔) 거죄갈마[41])의 연기

42-1 이때 불·세존께서는 구섬미국 구사라원에 머무르셨다. 그때 장로 천타는 죄를 범하였으나 죄를 참회하지 않으려고 하였다. 이때 여러 비구들의 가운데에서 욕심이 적은 자들은 싫어하고 비난하였다.

"무슨 까닭으로써 장로 천타는 죄를 범하고서 참회하지 않으려고 하는가?"

이때 그 여러 비구들은 이 일로써 세존께 아뢰었고, 세존께서는 승가대중을 모으셨으며 여러 비구들에게 물어 말씀하셨다.

"여러 비구들이여. 진실로 천타 비구가 죄를 범하고서 참회하지 않으려고 하였는가?"

"진실로 그렇습니다. 세존이시여."

세존께서는 꾸짖으셨다.

"여러 비구들이여. 어찌하여 이 어리석은 사람은 죄를 범하고서 참회하지 않으려고 하였는가? 여러 비구들이여. 이것은 오히려 믿지 않는 자에게 신심이 생겨나지 않게 하고, 이미 믿었던 자는 증장시키지 않느니라. …… 이미 믿었던 자는 일부가 전전하여 다른 곳을 향하여 떠나가게 하느니라."

세존께서는 여러 방편으로 꾸짖으셨고 적절한 법을 수순하여 설하신 뒤에 여러 비구들에게 알려 말씀하셨다.

"여러 비구들이여. 그와 같다면 승가는 마땅히 천타 비구가 죄를 참회하지 않는 것에 의지하여 거죄갈마를 행해야 하고, 승가와 함께 머무를 수 없게 해야 하느니라."

---

41) 팔리어 Āpattiyā appaṭikamme ukkhepanīyakamma(아파띠야 아빠띠캄메 우케파니야캄마)의 번역이다

42-2 "여러 비구들이여. 마땅히 이와 같이 행해야 하느니라. 마땅히 먼저 천타 비구를 꾸짖어야 하고 꾸짖은 뒤에 마땅히 억념시켜야 하며 억념시키고서 뒤에 마땅히 스스로가 죄를 아뢰게 하고 스스로가 죄를 아뢰게 한 뒤에 마땅히 한 총명하고 현명하며 능력있는 비구가 승가의 가운데에서 창언해야 한다.

"대덕 승가께서는 허락하십시오. 이 천타 비구는 죄를 범하고서 참회하지 않으려고 하였습니다. 만약 승가께서 때에 이르렀다면 승가는 마땅히 천타 비구에게 죄를 참회하지 않는 것에 의지하여 거죄갈마를 행하겠고, 승가와 함께 머무를 수 없게 하겠습니다. 이와 같이 아룁니다.'

'대덕 승가께서는 허락하십시오. 이 천타 비구는 죄를 범하고서 참회하지 않으려고 하였으므로, 승가는 죄를 참회하지 않는 것에 의지하여 거죄갈마를 행하겠고, 승가와 함께 머무를 수 없게 하겠습니다. 여러 대덕들께서 천타 비구에게 죄를 참회하지 않는 것에 의지하여 거죄갈마를 행하겠고, 승가와 함께 머무를 수 없게 하는 것을 인정하신다면 묵연하시고, 인정하지 않으신다면 말씀하십시오.'

저는 두 번째로 이 일을 아룁니다.

'대덕 승가께서는 허락하십시오. 이 천타 비구는 죄를 범하고서 참회하지 않으려고 하였으므로, 승가는 죄를 참회하지 않는 것에 의지하여 거죄갈마를 행하겠고, 승가와 함께 머무를 수 없게 하겠습니다. 여러 대덕들께서 천타 비구에게 죄를 참회하지 않는 것에 의지하여 거죄갈마를 행하겠고, 승가와 함께 머무를 수 없게 하는 것을 인정하신다면 묵연하시고, 인정하지 않으신다면 말씀하십시오.'

저는 세 번째로 이 일을 아룁니다.

'대덕 승가께서는 허락하십시오. 이 천타 비구는 죄를 범하고서 참회하지 않으려고 하였으므로, 승가는 죄를 참회하지 않는 것에 의지하여 거죄갈마를 행하겠고, 승가와 함께 머무를 수 없게 하겠습니다. 여러 대덕들께서 천타 비구에게 죄를 참회하지 않는 것에 의지하여 거죄갈마를 행하겠고, 승가와 함께 머무를 수 없게 하는 것을 인정하신다면 묵연하시

고, 인정하지 않으신다면 말씀하십시오.'

'승가시여. 이미 천타 비구가 죄를 범하고서 참회하지 않으려고 하였던 것에 의지하여 거죄갈마를 행하였고, 승가와 함께 머무를 수 없게 하였습니다. 여러 대덕들께서 인정하신 것은 묵연하였던 까닭입니다. 나는 이와 같이 알고 이해하겠습니다.'"

"여러 비구들이여. 마땅히 이 주처에서 다른 주처에 이르러 마땅히 알려서 말해야 하느니라. '천타 비구는 죄를 범하고서 참회하지 않으려고 하였던 것에 의지하여 거죄갈마를 받았으므로, 이미 승가와 함께 머무를 수 없게 되었습니다.'"

[의불참회 거죄갈마의 연기를 마친다.]

43) 비법갈마의 열두 종류

43-1 "여러 비구들이여. 세 요소를 갖추었던 죄를 참회하지 않은 것에 의지한 거죄갈마라면, 곧 비법의 갈마이고 율의 갈마가 아니며 갈마가 성취되지 않느니라. 이를테면, 꾸짖을 사람이 현전하지 않았는데 행하였거나, 힐문하지 않을 사람에게 행하였거나, 꾸짖을 사람에게 스스로가 말하게 시키지 않고서 행하는 것이다. 여러 비구들이여. 이와 같은 세 요소를 갖추었던 죄를 참회하지 않은 것에 의지한 거죄갈마라면, 곧 비법의 갈마이고 율의 갈마가 아니며 갈마가 성취되지 않느니라.

여러 비구들이여. 또한 세 요소를 갖추었던 죄를 참회하지 않은 것에 의지한 거죄갈마라면, 곧 비법의 갈마이고 율의 갈마가 아니며 갈마가 성취되지 않느니라. 이를테면, 무죄인 사람에게 행하였거나, 마땅히 죄를 참회하지 않은 사람에게 행하였거나, 이미 죄를 참회하였는데 행하는 것이다. 여러 비구들이여. 이와 같은 세 요소를 갖추었던 죄를 참회하지 않은 것에 의지한 거죄갈마라면, 곧 비법의 갈마이고 율의 갈마가 아니며 갈마가 성취되지 않느니라.

　여러 비구들이여. 또한 세 요소를 갖추었던 죄를 참회하지 않은 것에 의지한 거죄갈마라면, 곧 비법의 갈마이고 율의 갈마가 아니며 갈마가 성취되지 않느니라. 이를테면, 비난받을 행이 아닌데 행하였거나, 억념시키지 않고서 행하였거나, 스스로가 죄를 아뢰게 시키지 않고서 행하는 것이다. 여러 비구들이여. 이와 같은 세 요소를 갖추었던 죄를 참회하지 않은 것에 의지한 거죄갈마라면, 곧 비법의 갈마이고 율의 갈마가 아니며 갈마가 성취되지 않느니라.

　여러 비구들이여. 세 요소를 갖추었던 죄를 참회하지 않은 것에 의지한 거죄갈마라면, 곧 비법의 갈마이고 율의 갈마가 아니며 갈마가 성취되지 않느니라. 이를테면, 꾸짖을 사람이 현전하지 않았는데 행하였거나, 비법으로 행하였거나, 별중에서 행하는 것이다. 여러 비구들이여. 이와 같은 세 요소를 갖추었던 죄를 참회하지 않은 것에 의지한 거죄갈마라면, 곧 비법의 갈마이고 율의 갈마가 아니며 갈마가 성취되지 않느니라.

　여러 비구들이여. 세 요소를 갖추었던 죄를 참회하지 않은 것에 의지한 거죄갈마라면, 곧 비법의 갈마이고 율의 갈마가 아니며 갈마가 성취되지 않느니라. 이를테면, 힐문하지 않을 사람에게 행하였거나, 비법으로 행하였거나, 별중에서 행하는 것이다. 여러 비구들이여. 이와 같은 세 요소를 갖추었던 죄를 참회하지 않은 것에 의지한 거죄갈마라면, 곧 비법의 갈마이고 율의 갈마가 아니며 갈마가 성취되지 않느니라.

　여러 비구들이여. 세 요소를 갖추었던 죄를 참회하지 않은 것에 의지한 거죄갈마라면, 곧 비법의 갈마이고 율의 갈마가 아니며 갈마가 성취되지 않느니라. 이를테면, 스스로가 죄를 아뢰게 시키지 않고서 행하였거나, 비법으로 행하였거나, 별중에서 행하는 것이다. 여러 비구들이여. 이와 같은 세 요소를 갖추었던 죄를 참회하지 않은 것에 의지한 거죄갈마라면, 곧 비법의 갈마이고 율의 갈마가 아니며 갈마가 성취되지 않느니라."

43-2 "여러 비구들이여. 세 요소를 갖추었던 죄를 참회하지 않은 것에

의지한 거죄갈마라면, 곧 비법의 갈마이고 율의 갈마가 아니며 갈마가 성취되지 않느니라. 이를테면, 무죄인 사람에게 행하였거나, 비법으로 행하였거나, 별중에서 행하는 것이다. 여러 비구들이여. 이와 같은 세 요소를 갖추었던 죄를 참회하지 않은 것에 의지한 거죄갈마라면, 곧 비법의 갈마이고 율의 갈마가 아니며 갈마가 성취되지 않느니라.

여러 비구들이여. 세 요소를 갖추었던 죄를 참회하지 않은 것에 의지한 거죄갈마라면, 곧 비법의 갈마이고 율의 갈마가 아니며 갈마가 성취되지 않느니라. 이를테면, 마땅히 죄를 참회하지 않은 사람에게 행하였거나, 비법으로 행하였거나, 별중에서 행하는 것이다. 여러 비구들이여. 이와 같은 세 요소를 갖추었던 죄를 참회하지 않은 것에 의지한 거죄갈마라면, 곧 비법의 갈마이고 율의 갈마가 아니며 갈마가 성취되지 않느니라.

여러 비구들이여. 세 요소를 갖추었던 죄를 참회하지 않은 것에 의지한 거죄갈마라면, 곧 비법의 갈마이고 율의 갈마가 아니며 갈마가 성취되지 않느니라. 이를테면, 이미 죄를 참회하였는데 행하였거나, 비법으로 행하였거나, 별중에서 행하는 것이다. 여러 비구들이여. 이와 같은 세 요소를 갖추었던 죄를 참회하지 않은 것에 의지한 거죄갈마라면, 곧 비법의 갈마이고 율의 갈마가 아니며 갈마가 성취되지 않느니라.

여러 비구들이여. 세 요소를 갖추었던 죄를 참회하지 않은 것에 의지한 거죄갈마라면, 곧 비법의 갈마이고 율의 갈마가 아니며 갈마가 성취되지 않느니라. 이를테면, 비난받을 행이 아닌데 행하였거나, 비법으로 행하였거나, 별중에서 행하는 것이다. 여러 비구들이여. 이와 같은 세 요소를 갖추었던 죄를 참회하지 않은 것에 의지한 거죄갈마라면, 곧 비법의 갈마이고 율의 갈마가 아니며 갈마가 성취되지 않느니라.

여러 비구들이여. 세 요소를 갖추었던 죄를 참회하지 않은 것에 의지한 거죄갈마라면, 곧 비법의 갈마이고 율의 갈마가 아니며 갈마가 성취되지 않느니라. 이를테면, 억념시키지 않고서 행하였거나, 비법으로 행하였거나, 별중에서 행하는 것이다. 여러 비구들이여. 이와 같은 세 요소를 갖추었던 죄를 참회하지 않은 것에 의지한 거죄갈마라면, 곧 비법의 갈마이고 율의 갈마가 아니며 갈마가 성취되지 않느니라.

여러 비구들이여. 세 요소를 갖추었던 죄를 참회하지 않은 것에 의지한 거죄갈마라면, 곧 비법의 갈마이고 율의 갈마가 아니며 갈마가 성취되지 않느니라. 이를테면, 스스로가 죄를 아뢰게 시키지 않고서 행하였거나, 비법으로 행하였거나, 별중에서 행하는 것이다. 여러 비구들이여. 이와 같은 세 요소를 갖추었던 죄를 참회하지 않은 것에 의지한 거죄갈마라면, 곧 비법의 갈마이고 율의 갈마가 아니며 갈마가 성취되지 않느니라."

[비법갈마의 열두 종류를 마친다.]

44) 여법갈마의 열두 종류

44-1 "여러 비구들이여. 세 요소를 갖추었던 죄를 참회하지 않은 것에 의지한 거죄갈마라면, 곧 여법한 갈마이고 율의 갈마이며 갈마가 성취되느니라. 이를테면, 꾸짖을 사람이 현전하여서 행하였거나, 힐문할 사람에게 행하였거나, 꾸짖을 사람에게 스스로가 말하게 시키고서 행하는 것이다. 여러 비구들이여. 이와 같은 세 요소를 갖추었던 죄를 참회하지 않은 것에 의지한 거죄갈마라면, 곧 여법한 갈마이고 율의 갈마이며 갈마가 성취되느니라.

여러 비구들이여. 또한 세 요소를 갖추었던 죄를 참회하지 않은 것에 의지한 거죄갈마라면, 곧 여법한 갈마이고 율의 갈마이며 갈마가 성취되느니라. 이를테면, 유죄인 사람에게 행하였거나, 마땅히 죄를 참회한 사람에게 행하였거나, 죄를 참회하지 않았으므로 행하는 것이다. 여러 비구들이여. 이와 같은 세 요소를 갖추었던 죄를 참회하지 않은 것에 의지한 거죄갈마라면, 곧 여법한 갈마이고 율의 갈마이며 갈마가 성취되느니라.

여러 비구들이여. 또한 세 요소를 갖추었던 죄를 참회하지 않은 것에 의지한 거죄갈마라면, 곧 여법한 갈마이고 율의 갈마이며 갈마가 성취되느니라. 이를테면, 비난받을 행이었으므로 행하였거나, 억념시키고서 행하였거나, 스스로가 죄를 아뢰게 시키고서 행하는 것이다. 여러 비구들이여. 이와 같은 세 요소를 갖추었던 죄를 참회하지 않은 것에 의지한 거죄갈마라면, 곧 여법한 갈마이고 율의 갈마이며 갈마가 성취되느니라.

여러 비구들이여. 세 요소를 갖추었던 죄를 참회하지 않은 것에 의지한 거죄갈마라면 곧 여법한 갈마이고 율의 갈마이며 갈마가 성취되느니라. 이를테면, 꾸짖을 사람이 현전하여서 행하였거나, 여법하게 행하였거나, 화합하여 행하는 것이다. 여러 비구들이여. 이와 같은 세 요소를 갖추었던 죄를 참회하지 않은 것에 의지한 거죄갈마라면 곧 여법한 갈마이고 율의 갈마이며 갈마가 성취되느니라.

여러 비구들이여. 세 요소를 갖추었던 죄를 참회하지 않은 것에 의지한 거죄갈마라면, 곧 여법한 갈마이고 율의 갈마이며 갈마가 성취되느니라. 이를테면, 힐문할 사람에게 행하였거나, 여법하게 행하였거나, 화합하여 행하는 것이다. 여러 비구들이여. 이와 같은 세 요소를 갖추었던 죄를 참회하지 않은 것에 의지한 거죄갈마라면, 곧 여법한 갈마이고 율의 갈마이며 갈마가 성취되느니라.

여러 비구들이여. 세 요소를 갖추었던 죄를 참회하지 않은 것에 의지한 거죄갈마라면, 곧 여법한 갈마이고 율의 갈마이며 갈마가 성취되느니라. 이를테면, 스스로가 죄를 아뢰게 시키고서 행하였거나, 여법하게 행하였거나, 화합하여 행하는 것이다. 여러 비구들이여. 이와 같은 세 요소를 갖추었던 죄를 참회하지 않은 것에 의지한 거죄갈마라면, 곧 여법한 갈마이고 율의 갈마이며 갈마가 성취되느니라."

44-2 "여러 비구들이여. 세 요소를 갖추었던 죄를 참회하지 않은 것에 의지한 거죄갈마라면, 곧 여법한 갈마이고 율의 갈마이며 갈마가 성취되느니라. 이를테면, 유죄인 사람에게 행하였거나, 여법하게 행하였거나, 화합하여 행하는 것이다. 여러 비구들이여. 이와 같은 세 요소를 갖추었던

죄를 참회하지 않은 것에 의지한 거죄갈마라면, 곧 여법한 갈마이고 율의 갈마이며 갈마가 성취되느니라.

여러 비구들이여. 세 요소를 갖추었던 죄를 참회하지 않은 것에 의지한 거죄갈마라면, 곧 여법한 갈마이고 율의 갈마이며 갈마가 성취되느니라. 이를테면, 마땅히 죄를 참회한 사람에게 행하였거나, 여법하게 행하였거나, 화합하여 행하는 것이다. 여러 비구들이여. 이와 같은 세 요소를 갖추었던 죄를 참회하지 않은 것에 의지한 거죄갈마라면, 곧 여법한 갈마이고 율의 갈마이며 갈마가 성취되느니라.

여러 비구들이여. 세 요소를 갖추었던 죄를 참회하지 않은 것에 의지한 거죄갈마라면, 곧 여법한 갈마이고 율의 갈마이며 갈마가 성취되느니라. 이를테면, 아직 죄를 참회하지 않았으므로 행하였거나, 여법하게 행하였거나, 화합하여 행하는 것이다. 여러 비구들이여. 이와 같은 세 요소를 갖추었던 죄를 참회하지 않은 것에 의지한 거죄갈마라면, 곧 여법한 갈마이고 율의 갈마이며 갈마가 성취되느니라.

여러 비구들이여. 세 요소를 갖추었던 죄를 참회하지 않은 것에 의지한 거죄갈마라면, 곧 여법한 갈마이고 율의 갈마이며 갈마가 성취되느니라. 이를테면, 비난받을 행이었으므로 행하였거나, 여법하게 행하였거나, 화합하여 행하는 것이다. 여러 비구들이여. 이와 같은 세 요소를 갖추었던 죄를 참회하지 않은 것에 의지한 거죄갈마라면, 곧 여법한 갈마이고 율의 갈마이며 갈마가 성취되느니라.

여러 비구들이여. 세 요소를 갖추었던 죄를 참회하지 않은 것에 의지한 거죄갈마라면, 곧 여법한 갈마이고 율의 갈마이며 갈마가 성취되느니라. 이를테면, 억념시키고서 행하였거나, 여법하게 행하였거나, 화합하여 행하는 것이다. 여러 비구들이여. 이와 같은 세 요소를 갖추었던 죄를 참회하지 않은 것에 의지한 거죄갈마라면, 곧 여법한 갈마이고 율의 갈마이며 갈마가 성취되느니라.

여러 비구들이여. 세 요소를 갖추었던 죄를 참회하지 않은 것에 의지한 거죄갈마라면, 곧 여법한 갈마이고 율의 갈마이며 갈마가 성취되느니라.

이를테면, 스스로가 죄를 아뢰게 시키고서 여법하게 행하였거나, 화합하여 행하는 것이다. 여러 비구들이여. 이와 같은 세 요소를 갖추었던 죄를 참회하지 않은 것에 의지한 거죄갈마라면, 곧 여법한 갈마이고 율의 갈마이며 갈마가 성취되느니라."

[여법갈마의 열두 종류를 마친다.]

45) 원하였던 여섯 종류

45-1 "여러 비구들이여. 세 요소를 갖추었던 비구이었고, 승가가 만약 원하였다면 마땅히 죄를 참회하지 않은 것에 의지한 거죄갈마를 행할 수 있느니라. 이를테면, 승가의 가운데에서 쟁송하였고 투쟁하였으며 논쟁하였고 분쟁하였거나, 우치하였고 우매하였으며 죄가 많았고 교계를 받아들이지 않았거나, 재가에 머물렀고 재가의 대중과 수순하지 않으면서 함께 머무르는 것이다. 여러 비구들이여. 이와 같은 세 요소를 갖추었던 비구이었고, 승가가 만약 원하였다면 마땅히 죄를 참회하지 않은 것에 의지한 거죄갈마를 행할 수 있느니라.

여러 비구들이여. 또한 세 요소를 갖추었던 비구이었고, 승가가 만약 원하였다면 마땅히 죄를 참회하지 않은 것에 의지한 거죄갈마를 행할 수 있느니라. 이를테면, 증상계에서 계율을 파괴하였거나, 증상행에서 행을 파괴하였거나, 증상견에서 견해를 파괴한 것이다. 여러 비구들이여. 이와 같은 세 요소를 갖추었던 비구이었고, 승가가 만약 원하였다면 마땅히 죄를 참회하지 않은 것에 의지한 거죄갈마를 행할 수 있느니라.

여러 비구들이여. 또한 세 요소를 갖추었던 비구이었고, 승가가 만약 원하였다면 마땅히 죄를 참회하지 않은 것에 의지한 거죄갈마를 행할 수 있느니라. 이를테면, 세존을 훼방하였거나, 법을 훼방하였거나, 승가를 훼방한 것이다. 여러 비구들이여. 이와 같은 세 요소를 갖추었던 비구이었고, 승가가 만약 원하였다면 마땅히 죄를 참회하지 않은 것에 의지한 거죄갈마를 행할 수 있느니라."

45-2 "여러 비구들이여. 세 부류의 비구들이었고, 승가가 만약 원하였다면 마땅히 죄를 참회하지 않은 것에 의지한 거죄갈마를 행할 수 있느니라. 이를테면, 첫째는 승가의 가운데에서 쟁송하였고 투쟁하였으며 논쟁하였고 분쟁하였던 부류이고, 둘째는 우치하였고 우매하였으며 죄가 많았고 교계를 받아들이지 않았던 부류이며, 셋째는 재가에 머물렀고 재가의 대중과 수순하지 않으면서 머물렀던 부류이다. 여러 비구들이여. 이와 같은 세 부류의 비구들이었고, 승가가 만약 원하였다면 마땅히 죄를 참회하지 않은 것에 의지한 거죄갈마를 행할 수 있느니라.

여러 비구들이여. 또한 세 부류의 비구들이었고, 승가가 만약 원하였다면 마땅히 죄를 참회하지 않은 것에 의지한 거죄갈마를 행할 수 있느니라. 이를테면, 세존을 비방하였거나, 법을 비방하였거나, 승가를 비방한 것이다. 여러 비구들이여. 이와 같은 세 부류의 비구들이었고, 승가가 만약 원하였다면 마땅히 죄를 참회하지 않은 것에 의지한 거죄갈마를 행할 수 있느니라."

[원하였던 여섯 종류를 마친다.]

46) 마흔세 종류의 의무

46-1 "여러 비구들이여. 죄를 참회하지 않는 것에 의지하여 거죄갈마를 받은 비구는 마땅히 바르게 행해야 한다. 이 가운데에서 바르게 행하는 것은 이를테면, 사람들에게 구족계를 줄 수 없고, 사람들의 의지를 받을 수 없으며, 사미를 양육할 수 없고, 비구니를 교계하는 사람으로 뽑힐 수 없으며, 뽑혔더라도 역시 가서 비구니를 교계할 수 없고, 승가가

이미 거죄갈마를 행하였다면 그러한 죄를 범할 수 없으며, 비슷한 죄를 범할 수 없고, 이것보다 더욱 악한 죄를 범할 수 없으며, 갈마를 비난할 수 없고, 갈마를 행하는 것을 비난할 수 없다.

청정한 비구에게 예배를 받을 수 없고, 영접을 받을 수 없으며, 합장을 받을 수 없고, 공경을 받을 수 없으며, 펼쳐진 좌구를 받을 수 없고, 펼쳐진 와구를 받을 수 없으며, 발을 씻는 물을 받을 수 없고, 발의 받침대를 받을 수 없으며, 발의 수건을 받을 수 없고, 영접받으며 발우를 취하는 것을 받을 수 없으며, 목욕하는 때에 그들이 등을 밀어주는 것을 받을 수 없다.

청정한 비구들에게 계를 무너트렸다고 비난할 수 없고, 행을 무너트렸다고 비난할 수 없으며, 견해를 무너트렸다고 비난할 수 없고, 명을 무너트렸다고 비난할 수 없다. 여러 비구들과 여러 비구들을 이간질할 수 없고, 재가인의 모습을 지닐 수 없으며, 외도의 모습을 지닐 수 없으며, 외도와 친근하면서 봉사할 수 없고, 마땅히 비구와 친근하면서 봉사해야 하며, 마땅히 비구의 학처를 배워야 한다.

청정한 비구와 한 지붕의 주처이고 동일한 처소에서 머무를 수 없고, 한 지붕의 주처가 아닌 동일한 처소에서 머무를 수 없으며, 한 지붕의 주처이거나 혹은 주처가 아닌 동일한 처소에서 머무를 수 없고, 청정한 비구를 보았다면 반드시 자리에서 일어나야 하며, 정사의 안과 밖에서 청정한 비구를 접촉할 수 없고, 청정한 비구의 포살을 방해할 수 없으며, 자자를 방해할 수 없고, 대중에게 명령할 수 없으며, 교계할 수 없고, (갈마를) 허락할 수 없으며, 꾸짖을 수 없고, 억념시킬 수 없으며, 여러 비구들과 투쟁할 수 없느니라."

[마흔세 종류의 의무를 마친다.]

47) 해제할 수 없는 마흔세 종류

47-1 이때 승가는 천타 비구가 죄를 참회하지 않는 것에 의지하여 거죄갈마를 행하였고, 승가와 함께 머무를 수 없게 하였다. 그 비구는 죄를 보지 않는 것을 인연하여 승가에게 거죄갈마를 받았으므로 이 주처에서 다른 주처로 갔으나, 그 주처의 여러 비구들도 예경하지 않았고 영접하지 않았으며 합장하지 않았고 공경하지 않았으며 존중하지 않았고 존경하지 않았으며 봉사하지 않았고 공양하지 않았다.

그 처소의 여러 비구들이 예경하지 않았고 영접하지 않았으며 합장하지 않았고 공경하지 않았으며 존중하지 않았고 존경하지 않았으며 봉사하지 않았고 공양하지 않았던 인연으로 그 주처에서 다른 주처로 갔으나, 그 다른 주처의 여러 비구들도 역시 예경하지 않았고 …… 공양하지 않았다. 그 처소의 여러 비구들이 역시 예경하지 않았고 …… 공양하지 않았던 인연으로 다시 구섬미국으로 돌아왔다. 그는 바르게 행하였고 수순하면서 죄를 소멸시키고자 원하였으므로, 여러 비구들의 처소에 이르러서 이와 같이 말을 지었다.

"여러 장로들이여. 내가 죄를 보지 않는 것을 의지하여 승가는 거죄갈마를 행하였으므로 바르게 행하였고 수순하면서 죄를 소멸시키고자 원하고 있습니다. 나는 마땅히 어떻게 해야 합니까?"

이때 그 여러 비구들은 이 일로써 세존께 아뢰었고, 세존께서는 말씀하셨다.

"여러 비구들이여. 그와 같다면 승가는 마땅히 천타 비구에게 죄를 참회하지 않는 것을 의지하여 행하였던 거죄갈마를 해제해야 하느니라."

47-2 "여러 비구들이여. 다섯 요소를 갖추었던 비구라면 죄를 참회하지 않는 것을 의지하여 행하였던 거죄갈마를 해제할 수 없느니라. 이를테면, 사람들에게 구족계를 주었거나, 사람들에게 의지를 받았거나, 사미를 양육하였거나, 비구니를 교계하는 사람으로 뽑혔거나, 뽑혔고 역시 가서

비구니를 교계하였던 자이다. 여러 비구들이여. 이와 같은 다섯 요소를 갖추었던 비구라면 죄를 참회하지 않는 것을 의지하여 행하였던 거죄갈마를 해제할 수 없느니라.

여러 비구들이여. 다섯 요소를 갖추었던 비구라면 죄를 참회하지 않는 것을 의지하여 행하였던 거죄갈마를 해제할 수 없느니라. 이를테면, 승가에게 이미 거죄갈마를 행하였는데 죄를 범하였거나, 비슷한 죄를 범하였거나, 이것보다 더욱 악한 죄를 범하였거나, 갈마를 비난하였거나, 갈마를 행하는 것을 비난한 것이다. 여러 비구들이여. 이와 같은 다섯 요소를 갖추었던 비구라면 죄를 참회하지 않는 것을 의지하여 행하였던 거죄갈마를 해제할 수 없느니라.

여러 비구들이여. 다섯 요소를 갖추었던 비구라면 죄를 참회하지 않는 것을 의지하여 행하였던 거죄갈마를 해제할 수 없느니라. 이를테면, 청정한 비구에게 예배를 받았거나, 영접을 받았거나, 합장을 받았거나, 공경을 받았거나, 펼쳐진 좌구를 받은 자이다. 여러 비구들이여. 이와 같은 다섯 요소를 갖추었던 비구라면 죄를 참회하지 않는 것을 의지하여 행하였던 거죄갈마를 해제할 수 없느니라.

여러 비구들이여. 다섯 요소를 갖추었던 비구라면 죄를 참회하지 않는 것을 의지하여 행하였던 거죄갈마를 해제할 수 없느니라. 이를테면, 펼쳐진 와구를 받았거나, 발을 씻는 물을 받았거나, 발의 받침대를 받았거나, 발의 수건을 받았거나, 영접받으며 발우를 취하는 것을 받았거나, 목욕하는 때에 그들이 등을 밀어주는 것을 받은 자이다. 여러 비구들이여. 이와 같은 다섯 요소를 갖추었던 비구라면 죄를 참회하지 않는 것을 의지하여 행하였던 거죄갈마를 해제할 수 없느니라.

여러 비구들이여. 다섯 요소를 갖추었던 비구라면 죄를 참회하지 않는 것을 의지하여 행하였던 거죄갈마를 해제할 수 없느니라. 이를테면, 청정한 비구들에게 계를 무너트렸다고 비난하였거나, 행을 무너트렸다고 비난하였거나, 견해를 무너트렸다고 비난하였거나, 명을 무너트렸다고 비난하였거나, 여러 비구들과 여러 비구들을 이간질하였던 자이다. 여러 비구들이여. 이와 같은 다섯 요소를 갖추었던 비구라면 죄를 참회하지 않는 것을 의지하여 행하였던 거죄갈마를 해제할 수 없느니라.

여러 비구들이여. 다섯 요소를 갖추었던 비구라면 죄를 참회하지 않는 것을 의지하여 행하였던 거죄갈마를 해제할 수 없느니라. 이를테면, 재가인의 모습을 지녔거나, 외도의 모습을 지녔거나, 외도와 친근하면서 봉사하였거나, 마땅히 비구와 친근하면서 봉사하지 않았거나, 마땅히 비구의 학처를 배우지 않은 자이다. 여러 비구들이여. 이와 같이 다섯 요소를 갖추었던 비구라면 죄를 참회하지 않는 것을 의지하여 행하였던 거죄갈마를 해제할 수 없느니라.

여러 비구들이여. 다섯 요소를 갖추었던 비구라면 죄를 참회하지 않는 것을 의지하여 행하였던 거죄갈마를 해제할 수 없느니라. 이를테면, 청정한 비구와 한 지붕의 주처이고 동일한 처소에서 머물렀거나, 한 지붕의 주처가 아닌 동일한 처소에서 머물렀거나, 한 지붕의 주처이거나 혹은 주처가 아닌 동일한 처소에서 머물렀거나, 청정한 비구를 보았다면 반드시 자리에서 일어나지 않았거나, 정사의 안과 밖에서 청정한 비구를 접촉하였던 자이다. 여러 비구들이여. 이와 같이 다섯 요소를 갖추었던 비구라면 죄를 참회하지 않는 것을 의지하여 행하였던 거죄갈마를 해제할 수 없느니라.

여러 비구들이여. 여덟 요소를 갖추었던 비구라면 죄를 참회하지 않는 것을 의지하여 행하였던 거죄갈마를 해제할 수 없느니라. 이를테면, 청정한 비구의 포살을 방해하였거나, 자자를 방해하였거나, 대중에게 명령하였거나, 교계하였거나, (갈마를) 허락하였거나, 꾸짖었거나, 억념시켰거나, 여러 비구들과 투쟁한 것이다. 여러 비구들이여. 이와 같이 여덟 요소를 갖추었던 비구라면 죄를 참회하지 않는 것을 의지하여 행하였던 거죄갈마를 해제할 수 없느니라.

[해제할 수 없는 마흔세 종류를 마친다.]

48) 해제할 수 있는 마흔세 종류

48-1 "여러 비구들이여. 다섯 요소를 갖추었던 비구라면 죄를 참회하지 않는 것을 의지하여 행하였던 거죄갈마를 해제할 수 있느니라. 이를테면, 사람들에게 구족계를 주지 않았거나, 사람들에게 의지를 받지 않았거나, 사미를 양육하지 않았거나, 비구니를 교계하는 사람으로 뽑히지 않았거나, 뽑혔으나 역시 가서 비구니를 교계하지 않았던 자이다. 여러 비구들이여. 이와 같은 다섯 요소를 갖추었던 비구라면 죄를 참회하지 않는 것을 의지하여 행하였던 거죄갈마를 해제할 수 있느니라.

여러 비구들이여. 다섯 요소를 갖추었던 비구라면 죄를 참회하지 않는 것을 의지하여 행하였던 거죄갈마를 해제할 수 있느니라. 이를테면, 승가에게 이미 거죄갈마를 행하였는데 죄를 범하지 않았거나, 비슷한 죄를 범하지 않았거나, 이것보다 더욱 악한 죄를 범하지 않았거나, 갈마를 비난하지 않았거나, 갈마를 행하는 것을 비난하지 않은 것이다. 여러 비구들이여. 이와 같은 다섯 요소를 갖추었던 비구라면 죄를 참회하지 않는 것을 의지하여 행하였던 거죄갈마를 해제할 수 있느니라.

여러 비구들이여. 다섯 요소를 갖추었던 비구라면 죄를 참회하지 않는 것을 의지하여 행하였던 거죄갈마를 해제할 수 있느니라. 이를테면, 청정한 비구에게 예배를 받지 않았거나, 영접을 받지 않았거나, 합장을 받지 않았거나, 공경을 받지 않았거나, 펼쳐진 좌구를 받은 자이다. 여러 비구들이여. 이와 같은 다섯 요소를 갖추었던 비구라면 죄를 참회하지 않는 것을 의지하여 행하였던 거죄갈마를 해제할 수 있느니라.

여러 비구들이여. 다섯 요소를 갖추었던 비구라면 죄를 참회하지 않는 것을 의지하여 행하였던 거죄갈마를 해제할 수 있느니라. 이를테면, 펼쳐진 와구를 받지 않았거나, 발을 씻는 물을 받지 않았거나, 발의 받침대를 받지 않았거나, 발의 수건을 받지 않았거나, 영접받으며 발우를 취하는 것을 받지 않았거나, 목욕하는 때에 그들이 등을 밀어주는 것을 받지 않은 자이다. 여러 비구들이여. 이와 같은 다섯 요소를 갖추었던 비구라면 죄를 참회하지 않는 것을 의지하여 행하였던 거죄갈마를 해제할 수 있느니라.

　여러 비구들이여. 다섯 요소를 갖추었던 비구라면 죄를 참회하지 않는 것을 의지하여 행하였던 거죄갈마를 해제할 수 있느니라. 이를테면, 청정한 비구들에게 계를 무너트렸다고 비난하지 않았거나, 행을 파무너트렸다고 비난하지 않았거나, 견해를 무너트렸다고 비난하지 않았거나, 명을 무너트렸다고 비난하지 않았거나, 여러 비구들과 여러 비구들을 이간질하지 않았던 자이다. 여러 비구들이여. 이와 같은 다섯 요소를 갖추었던 비구라면 죄를 참회하지 않는 것을 의지하여 행하였던 거죄갈마를 해제할 수 있느니라.

　여러 비구들이여. 다섯 요소를 갖추었던 비구라면 죄를 참회하지 않는 것을 의지하여 행하였던 거죄갈마를 해제할 수 있느니라. 이를테면, 재가인의 모습을 지니지 않았거나, 외도의 모습을 지니지 않았거나, 외도와 친근하면서 봉사하지 않았거나, 마땅히 비구와 친근하면서 봉사하였거나, 마땅히 비구의 학처를 배웠던 자이다. 여러 비구들이여. 이와 같이 다섯 요소를 갖추었던 비구라면 죄를 참회하지 않는 것을 의지하여 행하였던 거죄갈마를 해제할 수 있느니라.

　여러 비구들이여. 다섯 요소를 갖추었던 비구라면 죄를 참회하지 않는 것을 의지하여 행하였던 거죄갈마를 해제할 수 있느니라. 이를테면, 청정한 비구와 한 지붕의 주처이고 동일한 처소에서 머무르지 않았거나, 한 지붕의 주처가 아닌 동일한 처소에서 머무르지 않았거나, 한 지붕의 주처이거나 혹은 주처가 아닌 동일한 처소에서 머무르지 않았거나, 청정한 비구를 보았다면 반드시 자리에서 일어났거나, 정사의 안과 밖에서 청정한 비구를 접촉하지 않았던 자이다. 여러 비구들이여. 이와 같이 다섯 요소를 갖추었던 비구라면 죄를 참회하지 않는 것을 의지하여 행하였던 거죄갈마를 해제할 수 있느니라.

　여러 비구들이여. 여덟 요소를 갖추었던 비구라면 죄를 참회하지 않는 것을 의지하여 행하였던 거죄갈마를 해제할 수 없느니라. 이를테면,

청정한 비구의 포살을 방해하지 않았거나, 자자를 방해하지 않았거나, 대중에게 명령하지 않았거나, 교계하지 않았거나, (갈마를) 허락하지 않았거나, 꾸짖었지 않았거나, 억념시키지 않았거나, 여러 비구들과 투쟁하지 않은 것이다. 여러 비구들이여. 이와 같이 여덟 요소를 갖추었던 비구라면 죄를 참회하지 않는 것을 의지하여 행하였던 거죄갈마를 해제할 수 있느니라."

[해제할 수 있는 마흔세 종류를 마친다.]

49) 갈마의 해제

49-1 "여러 비구들이여. 마땅히 이와 같이 해제해야 하느니라. 여러 비구들이여. 이 천타 비구는 마땅히 승가의 가운데에 이르러 오른쪽 어깨를 드러내고 상좌 비구의 발에 예배하고서 호궤 합장하고서 이와 같이 아뢰어야 한다.

'여러 대덕들이여. 나는 승가에게 죄를 참회하지 않는 것을 의지하여 행하였던 거죄갈마를 받았고 바르게 행하고 수순하면서 죄를 소멸시키고자 원하고 있으므로, 죄를 참회하지 않는 것을 의지하여 행하였던 거죄갈마를 해제하여 주시기를 청합니다.'

마땅히 이와 같이 두 번째에도 애원해야 하고, …… 나아가 …… 세 번째에도 애원해야 한다. 마땅히 한 총명하고 현명하며 능력있는 비구가 승가의 가운데에서 창언해야 한다.

'대덕 승가께서는 허락하십시오. 이 천타 비구는 승가에게 죄를 참회하지 않는 것을 의지하여 행하였던 거죄갈마를 받았고 바르게 행하고 수순하면서 죄를 소멸시키고자 원하고 있으며, 그들은 하의갈마를 해제하여 주시기를 청하고 있습니다. 만약 승가께서 때에 이르렀다면 승가께서는 마땅히 천타 비구의 죄를 참회하지 않는 것을 의지하여 행하였던 거죄갈마

를 해제하여 주십시오. 이와 같이 아룁니다.'

 '대덕 승가께서는 허락하십시오. 이 천타 비구는 승가에게 죄를 참회하지 않는 것을 의지하여 행하였던 거죄갈마를 받았고 바르게 행하고 수순하면서 죄를 소멸시키고자 원하고 있으며, 그는 죄를 참회하지 않는 것을 의지하여 행하였던 거죄갈마를 해제하여 주시기를 청하고 있습니다. 승가시여. 천타 비구의 죄를 참회하지 않는 것을 의지하여 행하였던 거죄갈마를 해제하여 주겠습니다. 여러 대덕들께서 천타 비구의 죄를 참회하지 않는 것을 의지하여 행하였던 거죄갈마를 해제하는 것을 인정하신다면 묵연하시고, 인정하지 않으신다면 말씀하십시오.'

 저는 두 번째로 이 일을 아룁니다.

 '대덕 승가께서는 허락하십시오. 이 천타 비구는 승가에게 죄를 참회하지 않는 것을 의지하여 행하였던 거죄갈마를 받았고 바르게 행하고 수순하면서 죄를 소멸시키고자 원하고 있으며, 그는 죄를 참회하지 않는 것을 의지하여 행하였던 거죄갈마를 해제하여 주시기를 청하고 있습니다. 승가시여. 천타 비구의 죄를 참회하지 않는 것을 의지하여 행하였던 거죄갈마를 해제하여 주겠습니다. 여러 대덕들께서 천타 비구의 죄를 참회하지 않는 것을 의지하여 행하였던 거죄갈마를 해제하는 것을 인정하신다면 묵연하시고, 인정하지 않으신다면 말씀하십시오.'

 저는 세 번째로 이 일을 아룁니다.

 '대덕 승가께서는 허락하십시오. 이 천타 비구는 승가에게 죄를 참회하지 않는 것을 의지하여 행하였던 거죄갈마를 받았고 바르게 행하고 수순하면서 죄를 소멸시키고자 원하고 있으며, 그는 죄를 참회하지 않는 것을 의지하여 행하였던 거죄갈마를 해제하여 주시기를 청하고 있습니다. 승가시여. 천타 비구의 죄를 참회하지 않는 것을 의지하여 행하였던 거죄갈마를 해제하여 주겠습니다. 여러 대덕들께서 천타 비구의 죄를 참회하지 않는 것을 의지하여 행하였던 거죄갈마를 해제하는 것을 인정하신다면 묵연하시고, 인정하지 않으신다면 말씀하십시오.'

 '승가시여. 천타 비구의 죄를 참회하지 않는 것을 의지하여 행하였던 거죄갈마를 해제하는 것을 마쳤습니다. 여러 대덕들께서 인정하신 것은 묵연하였던 까닭입니다. 나는 이와 같이 알고 이해하겠습니다.'"

[갈마의 해제를 마친다.]

○ 여섯째의 송출품을 마친다.

7. 제7송출품

50) 의불사악견(衣不捨惡見) 거죄갈마[42]의 연기

50-1 그때 불·세존께서는 사위성의 기수급고독원에 머무르셨다.

그때 아리타(阿利吒)[43] 비구는 본래 독수리 조련사였는데, 그는 마음에 '내가 세존께서 설하신 법을 알고 이해하였던 것과 같다면, 그 가운데에서 〈도법(道法)을 장애한다.〉라고 설하셨던 것이라도, 다만 그것을 행하는 것으로써 도를 장애하는 것은 충분하지 않다.'라는 이와 같은 악한 견해가 생겨났다.

여러 비구들은 "아리타 비구는 본래 독수리 조련사였는데, 그는 마음에 '내가 세존께서 설하신 법을 알고 이해하였던 것과 같다면, 그 가운데에서 〈도법을 장애한다.〉라고 설하셨던 것이라도, 다만 그것을 행하는 것으로써 도를 장애하는 것은 충분하지 않다.'라는 악한 견해가 생겨났다."라고 들었다.

이때 여러 비구들은 본래 독수리 조련사였던 아리타 비구의 처소에

---

42) 팔리어 Pāpikāya diṭṭhiyā appaṭinissagge ukkhepanīyakamma(파피카야 디띠야 아빠티니싸께 우께파니야캄마)의 번역이다
43) 팔리어 Ariṭṭha(아리따)의 음사이다.

이르렀고 본래 독수리 조련사였던 아리타 비구를 향하여 말하였다.

"아리타여. 그대에게 진실로 '내가 세존께서 설하신 법을 알고 이해하였던 것과 같다면, 그 가운데에서 〈도법을 장애한다.〉라고 설하셨던 것이라도, 다만 그것을 행하는 것으로써 도를 장애하는 것은 충분하지 않다.'라는 이와 같은 악한 견해가 생겨났습니까?"

"진실로 그렇습니다. '내가 세존께서 설하신 법을 알고 이해하였던 것과 같다면, 그 가운데에서 〈도법을 장애한다.〉라고 설하셨던 것이라도, 다만 그것을 행하는 것으로써 도를 장애하는 것은 충분하지 않습니다.'"

50-2 "장로 아리타여. 이와 같이 말하지 마십시오. 세존을 비방하지 마십시오. 세존을 마주하고서 비방하는 것은 선하지 않습니다. 세존께서는 진실로 일찍이 이와 같이 말씀하지 않았습니다. 장로 아리타여. 세존께서는 여러 종류의 방편으로써 '도를 장애하는 법은 도를 장애한다.'라고 설하셨습니다. 이것의 도법을 장애하는 법을 행하는 것은 도를 장애하는 것으로 충분합니다.

세존께서 설하신 여러 욕망은 즐거움은 적고 고통은 많으며 실망이 많고 이것에서 근심과 환란이 다시 많습니다. 세존께서는 여러 욕망은 해골(骸骨)과 같다고 비유하셨으니, 즐거움은 적고 고통은 많으며 실망이 많고 이것에서 근심과 환란이 다시 많습니다. 세존께서는 여러 욕망은 고깃덩이 같다고 비유하셨으니, 즐거움은 적고 고통은 많으며 실망이 많고 이것에서 근심과 환란이 다시 많습니다.

세존께서는 여러 욕망은 건초의 불꽃과 같다고 비유하셨으니, 즐거움은 적고 고통은 많으며 실망이 많고 이것에서 근심과 환란이 다시 많습니다. 세존께서는 여러 욕망은 불구덩이와 같다고 비유하셨으니, 즐거움은 적고 고통은 많으며 실망이 많고 이것에서 근심과 환란이 다시 많습니다. 세존께서는 여러 욕망은 꿈과 같다고 비유하셨으니, 즐거움은 적고 고통은 많으며 실망이 많고 이것에서 근심과 환란이 다시 많습니다. 세존께서는 여러 욕망은 빌렸던 물건과 같다고 비유하셨으니, 즐거움은 적고 고통은 많으며 실망이 많고 이것에서 근심과 환란이 다시 많습니다.

　세존께서는 여러 욕망은 나무의 과일과 같다고 비유하셨으니, 즐거움은 적고 고통은 많으며 실망이 많고 이것에서 근심과 환란이 다시 많습니다. 세존께서는 여러 욕망은 도살장(屠殺場)과 같다고 비유하셨으니, 즐거움은 적고 고통은 많으며 실망이 많고 이것에서 근심과 환란이 다시 많습니다. 세존께서는 여러 욕망은 창(鎗矛)과 같다고 비유하셨으니, 즐거움은 적고 고통은 많으며 실망이 많고 이것에서 근심과 환란이 다시 많습니다. 세존께서는 여러 욕망은 독사의 머리와 같다고 비유하셨으니, 즐거움은 적고 고통은 많으며 실망이 많고 이것에서 근심과 환란이 다시 많습니다."

　본래 독수리 조련사였던 아리타 비구는 비록 여러 비구들에게 가르침을 받았으나, 여전히 그는 악한 견해를 강렬(强烈)하게 고집하고 집착하면서 오히려 말하였다.

　"여러 장로들이여. '내가 세존께서 설하신 법을 알고 이해하였던 것과 같다면, 그 가운데에서 〈도법을 장애한다.〉라고 설하셨던 것이라도, 다만 그것을 행하는 것으로써 도를 장애하는 것은 충분하지 않습니다.'"

50-3 그 여러 비구들은 능히 본래 독수리 조련사였던 아리타 비구의 이러한 악한 견해를 벗어나게 할 수 없었던 까닭으로, 세존의 주처로 나아갔다. 나아가서 이 일로써 세존께 아뢰어 말하였고, 세존께서는 이 인연으로써 비구승가를 모으셨으며, 본래 독수리의 조련사이었던 아리타 비구에게 물어 말씀하셨다.

　"아리타여. 듣건대 그대가 진실로 이와 같은 악견을 일으켰는가? '내가 세존께서 설하신 법을 알고 이해하였던 것과 같다면, 그 가운데에서 〈도법을 장애한다.〉라고 설하셨던 것이라도, 다만 그것을 행하는 것으로써 도를 장애하는 것은 충분하지 않다.'"

　"진실로 그렇습니다. '제가 세존께서 설하신 법을 알고 이해하였던 것과 같다면, 그 가운데에서 〈도법을 장애한다.〉라고 설하셨던 것이라도,

다만 그것을 행하는 것으로써 도를 장애하는 것은 충분하지 않습니다.'"

세존께서는 여러 방편으로 꾸짖으셨다.

"어리석은 사람이여. 그대는 어찌하여 내가 설하였던 법을 명료하게 알았다고 하는가? 어리석은 사람이여. 내가 어찌 여러 종류의 방편으로써 '도를 장애하는 법은 확실히 도를 장애하며, 그것을 행한다면 도를 장애하는 것으로써 충분하다고 설하지 않았던가? 나는 여러 욕망은 즐거움은 적고 고통은 많으며 실망이 많고 이것에서 근심이 환란이 다시 많다고 설하였고, 나는 여러 욕망은 해골과 같다고 설하였고, …… 나는 여러 욕망은 독사의 머리와 같아서 즐거움은 적고 고통은 많으며 실망이 많고 이것에서 근심이 환란이 다시 많다고 설하였느니라.

그러나 어리석은 사람이여. 그대는 삿된 이해를 인연으로 나를 비방하였고, 또한 스스로에게 피해주었으며, 많은 악업을 쌓았느니라. 어리석은 사람이여. 이것은 악업이므로 그대를 장야(長夜)에 고통으로 이끌어 가느니라. 어리석은 사람이여. 이것은 오히려 믿지 않는 자는 신심이 생겨나지 않게 하고, …… 이미 믿었던 자는 일부가 전전하여 다른 곳으로 향하여 떠나가게 하느니라."

이와 같이 세존께서는 여러 종류의 방편으로써 그 비구를 꾸짖고서 뒤에 부양이 어렵고 가르치고 양육함이 어려우며, …… 나아가 …… 여러 비구들을 위하여 적절한 법을 수순하여 설하신 뒤에 여러 비구들에게 알려 말씀하셨다.

"여러 비구들이여. 그와 같다면 승가는 마땅히 본래 독수리 조련사였던 아리타 비구가 악한 견해를 버리지 않는 것에 의지하여 거죄갈마를 행해야 하고, 승가와 함께 머무를 수 없게 해야 하느니라."

50-4 "여러 비구들이여. 마땅히 이와 같이 행해야 하느니라. 마땅히 먼저 본래 독수리 조련사였던 아리타 비구를 꾸짖어야 하고 꾸짖은 뒤에 마땅히 억념시켜야 하며 억념시키고서 뒤에 마땅히 스스로가 죄를 아뢰게 하고 스스로가 죄를 아뢰게 해야 한다. 그 뒤에 마땅히 한 총명하고

현명하며 능력있는 비구가 승가의 가운데에서 창언해야 한다."

"대덕 승가께서는 허락하십시오. 본래 독수리 조련사였던 아리타 비구는 '내가 세존께서 설하신 법을 알고 이해하였던 것과 같다면, 그 가운데에서 〈도법을 장애한다.〉라고 설하셨던 것이라도, 다만 그것을 행하는 것으로서 도를 장애하는 것은 충분하지 않다.'라는 이와 같은 견해를 일으켰고, 그는 악한 견해를 버리지 않으려고 하였습니다. 만약 승가께서 때에 이르렀다면 승가는 마땅히 본래 독수리 조련사였던 아리타 비구에게 악한 견해를 버리지 않는 것에 의지하여 거죄갈마를 행하겠고, 승가와 함께 머무를 수 없게 하겠습니다. 이와 같이 아룁니다.'

'대덕 승가께서는 허락하십시오. 본래 독수리 조련사였던 아리타 비구는 '내가 세존께서 설하신 법을 알고 이해하였던 것과 같다면, 그 가운데에서 〈도법을 장애한다.〉라고 설하셨던 것이라도, 다만 그것을 행하는 것으로써 도를 장애하는 것은 충분하지 않다.'라는 이와 같은 견해를 일으켰고, 그는 악한 견해를 버리지 않으려고 하였으므로, 승가는 악한 견해를 버리지 않는 것에 의지하여 거죄갈마를 행하겠고, 승가와 함께 머무를 수 없게 하겠습니다. 여러 대덕들께서 본래 독수리 조련사였던 아리타 비구에게 악한 견해를 버리지 않는 것에 의지하여 거죄갈마를 행하겠고, 승가와 함께 머무를 수 없게 하는 것을 인정하신다면 묵연하시고, 인정하지 않으신다면 말씀하십시오.'

저는 두 번째로 이 일을 아룁니다.

'대덕 승가께서는 허락하십시오. 본래 독수리 조련사였던 아리타 비구는 '내가 세존께서 설하신 법을 알고 이해하였던 것과 같다면, 그 가운데에서 〈도법을 장애한다.〉라고 설하셨던 것이라도, 다만 그것을 행하는 것으로써 도를 장애하는 것은 충분하지 않다.'라는 이와 같은 견해를 일으켰고, 그는 악한 견해를 버리지 않으려고 하였으므로, 승가는 악한 견해를 버리지 않는 것에 의지하여 거죄갈마를 행하겠고, 승가와 함께 머무를 수 없게 하겠습니다. 여러 대덕들께서 본래 독수리 조련사였던 아리타 비구에게 악한 견해를 버리지 않는 것에 의지하여 거죄갈마를 행하겠고, 승가와 함께 머무를 수 없게 하는 것을 인정하신다면 묵연하시고, 인정하지 않으신다면 말씀하십시오.'

저는 세 번째로 이 일을 아룁니다.

'대덕 승가께서는 허락하십시오. 본래 독수리 조련사였던 아리타 비구는 '내가 세존께서 설하신 법을 알고 이해하였던 것과 같다면, 그 가운데에서 〈도법을 장애한다.〉라고 설하셨던 것이라도, 다만 그것을 행하는 것으로써 도를 장애하는 것이 충분하지 않다.'라는 이와 같은 견해를 일으켰고, 그는 악한 견해를 버리지 않으려고 하였으므로, 승가는 악한 견해를 버리지 않는 것에 의지하여 거죄갈마를 행하겠고, 승가와 함께 머무를 수 없게 하겠습니다. 여러 대덕들께서 본래 독수리 조련사였던 아리타 비구에게 악한 견해를 버리지 않는 것에 의지하여 거죄갈마를 행하겠고, 승가와 함께 머무를 수 없게 하는 것을 인정하신다면 묵연하시고, 인정하지 않으신다면 말씀하십시오.'

'승가시여. 본래 독수리 조련사였던 아리타 비구가 악한 견해를 버리지 않으려고 하였던 것에 의지하여 거죄갈마를 행하였고, 승가와 함께 머무를 수 없게 하였습니다. 여러 대덕들께서 인정하신 것은 묵연하였던 까닭입니다. 나는 이와 같이 알고 이해하겠습니다.'"

"여러 비구들이여. 마땅히 이 주처에서 다른 주처에 이르러 마땅히 알려서 말해야 하느니라. '본래 독수리 조련사였던 아리타 비구는 악한 견해를 버리지 않으려고 하였던 것에 의지하여 거죄갈마를 받았으므로, 이미 승가와 함께 머무를 수 없게 되었습니다.'"

[의불사악견 거죄갈마의 연기를 마친다.]

51) 비법갈마의 열두 종류

51-1 "여러 비구들이여. 세 요소를 갖추었던 악한 견해를 버리지 않으려고

하였던 것에 의지한 거죄갈마라면, 곧 비법의 갈마이고 율의 갈마가 아니며 갈마가 성취되지 않느니라. 이를테면, 꾸짖을 사람이 현전하지 않았는데 행하였거나, 힐문하지 않을 사람에게 행하였거나, 꾸짖을 사람에게 스스로가 말하게 시키지 않고서 행하는 것이다. 여러 비구들이여. 이와 같은 세 요소를 갖추었던 악한 견해를 버리지 않으려고 하였던 것에 의지한 거죄갈마라면, 곧 비법의 갈마이고 율의 갈마가 아니며 갈마가 성취되지 않느니라.

여러 비구들이여. 또한 세 요소를 갖추었던 악한 견해를 버리지 않으려고 하였던 것에 의지한 거죄갈마라면, 곧 비법의 갈마이고 율의 갈마가 아니며 갈마가 성취되지 않느니라. 이를테면, 무죄인 사람에게 행하였거나, 마땅히 죄를 참회하지 않은 사람에게 행하였거나, 이미 죄를 참회하였는데 행하는 것이다. 여러 비구들이여. 이와 같은 세 요소를 갖추었던 악한 견해를 버리지 않으려고 하였던 것에 의지한 거죄갈마라면, 곧 비법의 갈마이고 율의 갈마가 아니며 갈마가 성취되지 않느니라.

여러 비구들이여. 또한 세 요소를 갖추었던 악한 견해를 버리지 않으려고 하였던 것에 의지한 거죄갈마라면, 곧 비법의 갈마이고 율의 갈마가 아니며 갈마가 성취되지 않느니라. 이를테면, 비난받을 행이 아닌데 행하였거나, 억념시키지 않고서 행하였거나, 스스로가 죄를 아뢰게 시키지 않고서 행하는 것이다. 여러 비구들이여. 이와 같은 세 요소를 갖추었던 악한 견해를 버리지 않으려고 하였던 것에 의지한 거죄갈마라면, 곧 비법의 갈마이고 율의 갈마가 아니며 갈마가 성취되지 않느니라.

여러 비구들이여. 세 요소를 갖추었던 악한 견해를 버리지 않으려고 하였던 것에 의지한 거죄갈마라면, 곧 비법의 갈마이고 율의 갈마가 아니며 갈마가 성취되지 않느니라. 이를테면, 꾸짖을 사람이 현전하지 않았는데 행하였거나, 비법으로 행하였거나, 별중에서 행하는 것이다. 여러 비구들이여. 이와 같은 세 요소를 갖추었던 악한 견해를 버리지 않으려고 하였던 것에 의지한 거죄갈마라면, 곧 비법의 갈마이고 율의 갈마가 아니며 갈마가 성취되지 않느니라.

여러 비구들이여. 세 요소를 갖추었던 악한 견해를 버리지 않으려고 하였던 것에 의지한 거죄갈마라면, 곧 비법의 갈마이고 율의 갈마가 아니며 갈마가 성취되지 않느니라. 이를테면, 힐문하지 않을 사람에게 행하였거나, 비법으로 행하였거나, 별중에서 행하는 것이다. 여러 비구들이여. 이와 같은 세 요소를 갖추었던 악한 견해를 버리지 않으려고 하였던 것에 의지한 거죄갈마라면, 곧 비법의 갈마이고 율의 갈마가 아니며 갈마가 성취되지 않느니라.

여러 비구들이여. 세 요소를 갖추었던 악한 견해를 버리지 않으려고 하였던 것에 의지한 거죄갈마라면, 곧 비법의 갈마이고 율의 갈마가 아니며 갈마가 성취되지 않느니라. 이를테면, 스스로가 죄를 아뢰게 시키지 않고서 행하였거나, 비법으로 행하였거나, 별중에서 행하는 것이다. 여러 비구들이여. 이와 같은 세 요소를 갖추었던 악한 견해를 버리지 않으려고 하였던 것에 의지한 거죄갈마라면, 곧 비법의 갈마이고 율의 갈마가 아니며 갈마가 성취되지 않느니라."

51-2 "여러 비구들이여. 세 요소를 갖추었던 악한 견해를 버리지 않으려고 하였던 것에 의지한 거죄갈마라면 곧 비법의 갈마이고 율의 갈마가 아니며 갈마가 성취되지 않느니라. 이를테면, 무죄인 사람에게 행하였거나, 비법으로 행하였거나, 별중에서 행하는 것이다. 여러 비구들이여. 이와 같은 세 요소를 갖추었던 악한 견해를 버리지 않으려고 하였던 것에 의지한 거죄갈마라면, 곧 비법의 갈마이고 율의 갈마가 아니며 갈마가 성취되지 않느니라.

여러 비구들이여. 세 요소를 갖추었던 악한 견해를 버리지 않으려고 하였던 것에 의지한 거죄갈마라면, 곧 비법의 갈마이고 율의 갈마가 아니며 갈마가 성취되지 않느니라. 이를테면, 마땅히 죄를 참회하지 않은 사람에게 행하였거나, 비법으로 행하였거나, 별중에서 행하는 것이다. 여러 비구들이여. 이와 같은 세 요소를 악한 견해를 버리지 않으려고 하였던 것에 의지한 거죄갈마라면, 곧 비법의 갈마이고 율의 갈마가

아니며 갈마가 성취되지 않느니라.

여러 비구들이여. 세 요소를 갖추었던 악한 견해를 버리지 않으려고 하였던 것에 의지한 거죄갈마라면 곧 비법의 갈마이고 율의 갈마가 아니며 갈마가 성취되지 않느니라. 이를테면, 이미 죄를 참회하였는데 행하였거나, 비법으로 행하였거나, 별중에서 행하는 것이다. 여러 비구들이여. 이와 같은 세 요소를 갖추었던 악한 견해를 버리지 않으려고 하였던 것에 의지한 거죄갈마라면, 곧 비법의 갈마이고 율의 갈마가 아니며 갈마가 성취되지 않느니라.

여러 비구들이여. 세 요소를 갖추었던 악한 견해를 버리지 않으려고 하였던 것에 의지한 거죄갈마라면, 곧 비법의 갈마이고 율의 갈마가 아니며 갈마가 성취되지 않느니라. 이를테면, 비난받을 행이 아닌데 행하였거나, 비법으로 행하였거나, 별중에서 행하는 것이다. 여러 비구들이여. 이와 같은 세 요소를 갖추었던 악한 견해를 버리지 않으려고 하였던 것에 의지한 거죄갈마라면, 곧 비법의 갈마이고 율의 갈마가 아니며 갈마가 성취되지 않느니라.

여러 비구들이여. 세 요소를 갖추었던 악한 견해를 버리지 않으려고 하였던 것에 의지한 거죄갈마라면, 곧 비법의 갈마이고 율의 갈마가 아니며 갈마가 성취되지 않느니라. 이를테면, 억념시키지 않고서 행하였거나, 비법으로 행하였거나, 별중에서 행하는 것이다. 여러 비구들이여. 이와 같은 세 요소를 갖추었던 악한 견해를 버리지 않으려고 하였던 것에 의지한 거죄갈마라면, 곧 비법의 갈마이고 율의 갈마가 아니며 갈마가 성취되지 않느니라.

여러 비구들이여. 세 요소를 갖추었던 악한 견해를 버리지 않으려고 하였던 것에 의지한 거죄갈마라면, 곧 비법의 갈마이고 율의 갈마가 아니며 갈마가 성취되지 않느니라. 이를테면, 스스로가 죄를 아뢰게 시키지 않고서 행하였거나, 비법으로 행하였거나, 별중에서 행하는 것이다. 여러 비구들이여. 이와 같은 세 요소를 갖추었던 악한 견해를 버리지 않으려고 하였던 것에 의지한 거죄갈마라면, 곧 비법의 갈마이고 율의 갈마가 아니며 갈마가 성취되지 않느니라."

[비법갈마의 열두 종류를 마친다.]

52) 여법갈마의 열두 종류

52-1 "여러 비구들이여. 세 요소를 갖추었던 악한 견해를 버리지 않으려고 하였던 것에 의지한 거죄갈마라면, 곧 여법한 갈마이고 율의 갈마이며 갈마가 성취되느니라. 이를테면, 꾸짖을 사람이 현전하여서 행하였거나, 힐문할 사람에게 행하였거나, 꾸짖을 사람에게 스스로가 말하게 시키고서 행하는 것이다. 여러 비구들이여. 이와 같은 세 요소를 갖추었던 악한 견해를 버리지 않으려고 하였던 것에 의지한 거죄갈마라면, 곧 여법한 갈마이고 율의 갈마이며 갈마가 성취되느니라.

여러 비구들이여. 또한 세 요소를 갖추었던 악한 견해를 버리지 않으려고 하였던 것에 의지한 거죄갈마라면, 곧 여법한 갈마이고 율의 갈마이며 갈마가 성취되느니라. 이를테면, 유죄인 사람에게 행하였거나, 마땅히 죄를 참회한 사람에게 행하였거나, 죄를 참회하지 않았으므로 행하는 것이다. 여러 비구들이여. 이와 같은 세 요소를 갖추었던 악한 견해를 버리지 않으려고 하였던 것에 의지한 거죄갈마라면, 곧 여법한 갈마이고 율의 갈마이며 갈마가 성취되느니라.

여러 비구들이여. 또한 세 요소를 갖추었던 악한 견해를 버리지 않으려고 하였던 것에 의지한 거죄갈마라면, 곧 여법한 갈마이고 율의 갈마이며 갈마가 성취되느니라. 이를테면, 비난받을 행이었으므로 행하였거나, 억념시키고서 행하였거나, 스스로가 죄를 아뢰게 시키고서 행하는 것이다. 여러 비구들이여. 이와 같은 세 요소를 갖추었던 악한 견해를 버리지 않으려고 하였던 것에 의지한 거죄갈마라면, 곧 여법한 갈마이고 율의 갈마이며 갈마가 성취되느니라.

여러 비구들이여. 세 요소를 갖추었던 악한 견해를 버리지 않으려고 하였던 것에 의지한 거죄갈마라면, 곧 여법한 갈마이고 율의 갈마이며 갈마가 성취되느니라. 이를테면, 꾸짖을 사람이 현전하여서 행하였거나, 여법하게 행하였거나, 화합하여 행하는 것이다. 여러 비구들이여. 이와 같은 세 요소를 갖추었던 악한 견해를 버리지 않으려고 하였던 것에 의지한 거죄갈마라면, 곧 여법한 갈마이고 율의 갈마이며 갈마가 성취되느니라.

여러 비구들이여. 세 요소를 갖추었던 악한 견해를 버리지 않으려고 하였던 것에 의지한 거죄갈마라면, 곧 여법한 갈마이고 율의 갈마이며 갈마가 성취되느니라. 이를테면, 힐문할 사람에게 행하였거나, 여법하게 행하였거나, 화합하여 행하는 것이다. 여러 비구들이여. 이와 같은 세 요소를 갖추었던 악한 견해를 버리지 않으려고 하였던 것에 의지한 거죄갈마라면, 곧 여법한 갈마이고 율의 갈마이며 갈마가 성취되느니라.

여러 비구들이여. 세 요소를 갖추었던 악한 견해를 버리지 않으려고 하였던 것에 의지한 거죄갈마라면, 곧 여법한 갈마이고 율의 갈마이며 갈마가 성취되느니라. 이를테면, 스스로가 죄를 아뢰게 시키고서 행하였거나, 여법하게 행하였거나, 화합하여 행하는 것이다. 여러 비구들이여. 이와 같은 세 요소를 갖추었던 악한 견해를 버리지 않으려고 하였던 것에 의지한 거죄갈마라면, 곧 여법한 갈마이고 율의 갈마이며 갈마가 성취되느니라."

52-2 "여러 비구들이여. 세 요소를 갖추었던 악한 견해를 버리지 않으려고 하였던 것에 의지한 거죄갈마라면, 곧 여법한 갈마이고 율의 갈마이며 갈마가 성취되느니라. 이를테면, 유죄인 사람에게 행하였거나, 여법하게 행하였거나, 화합하여 행하는 것이다. 여러 비구들이여. 이와 같은 세 요소를 갖추었던 악한 견해를 버리지 않으려고 하였던 것에 의지한 거죄갈마라면, 곧 여법한 갈마이고 율의 갈마이며 갈마가 성취되느니라.

여러 비구들이여. 세 요소를 갖추었던 악한 견해를 버리지 않으려고 하였던 것에 의지한 거죄갈마라면, 곧 여법한 갈마이고 율의 갈마이며 갈마가 성취되느니라. 이를테면, 마땅히 죄를 참회한 사람에게 행하였거나, 여법하게 행하였거나, 화합하여 행하는 것이다. 여러 비구들이여. 이와 같은 세 요소를 갖추었던 악한 견해를 버리지 않으려고 하였던 것에 의지한 거죄갈마라면, 곧 여법한 갈마이고 율의 갈마이며 갈마가 성취되느니라.

여러 비구들이여. 세 요소를 갖추었던 악한 견해를 버리지 않으려고 하였던 것에 의지한 거죄갈마라면, 곧 여법한 갈마이고 율의 갈마이며 갈마가 성취되느니라. 이를테면, 아직 죄를 참회하지 않았으므로 행하였거나, 여법하게 행하였거나, 화합하여 행하는 것이다. 여러 비구들이여. 이와 같은 세 요소를 갖추었던 악한 견해를 버리지 않으려고 하였던 것에 의지한 거죄갈마라면, 곧 여법한 갈마이고 율의 갈마이며 갈마가 성취되느니라.

여러 비구들이여. 세 요소를 갖추었던 악한 견해를 버리지 않으려고 하였던 것에 의지한 거죄갈마라면, 곧 여법한 갈마이고 율의 갈마이며 갈마가 성취되느니라. 이를테면, 비난받을 행이었으므로 행하였거나, 여법하게 행하였거나, 화합하여 행하는 것이다. 여러 비구들이여. 이와 같은 세 요소를 갖추었던 악한 견해를 버리지 않으려고 하였던 것에 의지한 거죄갈마라면, 곧 여법한 갈마이고 율의 갈마이며 갈마가 성취되느니라.

여러 비구들이여. 세 요소를 갖추었던 악한 견해를 버리지 않으려고 하였던 것에 의지한 거죄갈마라면, 곧 여법한 갈마이고 율의 갈마이며 갈마가 성취되느니라. 이를테면, 억념시키고서 행하였거나, 여법하게 행하였거나, 화합하여 행하는 것이다. 여러 비구들이여. 이와 같은 세 요소를 갖추었던 악한 견해를 버리지 않으려고 하였던 것에 의지한 거죄갈마라면, 곧 여법한 갈마이고 율의 갈마이며 갈마가 성취되느니라.

여러 비구들이여. 세 요소를 갖추었던 악한 견해를 버리지 않으려고 하였던 것에 의지한 거죄갈마라면, 곧 여법한 갈마이고 율의 갈마이며 갈마가 성취되느니라. 이를테면, 스스로가 죄를 아뢰게 시키고서 여법하게 행하였거나, 화합하여 행하는 것이다. 여러 비구들이여. 이와 같은 세 요소를 갖추었던 악한 견해를 버리지 않으려고 하였던 것에 의지한 거죄갈마라면, 곧 여법한 갈마이고 율의 갈마이며 갈마가 성취되느니라."

[여법갈마의 열두 종류를 마친다.]

53) 원하였던 여섯 종류

53-1 "여러 비구들이여. 세 요소를 갖추었던 비구이었고, 승가가 만약 원하였다면 마땅히 악한 견해를 버리지 않으려고 하였던 것에 의지한 거죄갈마를 행할 수 있느니라. 이를테면, 승가의 가운데에서 쟁송하였고 투쟁하였으며 논쟁하였고 분쟁하였거나, 우치하였고 우매하였으며 죄가 많았고 교계를 받아들이지 않았거나, 재가에 머물렀고 재가의 대중과 수순하지 않으면서 함께 머무르는 것이다. 여러 비구들이여. 이와 같은 세 요소를 갖추었던 비구이었고, 승가가 만약 원하였다면 마땅히 악한 견해를 버리지 않으려고 하였던 것에 의지한 거죄갈마를 행할 수 있느니라.

여러 비구들이여. 또한 세 요소를 갖추었던 비구이었고, 승가가 만약 원하였다면 마땅히 악한 견해를 버리지 않으려고 하였던 것에 의지한 거죄갈마를 행할 수 있느니라. 이를테면, 증상계에서 계율을 파괴하였거나, 증상행에서 행을 파괴하였거나, 증상견에서 견해를 파괴한 것이다. 여러 비구들이여. 이와 같은 세 요소를 갖추었던 비구이었고, 승가가 만약 원하였다면 마땅히 악한 견해를 버리지 않으려고 하였던 것에 의지한 거죄갈마를 행할 수 있느니라.

여러 비구들이여. 또한 세 요소를 갖추었던 비구이었고, 승가가 만약 원하였다면 마땅히 악한 견해를 버리지 않으려고 하였던 것에 의지한 거죄갈마를 행할 수 있느니라. 이를테면, 세존을 훼방하였거나, 법을 훼방하였거나, 승가를 훼방한 것이다. 여러 비구들이여. 이와 같은 세 요소를 갖추었던 비구이었고, 승가가 만약 원하였다면 마땅히 악한 견해를 버리지 않으려고 하였던 것에 의지한 거죄갈마를 행할 수 있느니라."

53-2 "여러 비구들이여. 세 부류의 비구들이었고, 승가가 만약 원하였다면 마땅히 악한 견해를 버리지 않으려고 하였던 것에 의지한 거죄갈마를 행할 수 있느니라. 이를테면, 첫째는 승가의 가운데에서 쟁송하였고 투쟁하였으며 논쟁하였고 분쟁하였던 부류이고, 둘째는 우치하였고 우매하였으며 죄가 많았고 교계를 받아들이지 않았던 부류이며, 셋째는 재가에 머물렀고 재가의 대중과 수순하지 않으면서 머물렀던 부류이다. 여러 비구들이여. 이와 같은 세 부류의 비구들이었고, 승가가 만약 원하였다면 마땅히 악한 견해를 버리지 않으려고 하였던 것에 의지한 거죄갈마를 행할 수 있느니라.

여러 비구들이여. 또한 세 부류의 비구들이었고, 승가가 만약 원하였다면 마땅히 악한 견해를 버리지 않으려고 하였던 것에 의지한 거죄갈마를 행할 수 있느니라. 이를테면, 세존을 비방하였거나, 법을 비방하였거나, 승가를 비방한 것이다. 여러 비구들이여. 이와 같은 세 부류의 비구들이었고, 승가가 만약 원하였다면 마땅히 악한 견해를 버리지 않으려고 하였던 것에 의지한 거죄갈마를 행할 수 있느니라."

[원하였던 여섯 종류를 마친다.]

54) 열여덟 종류의 의무

54-1 "여러 비구들이여. 악한 견해를 버리지 않으려고 하였던 것에 의지한 거죄갈마를 받은 비구는 마땅히 바르게 행해야 하느니라. 이 가운데에서 바르게 행하는 것은 이를테면, 사람들에게 구족계를 줄 수 없고, 사람들의 의지를 받을 수 없으며, 사미를 양육할 수 없고, 비구니를

교계하는 사람으로 뽑힐 수 없으며, 뽑혔더라도 역시 가서 비구니를 교계할 수 없고, 승가가 이미 거죄갈마를 행하였다면 죄를 범할 수 없으며, 비슷한 죄를 범할 수 없고, 이것보다 더욱 악한 죄를 범할 수 없으며, 갈마를 비난할 수 없고, 갈마를 행하는 것을 비난할 수 없으며, 청정한 비구의 포살을 방해할 수 없고, 자자를 방해할 수 없으며, 대중에게 명령할 수 없고, 교계할 수 없으며, (갈마를) 허락할 수 없고, 꾸짖을 수 없으며, 억념시킬 수 없고, 여러 비구들과 투쟁할 수 없느니라."

[열여덟 종류의 의무를 마친다.]

55) 해제할 수 없는 열여덟 종류

55-1 본래 독수리 조련사였던 아리타 비구가 악한 견해를 버리지 않으려고 하였던 것에 의지하여 거죄갈마를 행하였고, 승가와 함께 머무를 수 없게 하였다. 그 비구는 악한 견해를 버리지 않으려고 하였던 것에 의지하여 거죄갈마를 받았던 까닭으로 환속(還俗)하였다. 여러 비구들의 가운데에서 욕심이 적은 자들은 싫어하고 비난하였다.

"무슨 까닭으로써 본래 독수리 조련사였던 아리타 비구는 승가에게 악한 견해를 버리지 않으려고 하였던 것에 의지하였던 까닭으로 거죄갈마를 받았는데 환속하는가?"

이때 그 여러 비구들은 이 일로써 세존께 아뢰었고, 세존께서는 승가대중을 모으셨으며 여러 비구들에게 물어 말씀하셨다.

"여러 비구들이여. 본래 독수리 조련사였던 아리타 비구는 승가에게 악한 견해를 버리지 않으려고 하였던 것에 의지하였던 까닭으로 거죄갈마를 받았는데 환속하였는가?"

세존께서는 꾸짖으셨다.

"어찌하여 그 어리석은 사람은 승가에게 악한 견해를 버리지 않으려고 하였던 것에 의지하였던 까닭으로 거죄갈마를 받았는데 환속하였는가? 여러 비구들이여. 이것은 오히려 믿지 않는 자에게 신심이 생겨나지 않게 하고, 이미 믿었던 자는 증장시키지 않느니라. …… 이미 믿었던 자는 일부가 전전하여 다른 곳을 향하여 떠나가게 하느니라."

55-2 "여러 비구들이여. 다섯 요소를 갖추었던 비구라면 악한 견해를 버리지 않으려고 의지하였던 것의 거죄갈마를 해제할 수 없느니라. 이를테면, 사람들에게 구족계를 주었거나, 사람들의 의지를 받았거나, 사미를 양육하였거나, 비구니를 교계하는 사람으로 뽑혔거나, 뽑혔고 역시 가서 비구니를 교계하였던 것이다. 여러 비구들이여. 이와 같이 다섯 요소를 갖추었던 비구라면 악한 견해를 버리지 않으려고 의지하였던 것의 거죄갈마를 해제할 수 없느니라.

여러 비구들이여. 다섯 요소를 갖추었던 비구라면 악한 견해를 버리지 않으려고 의지하였던 것의 거죄갈마를 해제할 수 없느니라. 이를테면, 승가가 이미 하의갈마를 행하였는데 죄를 범하였거나, 비슷한 죄를 범하였거나, 이것보다 더욱 악한 죄를 범하였거나, 갈마를 비난하였거나, 갈마를 행하는 것을 비난한 것이다. 여러 비구들이여. 이와 같이 다섯 요소를 갖추었던 비구라면 악한 견해를 버리지 않으려고 의지하였던 것의 거죄갈마를 해제할 수 없느니라.

여러 비구들이여. 여덟 요소를 갖추었던 비구라면 악한 견해를 버리지 않으려고 의지하였던 것의 거죄갈마를 해제할 수 없느니라. 이를테면, 청정한 비구의 포살을 방해하였거나, 자자를 방해하였거나, 대중에게 명령하였거나, 교계하였거나, (갈마를) 허락하였거나, 꾸짖었거나, 억념시켰거나, 여러 비구들과 투쟁한 것이다. 여러 비구들이여. 이와 같이 여덟 요소를 갖추었던 비구라면 악한 견해를 버리지 않으려고 의지하였던 것의 거죄갈마를 해제할 수 없느니라."

[해제할 수 없는 열여덟 종류를 마친다.]

56) 해제할 수 있는 열여덟 종류

56-1 "여러 비구들이여. 다섯 요소를 갖추었던 비구라면 악한 견해를 버리지 않으려고 의지하였던 것의 거죄갈마를 해제할 수 있느니라. 이를테면, 사람들에게 구족계를 주지 않았거나, 사람들의 의지를 받지 않았거나, 사미를 양육하지 않았거나, 비구니를 교계하는 사람으로 뽑히지 않았거나, 뽑혔어도 역시 가서 비구니를 교계하지 않은 것이다. 여러 비구들이여. 이와 같이 다섯 요소를 갖추었던 비구라면 악한 견해를 버리지 않으려고 의지하였던 것의 거죄갈마를 해제할 수 있느니라.

여러 비구들이여. 다섯 요소를 갖추었던 비구라면 악한 견해를 버리지 않으려고 의지하였던 것의 거죄갈마를 해제할 수 있느니라. 이를테면, 승가가 이미 하의갈마를 행하였으므로 죄를 범하지 않았거나, 비슷한 죄를 범하지 않았거나, 이것보다 더욱 악한 죄를 범하지 않았거나, 갈마를 비난하지 않았거나, 갈마를 행하는 것을 비난하지 않은 것이다. 여러 비구들이여. 이와 같이 다섯 요소를 갖추었던 비구라면 악한 견해를 버리지 않으려고 의지하였던 것의 거죄갈마를 해제할 수 있느니라.

여러 비구들이여. 여덟 요소를 갖추었던 비구라면 악한 견해를 버리지 않으려고 의지하였던 것의 거죄갈마를 해제할 수 없느니라. 이를테면, 청정한 비구의 포살을 방해하지 않았거나, 자자를 방해하지 않았거나, 대중에게 명령하지 않았거나, 교계하지 않았거나, (갈마를) 허락하지 않았거나, 꾸짖었지 않았거나, 억념시키지 않았거나, 여러 비구들과 투쟁하지 않은 것이다. 여러 비구들이여. 이와 같이 여덟 요소를 갖추었던 비구라면 악한 견해를 버리지 않으려고 의지하였던 것의 거죄갈마를 해제할 수 있느니라."

[해제할 수 있는 열여덟 종류를 마친다.]

57) 갈마의 해제

57-1 "여러 비구들이여. 마땅히 이와 같이 해제해야 하느니라. 여러 비구들이여. 그 악한 견해를 버리지 않으려고 의지하여 거죄갈마를 받았던 비구는 마땅히 승가의 가운데에 이르러 오른쪽 어깨를 드러내고 상좌비구의 발에 예배하고서 호궤 합장하고서 이와 같이 아뢰어야 한다.

'여러 대덕들이여. 나는 승가에게 그 악한 견해를 버리지 않으려고 하였던 것에 의지하여 거죄갈마를 받았으므로 바르게 행하고 수순하면서 죄를 소멸시키고자 원하고 있으므로, 그 악한 견해를 버리지 않으려고 하였던 것에 의지하여 받았던 거죄갈마를 해제하여 주시기를 청합니다.'

마땅히 이와 같이 두 번째에도 애원해야 하고, …… 나아가 …… 세 번째에도 애원해야 한다. 마땅히 한 총명하고 현명하며 능력있는 비구가 승가의 가운데에서 창언해야 한다.

'대덕 승가께서는 허락하십시오. 그 악한 견해를 버리지 않으려고 하였던 것에 의지하여 거죄갈마를 받았던 비구는 승가에게 그 악한 견해를 버리지 않으려고 하였던 것에 의지하여 거죄갈마를 받았으므로, 바르게 행하고 수순하면서 죄를 소멸시키고자 원하고 있으며, 그는 그 악한 견해를 버리지 않으려고 의지하여 받았던 거죄갈마를 해제하여 주시기를 청하고 있습니다. 만약 승가께서 때에 이르렀다면 승가께서는 마땅히 그 악한 견해를 버리지 않으려고 의지하여 거죄갈마를 받았던 비구에게 그 악한 견해를 버리지 않으려고 의지하여 받았던 거죄갈마를 해제하여 주십시오. 이와 같이 아룁니다.'

'대덕 승가께서는 허락하십시오. 그 악한 견해를 버리지 않으려고 하였던 것에 의지하여 거죄갈마를 받았던 비구는 승가에게 그 악한 견해를 버리지 않으려고 하였던 것에 의지하여 거죄갈마를 받았으므로, 바르게 행하고 수순하면서 죄를 소멸시키고자 원하고 있으며, 그는 그 악한 견해를 버리지 않으려고 하였던 것에 의지하여 받았던 거죄갈마를 해제하여 주시기를 청하고 있습니다. 승가시여. 그 악한 견해를 버리지 않으려고 하였던 것에 의지하여 거죄갈마를 받았던 비구에게 그 악한 견해를 버리지 않으려고 하였던 것에 의지하여 받았던 거죄갈마를 해제하여 주겠습니다. 여러 대덕들께서 그 악한 견해를 버리지 않으려고 의지하여 받았던 비구의 거죄갈마를 해제하는 것을 인정하신다면 묵연하시고, 인정하지 않으신다면 말씀하십시오.'

저는 두 번째로 이 일을 아룁니다.

'대덕 승가께서는 허락하십시오. 그 악한 견해를 버리지 않으려고 하였던 것에 의지하여 거죄갈마를 받았던 비구는 승가에게 그 악한 견해를 버리지 않으려고 하였던 것에 의지하여 거죄갈마를 받았으므로, 바르게 행하고 수순하면서 죄를 소멸시키고자 원하고 있으며, 그는 그 악한 견해를 버리지 않으려고 하였던 것에 의지하여 받았던 거죄갈마를 해제하여 주시기를 청하고 있습니다. 승가시여. 그 악한 견해를 버리지 않으려고 하였던 것에 의지하여 거죄갈마를 받았던 비구에게 그 악한 견해를 버리지 않으려고 하였던 것에 의지하여 받았던 거죄갈마를 해제하여 주겠습니다. 여러 대덕들께서 그 악한 견해를 버리지 않으려고 의지하여 받았던 비구의 거죄갈마를 해제하는 것을 인정하신다면 묵연하시고, 인정하지 않으신다면 말씀하십시오.'

저는 세 번째로 이 일을 아룁니다.

'대덕 승가께서는 허락하십시오. 그 악한 견해를 버리지 않으려고 하였던 것에 의지하여 거죄갈마를 받았던 비구는 승가에게 그 악한 견해를 버리지 않으려고 하였던 것에 의지하여 거죄갈마를 받았으므로, 바르게 행하고 수순하면서 죄를 소멸시키고자 원하고 있으며, 그는 그 악한 견해를 버리지 않으려고 하였던 것에 의지하여 받았던 거죄갈마를 해제하여 주시기를 청하고 있습니다. 승가시여. 그 악한 견해를 버리지 않으려고 하였던 것에 의지하여 거죄갈마를 받았던 비구에게 그 악한 견해를 버리지 않으려고 하였던 것에 의지하여 받았던 거죄갈마를 해제하여 주겠습니다. 여러 대덕들께서 그 악한 견해를 버리지 않으려고 의지하여 받았던 비구의 거죄갈마를 해제하는 것을 인정하신다면 묵연하시고, 인정하지 않으신다

면 말씀하십시오.'

'승가시여. 그 악한 견해를 버리지 않으려고 하였던 것에 의지하여 거죄갈마를 받았던 비구의 그 악한 견해를 버리지 않으려고 의지하여 거죄갈마를 해제하는 것을 마쳤습니다. 여러 대덕들께서 인정하신 것은 묵연하였던 까닭입니다. 나는 이와 같이 알고 이해하겠습니다.'"

[갈마의 해제를 마친다.]

○ 일곱째의 송출품을 마친다.

◎ 이 건도에는 일곱 종류가 있느니라. 섭송으로 설하겠노라.

반나와 노혜의 도중은
스스로가 여러 대중과 쟁송하였고
비슷한 도중의 처소로 나아가서
쟁송이 생겨나도록 권유하였네.

생겨나지 않은 쟁송을 일으켰고
이미 생겨난 쟁송을 증장시켰으며
욕심이 적은 선한 비구들은
싫어하고 비난하면서 대중에게 알렸다네.

불타께서는 항상 정법에서 머무르시고
세상에서 제일인 승리자이시며
사위성에서 머무르시던 때에
마땅히 가책갈마를 행하게 하셨네.

현전하지 않는 것과 묻지 않는 것과

스스로가 말하게 하지 않는 것과 무죄와
죄를 참회하지 않는 것과 이미 참회한 것과
비난하지 않는 것과 억념시키지 않는 것과

스스로가 죄의 허물을 아뢰지 않는 것과
현전하지 않은 것과 비법과 별중과
힐문하지 않은 것과 비법과 별중과
스스로 말하지 않은 것과 비법과 별중과

무죄와 비법과 별중과
참회하지 않는 것과 비법과 별중과
이미 참회한 것과 비법과 별중과
꾸짖지 않는 것과 비법과 별중과

억념시키지 않는 것과 비법과 별중과
스스로 아뢰지 않는 것과 비법과 별중과
검은 요소의 이것을 이유로
하얀 것을 아는 것이니
승가가 만약 필요하였다면
마땅히 가책갈마를 행하는 것이 있다.

쟁송하는 것과 어리석은 사람과
재가자와 함께 기거하는 것과
증상계와 증상행과
증상견과 계를 파괴한 것과

세존과 법과 승가를 비방한 것과
승가에게 가책을 받은 자가
마땅히 이와 같이 바르게 행하는 것과

구족계를 줄 수 없는 것과

의지를 받을 수 없는 것과
사미를 양육할 수 없는 것과
비구니를 교계하는 자로 뽑힐 수 없는 것과
비구니를 교계할 수 없는 것과

동일한 죄를 범할 수 없는 것과
비슷한 죄를 범할 수 없는 것과
더 무거운 죄를 범할 수 없는 것과
그 갈마사를 비난할 수 없는 것과

갈마자를 비난할 수 없는 것과
승가의 포살을 방해할 수 없는 것과
승가의 자자를 방해할 수 없는 것과
대중과 말할 수 없는 것과

대중을 교계할 수 없는 것과
갈마를 허락할 수 없는 것과
비난할 수 없는 것과
억념시킬 수 없는 것과
비구와 함께 머무르지 못하는 것이 있다.

구족계를 주었던 것과
의지를 받았던 것과
사미를 양육하였던 것과
비구니를 교계하는 자로 뽑혔던 것과
비구니를 교계하였던 것의
이러한 다섯 요소를 갖추었다면

갈마를 해제할 수 없다.

만약 동일한 죄를 범하였던 것과
비슷한 죄를 범하였던 것과
더 무거운 죄를 범하였던 것과
그 갈마사를 범하였던 것과
갈마자를 비난하였던 것의
이러한 다섯 요소를 갖추었다면
갈마를 해제할 수 없다.

승가의 포살을 방해하였던 것과
승가의 자자를 방해하였던 것과
대중과 말하였던 것과
대중을 교계하였던 것과
갈마를 허락하였던 것과

비난하였던 것과 억념시켰던 것과
비구와 함께 머물렀던 것의
이러한 여덟 요소를 갖추었다면
갈마를 해제할 수 없나니
이상은 나아가 검은 요소의
그것을 이유로 하얀 것을 아는 것이다.

시월은 우치를 행하였고
죄가 많으며 재가자와 머물러서
모니존(牟尼尊)이신 정각자(正覺者)께서
의지갈마를 명하셨다네.

계타산의 비구인

아습바의 도중과
부나바사의 도중은
무지하고 우치하여

여러 비행을 행하였으므로
승리자이신 정각자께서
사위성에 머무시면서
구출갈마를 명하셨다네.

한 장로인 선법이 있어서
마차지원에 상주하였고
이 주처에 귀속된 질다라를
선법이 그의 집안을 말하면서
우바새 질다라를 비난하였고
세존께서는 하의갈마를 명하셨다네.

구섬미국의 비구이었던 천타는
그의 죄를 보지 않으려고 하였고
최승자(最勝者)께서는
죄를 보지 않는 것을 의지하여
거죄갈마를 행하게 명하셨다네.

천타는 그의 죄를 참회하지 않았으므로
대도사(大導師)께서는
죄를 참회하지 않는 것을 의지하여
거죄갈마를 행하게 명하셨다네.

아리타는 미혹에 집착하여 깨닫지 못하면서
몸에 도를 장애하는 악견을 품었고

수승자(殊勝者)께서는
죄를 참회하지 않는 것을 의지하여
거죄갈마를 행하게 명하셨다네.

의지갈마와 구출갈마와
하의갈마와 불견죄갈마와
불참회거죄갈마와
불사견거죄갈마와

오락과 삿된 행과 삿된 생활의
이러한 일 등은
역시 구출갈마를 행해야 하고
이익이 없는 스무 종류의 허물의
이러한 일 등은
역시 하의갈마를 행해야 한다네.

가책갈마와 의지갈마는
이 두 종류의 갈마는 비슷한데
구출과 하의는 부가(附加)의 말이라네.

세 종류의 거죄갈마는
서로가 비슷하여 구별하기 어렵더라도
그 나머지의 갈마는 분별하조자 한다면
마땅히 가책갈마로써 그것을 알 것이다.

◉ 갈마건도를 마친다.

건도 제12권

제2장 별주건도(別住犍度)[1]

1. 제1송출품

1) 별주를 받은 자의 아흔네 가지의 의무

1-1 이때 불·세존께서는 사위성의 기수급고독원에 머무르셨다.

그때 별주(別住)[2]하는 여러 비구들은 청정한 비구들에게 예배를 받았고, 영접을 받았으며, 합장을 받았고, 공경을 받았으며, 펼쳐진 좌구를 받았고, 펼쳐진 와구를 받았으며, 발을 씻는 물을 받았고, 발의 받침대를 받았으며, 발의 수건을 받았고, 영접받으며 발우를 취하는 것을 받았으며, 목욕하는 때에 그들이 등을 밀어주는 것을 받았다. 여러 비구들의 가운데에서 욕심이 적은 자들은 싫어하고 비난하였다.

---

[1] 팔리어 Pārivāsikakkhandhaka(파리바시카깐다카)의 번역이다.
[2] 팔리어 Pārivāsikā(파리바시카)의 번역이고, 승잔(僧殘)을 저지른 비구가 승가에게 알리지 않았다면, 그 죄를 숨긴 기간만큼 다른 비구들과 분리시켜 혼자 머무르게 하는 행법(行法)이다.

"무슨 까닭으로써 별주하는 여러 비구들이 청정한 비구들에게 예배를 받고, 영접을 받으며, 합장을 받고, 공경을 받으며, 펼쳐진 좌구를 받고, 펼쳐진 와구를 받으며, 발을 씻는 물을 받고, 발의 받침대를 받으며, 발의 수건을 받고, 영접받으며 발우를 취하는 것을 받으며, 목욕하는 때에 그들이 등을 밀어주는 것을 받는가?"

이때 그 여러 비구들은 이 일로써 세존께 아뢰었고, 세존께서는 승가대중을 모으셨으며 여러 비구들에게 물어 말씀하셨다.

"여러 비구들이여. 진실로 별주하는 여러 비구들이 청정한 비구들에게 예배를 받고, …… 목욕하는 때에 그들이 등을 밀어주는 것을 받았는가?"

"진실로 그렇습니다. 세존이시여."

세존께서는 꾸짖으셨다.

"여러 비구들이여. 어찌하여 별주하는 여러 비구들이 청정한 비구들에게 예배를 받고, …… 목욕하는 때에 그들이 등을 밀어주는 것을 받았는가? 여러 비구들이여. 이것은 오히려 믿지 않는 자에게 신심이 생겨나지 않게 하고, 이미 믿었던 자는 증장시키지 않느니라. …… 이미 믿었던 자는 일부가 전전하여 다른 곳을 향하여 떠나가게 하느니라."

세존께서는 여러 방편으로 꾸짖으셨고 적절한 법을 수순하여 설하신 뒤에 여러 비구들에게 알려 말씀하셨다.

"여러 비구들이여. 별주하는 여러 비구들이 청정한 비구들에게 예배를 받고, …… 목욕하는 때에 그들이 등을 밀어주는 것을 받을 수 없느니라. 만약 받는 자는 악작을 범하느니라.

여러 비구들이여. 별주하는 여러 비구들은 그 법랍을 따라서 서로가 예배하고, 영접하며, 합장하고, 공경하며, 펼쳐진 좌구를 받고, 펼쳐진 와구를 받으며, 발을 씻는 물을 받고, 발의 받침대를 받으며, 발의 수건을 받고, 영접받으며 발우를 취하는 것을 받으며, 목욕하는 때에 그들이 등을 밀어주는 것을 받는 것을 허락하겠노라. 여러 비구들이여. 별주하는 여러 비구들은 그 법랍을 따르는 다섯 종류의 이것을 허락하겠나니, 포살, 자자, 우욕의(雨浴衣), 보시물, 음식이니라."

1-2 "여러 비구들이여. 만약 그와 같다면 내가 마땅히 별주하는 여러 비구들의 행법(行法)을 제정하겠나니, 별주하는 여러 비구들은 그것을 행하게 해야 하느니라.

여러 비구들이여. 별주하는 비구는 마땅히 바르게 행해야 하느니라. 이 가운데에서 바르게 행하는 것은 이를테면, 사람들에게 구족계를 줄 수 없고, 사람들의 의지를 받을 수 없으며, 사미를 양육할 수 없고, 비구니를 교계하는 사람으로 뽑힐 수 없으며, 뽑혔더라도 역시 가서 비구니를 교계할 수 없고, 승가가 이미 별주를 행하였다면 죄를 범할 수 없으며, 비슷한 죄를 범할 수 없고, 이것보다 더욱 악한 죄를 범할 수 없으며, 갈마를 비난할 수 없고, 갈마를 행하는 것을 비난할 수 없으며, 청정한 비구의 포살을 방해할 수 없고, 자자를 방해할 수 없으며, 대중에게 명령할 수 없고, 교계할 수 없으며, (갈마를) 허락할 수 없고, 꾸짖을 수 없으며, 억념시킬 수 없고, 여러 비구들과 투쟁할 수 없느니라.

여러 비구들이여. 별주하는 비구는 청정한 비구들의 앞에 다닐 수 없고, 청정한 비구들의 앞에 앉을 수 없으며, 마땅히 승가의 끝의 자리를 받아야 하고, 마땅히 승가의 끝의 평상을 받아야 하며, 마땅히 승가의 끝의 처소를 받아야 한다.

여러 비구들이여. 별주하는 비구는 청정한 비구들의 앞에 시자(侍者)로 다니거나 뒤를 따르는 시자로 속가(俗家)에 갈 수 없고, 숲속에서 수행할 수 없으며, 걸식법을 행할 수 없고, 다른 사람에게 스스로가 별주를 알게 시킬 수 없으며, 보시한 음식을 가져올 수 없다. 여러 비구들이여. 별주하는 비구는 만약 객비구라면 마땅히 스스로가 별주하는 것을 알려야 하고, 만약 객비구가 왔다면 별주하는 것을 알려야 하며, 포살하는 때라면 별주하는 것을 알려야 하고, 자자하는 때라면 별주하는 것을 알려야 하고, 만약 병든 때라면 사자(使者)에게 별주하는 것을 알려야 한다."

1-3 "여러 비구들이여. 별주하는 비구는 비구가 있는 주처에서 비구가 없는 주처로 떠나갈 수 없으나, 청정한 비구와 함께 가는 것은 제외하고,

장애가 있는 자는 제외한다. 별주하는 비구는 비구가 있는 주처에서 비구가 없는 주처가 아닌 곳으로 떠나갈 수 없으나, 청정한 비구와 함께 가는 것은 제외하고, 장애가 있는 자는 제외한다. 별주하는 비구는 비구가 있는 주처에서 비구가 없는 주처이거나, 혹은 주처가 아닌 곳으로 떠나갈 수 없으나, 청정한 비구와 함께 가는 것은 제외하고, 장애가 있는 자는 제외한다.

여러 비구들이여. 별주하는 비구는 비구가 있는 주처가 아닌 곳에서 비구가 없는 주처로, …… 별주하는 비구는 비구가 있는 주처가 아닌 곳에서 비구가 없는 주처가 아닌 곳으로, …… 별주하는 비구는 비구가 있는 주처가 아닌 곳에서 비구가 없는 주처이거나, 혹은 주처가 아닌 곳으로, …… 별주하는 비구는 비구가 있는 주처이거나, 혹은 주처가 아닌 곳에서 비구가 없는 주처로, …… 별주하는 비구는 비구가 있는 주처이거나, 혹은 주처가 아닌 곳에서 비구가 없는 주처가 아닌 곳으로, …… 별주하는 비구는 비구가 있는 주처이거나, 혹은 주처가 아닌 곳에서 비구가 없는 주처이거나, 혹은 주처가 아닌 곳으로 떠나갈 수 없으나, 청정한 비구와 함께 가는 것은 제외하고, 장애가 있는 자는 제외한다.

여러 비구들이여. 별주하는 비구는 비구가 있는 주처에서 다른 비구가 머무르고 있는 비구가 있는 주처로 떠나갈 수 없으나, 청정한 비구와 함께 가는 것은 제외하고, 장애가 있는 자는 제외한다. 별주하는 비구는 비구가 있는 주처에서 다른 비구가 머무르고 있는 비구의 주처가 아닌 곳으로 떠나갈 수 없으나, 청정한 비구와 함께 가는 것은 제외하고, 장애가 있는 자는 제외한다. 별주하는 비구는 비구가 있는 주처에서 다른 비구가 머무르고 있는 비구가 있는 주처이거나, 혹은 주처가 아닌 곳으로 떠나갈 수 없으나, 청정한 비구와 함께 가는 것은 제외하고, 장애가 있는 자는 제외한다.

여러 비구들이여. 별주하는 비구는 비구가 있는 주처에서 같은 비구가 머무르고 있는 비구의 주처가 있었고, 마땅히 오늘에 이를 수 있다고 알았다면 떠나갈 수 있다. 여러 비구들이여. 별주하는 비구는 비구가 있는 주처에서 같은 비구가 머무르고 있는 비구의 주처가 아닌 곳이 있었고, 마땅히 오늘에 이를 수 있다고 알았다면 떠나갈 수 있다. 여러 비구들이여. 별주하는 비구는 비구가 있는 주처에서 같은 비구가 머무르고 있는 비구의 주처이거나, 혹은 주처가 아닌 곳이 있었고, 마땅히 오늘에 이를 수 있다고 알았다면 떠나갈 수 있다."

1-4 "여러 비구들이여. 별주하는 비구는 청정한 비구와 함께 동일(同一)한 지붕의 주처에서 머무를 수 없고, 별주하는 비구는 청정한 비구와 함께 동일한 지붕의 주처가 아닌 곳에서 머무를 수 없으며, 별주하는 비구는 청정한 비구와 함께 동일한 지붕의 주처이거나 주처가 아닌 곳에서 머무를 수 없고, 청정한 비구를 보았다면 마땅히 자리에서 일어나서 청정한 비구에게 자리를 청해야 하며, 청정한 비구와 같은 자리에 앉을 수 없고, 청정한 비구가 낮은 자리에 앉았다면 스스로가 높은 자리에 앉을 수 없으며, 청정한 비구가 땅 위에 앉았다면 스스로가 자리 위에 앉을 수 없고, 동일한 처소에서 경행할 수 없으며, 청정한 비구가 낮은 경행처(經行處)에서 경행하였다면 스스로가 높은 경행처에서 경행할 수 없고, 청정한 비구가 땅 위에서 경행하였다면 스스로가 높은 경행처에서 경행할 수 없다.

여러 비구들이여. 별주하는 비구는 상좌(上座)의 별주하는 비구와 함께, …… 별주하는 비구는 마땅히 본일치를 받은 비구와 함께, …… 별주하는 비구는 마땅히 마나타를 받을 비구와 함께, …… 별주하는 비구는 이미 마나타를 받은 비구와 함께 머무를 수 없고, 동일한 지붕의 주처에서 머무를 수 없고, 별주하는 비구는 청정한 비구와 함께 동일한 지붕의 주처가 아닌 곳에서 머무를 수 없으며, 별주하는 비구는 청정한 비구와 함께 동일한 지붕의 주처나 주처가 아닌 곳에서 머무를 수 없고, 청정한 비구를 보았다면 마땅히 자리에서 일어나서 청정한 비구에게 자리를 청해야 하며, 청정한 비구와 같은 자리에 앉을 수 없고, 청정한 비구가 낮은 자리에 앉았다면 스스로가 높은 자리에 앉을 수 없으며, 청정한 비구가 땅 위에 앉았다면 스스로가 자리 위에 앉을 수 없고, 동일한 처소에서 경행할 수 없으며, 청정한 비구가 낮은 경행처(經行處)에서 경행하였다면 스스로가 높은 경행처에서 경행할 수 없고, 청정한 비구가 땅 위에서 경행하였다면 스스로가 높은 경행처에서 경행할 수 없다.

여러 비구들이여. 별주하는 비구를 (갈마하면서) 네 번째의 사람으로 삼아서 별주를 주거나, 본일치를 주거나, 마나타를 줄 수 없다. 만약 그를 스무 번째의 사람으로 삼아서 출죄를 주었다면, 갈마가 성립되지 않으며, 지을 수도 없느니라."

[별주를 받은 자의 아흔네 가지의 의무를 마친다.]

2) 날짜를 제외하는 세 종류

2-1 이때 장로 우바리(優波離)는 세존의 처소로 나아갔고, 나아가서 세존께 예경하고서 한쪽에 앉았다. 앉아서 장로 우바리는 세존께 아뢰어 말하였다.

"별주하는 비구의 별주의 날짜를 제외하는 것에 몇 종류가 있습니까?"

"우바리여. 별주하는 비구의 날짜를 제외하는 것에 세 종류가 있나니, 함께 머무르거나, 별도로 머무르거나, 알리지 않은 것이다. 우바리여. 이와 같이 날짜를 제외하는 것에 세 종류가 있느니라."

[날짜를 제외하는 세 종류를 마친다.]

3) 별주의 행법(行法)

3-1 그때 대비구의 대중들이 사위성에서 모였는데, 별주하는 비구가

별주를 끝내지 못하였다. 여러 비구들은 이 일로써 세존께 아뢰었고, 세존께서는 말씀하셨다.

"여러 비구들이여. 별주를 잠시 멈추는 것을 허락하겠노라. 여러 비구들이여. 마땅히 이와 같이 잠시 멈추어야 하느니라. 그 별주비구는 마땅히 한 비구의 처소에 이르러 오른쪽 어깨를 드러내고 호궤 합장하고서 이와 같이 아뢰어야 한다.

'나는 잠시 별주를 멈추겠습니다.' [곧 별주가 잠시 멈춘다.]

혹은 말해야 한다.

'나는 잠시 행법을 멈추겠습니다.' [곧 별주가 잠시 멈춘다.]

3-2 그때 사위성의 비구들은 각자 다른 처소에 머물렀는데, 별주하는 비구가 별주를 끝내지 못하였다. 여러 비구들은 이 일로써 세존께 아뢰었고, 세존께서는 말씀하셨다.

"여러 비구들이여. 별주를 다시 행하는 것을 허락하겠노라. 여러 비구들이여. 마땅히 이와 같이 다시 별주를 시작해야 하느니라. 그 별주비구는 마땅히 한 비구의 처소에 이르러 오른쪽 어깨를 드러내고 호궤 합장하고서 이와 같이 아뢰어야 한다.

'나는 별주를 다시 행하겠습니다.' [곧 별주가 시작된다.]

혹은 말해야 한다.

'나는 행법을 다시 행하겠습니다.' [곧 별주가 시작된다.]

[별주의 행법을 마친다.]

4) 본일치를 받은 자의 의무

4-1 이때 불·세존께서는 사위성의 기수급고독원에 머무르셨다.

그때 본일치(本日治)3)를 받은 여러 비구들은 청정한 비구들에게 예배를 받았고, 영접을 받았으며, …… 목욕하는 때에 그들이 등을 밀어주는 것을 받았다. 여러 비구들의 가운데에서 욕심이 적은 자들은 싫어하고 비난하였다.

"무슨 까닭으로써 본일치를 받은 여러 비구들이 청정한 비구들에게 예배를 받고, 영접을 받으며, …… 목욕하는 때에 그들이 등을 밀어주는 것을 받는가?"

이때 그 여러 비구들은 이 일로써 세존께 아뢰었고, 세존께서는 승가대중을 모으셨으며 여러 비구들에게 물어 말씀하셨다.

"여러 비구들이여. 진실로 본일치를 받은 여러 비구들이 청정한 비구들에게 예배를 받고, …… 목욕하는 때에 그들이 등을 밀어주는 것을 받았는가?"

"진실로 그렇습니다. 세존이시여."

세존께서는 꾸짖으셨다.

"여러 비구들이여. 어찌하여 본일치를 받은 여러 비구들이 청정한 비구들에게 예배를 받고, …… 목욕하는 때에 그들이 등을 밀어주는 것을 받았는가? 여러 비구들이여. 이것은 오히려 믿지 않는 자에게 신심이 생겨나지 않게 하고, 이미 믿었던 자는 증장시키지 않느니라. …… 이미 믿었던 자는 일부가 전전하여 다른 곳을 향하여 떠나가게 하느니라."

세존께서는 여러 방편으로 꾸짖으셨고 적절한 법을 수순하여 설하신 뒤에 여러 비구들에게 알려 말씀하셨다.

"여러 비구들이여. 본일치를 받은 여러 비구들이 청정한 비구들에게 예배를 받고, …… 목욕하는 때에 그들이 등을 밀어주는 것을 받을 수 없느니라. 만약 받는 자는 악작을 범하느니라.

여러 비구들이여. 본일치를 받은 여러 비구들은 그 법랍을 따라서 서로가 예배하고, 영접하며, …… 목욕하는 때에 그들이 등을 밀어주는

---

3) 팔리어 mūlāya paṭikassana(무라야 파티카싸나)의 번역이고, mūlāya는 '근본(根本)'을 뜻하고, Paṭikassana는 '처음으로 돌아가서 다시 시작하게 하다.'는 뜻의 합성어이다.

것을 받는 것을 허락하겠노라. 여러 비구들이여. 본일치를 받은 여러 비구들은 그 법랍을 따르는 다섯 종류의 이것을 허락하겠나니, 포살, 자자, 우욕의, 보시물, 음식이니라."

4-2 "여러 비구들이여. 만약 그와 같다면 내가 마땅히 본일치를 받은 여러 비구들의 행법을 제정하겠나니, 본일치를 받은 여러 비구들은 그것을 행해야 하느니라.

여러 비구들이여. 본일치를 받은 비구는 마땅히 바르게 행해야 하느니라. 이 가운데에서 바르게 행하는 것은 이를테면, 구족계를 사람들에게 줄 수 없고, 사람들에게 의지를 받을 수 없으며, 사미를 양육할 수 없고, 비구니를 교계하는 사람으로 뽑힐 수 없으며, 뽑혔더라도 역시 가서 비구니를 교계할 수 없고, 승가가 이미 본일치를 행하였다면 죄를 범할 수 없으며, 비슷한 죄를 범할 수 없고, 이것보다 더욱 악한 죄를 범할 수 없으며, 갈마를 비난할 수 없고, 갈마를 행하는 것을 비난할 수 없으며, 청정한 비구의 포살을 방해할 수 없고, 자자를 방해할 수 없으며, 대중에게 명령할 수 없고, 교계할 수 없으며, (갈마를) 허락할 수 없고, 꾸짖을 수 없으며, 억념시킬 수 없고, 여러 비구들과 투쟁할 수 없느니라.

여러 비구들이여. 본일치를 받은 비구는 청정한 비구들의 앞에 다닐 수 없고, 청정한 비구들의 앞에 앉을 수 없으며, 마땅히 승가의 끝의 자리를 받아야 하고, 마땅히 승가의 끝의 평상을 받아야 하며, 마땅히 승가의 끝의 처소를 받아야 한다.

여러 비구들이여. 본일치를 받은 비구는 청정한 비구들의 앞에 시자로 다니거나 뒤를 따르는 시자로 속가에 갈 수 없고, 숲속에서 수행할 수 없으며, 걸식법을 행할 수 없고, 다른 사람에게 스스로의 별주를 알게 시킬 수 없으며, 보시한 음식을 가져올 수 없다. 여러 비구들이여. 본일치를 받은 비구는 만약 객비구라면 마땅히 스스로가 본일치를 받은 것을 알려야 하고, 만약 객비구가 왔다면 본일치를 받은 것을 알려야 하며, 포살하는 때라면 마땅히 본일치를 받은 것을 알려야 하고, 자자하는 때라면 마땅히 본일치를 받은 것을 알려야 하고, 만약 병든 때라면 사자에게 본일치를 받은 것을 알려야 한다."

4-3 "여러 비구들이여. 본일치를 받은 비구는 비구가 있는 주처에서 비구가 없는 주처로 떠나갈 수 없으나, 청정한 비구와 함께 가는 것은 제외하고, 장애가 있는 자는 제외한다. 본일치를 받은 비구는 비구가 있는 주처에서 비구가 없는 주처가 아닌 곳으로 떠나갈 수 없으나, 청정한 비구와 함께 가는 것은 제외하고, 장애가 있는 자는 제외한다. 본일치를 받은 비구는 비구가 있는 주처에서 비구가 없는 주처이거나, 혹은 주처가 아닌 곳으로 떠나갈 수 없으나, 청정한 비구와 함께 가는 것은 제외하고, 장애가 있는 자는 제외한다.

여러 비구들이여. 본일치를 받은 비구는 비구가 있는 주처가 아닌 곳에서 비구가 없는 주처로, …… 본일치를 받은 비구는 비구가 있는 주처가 아닌 곳에서 비구가 없는 주처가 아닌 곳으로, …… 본일치를 받은 비구는 비구가 있는 주처가 아닌 곳에서 비구가 없는 주처이거나, 혹은 주처가 아닌 곳으로, …… 본일치를 받은 비구가 있는 주처이거나, 혹은 주처가 아닌 곳에서 비구가 없는 주처로, …… 비구가 있는 주처이거나, 혹은 주처가 아닌 곳에서 비구가 없는 주처가 아닌 곳으로, …… 본일치를 받은 비구가 있는 주처이거나, 혹은 주처가 아닌 곳에서 비구가 없는 주처이거나, 혹은 주처가 아닌 곳으로 떠나갈 수 없으나, 청정한 비구와 함께 가는 것은 제외하고, 장애가 있는 자는 제외한다.

여러 비구들이여. 본일치를 받은 비구는 비구가 있는 주처에서 다른 비구가 머무르고 있는 비구가 있는 주처로 떠나갈 수 없으나, 청정한 비구와 함께 가는 것은 제외하고, 장애가 있는 자는 제외한다. 본일치를 받은 비구는 비구가 있는 주처에서 다른 비구가 머무르고 있는 비구의 주처가 아닌 곳으로 떠나갈 수 없으나, 청정한 비구와 함께 가는 것은 제외하고, 장애가 있는 자는 제외한다. 본일치를 받은 비구는 비구가 있는 주처에서 다른 비구가 머무르고 있는 비구가 있는 주처이거나,

혹은 주처가 아닌 곳으로 떠나갈 수 없으나, 청정한 비구와 함께 가는 것은 제외하고, 장애가 있는 자는 제외한다.

여러 비구들이여. 본일치를 받은 비구는 비구가 있는 주처에서 같은 비구가 머무르고 있는 비구의 주처가 있었고, 마땅히 오늘에 이를 수 있다고 알았다면 떠나갈 수 있다. 여러 비구들이여. 본일치를 받은 비구는 비구가 있는 주처에서 같은 비구가 머무르고 있는 비구의 주처가 아닌 곳이 있었고, 마땅히 오늘에 이를 수 있다고 알았다면 떠나갈 수 있다. 여러 비구들이여. 본일치를 받은 비구는 비구가 있는 주처에서 같은 비구가 머무르고 있는 비구의 주처이거나, 혹은 주처가 아닌 곳이 있었고, 마땅히 오늘에 이를 수 있다고 알았다면 떠나갈 수 있다."

4-4 "여러 비구들이여. 본일치를 받은 비구는 청정한 비구와 함께 동일한 지붕의 주처에서 머무를 수 없고, 본일치를 받은 비구는 청정한 비구와 함께 동일한 지붕의 주처가 아닌 곳에서 머무를 수 없으며, 본일치를 받은 비구는 청정한 비구와 함께 동일한 지붕의 주처와 주처가 아닌 곳에서 머무를 수 없고, 청정한 비구를 보았다면 마땅히 자리에서 일어나서 청정한 비구에게 자리를 청해야 하며, 청정한 비구와 같은 자리에 앉을 수 없고, 청정한 비구가 낮은 자리에 앉았다면 스스로가 높은 자리에 앉을 수 없으며, 청정한 비구가 땅 위에 앉았다면 스스로가 자리 위에 앉을 수 없고, 동일한 처소에서 경행할 수 없으며, 청정한 비구가 낮은 경행처에서 경행하였다면 스스로가 높은 경행처에서 경행할 수 없고, 청정한 비구가 땅 위에서 경행하였다면 스스로가 높은 경행처에서 경행할 수 없다.

여러 비구들이여. 본일치를 받은 비구는 상좌의 본일치를 받은 비구와 함께, …… 본일치를 받은 비구는 마땅히 본일치를 받은 비구와 함께, …… 본일치를 받은 비구는 마땅히 마나타를 받을 비구와 함께, …… 본일치를 받은 비구는 마땅히 이미 마나타를 받은 비구와 함께 머무를 수 없고, 동일한 지붕의 주처에서 머무를 수 없고, 본일치를 받은 비구는 청정한 비구와 함께 동일한 지붕의 주처가 아닌 곳에서 머무를 수 없으며, 본일치를 받은 비구는 청정한 비구와 함께 동일한 지붕의 주처와 주처가 아닌 곳에서 머무를 수 없고, 청정한 비구를 보았다면 마땅히 자리에서 일어나서 청정한 비구에게 자리를 청해야 하며, 청정한 비구와 같은 자리에 앉을 수 없고, 청정한 비구가 낮은 자리에 앉았다면 스스로가 높은 자리에 앉을 수 없으며, 청정한 비구가 땅 위에 앉았다면 스스로가 자리 위에 앉을 수 없고, 동일한 처소에서 경행할 수 없으며, 청정한 비구가 낮은 경행처에서 경행하였다면 스스로가 높은 경행처에서 경행할 수 없고, 청정한 비구가 땅 위에서 경행하였다면 스스로가 높은 경행처에서 경행할 수 없다.

여러 비구들이여. 본일치를 받은 비구를 (갈마하면서) 네 번째의 사람으로 삼아서 별주를 주거나, 본일치를 주거나, 마나타를 줄 수 없다. 만약 그를 스무 번째의 사람으로 삼아서 출죄를 주었다면, 갈마가 성립되지 않으며, 지을 수 없느니라."

[본일치를 받은 자의 의무를 마친다.]

5) 마땅히 마나타를 받을 자의 의무

5-1 이때 불·세존께서는 사위성의 기수급고독원에 머무르셨다.

그때 마땅히 마나타(摩那埵)[4]를 받을 여러 비구들이 청정한 비구들에게 예배를 받았고, 영접을 받았으며, …… 목욕하는 때에 그들이 등을 밀어주는 것을 받았다. 여러 비구들의 가운데에서 욕심이 적은 자들은 싫어하고 비난하였다.

"무슨 까닭으로써 마땅히 마나타를 받을 여러 비구들이 청정한 비구들

---

4) 팔리어 mānatta(마나따)의 번역이고, 승잔(僧殘)을 저지른 비구가 그것을 즉시 승단에 고백하고 6일 밤낮 동안 참회하는 일을 가리킨다.

에게 예배를 받고, 영접을 받으며, …… 목욕하는 때에 그들이 등을 밀어주는 것을 받는가?"

이때 그 여러 비구들은 이 일로써 세존께 아뢰었고, 세존께서는 승가대중을 모으셨으며 여러 비구들에게 물어 말씀하셨다.

"여러 비구들이여. 진실로 마땅히 마나타를 받을 여러 비구들이 청정한 비구들에게 예배를 받고, …… 목욕하는 때에 그들이 등을 밀어주는 것을 받았는가?"

"진실로 그렇습니다. 세존이시여."

세존께서는 꾸짖으셨다.

"여러 비구들이여. 어찌하여 마땅히 마나타를 받을 여러 비구들이 청정한 비구들에게 예배를 받고, …… 목욕하는 때에 그들이 등을 밀어주는 것을 받았는가? 여러 비구들이여. 이것은 오히려 믿지 않는 자에게 신심이 생겨나지 않게 하고, 이미 믿었던 자는 증장시키지 않느니라. …… 이미 믿었던 자는 일부가 전전하여 다른 곳을 향하여 떠나가게 하느니라."

세존께서는 여러 방편으로 꾸짖으셨고 적절한 법을 수순하여 설하신 뒤에 여러 비구들에게 알려 말씀하셨다.

"여러 비구들이여. 마땅히 마나타를 받을 여러 비구들이 청정한 비구들에게 예배를 받고, …… 목욕하는 때에 그들이 등을 밀어주는 것을 받을 수 없느니라. 만약 받는 자는 악작을 범하느니라.

여러 비구들이여. 마땅히 마나타를 받을 여러 비구들은 그 법랍을 따라서 서로가 예배하고, 영접하며, …… 목욕하는 때에 그들이 등을 밀어주는 것을 받는 것을 허락하겠노라. 여러 비구들이여. 마땅히 마나타를 받을 여러 비구들은 그 법랍을 따르는 다섯 종류의 이것을 허락하겠나니, 포살, 자자, 우욕의, 보시물, 음식이니라."

5-2 "여러 비구들이여. 만약 그와 같다면 내가 마땅히 마나타를 받을 여러 비구들의 행법을 제정하겠나니, 마땅히 마나타를 받을 여러 비구들

은 그것을 행해야 하느니라.

여러 비구들이여. 마땅히 마나타를 받을 비구는 마땅히 바르게 행해야 하느니라. 이 가운데에서 바르게 행하는 것은 이를테면, 구족계를 사람들에게 줄 수 없고, 사람들에게 의지를 받을 수 없으며, 사미를 양육할 수 없고, 비구니를 교계하는 사람으로 뽑힐 수 없으며, 뽑혔더라도 역시 가서 비구니를 교계할 수 없고, 승가가 이미 마나타를 행하였다면 죄를 범할 수 없으며, 비슷한 죄를 범할 수 없고, 이것보다 더욱 악한 죄를 범할 수 없으며, 갈마를 비난할 수 없고, 갈마를 행하는 것을 비난할 수 없으며, 청정한 비구의 포살을 방해할 수 없고, 자자를 방해할 수 없으며, 대중에게 명령할 수 없고, 교계할 수 없으며, (갈마를) 허락할 수 없고, 꾸짖을 수 없으며, 억념시킬 수 없고, 여러 비구들과 투쟁할 수 없느니라.

여러 비구들이여. 마땅히 마나타를 받을 비구는 청정한 비구들의 앞에 다닐 수 없고, 청정한 비구들의 앞에 앉을 수 없으며, 마땅히 승가의 끝의 자리를 받아야 하고, 마땅히 승가의 끝의 평상을 받아야 하며, 마땅히 승가의 끝의 처소를 받아야 한다.

여러 비구들이여. 마땅히 마나타를 받을 비구는 청정한 비구들의 앞에 시자로 다니거나 뒤를 따르는 시자로 속가에 갈 수 없고, 숲속에서 수행할 수 없으며, 걸식법을 행할 수 없고, 다른 사람에게 스스로의 마나타를 알게 시킬 수 없으며, 보시한 음식을 가져올 수 없다. 여러 비구들이여. 마나타를 받은 비구는 만약 객비구라면 마땅히 스스로가 마나타를 받은 것을 알려야 하고, 만약 객비구가 왔다면 마땅히 마나타를 받을 것을 알려야 하며, 포살하는 때라면 마땅히 마나타를 받을 것을 알려야 하고, 자자하는 때라면 마땅히 마나타를 받을 것을 알려야 하고, 만약 병든 때라면 사자에게 마땅히 마나타를 받을 것을 알려야 한다."

5-3 "여러 비구들이여. 마땅히 마나타를 받을 비구는 비구가 있는 주처에서 비구가 없는 주처로 떠나갈 수 없으나, 청정한 비구와 함께 가는

것은 제외하고, 장애가 있는 자는 제외한다. 마땅히 마나타를 받을 비구는 비구가 있는 주처에서 비구가 없는 주처가 아닌 곳으로 떠나갈 수 없으나, 청정한 비구와 함께 가는 것은 제외하고, 장애가 있는 자는 제외한다. 마땅히 마나타를 받을 비구는 비구가 있는 주처에서 비구가 없는 주처이거나, 혹은 주처가 아닌 곳으로 떠나갈 수 없으나, 청정한 비구와 함께 가는 것은 제외하고, 장애가 있는 자는 제외한다.

여러 비구들이여. 마땅히 마나타를 받을 비구는 비구가 있는 주처가 아닌 곳에서 비구가 없는 주처로, …… 마땅히 마나타를 받을 비구는 비구가 있는 주처가 아닌 곳에서 비구가 없는 주처가 아닌 곳으로, …… 마땅히 마나타를 받을 비구는 비구가 있는 주처가 아닌 곳에서 비구가 없는 주처이거나, 혹은 주처가 아닌 곳으로, …… 마땅히 마나타를 받을 비구가 있는 주처이거나, 혹은 주처가 아닌 곳에서 비구가 없는 주처로, …… 마땅히 마나타를 받을 비구는 비구가 있는 주처이거나, 혹은 주처가 아닌 곳에서 비구가 없는 주처가 아닌 곳으로, …… 마땅히 마나타를 받을 비구는 마나타를 받은 비구가 있는 주처이거나, 혹은 주처가 아닌 곳에서 비구가 없는 주처이거나, 혹은 주처가 아닌 곳으로 떠나갈 수 없으나, 청정한 비구와 함께 가는 것은 제외하고, 장애가 있는 자는 제외한다.

여러 비구들이여. 마땅히 마나타를 받을 비구는 비구가 있는 주처에서 다른 비구가 머무르고 있는 비구가 있는 주처로 떠나갈 수 없으나, 청정한 비구와 함께 가는 것은 제외하고, 장애가 있는 자는 제외한다. 마땅히 마나타를 받을 비구는 비구가 있는 주처에서 다른 비구가 머무르고 있는 비구의 주처가 아닌 곳으로 떠나갈 수 없으나, 청정한 비구와 함께 가는 것은 제외하고, 장애가 있는 자는 제외한다. 마땅히 마나타를 받을 비구는 비구가 있는 주처에서 다른 비구가 머무르고 있는 비구가 있는 주처이거나, 혹은 주처가 아닌 곳으로 떠나갈 수 없으나, 청정한 비구와 함께 가는 것은 제외하고, 장애가 있는 자는 제외한다.

여러 비구들이여. 마땅히 마나타를 받을 비구는 비구가 있는 주처에서 같은 비구가 머무르고 있는 비구의 주처가 있었고, 마땅히 오늘에 이를 수 있다고 알았다면 떠나갈 수 있다. 여러 비구들이여. 마땅히 마나타를 받을 비구는 비구가 있는 주처에서 같은 비구가 머무르고 있는 비구의 주처가 아닌 곳이 있었고, 마땅히 오늘에 이를 수 있다고 알았다면 떠나갈 수 있다. 여러 비구들이여. 마땅히 마나타를 받을 비구는 비구가 있는 주처에서 같은 비구가 머무르고 있는 비구의 주처이거나, 혹은 주처가 아닌 곳이 있었고, 마땅히 오늘에 이를 수 있다고 알았다면 떠나갈 수 있다."

5-4 "여러 비구들이여. 마땅히 마나타를 받을 비구는 청정한 비구와 함께 동일한 지붕의 주처에서 머무를 수 없고, 마땅히 마나타를 받을 비구는 청정한 비구와 함께 동일한 지붕의 주처가 아닌 곳에서 머무를 수 없으며, 마땅히 마나타를 받을 비구는 청정한 비구와 함께 동일한 지붕의 주처와 주처가 아닌 곳에서 머무를 수 없고, 청정한 비구를 보았다면 마땅히 자리에서 일어나서 청정한 비구에게 자리를 청해야 하며, 청정한 비구와 같은 자리에 앉을 수 없고, 청정한 비구가 낮은 자리에 앉았다면 스스로가 높은 자리에 앉을 수 없으며, 청정한 비구가 땅 위에 앉았다면 스스로가 자리 위에 앉을 수 없고, 동일한 처소에서 경행할 수 없으며, 청정한 비구가 낮은 경행처에서 경행하였다면 스스로가 높은 경행처에서 경행할 수 없고, 청정한 비구가 땅 위에서 경행하였다면 스스로가 높은 경행처에서 경행할 수 없다.

여러 비구들이여. 마땅히 마나타를 받을 비구는 상좌의 본일치를 받은 비구와 함께, …… 마땅히 마나타를 받을 마땅히 본일치를 받은 비구와 함께, …… 마땅히 마나타를 받을 비구는 마나타를 받은 비구와 함께, …… 마땅히 마나타를 받을 비구는 마땅히 이미 마나타를 받았던 비구와 함께 머무를 수 없고, 동일한 지붕의 주처에서 머무를 수 없고, 마땅히 마나타를 받을 비구는 청정한 비구와 함께 동일한 지붕의 주처가 아닌 곳에서 머무를 수 없으며, 마땅히 마나타를 받을 비구는 청정한 비구와 함께 동일한 지붕의 주처와 주처가 아닌 곳에서 머무를 수 없고, 청정한 비구를 보았다면 마땅히 자리에서 일어나서 청정한 비구에게 자리를 청해야 하며, 청정한 비구와 같은 자리에 앉을 수 없고, 청정한 비구가 낮은 자리에 앉았다면 스스로가 높은 자리에 앉을 수 없으며, 청정한 비구가 땅 위에 앉았다면 스스로가 자리 위에 앉을 수 없고, 동일한 처소에서 경행할 수 없으며, 청정한 비구가 낮은 경행처에서 경행하였다면 스스로가 높은 경행처에서 경행할 수 없고, 청정한 비구가 땅 위에서 경행하였다면 스스로가 높은 경행처에서 경행할 수 없다.

여러 비구들이여. 마땅히 마나타를 받을 비구를 (갈마하면서) 네 번째의 사람으로 삼아서 별주를 주거나, 마나타를 주거나, 마나타를 줄 수 없다. 만약 그를 스무 번째의 사람으로 삼아서 출죄를 주었다면, 갈마가 성립되지 않으며, 지을 수 없느니라."

[마땅히 마나타를 받을 자의 의무를 마친다.]

6) 마나타를 받은 자의 의무

6-1 이때 불·세존께서는 사위성의 기수급고독원에 머무르셨다.

그때 마땅히 마나타를 받은 여러 비구들은 청정한 비구들에게 예배를 받았고, 영접을 받았으며, …… 목욕하는 때에 그들이 등을 밀어주는 것을 받았다. 여러 비구들의 가운데에서 욕심이 적은 자들은 싫어하고 비난하였다.

"무슨 까닭으로써 마나타를 받은 여러 비구들이 청정한 비구들에게 예배를 받고, 영접을 받으며, …… 목욕하는 때에 그들이 등을 밀어주는 것을 받는가?"

이때 그 여러 비구들은 이 일로써 세존께 아뢰었고, 세존께서는 승가대중을 모으셨으며 여러 비구들에게 물어 말씀하셨다.

"여러 비구들이여. 진실로 마나타를 받은 여러 비구들이 청정한 비구들에게 예배를 받고, …… 목욕하는 때에 그들이 등을 밀어주는 것을 받았는가?"

"진실로 그렇습니다. 세존이시여."

세존께서는 꾸짖으셨다.

"여러 비구들이여. 어찌하여 마나타를 받은 여러 비구들이 청정한 비구들에게 예배를 받고, …… 목욕하는 때에 그들이 등을 밀어주는 것을 받았는가? 여러 비구들이여. 이것은 오히려 믿지 않는 자에게 신심이 생겨나지 않게 하고, 이미 믿었던 자는 증장시키지 않느니라. …… 이미 믿었던 자는 일부가 전전하여 다른 곳을 향하여 떠나가게 하느니라."

세존께서는 여러 방편으로 꾸짖으셨고 적절한 법을 수순하여 설하신 뒤에 여러 비구들에게 알려 말씀하셨다.

"여러 비구들이여. 마나타를 받은 여러 비구들이 청정한 비구들에게 예배를 받고, …… 목욕하는 때에 그들이 등을 밀어주는 것을 받을 수 없느니라. 만약 받는 자는 악작을 범하느니라.

여러 비구들이여. 마나타를 받은 여러 비구들은 그 법랍을 따라서 서로가 예배하고, 영접하며, …… 목욕하는 때에 그들이 등을 밀어주는 것을 받는 것을 허락하겠노라. 여러 비구들이여. 마나타를 받은 여러 비구들은 그 법랍을 따르는 다섯 종류의 이것을 허락하겠나니, 포살, 자자, 우욕의, 보시물, 음식이니라."

6-2 "여러 비구들이여. 만약 그와 같다면 내가 마나타를 받은 여러 비구들의 행법을 제정하겠나니, 마나타를 받은 여러 비구들은 그것을 행해야 하느니라.

여러 비구들이여. 마나타를 받은 비구는 마땅히 바르게 행해야 하느니라. 이 가운데에서 바르게 행하는 것은 이를테면, 구족계를 사람들에게 줄 수 없고, 사람들에게 의지를 받을 수 없으며, 사미를 양육할 수 없고, 비구니를 교계하는 사람으로 뽑힐 수 없으며, 뽑혔더라도 역시 가서 비구니를 교계할 수 없고, 승가가 이미 마나타를 행하였다면 죄를 범할 수 없으며, 비슷한 죄를 범할 수 없고, 이것보다 더욱 악한 죄를 범할 수 없으며, 갈마를 비난할 수 없고, 갈마를 행하는 것을 비난할 수 없으며, 청정한 비구의 포살을 방해할 수 없고, 자자를 방해할 수 없으며, 대중에게 명령할 수 없고, 교계할 수 없으며, (갈마를) 허락할 수 없고, 꾸짖을 수 없으며, 억념시킬 수 없고, 여러 비구들과 투쟁할 수 없느니라.

여러 비구들이여. 마나타를 받은 비구는 청정한 비구들의 앞에 다닐 수 없고, 청정한 비구들의 앞에 앉을 수 없으며, 마땅히 승가의 끝의 자리를 받아야 하고, 마땅히 승가의 끝의 평상을 받아야 하며, 마땅히 승가의 끝의 처소를 받아야 한다.

여러 비구들이여. 마나타를 받은 비구는 청정한 비구들의 앞에 시자로 다니거나 뒤를 따르는 시자로 속가에 갈 수 없고, 숲속에서 수행할 수 없으며, 걸식법을 행할 수 없고, 다른 사람에게 스스로의 마나타를 알게 시킬 수 없으며, 보시한 음식을 가져올 수 없다. 여러 비구들이여. 마나타를 받은 비구는 만약 객비구라면 마땅히 스스로가 마나타를 받은 것을 알려야 하고, 만약 객비구가 왔다면 마나타를 받은 것을 알려야 하며, 포살하는 때라면 마나타를 받은 것을 알려야 하고, 자자하는 때라면 마나타를 받은 것을 알려야 하고, 만약 병든 때라면 사자에게 마나타를 받은 것을 알려야 한다."

6-3 "여러 비구들이여. 마나타를 받은 비구는 비구가 있는 주처에서 비구가 없는 주처로 떠나갈 수 없으나, 청정한 비구와 함께 가는 것은 제외하고, 장애가 있는 자는 제외한다. 마나타를 받은 비구는 비구가 있는 주처에서 비구가 없는 주처가 아닌 곳으로 떠나갈 수 없으나, 청정한 비구와 함께 가는 것은 제외하고, 장애가 있는 자는 제외한다. 마나타를 받은 비구는 비구가 있는 주처에서 비구가 없는 주처이거나, 혹은 주처가 아닌 곳으로 떠나갈 수 없으나, 청정한 비구와 함께 가는 것은 제외하고, 장애가 있는 자는 제외한다.

여러 비구들이여. 마나타를 받은 비구는 비구가 있는 주처가 아닌 곳에서 비구가 없는 주처로, …… 마나타를 받은 비구는 비구가 있는 주처가 아닌 곳에서 비구가 없는 주처가 아닌 곳으로, …… 마나타를 받은 비구는 비구가 있는 주처가 아닌 곳에서 비구가 없는 주처이거나, 혹은 주처가 아닌 곳으로, …… 마나타를 받은 비구가 있는 주처이거나, 혹은 주처가 아닌 곳에서 비구가 없는 주처로, …… 마나타를 받은 비구는 비구가 있는 주처이거나, 혹은 주처가 아닌 곳에서 비구가 없는 주처가 아닌 곳으로, …… 마나타를 받은 비구는 마나타를 받은 비구가 있는 주처이거나, 혹은 주처가 아닌 곳에서 비구가 없는 주처이거나, 혹은 주처가 아닌 곳으로 떠나갈 수 없으나, 청정한 비구와 함께 가는 것은 제외하고, 장애가 있는 자는 제외한다.

여러 비구들이여. 마나타를 받은 비구는 비구가 있는 주처에서 다른 비구가 머무르고 있는 비구가 있는 주처로 떠나갈 수 없으나, 청정한 비구와 함께 가는 것은 제외하고, 장애가 있는 자는 제외한다. 마나타를 받은 비구는 비구가 있는 주처에서 다른 비구가 머무르고 있는 비구의 주처가 아닌 곳으로 떠나갈 수 없으나, 청정한 비구와 함께 가는 것은 제외하고, 장애가 있는 자는 제외한다. 마나타를 받은 비구는 비구가 있는 주처에서 다른 비구가 머무르고 있는 비구가 있는 주처이거나, 혹은 주처가 아닌 곳으로 떠나갈 수 없으나, 청정한 비구와 함께 가는 것은 제외하고, 장애가 있는 자는 제외한다.

여러 비구들이여. 마나타를 받은 비구는 비구가 있는 주처에서 같은 비구가 머무르고 있는 비구의 주처가 있었고, 마땅히 오늘에 이를 수 있다고 알았다면 떠나갈 수 있다. 여러 비구들이여. 마나타를 받은 비구는 비구가 있는 주처에서 같은 비구가 머무르고 있는 비구의 주처가 아닌 곳이 있었고, 마땅히 오늘에 이를 수 있다고 알았다면 떠나갈 수 있다. 여러 비구들이여. 마나타를 받은 비구는 비구가 있는 주처에서 같은 비구가 머무르고 있는 비구의 주처이거나, 혹은 주처가 아닌 곳이 있었고, 마땅히 오늘에 이를 수 있다고 알았다면 떠나갈 수 있다."

6-4 "여러 비구들이여. 마나타를 받은 비구는 청정한 비구와 함께 동일한 지붕의 주처에서 머무를 수 없고, 마나타를 받은 비구는 청정한 비구와 함께 동일한 지붕의 주처가 아닌 곳에서 머무를 수 없으며, 마나타를 받은 비구는 청정한 비구와 함께 동일한 지붕의 주처와 주처가 아닌 곳에서 머무를 수 없고, 청정한 비구를 보았다면 마땅히 자리에서 일어나서 청정한 비구에게 자리를 청해야 하며, 청정한 비구와 같은 자리에 앉을 수 없고, 청정한 비구가 낮은 자리에 앉았다면 스스로가 높은 자리에 앉을 수 없으며, 청정한 비구가 땅 위에 앉았다면 스스로가 자리 위에 앉을 수 없고, 동일한 처소에서 경행할 수 없으며, 청정한 비구가 낮은 경행처에서 경행하였다면 스스로가 높은 경행처에서 경행할 수 없고, 청정한 비구가 땅 위에서 경행하였다면 스스로가 높은 경행처에서 경행할 수 없다.

여러 비구들이여. 마나타를 받은 비구는 상좌의 본일치를 받은 비구와 함께, …… 마땅히 마나타를 받을 마땅히 본일치를 받은 비구와 함께, …… 마나타를 받은 비구는 마땅히 마나타를 받은 비구와 함께, …… 마나타를 받은 비구는 마땅히 이미 마나타를 받았던 비구와 함께 머무를 수 없고, 동일한 지붕의 주처에서 머무를 수 없고, 마나타를 받은 비구는 청정한 비구와 함께 동일한 지붕의 주처가 아닌 곳에서 머무를 수 없으며, 마나타를 받은 비구는 청정한 비구와 함께 동일한 지붕의 주처와 주처가 아닌 곳에서 머무를 수 없고, 청정한 비구를 보았다면 마땅히 자리에서 일어나서 청정한 비구에게 자리를 청해야 하며, 청정한 비구와 같은 자리에 앉을 수 없고, 청정한 비구가 낮은 자리에 앉았다면 스스로가 높은 자리에 앉을 수 없으며, 청정한 비구가 땅 위에 앉았다면 스스로가 자리 위에 앉을 수 없고, 동일한 처소에서 경행할 수 없으며, 청정한 비구가 낮은 경행처에서 경행하였다면 스스로가 높은 경행처에서 경행할 수 없고, 청정한 비구가 땅 위에서 경행하였다면 스스로가 높은 경행처에서 경행할 수 없다.

여러 비구들이여. 마나타를 받은 비구를 (갈마하면서) 네 번째의 사람으로 삼아서 별주를 주거나, 마나타를 주거나, 마나타를 줄 수 없다. 만약 그를 스무 번째의 사람으로 삼아서 출죄를 주었다면, 갈마가 성립되지 않으며, 지을 수 없느니라."

[마나타를 받은 자의 의무를 마친다.]

7) 날짜를 제외하는 세 종류

7-1 이때 장로 우바리는 세존의 처소로 나아갔고, 나아가서 세존께 예경하고서 한쪽에 앉았다. 앉아서 장로 우바리는 세존께 아뢰어 말하였다.
"마나타를 받은 비구의 마나타의 날짜를 제외하는 것에 몇 종류가 있습니까?"
"우바리여. 별주하는 비구의 날짜를 제외하는 것에 세 종류가 있나니, 함께 머무르거나, 별도로 머무르거나, 알리지 않은 것이다. 우바리여. 이와 같이 날짜를 제외하는 것에 세 종류가 있느니라."

[날짜를 제외하는 세 종류를 마친다.]

8) 마나타의 행법

8-1 그때 대비구의 대중들이 사위성에서 모였는데, 마나타를 행하는 비구가 마나타를 행하는 것을 끝내지 못하였다. 여러 비구들은 이 일로써 세존께 아뢰었고, 세존께서는 말씀하셨다.
"여러 비구들이여. 마나타를 잠시 멈추는 것을 허락하겠노라. 여러 비구들이여. 마땅히 이와 같이 잠시 멈추어야 하느니라. 그 마나타를 행하는 비구는 마땅히 한 비구의 처소에 이르러 오른쪽 어깨를 드러내고 호궤 합장하고서 이와 같이 아뢰어야 한다.

'나는 잠시 마나타를 행하는 것을 멈추겠습니다.'

(곧 별주가 잠시 멈춘다.)

혹은 말해야 한다.

'나는 잠시 마나타를 행하는 것을 멈추겠습니다.'

(곧 별주가 잠시 멈춘다.)

8-2 그때 사위성의 비구들은 각자 다른 처소에 머물렀는데, 마나타를 행하는 비구가 마나타를 행하는 것을 끝내지 못하였다. 여러 비구들은 이 일로써 세존께 아뢰었고, 세존께서는 말씀하셨다.

"여러 비구들이여. 마나타를 다시 행하는 것을 허락하겠노라. 여러 비구들이여. 마땅히 이와 같이 다시 마나타를 시작해야 하느니라. 그 마나타를 다시 행하는 비구는 마땅히 한 비구의 처소에 이르러 오른쪽 어깨를 드러내고 호궤 합장하고서 이와 같이 아뢰어야 한다.

'나는 마나타를 다시 행하겠습니다.'

(곧 마나타가 시작된다.)

혹은 말해야 한다.

'나는 행법을 다시 행하겠습니다.'

(곧 마나타가 시작된다.)

[마나타의 행법을 마친다.]

9) 마땅히 출죄를 받을 자의 의무

9-1 이때 불·세존께서는 사위성의 기수급고독원에 머무르셨다.

그때 마땅히 출죄(出罪)[5]를 받을 여러 비구들이 청정한 비구들에게 예배를 받았고, 영접을 받았으며, …… 목욕하는 때에 그들이 등을 밀어주는 것을 받았다. 여러 비구들의 가운데에서 욕심이 적은 자들은 싫어하고 비난하였다.

"무슨 까닭으로써 마땅히 출죄를 받을 여러 비구들이 청정한 비구들에게 예배를 받고, 영접을 받으며, …… 목욕하는 때에 그들이 등을 밀어주는 것을 받는가?"

이때 그 여러 비구들은 이 일로써 세존께 아뢰었고, 세존께서는 승가대중을 모으셨으며 여러 비구들에게 물어 말씀하셨다.

"여러 비구들이여. 진실로 마땅히 출죄를 받을 여러 비구들이 청정한 비구들에게 예배를 받고, …… 목욕하는 때에 그들이 등을 밀어주는 것을 받았는가?"

"진실로 그렇습니다. 세존이시여."

세존께서는 꾸짖으셨다.

"여러 비구들이여. 어찌하여 마땅히 출죄를 받을 여러 비구들이 청정한 비구들에게 예배를 받고, …… 목욕하는 때에 그들이 등을 밀어주는 것을 받았는가? 여러 비구들이여. 이것은 오히려 믿지 않는 자에게 신심이 생겨나지 않게 하고, 이미 믿었던 자는 증장시키지 않느니라. …… 이미 믿었던 자는 일부가 전전하여 다른 곳을 향하여 떠나가게 하느니라."

세존께서는 여러 방편으로 꾸짖으셨고 적절한 법을 수순하여 설하신 뒤에 여러 비구들에게 알려 말씀하셨다.

"여러 비구들이여. 마땅히 출죄를 받을 여러 비구들이 청정한 비구들에게 예배를 받고, …… 목욕하는 때에 그들이 등을 밀어주는 것을 받을 수 없느니라. 만약 받는 자는 악작을 범하느니라.

여러 비구들이여. 마땅히 출죄를 받을 여러 비구들은 그 법랍을 따라서 서로가 예배하고, 영접하며, …… 목욕하는 때에 그들이 등을 밀어주는 것을 받는 것을 허락하겠노라. 여러 비구들이여. 마땅히 출죄를 받을 여러 비구들은 그 법랍을 따르는 다섯 종류의 이것을 허락하겠나니,

---

5) 팔리어 abbhāna(아빠나)의 번역이다. 대중들이 화합하여 죄를 없애고 청정성을 회복시켜 주는 갈마이다.

포살, 자자, 우욕의, 보시물, 음식이니라."

9-2 "여러 비구들이여. 만약 그와 같다면 내가 마땅히 출죄를 받을 여러 비구들의 행법을 제정하겠나니, 마땅히 출죄를 받을 여러 비구들은 그것을 행해야 하느니라.

여러 비구들이여. 마땅히 출죄를 받을 비구는 마땅히 바르게 행해야 하느니라. 이 가운데에서 바르게 행하는 것은 이를테면, 구족계를 사람들에게 줄 수 없고, 사람들에게 의지를 받을 수 없으며, 사미를 양육할 수 없고, 비구니를 교계하는 사람으로 뽑힐 수 없으며, 뽑혔더라도 역시 가서 비구니를 교계할 수 없고, 승가가 이미 마나타를 행하였다면 죄를 범할 수 없으며, 비슷한 죄를 범할 수 없고, 이것보다 더욱 악한 죄를 범할 수 없으며, 갈마를 비난할 수 없고, 갈마를 행하는 것을 비난할 수 없으며, 청정한 비구의 포살을 방해할 수 없고, 자자를 방해할 수 없으며, 대중에게 명령할 수 없고, 교계할 수 없으며, (갈마를) 허락할 수 없고, 꾸짖을 수 없으며, 억념시킬 수 없고, 여러 비구들과 투쟁할 수 없느니라.

여러 비구들이여. 마땅히 출죄를 받을 비구는 청정한 비구들의 앞에 다닐 수 없고, 청정한 비구들의 앞에 앉을 수 없으며, 마땅히 승가의 끝의 자리를 받아야 하고, 마땅히 승가의 끝의 평상을 받아야 하며, 마땅히 승가의 끝의 처소를 받아야 한다.

여러 비구들이여. 마땅히 출죄를 받을 비구는 청정한 비구들의 앞에 시자로 다니거나 뒤를 따르는 시자로 속가에 갈 수 없고, 숲속에서 수행할 수 없으며, 걸식법을 행할 수 없고, 다른 사람에게 스스로의 마나타를 알게 시킬 수 없으며, 보시한 음식을 가져올 수 없다. 여러 비구들이여. 마나타를 받은 비구는 만약 객비구라면 마땅히 스스로가 마나타를 받은 것을 알려야 하고, 만약 객비구가 왔다면 마땅히 출죄를 받을 것을 알려야 하며, 포살하는 때라면 마땅히 출죄를 받을 것을 알려야 하고, 자자하는 때라면 마땅히 출죄를 받을 것을 알려야 하고, 만약 병든 때라면 사자에게 마땅히 출죄를 받을 것을 알려야 한다."

9-3 "여러 비구들이여. 마땅히 출죄를 받을 비구는 비구가 있는 주처에서 비구가 없는 주처로 떠나갈 수 없으나, 청정한 비구와 함께 가는 것은 제외하고, 장애가 있는 자는 제외한다. 마땅히 출죄를 받을 비구는 비구가 있는 주처에서 비구가 없는 주처가 아닌 곳으로 떠나갈 수 없으나, 청정한 비구와 함께 가는 것은 제외하고, 장애가 있는 자는 제외한다. 마땅히 출죄를 받을 비구는 비구가 있는 주처에서 비구가 없는 주처이거나, 혹은 주처가 아닌 곳으로 떠나갈 수 없으나, 청정한 비구와 함께 가는 것은 제외하고, 장애가 있는 자는 제외한다.

여러 비구들이여. 마땅히 출죄를 받을 비구는 비구가 있는 주처가 아닌 곳에서 비구가 없는 주처로, …… 마땅히 출죄를 받을 비구는 비구가 있는 주처가 아닌 곳에서 비구가 없는 주처가 아닌 곳으로, …… 마땅히 출죄를 받을 비구는 비구가 있는 주처가 아닌 곳에서 비구가 없는 주처이거나, 혹은 주처가 아닌 곳으로, …… 마땅히 출죄를 받을 비구가 있는 주처이거나, 혹은 주처가 아닌 곳에서 비구가 없는 주처로, …… 마땅히 출죄를 받을 비구는 비구가 있는 주처이거나, 혹은 주처가 아닌 곳에서 비구가 없는 주처가 아닌 곳으로, …… 마땅히 출죄를 받을 비구는 마나타를 받은 비구가 있는 주처이거나, 혹은 주처가 아닌 곳에서 비구가 없는 주처이거나, 혹은 주처가 아닌 곳으로 떠나갈 수 없으나, 청정한 비구와 함께 가는 것은 제외하고, 장애가 있는 자는 제외한다.

여러 비구들이여. 마땅히 출죄를 받을 비구는 비구가 있는 주처에서 다른 비구가 머무르고 있는 비구가 있는 주처로 떠나갈 수 없으나, 청정한 비구와 함께 가는 것은 제외하고, 장애가 있는 자는 제외한다. 마땅히 출죄를 받을 비구는 비구가 있는 주처에서 다른 비구가 머무르고 있는 비구의 주처가 아닌 곳으로 떠나갈 수 없으나, 청정한 비구와 함께 가는 것은 제외하고, 장애가 있는 자는 제외한다. 마땅히 출죄를 받을 비구는 비구가 있는 주처에서 다른 비구가 머무르고 있는 비구가 있는 주처이거나, 혹은 주처가 아닌 곳으로 떠나갈 수 없으나, 청정한 비구와 함께 가는 것은 제외하고, 장애가 있는 자는 제외한다.

여러 비구들이여. 마땅히 출죄를 받을 비구는 비구가 있는 주처에서 같은 비구가 머무르고 있는 비구의 주처가 있었고, 마땅히 오늘에 이를 수 있다고 알았다면 떠나갈 수 있다. 여러 비구들이여. 마땅히 출죄를 받을 비구는 비구가 있는 주처에서 같은 비구가 머무르고 있는 비구의 주처가 아닌 곳이 있었고, 마땅히 오늘에 이를 수 있다고 알았다면 떠나갈 수 있다. 여러 비구들이여. 마땅히 출죄를 받을 비구는 비구가 있는 주처에서 같은 비구가 머무르고 있는 비구의 주처이거나, 혹은 주처가 아닌 곳이 있었고, 마땅히 오늘에 이를 수 있다고 알았다면 떠나갈 수 있다."

9-4 "여러 비구들이여. 마땅히 출죄를 받을 비구는 청정한 비구와 함께 동일한 지붕의 주처에서 머무를 수 없고, 마땅히 출죄를 받을 비구는 청정한 비구와 함께 동일한 지붕의 주처가 아닌 곳에서 머무를 수 없으며, 마땅히 출죄를 받을 비구는 청정한 비구와 함께 동일한 지붕의 주처와 주처가 아닌 곳에서 머무를 수 없고, 청정한 비구를 보았다면 마땅히 자리에서 일어나서 청정한 비구에게 자리를 청해야 하며, 청정한 비구와 같은 자리에 앉을 수 없고, 청정한 비구가 낮은 자리에 앉았다면 스스로가 높은 자리에 앉을 수 없으며, 청정한 비구가 땅 위에 앉았다면 스스로가 자리 위에 앉을 수 없고, 동일한 처소에서 경행할 수 없으며, 청정한 비구가 낮은 경행처에서 경행하였다면 스스로가 높은 경행처에서 경행할 수 없고, 청정한 비구가 땅 위에서 경행하였다면 스스로가 높은 경행처에서 경행할 수 없다.

여러 비구들이여. 마땅히 출죄를 받을 비구는 상좌의 본일치를 받은 비구와 함께, …… 마땅히 출죄를 받을 비구는 마땅히 본일치를 받은 비구와 함께, …… 마땅히 출죄를 받을 비구는 마나타를 받은 비구와 함께, …… 마땅히 마나타를 받을 비구는 마땅히 이미 마나타를 받았던 비구와 함께 머무를 수 없고, 동일한 지붕의 주처에서 머무를 수 없고, 마땅히 마나타를 받을 비구는 청정한 비구와 함께 동일한 지붕의 주처가 아닌 곳에서 머무를 수 없으며, 마땅히 출죄를 받을 비구는 청정한 비구와 함께 동일한 지붕의 주처와 주처가 아닌 곳에서 머무를 수 없고, 청정한 비구를 보았다면 마땅히 자리에서 일어나서 청정한 비구에게 자리를 청해야 하며, 청정한 비구와 같은 자리에 앉을 수 없고, 청정한 비구가 낮은 자리에 앉았다면 스스로가 높은 자리에 앉을 수 없으며, 청정한 비구가 땅 위에 앉았다면 스스로가 자리 위에 앉을 수 없고, 동일한 처소에서 경행할 수 없으며, 청정한 비구가 낮은 경행처에서 경행하였다면 스스로가 높은 경행처에서 경행할 수 없고, 청정한 비구가 땅 위에서 경행하였다면 스스로가 높은 경행처에서 경행할 수 없다.

여러 비구들이여. 마땅히 출죄를 받을 비구를 (갈마하면서) 네 번째의 사람으로 삼아서 별주를 주거나, 마나타를 주거나, 마나타를 줄 수 없다. 만약 그를 스무 번째의 사람으로 삼아서 출죄를 주었다면, 갈마가 성립되지 않으며, 지을 수 없느니라."

[마땅히 출죄를 받을 자의 의무를 마친다.]

○ **첫째의 송출품을 마친다.**

◎ 이 건도에는 다섯 종류가 있느니라. 섭송으로 설하겠노라.

별주하는 여러 비구들은
청정한 비구들에게
예배와 영접과 합장과 공경과
펼쳐진 좌구와 펼쳐진 와구와

발씻는 물과 발의 받침대와
발 수건과 발우와 옷을 받아주는 것과
목욕하는 때에 등을 밀어주는 것 등을
받는 것을 선한 비구들이 비난하였으며
받는 자는 악작을 범한다.

서로에게 허락한 다섯 가지의 일은
이를테면, 포살과 자자와
우욕의와 보시물과 음식과
이 가운데에서 마땅히 바른 행은

청정한 비구들에게
승가의 끝자리를 받는 것이고
시자로 먼저 가거나,
혹은 뒤에 갈 수 없는 것이 있다.

숲속의 행법과 걸식법과
객비구에게 반드시 알리는 것과
포살과 자자의 때에 알리는 것과
사자에게 알리고서
비구는 처소에 가는 것이 있다.

같은 처소에 머무를 수 없고
마땅히 처소의 자리를 청하는 것과
낮은 경행처와 지상의 경행처에서
경행하는 것과 상좌와
갈마가 아닌 것과 제외하는 것과
멈추는 것과 다시 행하는 것과

별주를 마땅히 알려야 하는 것이 있다.

마땅히 본일치를 받을 자와
마땅히 마나타를 받을 자와
이미 마나타를 받은 자와
마땅히 출죄를 받을 자도
이치에는 차별이 있다.

별주를 행하는 세 가지와
마나타를 행하는 네 가지와
세 가지를 잠시 멈추는 것은 같고
마나타의 비구는 날마다 늘어나며
두 종류의 갈마는 비슷하고
나머지의 세 갈마는
이와 같이 비슷한 것이 있다.

● 별주건도를 마친다.

건도 제13권

제3장 집건도(集犍度)[1]

1. 제1송출품

1) 불부장죄(不覆藏罪)의 갈마

1-1 이때 불·세존께서는 사위성의 기수급고독원에 머무르셨다.
 그때 장로 우타이(優陀夷)[2]는 고의로 부정(不淨)을 출정(出精)하였고, 한 번의 죄를 덮어서 감추지 않고서 여러 비구들에게 알려 말하였다.
 "여러 장로들이여. 고의로 부정을 출정하였으나, 한 번의 죄를 덮어두지 않겠습니다. 나는 마땅히 그것을 어찌해야 합니까?"
 이때 그 여러 비구들은 이 일로써 세존께 아뢰었고, 세존께서는 말씀하셨다.
 "여러 비구들이여. 그와 같다면 승가는 우타이 비구가 고의로 부정을 출정하였고, 한 번의 죄를 덮어서 감추지 않은 것에 마땅히 6일의 마나타를

---

1) 팔리어 Samuccayakkhandhaka(사무짜야깐다카)의 번역이다.
2) 팔리어 Udāyī(우다이)의 음사이다.

주어야 하느니라."

1-2 "여러 비구들이여. 마땅히 이와 같이 주어야 하느니라. 여러 비구들이여. 그 우타이 비구는 마땅히 승가의 처소에 이르러 오른쪽 어깨를 드러내고 상좌 비구의 발에 예배하고 호궤 합장하고서 이와 같이 아뢰어 말해야 한다.

'여러 대덕들이여. 고의로 부정을 출정하였으나, 한 번의 죄를 덮어서 감추지 않았던 까닭으로, 나는 승가께 고의로 부정을 출정하였고, 한 번의 죄를 덮어서 감추지 않은 것에 마땅히 6일의 마나타를 주시기를 애원합니다.'"

마땅히 이와 같이 두 번째에도 애원해야 하고, …… 나아가 …… 세 번째에도 애원해야 한다.

1-3 마땅히 한 총명하고 현명하며 능력있는 비구가 승가의 가운데에서 창언해야 한다.

"'대덕 승가께서는 허락하십시오. 이 우타이 비구는 고의로 부정을 출정하였으나, 한 번의 죄를 덮어서 감추지 않았으며, 그는 승가께 고의로 부정을 출정하였고, 한 번의 죄를 덮어서 감추지 않은 것에 마땅히 6일의 마나타를 주시기를 애원하고 있습니다. 만약 승가께서 때에 이르렀다면 승가께서는 마땅히 이 우타이 비구는 고의로 부정을 출정하였으나, 한 번의 죄를 덮어서 감추지 않았으며, 그는 승가께 고의로 부정을 출정하였고, 한 번의 죄를 덮어서 감추지 않은 것에 마땅히 6일의 마나타를 주십시오. 이와 같이 아룁니다.'

'대덕 승가께서는 허락하십시오. 이 우타이 비구는 고의로 부정을 출정하였으나, 한 번의 죄를 덮어서 감추지 않았으며, 그는 승가께 고의로 부정을 출정하였고, 한 번의 죄를 덮어서 감추지 않은 것에 마땅히 6일의 마나타를 주시기를 애원하고 있습니다. 승가시여. 이 우타이 비구는 고의로 부정을 출정하였으나, 한 번의 죄를 덮어서 감추지 않았으며,

그는 승가께 고의로 부정을 출정하였고, 한 번의 죄를 덮어서 감추지 않은 것에 마땅히 6일의 마나타를 주겠습니다.

여러 대덕들께서 이 우타이 비구는 고의로 부정을 출정하였으나, 한 번의 죄를 덮어서 감추지 않았으며, 그는 승가께 고의로 부정을 출정하였고, 한 번의 죄를 덮어서 감추지 않은 것에 마땅히 6일의 마나타를 주는 것을 인정하신다면 묵연하시고, 인정하지 않으신다면 말씀하십시오.'

저는 두 번째로 이 일을 아룁니다.

'대덕 승가께서는 허락하십시오. 이 우타이 비구는 고의로 부정을 출정하였으나, 한 번의 죄를 덮어서 감추지 않았으며, 그는 승가께 고의로 부정을 출정하였고, 한 번의 죄를 덮어서 감추지 않은 것에 마땅히 6일의 마나타를 주시기를 애원하고 있습니다. 승가시여. 이 우타이 비구는 고의로 부정을 출정하였으나, 한 번의 죄를 덮어서 감추지 않았으며, 그는 승가께 고의로 부정을 출정하였고, 한 번의 죄를 덮어서 감추지 않은 것에 마땅히 6일의 마나타를 주겠습니다. 여러 대덕들께서 이 우타이 비구는 고의로 부정을 출정하였으나, 한 번의 죄를 덮어서 감추지 않았으며, 그는 승가께 고의로 부정을 출정하였고, 한 번의 죄를 덮어서 감추지 않은 것에 마땅히 6일의 마나타를 주는 것을 인정하신다면 묵연하시고, 인정하지 않으신다면 말씀하십시오.'

저는 세 번째로 이 일을 아룁니다.

'대덕 승가께서는 허락하십시오. 이 우타이 비구는 고의로 부정을 출정하였으나, 한 번의 죄를 덮어서 감추지 않았으며, 그는 승가께 고의로 부정을 출정하였고, 한 번의 죄를 덮어서 감추지 않은 것에 마땅히 6일의 마나타를 주시기를 애원하고 있습니다. 승가시여. 이 우타이 비구는 고의로 부정을 출정하였으나, 한 번의 죄를 덮어서 감추지 않았으며, 그는 승가께 고의로 부정을 출정하였고, 한 번의 죄를 덮어서 감추지 않은 것에 마땅히 6일의 마나타를 주겠습니다. 여러 대덕들께서 이 우타이 비구는 고의로 부정을 출정하였으나, 한 번의 죄를 덮어서 감추지 않았으며, 그는 승가께 고의로 부정을 출정하였고, 한 번의 죄를 덮어서 감추지

않은 것에 마땅히 6일의 마나타를 주는 것을 인정하신다면 묵연하시고, 인정하지 않으신다면 말씀하십시오.'

'승가시여. 이 우타이 비구는 고의로 부정을 출정하였으나, 한 번의 죄를 덮어서 감추지 않았으며, 그는 승가께 고의로 부정을 출정하였고, 한 번의 죄를 덮어서 감추지 않은 것에 마땅히 6일의 마나타를 주는 것을 마쳤습니다. 여러 대덕들께서 인정하신 것은 묵연하였던 까닭입니다. 나는 이와 같이 알고 이해하겠습니다.'"

[불부장죄의 갈마를 마친다.]

2) 불부장죄의 출죄(出罪)

2-1 그 비구는 이미 마나타를 행하였으므로, 여러 비구들에게 알려 말하였다.

"여러 장로들이여. 한 번의 죄를 범하였는데 이를테면, 고의로 부정을 출정하였으나 덮어서 감추지 않았으며, 승가께 내가 고의로 부정을 출정하였고, 한 번의 죄를 덮어서 감추지 않은 것에 마땅히 6일의 마나타를 주는 것을 애원하였습니다. 내가 고의로 부정을 출정하였고, 한 번의 죄를 덮어서 감추지 않은 것에 승가께서는 마땅히 6일의 마나타를 주었고 나는 이미 마나타를 행하였습니다. 나는 마땅히 그것을 어찌해야 합니까?"

이때 그 여러 비구들은 이 일로써 세존께 아뢰었고, 세존께서는 말씀하셨다.

"여러 비구들이여. 그와 같다면 승가는 우타이 비구에게 출죄를 주어야 하느니라."

2-2 "여러 비구들이여. 마땅히 이와 같이 주어야 하느니라. 여러 비구들이여. 그 우타이 비구는 마땅히 승가의 처소에 이르러 오른쪽 어깨를 드러내고 상좌 비구의 발에 예배하고 호궤 합장하고서 이와 같이 아뢰어 말해야

한다.

'여러 대덕들이여. 나는 고의로 부정을 출정하였으나 한 번의 죄를 덮어서 감추지 않았으며, 승가께 고의로 부정을 출정하였고, 한 번의 죄를 덮어서 감추지 않은 것에 마땅히 6일의 마나타를 주시기를 애원하였습니다. 승가께서는 내가 고의로 부정을 출정하였고, 한 번의 죄를 덮어서 감추지 않은 것에 마땅히 6일의 마나타를 주었고 나는 이미 마나타를 행하였으므로, 승가께서는 출죄를 주시기를 애원합니다.'"

마땅히 이와 같이 두 번째에도 애원해야 하고, …… 나아가 …… 세 번째에도 애원해야 한다.

2-3 마땅히 한 총명하고 현명하며 능력있는 비구가 승가의 가운데에서 창언해야 한다.

"'대덕 승가께서는 허락하십시오. 이 우타이 비구는 고의로 부정을 출정하였으나, 한 번의 죄를 덮어서 감추지 않았으며, 그는 승가께 고의로 부정을 출정하였고, 한 번의 죄를 덮어서 감추지 않은 것에 마땅히 6일의 마나타를 주시기를 애원하였습니다. 승가께서는 우타이 비구가 고의로 부정을 출정하였고, 한 번의 죄를 덮어서 감추지 않은 것에 마땅히 6일의 마나타를 주었고 우타이 비구는 이미 마나타를 행하였으므로, 승가께서 출죄를 주시기를 애원하고 있습니다. 만약 승가께서 때에 이르렀다면 승가께서는 마땅히 이 우타이 비구에게 출죄를 주십시오. 이와 같이 아룁니다.'

'대덕 승가께서는 허락하십시오. 이 우타이 비구는 고의로 부정을 출정하였으나, 한 번의 죄를 덮어서 감추지 않았으며, 그는 승가께 고의로 부정을 출정하였고, 한 번의 죄를 덮어서 감추지 않은 것에 마땅히 6일의 마나타를 주시기를 애원하였습니다. 승가께서는 우타이 비구가 고의로 부정을 출정하였고, 한 번의 죄를 덮어서 감추지 않은 것에 마땅히 6일의 마나타를 주었고 우타이 비구는 이미 마나타를 행하였으므로, 승가께서 출죄를 주시기를 애원하고 있습니다.

승가시여. 이 우타이 비구는 고의로 부정을 출정하였고, 한 번의 죄를 덮어서 감추지 않은 것에 승가는 마땅히 6일의 마나타를 주었고 우타이 비구는 이미 마나타를 행하였으므로, 승가께서 출죄를 주겠습니다. 여러 대덕들께서 이 우타이 비구는 고의로 부정을 출정하였으나, 한 번의 죄를 덮어서 감추지 않았으며, 그는 승가께 고의로 부정을 출정하였고, 한 번의 죄를 덮어서 감추지 않은 것에 이미 6일의 마나타를 주었고 우타이 비구는 이미 마나타를 행하였으므로, 승가께서 출죄를 주는 것을 인정하신다면 묵연하시고, 인정하지 않으신다면 말씀하십시오.'

저는 두 번째로 이 일을 아룁니다.

'대덕 승가께서는 허락하십시오. 이 우타이 비구는 고의로 부정을 출정하였으나, 한 번의 죄를 덮어서 감추지 않았으며, 그는 승가께 고의로 부정을 출정하였고, 한 번의 죄를 덮어서 감추지 않은 것에 마땅히 6일의 마나타를 주시기를 애원하였습니다. …… 여러 대덕들께서 이 우타이 비구는 고의로 부정을 출정하였으나, 한 번의 죄를 덮어서 감추지 않았으며, 그는 승가께 고의로 부정을 출정하였고, 한 번의 죄를 덮어서 감추지 않은 것에 이미 6일의 마나타를 주었고 우타이 비구는 이미 마나타를 행하였으므로, 승가께서 출죄를 주는 것을 인정하신다면 묵연하시고, 인정하지 않으신다면 말씀하십시오.'

저는 세 번째로 이 일을 아룁니다.

'대덕 승가께서는 허락하십시오. 이 우타이 비구는 고의로 부정을 출정하였으나, 한 번의 죄를 덮어서 감추지 않았으며, 그는 승가께 고의로 부정을 출정하였고, 한 번의 죄를 덮어서 감추지 않은 것에 마땅히 6일의 마나타를 주시기를 애원하였습니다. …… 여러 대덕들께서 이 우타이 비구는 고의로 부정을 출정하였으나, 한 번의 죄를 덮어서 감추지 않았으며, 그는 승가께 고의로 부정을 출정하였고, 한 번의 죄를 덮어서 감추지 않은 것에 이미 6일의 마나타를 주었고 우타이 비구는 이미 마나타를 행하였으므로, 승가께서 출죄를 주는 것을 인정하신다면 묵연하시고, 인정하지 않으신다면 말씀하십시오.'

'승가시여. 이 우타이 비구에게 출죄를 주는 것을 마쳤습니다. 여러 대덕들께서 인정하신 것은 묵연하였던 까닭입니다. 나는 이와 같이 알고 이해하겠습니다.'"

[불부장죄의 출죄를 마친다.]

3) 부장일일일죄(覆藏一日一罪)의 별주

3-1 그때 장로 우타이는 고의로 부정을 출정하였고, 한 번의 죄를 하루를 덮어서 감추었으며, 그는 여러 비구들에게 알려 말하였다.

"여러 장로들이여. 고의로 부정을 출정하였고 한 번의 죄를 하루 동안을 덮어서 감추었습니다. 나는 마땅히 그것을 어찌해야 합니까?"

이때 그 여러 비구들은 이 일로써 세존께 아뢰었고, 세존께서는 말씀하셨다.

"여러 비구들이여. 그와 같다면 승가는 우타이 비구가 고의로 부정을 출정하였고, 한 번의 죄를 하루 동안을 덮어서 감추었던 것에 하루의 별주를 주어야 하느니라."

3-2 "여러 비구들이여. 마땅히 이와 같이 주어야 하느니라. 여러 비구들이여. 그 우타이 비구는 마땅히 승가의 처소에 이르러 오른쪽 어깨를 드러내고 상좌 비구의 발에 예배하고 호궤 합장하고서 이와 같이 아뢰어 말해야 한다.

'여러 대덕들이여. 나는 고의로 부정을 출정하였고 한 번의 죄를 하루 동안을 덮어서 감추었던 까닭으로, 나는 승가께 고의로 부정을 출정하였고, 한 번의 죄를 하루 동안을 덮어서 감추지 않은 것에 하루의 별주를 주시기를 애원합니다.'"

마땅히 이와 같이 두 번째에도 애원해야 하고, …… 나아가 …… 세 번째에도 애원해야 한다.

3-3 마땅히 한 총명하고 현명하며 능력있는 비구가 승가의 가운데에서 창언해야 한다.

"대덕 승가께서는 허락하십시오. 이 우타이 비구는 고의로 부정을 출정하였고 한 번의 죄를 하루 동안을 덮어서 감추었으며, 그는 승가께 고의로 부정을 출정하였고, 한 번의 죄를 하루 동안을 덮어서 감추었던 것에 하루의 별주를 주시기를 애원하고 있습니다. 만약 승가께서 때에 이르렀다면 승가께서는 마땅히 이 우타이 비구는 고의로 부정을 출정하였고 한 번의 죄를 하루 동안을 덮어서 감추었던 것에 하루의 별주를 주십시오. 이와 같이 아룁니다.'

'대덕 승가께서는 허락하십시오. 이 우타이 비구는 고의로 부정을 출정하였고 한 번의 죄를 하루 동안을 덮어서 감추었으며, 그는 승가께 고의로 부정을 출정하였고, 한 번의 죄를 하루 동안을 덮어서 감추었던 것에 하루의 별주를 주시기를 애원하고 있습니다. 승가시여. 이 우타이 비구는 고의로 부정을 출정하였고 한 번의 죄를 하루 동안을 덮어서 감추었으며, 그는 승가께 고의로 부정을 출정하였고, 한 번의 죄를 하루 동안을 덮어서 감추었던 것에 하루의 별주를 주겠습니다.

여러 대덕들께서 이 우타이 비구는 고의로 부정을 출정하였고 한 번의 죄를 하루 동안을 덮어서 감추었으며, 그는 승가께 고의로 부정을 출정하였고, 한 번의 죄를 하루 동안을 덮어서 감추었던 것에 하루의 별주를 주는 것을 인정하신다면 묵연하시고, 인정하지 않으신다면 말씀하십시오.'

저는 두 번째로 이 일을 아룁니다.

'대덕 승가께서는 허락하십시오. 이 우타이 비구는 고의로 부정을 출정하였고 한 번의 죄를 하루 동안을 덮어서 감추었으며, 그는 승가께 고의로 부정을 출정하였고, 한 번의 죄를 하루 동안을 덮어서 감추었던 것에 하루의 별주를 주시기를 애원하고 있습니다. …… 여러 대덕들께서 이 우타이 비구는 고의로 부정을 출정하였고 한 번의 죄를 하루 동안을 덮어서 감추었으며, 그는 승가께 고의로 부정을 출정하였고, 한 번의 죄를 하루 동안을 덮어서 감추었던 것에 하루의 별주를 주는 것을 인정하신다면 묵연하시고, 인정하지 않으신다면 말씀하십시오.'

저는 세 번째로 이 일을 아룁니다.

'대덕 승가께서는 허락하십시오. 이 우타이 비구는 고의로 부정을 출정하였고 한 번의 죄를 하루 동안을 덮어서 감추었으며, 그는 승가께 고의로 부정을 출정하였고, 한 번의 죄를 하루 동안을 덮어서 감추었던 것에 하루의 별주를 주시기를 애원하고 있습니다. …… 여러 대덕들께서 이 우타이 비구는 고의로 부정을 출정하였고 한 번의 죄를 하루 동안을 덮어서 감추었으며, 그는 승가께 고의로 부정을 출정하였고, 한 번의 죄를 하루 동안을 덮어서 감추었던 것에 하루의 별주를 주는 것을 인정하신다면 묵연하시고, 인정하지 않으신다면 말씀하십시오.'

'승가시여. 이 우타이 비구는 고의로 부정을 출정하였고 한 번의 죄를 하루 동안 덮어서 감추었던 것에 하루의 별주를 주는 것을 마쳤습니다. 여러 대덕들께서 인정하신 것은 묵연하였던 까닭입니다. 나는 이와 같이 알고 이해하겠습니다.'"

[부장일일일죄의 별주를 마친다.]

4) 부장일일일죄의 갈마

4-1 그 비구는 이미 별주를 행하였으므로, 여러 비구들에게 알려 말하였다.

"여러 장로들이여. 나는 고의로 부정을 출정하였고 한 번의 죄를 하루 동안을 덮어서 감추었으므로, 나는 승가께 고의로 부정을 출정하였고 한 번의 죄를 하루 동안을 덮어서 감추었던 것에 하루의 별주를 주시기를 애원하였습니다. 나는 고의로 부정을 출정하였고, 한 번의 죄를 덮어서 감추지 않은 것에 승가께서는 하루의 별주를 주었고 나는 이미 별주를 행하였습니다. 나는 마땅히 그것을 어찌해야 합니까?"

이때 그 여러 비구들은 이 일로써 세존께 아뢰었고, 세존께서는 말씀하셨다.

"여러 비구들이여. 그와 같다면 승가는 우타이 비구에게 고의로 부정을 출정하였고 한 번의 죄를 하루 동안을 덮어서 감추었던 것에 6일의 마나타를 주어야 하느니라."

4-2 "여러 비구들이여. 마땅히 이와 같이 주어야 하느니라. 여러 비구들이여. 그 우타이 비구는 마땅히 승가의 처소에 이르러 오른쪽 어깨를 드러내고 상좌 비구의 발에 예배하고 호궤 합장하고서 이와 같이 아뢰어 말해야 한다.

'여러 대덕들이여. 나는 고의로 부정을 출정하였고 한 번의 죄를 하루 동안을 덮어서 감추었으므로, 승가께 고의로 부정을 출정하였고 한 번의 죄를 하루 동안을 덮어서 감추었던 것에 하루의 별주를 주시기를 애원하였습니다. 승가께서는 내가 고의로 부정을 출정하였고 한 번의 죄를 하루 동안을 덮어서 감추었으므로, 한 번의 죄를 하루 동안을 덮어서 감추었던 것에 하루의 별주를 주었으며, 나는 별주를 이미 행하였습니다. 나는 승가께 고의로 부정을 출정하였고 한 번의 죄를 하루 동안을 덮어서 감추었던 것에 6일의 마나타를 주시기를 애원합니다.'"

마땅히 이와 같이 두 번째에도 애원해야 하고, …… 나아가 …… 세 번째에도 애원해야 한다.

4-3 마땅히 한 총명하고 현명하며 능력있는 비구가 승가의 가운데에서 창언해야 한다.

"'대덕 승가께서는 허락하십시오. 이 우타이 비구는 고의로 부정을 출정하였고 한 번의 죄를 하루 동안을 덮어서 감추었으므로, 우타이 비구는 승가께 고의로 부정을 출정하였고 한 번의 죄를 하루 동안을 덮어서 감추었던 것에 하루의 별주를 주시기를 애원하였습니다. 승가께서는 우타이 비구가 승가께 고의로 부정을 출정하였고 한 번의 죄를 하루 동안을 덮어서 감추었던 것에 하루의 별주를 주었고 우타이 비구는 이미 하루의 별주를 행하였으므로, 우타이 비구는 승가께 고의로 부정을 출정하였고 한 번의 죄를 하루 동안을 덮어서 감추었던 것에 6일의 마나타를 주시기를 애원하고 있습니다.

만약 승가께서 때에 이르렀다면 승가께서는 마땅히 이 우타이 비구에게 고의로 부정을 출정하였고 한 번의 죄를 하루 동안을 덮어서 감추었던 것에 6일의 마나타를 주십시오. 이와 같이 아룁니다.'

'대덕 승가께서는 허락하십시오. 이 우타이 비구는 고의로 부정을 출정하였고 한 번의 죄를 하루 동안을 덮어서 감추었으므로, 우타이 비구는 승가께 고의로 부정을 출정하였고 한 번의 죄를 하루 동안을 덮어서 감추었던 것에 하루의 별주를 주시기를 애원하였습니다. 승가께서는 우타이 비구가 고의로 부정을 출정하였고, 한 번의 죄를 하루 동안을 덮어서 감추었던 것에 하루의 별주를 주었으며, 우타이 비구는 이미 하루의 별주를 행하였으므로, 승가께 고의로 부정을 출정하였고 한 번의 죄를 하루 동안을 덮어서 감추었던 것에 6일의 마나타를 주시기를 애원하고 있습니다.

승가시여. 우타이 비구가 고의로 부정을 출정하였고 한 번의 죄를 하루 동안을 덮어서 감추었던 것에 6일의 마나타를 주겠습니다. 여러 대덕들께서 이 우타이 비구는 고의로 부정을 출정하였고 한 번의 죄를 하루 동안을 덮어서 감추었던 것에 6일의 마나타를 주는 것을 인정하신다면 묵연하시고, 인정하지 않으신다면 말씀하십시오.'

저는 두 번째로 이 일을 아룁니다.

'대덕 승가께서는 허락하십시오. 이 우타이 비구는 고의로 부정을 출정하였고 한 번의 죄를 하루 동안을 덮어서 감추었으므로, 우타이 비구는 승가께 고의로 부정을 출정하였고 한 번의 죄를 하루 동안을 덮어서 감추었던 것에 하루의 별주를 주시기를 애원하였습니다. ……

승가시여. 우타이 비구가 고의로 부정을 출정하였고 한 번의 죄를 하루 동안을 덮어서 감추었던 것에 6일의 마나타를 주겠습니다. 여러 대덕들께서 이 우타이 비구는 고의로 부정을 출정하였고 한 번의 죄를 하루 동안을 덮어서 감추었던 것에 6일의 마나타를 주는 것을 인정하신다면 묵연하시고, 인정하지 않으신다면 말씀하십시오.'

저는 세 번째로 이 일을 아룁니다.

'대덕 승가께서는 허락하십시오. 이 우타이 비구는 고의로 부정을 출정하였고 한 번의 죄를 하루 동안을 덮어서 감추었으므로, 우타이 비구는 승가께 고의로 부정을 출정하였고 한 번의 죄를 하루 동안을 덮어서 감추었던 것에 하루의 별주를 주시기를 애원하였습니다. ……
승가시여. 우타이 비구가 고의로 부정을 출정하였고 한 번의 죄를 하루 동안을 덮어서 감추었던 것에 6일의 마나타를 주겠습니다. 여러 대덕들께서 이 우타이 비구는 고의로 부정을 출정하였고 한 번의 죄를 하루 동안을 덮어서 감추었던 것에 6일의 마나타를 주는 것을 인정하신다면 묵연하시고, 인정하지 않으신다면 말씀하십시오.'

'승가시여. 우타이 비구가 고의로 부정을 출정하였고 한 번의 죄를 하루 동안을 덮어서 감추었던 것에 6일의 마나타를 주는 것을 마쳤습니다. 여러 대덕들께서 인정하신 것은 묵연하였던 까닭입니다. 나는 이와 같이 알고 이해하겠습니다.'"

[부장일일일죄의 갈마를 마친다.]

5) 부장일일일죄의 출죄

5-1 그 비구는 이미 마나타를 행하였으므로, 여러 비구들에게 알려 말하였다.

"여러 장로들이여. 나는 고의로 부정을 출정하였고 한 번의 죄를 하루 동안을 덮어서 감추었으므로, 나는 승가께 고의로 부정을 출정하였고,

한 번의 죄를 하루 동안을 덮어서 감추었던 것에 마땅히 6일의 마나타를 주시기를 애원하였습니다. 승가께서는 내가 고의로 부정을 출정하였고, 한 번의 죄를 하루 동안을 덮어서 감추었던 것에 승가께서는 마땅히 6일의 마나타를 주었고 나는 이미 마나타를 행하였습니다. 나는 마땅히 그것을 어찌해야 합니까?"

이때 그 여러 비구들은 이 일로써 세존께 아뢰었고, 세존께서는 말씀하셨다.

"여러 비구들이여. 그와 같다면 승가는 우타이 비구에게 출죄를 주어야 하느니라."

5-2 "여러 비구들이여. 마땅히 이와 같이 주어야 하느니라. 여러 비구들이여. 그 우타이 비구는 마땅히 승가의 처소에 이르러 오른쪽 어깨를 드러내고 상좌 비구의 발에 예배하고 호궤 합장하고서 이와 같이 아뢰어 말해야 한다.

'여러 대덕들이여. 나는 고의로 부정을 출정하였고 한 번의 죄를 하루 동안을 덮어서 감추었으므로, 나는 승가께 고의로 부정을 출정하였고, 한 번의 죄를 하루 동안을 덮어서 감추었던 것에 마땅히 6일의 마나타를 주시기를 애원하였습니다. 승가께서는 내가 고의로 부정을 출정하였고, 한 번의 죄를 하루 동안을 덮어서 감추었던 것에 승가께서는 마땅히 6일의 마나타를 주었고 나는 이미 마나타를 행하였으므로, 승가께서는 출죄를 주시기를 애원합니다.'"

마땅히 이와 같이 두 번째에도 애원해야 하고, …… 나아가 …… 세 번째에도 애원해야 한다.

5-3 마땅히 한 총명하고 현명하며 능력있는 비구가 승가의 가운데에서 창언해야 한다.

"'대덕 승가께서는 허락하십시오. 이 우타이 비구는 고의로 부정을 출정하였고 한 번의 죄를 하루 동안을 덮어서 감추었던 것에 마땅히

6일의 마나타를 주시기를 애원하였습니다. 승가께서는 우타이 비구가 고의로 부정을 출정하였고 한 번의 죄를 하루 동안을 덮어서 감추었던 것에 마땅히 6일의 마나타를 주었고 우타이 비구는 이미 마나타를 행하였으므로, 승가께서 출죄를 주시기를 애원하고 있습니다. 만약 승가께서 때에 이르렀다면 승가께서는 마땅히 이 우타이 비구에게 출죄를 주십시오. 이와 같이 아룁니다.'

'대덕 승가께서는 허락하십시오. 이 우타이 비구는 고의로 부정을 출정하였고 한 번의 죄를 하루 동안을 덮어서 감추었고, 그는 승가께 고의로 부정을 출정하였고 한 번의 죄를 하루 동안을 덮어서 감추었던 것에 마땅히 6일의 마나타를 주시기를 애원하였습니다. 승가께서는 우타이 비구가 고의로 부정을 출정하였고 한 번의 죄를 하루 동안을 덮어서 감추었던 것에 마땅히 6일의 마나타를 주었고 우타이 비구는 이미 마나타를 행하였으므로, 승가께서 출죄를 주시기를 애원하고 있습니다.

승가시여. 이 우타이 비구가 고의로 부정을 출정하였고 한 번의 죄를 하루 동안을 덮어서 감추었던 것에 승가는 마땅히 6일의 마나타를 주었고 우타이 비구는 이미 마나타를 행하였으므로, 승가께서 출죄를 주겠습니다. 여러 대덕들께서 이 우타이 비구는 고의로 부정을 출정하였고 한 번의 죄를 하루 동안을 덮어서 감추었던 것에 이미 6일의 마나타를 주었고 우타이 비구는 이미 마나타를 행하였으므로, 승가께서 출죄를 주는 것을 인정하신다면 묵연하시고, 인정하지 않으신다면 말씀하십시오.'

저는 두 번째로 이 일을 아룁니다.

'대덕 승가께서는 허락하십시오. 이 우타이 비구는 고의로 부정을 출정하였고 한 번의 죄를 하루 동안을 덮어서 감추었고, 그는 승가께 고의로 부정을 출정하였고 한 번의 죄를 하루 동안을 덮어서 감추었던 것에 마땅히 6일의 마나타를 주시기를 애원하였습니다. …… 승가시여. 이 우타이 비구가 고의로 부정을 출정하였고 한 번의 죄를 하루 동안을 덮어서 감추었던 것에 승가는 마땅히 6일의 마나타를 주었고 우타이 비구는 이미 마나타를 행하였으므로, 승가께서 출죄를 주겠습니다. 여러 대덕들께서 이 우타이 비구는 고의로 부정을 출정하였고 한 번의 죄를 하루 동안을 덮어서 감추었던 것에 이미 6일의 마나타를 주었고 우타이 비구는 이미 마나타를 행하였으므로, 승가께서 출죄를 주는 것을 인정하신다면 묵연하시고, 인정하지 않으신다면 말씀하십시오.'

저는 세 번째로 이 일을 아룁니다.

'대덕 승가께서는 허락하십시오. 이 우타이 비구는 고의로 부정을 출정하였고 한 번의 죄를 하루 동안을 덮어서 감추었고, 그는 승가께 고의로 부정을 출정하였고 한 번의 죄를 하루 동안을 덮어서 감추었던 것에 마땅히 6일의 마나타를 주시기를 애원하였습니다. …… 승가시여. 이 우타이 비구가 고의로 부정을 출정하였고 한 번의 죄를 하루 동안을 덮어서 감추었던 것에 승가는 마땅히 6일의 마나타를 주었고 우타이 비구는 이미 마나타를 행하였으므로, 승가께서 출죄를 주겠습니다. 여러 대덕들께서 이 우타이 비구는 고의로 부정을 출정하였고 한 번의 죄를 하루 동안을 덮어서 감추었던 것에 이미 6일의 마나타를 주었고 우타이 비구는 이미 마나타를 행하였으므로, 승가께서 출죄를 주는 것을 인정하신다면 묵연하시고, 인정하지 않으신다면 말씀하십시오.'

'승가시여. 이 우타이 비구에게 출죄를 주는 것을 마쳤습니다. 여러 대덕들께서 인정하신 것은 묵연하였던 까닭입니다. 나는 이와 같이 알고 이해하겠습니다.'"

[부장일일일죄의 출죄를 마친다.]

6) 부장이일일죄(覆藏二日一罪)의 별주

6-1 그때 장로 우타이는 고의로 부정을 출정하였고, 한 번의 죄를 2일을 덮어서 감추었으며, 그는 여러 비구들에게 알려 말하였다.

"여러 장로들이여. 고의로 부정을 출정하였고 한 번의 죄를 2일을 덮어서 감추었습니다. 나는 마땅히 그것을 어찌해야 합니까?"

이때 그 여러 비구들이 이 일로써 세존께 아뢰었고, 세존께서는 말씀하셨다.

"여러 비구들이여. 그와 같다면 승가는 우타이 비구가 고의로 부정을 출정하였고, 한 번의 죄를 2일을 덮어서 감추었던 것에 2일의 별주를 주어야 하느니라."

6-2 "여러 비구들이여. 마땅히 이와 같이 주어야 하느니라. 여러 비구들이여. 그 우타이 비구는 마땅히 승가의 처소에 이르러 오른쪽 어깨를 드러내고 상좌 비구의 발에 예배하고 호궤 합장하고서 이와 같이 아뢰어 말해야 한다.

'여러 대덕들이여. 나는 고의로 부정을 출정하였고 한 번의 죄를 2일을 덮어서 감추었던 까닭으로, 나는 승가께 고의로 부정을 출정하였고, 한 번의 죄를 2일을 덮어서 감추었던 것에 2일의 별주를 주시기를 애원합니다."

마땅히 이와 같이 두 번째에도 애원해야 하고, …… 나아가 …… 세 번째에도 애원해야 한다.

6-3 마땅히 한 총명하고 현명하며 능력있는 비구가 승가의 가운데에서 창언해야 한다.

"'대덕 승가께서는 허락하십시오. 이 우타이 비구는 고의로 부정을 출정하였고 한 번의 죄를 2일을 덮어서 감추었으며, 그는 승가께 고의로 부정을 출정하였고, 한 번의 죄를 2일을 덮어서 감추었던 것에 2일의 별주를 주시기를 애원하고 있습니다. 만약 승가께서 때에 이르렀다면 승가께서는 마땅히 이 우타이 비구는 고의로 부정을 출정하였고 한 번의 죄를 2일을 덮어서 감추었던 것에 2일의 별주를 주십시오. 이와 같이 아룁니다.'

'대덕 승가께서는 허락하십시오. 이 우타이 비구는 고의로 부정을 출정하였고 한 번의 죄를 2일을 덮어서 감추었으며, 그는 승가께 고의로 부정을 출정하였고, 한 번의 죄를 2일을 덮어서 감추었던 것에 2일의 별주를 주시기를 애원하고 있습니다. 승가시여. 이 우타이 비구는 고의로 부정을 출정하였고 한 번의 죄를 2일을 덮어서 감추었으며, 그는 승가께 고의로 부정을 출정하였고, 한 번의 죄를 2일을 덮어서 감추었던 것에 2일의 별주를 주겠습니다.

여러 대덕들께서 이 우타이 비구는 고의로 부정을 출정하였고 한 번의 죄를 2일을 덮어서 감추었으며, 그는 승가께 고의로 부정을 출정하였고, 한 번의 죄를 2일을 덮어서 감추었던 것에 2일의 별주를 주는 것을 인정하신다면 묵연하시고, 인정하지 않으신다면 말씀하십시오.'

저는 두 번째로 이 일을 아룁니다.

'대덕 승가께서는 허락하십시오. 이 우타이 비구는 고의로 부정을 출정하였고 한 번의 죄를 2일을 덮어서 감추었으며, 그는 승가께 고의로 부정을 출정하였고, 한 번의 죄를 2일을 덮어서 감추었던 것에 2일의 별주를 주시기를 애원하고 있습니다. …… 여러 대덕들께서 이 우타이 비구는 고의로 부정을 출정하였고 한 번의 죄를 2일을 덮어서 감추었으며, 그는 승가께 고의로 부정을 출정하였고, 한 번의 죄를 2일을 덮어서 감추었던 것에 2일의 별주를 주는 것을 인정하신다면 묵연하시고, 인정하지 않으신다면 말씀하십시오.'

저는 세 번째로 이 일을 아룁니다.

'대덕 승가께서는 허락하십시오. 이 우타이 비구는 고의로 부정을 출정하였고 한 번의 죄를 2일을 덮어서 감추었으며, 그는 승가께 고의로 부정을 출정하였고, 한 번의 죄를 2일을 덮어서 감추었던 것에 2일의 별주를 주시기를 애원하고 있습니다. …… 여러 대덕들께서 이 우타이 비구는 고의로 부정을 출정하였고 한 번의 죄를 2일을 덮어서 감추었으며, 그는 승가께 고의로 부정을 출정하였고, 한 번의 죄를 2일을 덮어서 감추었던 것에 2일의 별주를 주는 것을 인정하신다면 묵연하시고, 인정하지 않으신다면 말씀하십시오.'

'승가시여. 이 우타이 비구는 고의로 부정을 출정하였고 한 번의 죄를

2일을 덮어서 감추었던 것에 2일의 별주를 주는 것을 마쳤습니다. 여러 대덕들께서 인정하신 것은 묵연하였던 까닭입니다. 나는 이와 같이 알고 이해하겠습니다.'"

[부장이일일죄의 별주를 마친다.]

7) 부장삼일일죄(覆藏三日一罪)의 별주

7-1 그때 장로 우타이는 고의로 부정을 출정하였고, 한 번의 죄를 3일을 덮어서 감추었으며, 그는 여러 비구들에게 알려 말하였다.
 "여러 장로들이여. 고의로 부정을 출정하였고 한 번의 죄를 3일을 덮어서 감추었습니다. 나는 마땅히 그것을 어찌해야 합니까?"
 이때 그 여러 비구들은 이 일로써 세존께 아뢰었고, 세존께서는 말씀하셨다.
 "여러 비구들이여. 그와 같다면 승가는 우타이 비구가 고의로 부정을 출정하였고, 한 번의 죄를 3일을 덮어서 감추었던 것에 3일의 별주를 주어야 하느니라."

7-2 "여러 비구들이여. 마땅히 이와 같이 주어야 하느니라. 여러 비구들이여. 그 우타이 비구는 마땅히 승가의 처소에 이르러 오른쪽 어깨를 드러내고 상좌 비구의 발에 예배하고 호궤 합장하고서 이와 같이 아뢰어 말해야 한다.
 '여러 대덕들이여. 나는 고의로 부정을 출정하였고 한 번의 죄를 3일을 덮어서 감추었던 까닭으로, 나는 승가께 고의로 부정을 출정하였고, 한 번의 죄를 3일을 덮어서 감추었던 것에 3일의 별주를 주시기를 애원합니다.'
 마땅히 이와 같이 두 번째에도 애원해야 하고, …… 나아가 …… 세 번째에도 애원해야 한다.

7-3 마땅히 한 총명하고 현명하며 능력있는 비구가 승가의 가운데에서 창언해야 한다.

'대덕 승가께서는 허락하십시오. 이 우타이 비구는 고의로 부정을 출정하였고 한 번의 죄를 3일을 덮어서 감추었으며, 그는 승가께 고의로 부정을 출정하였고, 한 번의 죄를 3일을 덮어서 감추었던 것에 3일의 별주를 주시기를 애원하고 있습니다. 만약 승가께서 때에 이르렀다면 승가께서는 마땅히 이 우타이 비구는 고의로 부정을 출정하였고 한 번의 죄를 3일을 덮어서 감추었던 것에 3일의 별주를 주십시오. 이와 같이 아룁니다.'

'대덕 승가께서는 허락하십시오. 이 우타이 비구는 고의로 부정을 출정하였고 한 번의 죄를 3일을 덮어서 감추었으며, 그는 승가께 고의로 부정을 출정하였고, 한 번의 죄를 3일을 덮어서 감추었던 것에 3일의 별주를 주시기를 애원하고 있습니다. 승가시여. 이 우타이 비구는 고의로 부정을 출정하였고 한 번의 죄를 3일을 덮어서 감추었으며, 그는 승가께 고의로 부정을 출정하였고, 한 번의 죄를 3일을 덮어서 감추었던 것에 3일의 별주를 주겠습니다.

여러 대덕들께서 이 우타이 비구는 고의로 부정을 출정하였고 한 번의 죄를 3일을 덮어서 감추었으며, 그는 승가께 고의로 부정을 출정하였고, 한 번의 죄를 3일을 덮어서 감추었던 것에 3일의 별주를 주는 것을 인정하신다면 묵연하시고, 인정하지 않으신다면 말씀하십시오.'

저는 두 번째로 이 일을 아룁니다.

'대덕 승가께서는 허락하십시오. 이 우타이 비구는 고의로 부정을 출정하였고 한 번의 죄를 3일을 덮어서 감추었으며, 그는 승가께 고의로 부정을 출정하였고, 한 번의 죄를 3일을 덮어서 감추었던 것에 3일의 별주를 주시기를 애원하고 있습니다. …… 여러 대덕들께서 이 우타이 비구는 고의로 부정을 출정하였고 한 번의 죄를 3일을 덮어서 감추었으며, 그는 승가께 고의로 부정을 출정하였고, 한 번의 죄를 3일을 덮어서 감추었던 것에 3일의 별주를 주는 것을 인정하신다면 묵연하시고, 인정하

지 않으신다면 말씀하십시오.'

저는 세 번째로 이 일을 아룁니다.

'대덕 승가께서는 허락하십시오. 이 우타이 비구는 고의로 부정을 출정하였고 한 번의 죄를 3일을 덮어서 감추었으며, 그는 승가께 고의로 부정을 출정하였고, 한 번의 죄를 3일을 덮어서 감추었던 것에 3일의 별주를 주시기를 애원하고 있습니다. …… 여러 대덕들께서 이 우타이 비구는 고의로 부정을 출정하였고 한 번의 죄를 3일을 덮어서 감추었으며, 그는 승가께 고의로 부정을 출정하였고, 한 번의 죄를 3일을 덮어서 감추었던 것에 3일의 별주를 주는 것을 인정하신다면 묵연하시고, 인정하지 않으신다면 말씀하십시오.'

'승가시여. 이 우타이 비구는 고의로 부정을 출정하였고 한 번의 죄를 3일을 덮어서 감추었던 것에 3일의 별주를 주는 것을 마쳤습니다. 여러 대덕들께서 인정하신 것은 묵연하였던 까닭입니다. 나는 이와 같이 알고 이해하겠습니다.'"

[부장삼일일죄의 별주를 마친다.]

8) 부장사일일죄(覆藏四日一罪)의 별주

8-1 그때 장로 우타이는 고의로 부정을 출정하였고, 한 번의 죄를 4일을 덮어서 감추었으며, 그는 여러 비구들에게 알려 말하였다.

"여러 장로들이여. 고의로 부정을 출정하였고 한 번의 죄를 4일을 덮어서 감추었습니다. 나는 마땅히 그것을 어찌해야 합니까?"

이때 그 여러 비구들은 이 일로써 세존께 아뢰었고, 세존께서는 말씀하셨다.

"여러 비구들이여. 그와 같다면 승가는 우타이 비구가 고의로 부정을 출정하였고, 한 번의 죄를 4일을 덮어서 감추었던 것에 4일의 별주를 주어야 하느니라."

8-2 "여러 비구들이여. 마땅히 이와 같이 주어야 하느니라. 여러 비구들이여. 그 우타이 비구는 마땅히 승가의 처소에 이르러 오른쪽 어깨를 드러내고 상좌 비구의 발에 예배하고 호궤 합장하고서 이와 같이 아뢰어 말해야 한다.

'여러 대덕들이여. 나는 고의로 부정을 출정하였고 한 번의 죄를 4일을 덮어서 감추었던 까닭으로, 나는 승가께 고의로 부정을 출정하였고, 한 번의 죄를 4일을 덮어서 감추었던 것에 4일의 별주를 주시기를 애원합니다.'

마땅히 이와 같이 두 번째에도 애원해야 하고, …… 나아가 …… 세 번째에도 애원해야 한다.

8-3 마땅히 한 총명하고 현명하며 능력있는 비구가 승가의 가운데에서 창언해야 한다.

"대덕 승가께서는 허락하십시오. 이 우타이 비구는 고의로 부정을 출정하였고 한 번의 죄를 4일을 덮어서 감추었으며, 그는 승가께 고의로 부정을 출정하였고, 한 번의 죄를 4일을 덮어서 감추었던 것에 4일의 별주를 주시기를 애원하고 있습니다. 만약 승가께서 때에 이르렀다면 승가께서는 마땅히 이 우타이 비구는 고의로 부정을 출정하였고 한 번의 죄를 4일을 덮어서 감추었던 것에 4일의 별주를 주십시오. 이와 같이 아룁니다.'

'대덕 승가께서는 허락하십시오. 이 우타이 비구는 고의로 부정을 출정하였고 한 번의 죄를 4일을 덮어서 감추었으며, 그는 승가께 고의로 부정을 출정하였고, 한 번의 죄를 4일을 덮어서 감추었던 것에 4일의 별주를 주시기를 애원하고 있습니다. 승가시여. 이 우타이 비구는 고의로 부정을 출정하였고 한 번의 죄를 4일을 덮어서 감추었으며, 그는 승가께 고의로 부정을 출정하였고, 한 번의 죄를 4일을 덮어서 감추었던 것에 4일의 별주를 주겠습니다.

여러 대덕들께서 이 우타이 비구는 고의로 부정을 출정하였고 한 번의 죄를 4일을 덮어서 감추었으며, 그는 승가께 고의로 부정을 출정하였고, 한 번의 죄를 4일을 덮어서 감추었던 것에 4일의 별주를 주는 것을 인정하신다면 묵연하시고, 인정하지 않으신다면 말씀하십시오.'

저는 두 번째로 이 일을 아룁니다.

'대덕 승가께서는 허락하십시오. 이 우타이 비구는 고의로 부징을 출정하였고 한 번의 죄를 4일을 덮어서 감추었으며, 그는 승가께 고의로 부정을 출정하였고, 한 번의 죄를 4일을 덮어서 감추었던 것에 4일의 별주를 주시기를 애원하고 있습니다. …… 여러 대덕들께서 이 우타이 비구는 고의로 부정을 출정하였고 한 번의 죄를 4일을 덮어서 감추었으며, 그는 승가께 고의로 부정을 출정하였고, 한 번의 죄를 4일을 덮어서 감추었던 것에 4일의 별주를 주는 것을 인정하신다면 묵연하시고, 인정하지 않으신다면 말씀하십시오.'

저는 세 번째로 이 일을 아룁니다.

'대덕 승가께서는 허락하십시오. 이 우타이 비구는 고의로 부정을 출정하였고 한 번의 죄를 4일을 덮어서 감추었으며, 그는 승가께 고의로 부정을 출정하였고, 한 번의 죄를 4일을 덮어서 감추었던 것에 4일의 별주를 주시기를 애원하고 있습니다. 승가시여. 이 우타이 비구는 고의로 부정을 출정하였고 한 번의 죄를 4일을 덮어서 감추었으며, 그는 승가께 고의로 부정을 출정하였고, 한 번의 죄를 4일을 덮어서 감추었던 것에 4일의 별주를 주겠습니다.

여러 대덕들께서 이 우타이 비구는 고의로 부정을 출정하였고 한 번의 죄를 4일을 덮어서 감추었으며, 그는 승가께 고의로 부정을 출정하였고, 한 번의 죄를 4일을 덮어서 감추었던 것에 4일의 별주를 주는 것을 인정하신다면 묵연하시고, 인정하지 않으신다면 말씀하십시오.'

'승가시여. 이 우타이 비구는 고의로 부정을 출정하였고 한 번의 죄를 4일을 덮어서 감추었던 것에 4일의 별주를 주는 것을 마쳤습니다. 여러 대덕들께서 인정하신 것은 묵연하였던 까닭입니다. 나는 이와 같이 알고 이해하겠습니다.'"

[부장사일일죄의 별주를 마친다.]

9) 부장오일일죄(覆藏五日一罪)의 별주

9-1 그때 장로 우타이는 고의로 부정을 출정하였고, 한 번의 죄를 5일을 덮어서 감추었으며, 그는 여러 비구들에게 알려 말하였다.
"여러 장로들이여. 고의로 부정을 출정하였고 한 번의 죄를 5일을 덮어서 감추었습니다. 나는 마땅히 그것을 어찌해야 합니까?"
이때 그 여러 비구들은 이 일로써 세존께 아뢰었고, 세존께서는 말씀하셨다.
"여러 비구들이여. 그와 같다면 승가는 우타이 비구가 고의로 부정을 출정하였고, 한 번의 죄를 5일을 덮어서 감추었던 것에 5일의 별주를 주어야 하느니라."

9-2 "여러 비구들이여. 마땅히 이와 같이 주어야 하느니라. 여러 비구들이여. 그 우타이 비구는 마땅히 승가의 처소에 이르러 오른쪽 어깨를 드러내고 상좌 비구의 발에 예배하고 호궤 합장하고서 이와 같이 아뢰어 말해야 한다.
'여러 대덕들이여. 나는 고의로 부정을 출정하였고 한 번의 죄를 5일을 덮어서 감추었던 까닭으로, 나는 승가께 고의로 부정을 출정하였고, 한 번의 죄를 5일을 덮어서 감추었던 것에 5일의 별주를 주시기를 애원합니다.'"
마땅히 이와 같이 두 번째에도 애원해야 하고, …… 세 번째에도 애원해야 한다.

9-3 마땅히 한 총명하고 현명하며 능력있는 비구가 승가의 가운데에서

창언해야 한다.

"'대덕 승가께서는 허락하십시오. 이 우타이 비구는 고의로 부정을 출정하였고 한 번의 죄를 5일을 덮어서 감추었으며, 그는 승가께 고의로 부정을 출정하였고, 한 번의 죄를 5일을 덮어서 감추었던 것에 5일의 별주를 주시기를 애원하고 있습니다. 만약 승가께서 때에 이르렀다면 승가께서는 마땅히 이 우타이 비구는 고의로 부정을 출정하였고 한 번의 죄를 5일을 덮어서 감추었던 것에 5일의 별주를 주십시오. 이와 같이 아룁니다.'

'대덕 승가께서는 허락하십시오. 이 우타이 비구는 고의로 부정을 출정하였고 한 번의 죄를 5일을 덮어서 감추었으며, 그는 승가께 고의로 부정을 출정하였고, 한 번의 죄를 5일을 덮어서 감추었던 것에 5일의 별주를 주시기를 애원하고 있습니다. 만약 승가께서 때에 이르렀다면 우타이 비구가 고의로 부정을 출정하였고 한 번의 죄를 5일을 덮어서 감추었으며, 그는 승가께 고의로 부정을 출정하였고, 한 번의 죄를 5일을 덮어서 감추었던 것에 5일의 별주를 주십시오.

여러 대덕들께서 이 우타이 비구는 고의로 부정을 출정하였고 한 번의 죄를 5일을 덮어서 감추었으며, 그는 승가께 고의로 부정을 출정하였고, 한 번의 죄를 5일을 덮어서 감추었던 것에 5일의 별주를 주는 것을 인정하신다면 묵연하시고, 인정하지 않으신다면 말씀하십시오.'

저는 두 번째로 이 일을 아룁니다.

'대덕 승가께서는 허락하십시오. 이 우타이 비구는 고의로 부정을 출정하였고 한 번의 죄를 5일을 덮어서 감추었으며, 그는 승가께 고의로 부정을 출정하였고, 한 번의 죄를 5일을 덮어서 감추었던 것에 5일의 별주를 주시기를 애원하고 있습니다. …… 여러 대덕들께서 이 우타이 비구는 고의로 부정을 출정하였고 한 번의 죄를 5일을 덮어서 감추었으며, 그는 승가께 고의로 부정을 출정하였고, 한 번의 죄를 5일을 덮어서 감추었던 것에 5일의 별주를 주는 것을 인정하신다면 묵연하시고, 인정하지 않으신다면 말씀하십시오.'

저는 세 번째로 이 일을 아룁니다.

'대덕 승가께서는 허락하십시오. 이 우타이 비구는 고의로 부정을 출정하였고 한 번의 죄를 5일을 덮어서 감추었으며, 그는 승가께 고의로 부정을 출정하였고, 한 번의 죄를 5일을 덮어서 감추었던 것에 5일의 별주를 주시기를 애원하고 있습니다. …… 여러 대덕들께서 이 우타이 비구는 고의로 부정을 출정하였고 한 번의 죄를 5일을 덮어서 감추었으며, 그는 승가께 고의로 부정을 출정하였고, 한 번의 죄를 5일을 덮어서 감추었던 것에 5일의 별주를 주는 것을 인정하신다면 묵연하시고, 인정하지 않으신다면 말씀하십시오.'

'승가시여. 이 우타이 비구는 고의로 부정을 출정하였고 한 번의 죄를 5일을 덮어서 감추었던 것에 5일의 별주를 주는 것을 마쳤습니다. 여러 대덕들께서 인정하신 것은 묵연하였던 까닭입니다. 나는 이와 같이 알고 이해하겠습니다.'"

[부장오일일죄의 별주를 마친다.]

10) 부장죄의 본일치갈마

10-1 그 비구는 별주하는 가운데에서 고의로 부정을 출정하였고 한 번의 죄를 덮어서 감추었으며, 그는 여러 비구들에게 알려 말하였다.

"여러 장로들이여. 나는 고의로 부정을 출정하였고 한 번의 죄를 5일을 덮어서 감추었으므로, 나는 승가께 고의로 부정을 출정하였고 한 번의 죄를 5일을 덮어서 감추었던 것에 5일의 별주를 주시기를 애원하였습니다. 승가께서는 내가 고의로 부정을 출정하였고, 한 번의 죄를 5일을 덮어서 감추지 않은 것에 5일의 별주를 주었으며, 나는 별주하는 가운데에서 고의로 부정을 출정하였으나 한 번의 죄를 범하고서 덮어서 감추지 않았습니다. 나는 마땅히 그것을 어찌해야 합니까?"

이때 그 여러 비구들은 이 일로써 세존께 아뢰었고, 세존께서는 말씀하셨다.

"여러 비구들이여. 그와 같다면 승가는 우타이 비구에게 이 기간에 고의로 부정을 출정하였으나 한 번의 죄를 덮어서 감추지 않았던 것에 마땅히 본일치를 주어야 하느니라."

10-2 "여러 비구들이여. 마땅히 이와 같이 본일치를 주어야 하느니라. 여러 비구들이여. 그 우타이 비구는 마땅히 승가의 처소에 이르러 오른쪽 어깨를 드러내고 상좌 비구의 발에 예배하고 호궤 합장하고서 이와 같이 아뢰어 말해야 한다.

'여러 대덕들이여. 나는 고의로 부정을 출정하였고 한 번의 죄를 5일을 덮어서 감추었으므로, 승가께 고의로 부정을 출정하였고 한 번의 죄를 5일을 덮어서 감추었던 것에 5일의 별주를 주시기를 애원하였습니다. 승가께서는 내가 고의로 부정을 출정하였고 한 번의 죄를 5일을 덮어서 감추었던 것에 5일의 별주를 주었으며, 나는 별주하는 가운데에서 고의로 부정을 출정하였으나 한 번의 죄를 범하고서 덮어서 감추지 않았습니다. 나는 승가께 고의로 부정을 출정하였고 한 번의 죄를 덮어서 감추지 않았던 것에 마땅히 본일치를 주시기를 애원합니다.'"

마땅히 이와 같이 두 번째에도 애원해야 하고, …… 나아가 …… 세 번째에도 애원해야 한다.

10-3 마땅히 한 총명하고 현명하며 능력있는 비구가 승가의 가운데에서 창언해야 한다.

"'대덕 승가께서는 허락하십시오. 이 우타이 비구는 고의로 부정을 출정하였고 한 번의 죄를 5일을 덮어서 감추었으므로, 승가께 고의로 부정을 출정하였고 한 번의 죄를 5일을 덮어서 감추었던 것에 5일의 별주를 주시기를 애원하였습니다. 승가께서는 내가 고의로 부정을 출정하였고 한 번의 죄를 5일을 덮어서 감추었던 것에 5일의 별주를 주었으며,

나는 별주하는 가운데에서 고의로 부정을 출정하였으나 한 번의 죄를 범하고서 덮어서 감추지 않았습니다. 나는 승가께 별주하는 기간에 고의로 부정을 출정하였고 한 번의 죄를 범하고서 덮어서 감추지 않았던 것에 마땅히 본일치를 주시기를 애원하고 있습니다.

만약 승가께서 때에 이르렀다면 마땅히 이 우타이 비구에게 별주하는 가운데에서 고의로 부정을 출정하였으나 한 번의 죄를 범하고서 덮어서 감추지 않았던 것에 마땅히 본일치를 주십시오. 이와 같이 아룁니다.'

'대덕 승가께서는 허락하십시오. 이 우타이 비구는 고의로 부정을 출정하였고 한 번의 죄를 5일을 덮어서 감추었으므로, 승가께 고의로 부정을 출정하였고 한 번의 죄를 5일을 덮어서 감추었던 것에 5일의 별주를 주시기를 애원하였고. 승가께서는 내가 고의로 부정을 출정하였고 한 번의 죄를 5일을 덮어서 감추었던 것에 5일의 별주를 주었습니다.

우타이 비구는 별주하는 가운데에서 고의로 부정을 출정하였으나 한 번의 죄를 범하고서 덮어서 감추지 않았고, 승가께 별주하는 기간에 고의로 부정을 출정하였고 한 번의 죄를 범하고서 덮어서 감추지 않았던 것에 마땅히 본일치를 주시기를 애원하고 있습니다.

만약 승가께서 때에 이르렀다면 우타이 비구가 별주하는 가운데에서 고의로 부정을 출정하였으나 한 번의 죄를 범하고서 덮어서 감추지 않았던 것에 마땅히 본일치를 주십시오.

여러 대덕들께서 우타이 비구가 별주를 받은 기간에 고의로 부정을 출정하였으나, 한 번의 죄를 범하고서 덮어두지 않았던 것에 마땅히 본일치를 주는 것을 인정하신다면 묵연하시고, 인정하지 않으신다면 말씀하십시오.'

저는 두 번째로 이 일을 아룁니다.

'대덕 승가께서는 허락하십시오. 이 우타이 비구는 고의로 부정을 출정하였고 한 번의 죄를 5일을 덮어서 감추었으므로, 승가께 고의로 부정을 출정하였고 한 번의 죄를 5일을 덮어서 감추었던 것에 5일의 별주를 주시기를 애원하였고, …… 한 번의 죄를 범하고서 덮어서 감추지 않았던 것에 마땅히 본일치를 주시기를 애원하고 있습니다. …… 여러 대덕들께서 우타이 비구가 별주를 받은 기간에 고의로 부정을 출정하였으나, 한 번의 죄를 범하고서 덮어두지 않았던 것에 마땅히 본일치를 주는 것을 인정하신다면 묵연하시고, 인정하지 않으신다면 말씀하십시오.'

저는 세 번째로 이 일을 아룁니다.

'대덕 승가께서는 허락하십시오. 이 우타이 비구는 고의로 부정을 출정하였고 한 번의 죄를 5일을 덮어서 감추었으므로, 승가께 고의로 부정을 출정하였고 한 번의 죄를 5일을 덮어서 감추었던 것에 5일의 별주를 주시기를 애원하였고, …… 한 번의 죄를 범하고서 덮어서 감추지 않았던 것에 마땅히 본일치를 주시기를 애원하고 있습니다. …… 여러 대덕들께서 우타이 비구가 별주를 받은 기간에 고의로 부정을 출정하였으나, 한 번의 죄를 범하고서 덮어두지 않았던 것에 마땅히 본일치를 주는 것을 인정하신다면 묵연하시고, 인정하지 않으신다면 말씀하십시오.'

'승가시여. 우타이 비구가 별주하는 가운데에서 고의로 부정을 출정하였으나 한 번의 죄를 범하고서 덮어서 감추지 않았던 것에 마땅히 본일치를 주는 것을 마쳤습니다. 여러 대덕들께서 인정하신 것은 묵연하였던 까닭입니다. 나는 이와 같이 알고 이해하겠습니다.'"

[부장죄의 본일치갈마를 마친다.]

11) 두 번째 부장죄의 본일치갈마

11-1 그 비구는 별주를 행하여 마쳤으나 마땅히 마나타를 받은 기간에 고의로 부정을 출정하였고 한 번의 죄를 덮어두지 않았으며, 그는 여러 비구들에게 알려 말하였다.

"여러 장로들이여. 나는 고의로 부정을 출정하였고 한 번의 죄를 5일을 덮어서 감추었으므로, 나는 승가께 고의로 부정을 출정하였고 한 번의 죄를 5일을 덮어서 감추었던 것에 5일의 별주를 주시기를 애원하였습니다. 승가께서는 내가 고의로 부정을 출정하였고, 한 번의 죄를 5일을 덮어서 감추지 않은 것에 5일의 별주를 주었습니다. 나는 이미 별주를 행하였으나 마나타를 받은 기간에 고의로 부정을 출정하였으며, 한 번의 죄를 범하고서 덮어서 감추지 않았습니다. 나는 마땅히 그것을 어찌해야 합니까?"

이때 그 여러 비구들은 이 일로써 세존께 아뢰었고, 세존께서는 말씀하셨다.

"여러 비구들이여. 그와 같다면 승가는 우타이 비구에게 이미 별주를 행하였으나 마나타를 받은 기간에 고의로 부정을 출정하였으며, 한 번의 죄를 덮어서 감추지 않았던 것에 마땅히 본일치를 주어야 하느니라."

11-2 "여러 비구들이여. 마땅히 이와 같이 본일치를 주어야 하느니라. 여러 비구들이여. 그 우타이 비구는 마땅히 승가의 처소에 이르러 오른쪽 어깨를 드러내고 상좌 비구의 발에 예배하고 호궤 합장하고서 이와 같이 아뢰어 말해야 한다.

'여러 대덕들이여. 나는 고의로 부정을 출정하였고 한 번의 죄를 5일을 덮어서 감추었으므로, 승가께 고의로 부정을 출정하였고 한 번의 죄를 5일을 덮어서 감추었던 것에 5일의 별주를 주시기를 애원하였습니다. 승가께서는 내가 고의로 부정을 출정하였고 한 번의 죄를 5일을 덮어서 감추었던 것에 5일의 별주를 주었습니다. 나는 이미 별주를 행하였으나 마나타를 받은 기간에 고의로 부정을 출정하였으며, 한 번의 죄를 범하고서 덮어서 감추지 않았습니다. 나는 승가께 이미 별주를 행하였으나 마나타를 받은 기간에 고의로 부정을 출정하였고 한 번의 죄를 덮어서 감추지 않았던 것에 마땅히 본일치를 주시기를 애원합니다.'"

마땅히 이와 같이 두 번째에도 애원해야 하고, …… 나아가 …… 세 번째에도 애원해야 한다.

11-3 마땅히 한 총명하고 현명하며 능력있는 비구가 승가의 가운데에서 창언해야 한다.

"'대덕 승가께서는 허락하십시오. 이 우타이 비구는 고의로 부정을 출정하였고 한 번의 죄를 5일을 덮어서 감추었으므로, 승가께 고의로 부정을 출정하였고 한 번의 죄를 5일을 덮어서 감추었던 것에 5일의 별주를 주시기를 애원하였습니다. 승가께서는 우타이 비구가 고의로 부정을 출정하였고 한 번의 죄를 5일을 덮어서 감추었던 것에 5일의 별주를 주었습니다. 나는 이미 별주를 행하였으나 마나타를 받은 기간에 고의로 부정을 출정하였으며, 한 번의 죄를 범하고서 덮어서 감추지 않았습니다. 우타이 비구는 승가께 이미 별주를 행하였으나 마나타를 받은 기간에 고의로 부정을 출정하였고 한 번의 죄를 덮어서 감추지 않았던 것에 마땅히 본일치를 주시기를 애원하고 있습니다.

만약 승가께서 때에 이르렀다면 승가께서는 마땅히 이 우타이 비구에게 이미 별주를 행하였으나 마나타를 받은 기간에 고의로 부정을 출정하였고 한 번의 죄를 덮어서 감추지 않았던 것에 마땅히 본일치를 주십시오. 이와 같이 아룁니다.'

'대덕 승가께서는 허락하십시오. 이 우타이 비구는 고의로 부정을 출정하였고 한 번의 죄를 5일을 덮어서 감추었으므로, 승가께 고의로 부정을 출정하였고 한 번의 죄를 5일을 덮어서 감추었던 것에 5일의 별주를 주시기를 애원하였습니다. 승가께서는 우타이 비구가 고의로 부정을 출정하였고 한 번의 죄를 5일을 덮어서 감추었던 것에 5일의 별주를 주었습니다. 나는 이미 별주를 행하였으나 마나타를 받은 기간에 고의로 부정을 출정하였으며, 한 번의 죄를 범하고서 덮어서 감추지 않았습니다. 우타이 비구는 승가께 이미 별주를 행하였으나 마나타를 받은 기간에 고의로 부정을 출정하였고 한 번의 죄를 덮어서 감추지 않았던 것에 마땅히 본일치를 주시기를 애원하고 있습니다.

만약 승가께서 때에 이르렀다면 우타이 비구가 이미 별주를 행하였으나 마나타를 받은 기간에 고의로 부정을 출정하였고 한 번의 죄를 덮어서 감추지 않았던 것에 마땅히 본일치를 주십시오. 여러 대덕들께서 이미 별주를 행하였으나 마나타를 받은 기간에 고의로 부정을 출정하였고 한 번의 죄를 덮어서 감추지 않았던 것에 마땅히 본일치를 주는 것을 인정하신다면 묵연하시고, 인정하지 않으신다면 말씀하십시오.'

저는 두 번째로 이 일을 아룁니다.

'대덕 승가께서는 허락하십시오. 이 우타이 비구는 고의로 부정을 출정하였고 한 번의 죄를 5일을 덮어서 감추었으므로, …… 한 번의 죄를 덮어서 감추지 않았던 것에 마땅히 본일치를 주시기를 애원하고 있습니다. …… 여러 대덕들께서 이미 별주를 행하였으나 마나타를 받은 기간에 고의로 부정을 출정하였고 한 번의 죄를 덮어서 감추지 않았던 것에 마땅히 본일치를 주는 것을 인정하신다면 묵연하시고, 인정하지 않으신다면 말씀하십시오.'

저는 세 번째로 이 일을 아룁니다.

'대덕 승가께서는 허락하십시오. 이 우타이 비구는 고의로 부정을 출정하였고 한 번의 죄를 5일을 덮어서 감추었으므로, …… 한 번의 죄를 덮어서 감추지 않았던 것에 마땅히 본일치를 주시기를 애원하고 있습니다. …… 여러 대덕들께서 이미 별주를 행하였으나 마나타를 받은 기간에 고의로 부정을 출정하였고 한 번의 죄를 덮어서 감추지 않았던 것에 마땅히 본일치를 주는 것을 인정하신다면 묵연하시고, 인정하지 않으신다면 말씀하십시오.'

'승가시여. 우타이 비구가 이미 별주를 행하였으나 마나타를 받은 기간에 고의로 부정을 출정하였고 한 번의 죄를 덮어서 감추지 않았던 것에 마땅히 본일치를 주는 것을 마쳤습니다. 여러 대덕들께서 인정하신 것은 묵연하였던 까닭입니다. 나는 이와 같이 알고 이해하겠습니다.'"

[두 번째 부장죄의 본일치갈마를 마친다.]

12) 세 번째의 부장죄

12-1 그 비구는 별주를 이미 행하여 마쳤으므로, 여러 비구들에게 알려 말하였다.

"여러 장로들이여. 나는 고의로 부정을 출정하였고 한 번의 죄를 5일을 덮어서 감추었으므로, 나는 승가께 고의로 부정을 출정하였고 한 번의 죄를 5일을 덮어서 감추었던 것에 5일의 별주를 주시기를 애원하였습니다. 승가께서는 내가 고의로 부정을 출정하였고, 한 번의 죄를 5일을 덮어서 감추지 않은 것에 5일의 별주를 주었으며, 나는 별주하는 가운데에서 고의로 부정을 출정하였으나 한 번의 죄를 범하고서 덮어서 감추지 않았습니다.

승가께서는 내가 고의로 부정을 출정하였고, 한 번의 죄를 범하고서 덮어서 감추지 않았던 것에 본일치를 주었으며, 별주를 행하여 마쳤으나 마땅히 마나타를 받은 기간에 고의로 부정을 출정하였고 한 번의 죄를 범하고서 덮어두지 않았습니다. 나는 고의로 부정을 출정하였고, 한 번의 죄를 범하고서 덮어서 감추지 않았던 것에 본일치를 주었으며, 별주를 행하여 마쳤으나 마땅히 마나타를 받은 기간에 고의로 부정을 출정하였고, 한 번의 죄를 범하고서 덮어두지 않았던 것에 마땅히 본일치를 주었으므로, 나는 별주를 이미 행하여 마쳤습니다. 나는 마땅히 그것을 어찌해야 합니까?"

이때 그 여러 비구들은 이 일로써 세존께 아뢰었고, 세존께서는 말씀하셨다.

"여러 비구들이여. 그와 같다면 세 번의 죄를 인연하였던 까닭으로 승가는 우타이 비구에게 6일 밤의 마나타를 주어야 하느니라."

12-2 "여러 비구들이여. 마땅히 이와 같이 6일 밤의 마나타를 주어야 하느니라. 여러 비구들이여. 그 우타이 비구는 마땅히 승가의 처소에 이르러 오른쪽 어깨를 드러내고 상좌 비구의 발에 예배하고 호궤 합장하고

서 이와 같이 아뢰어 말해야 한다.

'여러 대덕들이여. 나는 고의로 부정을 출정하였고 한 번의 죄를 5일을 덮어서 감추었으므로, 나는 승가께 고의로 부정을 출정하였고 한 번의 죄를 5일을 덮어서 감추었던 것에 5일의 별주를 주시기를 애원하였습니다. 승가께서는 내가 고의로 부정을 출정하였고, 한 번의 죄를 5일을 덮어서 감추지 않은 것에 5일의 별주를 주었으며, 나는 별주하는 가운데에서 고의로 부정을 출정하였으나 한 번의 죄를 범하고서 덮어서 감추지 않았습니다.

승가께서는 고의로 부정을 출정하였고, 한 번의 죄를 범하고서 덮어서 감추지 않았던 것에 본일치를 주었으며, 별주를 행하여 마쳤으나 마땅히 마나타를 받은 기간에 고의로 부정을 출정하였고 한 번의 죄를 범하고서 덮어두지 않았습니다.

나는 고의로 부정을 출정하였고, 한 번의 죄를 범하고서 덮어서 감추지 않았던 것에 본일치를 주었으며, 별주를 행하여 마쳤으나 마땅히 마나타를 받은 기간에 고의로 부정을 출정하였고, 한 번의 죄를 범하고서 덮어두지 않았던 것에 마땅히 본일치를 주었으므로, 나는 별주를 이미 행하여 마쳤으며, 세 번의 죄를 인연하였던 까닭으로 승가께서 6일 밤의 마나타를 주시기를 애원합니다.'"

마땅히 이와 같이 두 번째에도 애원해야 하고, …… 나아가 …… 세 번째에도 애원해야 한다.

12-3 마땅히 한 총명하고 현명하며 능력있는 비구가 승가의 가운데에서 창언해야 한다.

"'대덕 승가께서는 허락하십시오. 이 우타이 비구는 고의로 부정을 출정하였고 한 번의 죄를 5일을 덮어서 감추었으므로, 나는 승가께 고의로 부정을 출정하였고 한 번의 죄를 5일을 덮어서 감추었던 것에 5일의 별주를 주시기를 애원하였습니다. 승가께서는 우타이 비구가 고의로 부정을 출정하였고, 한 번의 죄를 5일을 덮어서 감추지 않은 것에 5일의 별주를 주었으며, 나는 별주하는 가운데에서 고의로 부정을 출정하였으나 한 번의 죄를 범하고서 덮어서 감추지 않았습니다.

승가께서는 고의로 부정을 출정하였고, 한 번의 죄를 범하고서 덮어서 감추지 않았던 것에 본일치를 주었으며, 별주를 행하여 마쳤으나 마땅히 마나타를 받은 기간에 고의로 부정을 출정하였고 한 번의 죄를 범하고서 덮어두지 않았습니다.

우타이 비구는 고의로 부정을 출정하였고, 한 번의 죄를 범하고서 덮어서 감추지 않았던 것에 본일치를 주었으며, 별주를 행하여 마쳤으나 마땅히 마나타를 받은 기간에 고의로 부정을 출정하였고, 한 번의 죄를 범하고서 덮어두지 않았던 것에 마땅히 본일치를 주었으므로, 나는 별주를 이미 행하여 마쳤으며, 세 번의 죄를 인연하였던 까닭으로 승가께서 6일 밤의 마나타를 주시기를 애원하고 있습니다. 만약 승가께서 때에 이르렀다면 이 우타이 비구에게 세 번의 죄를 인연하였던 까닭으로 승가께서는 6일 밤의 마나타를 주십시오. 이와 같이 아룁니다.'

'대덕 승가께서는 허락하십시오. 이 우타이 비구는 고의로 부정을 출정하였고 한 번의 죄를 5일을 덮어서 감추었으므로, 나는 승가께 고의로 부정을 출정하였고 한 번의 죄를 5일을 덮어서 감추었던 것에 5일의 별주를 주시기를 애원하였습니다. 승가께서는 우타이 비구가 고의로 부정을 출정하였고, 한 번의 죄를 5일을 덮어서 감추지 않은 것에 5일의 별주를 주었으며, 나는 별주하는 가운데에서 고의로 부정을 출정하였으나 한 번의 죄를 범하고서 덮어서 감추지 않았습니다.

승가께서는 고의로 부정을 출정하였고, 한 번의 죄를 범하고서 덮어서 감추지 않았던 것에 본일치를 주었으며, 별주를 행하여 마쳤으나 마땅히 마나타를 받은 기간에 고의로 부정을 출정하였고 한 번의 죄를 범하고서 덮어두지 않았습니다.

우타이 비구는 고의로 부정을 출정하였고, 한 번의 죄를 범하고서 덮어서 감추지 않았던 것에 본일치를 주었으며, 별주를 행하여 마쳤으나 마땅히 마나타를 받은 기간에 고의로 부정을 출정하였고, 한 번의 죄를 범하고서 덮어두지 않았던 것에 마땅히 본일치를 주었으므로, 나는 별주를 이미 행하여 마쳤으며, 세 번의 죄를 인연하였던 까닭으로 승가께서 6일 밤의 마나타를 주시기를 애원하고 있습니다. 만약 승가께서 때에 이르렀다면 이 우타이 비구에게 세 번의 죄를 인연하였던 까닭으로 승가께서는 6일 밤의 마나타를 주십시오.

여러 대덕들께서 우타이 비구가 세 번의 죄를 인연하였으므로 6일 밤의 마나타를 주는 것을 인정하신다면 묵연하시고, 인정하지 않으신다면 말씀하십시오.'

저는 두 번째로 이 일을 아룁니다.

'대덕 승가께서는 허락하십시오. 이 우타이 비구는 고의로 부정을 출정하였고 한 번의 죄를 5일을 덮어서 감추었으므로, …… 우타이 비구는 별주를 이미 행하여 마쳤으며, 세 번의 죄를 인연하였던 까닭으로 승가께서 6일 밤의 마나타를 주시기를 애원하고 있습니다. 만약 승가께서 때에 이르렀다면 이 우타이 비구에게 세 번의 죄를 인연하였던 까닭으로 승가께서는 6일 밤의 마나타를 주십시오.

여러 대덕들께서 우타이 비구가 세 번의 죄를 인연하였으므로 6일 밤의 마나타를 주는 것을 인정하신다면 묵연하시고, 인정하지 않으신다면 말씀하십시오.'

저는 세 번째로 이 일을 아룁니다.

'대덕 승가께서는 허락하십시오. 이 우타이 비구는 고의로 부정을 출정하였고 한 번의 죄를 5일을 덮어서 감추었으므로, …… 우타이 비구는 별주를 이미 행하여 마쳤으며, 세 번의 죄를 인연하였던 까닭으로 승가께서 6일 밤의 마나타를 주시기를 애원하고 있습니다. 만약 승가께서 때에 이르렀다면 이 우타이 비구에게 세 번의 죄를 인연하였던 까닭으로 승가께서는 6일 밤의 마나타를 주십시오.

여러 대덕들께서 우타이 비구가 세 번의 죄를 인연하였으므로 6일 밤의 마나타를 주는 것을 인정하신다면 묵연하시고, 인정하지 않으신다면 말씀하십시오.'

승가시여. 우타이 비구에게 세 번의 죄를 인연하였던 까닭으로 6일 밤의 마나타를 주는 것을 마쳤습니다. 여러 대덕들께서 인정하신 것은 묵연하였던 까닭입니다. 나는 이와 같이 알고 이해하겠습니다.'"

[세 번째의 부장죄를 마친다.]

13) 마나타 중간의 불부장죄

13-1 그 비구는 마나타를 행하는 가운데에서 고의로 부정을 출정하였고 한 번의 죄를 덮어두지 않았으며, 그는 여러 비구들에게 알려 말하였다.

"여러 장로들이여. 나는 고의로 부정을 출정하였고 한 번의 죄를 5일을 덮어서 감추었으므로, 나는 승가께 고의로 부정을 출정하였고 한 번의 죄를 5일을 덮어서 감추었던 것에 5일의 별주를 주시기를 애원하였습니다. 승가께서는 내가 고의로 부정을 출정하였고, 한 번의 죄를 5일을 덮어서 감추지 않은 것에 5일의 별주를 주었으며, 나는 별주하는 가운데에서 고의로 부정을 출정하였으나 한 번의 죄를 범하고서 덮어서 감추지 않았습니다. 승가께서는 내가 고의로 부정을 출정하였고, 한 번의 죄를 범하고서 덮어서 감추지 않았던 것에 본일치를 주었으며, 별주를 행하여 마쳤으나 마땅히 마나타를 받은 기간에 고의로 부정을 출정하였고 한 번의 죄를 범하고서 덮어두지 않았습니다.

나는 고의로 부정을 출정하였고, 한 번의 죄를 범하고서 덮어서 감추지 않았던 것에 본일치를 주었으며, 별주를 행하여 마쳤으나 마땅히 마나타를 받은 기간에 고의로 부정을 출정하였고, 한 번의 죄를 범하고서 덮어두지 않았던 것에 마땅히 본일치를 주었으므로, 별주를 행하여 마쳤으나 마땅히 마나타를 받은 기간에 고의로 부정을 출정하였고, 한 번의 죄를 범하고서 덮어두지 않았던 것에 마땅히 본일치를 주었으므로, 나는 별주를 이미 행하여 마쳤으며, 세 번의 죄를 인연하였던 까닭으로 승가께서

6일 밤의 마나타를 주었습니다. 나는 6일 밤의 마나타를 행하는 중간에 고의로 부정을 출정하였으나, 한 번의 죄를 범하고서 덮어두지 않았습니다. 나는 마땅히 그것을 어찌해야 합니까?"

이때 그 여러 비구들은 이 일로써 세존께 아뢰었고, 세존께서는 말씀하셨다.

"여러 비구들이여. 그와 같다면 승가는 우타이 비구에게 마땅히 이 마나타를 행하는 중간에 고의로 부정을 출정하였으나, 한 번의 죄를 범하고서 덮어두지 않았던 것에 본일치를 주어야 하고, 뒤에 6일 밤의 마나타를 주어야 하느니라."

13-2 "여러 비구들이여. 마땅히 이와 같이 주어야 하느니라. 여러 비구들이여. 그 우타이 비구는 마땅히 승가의 처소에 이르러 오른쪽 어깨를 드러내고 상좌 비구의 발에 예배하고 호궤 합장하고서 이와 같이 아뢰어 말해야 한다.

'여러 대덕들이여. 나는 고의로 부정을 출정하였고 한 번의 죄를 5일을 덮어서 감추었으므로, 나는 승가께 고의로 부정을 출정하였고 한 번의 죄를 5일을 덮어서 감추었던 것에 5일의 별주를 주시기를 애원하였습니다. 승가께서는 내가 고의로 부정을 출정하였고, 한 번의 죄를 5일을 덮어서 감추지 않은 것에 5일의 별주를 주었으며, 나는 별주하는 가운데에서 고의로 부정을 출정하였으나 한 번의 죄를 범하고서 덮어서 감추지 않았습니다.

승가께서는 내가 고의로 부정을 출정하였고, 한 번의 죄를 범하고서 덮어서 감추지 않았던 것에 본일치를 주었으며, 별주를 행하여 마쳤으나 마땅히 마나타를 받은 기간에 고의로 부정을 출정하였고 한 번의 죄를 범하고서 덮어두지 않았습니다. 나는 고의로 부정을 출정하였고, 한 번의 죄를 범하고서 덮어서 감추지 않았던 것에 본일치를 주었으며, 별주를 행하여 마쳤으나 마땅히 마나타를 받은 기간에 고의로 부정을 출정하였고, 한 번의 죄를 범하고서 덮어두지 않았던 것에 마땅히 본일치를 주었으므로, 별주를 행하여 마쳤으나 마땅히 마나타를 받은 기간에 고의로 부정을 출정하였고, 한 번의 죄를 범하고서 덮어두지 않았던 것에 마땅히 본일치를 주었으므로, 나는 별주를 이미 행하여 마쳤으며, 세 번의 죄를 인연하였던 까닭으로 승가께서 6일 밤의 마나타를 주었습니다. 나는 6일 밤의 마나타를 행하는 중간에 고의로 부정을 출정하였으나, 한 번의 죄를 범하고서 덮어두지 않았습니다. 나는 승가께 이 마나타를 행하는 중간에 고의로 부정을 출정하였으나, 한 번의 죄를 범하고서 덮어두지 않았던 것에 본일치를 주고서, 뒤에 6일 밤의 마나타를 주시기를 애원합니다.'"

마땅히 이와 같이 두 번째에도 애원해야 하고, …… 나아가 …… 세 번째에도 애원해야 한다.

13-3 마땅히 한 총명하고 현명하며 능력있는 비구가 승가의 가운데에서 창언해야 한다.

"'대덕 승가께서는 허락하십시오. 이 우타이 비구는 고의로 부정을 출정하였고 한 번의 죄를 5일을 덮어서 감추었으므로, 나는 승가께 고의로 부정을 출정하였고 한 번의 죄를 5일을 덮어서 감추었던 것에 5일의 별주를 주시기를 애원하였습니다. 승가께서는 우타이 비구가 고의로 부정을 출정하였고, 한 번의 죄를 5일을 덮어서 감추지 않은 것에 5일의 별주를 주었으며, 나는 별주하는 가운데에서 고의로 부정을 출정하였으나 한 번의 죄를 범하고서 덮어서 감추지 않았습니다.

승가께서는 우타이 비구가 고의로 부정을 출정하였고, 한 번의 죄를 범하고서 덮어서 감추지 않았던 것에 본일치를 주었으며, 별주를 행하여 마쳤으나 마땅히 마나타를 받은 기간에 고의로 부정을 출정하였고 한 번의 죄를 범하고서 덮어두지 않았습니다.

우타이 비구는 고의로 부정을 출정하였고, 한 번의 죄를 범하고서 덮어서 감추지 않았던 것에 본일치를 주었으며, 별주를 행하여 마쳤으나 마땅히 마나타를 받은 기간에 고의로 부정을 출정하였고, 한 번의 죄를 범하고서 덮어두지 않았던 것에 마땅히 본일치를 주었으므로, 별주를 행하여 마쳤으나 마땅히 마나타를 받은 기간에 고의로 부정을 출정하였고, 한 번의 죄를 범하고서 덮어두지 않았던 것에 마땅히 본일치를 주었으므로, 우타이 비구는 별주를 이미 행하여 마쳤으며, 세 번의 죄를 인연하였던 까닭으로 승가께서 6일 밤의 마나타를 주었습니다. 우타이 비구는 6일 밤의 마나타를 행하는 중간에 고의로 부정을 출정하였으나, 한 번의 죄를 범하고서 덮어두지 않았습니다. 우타이 비구는 승가께 이 마나타를 행하는 중간에 고의로 부정을 출정하였으나, 한 번의 죄를 범하고서 덮어두지 않았던 것에 본일치를 주고서, 뒤에 6일 밤의 마나타를 주시기를 애원하고 있습니다.

만약 승가께서 때에 이르렀다면 이 우타이 비구에게 이 마나타를 행하는 중간에 고의로 부정을 출정하였으나, 한 번의 죄를 범하고서 덮어두지 않았던 것에 마땅히 본일치를 주십시오. 이와 같이 아룁니다.'

'대덕 승가께서는 허락하십시오. 이 우타이 비구는 고의로 부정을 출정하였고 한 번의 죄를 5일을 덮어서 감추었으므로, 나는 승가께 고의로 부정을 출정하였고 한 번의 죄를 5일을 덮어서 감추었던 것에 5일의 별주를 주시기를 애원하였습니다. 승가께서는 우타이 비구가 고의로 부정을 출정하였고, 한 번의 죄를 5일을 덮어서 감추지 않은 것에 5일의 별주를 주었으며, 나는 별주하는 가운데에서 고의로 부정을 출정하였으나 한 번의 죄를 범하고서 덮어서 감추지 않았습니다.

승가께서는 우타이 비구가 고의로 부정을 출정하였고, 한 번의 죄를 범하고서 덮어서 감추지 않았던 것에 본일치를 주었으며, 별주를 행하여 마쳤으나 마땅히 마나타를 받은 기간에 고의로 부정을 출정하였고 한 번의 죄를 범하고서 덮어두지 않았습니다.

우타이 비구는 고의로 부정을 출정하였고, 한 번의 죄를 범하고서 덮어서 감추지 않았던 것에 본일치를 주었으며, 별주를 행하여 마쳤으나 마땅히 마나타를 받은 기간에 고의로 부정을 출정하였고, 한 번의 죄를 범하고서 덮어두지 않았던 것에 마땅히 본일치를 주었으므로, 별주를 행하여 마쳤으나 마땅히 마나타를 받은 기간에 고의로 부정을 출정하였고, 한 번의 죄를 범하고서 덮어두지 않았던 것에 마땅히 본일치를 주었으므로, 우타이 비구는 별주를 이미 행하여 마쳤으며, 세 번의 죄를 인연하였던 까닭으로 승가께서 6일 밤의 마나타를 주었습니다. 우타이 비구는 6일 밤의 마나타를 행하는 중간에 고의로 부정을 출정하였으나, 한 번의 죄를 범하고서 덮어두지 않았습니다. 우타이 비구는 이 마나타를 행하는 중간에 고의로 부정을 출정하였으나, 한 번의 죄를 범하고서 덮어두지 않았던 것에 본일치를 주고서, 뒤에 6일 밤의 마나타를 주시기를 애원하고 있습니다. 만약 승가께서 때에 이르셨다면 우타이 비구가 이 마나타를 행하는 중간에 고의로 부정을 출정하였으나, 한 번의 죄를 범하고서 덮어두지 않았던 것에 본일치를 주고서, 뒤에 6일 밤의 마나타를 주십시오.

여러 대덕들께서 우타이 비구가 이 마나타를 행하는 중간에 고의로 부정을 출정하였으나, 한 번의 죄를 범하고서 덮어두지 않았던 것에 본일치를 주고서, 뒤에 6일 밤의 마나타를 주는 것을 인정하신다면 묵연하시고, 인정하지 않으신다면 말씀하십시오.'

저는 두 번째로 이 일을 아룁니다.

'대덕 승가께서는 허락하십시오. 이 우타이 비구는 고의로 부정을 출정하였고 한 번의 죄를 5일을 덮어서 감추었으므로, …… 한 번의 죄를 범하고서 덮어두지 않았던 것에 본일치를 주고서, 뒤에 6일 밤의 마나타를 주시기를 애원하고 있습니다. 만약 승가께서 때에 이르셨다면 우타이 비구가 이 마나타를 행하는 중간에 고의로 부정을 출정하였으나, 한 번의 죄를 범하고서 덮어두지 않았던 것에 본일치를 주고서, 뒤에 6일 밤의 마나타를 주십시오.

여러 대덕들께서 우타이 비구가 이 마나타를 행하는 중간에 고의로 부정을 출정하였으나, 한 번의 죄를 범하고서 덮어두지 않았던 것에 본일치를 주고서, 뒤에 6일 밤의 마나타를 주는 것을 인정하신다면 묵연하시고, 인정하지 않으신다면 말씀하십시오.'

저는 세 번째로 이 일을 아룁니다.

'대덕 승가께서는 허락하십시오. 이 우타이 비구는 고의로 부정을 출정하였고 한 번의 죄를 5일을 덮어서 감추었으므로, …… 한 번의 죄를 범하고서 덮어두지 않았던 것에 본일치를 주고서, 뒤에 6일 밤의 마나타를 주시기를 애원하고 있습니다. 만약 승가께서 때에 이르셨다면 우타이 비구가 이 마나타를 행하는 중간에 고의로 부정을 출정하였으나, 한 번의 죄를 범하고서 덮어두지 않았던 것에 본일치를 주고서, 뒤에 6일 밤의 마나타를 주십시오.

여러 대덕들께서 우타이 비구가 이 마나타를 행하는 중간에 고의로 부정을 출정하였으나, 한 번의 죄를 범하고서 덮어두지 않았던 것에 본일치를 주고서, 뒤에 6일 밤의 마나타를 주는 것을 인정하신다면 묵연하시고, 인정하지 않으신다면 말씀하십시오.'

승가시여. 우타이 비구가 이 마나타를 행하는 중간에 고의로 부정을 출정하였으나, 한 번의 죄를 범하고서 덮어두지 않았던 것에 본일치를 주고서, 뒤에 6일 밤의 마나타를 주는 것을 마쳤습니다. 여러 대덕들께서 인정하신 것은 묵연하였던 까닭입니다. 나는 이와 같이 알고 이해하겠습니다.'"

[마나타 중간의 불부장죄를 마친다.]

14) 마나타 기간의 불부장죄

14-1 그 비구는 마나타를 행하는 가운데에서 고의로 부정을 출정하였고 한 번의 죄를 덮어두지 않았으며, 그는 여러 비구들에게 알려 말하였다.

"여러 장로들이여. 나는 고의로 부정을 출정하였고 한 번의 죄를 5일을 덮어서 감추었으므로, 나는 승가께 고의로 부정을 출정하였고 한 번의 죄를 5일을 덮어서 감추었던 것에 5일의 별주를 주시기를 애원하였습니다. 승가께서는 내가 고의로 부정을 출정하였고, 한 번의 죄를 5일을 덮어서 감추지 않은 것에 5일의 별주를 주었으며, 나는 별주하는 가운데에서 고의로 부정을 출정하였으나 한 번의 죄를 범하고서 덮어서 감추지 않았습니다.

승가께서는 내가 고의로 부정을 출정하였고, 한 번의 죄를 범하고서 덮어서 감추지 않았던 것에 본일치를 주었으며, 별주를 행하여 마쳤으나 마땅히 마나타를 받은 기간에 고의로 부정을 출정하였고 한 번의 죄를 범하고서 덮어두지 않았습니다. 나는 고의로 부정을 출정하였고, 한 번의 죄를 범하고서 덮어서 감추지 않았던 것에 본일치를 주었으며, 별주를 행하여 마쳤으나 마땅히 마나타를 받은 기간에 고의로 부정을 출정하였고, 한 번의 죄를 범하고서 덮어두지 않았던 것에 마땅히 본일치를 주었으므로, 별주를 행하여 마쳤으나 마땅히 마나타를 받은 기간에 고의로 부정을 출정하였고, 한 번의 죄를 범하고서 덮어두지 않았던 것에 마땅히 본일치를 주었으므로, 나는 별주를 이미 행하여 마쳤으며, 세 번의 죄를 인연하였던 까닭으로 승가께서 6일 밤의 마나타를 주었습니다. 나는 6일 밤의 마나타를 행하는 중간에 고의로 부정을 출정하였으나, 한 번의 죄를 범하고서 덮어두지 않았습니다. 나는 마땅히 그것을 어찌해야 합니까?"

이때 그 여러 비구들은 이 일로써 세존께 아뢰었고, 세존께서는 말씀하셨다.

"여러 비구들이여. 그와 같다면 승가는 우타이 비구에게 마땅히 이 마나타를 행하는 중간에 고의로 부정을 출정하였으나, 한 번의 죄를 범하고서 덮어두지 않았던 것에 본일치를 주어야 하고, 뒤에 6일 밤의 마나타를 주어야 하느니라."

14-2 "여러 비구들이여. 마땅히 이와 같이 주어야 하느니라. 여러 비구들이여. 그 우타이 비구는 마땅히 승가의 처소에 이르러 오른쪽 어깨를 드러내고 상좌 비구의 발에 예배하고 호궤 합장하고서 이와 같이 아뢰어 말해야 한다.

'여러 대덕들이여. 나는 고의로 부정을 출정하였고 한 번의 죄를 5일을 덮어서 감추었으므로, 나는 승가께 고의로 부정을 출정하였고 한 번의 죄를 5일을 덮어서 감추었던 것에 5일의 별주를 주시기를 애원하였습니다. 승가께서는 내가 고의로 부정을 출정하였고, 한 번의 죄를 5일을 덮어서 감추지 않은 것에 5일의 별주를 주었으며, 나는 별주하는 가운데에서 고의로 부정을 출정하였으나 한 번의 죄를 범하고서 덮어서 감추지 않았습니다.

승가께서는 내가 고의로 부정을 출정하였고, 한 번의 죄를 범하고서 덮어서 감추지 않았던 것에 본일치를 주었으며, 별주를 행하여 마쳤으나 마땅히 마나타를 받은 기간에 고의로 부정을 출정하였고 한 번의 죄를 범하고서 덮어두지 않았습니다. 나는 고의로 부정을 출정하였고, 한 번의 죄를 범하고서 덮어서 감추지 않았던 것에 본일치를 주었으며, 별주를 행하여 마쳤으나 마땅히 마나타를 받은 기간에 고의로 부정을 출정하였고, 한 번의 죄를 범하고서 덮어두지 않았던 것에 마땅히 본일치를 주었으므로, 별주를 행하여 마쳤으나 마땅히 마나타를 받은 기간에 고의로 부정을 출정하였고, 한 번의 죄를 범하고서 덮어두지 않았던 것에 마땅히 본일치를 주었으므로, 나는 별주를 이미 행하여 마쳤으며, 세 번의 죄를 인연하였던 까닭으로 승가께서 6일 밤의 마나타를 주었습니다. 나는 6일 밤의 마나타를 행하는 중간에 고의로 부정을 출정하였으나, 한 번의 죄를 범하고서 덮어두지 않았습니다. 나는 승가께 이 마나타를 행하는 중간에 고의로 부정을 출정하였으나, 한 번의 죄를 범하고서 덮어두지 않았던 것에 본일치를 주고서, 뒤에 6일 밤의 마나타를 주시기를 애원합니다.'"

마땅히 이와 같이 두 번째에도 애원해야 하고, …… 나아가 …… 세 번째에도 애원해야 한다.

14-3 마땅히 한 총명하고 현명하며 능력있는 비구가 승가의 가운데에서 창언해야 한다.

"대덕 승가께서는 허락하십시오. 이 우타이 비구는 고의로 부정을 출정하였고 한 번의 죄를 5일을 덮어서 감추었으므로, 나는 승가께 고의로 부정을 출정하였고 한 번의 죄를 5일을 덮어서 감추었던 것에 5일의 별주를 주시기를 애원하였습니다. 승가께서는 우타이 비구가 고의로 부정을 출정하였고, 한 번의 죄를 5일을 덮어서 감추지 않은 것에 5일의 별주를 주었으며, 나는 별주하는 가운데에서 고의로 부정을 출정하였으나 한 번의 죄를 범하고서 덮어서 감추지 않았습니다. 승가께서는 우타이 비구가 고의로 부정을 출정하였고, 한 번의 죄를 범하고서 덮어서 감추지 않았던 것에 본일치를 주었으며, 별주를 행하여 마쳤으나 마땅히 마나타를 받은 기간에 고의로 부정을 출정하였고 한 번의 죄를 범하고서 덮어두지 않았습니다.

우타이 비구는 고의로 부정을 출정하였고, 한 번의 죄를 범하고서 덮어서 감추지 않았던 것에 본일치를 주었으며, 별주를 행하여 마쳤으나 마땅히 마나타를 받은 기간에 고의로 부정을 출정하였고, 한 번의 죄를 범하고서 덮어두지 않았던 것에 마땅히 본일치를 주었으므로, 별주를 행하여 마쳤으나 마땅히 마나타를 받은 기간에 고의로 부정을 출정하였고, 한 번의 죄를 범하고서 덮어두지 않았던 것에 마땅히 본일치를 주었으므로, 우타이 비구는 별주를 이미 행하여 마쳤으며, 세 번의 죄를 인연하였던 까닭으로 승가께서 6일 밤의 마나타를 주었습니다. 우타이 비구는 6일 밤의 마나타를 행하는 중간에 고의로 부정을 출정하였으나, 한 번의 죄를 범하고서 덮어두지 않았습니다. 우타이 비구는 승가께 이 마나타를 행하는 중간에 고의로 부정을 출정하였으나, 한 번의 죄를 범하고서 덮어두지 않았던 것에 본일치를 주고서, 뒤에 6일 밤의 마나타를 주시기를 애원하고 있습니다.

만약 승가께서 때에 이르렀다면 이 우타이 비구에게 이 마나타를 행하는 중간에 고의로 부정을 출정하였으나, 한 번의 죄를 범하고서 덮어두지 않았던 것에 마땅히 본일치를 주십시오. 이와 같이 아룁니다.'

'대덕 승가께서는 허락하십시오. 이 우타이 비구는 고의로 부정을 출정하였고 한 번의 죄를 5일을 덮어서 감추었으므로, 나는 승가께 고의로 부정을 출정하였고 한 번의 죄를 5일을 덮어서 감추었던 것에 5일의 별주를 주시기를 애원하였습니다. 승가께서는 우타이 비구가 고의로 부정을 출정하였고, 한 번의 죄를 5일을 덮어서 감추지 않은 것에 5일의 별주를 주었으며, 나는 별주하는 가운데에서 고의로 부정을 출정하였으나 한 번의 죄를 범하고서 덮어서 감추지 않았습니다. 승가께서는 우타이 비구가 고의로 부정을 출정하였고, 한 번의 죄를 범하고서 덮어서 감추지 않았던 것에 본일치를 주었으며, 별주를 행하여 마쳤으나 마땅히 마나타를 받은 기간에 고의로 부정을 출정하였고 한 번의 죄를 범하고서 덮어두지 않았습니다.

 우타이 비구는 고의로 부정을 출정하였고, 한 번의 죄를 범하고서 덮어서 감추지 않았던 것에 본일치를 주었으며, 별주를 행하여 마쳤으나 마땅히 마나타를 받은 기간에 고의로 부정을 출정하였고, 한 번의 죄를 범하고서 덮어두지 않았던 것에 마땅히 본일치를 주었으므로, 별주를 행하여 마쳤으나 마땅히 마나타를 받은 기간에 고의로 부정을 출정하였고, 한 번의 죄를 범하고서 덮어두지 않았던 것에 마땅히 본일치를 주었으므로, 우타이 비구는 별주를 이미 행하여 마쳤으며, 세 번의 죄를 인연하였던 까닭으로 승가께서 6일 밤의 마나타를 주었습니다. 우타이 비구는 6일 밤의 마나타를 행하는 중간에 고의로 부정을 출정하였으나, 한 번의 죄를 범하고서 덮어두지 않았습니다. 우타이 비구는 이 마나타를 행하는 중간에 고의로 부정을 출정하였으나, 한 번의 죄를 범하고서 덮어두지 않았던 것에 본일치를 주고서, 뒤에 6일 밤의 마나타를 주시기를 애원하고 있습니다. 만약 승가께서 때에 이르셨다면 우타이 비구가 이 마나타를 행하는 중간에 고의로 부정을 출정하였으나, 한 번의 죄를 범하고서 덮어두지 않았던 것에 본일치를 주고서, 뒤에 6일 밤의 마나타를 주십시오.

 여러 대덕들께서 우타이 비구가 이 마나타를 행하는 중간에 고의로 부정을 출정하였으나, 한 번의 죄를 범하고서 덮어두지 않았던 것에 본일치를 주고서, 뒤에 6일 밤의 마나타를 주는 것을 인정하신다면 묵연하

시고, 인정하지 않으신다면 말씀하십시오.'

저는 두 번째로 이 일을 아룁니다.

'대덕 승가께서는 허락하십시오. 이 우타이 비구는 고의로 부정을 출정하였고 한 번의 죄를 5일을 덮어서 감추었으므로, 나는 승가께 고의로 부정을 출정하였고 한 번의 죄를 5일을 덮어서 감추었던 것에 5일의 별주를 주시기를 애원하였습니다. 승가께서는 우타이 비구가 고의로 부정을 출정하였고, 한 번의 죄를 5일을 덮어서 감추지 않은 것에 5일의 별주를 주었으며, 나는 별주하는 가운데에서 고의로 부정을 출정하였으나 한 번의 죄를 범하고서 덮어서 감추지 않았습니다. …… 우타이 비구는 6일 밤의 마나타를 행하는 중간에 고의로 부정을 출정하였으나, 한 번의 죄를 범하고서 덮어두지 않았습니다. …… 여러 대덕들께서 우타이 비구가 이 마나타를 행하는 중간에 고의로 부정을 출정하였으나, 한 번의 죄를 범하고서 덮어두지 않았던 것에 본일치를 주고서, 뒤에 6일 밤의 마나타를 주는 것을 인정하신다면 묵연하시고, 인정하지 않으신다면 말씀하십시오.'

저는 세 번째로 이 일을 아룁니다.

'대덕 승가께서는 허락하십시오. 이 우타이 비구는 고의로 부정을 출정하였고 한 번의 죄를 5일을 덮어서 감추었으므로, 나는 승가께 고의로 부정을 출정하였고 한 번의 죄를 5일을 덮어서 감추었던 것에 5일의 별주를 주시기를 애원하였습니다. 승가께서는 우타이 비구가 고의로 부정을 출정하였고, 한 번의 죄를 5일을 덮어서 감추지 않은 것에 5일의 별주를 주었으며, 나는 별주하는 가운데에서 고의로 부정을 출정하였으나 한 번의 죄를 범하고서 덮어서 감추지 않았습니다. …… 우타이 비구는 6일 밤의 마나타를 행하는 중간에 고의로 부정을 출정하였으나, 한 번의 죄를 범하고서 덮어두지 않았습니다. …… 여러 대덕들께서 우타이 비구가 이 마나타를 행하는 중간에 고의로 부정을 출정하였으나, 한 번의 죄를 범하고서 덮어두지 않았던 것에 본일치를 주고서, 뒤에 6일 밤의 마나타를 주는 것을 인정하신다면 묵연하시고, 인정하지 않으신다면 말씀하십시오.'

승가시여. 우타이 비구가 이 마나타를 행하는 중간에 고의로 부정을 출정하였으나, 한 번의 죄를 범하고서 덮어두지 않았던 것에 본일치를 주고서, 뒤에 6일 밤의 마나타를 주는 것을 마쳤습니다. 여러 대덕들께서 인정하신 것은 묵연하였던 까닭입니다. 나는 이와 같이 알고 이해하겠습니다.'"

[마나타 기간의 불부장죄를 마친다.]

15) 마나타 기간의 불부장죄의 출죄

15-1 그 비구는 마나타를 행하고서 여러 비구들에게 알려 말하였다.
"여러 장로들이여. 나는 고의로 부정을 출정하였고 한 번의 죄를 5일을 덮어서 감추었으므로, 나는 승가께 고의로 부정을 출정하였고 한 번의 죄를 5일을 덮어서 감추었던 것에 5일의 별주를 주시기를 애원하였습니다. 승가께서는 내가 고의로 부정을 출정하였고, 한 번의 죄를 5일을 덮어서 감추지 않은 것에 5일의 별주를 주었으며, 나는 별주하는 가운데에서 고의로 부정을 출정하였으나 한 번의 죄를 범하고서 덮어서 감추지 않았습니다. 승가께서는 내가 고의로 부정을 출정하였고, 한 번의 죄를 범하고서 덮어서 감추지 않았던 것에 본일치를 주었으며, 별주를 행하여 마쳤으나 마땅히 마나타를 받은 기간에 고의로 부정을 출정하였고 한 번의 죄를 범하고서 덮어두지 않았습니다.

나는 고의로 부정을 출정하였고, 한 번의 죄를 범하고서 덮어서 감추지 않았던 것에 본일치를 주었으며, 별주를 행하여 마쳤으나 마땅히 마나타를 받은 기간에 고의로 부정을 출정하였고, 한 번의 죄를 범하고서 덮어두지 않았던 것에 마땅히 본일치를 주었으므로, 별주를 행하여 마쳤으나 마땅히 마나타를 받은 기간에 고의로 부정을 출정하였고, 한 번의 죄를 범하고서 덮어두지 않았던 것에 마땅히 본일치를 주었으므로, 나는 별주를 이미 행하여 마쳤으며, 세 번의 죄를 인연하였던 까닭으로 승가께서

6일 밤의 마나타를 주었습니다. 나는 6일 밤의 마나타를 행하는 중간에 고의로 부정을 출정하였으나, 한 번의 죄를 범하고서 덮어두지 않았으며, 나는 승가께 이 마나타를 행하는 중간에 고의로 부정을 출정하였고, 한 번의 죄를 범하고서 덮어두지 않았던 것에 본일치를 주고서, 뒤에 6일 밤의 마나타를 주시기를 애원하였으며, 본일치를 행하였고 뒤에 6일 밤의 마나타를 행하였습니다. 나는 마땅히 그것을 어찌해야 합니까?"

이때 그 여러 비구들은 이 일로써 세존께 아뢰었고, 세존께서는 말씀하셨다.

"여러 비구들이여. 그와 같다면 승가는 우타이 비구에게 마땅히 출죄를 주어야 하느니라."

15-2 "여러 비구들이여. 마땅히 이와 같이 주어야 하느니라. 여러 비구들이여. 그 우타이 비구는 마땅히 승가의 처소에 이르러 오른쪽 어깨를 드러내고 상좌 비구의 발에 예배하고 호궤 합장하고서 이와 같이 아뢰어 말해야 한다.

'여러 대덕들이여. 나는 고의로 부정을 출정하였고 한 번의 죄를 5일을 덮어서 감추었으므로, 나는 승가께 고의로 부정을 출정하였고 한 번의 죄를 5일을 덮어서 감추었던 것에 5일의 별주를 주시기를 애원하였습니다. 승가께서는 내가 고의로 부정을 출정하였고, 한 번의 죄를 5일을 덮어서 감추지 않은 것에 5일의 별주를 주었으며, 나는 별주하는 가운데에서 고의로 부정을 출정하였으나 한 번의 죄를 범하고서 덮어서 감추지 않았습니다.

승가께서는 내가 고의로 부정을 출정하였고, 한 번의 죄를 범하고서 덮어서 감추지 않았던 것에 본일치를 주었으며, 별주를 행하여 마쳤으나 마땅히 마나타를 받은 기간에 고의로 부정을 출정하였고 한 번의 죄를 범하고서 덮어두지 않았습니다. 나는 고의로 부정을 출정하였고, 한 번의 죄를 범하고서 덮어서 감추지 않았던 것에 본일치를 주었으며, 별주를 행하여 마쳤으나 마땅히 마나타를 받은 기간에 고의로 부정을 출정하였고, 한 번의 죄를 범하고서 덮어두지 않았던 것에 마땅히 본일치를 주었으므로, 별주를 행하여 마쳤으나 마땅히 마나타를 받은 기간에 고의로 부정을 출정하였고, 한 번의 죄를 범하고서 덮어두지 않았던 것에 마땅히 본일치를 주었으므로, 나는 별주를 이미 행하여 마쳤으며, 세 번의 죄를 인연하였던 까닭으로 승가께서 6일 밤의 마나타를 주었습니다. 나는 6일 밤의 마나타를 행하는 중간에 고의로 부정을 출정하였으나, 한 번의 죄를 범하고서 덮어두지 않았습니다.

나는 승가께 이 마나타를 행하는 중간에 고의로 부정을 출정하였으나, 한 번의 죄를 범하고서 덮어두지 않았던 것에 본일치를 주고서, 뒤에 6일 밤의 마나타를 주셨으며, 나는 마나타를 행하여 마쳤으므로 출죄를 주시기를 애원합니다.'"

마땅히 이와 같이 두 번째에도 애원해야 하고, …… 나아가 …… 세 번째에도 애원해야 한다.

15-3 마땅히 한 총명하고 현명하며 능력있는 비구가 승가의 가운데에서 창언해야 한다.

"'대덕 승가께서는 허락하십시오. 이 우타이 비구는 고의로 부정을 출정하였고 한 번의 죄를 5일을 덮어서 감추었으므로, 나는 승가께 고의로 부정을 출정하였고 한 번의 죄를 5일을 덮어서 감추었던 것에 5일의 별주를 주시기를 애원하였습니다. 승가께서는 우타이 비구가 고의로 부정을 출정하였고, 한 번의 죄를 5일을 덮어서 감추지 않은 것에 5일의 별주를 주었으며, 우타이 비구는 별주하는 가운데에서 고의로 부정을 출정하였으나 한 번의 죄를 범하고서 덮어서 감추지 않았습니다. 승가께서는 우타이 비구가 고의로 부정을 출정하였고, 한 번의 죄를 범하고서 덮어서 감추지 않았던 것에 본일치를 주었으며, 별주를 행하여 마쳤으나 마땅히 마나타를 받은 기간에 고의로 부정을 출정하였고 한 번의 죄를 범하고서 덮어두지 않았습니다.

우타이 비구는 고의로 부정을 출정하였고, 한 번의 죄를 범하고서 덮어서 감추지 않았던 것에 본일치를 주었으며, 별주를 행하여 마쳤으나 마땅히 마나타를 받은 기간에 고의로 부정을 출정하였고, 한 번의 죄를 범하고서 덮어두지 않았던 것에 마땅히 본일치를 주었으므로, 별주를 행하여 마쳤으나 마땅히 마나타를 받은 기간에 고의로 부정을 출정하였고, 한 번의 죄를 범하고서 덮어두지 않았던 것에 마땅히 본일치를 주었으므로, 우타이 비구는 별주를 이미 행하여 마쳤으며, 세 번의 죄를 인연하였던 까닭으로 승가께서 6일 밤의 마나타를 주었습니다. 우타이 비구는 6일 밤의 마나타를 행하는 중간에 고의로 부정을 출정하였으나, 한 번의 죄를 범하고서 덮어두지 않았습니다. 우타이 비구는 승가께 이 마나타를 행하는 중간에 고의로 부정을 출정하였으나, 한 번의 죄를 범하고서 덮어두지 않았던 것에 본일치를 주고서, 뒤에 6일 밤의 마나타를 주셨으며, 그는 이미 별주를 행하여 마쳤고, 마나타를 행하여 마쳤으므로 출죄를 주시기를 애원하고 있습니다.

만약 승가께서 때에 이르렀다면 이 우타이 비구에게 이미 별주를 행하여 마쳤고, 마나타를 행하여 마쳤으므로 출죄를 주십시오. 이와 같이 아룁니다.'

'대덕 승가께서는 허락하십시오. 이 우타이 비구는 고의로 부정을 출정하였고 한 번의 죄를 5일을 덮어서 감추었으므로, 우타이 비구는 승가께 고의로 부정을 출정하였고 한 번의 죄를 5일을 덮어서 감추었던 것에 5일의 별주를 주시기를 애원하였습니다. 승가께서는 우타이 비구가 고의로 부정을 출정하였고, 한 번의 죄를 5일을 덮어서 감추지 않은 것에 5일의 별주를 주었으며, 나는 별주하는 가운데에서 고의로 부정을 출정하였으나 한 번의 죄를 범하고서 덮어서 감추지 않았습니다.

승가께서는 우타이 비구가 고의로 부정을 출정하였고, 한 번의 죄를 범하고서 덮어서 감추지 않았던 것에 본일치를 주었으며, 별주를 행하여 마쳤으나 마땅히 마나타를 받은 기간에 고의로 부정을 출정하였고 한 번의 죄를 범하고서 덮어두지 않았습니다.

우타이 비구는 고의로 부정을 출정하였고, 한 번의 죄를 범하고서 덮어서 감추지 않았던 것에 본일치를 주었으며, 별주를 행하여 마쳤으나 마땅히 마나타를 받은 기간에 고의로 부정을 출정하였고, 한 번의 죄를 범하고서 덮어두지 않았던 것에 마땅히 본일치를 주었으므로, 별주를 행하여 마쳤으나 마땅히 마나타를 받은 기간에 고의로 부정을 출정하였고, 한 번의 죄를 범하고서 덮어두지 않았던 것에 마땅히 본일치를 주었으므로, 우타이 비구는 별주를 이미 행하여 마쳤으며, 세 번의 죄를 인연하였던 까닭으로 승가께서 6일 밤의 마나타를 주었습니다. 우타이 비구는 6일 밤의 마나타를 행하는 중간에 고의로 부정을 출정하였으나, 한 번의 죄를 범하고서 덮어두지 않았습니다. 우타이 비구는 이 마나타를 행하는 중간에 고의로 부정을 출정하였으나, 한 번의 죄를 범하고서 덮어두지 않았던 것에 본일치를 주고서, 뒤에 6일 밤의 마나타를 주시기를 애원하고 있습니다. 만약 승가께서 때에 이르셨다면 우타이 비구가 이 마나타를 행하는 중간에 고의로 부정을 출정하였으나, 한 번의 죄를 범하고서 덮어두지 않았던 것에 본일치를 주고서, 뒤에 6일 밤의 마나타를 주셨으며, 그는 이미 별주를 행하여 마쳤고, 마나타를 행하여 마쳤으므로 출죄를 주시기를 애원하고 있습니다.

만약 승가께서 때에 이르렀다면 이 우타이 비구에게 이미 별주를 행하여 마쳤고, 마나타를 행하여 마쳤으므로 출죄를 주십시오. 여러 대덕들께서 우타이 비구가 이미 별주를 행하여 마쳤고, 마나타를 행하여 마쳤으므로 출죄를 주는 것을 인정하신다면 묵연하시고, 인정하지 않으신다면 말씀하십시오.'

저는 두 번째로 이 일을 아룁니다.

'대덕 승가께서는 허락하십시오. 이 우타이 비구는 고의로 부정을 출정하였고 한 번의 죄를 5일을 덮어서 감추었으므로, 나는 승가께 고의로 부정을 출정하였고 한 번의 죄를 5일을 덮어서 감추었던 것에 5일의 별주를 주시기를 애원하였습니다. …… 뒤에 6일 밤의 마나타를 주셨으며, 그는 이미 별주를 행하여 마쳤고, 마나타를 행하여 마쳤으므로 출죄를 주시기를 애원하고 있습니다.

만약 승가께서 때에 이르렀다면 이 우타이 비구에게 이미 별주를 행하여 마쳤고, 마나타를 행하여 마쳤으므로 출죄를 주십시오. 여러 대덕들께서 우타이 비구가 이미 별주를 행하여 마쳤고, 마나타를 행하여 마쳤으므로 출죄를 주는 것을 인정하신다면 묵연하시고, 인정하지 않으신다면 말씀하십시오.'

저는 세 번째로 이 일을 아룁니다.

'대덕 승가께서는 허락하십시오. 이 우타이 비구는 고의로 부정을 출정하였고 한 번의 죄를 5일을 덮어서 감추었으므로, 나는 승가께 고의로 부정을 출정하였고 한 번의 죄를 5일을 덮어서 감추었던 것에 5일의 별주를 주시기를 애원하였습니다. …… 뒤에 6일 밤의 마나타를 주셨으며, 그는 이미 별주를 행하여 마쳤고, 마나타를 행하여 마쳤으므로 출죄를 주시기를 애원하고 있습니다.

만약 승가께서 때에 이르렀다면 이 우타이 비구에게 이미 별주를 행하여 마쳤고, 마나타를 행하여 마쳤으므로 출죄를 주십시오. 여러 대덕들께서 우타이 비구가 이미 별주를 행하여 마쳤고, 마나타를 행하여 마쳤으므로 출죄를 주는 것을 인정하신다면 묵연하시고, 인정하지 않으신다면 말씀하십시오.'

승가시여. 우타이 비구가 이미 별주를 행하여 마쳤고, 마나타를 행하여 마쳤으므로 출죄를 주는 것을 마쳤습니다. 여러 대덕들께서 인정하신 것은 묵연하였던 까닭입니다. 나는 이와 같이 알고 이해하겠습니다.'"

[출죄 기간의 불부장죄를 마친다.]

16) 보름의 부장일죄(覆藏一罪)

16-1 그때 장로 우타이는 고의로 부정을 출정하였고, 보름 동안을 덮어서 감추었으며, 그는 여러 비구들에게 알려 말하였다.

"여러 장로들이여. 고의로 부정을 출정하였고 보름 동안을 덮어서 감추었습니다. 나는 마땅히 그것을 어찌해야 합니까?"

이때 그 여러 비구들은 이 일로써 세존께 아뢰었고, 세존께서는 말씀하셨다.

"여러 비구들이여. 그와 같다면 승가는 우타이 비구가 고의로 부정을 출정하였고, 한 번의 죄를 보름 동안을 덮어서 감추었던 것에 15일의 별주를 주어야 하느니라."

16-2 "여러 비구들이여. 마땅히 이와 같이 주어야 하느니라. 여러 비구들이여. 그 우타이 비구는 마땅히 승가의 처소에 이르러 오른쪽 어깨를 드러내고 상좌 비구의 발에 예배하고 호궤 합장하고서 이와 같이 아뢰어 말해야 한다.

'여러 대덕들이여. 나는 고의로 부정을 출정하였고 한 번의 죄를 보름 동안을 덮어서 감추었던 까닭으로, 나는 승가께 고의로 부정을 출정하였고, 한 번의 죄를 보름 동안을 덮어서 감추었던 것에 15일의 별주를 주시기를 애원합니다.'"

마땅히 이와 같이 두 번째에도 애원해야 하고, …… 세 번째에도 애원해야 한다.

16-3 마땅히 한 총명하고 현명하며 능력있는 비구가 승가의 가운데에서 창언해야 한다.

"'대덕 승가께서는 허락하십시오. 이 우타이 비구는 고의로 부정을 출정하였고 한 번의 죄를 보름 동안을 덮어서 감추었으며, 그는 승가께 고의로 부정을 출정하였고, 한 번의 죄를 보름 동안을 덮어서 감추었던 것에 15일의 별주를 주시기를 애원하고 있습니다. 만약 승가께서 때에 이르렀다면 승가께서는 마땅히 이 우타이 비구는 고의로 부정을 출정하였고 한 번의 죄를 보름 동안을 덮어서 감추었던 것에 15일의 별주를 주십시오. 이와 같이 아룁니다.'

'대덕 승가께서는 허락하십시오. 이 우타이 비구는 고의로 부정을 출정하였고 한 번의 죄를 보름 동안을 덮어서 감추었으며, 그는 승가께 고의로 부정을 출정하였고, 한 번의 죄를 보름 동안을 덮어서 감추었던 것에 일의 별주를 주시기를 애원하고 있습니다. 만약 승가께서 때에 이르렀다면 우타이 비구가 고의로 부정을 출정하였고 한 번의 죄를 보름 동안을 덮어서 감추었으며, 그는 승가께 고의로 부정을 출정하였고, 한 번의 죄를 보름 동안을 덮어서 감추었던 것에 15일의 별주를 주십시오. 여러 대덕들께서 이 우타이 비구는 고의로 부정을 출정하였고 한 번의 죄를 보름 동안을 덮어서 감추었으며, 그는 승가께 고의로 부정을 출정하였고, 한 번의 죄를 보름 동안을 덮어서 감추었던 것에 15일의 별주를 주는 것을 인정하신다면 묵연하시고, 인정하지 않으신다면 말씀하십시오.'

저는 두 번째로 이 일을 아룁니다.

'대덕 승가께서는 허락하십시오. 이 우타이 비구는 고의로 부정을 출정하였고 한 번의 죄를 보름 동안을 덮어서 감추었으며, 그는 승가께 고의로 부정을 출정하였고, 한 번의 죄를 보름 동안을 덮어서 감추었던 것에 일의 별주를 주시기를 애원하고 있습니다. …… 여러 대덕들께서 이 우타이 비구는 고의로 부정을 출정하였고 한 번의 죄를 보름 동안을 덮어서 감추었으며, 그는 승가께 고의로 부정을 출정하였고, 한 번의 죄를 보름 동안을 덮어서 감추었던 것에 15일의 별주를 주는 것을 인정하신다면 묵연하시고, 인정하지 않으신다면 말씀하십시오.'

저는 세 번째로 이 일을 아룁니다.

'대덕 승가께서는 허락하십시오. 이 우타이 비구는 고의로 부정을 출정하였고 한 번의 죄를 보름 동안을 덮어서 감추었으며, 그는 승가께 고의로 부정을 출정하였고, 한 번의 죄를 보름 동안을 덮어서 감추었던 것에 15일의 별주를 주시기를 애원하고 있습니다. …… 여러 대덕들께서 이 우타이 비구는 고의로 부정을 출정하였고 한 번의 죄를 보름 동안을 덮어서 감추었으며, 그는 승가께 고의로 부정을 출정하였고, 한 번의 죄를 보름 동안을 덮어서 감추었던 것에 15일의 별주를 주는 것을 인정하

신다면 묵연하시고, 인정하지 않으신다면 말씀하십시오.'

승가시여. 우타이 비구가 고의로 부정을 출정하였고 한 번의 죄를 보름 동안을 덮어서 감추었으므로 15일의 별주를 주는 것을 마쳤습니다. 여러 대덕들께서 인정하신 것은 묵연하였던 까닭입니다. 나는 이와 같이 알고 이해하겠습니다.'"

[보름의 부장일죄를 마친다.]

17) 별주 기간의 부장오일죄의 본일치

17-1 그 비구는 별주하는 가운데에서 고의로 부정을 출정하였고 한 번의 죄를 5일을 덮어서 감추었으며, 그는 여러 비구들에게 알려 말하였다.

"여러 장로들이여. 나는 고의로 부정을 출정하였고 한 번의 죄를 보름 동안을 덮어서 감추었으므로, 나는 승가께 고의로 부정을 출정하였고 한 번의 죄를 보름 동안을 덮어서 감추었던 것에 15일의 별주를 주시기를 애원하였습니다. 승가께서는 내가 고의로 부정을 출정하였고, 한 번의 죄를 보름 동안을 덮어서 감추지 않은 것에 15일의 별주를 주었으며, 나는 별주하는 가운데에서 고의로 부정을 출정하였으나 한 번의 죄를 범하고서 5일 동안을 덮어서 감추었습니다. 나는 마땅히 그것을 어찌해야 합니까?"

이때 그 여러 비구들은 이 일로써 세존께 아뢰었고, 세존께서는 말씀하셨다.

"여러 비구들이여. 그와 같다면 승가는 우타이 비구에게 이 기간에 고의로 부정을 출정하였고 한 번의 죄를 5일 동안을 덮어서 감추었던 것에 마땅히 본일치를 주어야 하고, 이전의 죄를 까닭으로 합쳐서 하나의 별주를 주어야 하느니라."

17-2 "여러 비구들이여. 이전의 죄를 까닭으로 합쳐서 하나의 별주를 주어야 하느니라. 여러 비구들이여. 그 우타이 비구는 마땅히 승가의 처소에 이르러 오른쪽 어깨를 드러내고 상좌 비구의 발에 예배하고 호궤합장하고서 이와 같이 아뢰어 말해야 한다.

'여러 대덕들이여. 나는 고의로 부정을 출정하였고 한 번의 죄를 보름 동안을 덮어서 감추었으므로, 나는 승가께 고의로 부정을 출정하였고 한 번의 죄를 보름 동안을 덮어서 감추었던 것에 15일의 별주를 주시기를 애원하였습니다. 승가께서는 내가 고의로 부정을 출정하였고, 한 번의 죄를 보름 동안을 덮어서 감추지 않은 것에 15일의 별주를 주었으며, 나는 별주하는 가운데에서 고의로 부정을 출정하였으나 한 번의 죄를 범하고서 5일 동안을 덮어서 감추었습니다. 나는 승가께 고의로 부정을 출정하였고 한 번의 죄를 5일 동안 덮어서 감추었던 것에 마땅히 본일치를 주시기를 애원합니다.'"

마땅히 이와 같이 두 번째에도 애원해야 하고, …… 나아가 …… 세 번째에도 애원해야 한다.

17-3 마땅히 한 총명하고 현명하며 능력있는 비구가 승가의 가운데에서 창언해야 한다.

"'대덕 승가께서는 허락하십시오. 이 우타이 비구는 고의로 부정을 출정하였고 한 번의 죄를 보름 동안을 덮어서 감추었으므로, 우타이 비구는 승가께 고의로 부정을 출정하였고 한 번의 죄를 보름 동안을 덮어서 감추었던 것에 15일의 별주를 주시기를 애원하였습니다. 승가께서는 우타이 비구가 고의로 부정을 출정하였고, 한 번의 죄를 보름 동안을 덮어서 감추지 않은 것에 15일의 별주를 주었으며, 우타이 비구는 별주하는 가운데에서 고의로 부정을 출정하였으나 한 번의 죄를 범하고서 5일 동안을 덮어서 감추었습니다. 우타이 비구는 승가께 고의로 부정을 출정하였고 한 번의 죄를 5일 동안 덮어서 감추었던 것에 마땅히 본일치를 주시기를 애원하고 있습니다.

만약 승가께서 때에 이르렀다면 마땅히 이 우타이 비구에게 별주하는 가운데에서 고의로 부정을 출정하였으나 한 번의 죄를 범하고서 5일 동안을 덮어서 감추었던 것에 마땅히 본일치를 주고, 이전의 죄를 까닭으로 합쳐서 하나의 별주를 주십시오. 이와 같이 아룁니다.'

'대덕 승가께서는 허락하십시오. 이 우타이 비구는 고의로 부정을 출정하였고 한 번의 죄를 보름 동안을 덮어서 감추었으므로, 나는 승가께 고의로 부정을 출정하였고 한 번의 죄를 보름 동안을 덮어서 감추었던 것에 15일의 별주를 주시기를 애원하였습니다. 승가께서는 우타이 비구가 고의로 부정을 출정하였고, 한 번의 죄를 보름 동안을 덮어서 감추지 않은 것에 15일의 별주를 주었으며, 우타이 비구는 별주하는 가운데에서 고의로 부정을 출정하였으나 한 번의 죄를 범하고서 5일 동안을 덮어서 감추었던 것에 마땅히 본일치를 주고, 이전의 죄를 까닭으로 합쳐서 하나의 별주를 주시기를 애원하고 있습니다.

만약 승가께서 때에 이르렀다면 마땅히 이 우타이 비구에게 별주하는 가운데에서 고의로 부정을 출정하였으나 한 번의 죄를 범하고서 5일 동안을 덮어서 감추었던 것에 마땅히 본일치를 주고, 이전의 죄를 까닭으로 합쳐서 하나의 별주를 주십시오. 여러 대덕들께서 우타이 비구가 별주하는 가운데에서 고의로 부정을 출정하였으나 한 번의 죄를 범하고서 5일 동안을 덮어서 감추었던 것에 마땅히 본일치를 주고, 이전의 죄를 까닭으로 합쳐서 하나의 별주를 주는 것을 인정하신다면 묵연하시고, 인정하지 않으신다면 말씀하십시오.'

저는 두 번째로 이 일을 아룁니다.

'대덕 승가께서는 허락하십시오. 이 우타이 비구는 고의로 부정을 출정하였고 한 번의 죄를 보름 동안을 덮어서 감추었으므로, 우타이 비구는 승가께 고의로 부정을 출정하였고 한 번의 죄를 보름 동안을 덮어서 감추었던 것에 15일의 별주를 주시기를 애원하였습니다. …… 여러 대덕들께서 우타이 비구가 별주하는 가운데에서 고의로 부정을 출정하였으나 한 번의 죄를 범하고서 5일 동안을 덮어서 감추었던 마땅히 본일치를 주고, 이전의 죄를 까닭으로 합쳐서 하나의 별주를 주는 것을 인정하신다면 묵연하시고, 인정하지 않으신다면 말씀하십시오.'

저는 세 번째로 이 일을 아룁니다.

'대덕 승가께서는 허락하십시오. 이 우타이 비구는 고의로 부정을 출정하였고 한 번의 죄를 보름 동안을 덮어서 감추었으므로, 우타이 비구는 승가께 고의로 부정을 출정하였고 한 번의 죄를 보름 동안을 덮어서 감추었던 것에 15일의 별주를 주시기를 애원하였습니다. …… 여러 대덕들께서 우타이 비구가 별주하는 가운데에서 고의로 부정을 출정하였으나 한 번의 죄를 범하고서 5일 동안을 덮어서 감추었던 것에 마땅히 본일치를 주고, 이전의 죄를 까닭으로 합쳐서 하나의 별주를 주는 것을 인정하신다면 묵연하시고, 인정하지 않으신다면 말씀하십시오.'

'승가시여. 우타이 비구가 별주하는 가운데에서 고의로 부정을 출정하였으나 한 번의 죄를 범하고서 5일 동안을 여러 대덕들께서 우타이 비구가 별주하는 가운데에서 고의로 부정을 출정하였으나 한 번의 죄를 범하고서 5일 동안을 덮어서 감추었던 것에 마땅히 본일치를 주고, 이전의 죄를 까닭으로 합쳐서 하나의 별주를 주는 것을 마쳤습니다. 여러 대덕들께서 인정하신 것은 묵연하였던 까닭입니다. 나는 이와 같이 알고 이해하겠습니다.'"

[별주 기간의 부장오일죄의 본일치를 마친다.]

18) 마나타 기간의 부장오일죄의 본일치

18-1 그 비구는 별주를 행하여 마치고서 마땅히 마나타를 받은 기간에 고의로 부정을 출정하였고 한 번의 죄를 5일을 덮어서 감추었으며, 그는 여러 비구들에게 알려 말하였다.

"여러 장로들이여. 나는 고의로 부정을 출정하였고 한 번의 죄를 보름 동안을 덮어서 감추었으므로, 나는 승가께 고의로 부정을 출정하였고 한 번의 죄를 보름 동안을 덮어서 감추었던 것에 15일의 별주를 주시기를 애원하였습니다. 승가께서는 내가 고의로 부정을 출정하였고, 한 번의 죄를 보름 동안을 덮어서 감추지 않은 것에 15일의 별주를 주었으며, 나는 별주를 행하여 마치고서 마땅히 마나타를 받은 기간에 고의로 부정을 출정하였으나 한 번의 죄를 범하고서 5일 동안을 덮어서 감추었습니다. 나는 마땅히 그것을 어찌해야 합니까?"

이때 그 여러 비구들은 이 일로써 세존께 아뢰었고, 세존께서는 말씀하셨다.

"여러 비구들이여. 그와 같다면 승가는 우타이 비구에게 이 기간에 고의로 부정을 출정하였고 한 번의 죄를 5일 동안을 덮어서 감추었던 것에 마땅히 본일치를 주어야 하고, 이전의 죄를 까닭으로 합쳐서 하나의 별주를 주어야 하느니라."

18-2 "여러 비구들이여. 이전의 죄를 까닭으로 합쳐서 하나의 별주를 주어야 하느니라. 여러 비구들이여. 그 우타이 비구는 마땅히 승가의 처소에 이르러 오른쪽 어깨를 드러내고 상좌 비구의 발에 예배하고 호궤합장하고서 이와 같이 아뢰어 말해야 한다.

'여러 대덕들이여. 나는 고의로 부정을 출정하였고 한 번의 죄를 보름 동안을 덮어서 감추었으므로, 나는 승가께 고의로 부정을 출정하였고 한 번의 죄를 보름 동안을 덮어서 감추었던 것에 15일의 별주를 주시기를 애원하였습니다. 승가께서는 내가 고의로 부정을 출정하였고, 한 번의 죄를 보름 동안을 덮어서 감추지 않은 것에 15일의 별주를 주었으며, 별주를 행하여 마치고서 마땅히 마나타를 받은 기간에 고의로 부정을 출정하였으나 한 번의 죄를 범하고서 5일 동안을 덮어서 감추었습니다. 나는 승가께 고의로 부정을 출정하였고 한 번의 죄를 5일 동안 덮어서 감추었던 것에 마땅히 본일치를 주시기를 애원합니다.'"

마땅히 이와 같이 두 번째에도 애원해야 하고, …… 나아가 …… 세 번째에도 애원해야 한다.

18-3 마땅히 한 총명하고 현명하며 능력있는 비구가 승가의 가운데에서 창언해야 한다.

"대덕 승가께서는 허락하십시오. 이 우타이 비구는 고의로 부정을 출정하였고 한 번의 죄를 보름 동안을 덮어서 감추었으므로, 나는 승가께 고의로 부정을 출정하였고 한 번의 죄를 보름 동안을 덮어서 감추었던 것에 15일의 별주를 주시기를 애원하였습니다. 승가께서는 우타이 비구가 고의로 부정을 출정하였고, 한 번의 죄를 보름 동안을 덮어서 감추지 않은 것에 15일의 별주를 주었으며, 우타이 비구는 별주를 행하여 마치고서 마땅히 마나타를 받은 기간에 고의로 부정을 출정하였으나 한 번의 죄를 범하고서 5일 동안을 덮어서 감추었습니다. 우타이 비구는 승가께 고의로 부정을 출정하였고 한 번의 죄를 5일 동안 덮어서 감추었던 것에 마땅히 본일치를 주시기를 애원하고 있습니다.

만약 승가께서 때에 이르렀다면 마땅히 이 우타이 비구에게 별주하는 가운데에서 고의로 부정을 출정하였으나 한 번의 죄를 범하고서 5일 동안을 덮어서 감추었던 것에 마땅히 본일치를 주고, 이전의 죄를 까닭으로 합쳐서 하나의 별주를 주십시오. 이와 같이 아룁니다.'

'대덕 승가께서는 허락하십시오. 이 우타이 비구는 고의로 부정을 출정하였고 한 번의 죄를 보름 동안을 덮어서 감추었으므로, 우타이 비구는 승가께 고의로 부정을 출정하였고 한 번의 죄를 보름 동안을 덮어서 감추었던 것에 15일의 별주를 주시기를 애원하였습니다. 승가께서는 우타이 비구가 고의로 부정을 출정하였고, 한 번의 죄를 보름 동안을 덮어서 감추지 않은 것에 15일의 별주를 주었으며, 우타이 비구는 별주를 행하여 마치고서 마땅히 마나타를 받은 기간에 고의로 부정을 출정하였으나 한 번의 죄를 범하고서 5일 동안을 덮어서 감추었던 것에 마땅히 본일치를 주고, 이전의 죄를 까닭으로 합쳐서 하나의 별주를 주시기를 애원하고 있습니다.

만약 승가께서 때에 이르렀다면 마땅히 이 우타이 비구에게 별주를 행하여 마치고서 마땅히 마나타를 받은 기간에 고의로 부정을 출정하였으나 한 번의 죄를 범하고서 5일 동안을 덮어서 감추었던 것에 마땅히 본일치를 주고, 이전의 죄를 까닭으로 합쳐서 하나의 별주를 주십시오. 여러 대덕들께서 우타이 비구가 별주하는 가운데에서 고의로 부정을 출정하였으나 한 번의 죄를 범하고서 5일 동안을 덮어서 감추었던 것에 마땅히 본일치를 주고, 이전의 죄를 까닭으로 합쳐서 하나의 별주를 주는 것을 인정하신다면 묵연하시고, 인정하지 않으신다면 말씀하십시오.'

저는 두 번째로 이 일을 아룁니다.

'대덕 승가께서는 허락하십시오. 이 우타이 비구는 고의로 부정을 출정하였고 한 번의 죄를 보름 동안을 덮어서 감추었으므로, 나는 승가께 고의로 부정을 출정하였고 한 번의 죄를 보름 동안을 덮어서 감추었던 것에 15일의 별주를 주시기를 애원하였습니다. …… 여러 대덕들께서 우타이 비구가 별주하는 가운데에서 고의로 부정을 출정하였으나 한 번의 죄를 범하고서 5일 동안을 덮어서 감추었던 것에 마땅히 본일치를 주고, 이전의 죄를 까닭으로 합쳐서 하나의 별주를 주는 것을 인정하신다면 묵연하시고, 인정하지 않으신다면 말씀하십시오.'

저는 세 번째로 이 일을 아룁니다.

'대덕 승가께서는 허락하십시오. 이 우타이 비구는 고의로 부정을 출정하였고 한 번의 죄를 보름 동안을 덮어서 감추었으므로, 나는 승가께 고의로 부정을 출정하였고 한 번의 죄를 보름 동안을 덮어서 감추었던 것에 15일의 별주를 주시기를 애원하였습니다. …… 여러 대덕들께서 우타이 비구가 별주하는 가운데에서 고의로 부정을 출정하였으나 한 번의 죄를 범하고서 5일 동안을 덮어서 감추었던 마땅히 본일치를 주고, 이전의 죄를 까닭으로 합쳐서 하나의 별주를 주는 것을 인정하신다면 묵연하시고, 인정하지 않으신다면 말씀하십시오.'

'승가시여. 우타이 비구가 별주하는 가운데에서 고의로 부정을 출정하였으나 한 번의 죄를 범하고서 5일 동안을 여러 대덕들께서 우타이 비구가 별주를 행하여 마치고서 마땅히 마나타를 받은 기간에 고의로 부정을 출정하였으나 한 번의 죄를 범하고서 5일 동안을 덮어서 감추었던 것에 마땅히 본일치를 주고, 이전의 죄를 까닭으로 합쳐서 하나의 별주를 주는 것을 마쳤습니다. 여러 대덕들께서 인정하신 것은 묵연하였던 까닭입니다. 나는 이와 같이 알고 이해하겠습니다.'"

[마나타 기간의 부장오일죄의 본일치를 마친다.]

19) 세 종류의 부장죄

19-1 그 비구는 별주를 행하여 마치고서 여러 비구들에게 알려 말하였다.
"여러 장로들이여. 나는 고의로 부정을 출정하였고 한 번의 죄를 보름 동안을 덮어서 감추었으므로, 나는 승가께 고의로 부정을 출정하였고 한 번의 죄를 보름 동안을 덮어서 감추었던 것에 15일의 별주를 주시기를 애원하였습니다. 승가께서는 내가 고의로 부정을 출정하였고, 한 번의 죄를 보름 동안을 덮어서 감추지 않은 것에 15일의 별주를 주었으며, 나는 별주를 행하여 마치고서 마땅히 마나타를 받은 기간에 고의로 부정을 출정하였으나 한 번의 죄를 범하고서 5일 동안을 덮어서 감추었던 것에 마땅히 본일치를 주고, 이전의 죄를 까닭으로 합쳐서 하나의 별주를 주시기를 애원하였습니다.

승가께서는 나에게 내가 고의로 부정을 출정하였고, 한 번의 죄를 보름 동안을 덮어서 감추지 않은 것에 15일의 별주를 주었으며, 나는 별주를 행하여 마치고서 마땅히 마나타를 받은 기간에 고의로 부정을 출정하였으나 한 번의 죄를 범하고서 5일 동안을 덮어서 감추었던 것에 마땅히 본일치를 주었고, 이전의 죄를 까닭으로 합쳐서 하나의 별주를 주었으므로, 별주를 행하여 마쳤습니다. 나는 마땅히 그것을 어찌해야 합니까?"

이때 그 여러 비구들은 이 일로써 세존께 아뢰었고, 세존께서는 말씀하셨다.

"여러 비구들이여. 그와 같다면 승가는 우타이 비구에게 마땅히 세 종류의 일에 6일 밤의 마나타를 주어야 하느니라."

19-2 "여러 비구들이여. 마땅히 이와 같이 주어야 하느니라. 여러 비구들이여. 그 우타이 비구는 마땅히 승가의 처소에 이르러 오른쪽 어깨를 드러내고 상좌 비구의 발에 예배하고 호궤 합장하고서 이와 같이 아뢰어 말해야 한다.

'여러 대덕들이여. 나는 고의로 부정을 출정하였고 한 번의 죄를 보름 동안을 덮어서 감추었으므로, 나는 승가께 고의로 부정을 출정하였고 한 번의 죄를 보름 동안을 덮어서 감추었던 것에 15일의 별주를 주시기를 애원하였습니다. 승가께서는 내가 고의로 부정을 출정하였고, 한 번의 죄를 보름 동안을 덮어서 감추지 않은 것에 15일의 별주를 주었으며, 별주를 행하여 마치고서 마땅히 마나타를 받은 기간에 고의로 부정을 출정하였으나 한 번의 죄를 범하고서 5일 동안을 덮어서 감추었던 것에 마땅히 본일치를 주고, 이전의 죄를 까닭으로 합쳐서 하나의 별주를 주시기를 애원하였습니다.

승가께서는 내가 고의로 부정을 출정하였고, 한 번의 죄를 보름 동안을 덮어서 감추지 않은 것에 15일의 별주를 주었으며, 나는 별주를 행하여 마치고서 마땅히 마나타를 받은 기간에 고의로 부정을 출정하였으나 한 번의 죄를 범하고서 5일 동안을 덮어서 감추었던 것에 마땅히 본일치를 주었고, 이전의 죄를 까닭으로 합쳐서 하나의 별주를 주었으며, 별주를 행하여 마쳤으므로, 승가께 세 종류의 일에 대하여 6일 밤의 마나타를 애원합니다.'"

마땅히 이와 같이 두 번째에도 애원해야 하고, …… 나아가 …… 세 번째에도 애원해야 한다.

19-3 마땅히 한 총명하고 현명하며 능력있는 비구가 승가의 가운데에서 창언해야 한다.

"'대덕 승가께서는 허락하십시오. 이 우타이 비구는 고의로 부정을 출정하였고 한 번의 죄를 보름 동안을 덮어서 감추었으므로, 우타이 비구는 승가께 고의로 부정을 출정하였고 한 번의 죄를 보름 동안을 덮어서 감추었던 것에 15일의 별주를 주시기를 애원하였습니다. 승가께서는 우타이 비구가 고의로 부정을 출정하였고, 한 번의 죄를 보름 동안을 덮어서 감추지 않은 것에 15일의 별주를 주었으며, 별주를 행하여 마치고서 마땅히 마나타를 받은 기간에 고의로 부정을 출정하였으나 한 번의 죄를 범하고서 5일 동안을 덮어서 감추었던 것에 마땅히 본일치를 주고, 이전의 죄를 까닭으로 합쳐서 하나의 별주를 주시기를 애원하였습니다.

승가께서는 우타이 비구가 고의로 부정을 출정하였고, 한 번의 죄를 보름 동안을 덮어서 감추지 않은 것에 15일의 별주를 주었으며, 우타이 비구는 별주를 행하여 마치고서 마땅히 마나타를 받은 기간에 고의로 부정을 출정하였으나 한 번의 죄를 범하고서 5일 동안을 덮어서 감추었던 것에 마땅히 본일치를 주었고, 이전의 죄를 까닭으로 합쳐서 하나의 별주를 주었으며, 별주를 행하여 마쳤으므로, 승가께 세 종류의 일에 대하여 6일 밤의 마나타를 주시기를 애원하고 있습니다.

만약 승가께서 때에 이르렀다면 마땅히 이 우타이 비구에게 고의로 부정을 출정하였고, 한 번의 죄를 보름 동안을 덮어서 감추지 않은 것에 15일의 별주를 주었으며, 우타이 비구는 별주를 행하여 마치고서 마땅히 마나타를 받은 기간에 고의로 부정을 출정하였으나 한 번의 죄를 범하고서 5일 동안을 덮어서 감추었던 것에 마땅히 본일치를 주었고, 이전의 죄를 까닭으로 합쳐서 하나의 별주를 주었으며, 별주를 행하여 마쳤으므로, 승가께서는 세 종류의 일에 대하여 6일 밤의 마나타를 주십시오. 이와 같이 아룁니다.'

'대덕 승가께서는 허락하십시오. 이 우타이 비구는 이 우타이 비구는 고의로 부정을 출정하였고 한 번의 죄를 보름 동안을 덮어서 감추었으므로, 우타이 비구는 승가께 고의로 부정을 출정하였고 한 번의 죄를 보름 동안을 덮어서 감추었던 것에 15일의 별주를 주시기를 애원하였습니다.

승가께서는 우타이 비구가 고의로 부정을 출정하였고, 한 번의 죄를 보름 동안을 덮어서 감추지 않은 것에 15일의 별주를 주었으며, 별주를 행하여 마치고서 마땅히 마나타를 받은 기간에 고의로 부정을 출정하였으나 한 번의 죄를 범하고서 5일 동안을 덮어서 감추었던 것에 마땅히 본일치를 주고, 이전의 죄를 까닭으로 합쳐서 하나의 별주를 주시기를 애원하였습니다.

승가께서는 우타이 비구가 고의로 부정을 출정하였고, 한 번의 죄를 보름 동안을 덮어서 감추지 않은 것에 15일의 별주를 주었으며, 우타이 비구는 별주를 행하여 마치고서 마땅히 마나타를 받은 기간에 고의로 부정을 출정하였으나 한 번의 죄를 범하고서 5일 동안을 덮어서 감추었던 것에 마땅히 본일치를 주었고, 이전의 죄를 까닭으로 합쳐서 하나의 별주를 주었으며, 별주를 행하여 마쳤으므로, 승가께 세 종류의 일에 대하여 6일 밤의 마나타를 주시기를 애원하고 있습니다.

만약 승가께서 때에 이르렀다면 마땅히 이 우타이 비구에게 고의로 부정을 출정하였고, 한 번의 죄를 보름 동안을 덮어서 감추지 않은 것에 15일의 별주를 주었으며, 우타이 비구는 별주를 행하여 마치고서 마땅히 마나타를 받은 기간에 고의로 부정을 출정하였으나 한 번의 죄를 범하고서 5일 동안을 덮어서 감추었던 것에 마땅히 본일치를 주었고, 이전의 죄를 까닭으로 합쳐서 하나의 별주를 주었으며, 별주를 행하여 마쳤으므로, 승가께서는 세 종류의 일에 대하여 6일 밤의 마나타를 주는 것을 인정하신다면 묵연하시고, 인정하지 않으신다면 말씀하십시오.'

저는 두 번째로 이 일을 아룁니다.

'대덕 승가께서는 허락하십시오. 이 우타이 비구는 고의로 부정을 출정하였고 한 번의 죄를 보름 동안을 덮어서 감추었으므로, 우타이 비구는 승가께 고의로 부정을 출정하였고 한 번의 죄를 보름 동안을 덮어서 감추었던 것에 15일의 별주를 주시기를 애원하였습니다. 승가께서는 우타이 비구가 고의로 부정을 출정하였고, 한 번의 죄를 보름 동안을 덮어서 감추지 않은 것에 15일의 별주를 주었으며, 별주를 행하여 마치고서 마땅히 마나타를 받은 기간에 고의로 부정을 출정하였으나 한 번의 죄를 범하고서 5일 동안을 덮어서 감추었던 것에 마땅히 본일치를 주고, 이전의 죄를 까닭으로 합쳐서 하나의 별주를 주시기를 애원하였습니다. …… 만약 승가께서 때에 이르렀다면 마땅히 이 우타이 비구에게 고의로 부정을 출정하였고, 한 번의 죄를 보름 동안을 덮어서 감추지 않은 것에 15일의 별주를 주었으며, 우타이 비구는 별주를 행하여 마치고서 마땅히 마나타를 받은 기간에 고의로 부정을 출정하였으나 한 번의 죄를 범하고서 5일 동안을 덮어서 감추었던 것에 마땅히 본일치를 주었고, 이전의 죄를 까닭으로 합쳐서 하나의 별주를 주었으며, 별주를 행하여 마쳤으므로, 승가께서는 세 종류의 일에 대하여 6일 밤의 마나타를 주는 것을 인정하신다면 묵연하시고, 인정하지 않으신다면 말씀하십시오.'

저는 세 번째로 이 일을 아룁니다.

'대덕 승가께서는 허락하십시오. 이 우타이 비구는 고의로 부정을 출정하였고 한 번의 죄를 보름 동안을 덮어서 감추었으므로, 우타이 비구는 승가께 고의로 부정을 출정하였고 한 번의 죄를 보름 동안을 덮어서 감추었던 것에 15일의 별주를 주시기를 애원하였습니다. 승가께서는 우타이 비구가 고의로 부정을 출정하였고, 한 번의 죄를 보름 동안을 덮어서 감추지 않은 것에 15일의 별주를 주었으며, 별주를 행하여 마치고서 마땅히 마나타를 받은 기간에 고의로 부정을 출정하였으나 한 번의 죄를 범하고서 5일 동안을 덮어서 감추었던 것에 마땅히 본일치를 주고, 이전의 죄를 까닭으로 합쳐서 하나의 별주를 주시기를 애원하였습니다. …… 만약 승가께서 때에 이르렀다면 마땅히 이 우타이 비구에게 고의로 부정을 출정하였고, 한 번의 죄를 보름 동안을 덮어서 감추지 않은 것에 15일의 별주를 주었으며, 우타이 비구는 별주를 행하여 마치고서 마땅히 마나타를 받은 기간에 고의로 부정을 출정하였으나 한 번의 죄를 범하고서 5일 동안을 덮어서 감추었던 것에 마땅히 본일치를 주었고, 이전의 죄를 까닭으로 합쳐서 하나의 별주를 주었으며, 별주를 행하여 마쳤으므로, 승가께서는 세 종류의 일에 대하여 6일 밤의 마나타를 주는 것을 인정하신

다면 묵연하시고, 인정하지 않으신다면 말씀하십시오.'

'승가시여. 우타이 비구에게 고의로 부정을 출정하였고, 한 번의 죄를 보름 동안을 덮어서 감추지 않은 것에 15일의 별주를 주었으며, 우타이 비구는 별주를 행하여 마치고서 마땅히 마나타를 받은 기간에 고의로 부정을 출정하였으나 한 번의 죄를 범하고서 5일 동안을 덮어서 감추었던 것에 마땅히 본일치를 주었고, 이전의 죄를 까닭으로 합쳐서 하나의 별주를 주었으며, 별주를 행하여 마쳤으므로, 승가께서는 세 종류의 일에 대하여 6일 밤의 마나타를 주는 것을 마쳤습니다. 여러 대덕들께서 인정하신 것은 묵연하였던 까닭입니다. 나는 이와 같이 알고 이해하겠습니다.'"

[세 종류의 부장죄를 마친다.]

20) 마나타 기간의 부장오일죄

20-1 그 비구는 마땅히 마나타의 중간에 고의로 부정을 출정하였고 한 번의 죄를 5일을 덮어서 감추었으며, 그는 여러 비구들에게 알려 말하였다.

"여러 장로들이여. 나는 고의로 부정을 출정하였고 한 번의 죄를 보름 동안을 덮어서 감추었으므로, 나는 승가께 고의로 부정을 출정하였고 한 번의 죄를 보름 동안을 덮어서 감추었던 것에 15일의 별주를 주시기를 애원하였습니다. 승가께서는 내가 고의로 부정을 출정하였고, 한 번의 죄를 보름 동안을 덮어서 감추지 않은 것에 15일의 별주를 주었으며, 별주를 행하여 마치고서 마땅히 마나타를 받은 기간에 고의로 부정을 출정하였으나 한 번의 죄를 범하고서 5일 동안을 덮어서 감추었던 것에 마땅히 본일치를 주고, 이전의 죄를 까닭으로 합쳐서 하나의 별주를 주시기를 애원하였습니다.

승가께서는 내가 고의로 부정을 출정하였고, 한 번의 죄를 보름 동안을 덮어서 감추지 않은 것에 15일의 별주를 주었으며, 나는 별주를 행하여 마치고서 마땅히 마나타를 받은 기간에 고의로 부정을 출정하였으나 한 번의 죄를 범하고서 5일 동안을 덮어서 감추었던 것에 마땅히 본일치를 주었고, 이전의 죄를 까닭으로 합쳐서 하나의 별주를 주었습니다. 나는 마나타의 중간에 고의로 부정을 출정하였고 한 번의 죄를 5일을 덮어서 감추었습니다. 나는 마땅히 그것을 어찌해야 합니까?"

이때 그 여러 비구들은 이 일로써 세존께 아뢰었고, 세존께서는 말씀하셨다.

"여러 비구들이여. 그와 같다면 승가는 우타이 비구에게 마나타의 중간에 고의로 부정을 출정하였고 한 번의 죄를 5일을 덮어서 감추었던 것에 마땅히 본일치를 주어야 하고, 이전의 죄를 까닭으로 합쳐서 하나의 별주를 주어야 하며, 뒤에 마땅히 6일 밤의 마나타를 주어야 하느니라."

20-2 "여러 비구들이여. 이와 같이 마나타를 주어야 하느니라. 여러 비구들이여. 그 우타이 비구는 마땅히 승가의 처소에 이르러 오른쪽 어깨를 드러내고 상좌 비구의 발에 예배하고 호궤 합장하고서 이와 같이 아뢰어 말해야 한다.

'여러 대덕들이여. 나는 고의로 부정을 출정하였고 한 번의 죄를 보름 동안을 덮어서 감추었으므로, 나는 승가께 고의로 부정을 출정하였고 한 번의 죄를 보름 동안을 덮어서 감추었던 것에 15일의 별주를 주시기를 애원하였습니다. 승가께서는 내가 고의로 부정을 출정하였고, 한 번의 죄를 보름 동안을 덮어서 감추지 않은 것에 15일의 별주를 주었으며, 별주를 행하여 마치고서 마땅히 마나타를 받은 기간에 고의로 부정을 출정하였으나 한 번의 죄를 범하고서 5일 동안을 덮어서 감추었던 것에 마땅히 본일치를 주시고, 이전의 죄를 까닭으로 합쳐서 하나의 별주를 주시기를 애원하였습니다.

승가께서는 내가 고의로 부정을 출정하였고, 한 번의 죄를 보름 동안을 덮어서 감추지 않은 것에 15일의 별주를 주었으며, 나는 별주를 행하여 마치고서 마땅히 마나타를 받은 기간에 고의로 부정을 출정하였으나 한 번의 죄를 범하고서 5일 동안을 덮어서 감추었던 것에 마땅히 본일치를 주었고, 이전의 죄를 까닭으로 합쳐서 하나의 별주를 주었습니다. 나는 마나타의 중간에 고의로 부정을 출정하였고 한 번의 죄를 5일을 덮어서 감추었던 것에 마땅히 본일치를 주시고, 이전의 죄를 까닭으로 합쳐서 하나의 별주를 주시며, 뒤에 마땅히 6일 밤의 마나타를 주시기를 애원합니다.'"

마땅히 이와 같이 두 번째에도 애원해야 하고, …… 나아가 …… 세 번째에도 애원해야 한다.

20-3 마땅히 한 총명하고 현명하며 능력있는 비구가 승가의 가운데에서 창언해야 한다.

"'대덕 승가께서는 허락하십시오. 이 우타이 비구는 고의로 부정을 출정하였고 한 번의 죄를 보름 동안을 덮어서 감추었으므로, 나는 승가께 고의로 부정을 출정하였고 한 번의 죄를 보름 동안을 덮어서 감추었던 것에 15일의 별주를 주시기를 애원하였습니다. 승가께서는 우타이 비구가 고의로 부정을 출정하였고, 한 번의 죄를 보름 동안을 덮어서 감추지 않은 것에 15일의 별주를 주었으며, 별주를 행하여 마치고서 마땅히 마나타를 받은 기간에 고의로 부정을 출정하였으나 한 번의 죄를 범하고서 5일 동안을 덮어서 감추었던 것에 마땅히 본일치를 주시고, 이전의 죄를 까닭으로 합쳐서 하나의 별주를 주시기를 애원하였습니다.

승가께서는 우타이 비구가 고의로 부정을 출정하였고, 한 번의 죄를 보름 동안을 덮어서 감추지 않은 것에 15일의 별주를 주었으며, 우타이 비구는 별주를 행하여 마치고서 마땅히 마나타를 받은 기간에 고의로 부정을 출정하였으나 한 번의 죄를 범하고서 5일 동안을 덮어서 감추었던 것에 마땅히 본일치를 주었고, 이전의 죄를 까닭으로 합쳐서 하나의 별주를 주었으나, 마나타의 중간에 고의로 부정을 출정하였고 한 번의 죄를 5일을 덮어서 감추었습니다. 만약 승가께서 때에 이르렀다면 마땅히 이 우타이 비구에게 마나타의 중간에 고의로 부정을 출정하였고 한 번의 죄를 5일을 덮어서 감추었던 것에 마땅히 본일치를 주시고, 이전의 죄를 까닭으로 합쳐서 하나의 별주를 주시며, 뒤에 마땅히 6일 밤의 마나타를 주십시오. 이와 같이 아룁니다.'

'대덕 승가께서는 허락하십시오. 이 우타이 비구는 고의로 부정을 출정하였고 한 번의 죄를 보름 동안을 덮어서 감추었으므로, 나는 승가께 고의로 부정을 출정하였고 한 번의 죄를 보름 동안을 덮어서 감추었던 것에 15일의 별주를 주시기를 애원하였습니다. 승가께서는 우타이 비구가 고의로 부정을 출정하였고, 한 번의 죄를 보름 동안을 덮어서 감추지 않은 것에 15일의 별주를 주었으며, 별주를 행하여 마치고서 마땅히 마나타를 받은 기간에 고의로 부정을 출정하였으나 한 번의 죄를 범하고서 5일 동안을 덮어서 감추었던 것에 마땅히 본일치를 주시고, 이전의 죄를 까닭으로 합쳐서 하나의 별주를 주시기를 애원하였습니다.

승가께서는 우타이 비구가 고의로 부정을 출정하였고, 한 번의 죄를 보름 동안을 덮어서 감추지 않은 것에 15일의 별주를 주었으며, 우타이 비구는 별주를 행하여 마치고서 마땅히 마나타를 받은 기간에 고의로 부정을 출정하였으나 한 번의 죄를 범하고서 5일 동안을 덮어서 감추었던 것에 마땅히 본일치를 주었고, 이전의 죄를 까닭으로 합쳐서 하나의 별주를 주었으나, 마나타의 중간에 고의로 부정을 출정하였고 한 번의 죄를 5일을 덮어서 감추었습니다.

만약 승가께서 때에 이르렀다면 마땅히 이 우타이 비구에게 마나타의 중간에 고의로 부정을 출정하였고 한 번의 죄를 5일을 덮어서 감추었던 것에 마땅히 본일치를 주시고, 이전의 죄를 까닭으로 합쳐서 하나의 별주를 주시며, 뒤에 마땅히 6일 밤의 마나타를 주십시오. 여러 대덕들께서 우타이 비구가 마나타의 중간에 고의로 부정을 출정하였고 한 번의 죄를 5일을 덮어서 감추었던 것에 마땅히 본일치를 주시고, 이전의 죄를 까닭으로 합쳐서 하나의 별주를 주시며, 뒤에 마땅히 6일 밤의 마나타를 주는 것을 인정하신다면 묵연하시고, 인정하지 않으신다면 말씀하십시오.'

저는 두 번째로 이 일을 아룁니다.

'대덕 승가께서는 허락하십시오. 이 우타이 비구는 고의로 부정을 출정하였고 한 번의 죄를 보름 동안을 덮어서 감추었으므로, 나는 승가께 고의로 부정을 출정하였고 한 번의 죄를 보름 동안을 덮어서 감추었던 것에 15일의 별주를 주시기를 애원하였습니다. 승가께서는 우타이 비구가 고의로 부정을 출정하였고, 한 번의 죄를 보름 동안을 덮어서 감추지 않은 것에 15일의 별주를 주었으며, 별주를 행하여 마치고서 마땅히 마나타를 받은 기간에 고의로 부정을 출정하였으나 한 번의 죄를 범하고서 5일 동안을 덮어서 감추었던 것에 마땅히 본일치를 주시고, 이전의 죄를 까닭으로 합쳐서 하나의 별주를 주시기를 애원하였습니다. …… 여러 대덕들께서 우타이 비구가 마나타의 중간에 고의로 부정을 출정하였고 한 번의 죄를 5일을 덮어서 감추었던 것에 마땅히 본일치를 주시고, 이전의 죄를 까닭으로 합쳐서 하나의 별주를 주시며, 뒤에 마땅히 6일 밤의 마나타를 주는 것을 인정하신다면 묵연하시고, 인정하지 않으신다면 말씀하십시오.'

저는 세 번째로 이 일을 아룁니다.

'대덕 승가께서는 허락하십시오. 이 우타이 비구는 고의로 부정을 출정하였고 한 번의 죄를 보름 동안을 덮어서 감추었으므로, 나는 승가께 고의로 부정을 출정하였고 한 번의 죄를 보름 동안을 덮어서 감추었던 것에 15일의 별주를 주시기를 애원하였습니다. 승가께서는 우타이 비구가 고의로 부정을 출정하였고, 한 번의 죄를 보름 동안을 덮어서 감추지 않은 것에 15일의 별주를 주었으며, 별주를 행하여 마치고서 마땅히 마나타를 받은 기간에 고의로 부정을 출정하였으나 한 번의 죄를 범하고서 5일 동안을 덮어서 감추었던 것에 마땅히 본일치를 주시고, 이전의 죄를 까닭으로 합쳐서 하나의 별주를 주시기를 애원하였습니다. …… 여러 대덕들께서 우타이 비구가 마나타의 중간에 고의로 부정을 출정하였고 한 번의 죄를 5일을 덮어서 감추었던 것에 마땅히 본일치를 주시고, 이전의 죄를 까닭으로 합쳐서 하나의 별주를 주시며, 뒤에 마땅히 6일

밤의 마나타를 주는 것을 인정하신다면 묵연하시고, 인정하지 않으신다면 말씀하십시오.'

'승가시여. …… 우타이 비구에게 마나타의 중간에 고의로 부정을 출정하였고 한 번의 죄를 5일을 덮어서 감추었던 것에 마땅히 본일치를 주고, 이전의 죄를 까닭으로 합쳐서 하나의 별주를 주며, 뒤에 마땅히 6일 밤의 마나타를 주는 것을 마쳤습니다. 여러 대덕들께서 인정하신 것은 묵연하였던 까닭입니다. 나는 이와 같이 알고 이해하겠습니다.'"

[마나타 기간의 부장오일죄를 마친다.]

21) 출죄 기간의 부장오일죄

21-1 그 비구는 마나타를 행하여 마쳤으나 출죄를 받는 기간에 고의로 부정을 출정하였고 한 번의 죄를 5일을 덮어서 감추었으며, 그는 여러 비구들에게 알려 말하였다.

"여러 장로들이여. 나는 고의로 부정을 출정하였고 한 번의 죄를 보름 동안을 덮어서 감추었으므로, 나는 승가께 고의로 부정을 출정하였고 한 번의 죄를 보름 동안을 덮어서 감추었던 것에 15일의 별주를 주시기를 애원하였습니다. 승가께서는 내가 고의로 부정을 출정하였고, 한 번의 죄를 보름 동안을 덮어서 감추지 않은 것에 15일의 별주를 주었으며, 별주를 행하여 마치고서 마땅히 마나타를 받은 기간에 고의로 부정을 출정하였으나 한 번의 죄를 범하고서 5일 동안을 덮어서 감추었던 것에 마땅히 본일치를 주고, 이전의 죄를 까닭으로 합쳐서 하나의 별주를 주시기를 애원하였습니다.

승가께서는 내가 고의로 부정을 출정하였고, 한 번의 죄를 보름 동안을 덮어서 감추지 않은 것에 15일의 별주를 주었으며, 나는 별주를 행하여 마치고서 마땅히 마나타를 받은 기간에 고의로 부정을 출정하였으나 한 번의 죄를 범하고서 5일 동안을 덮어서 감추었던 것에 마땅히 본일치를 주었고, 이전의 죄를 까닭으로 합쳐서 하나의 별주를 주었습니다. 나는 마나타를 행하여 마쳤으나 출죄를 받는 기간에 고의로 부정을 출정하였고 한 번의 죄를 5일을 덮어서 감추었습니다. 나는 마땅히 그것을 어찌해야 합니까?"

이때 그 여러 비구들은 이 일로써 세존께 아뢰었고, 세존께서는 말씀하셨다.

"여러 비구들이여. 그와 같다면 승가는 우타이 비구에게 마나타의 중간에 고의로 부정을 출정하였고 한 번의 죄를 5일을 덮어서 감추었던 것에 마땅히 본일치를 주어야 하고, 이전의 죄를 까닭으로 합쳐서 하나의 별주를 주어야 하며, 뒤에 마땅히 6일 밤의 마나타를 주어야 하느니라."

21-2 "여러 비구들이여. 이와 같이 마나타를 주어야 하느니라. 여러 비구들이여. 그 우타이 비구는 마땅히 승가의 처소에 이르러 오른쪽 어깨를 드러내고 상좌 비구의 발에 예배하고 호궤 합장하고서 이와 같이 아뢰어 말해야 한다.

'여러 대덕들이여. 나는 고의로 부정을 출정하였고 한 번의 죄를 보름 동안을 덮어서 감추었으므로, 나는 승가께 고의로 부정을 출정하였고 한 번의 죄를 보름 동안을 덮어서 감추었던 것에 15일의 별주를 주시기를 애원하였습니다. 승가께서는 내가 고의로 부정을 출정하였고, 한 번의 죄를 보름 동안을 덮어서 감추지 않은 것에 15일의 별주를 주었으며, 별주를 행하여 마치고서 마땅히 마나타를 받은 기간에 고의로 부정을 출정하였으나 한 번의 죄를 범하고서 5일 동안을 덮어서 감추었던 것에 마땅히 본일치를 주시고, 이전의 죄를 까닭으로 합쳐서 하나의 별주를 주시기를 애원하였습니다.

승가께서는 내가 고의로 부정을 출정하였고, 한 번의 죄를 보름 동안을 덮어서 감추지 않은 것에 15일의 별주를 주었으며, 나는 별주를 행하여 마치고서 마땅히 마나타를 받은 기간에 고의로 부정을 출정하였으나 한 번의 죄를 범하고서 5일 동안을 덮어서 감추었던 것에 마땅히 본일치를 주었고, 이전의 죄를 까닭으로 합쳐서 하나의 별주를 주었습니다. 나는 마나타를 행하여 마쳤으나 출죄를 받는 기간에 고의로 부정을 출정하였고 한 번의 죄를 5일을 덮어서 감추었던 것에 마땅히 본일치를 주시고, 이전의 죄를 까닭으로 합쳐서 하나의 별주를 주시며, 뒤에 마땅히 6일 밤의 마나타를 주시기를 애원합니다.'"

마땅히 이와 같이 두 번째에도 애원해야 하고, …… 나아가 …… 세 번째에도 애원해야 한다.

21-3 마땅히 한 총명하고 현명하며 능력있는 비구가 승가의 가운데에서 창언해야 한다.

"'대덕 승가께서는 허락하십시오. 이 우타이 비구는 고의로 부정을 출정하였고 한 번의 죄를 보름 동안을 덮어서 감추었으므로, 나는 승가께 고의로 부정을 출정하였고 한 번의 죄를 보름 동안을 덮어서 감추었던 것에 15일의 별주를 주시기를 애원하였습니다. 승가께서는 우타이 비구가 고의로 부정을 출정하였고, 한 번의 죄를 보름 동안을 덮어서 감추지 않은 것에 15일의 별주를 주었으며, 별주를 행하여 마치고서 마땅히 마나타를 받은 기간에 고의로 부정을 출정하였으나 한 번의 죄를 범하고서 5일 동안을 덮어서 감추었던 것에 마땅히 본일치를 주시고, 이전의 죄를 까닭으로 합쳐서 하나의 별주를 주시기를 애원하였습니다.

승가께서는 우타이 비구가 고의로 부정을 출정하였고, 한 번의 죄를 보름 동안을 덮어서 감추지 않은 것에 15일의 별주를 주었으며, 우타이 비구는 별주를 행하여 마치고서 마땅히 마나타를 받은 기간에 고의로 부정을 출정하였으나 한 번의 죄를 범하고서 5일 동안을 덮어서 감추었던 것에 마땅히 본일치를 주었고, 이전의 죄를 까닭으로 합쳐서 하나의 별주를 주었으며, 마나타를 행하여 마쳤으나 출죄를 받는 기간에 고의로 부정을 출정하였고 한 번의 죄를 5일을 덮어서 감추었습니다.

만약 승가께서 때에 이르렀다면 마땅히 이 우타이 비구에게 마나타를 행하여 마쳤으나 출죄를 받는 기간에 고의로 부정을 출정하였고 한 번의 죄를 5일을 덮어서 감추었던 것에 마땅히 본일치를 주시고, 이전의 죄를 까닭으로 합쳐서 하나의 별주를 주시며, 뒤에 마땅히 6일 밤의 마나타를 주십시오. 이와 같이 아룁니다.'

'대덕 승가께서는 허락하십시오. 이 우타이 비구는 고의로 부정을 출정하였고 한 번의 죄를 보름 동안을 덮어서 감추었으므로, 나는 승가께 고의로 부정을 출정하였고 한 번의 죄를 보름 동안을 덮어서 감추었던 것에 15일의 별주를 주시기를 애원하였습니다. 승가께서는 우타이 비구가 고의로 부정을 출정하였고, 한 번의 죄를 보름 동안을 덮어서 감추지 않은 것에 15일의 별주를 주었으며, 별주를 행하여 마치고서 마땅히 마나타를 행하여 마쳤으나 출죄를 받는 기간에 고의로 부정을 출정하였으나 한 번의 죄를 범하고서 5일 동안을 덮어서 감추었던 것에 마땅히 본일치를 주시고, 이전의 죄를 까닭으로 합쳐서 하나의 별주를 주시기를 애원하였습니다.

승가께서는 우타이 비구가 고의로 부정을 출정하였고, 한 번의 죄를 보름 동안을 덮어서 감추지 않은 것에 15일의 별주를 주었으며, 우타이 비구는 별주를 행하여 마치고서 마땅히 마나타를 받은 기간에 고의로 부정을 출정하였으나 한 번의 죄를 범하고서 5일 동안을 덮어서 감추었던 것에 마땅히 본일치를 주었고, 이전의 죄를 까닭으로 합쳐서 하나의 별주를 주었으나, 마나타를 행하여 마쳤으나 출죄를 받는 기간에 고의로 부정을 출정하였고 한 번의 죄를 5일을 덮어서 감추었습니다.

만약 승가께서 때에 이르렀다면 마땅히 이 우타이 비구에게 마나타를 행하여 마쳤으나 출죄를 받는 기간에 고의로 부정을 출정하였고 한 번의 죄를 5일을 덮어서 감추었던 것에 마땅히 본일치를 주시고, 이전의 죄를 까닭으로 합쳐서 하나의 별주를 주시며, 뒤에 마땅히 6일 밤의 마나타를 주십시오.

여러 대덕들께서 우타이 비구가 마나타를 행하여 마쳤으나 출죄를 받는 기간에 고의로 부정을 출정하였고 한 번의 죄를 5일을 덮어서 감추었던 것에 마땅히 본일치를 주시고, 이전의 죄를 까닭으로 합쳐서 하나의 별주를 주시며, 뒤에 마땅히 6일 밤의 마나타를 주는 것을 인정하신다면 묵연하시고, 인정하지 않으신다면 말씀하십시오.'

저는 두 번째로 이 일을 아룁니다.

'대덕 승가께서는 허락하십시오. 이 우타이 비구는 고의로 부정을 출정하였고 한 번의 죄를 보름 동안을 덮어서 감추었으므로, 나는 승가께 고의로 부정을 출정하였고 한 번의 죄를 보름 동안을 덮어서 감추었던 것에 15일의 별주를 주시기를 애원하였습니다. 승가께서는 우타이 비구가 고의로 부정을 출정하였고, 한 번의 죄를 보름 동안을 덮어서 감추지 않은 것에 15일의 별주를 주었으며, 별주를 행하여 마치고서 마땅히 마나타를 행하여 마쳤으나 출죄를 받는 기간에 고의로 부정을 출정하였으나 한 번의 죄를 범하고서 5일 동안을 덮어서 감추었던 것에 마땅히 본일치를 주시고, 이전의 죄를 까닭으로 합쳐서 하나의 별주를 주시기를 애원하였습니다. …… 여러 대덕들께서 우타이 비구가 마나타를 행하여 마쳤으나 출죄를 받는 기간에 고의로 부정을 출정하였고 한 번의 죄를 5일을 덮어서 감추었던 것에 마땅히 본일치를 주시고, 이전의 죄를 까닭으로 합쳐서 하나의 별주를 주시며, 뒤에 마땅히 6일 밤의 마나타를 주는 것을 인정하신다면 묵연하시고, 인정하지 않으신다면 말씀하십시오.'

저는 세 번째로 이 일을 아룁니다.

'대덕 승가께서는 허락하십시오. 이 우타이 비구는 고의로 부정을 출정하였고 한 번의 죄를 보름 동안을 덮어서 감추었으므로, 나는 승가께 고의로 부정을 출정하였고 한 번의 죄를 보름 동안을 덮어서 감추었던 것에 15일의 별주를 주시기를 애원하였습니다. 승가께서는 우타이 비구가 고의로 부정을 출정하였고, 한 번의 죄를 보름 동안을 덮어서 감추지 않은 것에 15일의 별주를 주었으며, 별주를 행하여 마치고서 마땅히 마나타를 행하여 마쳤으나 출죄를 받는 기간에 고의로 부정을 출정하였으나 한 번의 죄를 범하고서 5일 동안을 덮어서 감추었던 것에 마땅히 본일치를 주시고, 이전의 죄를 까닭으로 합쳐서 하나의 별주를 주시기를 애원하였습니다. …… 여러 대덕들께서 우타이 비구가 마나타를 행하여 마쳤으나 출죄를 받는 기간에 고의로 부정을 출정하였고 한 번의 죄를 5일을 덮어서 감추었던 것에 마땅히 본일치를 주시고, 이전의 죄를 까닭으로 합쳐서 하나의 별주를 주시며, 뒤에 마땅히 6일 밤의 마나타를 주는 것을 인정하신다면 묵연하시고, 인정하지 않으신다면 말씀하십시오.'

'승가시여. …… 우타이 비구에게 마나타를 행하여 마쳤으나 출죄를 받는 기간에 고의로 부정을 출정하였고 한 번의 죄를 5일을 덮어서 감추었던 것에 마땅히 본일치를 주시고, 이전의 죄를 까닭으로 합쳐서 하나의 별주를 주시며, 뒤에 마땅히 6일 밤의 마나타를 주는 것을 마쳤습니다. 여러 대덕들께서 인정하신 것은 묵연하였던 까닭입니다. 나는 이와 같이 알고 이해하겠습니다.'"

[출죄 기간의 부장오일죄를 마친다.]

22) 부장십오일죄의 출죄

22-1 그 비구는 마나타를 행하여 마쳤으므로 여러 비구들에게 알려 말하였다.

"여러 장로들이여. 나는 고의로 부정을 출정하였고 한 번의 죄를 보름 동안을 덮어서 감추었으므로, 나는 승가께 고의로 부정을 출정하였고 한 번의 죄를 보름 동안을 덮어서 감추었던 것에 15일의 별주를 주시기를 애원하였습니다. 승가께서는 내가 고의로 부정을 출정하였고, 한 번의 죄를 보름 동안을 덮어서 감추지 않은 것에 15일의 별주를 주었으며, 별주를 행하여 마치고서 마땅히 마나타를 받은 기간에 고의로 부정을 출정하였으나 한 번의 죄를 범하고서 5일 동안을 덮어서 감추었던 것에 마땅히 본일치를 주고, 이전의 죄를 까닭으로 합쳐서 하나의 별주를 주시기를 애원하였습니다.

승가께서는 내가 고의로 부정을 출정하였고, 한 번의 죄를 보름 동안을 덮어서 감추지 않은 것에 15일의 별주를 주었으며, 나는 별주를 행하여 마치고서 마땅히 마나타를 받은 기간에 고의로 부정을 출정하였으나 한 번의 죄를 범하고서 5일 동안을 한 번의 죄를 범하고서 5일 동안을 덮어서 감추었던 것에 마땅히 본일치를 주었고, 이전의 죄를 까닭으로 합쳐서 하나의 별주를 주었습니다. 나는 마나타를 행하여 마쳤으나 출죄를 받는 기간에 고의로 부정을 출정하였고 한 번의 죄를 5일을 덮어서 감추었으므로 승가께 마나타를 행하여 마쳤으나 출죄를 받는 기간에 고의로 부정을 출정하였고 한 번의 죄를 5일을 덮어서 감추었던 것에 마땅히 본일치를 주시고, 이전의 죄를 까닭으로 합쳐서 하나의 별주를 주시며, 뒤에 마땅히 6일 밤의 마나타를 주시기를 애원하였고, 승가께서 주셨던 마나타를 행하여 마쳤습니다. 나는 마땅히 그것을 어찌해야 합니까?"

이때 그 여러 비구들은 이 일로써 세존께 아뢰었고, 세존께서는 말씀하셨다.

"여러 비구들이여. 그와 같다면 승가는 우타이 비구에게 출죄를 주어야 하느니라."

22-2 "여러 비구들이여. 이와 같이 출죄를 주어야 하느니라. 여러 비구들이여. 그 우타이 비구는 마땅히 승가의 처소에 이르러 오른쪽 어깨를 드러내고 상좌 비구의 발에 예배하고 호궤 합장하고서 이와 같이 아뢰어 말해야 한다.

'여러 대덕들이여. 나는 고의로 부정을 출정하였고 한 번의 죄를 보름 동안을 덮어서 감추었으므로, 나는 승가께 고의로 부정을 출정하였고 한 번의 죄를 보름 동안을 덮어서 감추었던 것에 15일의 별주를 주시기를 애원하였습니다. 승가께서는 내가 고의로 부정을 출정하였고, 한 번의 죄를 보름 동안을 덮어서 감추지 않은 것에 15일의 별주를 주었으며, 별주를 행하여 마치고서 마땅히 마나타를 받은 기간에 고의로 부정을 출정하였으나 한 번의 죄를 범하고서 5일 동안을 덮어서 감추었던 것에 마땅히 본일치를 주시고, 이전의 죄를 까닭으로 합쳐서 하나의 별주를 주시기를 애원하였습니다.

승가께서는 내가 고의로 부정을 출정하였고, 한 번의 죄를 보름 동안을 덮어서 감추지 않은 것에 15일의 별주를 주었으며, 나는 별주를 행하여 마치고서 마땅히 마나타를 받은 기간에 고의로 부정을 출정하였으나 한 번의 죄를 범하고서 5일 동안을 덮어서 감추었던 것에 마땅히 본일치를 주었고, 이전의 죄를 까닭으로 합쳐서 하나의 별주를 주었습니다. 나는 승가께 마나타를 행하여 마쳤으나 출죄를 받는 기간에 고의로 부정을 출정하였고 한 번의 죄를 5일을 덮어서 감추었던 것에 마땅히 본일치를 주셨고, 이전의 죄를 까닭으로 합쳐서 하나의 별주를 주셨으며, 뒤에 마땅히 6일 밤의 마나타를 주시기를 애원하였고, 승가께서 주셨던 마나타를 행하여 마쳤으므로, 출죄를 주시기를 애원합니다.'"

마땅히 이와 같이 두 번째에도 애원해야 하고, …… 나아가 …… 세 번째에도 애원해야 한다.

22-3 마땅히 한 총명하고 현명하며 능력있는 비구가 승가의 가운데에서 창언해야 한다.

"'대덕 승가께서는 허락하십시오. 이 우타이 비구는 고의로 부정을 출정하였고 한 번의 죄를 보름 동안을 덮어서 감추었으므로, 나는 승가께 고의로 부정을 출정하였고 한 번의 죄를 보름 동안을 덮어서 감추었던 것에 15일의 별주를 주시기를 애원하였습니다. 승가께서는 우타이 비구가 고의로 부정을 출정하였고, 한 번의 죄를 보름 동안을 덮어서 감추지 않은 것에 15일의 별주를 주었으며, 별주를 행하여 마치고서 마땅히 마나타를 받은 기간에 고의로 부정을 출정하였으나 한 번의 죄를 범하고서 5일 동안을 덮어서 감추었던 것에 마땅히 본일치를 주시고, 이전의 죄를 까닭으로 합쳐서 하나의 별주를 주시기를 애원하였습니다.

승가께서는 우타이 비구가 고의로 부정을 출정하였고, 한 번의 죄를 보름 동안을 덮어서 감추지 않은 것에 15일의 별주를 주었으며, 우타이 비구는 별주를 행하여 마치고서 마땅히 마나타를 받은 기간에 고의로 부정을 출정하였으나 한 번의 죄를 범하고서 5일 동안을 덮어서 감추었던 것에 마땅히 본일치를 주었고, 이전의 죄를 까닭으로 합쳐서 하나의 별주를 주었으며, 마나타를 행하여 마쳤으나 출죄를 받는 기간에 고의로 부정을 출정하였고 한 번의 죄를 5일을 덮어서 감추었던 것에 마땅히 본일치를 주시고, 이전의 죄를 까닭으로 합쳐서 하나의 별주를 주시며, 뒤에 마땅히 6일 밤의 마나타를 주시기를 애원하였고, 승가께서 주셨던 마나타를 행하여 마쳤으므로 출죄를 주시기를 애원하고 있습니다.

만약 승가께서 때에 이르렀다면 마땅히 이 우타이 비구에게 마나타를 행하여 마쳤으나 출죄를 받는 기간에 고의로 부정을 출정하였고 한 번의 죄를 5일을 덮어서 감추었던 것에 마땅히 본일치를 주시고, 이전의 죄를 까닭으로 합쳐서 하나의 별주를 주시며, 뒤에 마땅히 6일 밤의 마나타를 주시기를 애원하였고, 승가께서 주셨던 마나타를 행하여 마쳤으므로 출죄를 주십시오. 이와 같이 아룁니다.'

'대덕 승가께서는 허락하십시오. 이 우타이 비구는 고의로 부정을 출정하였고 한 번의 죄를 보름 동안을 덮어서 감추었으므로, 나는 승가께 고의로 부정을 출정하였고 한 번의 죄를 보름 동안을 덮어서 감추었던 것에 15일의 별주를 주시기를 애원하였습니다. 승가께서는 우타이 비구가 고의로 부정을 출정하였고, 한 번의 죄를 보름 동안을 덮어서 감추지 않은 것에 15일의 별주를 주었으며, 별주를 행하여 마치고서 마땅히 마나타를 행하여 마쳤으나 출죄를 받는 기간에 고의로 부정을 출정하였으나 한 번의 죄를 범하고서 5일 동안을 덮어서 감추었던 것에 마땅히 본일치를 주시고, 이전의 죄를 까닭으로 합쳐서 하나의 별주를 주시기를 애원하였습니다.

승가께서는 우타이 비구가 고의로 부정을 출정하였고, 한 번의 죄를 보름 동안을 덮어서 감추지 않은 것에 15일의 별주를 주었으며, 우타이 비구는 별주를 행하여 마치고서 마땅히 마나타를 받은 기간에 고의로 부정을 출정하였으나 한 번의 죄를 범하고서 5일 동안을 덮어서 감추었던 것에 마땅히 본일치를 주었고, 이전의 죄를 까닭으로 합쳐서 하나의 별주를 주었으나, 마나타를 행하여 마쳤으나 출죄를 받는 기간에 고의로 부정을 출정하였고 한 번의 죄를 5일을 덮어서 감추었던 것에 마땅히 본일치를 주시고, 이전의 죄를 까닭으로 합쳐서 하나의 별주를 주시며, 뒤에 마땅히 6일 밤의 마나타를 주시기를 애원하였고, 승가께서 주셨던 마나타를 행하여 마쳤으므로 출죄를 주시기를 애원하고 있습니다.

만약 승가께서 때에 이르렀다면 마땅히 이 우타이 비구에게 마나타를 행하여 마쳤으나 출죄를 받는 기간에 고의로 부정을 출정하였고 한 번의 죄를 5일을 덮어서 감추었던 것에 마땅히 본일치를 주시고, 이전의 죄를 까닭으로 합쳐서 하나의 별주를 주시며, 뒤에 마땅히 6일 밤의 마나타를 주시기를 애원하였고, 승가께서 주셨던 마나타를 행하여 마쳤으므로 출죄를 주겠습니다.

여러 대덕들께서 우타이 비구가 마나타를 행하여 마쳤으나 출죄를 받는 기간에 고의로 부정을 출정하였고 한 번의 죄를 5일을 덮어서 감추었던 것에 마땅히 본일치를 주시고, 이전의 죄를 까닭으로 합쳐서 하나의 별주를 주시며, 뒤에 마땅히 6일 밤의 마나타를 주시기를 애원하였고, 승가께서 주셨던 마나타를 행하여 마쳤으므로 출죄를 주는 것을 인정하신다면 묵연하시고, 인정하지 않으신다면 말씀하십시오.'

저는 두 번째로 이 일을 아룁니다.

'대덕 승가께서는 허락하십시오. 이 우타이 비구는 고의로 부정을 출정하였고 한 번의 죄를 보름 동안을 덮어서 감추었으므로, 나는 승가께 고의로 부정을 출정하였고 한 번의 죄를 보름 동안을 덮어서 감추었던 것에 15일의 별주를 주시기를 애원하였습니다. 승가께서는 우타이 비구가 고의로 부정을 출정하였고, 한 번의 죄를 보름 동안을 덮어서 감추지 않은 것에 15일의 별주를 주었으며, 별주를 행하여 마치고서 마땅히 마나타를 받은 기간에 고의로 부정을 출정하였으나 한 번의 죄를 범하고서 5일 동안을 덮어서 감추었던 것에 마땅히 본일치를 주시고, 이전의 죄를 까닭으로 합쳐서 하나의 별주를 주시기를 애원하였습니다. …… 여러 대덕들께서 우타이 비구가 마나타를 행하여 마쳤으나 출죄를 받는 기간에 고의로 부정을 출정하였고 한 번의 죄를 5일을 덮어서 감추었던 것에 마땅히 본일치를 주시고, 이전의 죄를 까닭으로 합쳐서 하나의 별주를 주시며, 뒤에 마땅히 6일 밤의 마나타를 주시기를 애원하였고, 승가께서 주셨던 마나타를 행하여 마쳤으므로 출죄를 주는 것을 인정하신다면 묵연하시고, 인정하지 않으신다면 말씀하십시오.'

저는 세 번째로 이 일을 아룁니다.

'대덕 승가께서는 허락하십시오. 이 우타이 비구는 고의로 부정을 출정하였고 한 번의 죄를 보름 동안을 덮어서 감추었으므로, 나는 승가께 고의로 부정을 출정하였고 한 번의 죄를 보름 동안을 덮어서 감추었던 것에 15일의 별주를 주시기를 애원하였습니다. 승가께서는 우타이 비구가 고의로 부정을 출정하였고, 한 번의 죄를 보름 동안을 덮어서 감추지 않은 것에 15일의 별주를 주었으며, 별주를 행하여 마치고서 마땅히 마나타를 받은 기간에 고의로 부정을 출정하였으나 한 번의 죄를 범하고서 5일 동안을 덮어서 감추었던 것에 마땅히 본일치를 주시고, 이전의 죄를 까닭으로 합쳐서 하나의 별주를 주시기를 애원하였습니다. …… 여러 대덕들께서 우타이 비구가 마나타를 행하여 마쳤으나 출죄를 받는 기간에 고의로 부정을 출정하였고 한 번의 죄를 5일을 덮어서 감추었던 것에 마땅히 본일치를 주시고, 이전의 죄를 까닭으로 합쳐서 하나의 별주를 주시며, 뒤에 마땅히 6일 밤의 마나타를 주시기를 애원하였고, 승가께서 주셨던 마나타를 행하여 마쳤으므로 출죄를 주는 것을 인정하신다면 묵연하시고, 인정하지 않으신다면 말씀하십시오.'

'승가시여. …… 우타이 비구에게 마나타를 행하여 마쳤으나 출죄를 받는 기간에 고의로 부정을 출정하였고 한 번의 죄를 5일을 덮어서 감추었던 것에 마땅히 본일치를 주시고, 이전의 죄를 까닭으로 합쳐서 하나의 별주를 주시며, 뒤에 마땅히 6일 밤의 마나타를 주시기를 애원하였고, 승가께서 주셨던 마나타를 행하여 마쳤으므로 출죄를 주는 것을 마쳤습니다. 여러 대덕들께서 인정하신 것은 묵연하였던 까닭입니다. 나는 이와 같이 알고 이해하겠습니다.'"

[부장십오일죄의 출죄를 마친다.]

○ 고부정출정(故不淨出精)을 마친다.

23) 제죄(諸罪) 부장십일죄(覆藏十日罪)

23-1 그때 한 비구는 여러 승잔죄를 범하였는데, 하나의 죄를 나아가 하루를 덮어서 감추었고, 하나의 죄를 나아가 2일을 덮어서 감추었으며, 하나의 죄를 나아가 3일을 덮어서 감추었고, 하나의 죄를 나아가 4일을 덮어서 감추었으며, 하나의 죄를 나아가 5일을 덮어서 감추었고, 하나의 죄를 나아가 6일을 덮어서 감추었으며, 하나의 죄를 나아가 7일을 덮어서 감추었고, 하나의 죄를 나아가 8일을 덮어서 감추었으며, 하나의 죄를 나아가 9일을 덮어서 감추었고, 하나의 죄를 나아가 10일을 덮어서 감추었으며, 그 비구는 여러 비구들에게 알려 말하였다.

"여러 비구들이여. 나는 하나의 죄를 나아가 하루를 덮어서 감추었고, 하나의 죄를 나아가 2일을 덮어서 감추었으며, 하나의 죄를 나아가 3일을 덮어서 감추었고, 하나의 죄를 나아가 4일을 덮어서 감추었으며, 하나의 죄를 나아가 5일을 덮어서 감추었고, 하나의 죄를 나아가 6일을 덮어서 감추었으며, 하나의 죄를 나아가 7일을 덮어서 감추었고, 하나의 죄를 나아가 8일을 덮어서 감추었으며, 하나의 죄를 나아가 9일을 덮어서 감추었고, 하나의 죄를 나아가 10일을 덮어서 감추었습니다. 나는 마땅히 그것을 어떻게 해야 합니까?"

이때 그 여러 비구들은 이 일로써 세존께 아뢰었고, 세존께서는 말씀하셨다.

"여러 비구들이여. 그와 같다면 승가는 그 비구에게 마땅히 여러 죄를 덮어서 감추었던 10일의 죄에 의지하여 하나로 합하고서 하나의 별주를 주어야 하느니라."

23-2 "여러 비구들이여. 마땅히 이와 같이 주어야 하느니라. 여러 비구들이여. 그 비구는 마땅히 승가의 처소에 이르러 오른쪽 어깨를 드러내고 상좌 비구의 발에 예배하고 호궤 합장하고서 이와 같이 아뢰어 말해야 한다.

'여러 대덕들이여. 나는 여러 승잔죄를 범하였는데, 하나의 죄를 나아가 하루를 덮어서 감추었고, 하나의 죄를 나아가 2일을 덮어서 감추었으며, 하나의 죄를 나아가 3일을 덮어서 감추었고, 하나의 죄를 나아가 4일을 덮어서 감추었으며, 하나의 죄를 나아가 5일을 덮어서 감추었고, 하나의 죄를 나아가 6일을 덮어서 감추었으며, 하나의 죄를 나아가 7일을 덮어서 감추었고, 하나의 죄를 나아가 8일을 덮어서 감추었으며, 하나의 죄를 나아가 9일을 덮어서 감추었고, 하나의 죄를 나아가 10일을 덮어서 감추었던 까닭으로 승가께서는 여러 죄를 덮어서 감추었던 10일의 죄에 의지하여 하나로 합하고서 하나의 별주를 주시기를 애원합니다.'"

마땅히 이와 같이 두 번째에도 애원해야 하고, …… 나아가 …… 세 번째에도 애원해야 한다.

23-3 마땅히 한 총명하고 현명하며 능력있는 비구가 승가의 가운데에서 창언해야 한다.

"대덕 승가께서는 허락하십시오. 이 비구는 여러 승잔죄를 범하였는데, 하나의 죄를 나아가 하루를 덮어서 감추었고, 하나의 죄를 나아가 2일을 덮어서 감추었으며, 하나의 죄를 나아가 3일을 덮어서 감추었고, 하나의 죄를 나아가 4일을 덮어서 감추었으며, 하나의 죄를 나아가 5일을 덮어서 감추었고, 하나의 죄를 나아가 6일을 덮어서 감추었으며, 하나의 죄를 나아가 7일을 덮어서 감추었고, 하나의 죄를 나아가 8일을 덮어서 감추었으며, 하나의 죄를 나아가 9일을 덮어서 감추었고, 하나의 죄를 나아가 10일을 덮어서 감추었던 까닭으로 승가께서는 여러 죄를 덮어서 감추었던 10일의 죄에 의지하여 하나로 합하고서 하나의 별주를 주시기를 애원하고 있습니다.

만약 승가께서 때에 이르렀다면 마땅히 이 비구가 여러 승잔죄를 범하였는데, 하나의 죄를 나아가 하루를 덮어서 감추었고, 하나의 죄를 나아가 2일을 덮어서 감추었으며, 하나의 죄를 나아가 3일을 덮어서 감추었고, 하나의 죄를 나아가 4일을 덮어서 감추었으며, 하나의 죄를 나아가 5일을 덮어서 감추었고, 하나의 죄를 나아가 6일을 덮어서 감추었으며, 하나의 죄를 나아가 7일을 덮어서 감추었고, 하나의 죄를 나아가 8일을 덮어서 감추었으며, 하나의 죄를 나아가 9일을 덮어서 감추었고, 하나의 죄를 나아가 10일을 덮어서 감추었던 까닭으로 승가께서는 여러 죄를 덮어서 감추었던 10일의 죄에 의지하여 하나로 합하고서 하나의 별주를 주십시오. 이와 같이 아룁니다.'

'대덕 승가께서는 허락하십시오. 이 비구는 여러 승잔죄를 범하였는데, 하나의 죄를 나아가 하루를 덮어서 감추었고, 하나의 죄를 나아가 2일을 덮어서 감추었으며, 하나의 죄를 나아가 3일을 덮어서 감추었고, 하나의 죄를 나아가 4일을 덮어서 감추었으며, 하나의 죄를 나아가 5일을 덮어서 감추었고, 하나의 죄를 나아가 6일을 덮어서 감추었으며, 하나의 죄를 나아가 7일을 덮어서 감추었고, 하나의 죄를 나아가 8일을 덮어서 감추었으며, 하나의 죄를 나아가 9일을 덮어서 감추었고, 하나의 죄를 나아가 10일을 덮어서 감추었던 까닭으로 승가께서는 여러 죄를 덮어서 감추었던 10일의 죄에 의지하여 하나로 합하고서 하나의 별주를 주시기를 애원하고 있습니다.

만약 승가께서 때에 이르렀다면 마땅히 이 비구가 여러 승잔죄를 범하였는데, 하나의 죄를 나아가 하루를 덮어서 감추었고, 하나의 죄를 나아가 2일을 덮어서 감추었으며, 하나의 죄를 나아가 3일을 덮어서 감추었고, 하나의 죄를 나아가 4일을 덮어서 감추었으며, 하나의 죄를 나아가 5일을 덮어서 감추었고, 하나의 죄를 나아가 6일을 덮어서 감추었으며, 하나의 죄를 나아가 7일을 덮어서 감추었고, 하나의 죄를 나아가 8일을 덮어서 감추었으며, 하나의 죄를 나아가 9일을 덮어서 감추었고, 하나의 죄를 나아가 10일을 덮어서 감추었던 까닭으로 승가께서는 여러 죄를 덮어서 감추었던 10일의 죄에 의지하여 하나로 합하고서 하나의 별주를 주겠습니다.

여러 대덕들께서 이 비구에게 여러 승잔죄를 범하였는데, 하나의 죄를 나아가 하루를 덮어서 감추었고, 하나의 죄를 나아가 2일을 덮어서 감추었으며, 하나의 죄를 나아가 3일을 덮어서 감추었고, 하나의 죄를 나아가 4일을 덮어서 감추었으며, 하나의 죄를 나아가 5일을 덮어서 감추었고, 하나의 죄를 나아가 6일을 덮어서 감추었으며, 하나의 죄를 나아가 7일을 덮어서 감추었고, 하나의 죄를 나아가 8일을 덮어서 감추었으며, 하나의 죄를 나아가 9일을 덮어서 감추었고, 하나의 죄를 나아가 10일을 덮어서 감추었던 까닭으로 승가께서는 여러 죄를 덮어서 감추었던 10일의 죄에 의지하여 하나로 합하고서 하나의 별주를 주는 것을 인정하신다면 묵연하시고, 인정하지 않으신다면 말씀하십시오.'

저는 두 번째로 이 일을 아룁니다.

'대덕 승가께서는 허락하십시오. 이 비구는 여러 승잔죄를 범하였는데, 하나의 죄를 나아가 하루를 덮어서 감추었고, 하나의 죄를 나아가 2일을 덮어서 감추었으며, …… 하나의 죄를 나아가 10일을 덮어서 감추었던 까닭으로 승가께서는 여러 죄를 덮어서 감추었던 10일의 죄에 의지하여 하나로 합하고서 하나의 별주를 주시기를 애원하고 있습니다. …… 여러 대덕들께서 이 비구에게 여러 승잔죄를 범하였는데, 하나의 죄를 나아가 하루를 덮어서 감추었고, 하나의 죄를 나아가 2일을 덮어서 감추었으며, …… 하나의 죄를 나아가 10일을 덮어서 감추었던 까닭으로 승가께서는 여러 죄를 덮어서 감추었던 10일의 죄에 의지하여 하나로 합하고서 하나의 별주를 주는 것을 인정하신다면 묵연하시고, 인정하지 않으신다면 말씀하십시오.'

저는 세 번째로 이 일을 아룁니다.

'대덕 승가께서는 허락하십시오. 이 비구는 여러 승잔죄를 범하였는데, 하나의 죄를 나아가 하루를 덮어서 감추었고, 하나의 죄를 나아가 2일을 덮어서 감추었으며, …… 하나의 죄를 나아가 10일을 덮어서 감추었던 까닭으로 승가께서는 여러 죄를 덮어서 감추었던 10일의 죄에 의지하여 하나로 합하고서 하나의 별주를 주시기를 애원하고 있습니다. …… 여러 대덕들께서 이 비구에게 여러 승잔죄를 범하였는데, 하나의 죄를 나아가 하루를 덮어서 감추었고, 하나의 죄를 나아가 2일을 덮어서 감추었으며, …… 하나의 죄를 나아가 10일을 덮어서 감추었던 까닭으로 승가께서는 여러 죄를 덮어서 감추었던 10일의 죄에 의지하여 하나로 합하고서 하나의 별주를 주는 것을 인정하신다면 묵연하시고, 인정하지 않으신다면 말씀하십시오.'

'승가시여. 이 비구는 여러 승잔죄를 범하였는데, 하나의 죄를 나아가 하루를 덮어서 감추었고, 하나의 죄를 나아가 2일을 덮어서 감추었으며, …… 하나의 죄를 나아가 10일을 덮어서 감추었던 까닭으로 승가께서는 여러 죄를 덮어서 감추었던 10일의 죄에 의지하여 하나로 합하고서 하나의 별주를 주는 것을 마쳤습니다. 여러 대덕들께서 인정하신 것은 묵연하였던 까닭입니다. 나는 이와 같이 알고 이해하겠습니다.'"

[제죄 부장십일죄를 마친다.]

24) 제죄(諸罪) 부장최구죄(覆藏最久罪) ①

24-1 그때 한 비구는 여러 승잔죄를 범하였는데, 하나의 죄를 나아가 하루를 덮어서 감추었고, 두 번의 죄를 나아가 2일을 덮어서 감추었으며, 세 번의 죄를 나아가 3일을 덮어서 감추었고, 네 번의 죄를 나아가 4일을 덮어서 감추었으며, 다섯 번의 죄를 나아가 5일을 덮어서 감추었고,

여섯 번의 죄를 나아가 6일을 덮어서 감추었으며, 일곱 번의 죄를 나아가 7일을 덮어서 감추었고, 여덟 번의 죄를 나아가 8일을 덮어서 감추었으며, 아홉 번의 죄를 나아가 9일을 덮어서 감추었고, 열 번의 죄를 나아가 10일을 덮어서 감추었으며, 그 비구는 여러 비구들에게 알려 말하였다.

"여러 비구들이여. 나는 하나의 죄를 나아가 하루를 덮어서 감추었고, 두 번의 죄를 나아가 2일을 덮어서 감추었으며, 세 번의 죄를 나아가 3일을 덮어서 감추었고, 네 번의 죄를 나아가 4일을 덮어서 감추었으며, 다섯 번의 죄를 나아가 5일을 덮어서 감추었고, 여섯 번의 죄를 나아가 6일을 덮어서 감추었으며, 일곱 번의 죄를 나아가 7일을 덮어서 감추었고, 여덟 번의 죄를 나아가 8일을 덮어서 감추었으며, 아홉 번의 죄를 나아가 9일을 덮어서 감추었고, 열 번의 죄를 나아가 10일을 덮어서 감추었습니다. 나는 마땅히 그것을 어떻게 해야 합니까?"

이때 그 여러 비구들은 이 일로써 세존께 아뢰었고, 세존께서는 말씀하셨다.

"여러 비구들이여. 그와 같다면 승가는 그 비구에게 마땅히 여러 죄를 덮어서 감추었던 것에 의지하여 하나로 합하고서 하나의 별주를 주어야 하느니라."

24-2 "여러 비구들이여. 마땅히 이와 같이 주어야 하느니라. 여러 비구들이여. 그 비구는 마땅히 승가의 처소에 이르러 오른쪽 어깨를 드러내고 상좌 비구의 발에 예배하고 호궤 합장하고서 이와 같이 아뢰어 말해야 한다.

'여러 대덕들이여. 나는 여러 승잔죄를 범하였는데, 하나의 죄를 나아가 하루를 덮어서 감추었고, 두 번의 죄를 나아가 2일을 덮어서 감추었으며, 세 번의 죄를 나아가 3일을 덮어서 감추었고, 네 번의 죄를 나아가 4일을 덮어서 감추었으며, 다섯 번의 죄를 나아가 5일을 덮어서 감추었고, 여섯 번의 죄를 나아가 6일을 덮어서 감추었으며, 일곱 번의 죄를 나아가 7일을 덮어서 감추었고, 여덟 번의 죄를 나아가 8일을 덮어서 감추었으며,

아홉 번의 죄를 나아가 9일을 덮어서 감추었고, 열 번의 죄를 나아가 10일을 덮어서 감추었던 가장 오래된 죄에 의지하여 하나로 합하고서 하나의 별주를 행하게 주시기를 애원합니다.'"

마땅히 이와 같이 두 번째에도 애원해야 하고, …… 나아가 …… 세 번째에도 애원해야 한다.

24-3 마땅히 한 총명하고 현명하며 능력있는 비구가 승가의 가운데에서 창언해야 한다.

"대덕 승가께서는 허락하십시오. 이 비구는 여러 승잔죄를 범하였는데, 하나의 죄를 나아가 하루를 덮어서 감추었고, 두 번의 죄를 나아가 2일을 덮어서 감추었으며, 세 번의 죄를 나아가 3일을 덮어서 감추었고, 네 번의 죄를 나아가 4일을 덮어서 감추었으며, 다섯 번의 죄를 나아가 5일을 덮어서 감추었고, 여섯 번의 죄를 나아가 6일을 덮어서 감추었으며, 일곱 번의 죄를 나아가 7일을 덮어서 감추었고, 여덟 번의 죄를 나아가 8일을 덮어서 감추었으며, 아홉 번의 죄를 나아가 9일을 덮어서 감추었고, 열 번의 죄를 나아가 10일을 덮어서 감추었던 가장 오래된 죄에 의지하여 하나로 합하고서 하나의 별주를 행하게 주시기를 애원하고 있습니다.

만약 승가께서 때에 이르렀다면 마땅히 이 비구가 여러 승잔죄를 범하였는데, 하나의 죄를 나아가 하루를 덮어서 감추었고, 두 번의 죄를 나아가 2일을 덮어서 감추었으며, 세 번의 죄를 나아가 3일을 덮어서 감추었고, 네 번의 죄를 나아가 4일을 덮어서 감추었으며, 다섯 번의 죄를 나아가 5일을 덮어서 감추었고, 여섯 번의 죄를 나아가 6일을 덮어서 감추었으며, 일곱 번의 죄를 나아가 7일을 덮어서 감추었고, 여덟 번의 죄를 나아가 8일을 덮어서 감추었으며, 아홉 번의 죄를 나아가 9일을 덮어서 감추었고, 열 번의 죄를 나아가 10일을 덮어서 감추었던 가장 오래된 죄에 의지하여 하나로 합하고서 하나의 별주를 행하게 주십시오. 이와 같이 아룁니다.'

'대덕 승가께서는 허락하십시오. 이 비구는 여러 승잔죄를 범하였는데,

하나의 죄를 나아가 하루를 덮어서 감추었고, 두 번의 죄를 나아가 2일을 덮어서 감추었으며, 세 번의 죄를 나아가 3일을 덮어서 감추었고, 네 번의 죄를 나아가 4일을 덮어서 감추었으며, 다섯 번의 죄를 나아가 5일을 덮어서 감추었고, 여섯 번의 죄를 나아가 6일을 덮어서 감추었으며, 일곱 번의 죄를 나아가 7일을 덮어서 감추었고, 여덟 번의 죄를 나아가 8일을 덮어서 감추었으며, 아홉 번의 죄를 나아가 9일을 덮어서 감추었고, 열 번의 죄를 나아가 10일을 덮어서 감추었던 가장 오래된 죄에 의지하여 하나로 합하고서 하나의 별주를 행하게 주시기를 애원하고 있습니다.

만약 승가께서 때에 이르렀다면 마땅히 이 비구가 여러 승잔죄를 범하였는데, 하나의 죄를 나아가 하루를 덮어서 감추었고, 두 번의 죄를 나아가 2일을 덮어서 감추었으며, 세 번의 죄를 나아가 3일을 덮어서 감추었고, 네 번의 죄를 나아가 4일을 덮어서 감추었으며, 다섯 번의 죄를 나아가 5일을 덮어서 감추었고, 여섯 번의 죄를 나아가 6일을 덮어서 감추었으며, 일곱 번의 죄를 나아가 7일을 덮어서 감추었고, 여덟 번의 죄를 나아가 8일을 덮어서 감추었으며, 아홉 번의 죄를 나아가 9일을 덮어서 감추었고, 열 번의 죄를 나아가 10일을 덮어서 감추었던 가장 오래된 죄에 의지하여 하나로 합하고서 하나의 별주를 행하게 주겠습니다.

여러 대덕들께서 이 비구에게 여러 승잔죄를 범하였는데, 하나의 죄를 나아가 하루를 덮어서 감추었고, 두 번의 죄를 나아가 2일을 덮어서 감추었으며, 세 번의 죄를 나아가 3일을 덮어서 감추었고, 네 번의 죄를 나아가 4일을 덮어서 감추었으며, 다섯 번의 죄를 나아가 5일을 덮어서 감추었고, 여섯 번의 죄를 나아가 6일을 덮어서 감추었으며, 일곱 번의 죄를 나아가 7일을 덮어서 감추었고, 여덟 번의 죄를 나아가 8일을 덮어서 감추었으며, 아홉 번의 죄를 나아가 9일을 덮어서 감추었고, 열 번의 죄를 나아가 10일을 덮어서 감추었던 가장 오래된 죄에 의지하여 하나로 합하고서 하나의 별주를 행하게 주는 것을 인정하신다면 묵연하시고, 인정하지 않으신다면 말씀하십시오.'

저는 두 번째로 이 일을 아룁니다.

'대덕 승가께서는 허락하십시오. 이 비구는 여러 승잔죄를 범하였는데, 하나의 죄를 나아가 하루를 덮어서 감추었고, 하나의 죄를 나아가 2일을 덮어서 감추었으며, …… 하나의 죄를 나아가 10일을 덮어서 감추었던 까닭으로 승가께서는 여러 죄를 덮어서 감추었던 10일의 죄에 의지하여 하나로 합하고서 하나의 별주를 주시기를 애원하고 있습니다. …… 여러 대덕들께서 이 비구에게 여러 승잔죄를 범하였는데, 하나의 죄를 나아가 하루를 덮어서 감추었고, 하나의 죄를 나아가 2일을 덮어서 감추었으며, …… 열 번의 죄를 나아가 10일을 덮어서 감추었던 가장 오래된 죄에 의지하여 하나로 합하고서 하나의 별주를 주는 것을 인정하신다면 묵연하시고, 인정하지 않으신다면 말씀하십시오.'

저는 세 번째로 이 일을 아룁니다.

'대덕 승가께서는 허락하십시오. 이 비구는 여러 승잔죄를 범하였는데, 하나의 죄를 나아가 하루를 덮어서 감추었고, 하나의 죄를 나아가 2일을 덮어서 감추었으며, …… 하나의 죄를 나아가 10일을 덮어서 감추었던 까닭으로 승가께서는 여러 죄를 덮어서 감추었던 10일의 죄에 의지하여 하나로 합하고서 하나의 별주를 주시기를 애원하고 있습니다. …… 여러 대덕들께서 이 비구에게 여러 승잔죄를 범하였는데, 하나의 죄를 나아가 하루를 덮어서 감추었고, 하나의 죄를 나아가 2일을 덮어서 감추었으며, …… 열 번의 죄를 나아가 10일을 덮어서 감추었던 가장 오래된 죄에 의지하여 하나로 합하고서 하나의 별주를 주는 것을 인정하신다면 묵연하시고, 인정하지 않으신다면 말씀하십시오.'

'승가시여. 이 비구는 여러 승잔죄를 범하였는데, 하나의 죄를 나아가 하루를 덮어서 감추었고, 하나의 죄를 나아가 2일을 덮어서 감추었으며, …… 하나의 죄를 나아가 10일을 덮어서 감추었던 까닭으로 승가께서는 여러 죄를 덮어서 감추었던 10일의 죄에 의지하여 하나로 합하고서 하나의 별주를 주는 것을 마쳤습니다. 여러 대덕들께서 인정하신 것은 묵연하였던 까닭입니다. 나는 이와 같이 알고 이해하겠습니다.'"

25) 제죄 부장죄구죄 ②

25-1 그때 한 비구는 두 번의 승잔을 범하였는데, 2개월을 덮어서 감추었으며, 그 비구는 마음에서 '나는 두 번의 승잔을 범하였고 2개월을 덮어서 감추었다. 나는 마땅히 승가의 가운데에서 2개월을 덮어서 감추었던 첫째의 죄를 드러내고 2개월의 별주를 청해야겠다.'라고 이렇게 사유하였다. 그 비구는 승가의 가운데에서 2개월을 덮어서 감추었던 첫째의 죄를 드러내고서 2개월의 별주를 행하려고 청하였고, 승가는 2개월을 덮어서 감추었던 첫째의 죄를 까닭으로 비구에게 2개월의 별주를 주었다.

그 비구는 별주하는 중간에 마음에서 후회가 생겨났으며, '나는 두 번의 승잔을 범하고서 2개월을 덮어서 감추었고, 이때 〈나는 두 번의 승잔을 범하고서 2개월을 덮어서 감추었다. 나는 마땅히 승가에게 2개월을 덮어서 감추었던 첫째의 죄를 드러내었던 까닭으로 마땅히 2개월의 별주를 행하겠다.〉라고 생각하였고, 나는 2개월을 덮어서 감추었던 첫째의 죄를 까닭으로 이미 승가에게 2개월의 별주를 행하겠다고 청하였고, 승가는 2개월을 덮어서 감추었던 첫째의 죄를 까닭으로 나에게 2개월의 별주를 주었는데, 나는 별주하는 중간에 마음에서 후회가 생겨났으니, 〈나는 마땅히 2개월을 덮어서 감추었던 둘째의 죄를 까닭으로 승가에게 마땅히 2개월의 별주를 청해야겠다.〉'라고 이렇게 생각하였다.

25-2 그 비구는 여러 비구들에게 알려 말하였다.

"여러 비구들이여. 나는 두 번의 승잔을 범하였는데, 2개월을 덮어서 감추었으며 마음에서 '두 번의 승잔을 범하였고 2개월을 덮어서 감추었으나, 마땅히 승가의 가운데에서 2개월을 덮어서 감추었던 첫째의 죄를 드러내고 2개월의 별주를 청해야겠다.'라고 이와 같이 사유하였습니다. 나는 승가의 가운데에서 2개월을 덮어서 감추었던 첫째의 죄를 드러내고서 2개월의 별주를 행하려고 청하였고, 승가는 2개월을 덮어서 감추었던 첫째의 죄를 까닭으로 나에게 2개월의 별주를 주었습니다.

나는 별주하는 중간에 마음에서 후회가 생겨났는데, '나는 두 번의 승잔을 범하고서 2개월을 덮어서 감추었고, 이때 〈나는 두 번의 승잔을 범하고서 2개월을 덮어서 감추었다. 나는 마땅히 승가에게 2개월을 덮어서 감추었던 첫째의 죄를 드러내었던 까닭으로 마땅히 2개월의 별주를 행하겠다.〉라고 생각하였고, 나는 2개월을 덮어서 감추었던 첫째의 죄를 까닭으로 이미 승가에게 2개월의 별주를 행하겠다고 청하였고, 승가는 2개월을 덮어서 감추었던 첫째의 죄를 까닭으로 나에게 2개월의 별주를 주었는데, 나는 별주하는 중간에 마음에서 후회가 생겨났으니, 〈나는 마땅히 2개월을 덮어서 감추었던 둘째의 죄를 까닭으로 승가에게 마땅히 2개월의 별주를 청해야겠다.〉라고 생각하였습니다. 나는 마땅히 그것을 어떻게 해야 합니까?"

이때 그 여러 비구들은 이 일로써 세존께 아뢰었고, 세존께서는 말씀하셨다.

"여러 비구들이여. 그와 같다면 승가는 그 비구에게 마땅히 두 번의 죄를 2개월을 덮어서 감추었던 까닭으로 2개월의 별주를 주어야 하느니라."

25-3 "여러 비구들이여. 마땅히 이와 같이 주어야 하느니라. 여러 비구들이여. 그 비구는 마땅히 승가의 처소에 이르러 오른쪽 어깨를 드러내고 상좌 비구의 발에 예배하고 호궤 합장하고서 이와 같이 아뢰어 말해야 한다.

'여러 대덕들이여. 나는 두 번의 승잔을 범하였는데, 2개월을 덮어서 감추었으며 마음에서 '두 번의 승잔을 범하였고 2개월을 덮어서 감추었으나, 마땅히 승가의 가운데에서 2개월을 덮어서 감추었던 첫째의 죄를 드러내고 2개월의 별주를 청해야겠다.'라고 이와 같이 사유하였습니다.

나는 승가의 가운데에서 2개월을 덮어서 감추었던 첫째의 죄를 드러내었고 2개월의 별주를 행하려고 청하였고, 승가는 2개월을 덮어서 감추었던 첫째의 죄를 까닭으로 나에게 2개월의 별주를 주었으나, 별주하는 중간에 마음에서 후회가 생겨났는데, '나는 두 번의 승잔을 범하고서 2개월을 덮어서 감추었으며, 이때 나는 이것을 두 번의 승잔을 범하였고 2개월을 덮어서 감추었으니, 마땅히 승가의 가운데에서 2개월을 덮어서 감추었던 첫째의 죄를 드러내고 2개월의 별주를 청해야겠다.'라고 생각하였습니다.

나는 2개월을 덮어서 감추었던 첫째의 죄를 까닭으로 승가께 이미 2개월의 별주를 행하겠다고 청하였고, 승가는 2개월을 덮어서 감추었던 첫째의 죄를 까닭으로 나에게 2개월의 별주를 주었으나, 나는 별주하는 중간에 마음에서 후회가 생겨났으므로, 〈나는 마땅히 2개월을 덮어서 감추었던 둘째의 죄를 까닭으로 둘째의 죄를 드러내고 2개월의 별주를 청해야겠다.〉라고 생각하였으므로 2개월의 별주를 행하게 주시기를 애원합니다.'"

마땅히 이와 같이 두 번째에도 애원해야 하고, …… 나아가 …… 세 번째에도 애원해야 한다.

25-4 마땅히 한 총명하고 현명하며 능력있는 비구가 승가의 가운데에서 창언해야 한다.

"대덕 승가께서는 허락하십시오. 이 비구는 두 번의 승잔을 범하였는데, 2개월을 덮어서 감추었으며 마음에서 '두 번의 승잔을 범하였고 2개월을 덮어서 감추었으나, 마땅히 승가의 가운데에서 2개월을 덮어서 감추었던 첫째의 죄를 드러내고 2개월의 별주를 청해야겠다.'라고 이와 같이 사유하였습니다.

이 비구는 승가의 가운데에서 2개월을 덮어서 감추었던 첫째의 죄를 드러내었고 2개월의 별주를 행하려고 청하였고, 승가는 2개월을 덮어서 감추었던 첫째의 죄를 까닭으로 이 비구에게 2개월의 별주를 주었으나, 별주하는 중간에 마음에서 후회가 생겨나서, '이 비구는 두 번의 승잔을 범하고서 2개월을 덮어서 감추었으나, 이때 이것을 두 번의 승잔을 범하였고 2개월을 덮어서 감추었으니, 마땅히 승가의 가운데에서 2개월을 덮어서 감추었던 첫째의 죄를 드러내고 2개월의 별주를 청해야겠다.'라고 생각하였습니다.

이 비구는 2개월을 덮어서 감추었던 첫째의 죄를 까닭으로 승가께 이미 2개월의 별주를 행하겠다고 청하였고, 승가는 2개월을 덮어서 감추었던 첫째의 죄를 까닭으로 나에게 2개월의 별주를 주었으나, 이 비구는 별주하는 중간에 마음에서 후회가 생겨났으므로, 나는 마땅히 2개월을 덮어서 감추었던 둘째의 죄를 까닭으로 둘째의 죄를 드러내고 2개월의 별주를 청해야겠다.'라고 생각하였으므로 2개월의 별주를 행하게 주시기를 애원하고 있습니다.

만약 승가께서 때에 이르렀다면 마땅히 이 비구가 2개월을 덮어서 감추었던 첫째의 죄를 까닭으로 승가께 이미 2개월의 별주를 행하겠다고 청하였고, 승가는 2개월을 덮어서 감추었던 첫째의 죄를 까닭으로 나에게 2개월의 별주를 주었으나, 이 비구는 별주하는 중간에 마음에서 후회가 생겨났으므로, 나는 마땅히 2개월을 덮어서 감추었던 둘째의 죄를 까닭으로 둘째의 죄를 드러내고 2개월의 별주를 청해야겠다.'라고 생각하였으므로 2개월의 별주를 행하게 주십시오. 이와 같이 아룁니다.'

'대덕 승가께서는 허락하십시오. 이 비구는 두 번의 승잔을 범하였는데, 2개월을 덮어서 감추었으며 마음에서 '두 번의 승잔을 범하였고 2개월을 덮어서 감추었으나, 마땅히 승가의 가운데에서 2개월을 덮어서 감추었던 첫째의 죄를 드러내고 2개월의 별주를 청해야겠다.'라고 이와 같이 사유하였습니다.

이 비구는 승가의 가운데에서 2개월을 덮어서 감추었던 첫째의 죄를 드러내었고 2개월의 별주를 행하려고 청하였고, 승가는 2개월을 덮어서 감추었던 첫째의 죄를 까닭으로 이 비구에게 2개월의 별주를 주었으나, 별주하는 중간에 마음에서 후회가 생겨나서, '이 비구는 두 번의 승잔을 범하고서 2개월을 덮어서 감추었으나, 이때 이것을 두 번의 승잔을 범하였고 2개월을 덮어서 감추었으니, 마땅히 승가의 가운데에서 2개월을 덮어서 감추었던 첫째의 죄를 드러내고 2개월의 별주를 청해야겠다.'라고 생각하였습니다.

 이 비구는 2개월을 덮어서 감추었던 첫째의 죄를 까닭으로 승가께 이미 2개월의 별주를 행하겠다고 청하였고, 승가는 2개월을 덮어서 감추었던 첫째의 죄를 까닭으로 나에게 2개월의 별주를 주었으나, 이 비구는 별주하는 중간에 마음에서 후회가 생겨났으므로, 나는 마땅히 2개월을 덮어서 감추었던 둘째의 죄를 까닭으로 둘째의 죄를 드러내고 2개월의 별주를 청해야겠다.'라고 생각하였으므로 2개월의 별주를 행하게 주시기를 애원하고 있습니다.

 만약 승가께서 때에 이르렀다면 마땅히 이 비구가 2개월을 덮어서 감추었던 첫째의 죄를 까닭으로 승가께 이미 2개월의 별주를 행하겠다고 청하였고, 승가는 2개월을 덮어서 감추었던 첫째의 죄를 까닭으로 나에게 2개월의 별주를 주었으나, 이 비구는 별주하는 중간에 마음에서 후회가 생겨났으므로, 나는 마땅히 2개월을 덮어서 감추었던 둘째의 죄를 까닭으로 둘째의 죄를 드러내고 2개월의 별주를 청해야겠다.'라고 생각하였으므로 2개월의 별주를 행하게 주겠습니다.

 여러 대덕들께서 이 비구에게 2개월을 덮어서 감추었던 첫째의 죄를 까닭으로 승가께 이미 2개월의 별주를 행하겠다고 청하였고, 승가는 2개월을 덮어서 감추었던 첫째의 죄를 까닭으로 나에게 2개월의 별주를 주었으나, 이 비구는 별주하는 중간에 마음에서 후회가 생겨났으므로, 나는 마땅히 2개월을 덮어서 감추었던 둘째의 죄를 까닭으로 둘째의 죄를 드러내고 2개월의 별주를 주는 것을 인정하신다면 묵연하시고, 인정하지 않으신다면 말씀하십시오.'

 저는 두 번째로 이 일을 아룁니다.

 '대덕 승가께서는 허락하십시오. 이 비구는 두 번의 승잔을 범하였는데, 2개월을 덮어서 감추었으며 마음에서 '두 번의 승잔을 범하였고 2개월을 덮어서 감추었으나, 마땅히 승가의 가운데에서 2개월을 덮어서 감추었던 첫째의 죄를 드러내고 2개월의 별주를 청해야겠다.'라고 이와 같이 사유하였습니다. …… 여러 대덕들께서 이 비구에게 2개월을 덮어서 감추었던 첫째의 죄를 까닭으로 승가께 이미 2개월의 별주를 행하겠다고 청하였고, 승가는 2개월을 덮어서 감추었던 첫째의 죄를 까닭으로 나에게 2개월의 별주를 주었으나, 이 비구는 별주하는 중간에 마음에서 후회가 생겨났으므로, 나는 마땅히 2개월을 덮어서 감추었던 둘째의 죄를 까닭으로 둘째의 죄를 드러내고 2개월의 별주를 주는 것을 인정하신다면 묵연하시고, 인정하지 않으신다면 말씀하십시오.'

저는 세 번째로 이 일을 아룁니다.

'대덕 승가께서는 허락하십시오. 이 비구는 두 번의 승잔을 범하였는데, 2개월을 덮어서 감추었으며 마음에서 '두 번의 승잔을 범하였고 2개월을 덮어서 감추었으나, 마땅히 승가의 가운데에서 2개월을 덮어서 감추었던 첫째의 죄를 드러내고 2개월의 별주를 청해야겠다.'라고 이와 같이 사유하였습니다. …… 여러 대덕들께서 이 비구에게 2개월을 덮어서 감추었던 첫째의 죄를 까닭으로 승가께 이미 2개월의 별주를 행하겠다고 청하였고, 승가는 2개월을 덮어서 감추었던 첫째의 죄를 까닭으로 나에게 2개월의 별주를 주었으나, 이 비구는 별주하는 중간에 마음에서 후회가 생겨났으므로, 나는 마땅히 2개월을 덮어서 감추었던 둘째의 죄를 까닭으로 둘째의 죄를 드러내고 2개월의 별주를 주는 것을 인정하신다면 묵연하시고, 인정하지 않으신다면 말씀하십시오.'

'승가시여. 이 비구에게 2개월을 덮어서 감추었던 첫째의 죄를 까닭으로 승가께 이미 2개월의 별주를 행하겠다고 청하였고, 승가는 2개월을 덮어서 감추었던 첫째의 죄를 까닭으로 나에게 2개월의 별주를 주었으나, 이 비구는 별주하는 중간에 마음에서 후회가 생겨났으므로, 나는 마땅히 2개월을 덮어서 감추었던 둘째의 죄를 까닭으로 둘째의 죄를 드러내고 2개월의 별주를 주는 것을 마쳤습니다. 여러 대덕들께서 인정하신 것은 묵연하였던 까닭입니다. 나는 이와 같이 알고 이해하겠습니다.'"

"여러 비구들이여. 그 비구에게 마땅히 2개월의 별주를 주어야 하느니라."

[제죄 부장죄구죄를 마친다.]

26) 제죄 부장이월죄(覆藏二月罪) ①

26-1 "여러 비구들이여. 이 처소에서 한 비구가 있었고 두 번의 승잔을 범하였는데, 2개월을 덮어서 감추었으며, 그 비구는 마음에서 '나는 두 번의 승잔을 범하였고 2개월을 덮어서 감추었다. 나는 마땅히 승가의 가운데에서 2개월을 덮어서 감추었던 첫째의 죄를 드러내고서 2개월의 별주를 행하는 것을 청해야겠다.'라고 이렇게 사유하였느니라. 그 비구는 승가의 가운데에서 2개월을 덮어서 감추었던 첫째의 죄를 드러내고서 2개월의 별주를 행하려고 청하였고, 승가는 2개월을 덮어서 감추었던 첫째의 죄를 까닭으로 나에게 2개월의 별주를 주었다.

그 비구는 별주하는 때에 마음에서 후회가 생겨났는데, '나는 두 번의 승잔을 범하고서 2개월을 덮어서 감추었고, 이때 나는 〈나는 두 번의 승잔을 범하고서 2개월을 덮어서 감추었다. 나는 마땅히 승가에게 2개월을 덮어서 감추었던 첫째의 죄를 드러내었던 까닭으로 마땅히 2개월의 별주를 행하겠다.〉라고 생각하였으며, 나는 2개월을 덮어서 감추었던 첫째의 죄를 까닭으로 이미 승가에게 2개월의 별주를 행하겠다고 청하였고, 승가는 2개월을 덮어서 감추었던 첫째의 죄를 까닭으로 나에게 2개월의 별주를 주었는데, 나는 별주하는 때에 마음에서 후회가 생겨났으니, 〈나는 마땅히 2개월을 덮어서 감추었던 둘째의 죄를 까닭으로 승가에게 마땅히 2개월의 별주를 청해야겠다.〉'라고 이렇게 생각하였다.

여러 비구들이여. 그 비구는 마땅히 이것을 까닭으로 2개월을 별주해야 하느니라."

26-2 "여러 비구들이여. 이 처소에서 한 비구가 있었고 두 번의 승잔을 범하였는데, 2개월을 덮어서 감추었으며, 하나의 죄는 죄라고 알았고 다른 하나는 죄라고 알지 못하였느니라. 그 비구는 2개월을 덮어서 감추었던 죄를 알고서 승가에게 2개월의 별주를 행하려고 청하였고, 승가는 2개월을 덮어서 감추었던 죄의 2개월의 별주를 주었다.

그 비구는 별주하는 때에 다른 하나의 죄를 알고서 후회가 생겨났는데, '나는 두 번의 승잔을 범하고서 2개월을 덮어서 감추었고, 이때 나는 〈나는 두 번의 승잔을 범하고서 2개월을 덮어서 감추었는데, 하나의 죄는 알았고 다른 하나는 알지 못하였다. 나는 마땅히 승가에게 2개월을 덮어서 감추었던 죄를 드러내었던 까닭으로 마땅히 2개월의 별주를 행하겠다.〉라고 생각하였으며, 나는 2개월을 덮어서 감추었던 첫째의 죄를 까닭으로 이미 승가에게 2개월의 별주를 행하겠다고 청하였고, 승가는 2개월을 덮어서 감추었던 죄를 까닭으로 나에게 2개월의 별주를 주었는데, 나는 별주하는 때에 다른 하나가 역시 죄라고 알았으니, 〈나는 마땅히 2개월을 덮어서 감추었던 다른 하나의 죄를 까닭으로 승가에게 마땅히 2개월의 별주를 청해야겠다.〉'라고 이렇게 생각하였다.

여러 비구들이여. 그 비구는 마땅히 이것을 까닭으로 2개월을 별주해야 하느니라."

26-3 "여러 비구들이여. 이 처소에서 한 비구가 있었고 두 번의 승잔을 범하였는데, 2개월을 덮어서 감추었으며, 하나의 죄는 억념하였고 다른 하나의 죄는 억념하지 못하였느니라. 그 비구는 2개월을 덮어서 감추었던 죄를 억념하고서 승가에게 2개월의 별주를 행하려고 청하였고, 승가는 2개월을 덮어서 감추었던 죄의 2개월의 별주를 주었다.

그 비구는 별주하는 때에 다른 하나의 죄를 억념하고서 후회가 생겨났는데, '나는 두 번의 승잔을 범하고서 2개월을 덮어서 감추었고, 이때 〈나는 두 번의 승잔을 범하고서 2개월을 덮어서 감추었는데, 하나의 죄는 억념하였고 다른 하나는 억념하지 못하였다. 나는 마땅히 승가에게 2개월을 덮어서 감추었던 죄를 드러내었던 까닭으로 마땅히 2개월의 별주를 행하겠다.〉라고 생각하였으며, 나는 2개월을 덮어서 감추었던 첫째의 죄를 까닭으로 이미 승가에게 2개월의 별주를 행하겠다고 청하였고, 승가는 2개월을 덮어서 감추었던 죄를 까닭으로 나에게 2개월의 별주를 주었는데, 나는 별주하는 때에 다른 하나를 역시 죄라고 억념하였으니, 〈나는 마땅히 2개월을 덮어서 감추었던 다른 하나의 죄를 까닭으로 승가에게 마땅히 2개월의 별주를 청해야겠다.〉'라고 이렇게 생각하였다.

여러 비구들이여. 그 비구는 마땅히 이것을 까닭으로 2개월을 별주해야 하느니라."

26-4 "여러 비구들이여. 이 처소에서 한 비구가 있었고 두 번의 승잔을 범하였는데, 2개월을 덮어서 감추었으며, 하나의 죄는 의심하지 않았고 다른 하나의 죄는 의심하였느니라. 그 비구는 2개월을 덮어서 감추었던 죄를 의심하고서 승가에게 2개월의 별주를 행하려고 청하였고, 승가는 2개월을 덮어서 감추었던 죄에 2개월의 별주를 주었다.

그 비구는 별주하는 때에 다른 하나의 죄를 의심하고서 후회가 생겨났는데, '나는 두 번의 승잔을 범하고서 2개월을 덮어서 감추었고, 이때 〈나는 두 번의 승잔을 범하고서 2개월을 덮어서 감추었는데, 하나의 죄는 의심하였고 다른 하나는 의심하지 못하였다. 나는 마땅히 승가에게 2개월을 덮어서 감추었던 죄를 드러내었던 까닭으로 마땅히 2개월의 별주를 행하겠다.〉라고 생각하였으며, 나는 2개월을 덮어서 감추었던 첫째의 죄를 까닭으로 이미 승가에게 2개월의 별주를 행하겠다고 청하였고, 승가는 2개월을 덮어서 감추었던 죄를 까닭으로 나에게 2개월의 별주를 주었는데, 나는 별주하는 때에 다른 하나를 역시 죄라고 의심하였으니, 〈나는 마땅히 2개월을 덮어서 감추었던 다른 하나의 죄를 까닭으로 승가에게 마땅히 2개월의 별주를 청해야겠다.〉'라고 이렇게 생각하였다.

여러 비구들이여. 그 비구는 마땅히 이것을 까닭으로 2개월을 별주해야 하느니라."

26-5 "여러 비구들이여. 이 처소에서 한 비구가 있었고 두 번의 승잔을 범하였으며 2개월을 덮어서 감추었는데, 하나의 죄는 죄라고 알고서 덮어서 감추었고 다른 하나의 죄는 죄라고 알지 못하고서 덮어서 감추었느니라. 그 비구는 2개월을 덮어서 감추었던 죄를 승가에게 2개월의 별주를

행하려고 청하였고, 승가는 2개월을 덮어서 감추었던 죄에 2개월의 별주를 주었다.

그 비구는 별주하는 때에 다른 비구가 왔는데, 다문(多聞)으로 아함(阿含)[3]을 통달하였고 또한 법을 지녔으며 율을 지녔고 마이(摩夷)[4]를 지녔으며, 현명하고 능력이 있으며 총명하고 지혜가 있으며 부끄러움이 있고 후회가 있으며 배우기를 좋아하였으므로, 그 비구는 이와 같이 물었다.

'여러 장로들이여. 이 비구는 무엇을 범하였습니까? 이 비구는 무슨 까닭으로써 별주합니까?'

그 비구들은 이와 같이 대답하였다.

'장로여. 이 비구는 두 번의 승잔을 범하였으며 2개월을 덮어서 감추었는데, 하나의 죄는 죄라고 알고서 덮어서 감추었고 다른 하나의 죄는 죄라고 알지 못하고서 덮어서 감추었습니다. 그 비구는 2개월을 덮어서 감추었던 죄를 승가에게 2개월의 별주를 행하려고 청하였고, 승가는 2개월을 덮어서 감추었던 죄에 2개월의 별주를 주었습니다. 장로여. 이 비구는 이러한 죄 등을 범하였고, 이 비구는 이것을 인연하여 별주하고 있습니다.'

그 비구는 이와 같이 말하였다.

'여러 장로들이여. 죄를 죄라고 알고서 덮어서 감추었으므로 별주를 주었던 것은 곧 여법(如法)하고, 여법한 까닭으로 성취되었습니다. 여러 장로들이여. 그러나 죄를 죄라고 알지 못하고서 덮어서 감추었으므로 별주를 주었던 것은 곧 비법(非法)이고, 비법인 까닭으로 성취되지 않았습니다. 여러 장로들이여. 이 죄를 까닭으로 비구에게 마땅히 마나타를 주어야 합니다."

26-6 "여러 비구들이여. 이 처소에서 한 비구가 있었고 두 번의 승잔을 범하였으며 2개월을 덮어서 감추었는데, 하나의 죄는 억념하고서 덮어서

---

3) 팔리어 agama의 음사이다.
4) 팔리어 mātikā(마티카)의 음사이다.

감추었고 다른 하나의 죄는 죄라고 억념하지 못하고서 덮어서 감추었느니라. 그 비구는 2개월을 덮어서 감추었던 죄를 승가에게 2개월의 별주를 행하려고 청하였고, 승가는 2개월을 덮어서 감추었던 죄에 2개월의 별주를 주었다.

그 비구는 별주하는 때에 다른 비구가 왔는데, 다문으로 아함을 통달하였고 또한 법을 지녔으며 율을 지녔고 마이를 지녔으며, 현명하고 능력이 있으며 총명하고 지혜가 있으며 부끄러움이 있고 후회가 있으며 배우기를 좋아하였으므로, 그 비구는 이와 같이 물었다.

'여러 장로들이여. 이 비구는 무엇을 범하였습니까? 이 비구는 무슨 까닭으로써 별주합니까?'

그 비구들은 이와 같이 대답하였다.

'장로여. 이 비구는 두 번의 승잔을 범하였으며 2개월을 덮어서 감추었는데, 하나의 죄는 죄라고 억념하고서 덮어서 감추었고 다른 하나의 죄는 죄라고 억념하지 못하고서 덮어서 감추었습니다. 그 비구는 2개월을 덮어서 감추었던 죄를 승가에게 2개월의 별주를 행하려고 청하였고, 승가는 2개월을 덮어서 감추었던 죄에 2개월의 별주를 주었습니다. 장로여. 이 비구는 이러한 죄 등을 범하였고, 이 비구는 이것을 인연하여 별주하고 있습니다.'

그 비구는 이와 같이 말하였다.

'여러 장로들이여. 죄를 죄라고 억념하고서 덮어서 감추었으므로 별주를 주었던 것은 곧 여법하고, 여법한 까닭으로 성취되었습니다. 여러 장로들이여. 그러나 죄를 죄라고 억념하지 못하고서 덮어서 감추었으므로 별주를 주었던 것은 곧 비법이고, 비법인 까닭으로 성취되지 않았습니다. 여러 장로들이여. 이 죄를 까닭으로 비구에게 마땅히 마나타를 주어야 합니다."

[제죄 부장이월죄를 마친다.]

27) 제죄 부장일월죄(覆藏一月罪) ①

27-1 그때 한 비구가 있었고 두 번의 승잔을 범하였는데, 2개월을 덮어서 감추었으며, 그 비구는 마음에서 '나는 두 번의 승잔을 범하였고 2개월을 덮어서 감추었다. 나는 마땅히 승가의 가운데에서 2개월을 덮어서 감추었던 두 번의 죄를 드러내고서 1개월의 별주를 행하는 것을 청해야겠다.'라고 이렇게 사유하였다. 그 비구는 승가의 가운데에서 2개월을 덮어서 감추었던 두 번의 죄를 드러내고서 1개월의 별주를 행하려고 청하였고, 승가는 2개월을 덮어서 감추었던 두 번의 죄를 까닭으로 그 비구에게 1개월의 별주를 주었다. 그 비구는 별주하는 때에 마음에서 후회가 생겨났고, '나는 두 번의 승잔을 범하고서 2개월을 덮어서 감추었고, 이때 〈나는 두 번의 승잔을 범하고서 2개월을 덮어서 감추었다. 나는 마땅히 승가에게 2개월을 덮어서 감추었던 두 번의 죄를 드러내었던 까닭으로 마땅히 1개월의 별주를 행하겠다.〉라고 생각하였으며, 나는 2개월을 덮어서 감추었던 두 번의 죄를 까닭으로 이미 승가에게 1개월의 별주를 행하겠다고 청하였고, 승가는 2개월을 덮어서 감추었던 첫째의 죄를 까닭으로 나에게 1개월의 별주를 주었으나, 나는 별주하는 때에 마음에서 후회가 생겨났으니, 〈나는 마땅히 2개월을 덮어서 감추었던 둘째의 죄를 까닭으로 승가에게 마땅히 2개월의 별주를 청해야겠다.〉'라고 이렇게 생각하였다.

27-2 그 비구는 여러 비구들에게 알려 말하였다.

"여러 비구들이여. 나는 두 번의 승잔을 범하였는데, 2개월을 덮어서 감추었으며, 그 비구는 마음에서 '나는 두 번의 승잔을 범하였고 2개월을 덮어서 감추었다. 나는 마땅히 승가의 가운데에서 2개월을 덮어서 감추었던 두 번의 죄를 드러내고서 1개월의 별주를 행하는 것을 청해야겠다.'라고 이렇게 사유하였다. 그 비구는 승가의 가운데에서 2개월을 덮어서 감추었던 두 번의 죄를 드러내고서 1개월의 별주를 행하려고 청하였고, 승가는 2개월을 덮어서 감추었던 두 번의 죄를 까닭으로 그 비구에게 1개월의 별주를 주었다. 그 비구는 별주하는 때에 마음에서 후회가 생겨났고, '나는 두 번의 승잔을 범하고서 2개월을 덮어서 감추었고, 이때 〈나는 두 번의 승잔을 범하고서 2개월을 덮어서 감추었다. 나는 마땅히 승가에게 2개월을 덮어서 감추었던 두 번의 죄를 드러내었던 까닭으로 마땅히 1개월의 별주를 행하겠다.〉라고 생각하였으며, 나는 2개월을 덮어서 감추었던 두 번의 죄를 까닭으로 이미 승가에게 1개월의 별주를 행하겠다고 청하였고, 승가는 2개월을 덮어서 감추었던 첫째의 죄를 까닭으로 나에게 1개월의 별주를 주었으나, 나는 별주하는 때에 마음에서 후회가 생겨났으니, 〈나는 마땅히 2개월을 덮어서 감추었던 둘째의 죄를 까닭으로 승가에게 마땅히 2개월의 별주를 청해야겠다.〉'라고 이렇게 생각하였다. 나는 마땅히 그것을 어떻게 해야 합니까?"

이때 그 여러 비구들은 이 일로써 세존께 아뢰었고, 세존께서는 말씀하셨다.

"여러 비구들이여. 그와 같다면 승가는 그 비구에게 마땅히 두 번의 죄를 2개월을 덮어서 감추었던 까닭으로 2개월의 별주를 주어야 하느니라."

27-3 "여러 비구들이여. 마땅히 이와 같이 주어야 하느니라. 여러 비구들이여. 그 비구는 마땅히 승가의 처소에 이르러 오른쪽 어깨를 드러내고 상좌 비구의 발에 예배하고 호궤 합장하고서 이와 같이 아뢰어 말해야 한다.

'여러 대덕들이여. 나는 두 번의 승잔을 범하였는데, 2개월을 덮어서 감추었으며, 그 비구는 마음에서 '나는 두 번의 승잔을 범하였고 2개월을 덮어서 감추었다. 나는 마땅히 승가의 가운데에서 2개월을 덮어서 감추었던 두 번의 죄를 드러내고서 1개월의 별주를 행하는 것을 청해야겠다.'라고 이렇게 사유하였다. 그 비구는 승가의 가운데에서 2개월을 덮어서 감추었던 두 번의 죄를 드러내고서 1개월의 별주를 행하려고 청하였고, 승가는 2개월을 덮어서 감추었던 두 번의 죄를 까닭으로 그 비구에게 1개월의 별주를 주었습니다.

　그 비구는 별주하는 때에 마음에서 후회가 생겨났고, '나는 두 번의 승잔을 범하고서 2개월을 덮어서 감추었고, 이때 〈나는 두 번의 승잔을 범하고서 2개월을 덮어서 감추었다. 나는 마땅히 승가에게 2개월을 덮어서 감추었던 두 번의 죄를 드러내었던 까닭으로 마땅히 1개월의 별주를 행하겠다.〉라고 생각하였으며, 나는 2개월을 덮어서 감추었던 두 번의 죄를 까닭으로 이미 승가에게 1개월의 별주를 행하겠다고 청하였고, 승가는 2개월을 덮어서 감추었던 첫째의 죄를 까닭으로 나에게 1개월의 별주를 주었으나, 나는 별주하는 때에 마음에서 후회가 생겨났으니, 〈나는 승가에게 마땅히 2개월의 별주를 청해야겠다.〉라고 이렇게 생각하였으므로 2개월의 별주를 행하게 주시기를 애원합니다.'"

　마땅히 이와 같이 두 번째에도 애원해야 하고, …… 나아가 …… 세 번째에도 애원해야 한다.

27-4 마땅히 한 총명하고 현명하며 능력있는 비구가 승가의 가운데에서 창언해야 한다.

　"대덕 승가께서는 허락하십시오. 이 비구는 두 번의 승잔을 범하였는데, 2개월을 덮어서 감추었으며, 이 비구는 마음에서 '이 비구는 두 번의 승잔을 범하였고 2개월을 덮어서 감추었습니다. 이 비구는 마땅히 승가의 가운데에서 2개월을 덮어서 감추었던 두 번의 죄를 드러내고서 1개월의 별주를 행하는 것을 청해야겠다.'라고 이렇게 사유하였습니다. 그 비구는 승가의 가운데에서 2개월을 덮어서 감추었던 두 번의 죄를 드러내고서 1개월의 별주를 행하려고 청하였고, 승가는 2개월을 덮어서 감추었던 두 번의 죄를 까닭으로 그 비구에게 1개월의 별주를 주었습니다. 이 비구는 별주하는 때에 마음에서 후회가 생겨났고, '이 비구는 두 번의 승잔을 범하고서 2개월을 덮어서 감추었고, 이때 〈나는 두 번의 승잔을 범하고서 2개월을 덮어서 감추었다. 이 비구는 마땅히 승가에게 2개월을 덮어서 감추었던 두 번의 죄를 드러내었던 까닭으로 마땅히 1개월의 별주를 행하겠다.〉라고 생각하였으며, 이 비구는 2개월을 덮어서 감추었던 두 번의 죄를 까닭으로 이미 승가에게 1개월의 별주를 행하겠다고 청하였고, 승가는 2개월을 덮어서 감추었던 두 번의 죄를 까닭으로 이 비구에게 1개월의 별주를 주었으나, 나는 별주하는 때에 마음에서 후회가 생겨났으며, 〈이 비구는 승가에게 마땅히 2개월의 별주를 청해야겠다.〉라고 생각하였으므로 2개월의 별주를 행하게 주시기를 애원하고 있습니다.

만약 승가께서 때에 이르렀다면 마땅히 이 비구가 2개월을 덮어서 감추었던 두 번의 죄를 까닭으로 승가께 이미 1개월의 별주를 행하겠다고 청하였고, 승가는 2개월을 덮어서 감추었던 두 번의 죄를 까닭으로 이 비구에게 1개월의 별주를 주었으나, 이 비구는 별주하는 중간에 마음에서 후회가 생겨났으므로, 〈나는 승가에게 마땅히 2개월의 별주를 청해야겠다.〉라고 생각하였으므로 2개월의 별주를 행하게 주십시오. 이와 같이 아룁니다.'

'대덕 승가께서는 허락하십시오. 이 비구는 두 번의 승잔을 범하였는데, 2개월을 덮어서 감추었으며 마음에서 '두 번의 승잔을 범하였고 2개월을 덮어서 감추었으나, 마땅히 승가의 가운데에서 2개월을 덮어서 감추었던 두 번의 죄를 드러내고 1개월의 별주를 청해야겠다.'라고 이와 같이 사유하였습니다.

이 비구는 승가의 가운데에서 2개월을 덮어서 감추었던 두 번의 죄를 드러내었고 1개월의 별주를 행하려고 청하였고, 승가는 2개월을 덮어서 감추었던 두 번의 죄를 까닭으로 이 비구에게 1개월의 별주를 주었으나, 별주하는 중간에 마음에서 후회가 생겨나서, '이 비구는 두 번의 승잔을 범하고서 2개월을 덮어서 감추었으나, 이때 이것을 두 번의 승잔을 범하였고 2개월을 덮어서 감추었으니, 마땅히 승가의 가운데에서 2개월을 덮어서 감추었던 두 번의 죄를 드러내고 1개월의 별주를 청해야겠다.'라고 생각하였습니다.

이 비구는 2개월을 덮어서 감추었던 두 번의 죄를 까닭으로 승가께 이미 1개월의 별주를 행하겠다고 청하였고, 승가는 2개월을 덮어서 감추었던 두 번의 죄를 까닭으로 이 비구에게 1개월의 별주를 주었으나, 이 비구는 별주하는 중간에 마음에서 후회가 생겨났으므로, 〈나는 승가에게 마땅히 2개월의 별주를 청해야겠다.〉라고 생각하였으므로 2개월의 별주를 행하게 주시기를 애원하고 있습니다.

만약 승가께서 때에 이르렀다면 마땅히 이 비구가 2개월을 덮어서 감추었던 첫째의 죄를 까닭으로 승가께 이미 1개월의 별주를 행하겠다고 청하였고, 승가는 2개월을 덮어서 감추었던 첫째의 죄를 까닭으로 이 비구에게 1개월의 별주를 주었으나, 이 비구는 별주하는 중간에 마음에서 후회가 생겨났으므로, 〈나는 승가에게 마땅히 2개월의 별주를 청해야겠다.〉라고 생각하였으므로, 2개월의 별주를 행하게 주겠습니다.

여러 대덕들께서 이 비구에게 2개월을 덮어서 감추었던 첫째의 죄를 까닭으로 승가께 이미 2개월의 별주를 행하겠다고 청하였고, 승가는 2개월을 덮어서 감추었던 두 번의 죄를 까닭으로 이 비구에게 1개월의 별주를 주었으나, 이 비구는 별주하는 중간에 마음에서 후회가 생겨나서 2개월의 별주를 애원하였으므로, 이 비구에게 마땅히 2개월의 별주를 주는 것을 인정하신다면 묵연하시고, 인정하지 않으신다면 말씀하십시오.'

저는 두 번째로 이 일을 아룁니다.

'대덕 승가께서는 허락하십시오. 이 비구는 두 번의 승잔을 범하였는데, 2개월을 덮어서 감추었으며, 이 비구는 마음에서 '이 비구는 두 번의 승잔을 범하였고 2개월을 덮어서 감추었습니다. 이 비구는 마땅히 승가의 가운데에서 2개월을 덮어서 감추었던 두 번의 죄를 드러내고서 1개월의 별주를 행하는 것을 청해야겠다.'라고 이렇게 사유하였습니다. 그 비구는 승가의 가운데에서 2개월을 덮어서 감추었던 두 번의 죄를 드러내고서 1개월의 별주를 행하려고 청하였고, 승가는 2개월을 덮어서 감추었던 두 번의 죄를 까닭으로 그 비구에게 1개월의 별주를 주었습니다. ……
여러 대덕들께서 이 비구에게 2개월을 덮어서 감추었던 첫째의 죄를 까닭으로 승가께 이미 2개월의 별주를 행하겠다고 청하였고, 승가는 2개월을 덮어서 감추었던 두 번의 죄를 까닭으로 이 비구에게 1개월의 별주를 주었으나, 이 비구는 별주하는 중간에 마음에서 후회가 생겨나서 2개월의 별주를 애원하였으므로, 이 비구에게 마땅히 2개월의 별주를 주는 것을 인정하신다면 묵연하시고, 인정하지 않으신다면 말씀하십시오.'

저는 세 번째로 이 일을 아룁니다.

'대덕 승가께서는 허락하십시오. 이 비구는 두 번의 승잔을 범하였는데, 2개월을 덮어서 감추었으며, 이 비구는 마음에서 '이 비구는 두 번의 승잔을 범하였고 2개월을 덮어서 감추었습니다. 이 비구는 마땅히 승가의 가운데에서 2개월을 덮어서 감추었던 두 번의 죄를 드러내고서 1개월의 별주를 행하는 것을 청해야겠다.'라고 이렇게 사유하였습니다. 그 비구는 승가의 가운데에서 2개월을 덮어서 감추었던 두 번의 죄를 드러내고서 1개월의 별주를 행하려고 청하였고, 승가는 2개월을 덮어서 감추었던 두 번의 죄를 까닭으로 그 비구에게 1개월의 별주를 주었습니다. …… 여러 대덕들께서 이 비구에게 2개월을 덮어서 감추었던 첫째의 죄를 까닭으로 승가께 이미 2개월의 별주를 행하겠다고 청하였고, 승가는 2개월을 덮어서 감추었던 두 번의 죄를 까닭으로 이 비구에게 1개월의 별주를 주었으나, 이 비구는 별주하는 중간에 마음에서 후회가 생겨나서 2개월의 별주를 애원하였으므로, 이 비구에게 마땅히 2개월의 별주를 주는 것을 인정하신다면 묵연하시고, 인정하지 않으신다면 말씀하십시오.'

'승가시여. 이 비구에게 2개월을 덮어서 감추었던 두 번의 죄로써 2개월의 별주를 주는 것을 마쳤습니다. 여러 대덕들께서 인정하신 것은 묵연하였던 까닭입니다. 나는 이와 같이 알고 이해하겠습니다.'"

"여러 비구들이여. 그 비구에게 이전의 일을 까닭으로 마땅히 2개월의 별주를 주어야 하느니라."

28) 제죄 부장일월죄(覆藏一月罪) ②

28-1 "여러 비구들이여. 이 처소에서 한 비구가 있었고 두 번의 승잔을

범하였는데, 2개월을 덮어서 감추었으며, 그 비구는 마음에서 '나는 두 번의 승잔을 범하였고 2개월을 덮어서 감추었다. 나는 마땅히 승가의 가운데에서 2개월을 덮어서 감추었던 첫째의 죄를 드러내고서 1개월의 별주를 행하는 것을 청해야겠다.'라고 이렇게 사유하였느니라. 그 비구는 승가의 가운데에서 2개월을 덮어서 감추었던 첫째의 죄를 드러내고서 1개월의 별주를 행하려고 청하였고, 승가는 2개월을 덮어서 감추었던 두 번의 죄를 까닭으로 나에게 1개월의 별주를 주었다. 그 비구는 별주하는 때에 마음에서 후회가 생겨났는데, '나는 두 번의 승잔을 범하고서 2개월을 덮어서 감추었고, 이때 〈나는 두 번의 승잔을 범하고서 2개월을 덮어서 감추었다. 나는 마땅히 승가에게 2개월을 덮어서 감추었던 두 번의 죄를 드러내었던 까닭으로 마땅히 1개월의 별주를 행하겠다.〉라고 생각하였으며, 나는 2개월을 덮어서 감추었던 두 번의 죄를 까닭으로 이미 승가에게 2개월의 별주를 행하겠다고 청하였고, 승가는 2개월을 덮어서 감추었던 두 번의 죄를 까닭으로 나에게 2개월의 별주를 주었는데, 나는 별주하는 때에 마음에서 후회가 생겨났으니, 〈나는 승가에게 마땅히 2개월의 별주를 청해야겠다.〉'라고 이렇게 생각하였다.

그 비구는 승가에게 2개월을 덮어서 감추었던 두 번의 죄에 2개월의 별주를 행하겠다고 애원해야 하고, 승가는 2개월을 덮어서 감추었던 두 번의 죄에 2개월의 별주를 주어야 한다. 여러 비구들이여. 그 비구는 마땅히 이전의 일을 까닭으로 2개월을 별주해야 하느니라."

28-2 "여러 비구들이여. 이 처소에서 한 비구가 있었고 두 번의 승잔을 범하였는데, 2개월을 덮어서 감추었으며, 하나의 죄는 죄라고 알았고 다른 하나는 죄라고 알지 못하였느니라. 그 비구는 2개월을 덮어서 감추었던 죄를 알고서 승가에게 1개월의 별주를 행하려고 청하였고, 승가는 2개월을 덮어서 감추었던 죄에 1개월의 별주를 주었다.

그 비구는 별주하는 때에 다른 하나의 죄를 알고서 후회가 생겨났는데, '나는 두 번의 승잔을 범하고서 2개월을 덮어서 감추었고, 이때 〈나는 두 번의 승잔을 범하고서 2개월을 덮어서 감추었는데, 하나의 죄는 알았고 다른 하나는 알지 못하였다. 나는 마땅히 승가에게 2개월을 덮어서 감추었던 죄를 드러내었던 까닭으로 마땅히 1개월의 별주를 행하겠다.〉라고 생각하였으며, 나는 2개월을 덮어서 감추었던 첫째의 죄를 까닭으로 이미 승가에게 2개월의 별주를 행하겠다고 청하였고, 승가는 2개월을 덮어서 감추었던 죄를 까닭으로 나에게 1개월의 별주를 주었는데, 나는 별주하는 때에 다른 하나가 역시 죄라고 알았으니, 〈나는 마땅히 2개월을 덮어서 감추었던 다른 하나의 죄를 까닭으로 승가에게 마땅히 2개월의 별주를 청해야겠다.〉라고 이렇게 생각하였다.

그 비구는 승가에게 2개월을 덮어서 감추었던 두 번의 죄에 2개월의 별주를 행하겠다고 애원해야 하고, 승가는 2개월을 덮어서 감추었던 두 번의 죄에 2개월의 별주를 주어야 한다. 여러 비구들이여. 그 비구는 마땅히 이것을 까닭으로 2개월을 별주해야 하느니라."

28-3 "여러 비구들이여. 이 처소에서 한 비구가 있었고 두 번의 승잔을 범하였는데, 2개월을 덮어서 감추었으며, 하나의 죄는 억념하였고 다른 하나의 죄는 억념하지 못하였느니라. 그 비구는 2개월을 덮어서 감추었던 죄를 억념하고서 승가에게 1개월의 별주를 행하려고 청하였고, 승가는 2개월을 덮어서 감추었던 죄에 1개월의 별주를 주었다.

그 비구는 별주하는 때에 다른 하나의 죄를 억념하고서 후회가 생겨났고, '나는 두 번의 승잔을 범하고서 2개월을 덮어서 감추었고, 이때 〈나는 두 번의 승잔을 범하고서 2개월을 덮어서 감추었는데, 하나의 죄는 억념하였고 다른 하나는 억념하지 못하였다. 나는 마땅히 승가에게 2개월을 덮어서 감추었던 죄를 드러내었던 까닭으로 마땅히 1개월의 별주를 행하겠다.〉라고 생각하였으며, 나는 2개월을 덮어서 감추었던 첫째의 죄를 까닭으로 이미 승가에게 1개월의 별주를 행하겠다고 청하였고, 승가는 2개월을 덮어서 감추었던 죄를 까닭으로 나에게 2개월의 별주를 주었는데, 나는 별주하는 때에 다른 하나를 역시 죄라고 억념하였으니, 〈나는 마땅히 2개월을 덮어서 감추었던 다른 하나의 죄를 까닭으로 승가에게 마땅히 2개월의 별주를 청해야겠다.〉'라고 이렇게 생각하였다.

그 비구는 승가에게 2개월을 덮어서 감추었던 두 번의 죄에 2개월의 별주를 행하겠다고 애원해야 하고, 승가는 2개월을 덮어서 감추었던 두 번의 죄에 2개월의 별주를 주어야 한다. 여러 비구들이여. 그 비구는 마땅히 이것을 까닭으로 2개월을 별주해야 하느니라."

28-4 "여러 비구들이여. 이 처소에서 한 비구가 있었고 두 번의 승잔을 범하였는데, 2개월을 덮어서 감추었으며, 하나의 죄는 의심하지 않았고 다른 하나의 죄는 의심하였느니라. 그 비구는 2개월을 덮어서 감추었던 죄를 의심하고서 승가에게 1개월의 별주를 행하려고 청하였고, 승가는 2개월을 덮어서 감추었던 죄에 1개월의 별주를 주었다.

그 비구는 별주하는 때에 다른 하나의 죄를 의심하고서 후회가 생겨났는데, '나는 두 번의 승잔을 범하고서 2개월을 덮어서 감추었고, 이때 〈나는 두 번의 승잔을 범하고서 2개월을 덮어서 감추었는데, 하나의 죄는 의심하였고 다른 하나는 의심하지 못하였다. 나는 마땅히 승가에게 2개월을 덮어서 감추었던 죄를 드러내었던 까닭으로 마땅히 1개월의 별주를 행하겠다.〉라고 생각하였으며, 나는 2개월을 덮어서 감추었던 첫째의 죄를 까닭으로 이미 승가에게 1개월의 별주를 행하겠다고 청하였고, 승가는 2개월을 덮어서 감추었던 죄를 까닭으로 나에게 1개월의 별주를 주었는데, 나는 별주하는 때에 다른 하나를 역시 죄라고 의심하였으니, 〈나는 마땅히 2개월을 덮어서 감추었던 다른 하나의 죄를 까닭으로 승가에게 마땅히 2개월의 별주를 청해야겠다.〉'라고 이렇게 생각하였다.

그 비구는 승가에게 2개월을 덮어서 감추었던 두 번의 죄에 2개월의 별주를 행하겠다고 애원해야 하고, 승가는 2개월을 덮어서 감추었던 두 번의 죄에 2개월의 별주를 주어야 한다. 여러 비구들이여. 그 비구는 마땅히 이것을 까닭으로 2개월을 별주해야 하느니라."

28-5 "여러 비구들이여. 이 처소에서 한 비구가 있었고 두 번의 승잔을 범하였으며 2개월을 덮어서 감추었는데, 하나의 죄는 죄라고 알고서 덮어서 감추었고 다른 하나의 죄는 죄라고 알지 못하고서 덮어서 감추었느니라. 그 비구는 2개월을 덮어서 감추었던 죄를 승가에게 1개월의 별주를 행하려고 청하였고, 승가는 2개월을 덮어서 감추었던 죄에 1개월의 별주를 주었다.

그 비구는 별주하는 때에 다른 비구가 왔는데, 다문으로 아함을 통달하였고 또한 법을 지녔으며 율을 지녔고 마이를 지녔으며, 현명하고 능력이 있으며 총명하고 지혜가 있으며 부끄러움이 있고 후회가 있으며 배우기를 좋아하였으므로, 그 비구는 이와 같이 물었다.

'여러 장로들이여. 이 비구는 무엇을 범하였습니까? 이 비구는 무슨 까닭으로써 별주합니까?'

그 비구들은 이와 같이 대답하였다.

'장로여. 이 비구는 두 번의 승잔을 범하였으며 2개월을 덮어서 감추었는데, 하나의 죄는 죄라고 알고서 덮어서 감추었고 다른 하나의 죄는 죄라고 알지 못하고서 덮어서 감추었습니다. 그 비구는 2개월을 덮어서 감추었던 죄를 승가에게 1개월의 별주를 행하려고 청하였고, 승가는 2개월을 덮어서 감추었던 죄에 1개월의 별주를 주었습니다. 장로여. 이 비구는 이러한 죄 등을 범하였고, 이 비구는 이것을 인연하여 별주하고 있습니다.'

그 비구는 이와 같이 말하였다.

'여러 장로들이여. 죄를 죄라고 알고서 덮어서 감추었으므로 별주를 주었던 것은 곧 여법하고, 여법한 까닭으로 성취되었습니다. 여러 장로들이여. 그러나 죄를 죄라고 알지 못하고서 덮어서 감추었으므로 별주를 주었던 것은 곧 비법이고, 비법인 까닭으로 성취되지 않았습니다. 여러 장로들이여. 이 죄를 까닭으로 비구에게 마땅히 마나타를 주어야 합니다.'"

28-6 "여러 비구들이여. 이 처소에서 한 비구가 있었고 두 번의 승잔을

범하였으며 2개월을 덮어서 감추었는데, 하나의 죄는 억념하고서 덮어서 감추었고 다른 하나의 죄는 죄라고 억념하지 못하고서 덮어서 감추었느니라. 그 비구는 2개월을 덮어서 감추었던 죄를 승가에게 1개월의 별주를 행하려고 청하였고, 승가는 2개월을 덮어서 감추었던 죄에 1개월의 별주를 주었다.

그 비구는 별주하는 때에 다른 비구가 왔는데, 다문으로 아함을 통달하였고 또한 법을 지녔으며 율을 지녔고 마이를 지녔으며, 현명하고 능력이 있으며 총명하고 지혜가 있으며 부끄러움이 있고 후회가 있으며 배우기를 좋아하였으므로, 그 비구는 이와 같이 물었다.

'여러 장로들이여. 이 비구는 무엇을 범하였습니까? 이 비구는 무슨 까닭으로써 별주합니까?'

그 비구들은 이와 같이 대답하였다.

'장로여. 이 비구는 두 번의 승잔을 범하였으며 2개월을 덮어서 감추었는데, 하나의 죄는 죄라고 억념하고서 덮어서 감추었고 다른 하나의 죄는 죄라고 억념하지 못하고서 덮어서 감추었습니다. 그 비구는 2개월을 덮어서 감추었던 죄를 승가에게 1개월의 별주를 행하려고 청하였고, 승가는 2개월을 덮어서 감추었던 죄에 1개월의 별주를 주었습니다. 장로여. 이 비구는 이러한 죄 등을 범하였고, 이 비구는 이것을 인연하여 별주하고 있습니다.'

그 비구는 이와 같이 말하였다.

'여러 장로들이여. 죄를 죄라고 억념하고서 덮어서 감추었으므로 별주를 주었던 것은 곧 여법하고, 여법한 까닭으로 성취되었습니다. 여러 장로들이여. 그러나 죄를 죄라고 억념하지 못하고서 덮어서 감추었으므로 별주를 주었던 것은 곧 비법이고, 비법인 까닭으로 성취되지 않았습니다. 여러 장로들이여. 이 죄를 까닭으로 비구에게 마땅히 마나타를 주어야 합니다."

[제죄 부장일월죄를 마친다.]

29) 청정변별주(清淨邊別住)

29-1 그때 한 비구가 있었고 많은 승잔을 범하였는데, 죄의 횟수와 날짜를 알지 못하였고, 죄의 횟수와 날짜를 억념하지 못하였으며, 죄의 횟수와 날짜를 의심하였으므로, 여러 비구들에게 알려 말하였다.

"여러 장로들이여. 나는 많은 승잔을 범하였는데, 죄의 횟수와 날짜를 알지 못하였고, 죄의 횟수와 날짜를 억념하지 못하였으며, 죄의 횟수와 날짜를 의심하고 있습니다. 나는 마땅히 어떻게 해야 합니까?"

이때 그 여러 비구들은 이 일로써 세존께 아뢰었고, 세존께서는 말씀하셨다.

"여러 비구들이여. 그와 같다면 승가는 그 비구에게 이러한 죄 등에 청정변별주(清淨邊別住)를 주어야 하느니라."

29-2 "여러 비구들이여. 마땅히 이와 같이 주어야 하느니라. 여러 비구들이여. 그 비구는 마땅히 승가의 처소에 이르러 오른쪽 어깨를 드러내고 상좌 비구의 발에 예배하고 호궤 합장하고서 이와 같이 아뢰어 말해야 한다.

'여러 대덕들이여. 나는 많은 승잔을 범하였는데, 죄의 횟수와 날짜를 알지 못하였고, 죄의 횟수와 날짜를 억념하지 못하였으며, 죄의 횟수와 날짜를 의심하고 있습니다. 승가께서는 나에게 청정변별주를 행하게 주시기를 애원합니다.'"

마땅히 이와 같이 두 번째에도 애원해야 하고, …… 나아가 …… 세 번째에도 애원해야 한다.

29-3 마땅히 한 총명하고 현명하며 능력있는 비구가 승가의 가운데에서 창언해야 한다.

"대덕 승가께서는 허락하십시오. 이 처소의 누구 비구는 많은 승잔을 범하였는데, 죄의 횟수와 날짜를 알지 못하였고, 죄의 횟수와 날짜를 억념하지 못하였으며, 죄의 횟수와 날짜를 의심하고 있습니다. 그 비구 승가께 청정변별주를 행하게 주시기를 애원하고 있습니다. 만약 승가께서 때에 이르셨다면 승가께서는 누구 비구는 많은 죄 등에 청정변별주를 주십시오. 이와 같이 아룁니다.'

'대덕 승가께서는 허락하십시오. 이 처소의 누구 비구는 많은 승잔을 범하였는데, 죄의 횟수와 날짜를 알지 못하였고, 죄의 횟수와 날짜를 억념하지 못하였으며, 죄의 횟수와 날짜를 의심하고 있습니다. 그 비구 승가께 청정변별주를 행하게 주시기를 애원하고 있습니다. 승가시여. 누구 비구의 이러한 죄 등에 청정변별주를 주겠습니다. 여러 대덕들께서 누구 비구의 이러한 죄 등에 청정변별주를 주는 것을 인정하신다면 묵연하시고, 인정하지 않는다면 말씀하십시오.'

저는 두 번째로 이 일을 아룁니다.

'대덕 승가께서는 허락하십시오. 이 처소의 누구 비구는 많은 승잔을 범하였는데, 죄의 횟수와 날짜를 알지 못하였고, 죄의 횟수와 날짜를 억념하지 못하였으며, 죄의 횟수와 날짜를 의심하고 있습니다. 그 비구 승가께 청정변별주를 행하게 주시기를 애원하고 있습니다. 승가시여. 누구 비구의 이러한 죄 등에 청정변별주를 주겠습니다. 여러 대덕들께서 누구 비구의 이러한 죄 등에 청정변별주를 주는 것을 인정하신다면 묵연하시고, 인정하지 않는다면 말씀하십시오.'

저는 세 번째로 이 일을 아룁니다.

'대덕 승가께서는 허락하십시오. 이 처소의 누구 비구는 많은 승잔을 범하였는데, 죄의 횟수와 날짜를 알지 못하였고, 죄의 횟수와 날짜를 억념하지 못하였으며, 죄의 횟수와 날짜를 의심하고 있습니다. 그 비구 승가께 청정변별주를 행하게 주시기를 애원하고 있습니다. 승가시여. 누구 비구의 이러한 죄 등에 청정변별주를 주겠습니다. 여러 대덕들께서 누구 비구의 이러한 죄 등에 청정변별주를 주는 것을 인정하신다면 묵연하시고, 인정하지 않는다면 말씀하십시오.'

'승가시여. 누구 비구에게 이러한 죄 등에 청정변별주를 주는 것을 마쳤습니다. 여러 대덕들께서 인정하신 것은 묵연하였던 까닭입니다. 나는 이와 같이 알고 이해하겠습니다.'"

29-4 "여러 비구들이여. 마땅히 이와 같이 청정변별주를 준다면 이와 같이 별주를 주어야 하느니라. 여러 비구들이여. 무엇과 같다면 마땅히 청정변별주를 주어야 하는가? 죄의 횟수와 날짜를 알지 못하였거나, 죄의 횟수와 날짜를 억념하지 못하였거나, 죄의 횟수와 날짜를 의심하였다면 마땅히 청정변별주를 주어야 하느니라. 죄의 횟수를 알았고 날짜를 알지 못하였거나, 죄의 횟수를 억념하였고 날짜를 억념하지 못하였거나, 죄의 횟수를 의심하지 않았고 날짜를 의심하였다면 마땅히 청정변별주를 주어야 하느니라.

 죄의 한 부분을 알았고 다른 한 부분을 알지 못하였으며 날짜를 알지 못하였거나, 죄의 한 부분을 억념하였고 다른 한 부분을 억념하지 못하였으며 날짜를 억념하지 못하였거나, 죄의 한 부분을 의심하였고 다른 한 부분을 의심하지 않았으며 날짜를 의심하였다면 마땅히 청정변별주를 주어야 하느니라. 죄의 횟수를 알지 못하였고 날짜의 한 부분을 알았고 다른 한 부분을 알지 못하였거나, 죄의 횟수를 억념하지 못하였고 날짜의 한 부분을 억념하였고 다른 한 부분을 억념하지 못하였거나, 죄의 횟수를 의심하지 않았고 날짜의 한 부분을 의심하였고 다른 한 부분을 의심하지 않았다면 마땅히 청정변별주를 주어야 하느니라.

 죄의 횟수를 알았고 날짜의 한 부분을 알았으며 다른 한 부분을 알지 못하였거나, 죄의 횟수를 억념하였고 날짜의 한 부분을 억념하였으며 다른 한 부분을 억념하지 못하였거나, 죄의 횟수를 의심하지 않았고 날짜의 한 부분을 의심하였고 다른 한 부분을 의심하지 않았다면 마땅히 청정변별주를 주어야 하느니라.

 죄의 횟수의 한 부분을 알았고 다른 한 부분을 알지 못하였으며 날짜의 한 부분을 알았고 다른 한 부분을 알지 못하였거나, 죄의 횟수를 한 부분을 억념하지 못하였고 다른 한 부분을 억념하였으며 날짜의 한 부분을 억념하였고 다른 한 부분을 억념하지 못하였거나, 죄의 횟수의 한 부분을 의심하였고 다른 한 부분을 의심하지 않았으며 날짜의 한 부분을 의심하였고 다른 한 부분을 의심하지 않았다면 마땅히 청정변별주를 주어야 하느니라. 여러 비구들이여. 이와 같다면 마땅히 청정변별주를 주어야 하느니라."

29-5 "여러 비구들이여. 무엇과 같다면 마땅히 별주를 주어야 하는가? 죄의 횟수와 날짜를 알았고, 죄의 횟수와 날짜를 억념하였거나, 죄의 횟수와 날짜를 의심하지 않았다면 마땅히 별주를 주어야 하느니라. 죄의 횟수를 알지 못하였고 날짜를 알았으며, 죄의 횟수를 억념하지 못하였고 날짜를 억념하였으며, 죄의 횟수를 의심하였고 날짜를 의심하지 않았다면 마땅히 별주를 주어야 하느니라.

　죄의 횟수의 한 부분을 알았고 다른 한 부분을 알지 못하였으며 날짜를 알았고, 죄의 횟수의 한 부분을 억념하였고 다른 한 부분을 억념하지 못하였으며, 죄의 횟수의 한 부분을 의심하였고 다른 한 부분을 의심하지 않았으며 날짜를 의심하지 않았다면 마땅히 별주를 주어야 하느니라. 여러 비구들이여. 이와 같다면 마땅히 별주를 주어야 하느니라."

[청정변별주를 마친다.]

○ 별주를 마친다.

30) 40종류의 별주

30-1 그때 한 비구가 별주하는 중간에 환속하였다. 그는 다시 돌아왔으며 여러 비구들에게 구족계를 주도록 애원하였다. 이때 그 여러 비구들은 이 일로써 세존께 아뢰었고, 세존께서는 말씀하셨다.

"여러 비구들이여. 이 처소에 있었던 비구가 별주하는 중간에 환속하였고, 여러 비구들이여. 환속하였던 자가 아직 별주를 성취하지 못하였으나, 그가 만약 다시 구족계를 받았다면, 이전과 같이 별주를 주어야 하고, 이미 주었던 별주가 잘 주었던 것이고, 이미 별주하였던 부분이 잘 별주하였다면 남은 부분을 마땅히 별주를 해야 하느니라.

여러 비구들이여. 이 처소에 있었던 비구가 별주하는 중간에 사미가 되었고, 여러 비구들이여. 사미이었던 자가 아직 별주를 성취하지 못하였으나, 그가 만약 다시 구족계를 받았다면, 이전과 같이 별주를 주어야 하고, 이미 주었던 별주가 잘 주었던 것이고, 이미 별주하였던 부분이 잘 별주하였다면 남은 부분을 마땅히 별주를 해야 하느니라.

여러 비구들이여. 이 처소에 있었던 비구가 별주하는 중간에 미친 자가 되었고, 여러 비구들이여. 미친 자가 아직 별주를 성취하지 못하였으나, 그가 만약 다시 미치지 않았다면, 이전과 같이 별주를 주어야 하고, 이미 주었던 별주가 잘 주었던 것이고, 이미 별주하였던 부분이 잘 별주하였다면 남은 부분을 마땅히 별주를 해야 하느니라.

여러 비구들이여. 이 처소에 있었던 비구가 별주하는 중간에 마음이 어지러운 자가 되었고, 여러 비구들이여. 마음이 어지러운 자가 아직 별주를 성취하지 못하였으나, 그가 만약 다시 마음이 어지러운 자가 아니었다면, …… 이 처소에 있었던 비구가 별주하는 중간에 고통스러운 자가 되었고, 여러 비구들이여. 고통스러운 자가 아직 별주를 성취하지 못하였으나, 그가 만약 다시 고통스러운 자가 아니었다면, …… 이 처소에 있었던 비구가 별주하는 중간에 죄를 보지 않는 것을 의지하는 자가 되었고, 여러 비구들이여. 죄를 보지 않는 것을 의지하는 자가 아직 별주를 성취하지 못하였으나, 그가 만약 다시 죄를 보지 않는 것을 의지하는 자가 아니었다면, …… 이 처소에 있었던 비구가 별주하는 중간에 죄를 참회하지 않는 것을 의지하는 자가 되었고, 여러 비구들이여. 죄를 참회하지 않는 것을 의지하는 자가 아직 별주를 성취하지 못하였으나, 그가 만약 다시 죄를 참회하지 않는 것을 의지하는 자가 아니었다면, …… 이 처소에 있었던 비구가 별주하는 중간에 악한 견해를 버리지 않아서 거론되었던 것을 의지하는 자가 되었고, 여러 비구들이여. 악한 견해를 버리지 않아서 거론되었던 것을 의지하는 자가 아직 별주를 성취하지 못하였으나, 그가 만약 다시 악한 견해를 버리지 않아서 거론되었던 것이 해지되지 않았다면, 이전과 같이 별주를 주어야 하고, 이미 주었던 별주가 잘 주었던 것이고, 이미 별주하였던 부분이 잘 별주하였다면 남은 부분을 마땅히 별주를 해야 하느니라."

30-2 "여러 비구들이여. 이 처소에 있었던 비구가 마땅히 본일치를 받고서 환속하였고, 여러 비구들이여. 환속하였던 자가 아직 본일치를 성취하지 못하였으나, 그가 만약 다시 구족계를 받았다면, 이전과 같이 별주를 주어야 하고, 이미 주었던 별주가 잘 주었던 것이고, 이미 별주하였던 부분이 잘 별주하였다면 마땅히 그 비구에게 본일치를 주어야 하느니라.

여러 비구들이여. 이 처소에 있었던 비구가 마땅히 본일치를 받고서 사미가 되었고, …… 미친 자가 되었고, …… 마음이 어지러운 자가 되었고, …… 고통스러운 자가 되었고, …… 죄를 보지 않는 것을 의지하는 자가 되었고, …… 죄를 참회하지 않는 것을 의지하는 자가 되었고, …… 악한 견해를 버리지 않아서 거론되었던 것을 의지하는 자가 되었고, 여러 비구들이여. 악한 견해를 버리지 않아서 거론되었던 것을 의지하는 자가 아직 본일치를 성취하지 못하였으나, 그가 만약 다시 악한 견해를 버리지 않아서 거론되었던 것이 해지되지 않았다면, 이전과 같이 별주를 주어야 하고, 이미 주었던 별주가 잘 주었던 것이고, 이미 별주하였던 부분이 잘 별주하였다면 마땅히 그 비구에게 본일치를 주어야 하느니라."

30-3 "여러 비구들이여. 이 처소에 있었던 비구가 마땅히 마나타를 받고서 환속하였고, 여러 비구들이여. 환속하였던 자가 아직 마나타를 성취하지 못하였으나, 그가 만약 다시 구족계를 받았다면, 이전과 같이 별주를 주어야 하고, 이미 주었던 별주가 잘 주었던 것이고, 이미 별주하였던 부분이 잘 별주하였다면 마땅히 그 비구에게 마나타를 주어야 하느니라.

여러 비구들이여. 이 처소에 있었던 비구가 마땅히 마나타를 받고서 사미가 되었고, …… 미친 자가 되었고, …… 마음이 어지러운 자가 되었고, …… 고통스러운 자가 되었고, …… 죄를 보지 않는 것을 의지하는 자가 되었고, …… 죄를 참회하지 않는 것을 의지하는 자가 되었고, …… 악한 견해를 버리지 않아서 거론되었던 것을 의지하는 자가 되었고, 여러 비구들이여. 악한 견해를 버리지 않아서 거론되었던 것을 의지하는 자가 아직 마나타를 성취하지 못하였으나, 그가 만약 다시 악한 견해를 버리지 않아서 거론되었던 것이 해지되지 않았다면, 이전과 같이 별주를 주어야 하고, 이미 주었던 별주가 잘 주었던 것이고, 이미 별주하였던 부분이 잘 별주하였다면 마땅히 그 비구에게 마나타를 주어야 하느니라."

30-4 "여러 비구들이여. 이 처소에 있었던 비구가 마나타를 행하는 중간에 환속하였고, 여러 비구들이여. 환속하였던 자가 아직 마나타를 성취하지 못하였으나, 그가 만약 다시 구족계를 받았다면, 이전과 같이 별주를 주어야 하고, 이미 주었던 별주가 잘 주었던 것이고, 이미 별주하였던 부분이 잘 별주하였다면 마땅히 남은 부분을 마땅히 별주를 행해야 하느니라."

여러 비구들이여. 이 처소에 있었던 비구가 마나타를 행하는 중간에 사미가 되었고, …… 미친 자가 되었고, …… 마음이 어지러운 자가 되었고, …… 고통스러운 자가 되었고, …… 죄를 보지 않는 것을 의지하는 자가 되었고, …… 죄를 참회하지 않는 것을 의지하는 자가 되었고, …… 악한 견해를 버리지 않아서 거론되었던 것을 의지하는 자가 되었고, 여러 비구들이여. 악한 견해를 버리지 않아서 거론되었던 것을 의지하는 자가 아직 마나타를 성취하지 못하였으나, 그가 만약 다시 악한 견해를 버리지 않아서 거론되었던 것이 해지되지 않았다면, 이전과 같이 별주를 주어야 하고, 이미 주었던 별주가 잘 주었던 것이고, 이미 별주하였던 부분이 잘 별주하였다면 마땅히 남은 부분을 마땅히 별주를 행해야 하느니라."

30-5 "여러 비구들이여. 이 처소에 있었던 비구가 마땅히 출죄를 받고서 환속하였고, 여러 비구들이여. 환속하였던 자가 아직 출죄를 성취하지 못하였으나, 그가 만약 다시 구족계를 받았다면, 이전과 같이 별주를 주어야 하고, 이미 주었던 별주가 잘 주었던 것이고, 이미 별주하였던 부분이 잘 별주하였다면 마땅히 그 비구에게 출죄를 주어야 하느니라.

여러 비구들이여. 이 처소에 있었던 비구가 마땅히 출죄를 받고서 사미가 되었고, …… 미친 자가 되었고, …… 마음이 어지러운 자가 되었고, …… 고통스러운 자가 되었고, …… 죄를 보지 않는 것을 의지하는 자가 되었고, …… 죄를 참회하지 않는 것을 의지하는 자가 되었고, …… 악한 견해를 버리지 않아서 거론되었던 것을 의지하는 자가 되었고, 여러 비구들이여. 악한 견해를 버리지 않아서 거론되었던 것을 의지하는 자가 아직 출죄를 성취하지 못하였으나, 그가 만약 다시 악한 견해를 버리지 않아서 거론되었던 것이 해지되지 않았다면, 이전과 같이 별주를 주어야 하고, 이미 주었던 별주가 잘 주었던 것이고, 이미 별주하였던 부분이 잘 별주하였다면 마땅히 그 비구에게 출죄를 주어야 하느니라."

[40종류의 별주를 마친다.]

31) 36종류의 별주

31-1 "여러 비구들이여. 이 처소에 있었던 비구가 별주하는 중간에 많은 승잔을 범하였고, 헤아릴 수 있는 것을 덮어서 감추지 않았다면, 마땅히 그 비구에게 본일치를 주어야 하느니라.

여러 비구들이여. 이 처소에 있었던 비구가 별주하는 중간에 많은 승잔을 범하였고, 헤아릴 수 있는 것을 덮어서 감추었다면, 마땅히 그 비구에게 본일치를 주어야 하고, 덮어서 감추었던 여러 죄의 가운데에서 최초의 죄를 인연한 까닭으로 합쳐서 하나의 별주를 주어야 하느니라.

여러 비구들이여. 이 처소에 있었던 비구가 별주하는 중간에 많은 승잔을 범하였고, 헤아릴 수 있는 것을 혹은 덮어서 감추었고, 혹은 덮어서 감추지 않았다면, 마땅히 그 비구에게 본일치를 주어야 하고, 덮어서 감추었던 여러 죄의 가운데에서 최초의 죄를 인연한 까닭으로 합쳐서 하나의 별주를 주어야 하느니라.

여러 비구들이여. 이 처소에 있었던 비구가 별주하는 중간에 많은 승잔을 범하였고, 헤아릴 수 없는 것을 덮어서 감추지 않았다면, …… 헤아릴 수 없는 것을 덮어서 감추었다면, …… 헤아릴 수 없는 것은 덮어서 감추지 않았다면, …… 헤아릴 수 없는 것을 혹은 덮어서 감추었고 혹은 덮어서 감추지 않았다면, …… 혹은 헤아릴 수 있고 혹은 헤아릴 수 없는 것을 덮어서 감추지 않았다면, …… 혹은 헤아릴 수 있고 혹은 헤아릴 수 없는 것을 덮어서 감추었다면, …… 혹은 헤아릴 수 있고 혹은 헤아릴 수 없는 것을 덮어서 감추었고 덮어서 감추지 않았다면, 마땅히 그 비구에게 본일치를 주어야 하고, 덮어서 감추었던 여러 죄의 가운데에서 최초의 죄를 인연한 까닭으로 합쳐서 하나의 별주를 주어야 하느니라.

31-2 "여러 비구들이여. 이 처소에 있었던 비구가 마땅히 마나타를 받고서, …… 마나타를 행하는 중간에, …… 마땅히 출죄를 받고서, 많은 승잔을 범하였고, 헤아릴 수 있는 것을 덮어서 감추지 않았다면, …… 헤아릴 수 있는 것을 덮어서 감추었다면, …… 헤아릴 수 없는 것을 덮어서 감추지 않았다면, …… 헤아릴 수 없는 것을 덮어서 감추었다면, …… 헤아릴 수 없는 것은 덮어서 감추지 않았다면, …… 헤아릴 수 없는 것을 혹은 덮어서 감추었고 혹은 덮어서 감추지 않았다면, …… 혹은 헤아릴 수 있고 혹은 헤아릴 수 없는 것을 덮어서 감추지 않았다면, …… 혹은 헤아릴 수 있고 혹은 헤아릴 수 없는 것을 덮어서 감추었다면, …… 혹은 헤아릴 수 있고 혹은 헤아릴 수 없는 것을 덮어서 감추었고 덮어서 감추지 않았다면, 마땅히 그 비구에게 본일치를 주어야 하고,

덮어서 감추었던 여러 죄의 가운데에서 최초의 죄를 인연한 까닭으로 합쳐서 하나의 별주를 주어야 하느니라.

[36종류의 별주를 마친다.]

32) 100종류의 마나타 ①

32-1 "여러 비구들이여. 이 처소에 있었던 비구가 많은 승잔을 범하였고, 덮어서 감추지 않았으며 환속하였다. 그가 다시 구족계를 받았고 나아가 여러 죄를 덮어서 감추지 않았다면, 여러 비구들이여. 마땅히 그 비구에게 마나타를 주어야 하느니라.

여러 비구들이여. 이 처소에 있었던 비구가 많은 승잔을 범하였고, 덮어서 감추지 않았으며 환속하였다. 그가 다시 구족계를 받았고 그 여러 죄를 덮어서 감추었다면, 여러 비구들이여. 그 비구가 덮어서 감추었던 최후의 죄들에 의지하여 별주를 주고서 뒤에 마땅히 마나타를 주어야 하느니라.

여러 비구들이여. 이 처소에 있었던 비구가 많은 승잔을 범하였고, 덮어서 감추었으며 환속하였다. 그가 다시 구족계를 받았고 그 여러 죄를 덮어서 감추지 않았다면, 여러 비구들이여. 그 비구가 덮어서 감추었던 최후의 죄들에 의지하여 별주를 주고서 뒤에 마땅히 마나타를 주어야 하느니라.

여러 비구들이여. 이 처소에 있었던 비구가 많은 승잔을 범하였고, 덮어서 감추었으며 환속하였다. 그가 다시 구족계를 받았고 나아가 그 여러 죄를 덮어서 감추었다면, 여러 비구들이여. 그 비구가 덮어서 감추었던 최후의 죄들에 의지하여 별주를 주고서 뒤에 마땅히 마나타를 주어야 하느니라."

32-2 "여러 비구들이여. 이 처소에 있었던 비구가 많은 승잔을 범하였는데, 그 비구가 여러 죄를 혹은 덮어서 감추었고 혹은 덮어서 감추지 않았다. 그 비구가 환속하였으나 뒤에 다시 구족계를 받았고, 이전에 여러 죄를 덮어서 감추었으나 뒤에 덮어서 감추지 않았거나, 이전에 여러 죄를 덮어서 감추지 않았고 뒤에 덮어서 감추지 않았다면, 여러 비구들이여. 마땅히 그 비구에게 덮어서 감추었던 최초의 죄들에 의지하여 별주를 주고서 뒤에 마땅히 마나타를 주어야 하느니라.

여러 비구들이여. 이 처소에 있었던 비구가 많은 승잔을 범하였는데, 그 비구가 여러 죄를 혹은 덮어서 감추었고 혹은 덮어서 감추지 않았다. 그 비구가 환속하였으나 뒤에 다시 구족계를 받았고, 이전에 여러 죄를 덮어서 감추었으나 뒤에 덮어서 감추지 않았거나, 이전에 여러 죄를 덮어서 감추지 않았으나 뒤에 덮어서 감추었다면, 여러 비구들이여. 마땅히 그 비구에게 덮어서 감추었던 최초의 죄들과 최후의 죄들에 의지하여 별주를 주고서 뒤에 마땅히 마나타를 주어야 하느니라.

여러 비구들이여. 이 처소에 있었던 비구가 많은 승잔을 범하였는데, 그 비구가 여러 죄를 혹은 덮어서 감추었고 뒤에도 역시 덮어서 감추지 않았다. 그 비구가 환속하였으나 뒤에 다시 구족계를 받았고, 이전에 여러 죄를 덮어서 감추었고 역시 뒤에 덮어서 감추었거나, 이전에 여러 죄를 덮어서 감추지 않았고 역시 뒤에 덮어서 감추지 않았다면, 여러 비구들이여. 마땅히 그 비구에게 덮어서 감추었던 최초의 죄들과 최후의 죄들에 의지하여 별주를 주고서 뒤에 마땅히 마나타를 주어야 하느니라.

여러 비구들이여. 이 처소에 있었던 비구가 많은 승잔을 범하였는데, 그 비구가 여러 죄를 혹은 덮어서 감추었고 뒤에도 역시 덮어서 감추지 않았다. 그 비구가 환속하였으나 뒤에 다시 구족계를 받았고, 이전에 여러 죄를 덮어서 감추었고 역시 뒤에 덮어서 감추었거나, 이전에 여러 죄를 덮어서 감추지 않았으나 뒤에 덮어서 감추었다면, 여러 비구들이여. 마땅히 그 비구에게 덮어서 감추었던 최초의 죄들과 최후의 죄들에 의지하여 별주를 주고서 뒤에 마땅히 마나타를 주어야 하느니라."

32-3 "여러 비구들이여. 이 처소에 있었던 비구가 많은 승잔을 범하였는데, 일부는 죄라고 알았고 다른 일부는 죄라고 알지 못하였는데, 알았던 죄는 덮어서 감추었고 알지 못하였던 죄는 덮어서 감추지 않았다. 그 비구가 환속하였으나 뒤에 다시 구족계를 받았고, 이전에 알았던 여러 죄를 덮어서 감추었으나 뒤에 알고서 덮어서 감추지 않았거나, 이전에 알지 못하였던 여러 죄를 덮어서 감추지 않았고 뒤에 알았으나 덮어서 감추지 않았다면, 여러 비구들이여. 마땅히 그 비구에게 덮어서 감추었던 최초의 죄들에 의지하여 별주를 주고서 뒤에 마땅히 마나타를 주어야 하느니라.

여러 비구들이여. 이 처소에 있었던 비구가 많은 승잔을 범하였는데, 일부는 죄라고 알았고 다른 일부는 죄라고 알지 못하였는데, 알았던 죄는 덮어서 감추었고 알지 못하였던 죄는 덮어서 감추지 않았다. 그 비구가 환속하였으나 뒤에 다시 구족계를 받았고, 이전에 알았던 여러 죄를 덮어서 감추었으나 뒤에 알고서 덮어서 감추지 않았거나, 이전에 알지 못하였던 여러 죄를 덮어서 감추지 않았고 뒤에 알았으나 덮어서 감추었다면, 여러 비구들이여. 마땅히 그 비구에게 덮어서 감추었던 최후의 죄들에 의지하여 별주를 주고서 뒤에 마땅히 마나타를 주어야 하느니라.

여러 비구들이여. 이 처소에 있었던 비구가 많은 승잔을 범하였는데, 일부는 죄라고 알았고 다른 일부는 죄라고 알지 못하였는데, 알았던 죄는 덮어서 감추었고 알지 못하였던 죄는 덮어서 감추지 않았다. 그 비구가 환속하였으나 뒤에 다시 구족계를 받았고, 이전에 알았던 여러 죄를 덮어서 감추었고 뒤에 알고서 덮어서 감추었거나, 이전에 알지 못하였던 여러 죄를 덮어서 감추지 않았고 뒤에 알았으나 덮어서 감추지 않았다면, 여러 비구들이여. 마땅히 그 비구에게 덮어서 감추었던 최초의 죄들과 최후의 죄들에 의지하여 별주를 주고서 뒤에 마땅히 마나타를 주어야 하느니라.

여러 비구들이여. 이 처소에 있었던 비구가 많은 승잔을 범하였는데,

일부는 죄라고 알았고 다른 일부는 죄라고 알지 못하였는데, 알았던 죄는 덮어서 감추었고 알지 못하였던 죄는 덮어서 감추지 않았다. 그 비구가 환속하였으나 뒤에 다시 구족계를 받았고, 이전에 알았던 여러 죄를 덮어서 감추었고 뒤에 알고서 덮어서 감추었거나, 이전에 알지 못하였던 여러 죄를 덮어서 감추지 않았고 뒤에 알았으나 덮어서 감추었다면, 여러 비구들이여. 마땅히 그 비구에게 덮어서 감추었던 최초의 죄들과 최후의 죄들에 의지하여 별주를 주고서 뒤에 마땅히 마나타를 주어야 하느니라.

32-4 "여러 비구들이여. 이 처소에 있었던 비구가 많은 승잔을 범하였는데, 일부는 죄라고 억념하였고 다른 일부는 죄라고 억념하지 못하였는데, 억념하였던 죄는 덮어서 감추었고 억념하지 못하였던 죄는 덮어서 감추지 않았다. 그 비구가 환속하였으나 뒤에 다시 구족계를 받았고, 이전에 억념하였던 여러 죄를 덮어서 감추었으나 뒤에 억념하고서 덮어서 감추지 않았거나, 이전에 억념하지 못하였던 여러 죄를 덮어서 감추지 않았고 뒤에 억념하였으나 덮어서 감추지 않았다면, 여러 비구들이여. 마땅히 그 비구에게 덮어서 감추었던 최초의 죄들에 의지하여 별주를 주고서 뒤에 마땅히 마나타를 주어야 하느니라.

여러 비구들이여. 이 처소에 있었던 비구가 많은 승잔을 범하였는데, 일부는 죄라고 억념하였고 다른 일부는 죄라고 억념하지 못하였는데, 억념하였던 죄는 덮어서 감추었고 억념하지 못하였던 죄는 덮어서 감추지 않았다. 그 비구가 환속하였으나 뒤에 다시 구족계를 받았고, 이전에 억념하였던 여러 죄를 덮어서 감추었으나 뒤에 억념하고서 덮어서 감추지 않았거나, 이전에 억념하지 못하였던 여러 죄를 덮어서 감추지 않았고 뒤에 억념하였으나 덮어서 감추었다면, 여러 비구들이여. 마땅히 그 비구에게 덮어서 감추었던 최후의 죄들에 의지하여 별주를 주고서 뒤에 마땅히 마나타를 주어야 하느니라.

여러 비구들이여. 이 처소에 있었던 비구가 많은 승잔을 범하였는데,

일부는 죄라고 억념하였고 다른 일부는 죄라고 억념하지 못하였는데, 억념하였던 죄는 덮어서 감추었고 억념하지 못하였던 죄는 덮어서 감추지 않았다. 그 비구가 환속하였으나 뒤에 다시 구족계를 받았고, 이전에 억념하였던 여러 죄를 덮어서 감추었고 뒤에 억념하고서 덮어서 감추었거나, 이전에 억념하지 못하였던 여러 죄를 덮어서 감추지 않았고 뒤에 억념하였으나 덮어서 감추지 않았다면, 여러 비구들이여. 마땅히 그 비구에게 덮어서 감추었던 최초의 죄들과 최후의 죄들에 의지하여 별주를 주고서 뒤에 마땅히 마나타를 주어야 하느니라.

여러 비구들이여. 이 처소에 있었던 비구가 많은 승잔을 범하였는데, 일부는 죄라고 억념하였고 다른 일부는 죄라고 억념하지 못하였는데, 억념하였던 죄는 덮어서 감추었고 억념하지 못하였던 죄는 덮어서 감추지 않았다. 그 비구가 환속하였으나 뒤에 다시 구족계를 받았고, 이전에 억념하였던 여러 죄를 덮어서 감추었고 뒤에 억념하고서 덮어서 감추었거나, 이전에 억념하지 못하였던 여러 죄를 덮어서 감추지 않았고 뒤에 억념하였으나 덮어서 감추었다면, 여러 비구들이여. 마땅히 그 비구에게 덮어서 감추었던 최초의 죄들과 최후의 죄들에 의지하여 별주를 주고서 뒤에 마땅히 마나타를 주어야 하느니라.

32-5 "여러 비구들이여. 이 처소에 있었던 비구가 많은 승잔을 범하였는데, 일부는 죄라고 의심하였고 다른 일부는 죄라고 의심하지 못하였는데, 의심하였던 죄는 덮어서 감추었고 의심하지 못하였던 죄는 덮어서 감추지 않았다. 그 비구가 환속하였으나 뒤에 다시 구족계를 받았고, 이전에 의심하였던 여러 죄를 덮어서 감추었으나 뒤에 의심하고서 덮어서 감추지 않았거나, 이전에 의심하지 못하였던 여러 죄를 덮어서 감추지 않았고 뒤에 의심하였으나 덮어서 감추지 않았다면, 여러 비구들이여. 마땅히 그 비구에게 덮어서 감추었던 최초의 죄들에 의지하여 별주를 주고서 뒤에 마땅히 마나타를 주어야 하느니라.

여러 비구들이여. 이 처소에 있었던 비구가 많은 승잔을 범하였는데,

일부는 죄라고 의심하였고 다른 일부는 죄라고 의심하지 못하였는데, 의심하였던 죄는 덮어서 감추었고 의심하지 못하였던 죄는 덮어서 감추지 않았다. 그 비구가 환속하였으나 뒤에 다시 구족계를 받았고, 이전에 의심하였던 여러 죄를 덮어서 감추었으나 뒤에 의심하고서 덮어서 감추지 않았거나, 이전에 의심하지 못하였던 여러 죄를 덮어서 감추지 않았고 뒤에 의심하였으나 덮어서 감추었다면, 여러 비구들이여. 마땅히 그 비구에게 덮어서 감추었던 최후의 죄들에 의지하여 별주를 주고서 뒤에 마땅히 마나타를 주어야 하느니라.

여러 비구들이여. 이 처소에 있었던 비구가 많은 승잔을 범하였는데, 일부는 죄라고 의심하였고 다른 일부는 죄라고 의심하지 못하였는데, 의심하였던 죄는 덮어서 감추었고 의심하지 못하였던 죄는 덮어서 감추지 않았다. 그 비구가 환속하였으나 뒤에 다시 구족계를 받았고, 이전에 의심하였던 여러 죄를 덮어서 감추었고 뒤에 의심하고서 덮어서 감추었거나, 이전에 의심하지 못하였던 여러 죄를 덮어서 감추지 않았고 뒤에 의심하였으나 덮어서 감추지 않았다면, 여러 비구들이여. 마땅히 그 비구에게 덮어서 감추었던 최초의 죄들과 최후의 죄들에 의지하여 별주를 주고서 뒤에 마땅히 마나타를 주어야 하느니라.

여러 비구들이여. 이 처소에 있었던 비구가 많은 승잔을 범하였는데, 일부는 죄라고 의심하였고 다른 일부는 죄라고 의심하지 못하였는데, 의심하였던 죄는 덮어서 감추었고 의심하지 못하였던 죄는 덮어서 감추지 않았다. 그 비구가 환속하였으나 뒤에 다시 구족계를 받았고, 이전에 의심하였던 여러 죄를 덮어서 감추었고 뒤에 의심하고서 덮어서 감추었거나, 이전에 의심하지 못하였던 여러 죄를 덮어서 감추지 않았고 뒤에 의심하였으나 덮어서 감추었다면, 여러 비구들이여. 마땅히 그 비구에게 덮어서 감추었던 최초의 죄들과 최후의 죄들에 의지하여 별주를 주고서 뒤에 마땅히 마나타를 주어야 하느니라."

33) 100종류의 마나타 ②

33-1 "여러 비구들이여. 이 처소에 있었던 비구가 많은 승잔을 범하였고, 죄를 덮어서 감추지 않았는데, 사미가 되었고, …… 미친 자가 되었고, …… 마음이 어지러운 자가 되었고, …… 고통스러운 자가 되었다. …… 나아가 …… 그 비구가 혹은 여러 죄를 덮어서 감추었고, 혹은 덮어서 감추지 않았거나, 일부는 죄라고 알았고 다른 일부는 죄라고 알지 못하였거나, 일부는 죄라고 억념하였고 다른 일부는 죄라고 억념하지 못하였거나, 일부는 죄라고 의심하였고 다른 일부는 죄라고 억념하지 못하였거나, 죄라는 의심이 없어서 덮어서 감추었고 죄라는 의심이 있어 덮어서 감추었고, 고통스러웠던 자가 되었는데, 그가 다시 고통스럽지 않은 사람이 되었다면, 이전에 의심하지 못하여 죄를 덮어서 감추었고 뒤에 의심하지 못하여 덮어서 감추지 않았으며 이전에 의심하여 죄를 덮어서 감추지 않았고 뒤에 의심하지 못하여 덮어서 감추지 않았거나, 이전에 의심하지 못하여 죄를 덮어서 감추었고 뒤에 의심하지 못하여 덮어서 감추지 않았으며 이전에 의심하여 죄를 덮어서 감추지 않았고 뒤에 의심하지 못하여 덮어서 감추었거나, 이전에 의심하지 못하여 죄를 덮어서 감추었고 뒤에 의심하지 못하여 덮어서 감추었으며 이전에 의심하여 죄를 덮어서 감추지 않았고 뒤에 의심하지 못하여 덮어서 감추지 않았거나, 이전에 의심하지 못하여 죄를 덮어서 감추었고 뒤에 의심하지 못하여 덮어서 감추었으며 이전에 의심하여 죄를 덮어서 감추지 않았고 뒤에 의심하지 못하여 덮어서 감추었다면, 여러 비구들이여. 마땅히 그 비구에게 덮어서 감추었던 최초의 죄들과 최후의 죄들에 의지하여 별주를 주고서 뒤에 마땅히 마나타를 주어야 하느니라."

[100종류의 마나타를 마친다.]

34) 별주의 네 종류 ①

34-1 "여러 비구들이여. 이 처소에 있었던 비구가 별주하는 중간에 많은 승잔을 범하였고, 덮어서 감추지 않았으며 환속하였다. 뒤에 그가 다시 구족계를 받았고 여러 죄를 덮어서 감추지 않았다면, 마땅히 그 비구에게 본일치를 주어야 하느니라.

여러 비구들이여. 이 처소에 있었던 비구가 별주하는 중간에 많은 승잔을 범하였고, 덮어서 감추지 않았으며 환속하였다. 뒤에 그가 다시 구족계를 받았고 여러 죄를 덮어서 감추었다면, 마땅히 그 비구에게 본일치를 주어야 하고, 덮어서 감추었던 여러 죄들의 가운데에서 최초의 죄를 인연하여 마땅히 합쳐서 하나의 별주를 주어야 하느니라.

여러 비구들이여. 이 처소에 있었던 비구가 별주하는 중간에 많은 승잔을 범하였고, 덮어서 감추었으며 환속하였다. 뒤에 그가 다시 구족계를 받았고 여러 죄를 덮어서 감추지 않았다면, 마땅히 그 비구에게 본일치를 주어야 하고, 여러 죄들의 가운데에서 최초의 죄를 인연하여 마땅히 합쳐서 하나의 별주를 주어야 하느니라.

여러 비구들이여. 이 처소에 있었던 비구가 별주하는 중간에 많은 승잔을 범하였고, 덮어서 감추었으며 환속하였다. 뒤에 그가 다시 구족계를 받았고 여러 죄를 덮어서 감추었다면, 마땅히 그 비구에게 본일치를 주어야 하고, 여러 죄들의 가운데에서 최초의 죄를 인연하여 마땅히 합쳐서 하나의 별주를 주어야 하느니라."

34-2 "여러 비구들이여. 이 처소에 있었던 비구가 별주하는 중간에 많은 승잔을 범하였고, 그 비구가 혹은 덮어서 감추었고 혹은 덮어서 감추지 않았으며 환속하였다. 뒤에 그가 다시 구족계를 받았고 이전에 여러 죄를 덮어서 감추었으나 뒤에 덮어서 감추지 않았거나, 이전에 여러 죄를 덮어서 감추지 않았고 뒤에 덮어서 감추지 않았다면, 그 비구에게 본일치를 주어야 하고, 여러 죄들의 가운데에서 최초의 죄를 인연하여

마땅히 합쳐서 하나의 별주를 주어야 하느니라.

여러 비구들이여. 이 처소에 있었던 비구가 별주하는 중간에 많은 승잔을 범하였고, 그 비구가 혹은 덮어서 감추었고 혹은 덮어서 감추지 않았으며 환속하였다. 뒤에 그가 다시 구족계를 받았고 이전에 여러 죄를 덮어서 감추었으나 뒤에 덮어서 감추지 않았거나, 이전에 여러 죄를 덮어서 감추지 않았고 뒤에 덮어서 감추었다면, 그 비구에게 본일치를 주어야 하고, 여러 죄들의 가운데에서 최초의 죄를 인연하여 마땅히 합쳐서 하나의 별주를 주어야 하느니라.

여러 비구들이여. 이 처소에 있었던 비구가 별주하는 중간에 많은 승잔을 범하였고, 그 비구가 혹은 덮어서 감추었고 혹은 덮어서 감추지 않았으며 환속하였다. 뒤에 그가 다시 구족계를 받았고 이전에 여러 죄를 덮어서 감추었고 뒤에 덮어서 감추었거나, 이전에 여러 죄를 덮어서 감추지 않았고 뒤에 덮어서 감추지 않았다면, 그 비구에게 본일치를 주어야 하고, 여러 죄들의 가운데에서 최초의 죄를 인연하여 마땅히 합쳐서 하나의 별주를 주어야 하느니라.

여러 비구들이여. 이 처소에 있었던 비구가 별주하는 중간에 많은 승잔을 범하였고, 그 비구가 혹은 덮어서 감추었고 혹은 덮어서 감추지 않았으며 환속하였다. 뒤에 그가 다시 구족계를 받았고 이전에 여러 죄를 덮어서 감추었고 뒤에 덮어서 감추었거나, 이전에 여러 죄를 덮어서 감추지 않았고 뒤에 덮어서 감추었다면, 그 비구에게 본일치를 주어야 하고, 여러 죄들의 가운데에서 최초의 죄를 인연하여 마땅히 합쳐서 하나의 별주를 주어야 하느니라."

34-3 "여러 비구들이여. 이 처소에 있었던 비구가 별주하는 중간에 많은 승잔을 범하였고, 일부는 죄라고 알았고 다른 일부는 죄라고 알지 못하였는데, 알았던 죄는 덮어서 감추었고 알지 못하였던 죄는 덮어서 감추지 않았다. 그 비구가 환속하였으나 뒤에 다시 구족계를 받았고, 이전에 알았던 여러 죄를 덮어서 감추었으나 뒤에 알고서 덮어서 감추지

않았거나, 이전에 알지 못하였던 여러 죄를 덮어서 감추지 않았고 뒤에 알았으나 덮어서 감추지 않았다면, 그 비구에게 본일치를 주어야 하고, 여러 죄들의 가운데에서 최초의 죄를 인연하여 마땅히 합쳐서 하나의 별주를 주어야 하느니라.

여러 비구들이여. 이 처소에 있었던 비구가 별주하는 중간에 많은 승잔을 범하였고, 일부는 죄라고 알았고 다른 일부는 죄라고 알지 못하였는데, 알았던 죄는 덮어서 감추었고 알지 못하였던 죄는 덮어서 감추지 않았다. 그 비구가 환속하였으나 뒤에 다시 구족계를 받았고, 이전에 알았던 여러 죄를 덮어서 감추었으나 뒤에 알고서 덮어서 감추지 않았거나, 이전에 알지 못하였던 여러 죄를 덮어서 감추지 않았고 뒤에 알았으나 덮어서 감추었다면, 그 비구에게 본일치를 주어야 하고, 여러 죄들의 가운데에서 최초의 죄를 인연하여 마땅히 합쳐서 하나의 별주를 주어야 하느니라.

여러 비구들이여. 이 처소에 있었던 비구가 별주하는 중간에 많은 승잔을 범하였고, 일부는 죄라고 알았고 다른 일부는 죄라고 알지 못하였는데, 알았던 죄는 덮어서 감추었고 알지 못하였던 죄는 덮어서 감추지 않았다. 그 비구가 환속하였으나 뒤에 다시 구족계를 받았고, 이전에 알았던 여러 죄를 덮어서 감추었고 뒤에 알고서 덮어서 감추었거나, 이전에 알지 못하였던 여러 죄를 덮어서 감추지 않았고 뒤에 알았으나 덮어서 감추지 않았다면, 그 비구에게 본일치를 주어야 하고, 여러 죄들의 가운데에서 최초의 죄를 인연하여 마땅히 합쳐서 하나의 별주를 주어야 하느니라.

여러 비구들이여. 이 처소에 있었던 비구가 별주하는 중간에 많은 승잔을 범하였고, 일부는 죄라고 알았고 다른 일부는 죄라고 알지 못하였는데, 알았던 죄는 덮어서 감추었고 알지 못하였던 죄는 덮어서 감추지 않았다. 그 비구가 환속하였으나 뒤에 다시 구족계를 받았고, 이전에 알았던 여러 죄를 덮어서 감추었고 뒤에 알고서 덮어서 감추었거나, 이전에 알지 못하였던 여러 죄를 덮어서 감추지 않았고 뒤에 알았으나 덮어서 감추었다면, 그 비구에게 본일치를 주어야 하고, 여러 죄들의 가운데에서 최초의 죄를 인연하여 마땅히 합쳐서 하나의 별주를 주어야 하느니라."

34-4 "여러 비구들이여. 이 처소에 있었던 비구가 별주하는 중간에 많은 승잔을 범하였고, 일부는 죄라고 억념하였고 다른 일부는 죄라고 억념하지 못하였는데, 억념하였던 죄는 덮어서 감추었고 억념하지 못하였던 죄는 덮어서 감추지 않았다. 그 비구가 환속하였으나 뒤에 다시 구족계를 받았고, 이전에 억념하였던 여러 죄를 덮어서 감추었으나 뒤에 억념하고서 덮어서 감추지 않았거나, 이전에 억념하지 못하였던 여러 죄를 덮어서 감추지 않았고 뒤에 억념하였으나 덮어서 감추지 않았다면, 그 비구에게 본일치를 주어야 하고, 여러 죄들의 가운데에서 최초의 죄를 인연하여 마땅히 합쳐서 하나의 별주를 주어야 하느니라.

여러 비구들이여. 이 처소에 있었던 비구가 별주하는 중간에 많은 승잔을 범하였고, 일부는 죄라고 억념하였고 다른 일부는 죄라고 억념하지 못하였는데, 억념하였던 죄는 덮어서 감추었고 억념하지 못하였던 죄는 덮어서 감추지 않았다. 그 비구가 환속하였으나 뒤에 다시 구족계를 받았고, 이전에 억념하였던 여러 죄를 덮어서 감추었으나 뒤에 억념하고서 덮어서 감추지 않았거나, 이전에 억념하지 못하였던 여러 죄를 덮어서 감추지 않았고 뒤에 억념하였으나 덮어서 감추었다면, 그 비구에게 본일치를 주어야 하고, 여러 죄들의 가운데에서 최초의 죄를 인연하여 마땅히 합쳐서 하나의 별주를 주어야 하느니라.

여러 비구들이여. 이 처소에 있었던 비구가 별주하는 중간에 많은 승잔을 범하였고, 일부는 죄라고 억념하였고 다른 일부는 죄라고 억념하지 못하였는데, 억념하였던 죄는 덮어서 감추었고 억념하지 못하였던 죄는 덮어서 감추지 않았다. 그 비구가 환속하였으나 뒤에 다시 구족계를 받았고, 이전에 억념하였던 여러 죄를 덮어서 감추었고 뒤에 억념하고서 덮어서 감추었거나, 이전에 억념하지 못하였던 여러 죄를 덮어서 감추지 않았고 뒤에 억념하였으나 덮어서 감추지 않았다면, 그 비구에게 본일치를 주어야 하고, 여러 죄들의 가운데에서 최초의 죄를 인연하여 마땅히 합쳐서 하나의 별주를 주어야 하느니라.

여러 비구들이여. 이 처소에 있었던 비구가 별주하는 중간에 많은 승잔을 범하였고, 일부는 죄라고 억념하였고 다른 일부는 죄라고 억념하지 못하였는데, 억념하였던 죄는 덮어서 감추었고 억념하지 못하였던 죄는 덮어서 감추지 않았다. 그 비구가 환속하였으나 뒤에 다시 구족계를 받았고, 이전에 억념하였던 여러 죄를 덮어서 감추었고 뒤에 억념하고서 덮어서 감추었거나, 이전에 억념하지 못하였던 여러 죄를 덮어서 감추지 않았고 뒤에 억념하였으나 덮어서 감추었다면, 그 비구에게 본일치를 주어야 하고, 여러 죄들의 가운데에서 최초의 죄를 인연하여 마땅히 합쳐서 하나의 별주를 주어야 하느니라."

34-5 "여러 비구들이여. 이 처소에 있었던 비구가 별주하는 중간에 많은 승잔을 범하였고, 일부는 죄라고 의심하였고 다른 일부는 죄라고 의심하지 못하였는데, 의심하였던 죄는 덮어서 감추었고 의심하지 못하였던 죄는 덮어서 감추지 않았다. 그 비구가 환속하였으나 뒤에 다시 구족계를 받았고, 이전에 의심하였던 여러 죄를 덮어서 감추었으나 뒤에 의심하고서 덮어서 감추지 않았거나, 이전에 의심하지 못하였던 여러 죄를 덮어서 감추지 않았고 뒤에 의심하였으나 덮어서 감추지 않았다면, 그 비구에게 본일치를 주어야 하고, 여러 죄들의 가운데에서 최초의 죄를 인연하여 마땅히 합쳐서 하나의 별주를 주어야 하느니라.

여러 비구들이여. 이 처소에 있었던 비구가 별주하는 중간에 많은 승잔을 범하였고, 일부는 죄라고 의심하였고 다른 일부는 죄라고 의심하지 못하였는데, 의심하였던 죄는 덮어서 감추었고 의심하지 못하였던 죄는 덮어서 감추지 않았다. 그 비구가 환속하였으나 뒤에 다시 구족계를 받았고, 이전에 의심하였던 여러 죄를 덮어서 감추었으나 뒤에 의심하고서 덮어서 감추지 않았거나, 이전에 의심하지 못하였던 여러 죄를 덮어서 감추지 않았고 뒤에 의심하였으나 덮어서 감추었다면, 그 비구에게 본일치를 주어야 하고, 여러 죄들의 가운데에서 최초의 죄를 인연하여 마땅히 합쳐서 하나의 별주를 주어야 하느니라.

여러 비구들이여. 이 처소에 있었던 비구가 별주하는 중간에 많은 승잔을 범하였고, 일부는 죄라고 의심하였고 다른 일부는 죄라고 의심하지 못하였는데, 의심하였던 죄는 덮어서 감추었고 의심하지 못하였던 죄는 덮어서 감추지 않았다. 그 비구가 환속하였으나 뒤에 다시 구족계를 받았고, 이전에 의심하였던 여러 죄를 덮어서 감추었고 뒤에 의심하고서 덮어서 감추었거나, 이전에 의심하지 못하였던 여러 죄를 덮어서 감추지 않았고 뒤에 의심하였으나 덮어서 감추지 않았다면, 그 비구에게 본일치를 주어야 하고, 여러 죄들의 가운데에서 최초의 죄를 인연하여 마땅히 합쳐서 하나의 별주를 주어야 하느니라.

여러 비구들이여. 이 처소에 있었던 비구가 별주하는 중간에 많은 승잔을 범하였고, 일부는 죄라고 의심하였고 다른 일부는 죄라고 의심하지 못하였는데, 의심하였던 죄는 덮어서 감추었고 의심하지 못하였던 죄는 덮어서 감추지 않았다. 그 비구가 환속하였으나 뒤에 다시 구족계를 받았고, 이전에 의심하였던 여러 죄를 덮어서 감추었고 뒤에 의심하고서 덮어서 감추었거나, 이전에 의심하지 못하였던 여러 죄를 덮어서 감추지 않았고 뒤에 억념하였으나 덮어서 감추었다면, 그 비구에게 본일치를 주어야 하고, 여러 죄들의 가운데에서 최초의 죄를 인연하여 마땅히 합쳐서 하나의 별주를 주어야 하느니라."

35) 별주의 네 종류 ②

35-1 "여러 비구들이여. 이 처소에 있었던 비구가 마땅히 마나타를 받고서, …… 나아가 …… 마나타를 행하는 중간에, …… 나아가 …… 마땅히 출죄를 받고서, 많은 승잔을 범하였으나 덮어서 감추지 않았으며

환속하였다. 뒤에 그가 다시 구족계를 받았고 여러 죄를 덮어서 감추지 않았다면, 마땅히 그 비구에게 본일치를 주어야 하느니라.

여러 비구들이여. 이 처소에 있었던 비구가 마땅히 마나타를 받고서, …… 나아가 …… 마나타를 행하는 중간에, …… 나아가 …… 마땅히 출죄를 받고서, 많은 승잔을 범하였으나 덮어서 감추지 않았으며 환속하였다. 뒤에 그가 다시 구족계를 받았고 여러 죄를 덮어서 감추었다면, 마땅히 그 비구에게 본일치를 주어야 하고, 덮어서 감추었던 여러 죄들의 가운데에서 최초의 죄를 인연하여 마땅히 합쳐서 하나의 별주를 주어야 하느니라.

여러 비구들이여. 이 처소에 있었던 비구가 마땅히 마나타를 받고서, …… 나아가 …… 마나타를 행하는 중간에, …… 나아가 …… 마땅히 출죄를 받고서, 많은 승잔을 범하였으나 덮어서 감추었으며 환속하였다. 뒤에 그가 다시 구족계를 받았고 여러 죄를 덮어서 감추지 않았다면, 마땅히 그 비구에게 본일치를 주어야 하고, 여러 죄들의 가운데에서 최초의 죄를 인연하여 마땅히 합쳐서 하나의 별주를 주어야 하느니라.

여러 비구들이여. 이 처소에 있었던 비구가 마땅히 마나타를 받고서, …… 나아가 …… 마나타를 행하는 중간에, …… 나아가 …… 마땅히 출죄를 받고서, 많은 승잔을 범하였으나 덮어서 감추었으며 환속하였다. 뒤에 그가 다시 구족계를 받았고 여러 죄를 덮어서 감추었다면, 마땅히 그 비구에게 본일치를 주어야 하고, 여러 죄들의 가운데에서 최초의 죄를 인연하여 마땅히 합쳐서 하나의 별주를 주어야 하느니라."

35-2 "여러 비구들이여. 이 처소에 있었던 비구가 마땅히 마나타를 받고서, …… 나아가 …… 마나타를 행하는 중간에, …… 나아가 …… 마땅히 출죄를 받고서, 많은 승잔을 범하였으나 혹은 덮어서 감추었고 혹은 덮어서 감추지 않았으며 환속하였다. 뒤에 그가 다시 구족계를 받았고 이전에 여러 죄를 덮어서 감추었으나 뒤에 덮어서 감추지 않았거나, 이전에 여러 죄를 덮어서 감추지 않았고 뒤에 덮어서 감추지 않았다면,

그 비구에게 본일치를 주어야 하고, 여러 죄들의 가운데에서 최초의 죄를 인연하여 마땅히 합쳐서 하나의 별주를 주어야 하느니라.

여러 비구들이여. 이 처소에 있었던 비구가 마땅히 마나타를 받고서, …… 나아가 …… 마나타를 행하는 중간에, …… 나아가 …… 마땅히 출죄를 받고서, 많은 승잔을 범하였으나 그 비구가 혹은 덮어서 감추었고 혹은 덮어서 감추지 않았으며 환속하였다. 뒤에 그가 다시 구족계를 받았고 이전에 여러 죄를 덮어서 감추었으나 뒤에 덮어서 감추지 않았거나, 이전에 여러 죄를 덮어서 감추지 않았고 뒤에 덮어서 감추었다면, 그 비구에게 본일치를 주어야 하고, 여러 죄들의 가운데에서 최초의 죄를 인연하여 마땅히 합쳐서 하나의 별주를 주어야 하느니라.

여러 비구들이여. 이 처소에 있었던 비구가 마땅히 마나타를 받고서, …… 나아가 …… 마나타를 행하는 중간에, …… 나아가 …… 마땅히 출죄를 받고서, 많은 승잔을 범하였으나 그 비구가 혹은 덮어서 감추었고 혹은 덮어서 감추지 않았으며 환속하였다. 뒤에 그가 다시 구족계를 받았고 이전에 여러 죄를 덮어서 감추었고 뒤에 덮어서 감추었거나, 이전에 여러 죄를 덮어서 감추지 않았고 뒤에 덮어서 감추지 않았다면, 그 비구에게 본일치를 주어야 하고, 여러 죄들의 가운데에서 최초의 죄를 인연하여 마땅히 합쳐서 하나의 별주를 주어야 하느니라.

여러 비구들이여. 이 처소에 있었던 비구가 마땅히 마나타를 받고서, …… 나아가 …… 마나타를 행하는 중간에, …… 나아가 …… 마땅히 출죄를 받고서, 많은 승잔을 범하였으나 그 비구가 혹은 덮어서 감추었고 혹은 덮어서 감추지 않았으며 환속하였다. 뒤에 그가 다시 구족계를 받았고 이전에 여러 죄를 덮어서 감추었고 뒤에 덮어서 감추었거나, 이전에 여러 죄를 덮어서 감추지 않았고 뒤에 덮어서 감추었다면, 그 비구에게 본일치를 주어야 하고, 여러 죄들의 가운데에서 최초의 죄를 인연하여 마땅히 합쳐서 하나의 별주를 주어야 하느니라."

35-3 "…… 여러 비구들이여. 이 처소에 있었던 비구가 마땅히 출죄를

받고서, 많은 승잔을 범하였으나 혹은 덮어서 감추었고 혹은 덮어서 감추지 않았으며 환속하였다. 뒤에 그가 다시 구족계를 받았고 이전에 여러 죄를 덮어서 감추었으나 뒤에 덮어서 감추지 않았거나, 이전에 여러 죄를 덮어서 감추지 않았고 뒤에 덮어서 감추지 않았다면, 그 비구에게 본일치를 주어야 하고, 여러 죄들의 가운데에서 최초의 죄를 인연하여 마땅히 합쳐서 하나의 별주를 주어야 하느니라.

여러 비구들이여. 이 처소에 있었던 비구가 마땅히 출죄를 받고서, 많은 승잔을 범하였으나 그 비구가 혹은 덮어서 감추었고 혹은 덮어서 감추지 않았으며 환속하였다. 뒤에 그가 다시 구족계를 받았고 이전에 여러 죄를 덮어서 감추었으나 뒤에 덮어서 감추지 않았거나, 이전에 여러 죄를 덮어서 감추지 않았고 뒤에 덮어서 감추었다면, 그 비구에게 본일치를 주어야 하고, 여러 죄들의 가운데에서 최초의 죄를 인연하여 마땅히 합쳐서 하나의 별주를 주어야 하느니라.

여러 비구들이여. 이 처소에 있었던 비구가 마땅히 출죄를 받고서, 많은 승잔을 범하였으나 그 비구가 혹은 덮어서 감추었고 혹은 덮어서 감추지 않았으며 환속하였다. 뒤에 그가 다시 구족계를 받았고 이전에 여러 죄를 덮어서 감추었고 뒤에 덮어서 감추었거나, 이전에 여러 죄를 덮어서 감추지 않았고 뒤에 덮어서 감추지 않았다면, 그 비구에게 본일치를 주어야 하고, 여러 죄들의 가운데에서 최초의 죄를 인연하여 마땅히 합쳐서 하나의 별주를 주어야 하느니라.

여러 비구들이여. 이 처소에 있었던 비구가 마땅히 출죄를 받고서, 많은 승잔을 범하였으나 그 비구가 혹은 덮어서 감추었고 혹은 덮어서 감추지 않았으며 환속하였다. 뒤에 그가 다시 구족계를 받았고 이전에 여러 죄를 덮어서 감추었고 뒤에 덮어서 감추었거나, 이전에 여러 죄를 덮어서 감추지 않았고 뒤에 덮어서 감추었다면, 그 비구에게 본일치를 주어야 하고, 여러 죄들의 가운데에서 최초의 죄를 인연하여 마땅히 합쳐서 하나의 별주를 주어야 하느니라."

35-4 "…… 여러 비구들이여. 이 처소에 있었던 비구가 마땅히 출죄를 받고서, 많은 승잔을 범하였으나 덮어서 감추지 않고서 사미가 되었고, …… 미친 자가 되었고, …… 마음이 어지러운 자가 되었고, …… 고통스러운 자가 되었는데, 혹은 덮어서 감추었고 혹은 덮어서 감추지 않았으며 환속하였다. …… 뒤에 그가 다시 구족계를 받았고 이전에 여러 죄를 덮어서 감추었고 뒤에 덮어서 감추었거나, 이전에 여러 죄를 덮어서 감추지 않았고 뒤에 덮어서 감추었다면, 그 비구에게 본일치를 주어야 하고, 여러 죄들의 가운데에서 최초의 죄를 인연하여 마땅히 합쳐서 하나의 별주를 주어야 하느니라."

[별주의 네 종류를 마친다.]

36) 별주의 여덟 종류

36-1 "여러 비구들이여. 이 처소에 있었던 비구가 많은 승잔을 범하고서 헤아릴 수 있는 것을 덮어서 감추지 않고서 환속하였다. 뒤에 그가 다시 구족계를 받았고 여러 죄를 덮어서 감추지 않았다면, 마땅히 그 비구에게 본일치를 주어야 하느니라.

여러 비구들이여. 이 처소에 있었던 비구가 많은 승잔을 범하고서 헤아릴 수 없는 것을 덮어서 감추지 않고서 환속하였다. 뒤에 그가 다시 구족계를 받았고 여러 죄를 덮어서 감추었다면, 마땅히 그 비구에게 본일치를 주어야 하느니라.

여러 비구들이여. 이 처소에 있었던 비구가 많은 승잔을 범하고서 같게 이름하는 것을 덮어서 감추지 않고서 환속하였다. 뒤에 그가 다시 구족계를 받았고 여러 죄를 덮어서 감추지 않았다면, 그 비구에게 본일치를 주어야 하고, 여러 죄들의 가운데에서 최초의 죄를 인연하여 마땅히 합쳐서 하나의 별주를 주어야 하느니라.

여러 비구들이여. 이 처소에 있었던 비구가 많은 승잔을 범하고서 다르게 이름하는 것을 덮어서 감추지 않고서 환속하였다. 뒤에 그가 다시 구족계를 받았고 여러 죄를 덮어서 감추었다면, 그 비구에게 본일치를 주어야 하고, 여러 죄들의 가운데에서 최초의 죄를 인연하여 마땅히 합쳐서 하나의 별주를 주어야 하느니라.

여러 비구들이여. 이 처소에 있었던 비구가 많은 승잔을 범하고서 같은 부분인 것을 덮어서 감추지 않고서 환속하였다. 뒤에 그가 다시 구족계를 받았고 이전에 여러 죄를 덮어서 감추었고 뒤에 덮어서 감추었거나, 이전에 여러 죄를 덮어서 감추지 않았고 뒤에 덮어서 감추었다면, 그 비구에게 본일치를 주어야 하고, 여러 죄들의 가운데에서 최초의 죄를 인연하여 마땅히 합쳐서 하나의 별주를 주어야 하느니라.

여러 비구들이여. 이 처소에 있었던 비구가 많은 승잔을 범하고서 다른 부분인 것을 덮어서 감추지 않고서 환속하였다. 뒤에 그가 다시 구족계를 받았고 이전에 여러 죄를 덮어서 감추었고 뒤에 덮어서 감추었거나, 이전에 여러 죄를 덮어서 감추지 않았고 뒤에 덮어서 감추었다면, 그 비구에게 본일치를 주어야 하고, 여러 죄들의 가운데에서 최초의 죄를 인연하여 마땅히 합쳐서 하나의 별주를 주어야 하느니라.

여러 비구들이여. 이 처소에 있었던 비구가 많은 승잔을 범하고서 별도로 제정된 것을 덮어서 감추지 않고서 환속하였다. 뒤에 그가 다시 구족계를 받았고 이전에 여러 죄를 덮어서 감추었고 뒤에 덮어서 감추었거나, 이전에 여러 죄를 덮어서 감추지 않았고 뒤에 덮어서 감추었다면, 그 비구에게 본일치를 주어야 하고, 여러 죄들의 가운데에서 최초의 죄를 인연하여 마땅히 합쳐서 하나의 별주를 주어야 하느니라.

여러 비구들이여. 이 처소에 있었던 비구가 많은 승잔을 범하고서 서로가 뒤섞였던 모습인[5] 것을 덮어서 감추지 않고서 환속하였다. 뒤에 그가 다시 구족계를 받았고 이전에 여러 죄를 덮어서 감추었고 뒤에

---

5) 승잔죄와 다른 죄가 섞인 것을 가리킨다.

덮어서 감추었거나, 이전에 여러 죄를 덮어서 감추지 않았고 뒤에 덮어서 감추었다면, 그 비구에게 본일치를 주어야 하고, 여러 죄들의 가운데에서 최초의 죄를 인연하여 마땅히 합쳐서 하나의 별주를 주어야 하느니라."

[별주의 여덟 종류를 마친다.]

37) 두 비구의 열한 종류

37-1 "두 비구가 승잔을 범하였고 승잔죄에서 승잔죄라고 보았으나, 한 비구는 덮어서 감추었고 다른 한 비구는 덮어서 감추지 않았다. 덮어서 감추었던 악한 자에게는 참회를 시켜야 하고 덮어서 감추었던 것에 의지하여 별주를 주어야 하고 뒤에 마땅히 두 비구에게 마나타를 주어야 하느니라.

두 비구가 승잔을 범하였고 승잔죄에서 의심이 있었으나, 한 비구는 덮어서 감추었고 다른 한 비구는 덮어서 감추지 않았다. 덮어서 감추었던 악한 자에게는 참회를 시켜야 하고 덮어서 감추었던 것에 의지하여 별주를 주어야 하고 뒤에 마땅히 두 비구에게 마나타를 주어야 하느니라.

두 비구가 승잔을 범하였고 승잔죄에서 뒤섞였던 죄라고 보았으나, 한 비구는 덮어서 감추었고 다른 한 비구는 덮어서 감추지 않았다. 덮어서 감추었던 악한 자에게는 참회를 시켜야 하고 덮어서 감추었던 것에 의지하여 별주를 주어야 하고 뒤에 마땅히 두 비구에게 마나타를 주어야 하느니라.

두 비구가 뒤섞였던 죄를 범하였고 뒤섞였던 죄에서 승잔죄라고 보았으나, 한 비구는 덮어서 감추었고 다른 한 비구는 덮어서 감추지 않았다. 덮어서 감추었던 악한 자에게는 참회를 시켜야 하고 덮어서 감추었던 것에 의지하여 별주를 주어야 하고 뒤에 마땅히 두 비구에게 마나타를 주어야 하느니라.

두 비구가 뒤섞였던 죄를 범하였고 뒤섞였던 죄에서 뒤섞였던 죄라고 보았으나, 한 비구는 덮어서 감추었고 다른 한 비구는 덮어서 감추지 않았다. 덮어서 감추었던 악한 자에게는 참회를 시켜야 하고 덮어서 감추었던 것에 의지하여 별주를 주어야 하고 뒤에 마땅히 두 비구에게 마나타를 주어야 하느니라.

두 비구가 작은 죄를 범하였고 작은 죄에서 승잔죄라고 보았으나, 한 비구는 덮어서 감추었고 다른 한 비구는 덮어서 감추지 않았다. 덮어서 감추었던 악한 자에게는 참회를 시켜야 하고 덮어서 감추었던 것에 의지하여 별주를 주어야 하고 뒤에 마땅히 두 비구에게 마나타를 주어야 하느니라.

두 비구가 작은 죄를 범하였고 작은 죄에서 작은 죄라고 보았으나, 한 비구는 덮어서 감추었고 다른 한 비구는 덮어서 감추지 않았다. 덮어서 감추었던 악한 자에게는 참회를 시켜야 하고 덮어서 감추었던 것에 의지하여 별주를 주어야 하고 뒤에 마땅히 두 비구에게 마나타를 주어야 하느니라."

37-2 "두 비구가 승잔을 범하였고 승잔죄에서 승잔죄라고 보았으나, 한 비구는 '나는 그것을 알려야겠다.'라고 생각하였고 다른 한 비구는 '나는 그것을 알리지 않겠다.'라고 생각하였다. 그 비구는 초경(初更)[6]에 덮어서 감추었고, 이경(二更)에 덮어서 감추었으며, 삼경(三更)에 덮어서 감추었고, 해가 솟아나는 때까지 나아가 그 죄를 감추었다면, 덮어서 감추었던 악한 자에게는 참회를 시켜야 하고 덮어서 감추었던 것에 의지하여 별주를 주어야 하고 뒤에 마땅히 두 비구에게 마나타를 주어야 하느니라.

두 비구가 승잔을 범하였고 승잔죄에서 승잔죄라고 보았으며, 그 비구들은 '그것을 알려야겠다.'라고 생각하면서 머물렀으나, 가는 도중에 한 비구는 덮어서 감추겠다는 생각이 일어나서 '나는 그것을 알리지 않겠다.'라고 생각하였다. 그 비구는 초경에 덮어서 감추었고, 이경에 덮어서 감추었으며, 삼경에 덮어서 감추었고, 해가 솟아나는 때까지 나아가 그 죄를 감추었다면, 덮어서 감추었던 악한 자에게는 참회를 시켜야 하고

---

[6] 하룻밤을 오경(五更)으로 나눈 첫째의 부분(部分)으로 저녁 7시에서 9시 사이에 해당된다.

덮어서 감추었던 것에 의지하여 별주를 주어야 하고 뒤에 마땅히 두 비구에게 마나타를 주어야 하느니라.

두 비구가 승잔을 범하였고 승잔죄에서 승잔죄라고 보았으나, 그들은 모두가 미쳤고, 뒤에 정상으로 돌아왔으나, 한 비구는 덮어서 감추었고 다른 한 비구는 덮어서 감추지 않았다면, 덮어서 감추었던 악한 자에게는 참회를 시켜야 하고 덮어서 감추었던 것에 의지하여 별주를 주어야 하고 뒤에 마땅히 두 비구에게 마나타를 주어야 하느니라.

두 비구가 승잔을 범하였고 바라제목차를 송출하는 때에 '지금 이러한 법이 경에서 전하는 것을 알았고 경에서 섭수하는 것을 알았던 까닭으로 보름마다 그것을 송출하겠다.'라고 이와 같이 말하였으며, 승잔죄에서 승잔죄라고 보았으나, 한 비구는 덮어서 감추었고 다른 한 비구는 덮어서 감추지 않았다면, 덮어서 감추었던 악한 자에게는 참회를 시켜야 하고 덮어서 감추었던 것에 의지하여 별주를 주어야 하고 뒤에 마땅히 두 비구에게 마나타를 주어야 하느니라."

[두 비구의 열한 종류를 마친다.]

38) 청정하지 않은 아홉 종류

38-1 "여러 비구들이여. 이 처소에 있었던 비구가 많은 승잔을 범하였고, 혹은 헤아릴 수 있었거나, 혹은 헤아릴 수 없었거나, 혹은 같게 이름하였거나, 혹은 다르게 이름하였거나, 혹은 같은 부분이었거나, 혹은 다른 부분이었거나, 혹은 별도로 제정하였거나, 혹은 서로가 뒤섞였는데, 그 비구가 승가에게 이러한 죄를 합쳐서 하나의 별주로 행하게 청하였던 까닭으로 승가는 이러한 죄를 합쳐서 하나의 별주로 행하게 주었다. 그 비구는 별주하는 중간에 많은 승잔을 범하였고, 헤아릴 수 있었던 것은 덮어서 감추지 않았으며, 그 비구는 별주하는 중간에 많은 승잔을 범하였던

까닭으로 승가에게 본일치를 행하려고 청하였고, 승가는 별주하는 중간에 많은 승잔을 범하였던 까닭으로 여법하고 허물이 없으며 의치에 상응한 갈마에 의지하여 그 비구에게 본일치를 주었다면, 비법갈마에 의지하여 마나타를 주었거나, 비법갈마에 의지하여 출죄를 주었더라도, 여러 비구들이여. 그 비구는 이러한 죄 등을 까닭으로 청정하지 않느니라.

여러 비구들이여. 이 처소에 있었던 비구가 많은 승잔을 범하였고, 혹은 헤아릴 수 있었거나, 혹은 헤아릴 수 없었거나, 혹은 같게 이름하였거나, 혹은 다르게 이름하였거나, 혹은 같은 부분이었거나, 혹은 다른 부분이었거나, 혹은 별도로 제정하였거나, 혹은 서로가 뒤섞였는데, 그 비구가 승가에게 이러한 죄를 합쳐서 하나의 별주로 행하게 청하였던 까닭으로 승가는 이러한 죄를 합쳐서 하나의 별주로 행하게 주었다. 그 비구는 별주하는 중간에 많은 승잔을 범하였고, 헤아릴 수 있었던 것은 덮어서 감추었으며, 그 비구는 별주하는 중간에 많은 승잔을 범하였던 까닭으로 승가에게 본일치를 행하려고 청하였고, 승가는 별주하는 중간에 많은 승잔을 범하였던 까닭으로 여법하고 허물이 없으며 의치에 상응한 갈마에 의지하여 그 비구에게 본일치를 주었다면, 여법갈마에 의지하여 합쳐서 하나의 별주를 주었거나, 비법갈마에 의지하여 마나타를 주었거나, 비법갈마에 의지하여 출죄를 주었더라도, 여러 비구들이여. 그 비구는 이러한 죄 등을 까닭으로 청정하지 않느니라.

여러 비구들이여. 이 처소에 있었던 비구가 많은 승잔을 범하였고, 혹은 헤아릴 수 있었거나, 혹은 헤아릴 수 없었거나, 혹은 같게 이름하였거나, 혹은 다르게 이름하였거나, 혹은 같은 부분이었거나, 혹은 다른 부분이었거나, 혹은 별도로 제정하였거나, 혹은 서로가 뒤섞였는데, 그 비구가 승가에게 이러한 죄를 합쳐서 하나의 별주로 행하게 청하였던 까닭으로 승가는 이러한 죄를 합쳐서 하나의 별주로 행하게 주었다. 그 비구는 별주하는 중간에 많은 승잔을 범하였고, 헤아릴 수 있었던 것은 혹은 덮어서 감추었고 혹은 덮어서 감추지 않았으며, 그 비구는 별주하는 중간에 많은 승잔을 범하였던 까닭으로 승가에게 본일치를 행하려고 청하였고, 승가는 별주하는 중간에 많은 승잔을 범하였던 까닭으로 여법하고 허물이 없으며 의치에 상응한 갈마에 의지하여 그 비구에게 본일치를 주었다면, 여법갈마에 의지하여 합쳐서 하나의 별주를 주었거나, 비법갈마에 의지하여 마나타를 주었거나, 비법갈마에 의지하여 출죄를 주었더라도, 여러 비구들이여. 그 비구는 이러한 죄 등을 까닭으로 청정하지 않느니라."

38-2 "여러 비구들이여. 이 처소에 있었던 비구가 많은 승잔을 범하였고, 혹은 헤아릴 수 있었거나, 혹은 헤아릴 수 없었거나, 혹은 같게 이름하였거나, 혹은 다르게 이름하였거나, 혹은 같은 부분이었거나, 혹은 다른 부분이었거나, 혹은 별도로 제정하였거나, 혹은 서로가 뒤섞였는데, 그 비구가 승가에게 이러한 죄를 합쳐서 하나의 별주로 행하게 청하였던 까닭으로 승가는 이러한 죄를 합쳐서 하나의 별주로 행하게 주었다. 그 비구는 별주하는 중간에 많은 승잔을 범하였고, 헤아릴 수 있었던 것은 덮어서 감추지 않았고, …… 헤아릴 수 없었던 것은 덮어서 감추었고, …… 헤아릴 수 없었던 것은 덮어서 감추었고 혹은 덮어서 감추지 않았으며, 그 비구는 별주하는 중간에 많은 승잔을 범하였던 까닭으로 승가에게 본일치를 행하려고 청하였고, 승가는 별주하는 중간에 많은 승잔을 범하였던 까닭으로 여법하고 허물이 없으며 의치에 상응한 갈마에 의지하여 그 비구에게 본일치를 주었다면, 여법갈마에 의지하여 합쳐서 하나의 별주를 주었거나, 비법갈마에 의지하여 마나타를 주었거나, 비법갈마에 의지하여 출죄를 주었더라도, 여러 비구들이여. 그 비구는 이러한 죄 등을 까닭으로 청정하지 않느니라.

여러 비구들이여. 이 처소에 있었던 비구가 많은 승잔을 범하였고, 혹은 헤아릴 수 있었거나, 혹은 헤아릴 수 없었거나, 혹은 같게 이름하였거나, 혹은 다르게 이름하였거나, 혹은 같은 부분이었거나, 혹은 다른 부분이었거나, 혹은 별도로 제정하였거나, 혹은 서로가 뒤섞였는데, 그 비구가 승가에게 이러한 죄를 합쳐서 하나의 별주로 행하게 청하였던 까닭으로 승가는 이러한 죄를 합쳐서 하나의 별주로 행하게 주었다. 그 비구는 별주하는 중간에 많은 승잔을 범하였고, 혹은 헤아릴 수 있거나 헤아릴 수 없었던 것을 덮어서 감추지 않았고, …… 혹은 헤아릴 수 있거나 헤아릴 수 없었던 것은 덮어서 감추지 않았으며, …… 헤아릴 수 있거나 헤아릴 수 없는 것을 혹은 덮어서 감추었고 혹은 덮어서 감추지 않았으며, 그 비구는 별주하는 중간에 많은 승잔을 범하였던 까닭으로 승가에게 본일치를 행하려고 청하였고, 승가는 별주하는 중간에 많은 승잔을 범하였던 까닭으로 여법하고 허물이 없으며 의치에 상응한 갈마에 의지하여 그 비구에게 본일치를 주었다면, 여법갈마에 의지하여 합쳐서 하나의 별주를 주었거나, 비법갈마에 의지하여 마나타를 주었거나, 비법갈마에 의지하여 출죄를 주었더라도, 여러 비구들이여. 그 비구는 이러한 죄 등을 까닭으로 청정하지 않느니라."

[청정하지 않은 아홉 종류를 마친다.]

39) 청정한 아홉 종류

39-1 "여러 비구들이여. 이 처소에 있었던 비구가 많은 승잔을 범하였고, 혹은 헤아릴 수 있었거나, 혹은 헤아릴 수 없었거나, 혹은 같게 이름하였거나, 혹은 다르게 이름하였거나, 혹은 같은 부분이었거나, 혹은 다른 부분이었거나, 혹은 별도로 제정하였거나, 혹은 서로가 뒤섞였는데, 그 비구가 승가에게 이러한 죄를 합쳐서 하나의 별주로 행하게 청하였던 까닭으로 승가는 이러한 죄를 합쳐서 하나의 별주로 행하게 주었다. 그 비구는 별주하는 중간에 많은 승잔을 범하였고, 헤아릴 수 있었던 것을 덮어서 감추지 않았으며, 그 비구는 별주하는 중간에 많은 승잔죄를 범하였던 까닭으로 승가에게 본일치를 행하려고 청하였고, 승가는 별주하는 중간에 많은 승잔을 범하였던 까닭으로 비법이고 허물이 있으며 의치에 상응하지

않은 갈마에 의지하여 그 비구에게 본일치를 주었다면, 여법갈마에 의지하여 마나타를 주었거나, 여법갈마에 의지하여 출죄를 주었더라도, 여러 비구들이여. 그 비구는 이러한 죄 등을 까닭으로 청정하지 않느니라.

여러 비구들이여. 이 처소에 있었던 비구가 많은 승잔을 범하였고, 혹은 헤아릴 수 있었거나, …… 그 비구는 별주하는 중간에 많은 승잔을 범하였고, 헤아릴 수 있었던 것을 덮어서 감추었으며, 그 비구는 별주하는 중간에 많은 승잔죄를 범하였던 까닭으로 승가에게 본일치를 행하려고 청하였고, 승가는 별주하는 중간에 많은 승잔을 범하였던 까닭으로 비법이고 허물이 있으며 의치에 상응하지 않은 갈마에 의지하여 그 비구에게 본일치를 주었다면, 여법갈마에 의지하여 마나타를 주었거나, 여법갈마에 의지하여 출죄를 주었더라도, 여러 비구들이여. 그 비구는 이러한 죄 등을 까닭으로 청정하지 않느니라.

여러 비구들이여. 이 처소에 있었던 비구가 많은 승잔을 범하였고, 혹은 헤아릴 수 있었거나, …… 그 비구는 별주하는 중간에 많은 승잔을 범하였고, 헤아릴 수 있었던 것을 혹은 덮어서 감추었고 혹은 덮어서 감추지 않았으며, 그 비구는 별주하는 중간에 많은 승잔죄를 범하였던 까닭으로 승가에게 본일치를 행하려고 청하였고, 승가는 별주하는 중간에 많은 승잔을 범하였던 까닭으로 비법이고 허물이 있으며 의치에 상응하지 않은 갈마에 의지하여 그 비구에게 본일치를 주었다면, 여법갈마에 의지하여 마나타를 주었거나, 여법갈마에 의지하여 출죄를 주었더라도, 여러 비구들이여. 그 비구는 이러한 죄 등을 까닭으로 청정하지 않느니라."

39-2 "여러 비구들이여. 이 처소에 있었던 비구가 많은 승잔을 범하였고, 혹은 헤아릴 수 있었거나, 혹은 헤아릴 수 없었거나, 혹은 같게 이름하였거나, 혹은 다르게 이름하였거나, 혹은 같은 부분이었거나, 혹은 다른 부분이었거나, 혹은 별도로 제정하였거나, 혹은 서로가 뒤섞였는데, 그 비구가 승가에게 이러한 죄를 합쳐서 하나의 별주로 행하게 청하였던 까닭으로 승가는 이러한 죄를 합쳐서 하나의 별주로 행하게 주었다. 그 비구는

별주하는 중간에 많은 승잔을 범하였고, 헤아릴 수 없었던 것을 덮어서 감추지 않았으며, 그 비구는 별주하는 중간에 많은 승잔죄를 범하였던 까닭으로 승가에게 본일치를 행하려고 청하였고, 승가는 별주하는 중간에 많은 승잔을 범하였던 까닭으로 비법이고 허물이 있으며 의치에 상응하지 않은 갈마에 의지하여 그 비구에게 본일치를 주었다면, 여법갈마에 의지하여 마나타를 주었거나, 여법갈마에 의지하여 출죄를 주었더라도, 여러 비구들이여. 그 비구는 이러한 죄 등을 까닭으로 청정하지 않느니라.

여러 비구들이여. 이 처소에 있었던 비구가 많은 승잔을 범하였고, 혹은 헤아릴 수 있었거나, …… 그 비구는 별주하는 중간에 많은 승잔을 범하였고, 헤아릴 수 없었던 것을 덮어서 감추었으며, 그 비구는 별주하는 중간에 많은 승잔죄를 범하였던 까닭으로 승가에게 본일치를 행하려고 청하였고, 승가는 별주하는 중간에 많은 승잔을 범하였던 까닭으로 비법이고 허물이 있으며 의치에 상응하지 않은 갈마에 의지하여 그 비구에게 본일치를 주었다면, 여법갈마에 의지하여 마나타를 주었거나, 여법갈마에 의지하여 출죄를 주었더라도, 여러 비구들이여. 그 비구는 이러한 죄 등을 까닭으로 청정하지 않느니라.

여러 비구들이여. 이 처소에 있었던 비구가 많은 승잔을 범하였고, 혹은 헤아릴 수 있었거나, …… 그 비구는 별주하는 중간에 많은 승잔을 범하였고, 헤아릴 수 없었던 것을 혹은 덮어서 감추었고 혹은 덮어서 감추지 않았으며, 그 비구는 별주하는 중간에 많은 승잔죄를 범하였던 까닭으로 승가에게 본일치를 행하려고 청하였고, 승가는 별주하는 중간에 많은 승잔을 범하였던 까닭으로 비법이고 허물이 있으며 의치에 상응하지 않은 갈마에 의지하여 그 비구에게 본일치를 주었다면, 여법갈마에 의지하여 마나타를 주었거나, 여법갈마에 의지하여 출죄를 주었더라도, 여러 비구들이여. 그 비구는 이러한 죄 등을 까닭으로 청정하지 않느니라."

39-3 "여러 비구들이여. 이 처소에 있었던 비구가 많은 승잔을 범하였고, 혹은 헤아릴 수 있었거나, 혹은 헤아릴 수 없었거나, 혹은 같게 이름하였거

나, 혹은 다르게 이름하였거나, 혹은 같은 부분이었거나, 혹은 다른 부분이 었거나, 혹은 별도로 제정하였거나, 혹은 시로가 뒤섞였는데, 그 비구가 승가에게 이러한 죄를 합쳐서 하나의 별주로 행하게 청하였던 까닭으로 승가는 이러한 죄를 합쳐서 하나의 별주로 행하게 주었다. 그 비구는 별주하는 중간에 많은 승잔을 범하였고, 혹은 헤아릴 수 있고 혹은 헤아릴 수 없었던 것을 덮어서 감추지 않았으며, 그 비구는 별주하는 중간에 많은 승잔죄를 범하였던 까닭으로 승가에게 본일치를 행하려고 청하였고, 승가는 별주하는 중간에 많은 승잔을 범하였던 까닭으로 비법이고 허물이 있으며 의치에 상응하지 않은 갈마에 의지하여 그 비구에게 본일치를 주었다면, 여법갈마에 의지하여 마나타를 주었거나, 여법갈마에 의지하여 출죄를 주었더라도, 여러 비구들이여. 그 비구는 이러한 죄 등을 까닭으로 청정하지 않느니라.

여러 비구들이여. 이 처소에 있었던 비구가 많은 승잔을 범하였고, 혹은 헤아릴 수 있었거나, …… 그 비구는 별주하는 중간에 많은 승잔을 범하였고, 혹은 헤아릴 수 있고 혹은 헤아릴 수 없었던 것을 덮어서 감추었으며, 그 비구는 별주하는 중간에 많은 승잔죄를 범하였던 까닭으로 승가에게 본일치를 행하려고 청하였고, 승가는 별주하는 중간에 많은 승잔을 범하였던 까닭으로 비법이고 허물이 있으며 의치에 상응하지 않은 갈마에 의지하여 그 비구에게 본일치를 주었다면, 여법갈마에 의지하여 마나타를 주었거나, 여법갈마에 의지하여 출죄를 주었더라도, 여러 비구들이여. 그 비구는 이러한 죄 등을 까닭으로 청정하지 않느니라.

여러 비구들이여. 이 처소에 있었던 비구가 많은 승잔을 범하였고, 혹은 헤아릴 수 있었거나, …… 그 비구는 별주하는 중간에 많은 승잔을 범하였고, 혹은 헤아릴 수 있고 혹은 헤아릴 수 없었던 것을 혹은 덮어서 감추었고 혹은 덮어서 감추지 않았으며, 그 비구는 별주하는 중간에 많은 승잔죄를 범하였던 까닭으로 승가에게 본일치를 행하려고 청하였고, 승가는 별주하는 중간에 많은 승잔을 범하였던 까닭으로 비법이고 허물이 있으며 의치에 상응하지 않은 갈마에 의지하여 그 비구에게 본일치를 주었다면, 여법갈마에 의지하여 마나타를 주었거나, 여법갈마에 의지하여 출죄를 주었더라도, 여러 비구들이여. 그 비구는 이러한 죄 등을 까닭으로 청정하지 않느니라."

39-4 "여러 비구들이여. 이 처소에 있었던 비구가 많은 승잔을 범하였고, 혹은 헤아릴 수 있었거나, 혹은 헤아릴 수 없었거나, 혹은 같게 이름하였거나, 혹은 다르게 이름하였거나, 혹은 같은 부분이었거나, 혹은 다른 부분이었거나, 혹은 별도로 제정하였거나, 혹은 서로가 뒤섞였는데, 그 비구가 승가에게 이러한 죄를 합쳐서 하나의 별주로 행하게 청하였던 까닭으로 승가는 이러한 죄를 합쳐서 하나의 별주로 행하게 주었다. 그 비구는 별주하는 중간에 많은 승잔을 범하였고, 헤아릴 수 있었던 것은 덮어서 감추었으며, 그 비구는 별주하는 중간에 많은 승잔죄를 범하였던 까닭으로 승가에게 본일치를 행하려고 청하였고, 승가는 별주하는 중간에 많은 승잔을 범하였던 까닭으로 비법이고 허물이 있으며 의치에 상응하지 않은 갈마에 의지하여 그 비구에게 본일치를 주었으며, 비법갈마에 의지하여 합쳐서 하나의 별주를 주었으므로, 그는 '나는 별주하겠다.'라고 생각하였으나, 별주하는 중간에 승잔을 범하였고, 헤아릴 수 있었던 것을 덮어서 감추지 않았다.

그 비구는 이것으로 이전의 죄의 가운데에서 범한 죄를 억념하였고 뒤의 죄의 가운데에서 범한 죄를 억념하였으며, 그 비구는 '많은 승잔을 범하였고, 혹은 헤아릴 수 있었거나, 혹은 헤아릴 수 없었거나, 혹은 같게 이름하였거나, 혹은 다르게 이름하였거나, 혹은 같은 부분이었거나, 혹은 다른 부분이었거나, 혹은 별도로 제정하였거나, 혹은 서로가 뒤섞였다. 나는 승가에게 이러한 죄를 합쳐서 하나의 별주로 행하게 청하였던 까닭으로 승가는 이러한 죄를 합쳐서 하나의 별주로 행하게 주었다. 나는 별주하는 중간에 많은 승잔을 범하였고, 헤아릴 수 있었던 것은 덮어서 감추었으며, 나는 별주하는 중간에 많은 승잔죄를 범하였던 까닭으로 승가에게 본일치를 행하려고 청하였고, 승가는 별주하는 중간에 많은 승잔을 범하였던 까닭으로 비법이고 허물이 있으며 의치에 상응하지 않은 갈마에 의지하여 그 비구에게 본일치를 주었으며, 비법갈마에 의지하여 합쳐서 하나의 별주를 주었다. 나는 별주하는 중간에 승잔을 범하였고, 헤아릴 수 있었던 것의 덮어서 감추었던 것을 생각하였다. 나는 이것으로 이전의 죄의 가운데에서 범한 죄를 억념하였고 뒤의 죄의 가운데에서 범한 죄를 억념하였던 까닭으로 마땅히 승가에게 여법하고 허물이 없으며 의치에 상응한 갈마에 의지하여 본일치를 받겠다고 청하겠고, 여법갈마에 의지하여 합쳐서 하나의 별주를 받겠다고 청하겠으며, 여법갈마에 의지하여 마나타를 받겠다고 청하겠고, 여법갈마에 의지하여 출죄를 받겠다고 청하겠다.'라고 이와 같이 생각하였다.

그 비구는 승가에게 이전의 죄의 가운데에서 범한 죄와 뒤의 죄의 가운데에서 범한 죄를 까닭으로 여법하고 허물이 없으며 의치에 상응한 갈마에 의지하여 본일치를 받겠다고 청하였고, 여법갈마에 의지하여 합쳐서 하나의 별주를 받겠다고 청하였으며, 여법갈마에 의지하여 마나타를 받겠다고 청하였고, 여법갈마에 의지하여 출죄를 받겠다고 청하였으므로, 승가는 여법하고 허물이 없으며 의치에 상응한 갈마에 의지하여 본일치를 주었고, 여법갈마에 의지하여 합쳐서 하나의 별주를 주었으며, 여법갈마에 의지하여 마나타를 주었고, 여법갈마에 의지하여 출죄를 주었다면, 여러 비구들이여. 그 비구는 이러한 죄 등을 까닭으로 청정하느니라.

여러 비구들이여. 이 처소에 있었던 비구가 많은 승잔을 범하였고, 혹은 헤아릴 수 있었거나, …… 그는 '나는 별주하겠다.'라고 생각하였으나, 별주하는 중간에 승잔을 범하였고, 헤아릴 수 있었던 것을 덮어서 감추었다.

그 비구는 이것으로 이전의 죄의 가운데에서 범한 죄를 억념하였고 뒤의 죄의 가운데에서 범한 죄를 억념하였으며, …… 나는 별주하는 중간에 승잔을 범하였고, 헤아릴 수 있었던 것의 덮어서 감추었던 것을 생각하였다. 나는 이것으로 이전의 죄의 가운데에서 범한 죄를 억념하였고 뒤의 죄의 가운데에서 범한 죄를 억념하였던 까닭으로 마땅히 승가에게 여법하고 허물이 없으며 의치에 상응한 갈마에 의지하여 본일치를 받겠다고 청하겠고, 여법갈마에 의지하여 합쳐서 하나의 별주를 받겠다고 청하겠으며, 여법갈마에 의지하여 마나타를 받겠다고 청하겠고, 여법갈마에 의지하여 출죄를 받겠다고 청하겠다.'라고 이와 같이 생각하였다.

그 비구는 승가에게 이전의 죄의 가운데에서 범한 죄와 뒤의 죄의 가운데에서 범한 죄를 까닭으로 여법하고 허물이 없으며 이치에 상응한 갈마에 의지하여 본일치를 받겠다고 청하였고, 여법갈마에 의지하여 합쳐서 하나의 별주를 받겠다고 청하였으며, 여법갈마에 의지하여 마나타를 받겠다고 청하였고, 여법갈마에 의지하여 출죄를 받겠다고 청하였으므로, 승가는 여법하고 허물이 없으며 의치에 상응한 갈마에 의지하여 본일치를 주었고, 여법갈마에 의지하여 합쳐서 하나의 별주를 주었으며, 여법갈마에 의지하여 마나타를 주었고, 여법갈마에 의지하여 출죄를 주었다면, 여러 비구들이여. 그 비구는 이러한 죄 등을 까닭으로 청정하느니라.

여러 비구들이여. 이 처소에 있었던 비구가 많은 승잔을 범하였고, 혹은 헤아릴 수 있었거나, …… 그는 '나는 별주하겠다.'라고 생각하였으나, 별주하는 중간에 승잔을 범하였고, 헤아릴 수 있었던 것을 혹은 덮어서 감추었고 혹은 덮어서 감추지 않았다.

그 비구는 이것으로 이전의 죄의 가운데에서 범한 죄를 억념하였고 뒤의 죄의 가운데에서 범한 죄를 억념하였으며, …… 나는 별주하는 중간에 승잔을 범하였고, 헤아릴 수 있었던 것의 덮어서 감추었던 것을 생각하였다. 나는 이것으로 이전의 죄의 가운데에서 범한 죄를 억념하였고 뒤의 죄의 가운데에서 범한 죄를 억념하였던 까닭으로 마땅히 승가에게 여법하고 허물이 없으며 의치에 상응한 갈마에 의지하여 본일치를 받겠다고 청하겠고, 여법갈마에 의지하여 합쳐서 하나의 별주를 받겠다고 청하겠으며, 여법갈마에 의지하여 마나타를 받겠다고 청하겠고, 여법갈마에 의지하여 출죄를 받겠다고 청하겠다.'라고 이와 같이 생각하였다.

그 비구는 승가에게 이전의 죄의 가운데에서 범한 죄와 뒤의 죄의 가운데에서 범한 죄를 까닭으로 여법하고 허물이 없으며 이치에 상응한 갈마에 의지하여 본일치를 받겠다고 청하였고, 여법갈마에 의지하여 합쳐서 하나의 별주를 받겠다고 청하였으며, 여법갈마에 의지하여 마나타를 받겠다고 청하였고, 여법갈마에 의지하여 출죄를 받겠다고 청하였으므로, 승가는 여법하고 허물이 없으며 의치에 상응한 갈마에 의지하여 본일치를 주었고, 여법갈마에 의지하여 합쳐서 하나의 별주를 주었으며, 여법갈마에 의지하여 마나타를 주었고, 여법갈마에 의지하여 출죄를 주었다면, 여러 비구들이여. 그 비구는 이러한 죄 등을 까닭으로 청정하느니라."

39-5 "여러 비구들이여. 이 처소에 있었던 비구가 많은 승잔을 범하였고, 혹은 헤아릴 수 있었거나, 혹은 헤아릴 수 없었거나, 혹은 같게 이름하였거나, 혹은 다르게 이름하였거나, 혹은 같은 부분이었거나, 혹은 다른 부분이었거나, 혹은 별도로 제정하였거나, 혹은 서로가 뒤섞였는데, 그 비구가 승가에게 이러한 죄를 합쳐서 하나의 별주로 행하게 청하였던 까닭으로 승가는 이러한 죄를 합쳐서 하나의 별주로 행하게 주었다. 그 비구는 별주하는 중간에 많은 승잔을 범하였고, 헤아릴 수 있었던 것은 덮어서 감추었으며, 그 비구는 별주하는 중간에 많은 승잔죄를 범하였던 까닭으로 승가에게 본일치를 행하려고 청하였고, 승가는 별주하는 중간에 많은 승잔을 범하였던 까닭으로 비법이고 허물이 있으며 의치에 상응하지 않은 갈마에 의지하여 그 비구에게 본일치를 주었으며, 비법갈마에 의지하여 합쳐서 하나의 별주를 주었으므로, 그는 '나는 별주하겠다.'라고 생각하였으나, 별주하는 중간에 승잔을 범하였고, 헤아릴 수 없었던 것을 덮어서 감추지 않았다.

그 비구는 이것으로 이전의 죄의 가운데에서 범한 죄를 억념하였고 뒤의 죄의 가운데에서 범한 죄를 억념하였으며, 그 비구는 '많은 승잔을 범하였고, 혹은 헤아릴 수 있었거나, 혹은 헤아릴 수 없었거나, 혹은 같게 이름하였거나, 혹은 다르게 이름하였거나, 혹은 같은 부분이었거나,

혹은 다른 부분이었거나, 혹은 별도로 제정하였거나, 혹은 서로가 뒤섞였다. 나는 승가에게 이러한 죄를 합쳐서 하나의 별주로 행하게 청하였던 까닭으로 승가는 이러한 죄를 합쳐서 하나의 별주로 행하게 주었다. 나는 별주하는 중간에 많은 승잔을 범하였고, 헤아릴 수 있었던 것은 덮어서 감추었으며, 나는 별주하는 중간에 많은 승잔죄를 범하였던 까닭으로 승가에게 본일치를 행하려고 청하였고, 승가는 별주하는 중간에 많은 승잔을 범하였던 까닭으로 비법이고 허물이 있으며 의치에 상응하지 않은 갈마에 의지하여 그 비구에게 본일치를 주었으며, 비법갈마에 의지하여 합쳐서 하나의 별주를 주었다. 나는 별주하는 중간에 승잔을 범하였고, 헤아릴 수 있었던 것의 덮어서 감추었던 것을 생각하였다. 나는 이것으로 이전의 죄의 가운데에서 범한 죄를 억념하였고 뒤의 죄의 가운데에서 범한 죄를 억념하였던 까닭으로 마땅히 승가에게 여법하고 허물이 없으며 의치에 상응한 갈마에 의지하여 본일치를 받겠다고 청하겠고, 여법갈마에 의지하여 합쳐서 하나의 별주를 받겠다고 청하겠으며, 여법갈마에 의지하여 마나타를 받겠다고 청하겠고, 여법갈마에 의지하여 출죄를 받겠다고 청하겠다.'라고 이와 같이 생각하였다.

그 비구는 승가에게 이전의 죄의 가운데에서 범한 죄와 뒤의 죄의 가운데에서 범한 죄를 까닭으로 여법하고 허물이 없으며 의치에 상응한 갈마에 의지하여 본일치를 받겠다고 청하였고, 여법갈마에 의지하여 합쳐서 하나의 별주를 받겠다고 청하였으며, 여법갈마에 의지하여 마나타를 받겠다고 청하였고, 여법갈마에 의지하여 출죄를 받겠다고 청하였으므로, 승가는 여법하고 허물이 없으며 의치에 상응한 갈마에 의지하여 본일치를 주었고, 여법갈마에 의지하여 합쳐서 하나의 별주를 주었으며, 여법갈마에 의지하여 마나타를 주었고, 여법갈마에 의지하여 출죄를 주었다면, 여러 비구들이여. 그 비구는 이러한 죄 등을 까닭으로 청정하느니라.

여러 비구들이여. 이 처소에 있었던 비구가 많은 승잔을 범하였고, 혹은 헤아릴 수 있었거나, …… 그는 '나는 별주하겠다.'라고 생각하였으나, 별주하는 중간에 승잔을 범하였고, 헤아릴 수 없었던 것을 덮어서 감추었다.

그 비구는 이것으로 이전의 죄의 가운데에서 범한 죄를 억념하였고 뒤의 죄의 가운데에서 범한 죄를 억념하였으며, …… 나는 별주하는 중간에 승잔을 범하였고, 헤아릴 수 있었던 것의 덮어서 감추었던 것을 생각하였다. 나는 이것으로 이전의 죄의 가운데에서 범한 죄를 억념하였고 뒤의 죄의 가운데에서 범한 죄를 억념하였던 까닭으로 마땅히 승가에게 여법하고 허물이 없으며 의치에 상응한 갈마에 의지하여 본일치를 받겠다고 청하겠고, 여법갈마에 의지하여 합쳐서 하나의 별주를 받겠다고 청하겠으며, 여법갈마에 의지하여 마나타를 받겠다고 청하겠고, 여법갈마에 의지하여 출죄를 받겠다고 청하겠다.'라고 이와 같이 생각하였다.

그 비구는 승가에게 이전의 죄의 가운데에서 범한 죄와 뒤의 죄의 가운데에서 범한 죄를 까닭으로 여법하고 허물이 없으며 이치에 상응한 갈마에 의지하여 본일치를 받겠다고 청하였고, 여법갈마에 의지하여 합쳐서 하나의 별주를 받겠다고 청하였으며, 여법갈마에 의지하여 마나타를 받겠다고 청하였고, 여법갈마에 의지하여 출죄를 받겠다고 청하였으므로, 승가는 여법하고 허물이 없으며 의치에 상응한 갈마에 의지하여 본일치를 주었고, 여법갈마에 의지하여 합쳐서 하나의 별주를 주었으며, 여법갈마에 의지하여 마나타를 주었고, 여법갈마에 의지하여 출죄를 주었다면, 여러 비구들이여. 그 비구는 이러한 죄 등을 까닭으로 청정하느니라.

여러 비구들이여. 이 처소에 있었던 비구가 많은 승잔을 범하였고, 혹은 헤아릴 수 있었거나, …… 그는 '나는 별주하겠다.'라고 생각하였으나, 별주하는 중간에 승잔을 범하였고, 헤아릴 수 없었던 것을 혹은 덮어서 감추었고, 혹은 덮어서 감추지 않았다.

그 비구는 이것으로 이전의 죄의 가운데에서 범한 죄를 억념하였고 뒤의 죄의 가운데에서 범한 죄를 억념하였으며, …… 나는 별주하는 중간에 승잔을 범하였고, 헤아릴 수 있었던 것의 덮어서 감추었던 것을 생각하였다. 나는 이것으로 이전의 죄의 가운데에서 범한 죄를 억념하였고 뒤의 죄의 가운데에서 범한 죄를 억념하였던 까닭으로 마땅히 승가에게 여법하고 허물이 없으며 의치에 상응한 갈마에 의지하여 본일치를 받겠다고 청하겠고, 여법갈마에 의지하여 합쳐서 하나의 별주를 받겠다고 청하겠으며, 여법갈마에 의지하여 마나타를 받겠다고 청하겠고, 여법갈마에 의지하여 출죄를 받겠다고 청하겠다.'라고 이와 같이 생각하였다.

그 비구는 승가에게 이전의 죄의 가운데에서 범한 죄와 뒤의 죄의 가운데에서 범한 죄를 까닭으로 여법하고 허물이 없으며 이치에 상응한 갈마에 의지하여 본일치를 받겠다고 청하였고, 여법갈마에 의지하여 합쳐서 하나의 별주를 받겠다고 청하였으며, 여법갈마에 의지하여 마나타를 받겠다고 청하였고, 여법갈마에 의지하여 출죄를 받겠다고 청하였으므로, 승가는 여법하고 허물이 없으며 의치에 상응한 갈마에 의지하여 본일치를 주었고, 여법갈마에 의지하여 합쳐서 하나의 별주를 주었으며, 여법갈마에 의지하여 마나타를 주었고, 여법갈마에 의지하여 출죄를 주었다면, 여러 비구들이여. 그 비구는 이러한 죄 등을 까닭으로 청정하느니라."

39-6 "여러 비구들이여. 이 처소에 있었던 비구가 많은 승잔을 범하였고, 혹은 헤아릴 수 있었거나, 혹은 헤아릴 수 없었거나, 혹은 같게 이름하였거나, 혹은 다르게 이름하였거나, 혹은 같은 부분이었거나, 혹은 다른 부분이었거나, 혹은 별도로 제정하였거나, 혹은 서로가 뒤섞였는데, 그 비구가 승가에게 이러한 죄를 합쳐서 하나의 별주로 행하게 청하였던 까닭으로 승가는 이러한 죄를 합쳐서 하나의 별주로 행하게 주었다. 그 비구는 별주하는 중간에 많은 승잔을 범하였고, 헤아릴 수 있었던 것은 덮어서 감추었으며, 그 비구는 별주하는 중간에 많은 승잔죄를 범하였던 까닭으로 승가에게 본일치를 행하려고 청하였고, 승가는 별주하는 중간에 많은 승잔을 범하였던 까닭으로 비법이고 허물이 있으며 의치에 상응하지 않은 갈마에 의지하여 그 비구에게 본일치를 주었으며, 비법갈마에 의지하여 합쳐서 하나의 별주를 주었으므로, 그는 '나는 별주하겠다.'라고 생각하였으나, 별주하는 중간에 승잔을 범하였고, 헤아릴 수 있거나,

헤아릴 수 없었던 것을 덮어서 감추지 않았다.

그 비구는 이것으로 이전의 죄의 가운데에서 범한 죄를 억념하였고 뒤의 죄의 가운데에서 범한 죄를 억념하였으며, 그 비구는 '많은 승잔을 범하였고, 혹은 헤아릴 수 있었거나, 혹은 헤아릴 수 없었거나, 혹은 같게 이름하였거나, 혹은 다르게 이름하였거나, 혹은 같은 부분이었거나, 혹은 다른 부분이었거나, 혹은 별도로 제정하였거나, 혹은 서로가 뒤섞였다. 나는 승가에게 이러한 죄를 합쳐서 하나의 별주로 행하게 청하였던 까닭으로 승가는 이러한 죄를 합쳐서 하나의 별주로 행하게 주었다. 나는 별주하는 중간에 많은 승잔을 범하였고, 헤아릴 수 있었던 것은 덮어서 감추었으며, 나는 별주하는 중간에 많은 승잔죄를 범하였던 까닭으로 승가에게 본일치를 행하려고 청하였고, 승가는 별주하는 중간에 많은 승잔을 범하였던 까닭으로 비법이고 허물이 있으며 의치에 상응하지 않은 갈마에 의지하여 그 비구에게 본일치를 주었으며, 비법갈마에 의지하여 합쳐서 하나의 별주를 주었다. 나는 별주하는 중간에 승잔을 범하였고, 헤아릴 수 있었던 것의 덮어서 감추었던 것을 생각하였다. 나는 이것으로 이전의 죄의 가운데에서 범한 죄를 억념하였고 뒤의 죄의 가운데에서 범한 죄를 억념하였던 까닭으로 마땅히 승가에게 여법하고 허물이 없으며 의치에 상응한 갈마에 의지하여 본일치를 받겠다고 청하겠고, 여법갈마에 의지하여 합쳐서 하나의 별주를 받겠다고 청하겠으며, 여법갈마에 의지하여 마나타를 받겠다고 청하겠고, 여법갈마에 의지하여 출죄를 받겠다고 청하겠다.'라고 이와 같이 생각하였다.

그 비구는 승가에게 이전의 죄의 가운데에서 범한 죄와 뒤의 죄의 가운데에서 범한 죄를 까닭으로 여법하고 허물이 없으며 의치에 상응한 갈마에 의지하여 본일치를 받겠다고 청하였고, 여법갈마에 의지하여 합쳐서 하나의 별주를 받겠다고 청하였으며, 여법갈마에 의지하여 마나타를 받겠다고 청하였고, 여법갈마에 의지하여 출죄를 받겠다고 청하였으므로, 승가는 여법하고 허물이 없으며 의치에 상응한 갈마에 의지하여 본일치를 주었고, 여법갈마에 의지하여 합쳐서 하나의 별주를 주었으며, 여법갈마에 의지하여 마나타를 주었고, 여법갈마에 의지하여 출죄를 주었다면, 여러 비구들이여. 그 비구는 이러한 죄 등을 까닭으로 청정하느니라.

여러 비구들이여. 이 처소에 있었던 비구가 많은 승잔을 범하였고, 혹은 헤아릴 수 있었거나, …… 그는 '나는 별주하겠다.'라고 생각하였으나, 별주하는 중간에 승잔을 범하였고, 헤아릴 수 있거나, 헤아릴 수 없었던 것을 덮어서 감추었다.

그 비구는 이것으로 이전의 죄의 가운데에서 범한 죄를 억념하였고 뒤의 죄의 가운데에서 범한 죄를 억념하였으며, …… 나는 별주하는 중간에 승잔을 범하였고, 헤아릴 수 있었던 것의 덮어서 감추었던 것을 생각하였다. 나는 이것으로 이전의 죄의 가운데에서 범한 죄를 억념하였고 뒤의 죄의 가운데에서 범한 죄를 억념하였던 까닭으로 마땅히 승가에게 여법하고 허물이 없으며 의치에 상응한 갈마에 의지하여 본일치를 받겠다고 청하겠고, 여법갈마에 의지하여 합쳐서 하나의 별주를 받겠다고 청하겠으며, 여법갈마에 의지하여 마나타를 받겠다고 청하겠고, 여법갈마에 의지하여 출죄를 받겠다고 청하겠다.'라고 이와 같이 생각하였다.

그 비구는 승가에게 이전의 죄의 가운데에서 범한 죄와 뒤의 죄의 가운데에서 범한 죄를 까닭으로 여법하고 허물이 없으며 이치에 상응한 갈마에 의지하여 본일치를 받겠다고 청하였고, 여법갈마에 의지하여 합쳐서 하나의 별주를 받겠다고 청하였으며, 여법갈마에 의지하여 마나타를 받겠다고 청하였고, 여법갈마에 의지하여 출죄를 받겠다고 청하였으므로, 승가는 여법하고 허물이 없으며 의치에 상응한 갈마에 의지하여 본일치를 주었고, 여법갈마에 의지하여 합쳐서 하나의 별주를 주었으며, 여법갈마에 의지하여 마나타를 주었고, 여법갈마에 의지하여 출죄를 주었다면, 여러 비구들이여. 그 비구는 이러한 죄 등을 까닭으로 청정하느니라.

여러 비구들이여. 이 처소에 있었던 비구가 많은 승잔을 범하였고, 혹은 헤아릴 수 있었거나, …… 그는 '나는 별주하겠다.'라고 생각하였으나, 별주하는 중간에 승잔을 범하였고, 헤아릴 수 있거나, 헤아릴 수 없었던 것을 혹은 덮어서 감추었고, 혹은 덮어서 감추지 않았다.

그 비구는 이것으로 이전의 죄의 가운데에서 범한 죄를 억념하였고 뒤의 죄의 가운데에서 범한 죄를 억념하였으며, …… 나는 별주하는 중간에 승잔을 범하였고, 헤아릴 수 있었던 것의 덮어서 감추었던 것을 생각하였다. 나는 이것으로 이전의 죄의 가운데에서 범한 죄를 억념하였고 뒤의 죄의 가운데에서 범한 죄를 억념하였던 까닭으로 마땅히 승가에게 여법하고 허물이 없으며 의치에 상응한 갈마에 의지하여 본일치를 받겠다고 청하겠고, 여법갈마에 의지하여 합쳐서 하나의 별주를 받겠다고 청하겠으며, 여법갈마에 의지하여 마나타를 받겠다고 청하겠고, 여법갈마에 의지하여 출죄를 받겠다고 청하겠다.'라고 이와 같이 생각하였다.

그 비구는 승가에게 이전의 죄의 가운데에서 범한 죄와 뒤의 죄의 가운데에서 범한 죄를 까닭으로 여법하고 허물이 없으며 이치에 상응한 갈마에 의지하여 본일치를 받겠다고 청하였고, 여법갈마에 의지하여 합쳐서 하나의 별주를 받겠다고 청하였으며, 여법갈마에 의지하여 마나타를 받겠다고 청하였고, 여법갈마에 의지하여 출죄를 받겠다고 청하였으므로, 승가는 여법하고 허물이 없으며 의치에 상응한 갈마에 의지하여 본일치를 주었고, 여법갈마에 의지하여 합쳐서 하나의 별주를 주었으며, 여법갈마에 의지하여 마나타를 주었고, 여법갈마에 의지하여 출죄를 주었다면, 여러 비구들이여, 그 비구는 이러한 죄 등을 까닭으로 청정하느니라."

[청정한 아홉 종류를 마친다.]

○ **첫째의 송출품을 마친다.**

◎ **섭송으로 설하겠노라.**

혹은 덮어서 감추지 않은 것과
혹은 하루를 덮어서 감춘 것과
1일, 2일, 3일, 4일, 5일과

10일과 보름 등의 죄의
청정함과 여러 별주를
모니존께서 설하셨다네.

환속한 자와
헤아릴 수 있는 것과
두 비구가 알았던 것과
두 비구가 의심하였던 것과

그 뒤섞였던 죄를 보는 것과
작은 죄가 아닌 것을 보는 것과
작은 죄인 것을 보는 것과
한 사람이 덮어서 감춘 것과

환속과 마친 사람이 말한 것과
근본죄와 15종류의 청정은
이것은 분별설부(分別說部)7)의
큰 정사에 머물렀던 스승들이
정법이 오래 머물도록 설한 것이고
그것을 그 동섭주(銅鍱洲)8)들은
모두 청정하다고 말씀하였네.

◉ 집건도를 마친다.

---

7) 팔리어 vibhajjapadā(비다짜파다)의 번역이고, 부파불교 상좌부의 가운데에서 하나이다.
8) 팔리어 Tambapaṇṇidīpa(탐바판니디파)의 음사이고, 스리랑카에 전해진 부파불교의 한 분파이다. 스리랑카의 국호는 Tambapaṇṇī-dīpa(빨간 삽)의 이름을 따서 명명하였다.

건도 제14권

제4장 멸쟁건도(滅諍犍度)[1]

1. 제1송출품

1) 현전비니(現前毘尼)

1-1 그때 불·세존께서는 사위성의 기수급고독원에 머무르셨다.

그때 육군비구들이 비구에게 행하는 가책갈마(呵責羯磨), 의지갈마(依止羯磨), 구출갈마(驅出羯磨), 하의갈마(下意羯磨), 거죄갈마(擧罪羯磨) 등에 나타나지 않았다. 여러 비구들의 가운데에서 욕심이 적은 자들은 싫어하고 비난하였다.

"무슨 까닭으로써 육군비구들은 가책갈마, 의지갈마, 구출갈마, 하의갈마, 거죄갈마 등에 나타나지 않는가?"

이때 그 여러 비구들은 이 일로써 세존께 아뢰었고, 세존께서는 승가대중을 모으셨으며 여러 비구들에게 물어 말씀하셨다.

---

1) 팔리어 Samathakkhandhaka(사마타깐다카)의 번역이다.

"여러 비구들이여. 진실로 육군비구들이 가책갈마, 의지갈마, 구출갈마, 하의갈마, 거죄갈마 등에 나타나지 않았는가?"

"진실로 그렇습니다. 세존이시여."

세존께서는 꾸짖으셨다.

"여러 비구들이여. 이 어리석은 사람들은 행할 것이 아니고, 수순하는 행이 아니며, 상응하는 법이 아니고, 위의가 아니며, 사문의 행이 아니고, 청정한 행이 아니며, 마땅히 지을 것이 아니니라. 여러 비구들이여. 이 어리석은 사람들은 어찌하여 가책갈마, 의지갈마, 구출갈마, 하의갈마, 거죄갈마 등에 나타나지 않았는가? 여러 비구들이여. 이것은 오히려 믿지 않는 자에게 신심이 생겨나지 않게 하고, 이미 믿었던 자는 증장시키지 않느니라. …… 이미 믿었던 자는 일부가 전전하여 다른 곳을 향하여 떠나가게 하느니라."

세존께서는 여러 방편으로 꾸짖으셨고 적절한 법을 수순하여 설하신 뒤에 여러 비구들에게 알려 말씀하셨다.

"여러 비구들이여. 가책갈마, 의지갈마, 구출갈마, 하의갈마, 거죄갈마 등을 행하는 때에 나타나지 않을 수 없나니, 행하는 자는 악작을 범하느니라."

2) 비법인 현전비니의 아홉 종류

2-1 "여러 비구들이여. 비법으로 설하는 사람이 있고, 비법으로 설하는 대중이 있으며, 비법으로 설하는 승가가 있고, 여법하게 설하는 사람이 있으며, 여법하게 설하는 승가가 있느니라.

비법으로 설하는 사람이 여법하게 설하는 사람을 이해시키고[2], 사유하게[3] 하며, 관찰하게[4] 하고, 깊이 성찰(省察)하게[5] 하며, 지시하고[6] 교시

---

2) 팔리어 saññāpeti(산나페티)의 번역이다.
3) 팔리어 nijjhāpeti(니짜페티)의 번역이다.
4) 팔리어 pekkheti(페께티)의 번역이다.

(敎示)하면서[7] '이것은 법이고, 이것은 율이며, 이것은 스승의 가르침이고, 이것을 수지(受持)하고 이것을 애락(愛樂)하십시오.'라고 말하였다. 만약 이와 같이 말하면서 그 비구가 논쟁을 소멸시켰다면, 이것은 비법의 유사한 현전비니에 의지하여 소멸시킨 것이다.

비법으로 설하는 사람이 여법하게 설하는 대중을 이해시키고, 사유하게 하며, 관찰하게 하고, 깊이 성찰하게 하며, 지시하고 교시하면서, '이것은 법이고, 이것은 율이며, 이것은 스승의 가르침이고, 이것을 수지하고 이것을 애락하십시오.'라고 말하였다. 만약 이와 같이 말하면서 그 비구가 논쟁을 소멸시켰다면, 이것은 비법의 유사한 현전비니에 의지하여 소멸시킨 것이다.

비법으로 설하는 사람이 여법하게 설하는 승가를 이해시키고, 사유하게 하며, 관찰하게 하고, 깊이 성찰하게 하며, 지시하고 교시하면서, '이것은 법이고, 이것은 율이며, 이것은 스승의 가르침이고, 이것을 수지하고 이것을 애락하십시오.'라고 말하였다. 만약 이와 같이 말하면서 그 비구가 논쟁을 소멸시켰다면, 이것은 비법의 유사한 현전비니에 의지하여 소멸시킨 것이다.

비법으로 설하는 대중이 여법하게 설하는 사람을 이해시키고, 사유하게 하며, 관찰하게 하고, 깊이 성찰하게 하며, 지시하고 교시하면서, '이것은 법이고, 이것은 율이며, 이것은 스승의 가르침이고, 이것을 수지하고 이것을 애락하십시오.'라고 말하였다. 만약 이와 같이 말하면서 그 비구가 논쟁을 소멸시켰다면, 이것은 비법의 유사한 현전비니에 의지하여 소멸시킨 것이다.

비법으로 설하는 대중이 여법하게 설하는 대중을 이해시키고, 사유하게 하며, 관찰하게 하고, 깊이 성찰하게 하며, 지시하고 교시하면서, '이것은 법이고, 이것은 율이며, 이것은 스승의 가르침이고, 이것을 수지하고 이것을

---

5) 팔리어 anupekkheti(아누페께티)의 번역이다.
6) 팔리어 dasseti(다쎄티)의 번역이다.
7) 팔리어 anudasseti(아누다쎄티)의 번역이다.

애락하시오.'라고 말하였다. 만약 이와 같이 말하면서 그 비구가 논쟁을 소멸시켰다면, 이것은 비법의 유사한 현전비니에 의지하여 소멸시킨 것이다.

비법으로 설하는 대중이 여법하게 설하는 승가를 이해시키고, 사유하게 하며, 관찰하게 하고, 깊이 성찰하게 하며, 지시하고 교시하면서, '이것은 법이고, 이것은 율이며, 이것은 스승의 가르침이고, 이것을 수지하고 이것을 애락하시오.'라고 말하였다. 만약 이와 같이 말하면서 그 비구가 논쟁을 소멸시켰다면, 이것은 비법의 유사한 현전비니에 의지하여 소멸시킨 것이다.

비법으로 설하는 승가가 여법하게 설하는 사람을 이해시키고, 사유하게 하며, 관찰하게 하고, 깊이 성찰하게 하며, 지시하고 교시하면서, '이것은 법이고, 이것은 율이며, 이것은 스승의 가르침이고, 이것을 수지하고 이것을 애락하시오.'라고 말하였다. 만약 이와 같이 말하면서 그 비구가 논쟁을 소멸시켰다면, 이것은 비법의 유사한 현전비니에 의지하여 소멸시킨 것이다.

비법으로 설하는 승가가 여법하게 설하는 대중을 이해시키고, 사유하게 하며, 관찰하게 하고, 깊이 성찰하게 하며, 지시하고 교시하면서, '이것은 법이고, 이것은 율이며, 이것은 스승의 가르침이고, 이것을 수지하고 이것을 애락하시오.'라고 말하였다. 만약 이와 같이 말하면서 그 비구가 논쟁을 소멸시켰다면, 이것은 비법의 유사한 현전비니에 의지하여 소멸시킨 것이다.

비법으로 설하는 승가가 여법하게 설하는 승가를 이해시키고, 사유하게 하며, 관찰하게 하고, 깊이 성찰하게 하며, 지시하고 교시하면서, '이것은 법이고, 이것은 율이며, 이것은 스승의 가르침이고, 이것을 수지하고 이것을 애락하시오.'라고 말하였다. 만약 이와 같이 말하면서 그 비구가 논쟁을 소멸시켰다면, 이것은 비법의 유사한 현전비니에 의지하여 소멸시킨 것이다."

[비법인 현전비니의 아홉 종류를 마친다.]

3) 여법한 현전비니의 아홉 종류

3-1 "여법하게 설하는 사람이 여법하게 설하는 사람을 이해시키고, 사유하게 하며, 관찰하게 하고, 깊이 성찰하게 하며, 지시하고 교시하면서 '이것은 법이고, 이것은 율이며, 이것은 스승의 가르침이고, 이것을 수지하고 이것을 애락하십시오.'라고 말하였다. 만약 이와 같이 말하면서 그 비구가 논쟁을 소멸시켰다면, 이것은 여법한 현전비니에 의지하여 소멸시킨 것이다.

여법하게 설하는 사람이 여법하게 설하는 대중을 이해시키고, 사유하게 하며, 관찰하게 하고, 깊이 성찰하게 하며, 지시하고 교시하면서, '이것은 법이고, 이것은 율이며, 이것은 스승의 가르침이고, 이것을 수지하고 이것을 애락하십시오.'라고 말하였다. 만약 이와 같이 말하면서 그 비구가 논쟁을 소멸시켰다면, 이것은 여법한 현전비니에 의지하여 소멸시킨 것이다.

여법하게 설하는 사람이 여법하게 설하는 승가를 이해시키고, 사유하게 하며, 관찰하게 하고, 깊이 성찰하게 하며, 지시하고 교시하면서, '이것은 법이고, 이것은 율이며, 이것은 스승의 가르침이고, 이것을 수지하고 이것을 애락하십시오.'라고 말하였다. 만약 이와 같이 말하면서 그 비구가 논쟁을 소멸시켰다면, 이것은 여법한 현전비니에 의지하여 소멸시킨 것이다.

여법하게 설하는 대중이 여법하게 설하는 사람을 이해시키고, 사유하게 하며, 관찰하게 하고, 깊이 성찰하게 하며, 지시하고 교시하면서, '이것은 법이고, 이것은 율이며, 이것은 스승의 가르침이고, 이것을 수지하고 이것을 애락하십시오.'라고 말하였다. 만약 이와 같이 말하면서 그 비구가 논쟁을 소멸시켰다면, 이것은 여법한 현전비니에 의지하여 소멸시킨 것이다.

여법하게 설하는 대중이 여법하게 설하는 대중을 이해시키고, 사유하게 하며, 관찰하게 하고, 깊이 성찰하게 하며, 지시하고 교시하면서,

'이것은 법이고, 이것은 율이며, 이것은 스승의 가르침이고, 이것을 수지하고 이것을 애락하십시오.'라고 말하였다. 만약 이와 같이 말하면서 그 비구가 논쟁을 소멸시켰다면, 이것은 여법한 현전비니에 의지하여 소멸시킨 것이다.

여법하게 설하는 대중이 여법하게 설하는 승가를 이해시키고, 사유하게 하며, 관찰하게 하고, 깊이 성찰하게 하며, 지시하고 교시하면서, '이것은 법이고, 이것은 율이며, 이것은 스승의 가르침이고, 이것을 수지하고 이것을 애락하십시오.'라고 말하였다. 만약 이와 같이 말하면서 그 비구가 논쟁을 소멸시켰다면, 이것은 여법한 현전비니에 의지하여 소멸시킨 것이다.

여법하게 설하는 승가가 여법하게 설하는 사람을 이해시키고, 사유하게 하며, 관찰하게 하고, 깊이 성찰하게 하며, 지시하고 교시하면서, '이것은 법이고, 이것은 율이며, 이것은 스승의 가르침이고, 이것을 수지하고 이것을 애락하십시오.'라고 말하였다. 만약 이와 같이 말하면서 그 비구가 논쟁을 소멸시켰다면, 이것은 여법한 현전비니에 의지하여 소멸시킨 것이다.

비법으로 설하는 승가가 여법하게 설하는 대중을 이해시키고, 사유하게 하며, 관찰하게 하고, 깊이 성찰하게 하며, 지시하고 교시하면서, '이것은 법이고, 이것은 율이며, 이것은 스승의 가르침이고, 이것을 수지하고 이것을 애락하십시오.'라고 말하였다. 만약 이와 같이 말하면서 그 비구가 논쟁을 소멸시켰다면, 이것은 여법한 현전비니에 의지하여 소멸시킨 것이다.

비법으로 설하는 승가가 여법하게 설하는 승가를 이해시키고, 사유하게 하며, 관찰하게 하고, 깊이 성찰하게 하며, 지시하고 교시하면서, '이것은 법이고, 이것은 율이며, 이것은 스승의 가르침이고, 이것을 수지하고 이것을 애락하십시오.'라고 말하였다. 만약 이와 같이 말하면서 그 비구가 논쟁을 소멸시켰다면, 이것은 여법한 현전비니에 의지하여 소멸시킨 것이다.

[여법한 현전비니의 아홉 종류를 마친다.]

4) 억념비니(憶念毘尼)

4-1 그때 불·세존께서는 왕사성(王舍城)8)의 가란타죽림원(迦蘭陀竹林園)9)에 머무르셨다. 그때 장로 답바마라자(沓婆摩羅子)10)는 7살에 아라한과(阿羅漢果)를 증득하였고, 일반적으로 성문들이 증득할 것의 일체를 모두 증득하였다. 다시 지어야 할 일이 없었고 이미 지었던 것에 역시 더할 것도 없었다. 이때 장로 답바마라자는 적정한 처소에 앉아 있는 때에 마음에서 이와 같이 사유하였다.

'나는 일곱 살에 아라한과를 증득하였다. 일반적으로 성문들이 증득할 것의 일체를 모두 증득하였다. 다시 지어야 할 일이 없었고 이미 지었던 것에 역시 더할 것도 없다. 나는 승가 대중을 위하여 무슨 소임을 보아야 하는가?'

장로 답바마라자는 이렇게 사유하였다.

'나는 마땅히 승가를 위하여 방사를 분배하고, 청식(請食)을 분배해야겠다.'

4-2 그때 장로 답바마라자는 포시(晡時)11)에 적정한 자리에서 일어났고, 세존의 처소로 나아갔다. 나아가서 세존의 발에 예경하고서 한쪽에 앉았고, 답바마라자는 세존을 향하여 이와 같이 아뢰어 말하였다.

"세존이시여. 저는 적정한 처소에 앉아 있는 때에 마음에서 이와 같이 사유하였습니다. '나는 일곱 살에 아라한과를 증득하였다. 일반적으로 성문들이 증득할 것의 일체를 모두 증득하였다. 다시 지어야 할 일이 없었고 이미 지었던 것에 역시 더할 것도 없다. 나는 승가 대중을 위하여 무슨 소임을 보아야 하는가?'

이때 저는 이렇게 사유하였습니다.

---

8) 팔리어 rājagaha(라자가하)의 번역이다.
9) 팔리어 veḷuvane kalandakanivāpa(베루바네 카란타카니바파)의 번역이다.
10) 팔리어 dabba mallaputta(다빠 말라푸따)의 음사이다.
11) 오후 3시부터 5시까지를 말한다.

'나는 마땅히 승가를 위하여 방사를 분배하고, 청식(請食)을 분배해야겠다.'"
"옳도다.(善哉) 답바여. 그렇다면 곧 승가를 위하여 방사를 분배하고, 청식을 분배하도록 하라."
장로 답바마라자는 세존께 대답하였다.
"알겠습니다. 세존이시여."

4-3 이때 이 인연으로써 설법하셨고 여러 비구들에게 알려 말씀하셨다.
"여러 비구들이여. 만약 그러하다면 승가는 마땅히 장로 답바마라자를 뽑아서 방사를 분배하고, 청식을 분배하게 하라. 여러 비구들이여. 마땅히 이와 같이 뽑아야 한다. 마땅히 먼저 답바에게 청하게 하고서, 마땅히 총명하고 현명하며 유능한 한 비구가 승가의 가운데에서 창언해야 한다.
'대덕 승가께서는 허락하십시오. 만약 승가께서 때에 이르렀다면 승가께서는 장로 답바마라자가 방사를 분배하고, 청식을 분배하는 사람으로 뽑아 주십시오. 이와 같이 아룁니다.'
'대덕 승가께서는 허락하십시오. 승가께서는 장로 답바마라자가 방사를 분배하고, 청식을 분배하는 사람으로 뽑아 주십시오. 답바마라자가 방사를 분배하고, 청식을 분배하는 사람으로 뽑는 것을 여러 대덕들께서 인정하신다면 묵연하시고, 인정하지 않으신다면 말씀하십시오.'
'승가시여. 답바마라자가 방사를 분배하고, 청식을 분배하는 사람으로 뽑았습니다. 여러 대덕들께서 인정하신 것은 묵연하였던 까닭입니다. 나는 이와 같이 알고 이해하겠습니다.'"

1-4 이미 뽑혔던 장로 답바마라자는 곧 승가의 비구들에게 같은 처소의 방사를 분배하였다. 송경(誦經)하는 여러 비구들을 위하여 그들이 능히 서로가 경전을 합송(合誦)하도록 같은 하나의 방사를 분배하였고, 비구들의 가운데에서 지율(持律)인 여러 비구들을 위하여 서로가 율을 판결하도록 같은 하나의 방사를 분배하였으며, 설법(說法)하는 여러 비구들을 위하여 서로가 경전을 논의(論義)하도록 같은 하나의 방사를 분배하였고,

좌선(坐禪)하는 여러 비구들을 위하여 서로가 방해하지 않도록 같은 하나의 방사를 분배하였으며, 거칠게 말하고 신체가 건장(健壯)한 여러 비구들을 위하여 같은 처소의 방사를 분배하였다.

이것을 인연으로 그 장로들은 여유롭고 적정하게 머물렀다. 또한 때가 아닌데 왔던 자라면 그는 화광삼매(火光三昧)에 의지하여 그 빛으로 방사를 분배하였다. 또한 여러 비구들이 고의로 때가 아닌데 왔던 자라면 '우리들은 장로 답바마라자의 신통력을 볼 수 있다.'라고 생각하였고 답바마라자의 처소에 이르러 이와 같이 말하였다.

"답바여. 우리들을 위하여 방사를 나누어 주십시오."

장로 답바마라자는 그들을 마주하고서 말하였다.

"장로여. 어느 처소를 즐거이 원합니까? 내가 곧 어느 처소를 분배해야 합니까?"

그들은 고의로 먼 처소를 가리키며 말하였다.

"대덕이신 답바여. 우리들을 위하여 기사굴산12)에 방사를 나누어 주십시오. 대덕이신 답바여. 우리들을 위하여 도둑의 절벽13)에 방사를 나누어 주십시오. 선인산(仙人山)의 흑석굴(黑石崛)14)에 방사를 나누어 주십시오. …… 나아가 …… 비바라산(毘婆羅山)의 칠엽굴(七葉崛)15)에, …… 나아가 …… 시다림(尸陀林)의 타수동(蛇鬚洞)16)에, …… 나아가 …… 오마타굴(五摩陀崛)17)에, …… 나아가 …… 진타가굴(顛陀伽崛)18)에, 타부타굴(陀浮陀崛)19)에, …… 나아가 …… 다부타원(多浮陀園)20)에, 나아가 기바가리원

---

12) 팔리어 Gijjhakūṭa(기짜쿠타)의 번역이고, 왕사성 주위의 다섯 산 중 하나이다.
13) 팔리어 Corapapāta(초라파파타)의 번역이고, 왕사성 주위의 다섯 산 중 하나이다.
14) 팔리어 Isigilipassa(이시기리파싸)의 번역이고, 왕사성 주위의 다섯 산 중 하나이다. 그 한쪽에는 카라시라(Kālasilā)라고 불리는 검은 돌이 있었다.
15) 팔리어 Sattapaṇṇiguha(사따판니구하)의 번역이고, 비바라산의 경사면에 있는 왕사성의 동굴이다.
16) 팔리어 Sītavana sappasoṇḍikapabbhāra(시타바나 사빠손디카파빠라)의 번역이고, sītavane는 시다림으로 번역되고, Sappasoṇḍikapabhāra는 산의 이름이다.
17) 팔리어 Gotamakakandara(고타마카칸다라)의 음사이다.
18) 팔리어 Tindukakandara(틴두카칸다라)의 음사이다.

(耆婆伽梨園)21)에 …… 나아가 …… 만직림(曼直林)의 녹원(鹿園)22)에 방사를 나누어 주십시오."

장로 답바마라자는 그들을 위하여 화광삼매에 들어가서 그들의 앞에서 손가락의 끝에 빛을 일으켰고 그들도 역시 이 빛을 따라서 장로 답바마라자를 따라서 다녔다. 장로 답바마라자는 이와 같이 그들에게 방사를 분배하였는데, 이것은 와상(臥床)이었고, 이것은 좌상(座床)이었으며, 이것은 요(褥床)이었고, 이것은 베개(枕)이었으며, 이곳은 대변처(大便處)이었고, 이곳은 소변을 보는 곳이었으며, 이것은 마시는 물(飮用水)이었고, 이것은 깨끗이 씻는 물(淸水)이었으며, 이것은 막대기(杖)이었고, 이곳은 바로 승가가 논의하는 곳이었고, 이곳은 들어가는 곳이었고, 이곳은 나가는 곳이었다. 장로 답바마라자는 이와 같이 그들에게 방사를 나누어 주고서 다시 죽림으로 돌아왔다.

4-5 그때 자(慈) 비구23)와 지(地) 비구24)가 있었는데, 새롭게 출가하여 소덕(小德)이었던 까닭으로, 그들은 승가의 가운데에서 나쁜 방사와 거친 음식을 받았다. 그때 왕사성의 가운데에서 사람들이 환희하면서 장로 비구들에게 숙소(熟酥), 호마유(胡麻油), 조미료 등의 음식물을 준비하였으나, 자비구와 지비구의 도중(徒衆)은 일상과 같이 싸라기 밥과 신맛의 죽 등의 평소의 음식을 주었다. 그들은 음식을 먹고서 걸식을 마치고 돌아와서 여러 장로 비구들에게 물었다.

"장로들께서는. 식당에서 무슨 음식을 얻었습니까? 그대들은 무엇을 얻었습니까?"

한 부류의 장로들이 말하였다.

---

19) 팔리어 Tapodakandara(타포다칸다라)의 음사이다.
20) 팔리어 Tapodārāma(타포다라마)의 음사이다.
21) 팔리어 Jīvakambavana(지바캄바바나)의 음사이다.
22) 팔리어 Maddakucchismi(마따쿠찌스미)의 음사이다.
23) 팔리어 Mettiya bhūmajakā(메띠야 부마자카)의 번역이다.
24) 팔리어 Navakā ceva(나바카 체바)의 번역이다.

"우리들은 숙소, 호마유, 조미료 등을 얻었습니다."

자비구와 지비구의 도중들은 말하였다.

"우리들은 모두 얻지 못하였습니다. 다만 평소의 음식인 싸라기 밥과 신맛의 죽 등을 주었습니다."

4-6 그때 한 선반(善飯)25) 거사가 있었고 승가를 위하여 날마다 네 종류의 음식을 베풀어 공양하였다. 그의 식당에서는 아내와 아들이 함께 시중들면서 공양하였는데, 혹은 밥을 공양하였고, 혹은 국을 공양하였으며, 혹은 호마유를 공양하였고, 혹은 조미료를 공양하였다. 그때 선반 거사가 음식을 청하였고, 다음 날에 마땅히 자비구와 지비구의 도중에게 공급하려고 하였다.

이때 선반 거사는 일이 있어서 정사에 왔고 장로 답바마라자의 처소에 나아갔다. 이르러 장로 답바마라자에게 예배하고서 한쪽에 앉았다. 앉았으므로 장로 답바마라자는 선반 거사를 위하여 설법하여 열어서 보여주었고 가르쳤으며 이익되고 기쁘게 하였다. 이때 선반 거사는 장로 답바마라자가 설법하여 열어서 보여주었고 가르쳤으며 이익되고 기쁘게 하는 때에 장로 답바마라자에게 말하였다.

"내일 저의 집에서 공양을 청하였는데 어느 사람에게 공급해야 합니까?"

"거사여. 내일 그대의 집에서 청하여 공급해야 하는 비구들은 자비구와 지비구의 도중입니다."

이때 선반 거사는 즐겁지 않아서 생각하였다.

'어찌 여러 악한 비구들이 내 집에서 음식을 먹는가?'

집으로 돌아가서 여노비에게 말하였다.

"내일 음식을 받는 자가 온다면 마땅히 문옥(門屋)26)에 자리를 펴놓고 싸라기 밥과 신맛의 죽 등의 평소의 음식을 공급하여 주도록 하라."

그 여노비는 선반 거사에게 대답하였다.

---

25) 음식을 잘 만든다는 뜻이다.
26) 관청이나 재가에서 입구의 지붕이 있고 기둥만 있고 벽체가 없는 출입문을 가리킨다.

"알겠습니다. 주인님."

4-7 이때 자비구와 지비구의 도중들은 사유하였다.

"어제 선반 거사가 음식을 청하였고, 우리들이 공급을 받는구나. 내일 우리들은 선반 장자와 아내, 아들이 서 있으면서 시중들면서 공양하는데, 혹은 밥을 시중들면서 공양할 것이고, 혹은 국을 시중들면서 공양할 것이며, 혹은 호마유를 시중들면서 공양할 것이고, 혹은 조미료를 시중들면서 공양할 것이다."

환희하였던 까닭으로 편안하게 잠들지 못하였다. 이때 자비구와 지비구의 도중들은 아침에 하의를 입고 상의와 발우를 지니고서 선반 거사의 집에 이르렀다. 그 여노비는 자비구와 지비구의 도중들이 멀리서 오는 것을 보았고, 문옥에 자리를 펴놓고서 자비구와 지비구의 도중들에게 말하였다.

"대덕들이여. 앉으세요."

이때 자비구와 지비구의 도중들은 이렇게 생각하였다.

'우리들을 문옥에 앉게 하였는데, 반드시 음식의 조리가 끝나지 않았구나.'

이때 그 여노비는 싸라기 밥과 신맛의 죽을 공급하면서 말하였다.

"대덕들께서는 드십시오."

"우리들은 평소에 보시하는 음식을 받고자 왔소."

"나는 알지 못합니다. 그대들께서 평소에 받았던 음식입니다. 그리고 어제 거사께서 나에게 말씀하셨습니다. '내일 음식을 받는 자가 온다면 마땅히 문옥에 자리를 펼쳐놓고 싸라기 밥과 신맛의 죽을 공급하도록 하라.' 대덕들께서는 드십시오."

이 자비구와 지비구의 도중들은 말하였다.

"비구들이여. 어제 선반 거사가 정사에 왔었고, 답바마라자의 처소에 이르렀습니다. 반드시 답바마라자가 선반 거사의 앞에서 우리들을 이간질을 하였고 고뇌하였던 까닭으로 나쁜 음식을 주었을 것입니다."

이때 자비구와 지비구의 도중들은 음식을 먹고서 정사로 돌아왔으며,

옷과 발우를 거두고서 문옥에서 승가리(僧伽梨) 위에 쭈그리고 앉아서 말이 없었고 부끄러워하였으며 어깨를 늘어트리고 머리를 숙였으며 침울하고 곤혹스러워하였다.

4-8 이때 자(慈)비구니는 자비구와 지비구의 도중들에게 이르렀고, 그들의 도중들에게 말하였다.

"나는 대덕들께 정례(頂禮)합니다."

이와 같이 말하는 때에 자비구와 지비구의 도중들은 모두 돌아보지 않았다. 두 번째에도 이와 같이 말하였고, 세 번째에도 자비구니는 자비구의 도중들에게 말하였다.

"나는 대덕들께 정례합니다."

세 번째에도 자비구와 지비구는 모두 대답하지 않았다.

"내가 여러 대덕들께 무엇의 허물을 범한 것이 있습니까? 무슨 까닭으로 대덕들께서는 나에게 말하지 않습니까?"

"누이여. 우리들은 이와 같이 답바마라자에게 고뇌를 당하였는데, 그대는 우리를 돕지 않는구려."

"대덕이여. 내가 무엇을 할 수 있습니까?"

"누이여. 만약 그대가 뜻으로 원한다면 오늘 세존께 장로 답바마라자의 멸빈(滅擯)을 청하도록 하라."

"내가 마땅히 어떻게 해야 합니까? 내가 능히 무엇을 할 수 있습니까?"

"누이여. 그대는 세존의 처소로 나아가라. 나아가서 이와 같이 세존께 아뢰어라.

'세존이시여. 이곳은 여법하지 않고 상응하지 않습니다. 두려움이 없고, 피해가 없으며, 번뇌가 없는 곳이어야 하는데, 이곳은 두려움이 있고 피해가 있으며 번외가 있고 바람이 없는 처소에 바람이 일어났으며 물은 불타는 것과 같습니다. 저는 답바마라자에게 더럽혀졌습니다.'"

자비구니는 말하였다.

"알겠습니다. 대덕이여."

자비구니는 허락하였고, 자비구와 지비구의 도중들은 세존의 처소에 나아갔다. 나아가서 세존의 발에 예경하고서 한쪽에 서 있었다. 한쪽에 서 있으면서 자비구니는 세존께 이와 같이 말하였다.

"세존이시여. 이곳은 여법하지 않고 상응하지 않습니다. 두려움이 없고, 피해가 없으며, 번뇌가 없는 곳이어야 하는데, 이곳은 두려움이 있고 피해가 있으며 번뇌가 있고 바람이 없는 처소에 바람이 일어났으며 물은 불타는 것과 같습니다. 저는 답바마라자에게 더럽혀졌습니다."

4-9 이때 세존께서는 이 인연으로써 여러 비구들을 모으셨으며, 답바마라자에게 물어 말씀하셨다.

"답바여. 그대는 그 비구니가 말하는 것의 행을 억념하는가?"

"세존이시여. 세존께서 저를 아시는 것과 같습니다."

세존께서는 두 번째에도 이와 같이 물으셨으며, …… 세존께서는 세 번째에도 이와 같이 물으셨다.

"답바여. 그대는 그 비구니가 말하는 것의 행을 억념하는가?"

"세존이시여. 세존께서 저를 아시는 것과 같습니다."

"답바여. 그대는 이것을 능히 대답하지 않았느니라. 그대가 만약 일찍이 지었다면 마땅히 지었다고 말하고, 만약 짓지 않았다면 마땅히 짓지 않았다고 말하라."

"세존이시여. 저는 태어난 이후에 꿈속에서도 역시 부정법을 행하지 않았습니다. 하물며 깨어있는 때이겠습니까?"

이때 세존께서는 여러 비구들에게 알려 말씀하셨다.

"여러 비구들이여. 그와 같다면 자비구니를 멸빈시키고, 마땅히 그 여러 비구들을 힐문(詰問)하도록 하라."

이와 같이 말씀하시고서 자리에서 일어나서 정사로 들어가셨다. 이때 여러 비구들은 자비구니를 멸빈시켰다. 이때 자비구와 지비구의 도중들은 그 여러 비구들에게 말하였다.

"여러 장로들이여. 자비구니를 멸빈시키지 마십시오. 그 비구니는 어느 작은 허물도 없습니다. 우리들이 답바에게 진노하고 기쁘지 않아서 그를 빈출(擯出)하고자 그 비구니를 가르치고 부추겼습니다."

"비구들이여. 그대가 근거가 없는 바라이법으로 장로 답바마라자를 비방하였습니까?"

"진실로 그렇습니다. 여러 장로들이여."

여러 비구들의 가운데에서 욕망이 적은 자들은 싫어하고 비난하였다.

"무슨 까닭으로 자비구와 지비구의 도중들은 근거가 없는 바라이법으로써 장로 답바마라자를 비방하였는가?"

이때 그 여러 비구들은 이 일로써 세존께 아뢰었다. 이때 세존께서는 이 인연으로써 여러 비구들을 모으셨으며, 물어 말씀하셨다.

"여러 비구들이여. 자비구와 지비구의 도중들이 진실로 근거가 없는 바라이법으로써 장로 답바마라자를 비방하였는가?"

"진실로 그렇습니다. 세존이시여."

세존께서는 여러 방편으로 꾸짖으셨다.

"어리석은 사람들이여. 자비구와 지비구의 도중들은 어찌하여 근거가 없는 바라이법으로써 장로 답바마라자를 비방하였는가? 이것은 상응하는 법이 아니고 수순하는 행이 아니며, …… 나아가 …… 집착을 없애라고 설법하였고 집착이 있으라고 설법하지 않았느니라. 어리석은 사람이여. 이것은 오히려 믿지 않는 자는 신심이 생겨나지 않게 하고, …… 이미 믿었던 자는 일부가 전전하여 다른 곳으로 향하여 떠나가게 하느니라."

이와 같이 세존께서는 여러 종류의 방편으로써 자비구와 지비구의 도중들을 꾸짖고서 뒤에 부양이 어렵고 가르치고 양육함이 어려우며, …… 나아가 …… 여러 비구들을 위하여 적절한 법을 수순하여 설하신 뒤에 여러 비구들에게 알려 말씀하셨다.

4-10 "여러 비구들이여. 그와 같다면 승가는 마땅히 광대한 억념이 있는 답바마라자에게 억념비니를 주어야 하느니라. 여러 비구들이여. 마땅히 이와 같이 주어야 하느니라. 여러 비구들이여. 답바마라자는

마땅히 승가의 처소에 이르러 오른쪽 어깨를 드러내고 상좌 비구의 발에 예배하고 호궤 합장하고서 이와 같이 아뢰어 말해야 한다.

'여러 대덕들이여. 이 처소에서 자비구와 지비구의 도중들은 근거가 없는 바라이법으로써 나를 비방하였으나, 나의 억념은 광대하므로, 승가께서 억념비니를 주시기를 애원합니다."

마땅히 이와 같이 두 번째에도 애원해야 하고, …… 나아가 …… 세 번째에도 애원해야 한다.

마땅히 한 총명하고 현명하며 능력있는 비구가 승가의 가운데에서 창언해야 한다.

"대덕 승가께서는 허락하십시오. 이 처소에서 자비구와 지비구의 도중들은 근거가 없는 바라이법으로써 답바마라자를 비방하였으나, 장로 답바마라자의 억념은 광대하므로, 승가께 억념비니를 주시기를 애원하고 있습니다. 만약 승가께서 때에 이르셨다면 승가께서는 마땅히 억념이 광대한 답바마라자에게 억념비니를 주십시오. 이와 같이 아룁니다.'

'대덕 승가께서는 허락하십시오. 이 처소에서 자비구와 지비구의 도중들은 근거없는 바라이법으로써 답바마라자를 비방하였으나, 장로 답바마라자의 억념은 광대하므로, 승가께 억념비니를 주시기를 애원하고 있습니다. 승가시여. 장로 답바마라자의 억념이 광대하므로, 답바마라자에게 억념비니를 주겠습니다. 여러 대덕들께서 답바마라자의 억념이 광대하므로, 답바마라자에게 억념비니를 주는 것을 인정하신다면 묵연하시고, 인정하지 않는다면 말씀하십시오.'

저는 두 번째로 이 일을 아룁니다.

'대덕 승가께서는 허락하십시오. 이 처소에서 자비구와 지비구의 도중들은 근거없는 바라이법으로써 답바마라자를 비방하였으나, 장로 답바마라자의 억념은 광대하므로, 승가께 억념비니를 주시기를 애원하고 있습니다. 승가시여. 장로 답바마라자의 억념이 광대하므로, 답바마라자에게 억념비니를 주겠습니다. 여러 대덕들께서 답바마라자의 억념이 광대하므로, 답바마라자에게 억념비니를 주는 것을 인정하신다면 묵연하시고,

인정하지 않는다면 말씀하십시오.'

저는 세 번째로 이 일을 아룁니다.

'대덕 승가께서는 허락하십시오. 이 처소에서 자비구와 지비구의 도중들은 근거없는 바라이법으로써 답바마라자를 비방하였으나, 장로 답바마라자의 억념은 광대하므로, 승가께 억념비니를 주시기를 애원하고 있습니다. 승가시여. 장로 답바마라자의 억념이 광대하므로, 답바마라자에게 억념비니를 주겠습니다. 여러 대덕들께서 답바마라자의 억념이 광대하므로, 답바마라자에게 억념비니를 주는 것을 인정하신다면 묵연하시고, 인정하지 않는다면 말씀하십시오.'

'승가시여. 답바마라자의 억념이 광대하므로, 답바마라자에게 억념비니를 주는 것을 마쳤습니다. 여러 대덕들께서 인정하신 것은 묵연하였던 까닭입니다. 나는 이와 같이 알고 이해하겠습니다.'"

4-11 "여러 비구들이여. 여법하게 억념비니를 주는 것에 다섯 종류가 있나니 이를테면, 비구가 청정하여 무죄이고, 비방을 받았으며, 애원하였고, 승가가 그 비구에게 억념비니를 주었으며, 여법하게 화합한 것이니라. 여러 비구들이여. 여법하게 억념비니를 주는 것에는 이와 같은 다섯 종류가 있느니라."

[억념비니를 마친다.]

5) 불치비니(不癡毘尼)

5-1 그때 가가(伽伽)[27] 비구는 발광(發狂)하였고 마음이 전도(顚倒)되었다. 그 비구는 발광하였고 마음이 전도되었으므로, 항상 사문의 법이

---

27) 팔리어 gagga(가까)의 음사이다.

아닌 것을 행하였고 말에 산란함이 있었다. 여러 비구들은 가가 비구는 발광하였고 마음이 전도되었으며 항상 죄의 허물을 범하였으므로 비난하여 말하였다.

"장로여. 이와 같이 죄를 범한 것을 억념합니까?"

그 비구는 말하였다.

"여러 장로들이여. 나는 이미 발광하였고 마음이 전도되었습니다. 나는 미쳐서 마음이 전도되었던 까닭으로 항상 사문의 법이 아닌 것을 행하였고 말에 산란함이 있었습니다. 나는 이것을 억념하지 못하였고, 나아가 어리석게 행하였습니다."

가가 비구는 이와 같이 말하였으나, 여러 비구들은 비난하여 말하였다.

"장로여. 이와 같이 죄를 범한 것을 억념합니까?"

여러 비구들의 가운데에서 욕심이 적은 자들은 싫어하고 비난하였다.

"무슨 까닭으로써 여러 비구들은 가가 비구는 발광하였고, 마음이 전도되었으며 항상 죄의 허물을 범하였는데, '장로여. 이와 같이 죄를 범한 것을 억념하는가?'라고 비난하여 말하였고, 그 비구가 '여러 장로들이여. 나는 이미 발광하였고 마음이 전도되었으며, 나는 미쳐서 마음이 전도되었던 까닭으로 항상 사문의 법이 아닌 것을 행하였고 말에 산란함이 있었습니다. 나는 이것을 억념하지 못하였고, 나아가 어리석게 행하였습니다.'라고 이와 같이 말하였으나, 그 비구들은 '장로여. 이와 같이 죄를 범한 것을 억념하는가?'라고 비난하는가?"

이때 그 여러 비구들은 이 일로써 세존께 아뢰었고, 세존께서는 승가대중을 모으셨으며 여러 비구들에게 물어 말씀하셨다.

"여러 비구들이여. 진실로 여러 비구들은 가가 비구가 발광하였고 마음이 전도되었으며 항상 죄의 허물을 범하였는데, '장로여. 이와 같이 죄를 범한 것을 억념하는가?'라고 비난하여 말하였고, 그 비구가 '여러 장로들이여. 나는 이미 발광하였고 마음이 전도되었으며, 나는 발광하였고 마음이 전도되었던 까닭으로 항상 사문의 법이 아닌 것을 행하였고 말에 산란함이 있었습니다. 나는 이것을 억념하지 못하였고, 나아가 어리석게 행하였습니다.'라고 이와 같이 말하였으나, 그 비구들은 '장로여. 이와 같이 죄를 범한 것을 억념하는가?'라고 비난하였는가?"

"진실로 그렇습니다. 세존이시여."

세존께서는 꾸짖으셨다.

"여러 비구들이여. 이 어리석은 사람들은 행할 것이 아니고, 수순하는 행이 아니며, 상응하는 법이 아니고, 위의가 아니며, 사문의 행이 아니고, 청정한 행이 아니며, 마땅히 지을 것이 아니니라. 여러 비구들이여. 이 어리석은 사람들은 어찌하여 가가 비구가 발광하였고 마음이 전도되었으며 항상 죄의 허물을 범하였는데, …… 그 비구들은 '장로여. 이와 같이 죄를 범한 것을 억념합니까?'라고 비난하였는가? 여러 비구들이여. 이것은 오히려 믿지 않는 자에게 신심이 생겨나지 않게 하고, 이미 믿었던 자는 증장시키지 않느니라. …… 이미 믿었던 자는 일부가 전전하여 다른 곳을 향하여 떠나가게 하느니라."

세존께서는 여러 방편으로 꾸짖으셨고 적절한 법을 수순하여 설하신 뒤에 여러 비구들에게 알려 말씀하셨다.

"여러 비구들이여. 그와 같다면 승가는 마땅히 미쳤던 가가에게 불치비니를 주어야 하느니라."

5-2 "여러 비구들이여. 마땅히 이와 같이 주어야 하느니라. 여러 비구들이여. 가가 비구는 마땅히 승가의 처소에 이르러 오른쪽 어깨를 드러내고 상좌 비구의 발에 예배하고 호궤 합장하고서 이와 같이 아뢰어 말해야 한다.

'여러 대덕들이여. 나는 이미 발광하였고 마음이 전도되었으며, 발광하였고 마음이 전도되었던 까닭으로 항상 사문의 법이 아닌 것을 행하였고 말에 산란함이 있었습니다. 여러 비구들께서는 발광하였고 마음이 전도되었으며 항상 죄의 허물을 범하였으므로, 〈장로여. 이와 같이 죄를 범한 것을 억념합니까?〉라고 비난하여 말하였고, 나는 〈여러 장로들이여. 나는 이미 발광하였고 마음이 전도되었습니다. 나는 발광하였고 마음이 전도되었던 까닭으로 항상 사문의 법이 아닌 것을 행하였고 말에 산란함이 있었습니다. 나는 이것을 억념하지 못하였고, 나아가 어리석게 행하였습니다.)라고 이와 같이 말하였으며, 여러 비구들은 〈장로여. 이와 같이 죄를 범한 것을 억념합니까?〉라고 비난하여 말하였습니다. 나는 발광하였고 마음이 전도되었으므로 승가께서 불치비니를 주시기를 애원합니다."

마땅히 이와 같이 두 번째에도 애원해야 하고, …… 나아가 …… 세 번째에도 애원해야 한다.

마땅히 한 총명하고 현명하며 능력있는 비구가 승가의 가운데에서 창언해야 한다.

"대덕 승가께서는 허락하십시오. 이 처소에서 가가 비구는 이미 발광하였고 마음이 전도되었고, 발광하였고 마음이 전도되었던 까닭으로 항상 사문의 법이 아닌 것을 행하였고 말에 산란함이 있었습니다. 여러 비구들께서는 가가 비구가 발광하였고 마음이 전도되었으며 항상 죄의 허물을 범하였으므로, 〈장로여. 이와 같이 죄를 범한 것을 억념합니까?〉라고 비난하여 말하였고, 가가 비구는 〈여러 장로들이여. 나는 이미 발광하였고 마음이 전도되었습니다. 나는 미쳐서 마음이 전도되었던 까닭으로 항상 사문의 법이 아닌 것을 행하였고 말에 산란함이 있었습니다. 나는 이것을 억념하지 못하였고, 나아가 어리석게 행하였습니다.〉라고 이와 같이 말하였으며, 여러 비구들께서는 〈장로여. 이와 같이 죄를 범한 것을 억념하는가?〉라고 비난하여 말하였습니다. 가가 비구는 미쳤었으므로 승가께서 불치비니를 주시기를 애원하고 있습니다. 만약 승가께서 때에 이르셨다면 승가께서는 마땅히 발광하였고 마음이 전도되었던 가가 비구에게 불치비니를 주십시오. 이와 같이 아룁니다.'

'대덕 승가께서는 허락하십시오. 이 처소에서 가가 비구는 이미 미쳐서 마음이 전도되었고, 발광하였고 마음이 전도되었던 까닭으로 항상 사문의 법이 아닌 것을 행하였고 말에 산란함이 있었습니다. 여러 비구들께서는 가가 비구가 발광하였고 마음이 전도되었으며 항상 죄의 허물을 범하였으므로, 〈장로여. 이와 같이 죄를 범한 것을 억념합니까?〉라고 비난하여 말하였고, 가가 비구는 〈여러 장로들이여. 나는 이미 발광하였고 마음이 전도되었습니다. 나는 발광하였고 마음이 전도되었던 까닭으로 항상 사문의 법이 아닌 것을 행하였고 말에 산란함이 있었습니다. 나는 이것을 억념하지 못하였고, 나아가 어리석게 행하였습니다.〉라고 이와 같이 말하였으며, 여러 비구들께서는 〈장로여. 이와 같이 죄를 범한 것을 억념합니까?〉라고 비난하여 말하였습니다. 가가 비구는 발광하였고 마음이 전도되었으므로 승가께서 불치비니를 주시기를 애원하고 있습니다. 승가시여. 가가 비구가 발광하였고 마음이 전도되었으므로 가가 비구에게 불치비니를 주겠습니다. 여러 대덕들께서 가가 비구가 미쳤었으므로, 가가 비구에게 불치비니를 주는 것을 인정하신다면 묵연하시고, 인정하지 않는다면 말씀하십시오.'

저는 두 번째로 이 일을 아룁니다.

'대덕 승가께서는 허락하십시오. 이 처소에서 가가 비구는 이미 미쳐서 마음이 전도되었고, …… 승가시여. 가가 비구가 발광하였고 마음이 전도되었으므로 가가 비구에게 불치비니를 주겠습니다. 여러 대덕들께서 가가 비구가 발광하였으므로, 가가 비구에게 불치비니를 주는 것을 인정하신다면 묵연하시고, 인정하지 않는다면 말씀하십시오.'

저는 세 번째로 이 일을 아룁니다.

'대덕 승가께서는 허락하십시오. 이 처소에서 가가 비구는 이미 미쳐서 마음이 전도되었고, …… 승가시여. 가가 비구가 발광하였고 마음이 전도되었으므로 가가 비구에게 불치비니를 주겠습니다. 여러 대덕들께서 가가 비구가 발광하였고 마음이 전도되었으므로 가가 비구에게 불치비니를 주는 것을 인정하신다면 묵연하시고, 인정하지 않는다면 말씀하십시오.'

'승가시여. 가가 비구가 발광하였고 마음이 전도되었으므로 가가 비구에게 불치비니를 주는 것을 마쳤습니다. 여러 대덕들께서 인정하신 것은 묵연하였던 까닭입니다. 나는 이와 같이 알고 이해하겠습니다.'"

[불치비니를 마친다.]

6) 불치비니의 종류

6-1 "여러 비구들이여. 불치비니를 주는 것에 이와 같이 비법인 세 종류가 있고, 여법한 세 종류가 있느니라. 무엇이 불치비니를 주는 것에 비법인 세 종류의 일인가? 여러 비구들이여. 이 처소에 있었던 비구가 죄를 범하였고, 만약 승가이거나, 대중이거나, 한 사람이 그 비구에게 '장로여. 이와 같이 죄를 범한 것을 억념하는가?'라고 비난하여 말하였는데, 그 비구가 비록 억념하였으나, 다만 '여러 장로들이여. 나는 이와 같은 죄를 범한 것을 억념하지 못합니다.'라고 말하였는데, 만약 승가가 그 비구에게 불치비니를 주었다면, 비법으로 불치비니를 주었던 것이다.

여러 비구들이여. 이 처소에 있었던 비구가 죄를 범하였고, …… 그 비구가 비록 억념하였으나 다만 '여러 장로들이여. 나는 오직 꿈속에서 억념합니다.'라고 말하였는데, 만약 승가가 그 비구에게 불치비니를 주었다면, 비법으로 불치비니를 주었던 것이다. 여러 비구들이여. 이 처소에 있었던 비구가 죄를 범하였고, …… '장로여. 이와 같이 죄를 범한 것을 억념하는가?'라고 비난하여 말하였는데, 그 비구가 미치지 않았으나 미친 모습을 지으면서 '나는 이와 같이 하였으니 그대들도 이와 같이 해야 하고, 나에게 이것이 상응하므로 그대들도 역시 이것에 상응합니다.'라고 말하였는데, 만약 승가가 그 비구에게 불치비니를 주었다면, 비법으로 불치비니를 주었던 것이다. 불치비니를 주는 것에 이와 같은 세 종류의 비법이 있느니라."

6-2 "무엇이 불치비니를 주는 것에 여법한 세 종류의 일인가? 여러 비구들이여. 이 처소에 있었던 비구가 이미 미쳐서 마음이 전도되었고, 미쳐서 마음이 전도되었던 까닭으로 항상 사문의 법이 아닌 것을 행하였고 말에 산란함이 있었는데, 만약 승가이거나, 대중이거나, 한 사람이 그 비구에게 '장로여. 이와 같이 죄를 범한 것을 억념하는가?'라고 비난하여 말하였는데, 그 비구가 '여러 장로들이여. 나는 이와 같은 죄를 범한

것을 억념하지 못합니다.'라고 말하였으므로, 만약 승가가 그 비구에게 불치비니를 주었다면, 여법하게 불치비니를 주었던 것이다.

여러 비구들이여. 이 처소에 있었던 비구가 이미 미쳐서 마음이 전도되었고, …… 한 사람이 그 비구에게 '장로여. 이와 같이 죄를 범한 것을 억념하는가?'라고 비난하여 말하였는데, 그 비구가 '여러 장로들이여. 나는 오직 꿈속에서 억념합니다.'라고 말하였으므로, 만약 승가가 그 비구에게 불치비니를 주었다면, 여법하게 불치비니를 주었던 것이다.

여러 비구들이여. 이 처소에 있었던 비구가 이미 미쳐서 마음이 전도되었고, …… 한 사람이 그 비구에게 '장로여. 이와 같이 죄를 범한 것을 억념하는가?'라고 비난하여 말하였는데, 그 비구가 미쳤고 미친 모습으로 '나는 이와 같이 하였으니 그대들도 이와 같이 해야 하고, 나에게 이것이 상응하므로 그대들도 역시 이것에 상응합니다.'라고 말하였는데, 만약 승가가 그 비구에게 불치비니를 주었다면, 여법하게 불치비니를 주었던 것이다. 불치비니를 주는 것에 이와 같은 세 종류의 여법이 있느니라."

7) 자언비니(自言毘尼) ①

7-1 그때 육군비구들은 여러 비구들이 스스로가 말하지 않았는데, 곧 가책갈마, 의지갈마, 구출갈마, 하의갈마, 거죄갈마 등을 행하였다. 여러 비구들의 가운데에서 욕심이 적은 자들은 싫어하고 비난하였다.

"무슨 까닭으로써 육군비구들은 여러 비구들이 스스로가 말하지 않았는데, 곧 가책갈마, 의지갈마, 구출갈마, 하의갈마, 거죄갈마 등을 행하는가?"

이때 그 여러 비구들은 이 일로써 세존께 아뢰었고, 세존께서는 승가대중을 모으셨으며 여러 비구들에게 물어 말씀하셨다.

"여러 비구들이여. 진실로 육군비구들이 여러 비구들이 스스로가 말하지 않았는데, 곧 가책갈마, 의지갈마, 구출갈마, 하의갈마, 거죄갈마 등을 행하였는가?"

"진실로 그렇습니다. 세존이시여."

세존께서는 꾸짖으셨다.

"여러 비구들이여. 이 어리석은 사람들은 행할 것이 아니고, 수순하는 행이 아니며, 상응하는 법이 아니고, 위의가 아니며, 사문의 행이 아니고, 청정한 행이 아니며, 마땅히 지을 것이 아니니라. 여러 비구들이여. 이 어리석은 사람들은 여러 비구들이 스스로가 말하지 않았는데, 곧 가책갈마, 의지갈마, 구출갈마, 하의갈마, 거죄갈마 등을 행하였는가? 여러 비구들이여. 이것은 오히려 믿지 않는 자에게 신심이 생겨나지 않게 하고, 이미 믿었던 자는 증장시키지 않느니라. …… 이미 믿었던 자는 일부가 전전하여 다른 곳을 향하여 떠나가게 하느니라."

세존께서는 여러 방편으로 꾸짖으셨고 적절한 법을 수순하여 설하신 뒤에 여러 비구들에게 알려 말씀하셨다.

"여러 비구들이여. 여러 비구들이 오히려 스스로가 말하지 않았다면 마땅히 가책갈마, 의지갈마, 구출갈마, 하의갈마, 거죄갈마 등을 행할 수 없나니, 행하는 자는 악작을 범하느니라."

8) 자언비니(自言毘尼) ②

8-1 "여러 비구들이여. 자언비니에는 이와 같은 비법이 있고, 이와 같은 여법이 있느니라. 여러 비구들이여. 무엇이 비법의 자언비니인가? 여러 비구들이여. 어느 비구가 바라이죄(波羅夷罪)[28]를 범하였고, 만약 승가이거나, 대중이거나, 한 사람이 그 비구에게 '장로여. 바라이죄를 범한 것을 억념하는가?'라고 비난하여 말하였는데, 그 비구가 '여러 장로들이여. 나는 바라이죄를 범한 것이 아니고, 나아가 승잔죄(僧殘罪)[29]를 범하였습니다.'라고 말하였는데, 만약 승가가 그 비구는 승잔죄를 범하였다고

---

28) 팔리어 pārājika(파라지카)의 번역이다.
29) 팔리어 saṅghādisesa(산가디세사)의 번역이다.

판결하였다면, 곧 비법의 자언비니이다.

　어느 비구가 바라이죄를 범하였고, 만약 승가이거나, 대중이거나, 한 사람이 그 비구에게 '장로여. 바라이죄를 범한 것을 억념하는가?'라고 비난하여 말하였는데, 그 비구가 '여러 장로들이여. 나는 바라이죄를 범한 것이 아니고, 나아가 투란차(偸蘭遮)[30], 바일제(波逸提)[31], 바라제제사니(波羅提提舍尼)[32], 악작(惡作)[33], 악설(惡說)[34]을 범하였습니다.'라고 말하였는데, 만약 승가가 그 비구는 바라이죄를 범한 것이 아니고, …… 나아가 …… 악설을 범하였다고 판결하였다면, 곧 비법의 자언비니이다.

　어느 비구가 승잔죄를 범하였고, 만약 승가이거나, 대중이거나, 한 사람이 그 비구에게 '장로여. 승잔죄를 범한 것을 억념하는가?'라고 비난하여 말하였는데, 그 비구가 '여러 장로들이여. 나는 승잔죄를 범한 것이 아니고, 바라이죄, 투란차, 바일제, 바라제제사니, 악작, 악설을 범하였습니다.'라고 말하였는데, 만약 승가가 그 비구는 승잔죄를 범한 것이 아니고, 바라이죄를 범한 것이고, …… 나아가 …… 악설을 범하였다고 판결하였다면, 곧 비법의 자언비니이다.

　어느 비구가 투란차죄를 범하였고, 만약 승가이거나, 대중이거나, 한 사람이 그 비구에게 '장로여. 투란차죄를 범한 것을 억념하는가?'라고 비난하여 말하였는데, 그 비구가 '여러 장로들이여. 나는 투란차죄를 범한 것이 아니고, 바라이죄, 바일제, 바라제제사니, 악작, 악설을 범하였습니다.'라고 말하였는데, 만약 승가가 그 비구는 투란차죄를 범한 것이 아니고, 바라이죄를 범한 것이고, …… 나아가 …… 악설을 범하였다고 판결하였다면, 곧 비법의 자언비니이다.

　어느 비구가 바일제죄를 범하였고, 만약 승가이거나, 대중이거나, 한

---

30) 팔리어 thullaccaya(툴라짜야)의 번역이다.
31) 팔리어 pācittiya(파시띠야)의 번역이다.
32) 팔리어 pāṭidesanīya(파티데사니야)의 번역이다.
33) 팔리어 dukkaṭa(두까타)의 번역이다.
34) 팔리어 dubbhāsita(두빠시타)의 번역이다.

사람이 그 비구에게 '장로여. 바일제죄를 범한 것을 억념하는가?'라고 비난하여 말하였는데, 그 비구가 '여러 장로들이여. 나는 바일제죄를 범한 것이 아니고, 바라이죄, 투란차, 바라제제사니, 악작, 악설을 범하였습니다.'라고 말하였는데, 만약 승가가 그 비구는 바일제죄를 범한 것이 아니고, 바라이죄를 범한 것이고, …… 나아가 …… 악설을 범하였다고 판결하였다면, 곧 비법의 자언비니이다.

어느 비구가 바라제제사니를 범하였고, 만약 승가이거나, 대중이거나, 한 사람이 그 비구에게 '장로여. 바라제제사니죄를 범한 것을 억념하는가?'라고 비난하여 말하였는데, 그 비구가 '여러 장로들이여. 나는 바라제제사니죄를 범한 것이 아니고, 바라이죄, 투란차, 바일제, 악작, 악설을 범하였습니다.'라고 말하였는데, 만약 승가가 그 비구는 바라제제사니죄를 범한 것이 아니고, 바라이죄를 범한 것이고, …… 나아가 …… 악설을 범하였다고 판결하였다면, 곧 비법의 자언비니이다.

어느 비구가 악작죄를 범하였고, 만약 승가이거나, 대중이거나, 한 사람이 그 비구에게 '장로여. 악작죄를 범한 것을 억념하는가?'라고 비난하여 말하였는데, 그 비구가 '여러 장로들이여. 나는 악작죄를 범한 것이 아니고, 바라이죄, 투란차, 바일제, 바라제제사니, 악설을 범하였습니다.'라고 말하였는데, 만약 승가가 그 비구는 악작죄를 범한 것이 아니고, 바라이죄를 범한 것이고, …… 나아가 …… 악설을 범하였다고 판결하였다면, 곧 비법의 자언비니이다.

어느 비구가 악설을 범하였고, 만약 승가이거나, 대중이거나, 한 사람이 그 비구에게 '장로여. 악설을 범한 것을 억념하는가?'라고 비난하여 말하였는데, 그 비구가 '여러 장로들이여. 나는 악설을 범한 것이 아니고, 바라이죄, 투란차, 바일제, 바라제제사니, 악작을 범하였습니다.'라고 말하였는데, 만약 승가가 그 비구는 악설죄를 범한 것이 아니고, 바라이죄를 범한 것이고, …… 나아가 …… 악설을 범하였다고 판결하였다면, 곧 비법의 자언비니이다. 여러 비구들이여 이와 같다면 비법의 자언비니이니라."

8-2 "여러 비구들이여. 무엇이 여법한 자언비니인가? 여러 비구들이여. 어느 비구가 바라이죄를 범하였고, 만약 승가이거나, 대중이거나, 한 사람이 그 비구에게 '장로여. 바라이죄를 범한 것을 억념하는가?'라고 비난하여 말하였는데, 그 비구가 '여러 장로들이여. 그렇습니다. 나는 바라이죄를 범하였습니다.'라고 말하였는데, 만약 승가가 그 비구는 바라이죄를 범하였다고 판결하였다면, 곧 여법한 자언비니이다.

어느 비구가 승잔죄를 범하였고, 만약 승가이거나, 대중이거나, 한 사람이 그 비구에게 '장로여. 승잔죄를 범한 것을 억념하는가?'라고 비난하여 말하였는데, 그 비구가 '여러 장로들이여. 그렇습니다. 나는 승잔죄를 범하였습니다.'라고 말하였는데, 만약 승가가 그 비구는 승잔죄를 범하였다고 판결하였다면, 곧 여법한 자언비니이다.

어느 비구가 투란차죄를 범하였고, 만약 승가이거나, 대중이거나, 한 사람이 그 비구에게 '장로여. 투란차죄를 범한 것을 억념하는가?'라고 비난하여 말하였는데, 그 비구가 '여러 장로들이여. 그렇습니다. 나는 투란차죄를 범하였습니다.'라고 말하였는데, 만약 승가가 그 비구는 투란차죄를 범하였다고 판결하였다면, 곧 여법한 자언비니이다.

어느 비구가 바일제죄를 범하였고, 만약 승가이거나, 대중이거나, 한 사람이 그 비구에게 '장로여. 바일제죄를 범한 것을 억념하는가?'라고 비난하여 말하였는데, 그 비구가 '여러 장로들이여. 그렇습니다. 나는 바일제죄를 범하였습니다.'라고 말하였는데, 만약 승가가 그 비구는 바일제죄를 범하였다고 판결하였다면, 곧 여법한 자언비니이다.

어느 비구가 바라제제사니를 범하였고, 만약 승가이거나, 대중이거나, 한 사람이 그 비구에게 '장로여. 바라제제사니죄를 범한 것을 억념하는가?'라고 비난하여 말하였는데, 그 비구가 '여러 장로들이여. 그렇습니다. 나는 바라제제사니죄를 범하였습니다.'라고 말하였는데, 만약 승가가 그 비구는 바라제제사니죄를 범하였다고 판결하였다면, 곧 여법한 자언비니이다.

어느 비구가 악작죄를 범하였고, 만약 승가이거나, 대중이거나, 한 사람이 그 비구에게 '장로여. 악작죄를 범한 것을 억념하는가?'라고 비난하여 말하였는데, 그 비구가 '여러 장로들이여. 그렇습니다. 나는 악작죄를 범하였습니다.'라고 말하였는데, 만약 승가가 그 비구는 악작죄를 범하였다고 판결하였다면, 곧 여법한 자언비니이다.

어느 비구가 악설을 범하였고, 만약 승가이거나, 대중이거나, 한 사람이 그 비구에게 '장로여. 악설을 범한 것을 억념하는가?'라고 비난하여 말하였는데, 그 비구가 '여러 장로들이여. 나는 악설을 범하였습니다.'라고 말하였는데, 만약 승가가 그 비구는 악설죄를 범하였다고 판결하였다면, 곧 여법한 자언비니이다. 여러 비구들이여. 이와 같다면 여법한 자언비니이니라."

[자언비니를 마친다.]

9) 다멱비니(多覓毘尼) ①

9-1 그때 여러 비구들의 승가의 가운데에서 쟁송(訴訟), 투쟁(鬪諍), 논쟁(諍論) 등이 일어나서 입에 칼을 물고서 서로를 공격하며 머물렀으므로, 그 멸쟁(滅諍)을 소멸시키지 못하였다. 여러 비구들은 이 일로써 세존께 아뢰었고, 세존께서는 말씀하셨다.

"여러 비구들이여. 이와 같은 멸쟁이라면 다멱비니로써 그것을 소멸시키는 것을 허락하겠노라. 마땅히 다섯 가지를 구족한 비구를 행주인(行籌人)으로 뽑아야 하나니 이를테면, 욕망을 따르지 않고 성냄을 따르지 않으며 어리석음을 따르지 않고 두려움을 따르지 않으며 행주(行籌)35)할 것과 행주하지 않는 것을 아는 자이다. 마땅히 이와 같이 뽑아야 하느니라. 마땅히 먼저 비구를 청하고서 마땅히 한 총명하고 현명하며 능력있는

---

35) 승가의 갈마가 원만하게 이루어지지 않는 때에, 산가지(籌)를 사용하여 의사를 결정하는 방법이다.

비구가 승가의 가운데에서 창언해야 한다.

"'대덕 승가께서는 허락하십시오. 만약 승가께서 때에 이르렀다면, 마땅히 누구 비구를 행주인으로 뽑겠습니다. 이와 같이 아룁니다.'

'대덕 승가께서는 허락하십시오. 승가시여. 누구 비구를 행주인으로 뽑겠습니다. 여러 대덕들께서 마땅히 누구 비구를 행주인으로 뽑는 것을 인정하신다면 묵연하시고, 인정하지 않으신다면 말씀하십시오.'

'승가시여. 누구 비구를 행주인으로 뽑는 것을 마쳤습니다. 여러 대덕들께서 인정하신 것은 묵연하였던 까닭입니다. 나는 이와 같이 알고 이해하겠습니다.'"

10) 다멱비니 ②

10-1 "여러 비구들이여. 행주에는 비법의 10종류가 있고, 여법한 10종류가 있느니라. 무엇이 비법인 행주의 10종류인가? 작은 일의 쟁사이거나, 일의 근본을 알지 못하거나, 스스로와 다른 사람이 함께 억념하지 못하거나, 비법으로 설하는 자들이 많다고 알았거나, 비법으로 설하게 하려는 자들이 많다고 알았거나, 승가가 장차 파괴된다고 알았거나, 승가를 파괴하려고 한다고 알았거나, 비법으로 산가지(籌)를 잡았거나, 별중이 산가지를 잡았거나, 다른 견해로 잡았던 것이다. 이와 같이 행주를 하였다면 비법의 10종류이니라."

10-2 "무엇이 여법한 행주의 10종류인가? '작은 일의 쟁사가 아니거나, 일의 근본을 알았거나, 스스로와 다른 사람이 함께 억념하였거나, 여법하게 설하는 자들이 많다고 알았거나, 여법하게 설하려는 자들이 많다고 알았거나, 승가가 장차 파괴되지 않는다고 알았거나, 승가를 파괴하지 않으려고 한다고 알았거나, 여법하게 산가지를 잡았거나, 화합중에 산가지를 잡았거나, 바른 견해로 잡았던 것이다. 이와 같이 행주를 하였다면

비법의 10종류이니라."

[다멱비니를 마친다.]

11) 멱죄상비니(覓罪相毘尼) ①

11-1 그때 오바와라(烏婆瓦羅)36)는 승가의 가운데에서 죄를 검사하며 묻는 때에 앞에는 범하지 않았다고 말하고서 뒤에 범하였다고 말하였으며, 앞에는 범하였다고 말하고서 뒤에 범하지 않았다고 말하였으며, 다른 말을 지어서 말을 돌렸고 고의로 망어하였다. 여러 비구들의 가운데에서 욕심이 적은 자들은 싫어하고 비난하였다.

"무슨 까닭으로써 오바와라 비구는 승가의 가운데에서 죄를 검사하며 묻는 때에 앞에는 범하지 않았다고 말하고서 뒤에 범하였다고 말하였으며, 앞에는 범하였다고 말하고서 뒤에 범하지 않았다고 말하였으며, 다른 말을 지어서 말을 돌렸고 고의로 망어하는가?"

이때 그 여러 비구들은 이 일로써 세존께 아뢰었고, 세존께서는 승가대중을 모으셨으며 여러 비구들에게 물어 말씀하셨다.

"여러 비구들이여. 진실로 오바와라 비구는 승가의 가운데에서 죄를 검사하며 묻는 때에 앞에는 범하지 않았다고 말하고서 뒤에 범하였다고 말하였으며, 앞에는 범하였다고 말하고서 뒤에 범하지 않았다고 말하였으며, 다른 말을 지어서 말을 돌렸고 고의로 망어하였는가?"

"진실로 그렇습니다. 세존이시여."

세존께서는 꾸짖으셨다.

"여러 비구들이여. 이 어리석은 사람들은 행할 것이 아니고, 수순하는 행이 아니며, 상응하는 법이 아니고, 위의가 아니며, 사문의 행이 아니고,

---

36) 팔리어 upavāla(우파바라)의 음사이다.

청정한 행이 아니며, 마땅히 지을 것이 아니니라. 여러 비구들이여. 이 어리석은 사람은 여러 비구들이 스스로 말하지 않았는데, 곧 가책갈마, 의지갈마, 구출갈마, 하의갈마, 거죄갈마 등을 행하였는가? 여러 비구들이여. 이것은 오히려 믿지 않는 자에게 신심이 생겨나지 않게 하고, 이미 믿었던 자는 증장시키지 않느니라. …… 이미 믿었던 자는 일부가 전전하여 다른 곳을 향하여 떠나가게 하느니라."

세존께서는 여러 방편으로 꾸짖으셨고 적절한 법을 수순하여 설하신 뒤에 여러 비구들에게 알려 말씀하셨다.

"여러 비구들이여. 만약 그와 같다면 승가는 오바와라 비구에게 멱죄상갈마를 행해야 하느니라."

11-2 "여러 비구들이여. 마땅히 이와 같이 행해야 하느니라. 마땅히 먼저 오바와라 비구를 꾸짖어야 하고 꾸짖은 뒤에 억념시켜야 하며 억념을 시키고서 스스로가 그 죄를 아뢰게 해야 하고, 마땅히 한 총명하고 현명하며 능력있는 비구가 승가의 가운데에서 창언해야 한다.

'대덕 승가께서는 허락하십시오. 이 처소에서 오바와라 비구는 승가의 가운데에서 죄를 검사하며 묻는 때에 앞에는 범하지 않았다고 말하고서 뒤에 범하였다고 말하였으며, 앞에는 범하였다고 말하고서 뒤에 범하지 않았다고 말하였으며, 다른 말을 지어서 말을 돌렸고 고의로 망어하였습니다. 만약 승가께서 때에 이르셨다면, 승가께서는 마땅히 오바와라 비구에게 멱죄상비니를 행하게 하겠습니다. 이와 같이 아룁니다.'

'대덕 승가께서는 허락하십시오. 이 처소에서 오바와라 비구는 승가의 가운데에서 죄를 검사하며 묻는 때에 앞에는 범하지 않았다고 말하고서 뒤에 범하였다고 말하였으며, 앞에는 범하였다고 말하고서 뒤에 범하지 않았다고 말하였으며, 다른 말을 지어서 말을 돌렸고 고의로 망어하였습니다. 승가시여. 마땅히 오바와라 비구에게 멱죄상비니를 행하게 하겠습니다. 여러 대덕들께서 오바와라 비구에게 멱죄상비니를 행하게 하는 것을 인정하신다면 묵연하시고, 인정하지 않는다면 말씀하십시오.'

저는 두 번째로 이 일을 아룁니다.

'대덕 승가께서는 허락하십시오. 이 처소에서 오바와라 비구는 승가의 가운데에서 죄를 검사하며 묻는 때에 앞에는 범하지 않았다고 말하고서 뒤에 범하였다고 말하였으며, 앞에는 범하였다고 말하고서 뒤에 범하지 않았다고 말하였으며, 다른 말을 지어서 말을 돌렸고 고의로 망어하였습니다. 승가시여. 마땅히 오바와라 비구에게 멱죄상비니를 행하게 하겠습니다. 여러 대덕들께서 오바와라 비구에게 멱죄상비니를 행하게 하는 것을 인정하신다면 묵연하시고, 인정하지 않는다면 말씀하십시오.'

저는 세 번째로 이 일을 아룁니다.

'대덕 승가께서는 허락하십시오. 이 처소에서 오바와라 비구는 승가의 가운데에서 죄를 검사하며 묻는 때에 앞에는 범하지 않았다고 말하고서 뒤에 범하였다고 말하였으며, 앞에는 범하였다고 말하고서 뒤에 범하지 않았다고 말하였으며, 다른 말을 지어서 말을 돌렸고 고의로 망어하였습니다. 승가시여. 마땅히 오바와라 비구에게 멱죄상비니를 행하게 하겠습니다. 여러 대덕들께서 오바와라 비구에게 멱죄상비니를 행하게 하는 것을 인정하신다면 묵연하시고, 인정하지 않는다면 말씀하십시오.'

'승가시여. 오바와라 비구에게 멱죄상비니를 행하게 하는 것을 마쳤습니다. 여러 대덕들께서 인정하신 것은 묵연하였던 까닭입니다. 나는 이와 같이 알고 이해하겠습니다.'"

12) 멱죄상비니 ②

12-1 "여러 비구들이여. 여법하게 멱죄상갈마를 행하는 다섯 가지가 있나니 이를테면, 부정(不淨)하거나, 부끄러움이 없거나, 꾸짖을 수 있거나, 승가가 여법하게 멱죄상갈마를 행하였거나, 화합하여 그것을 행하는 것이니라. 여러 비구들이여. 여법하게 멱죄상갈마를 행하는 다섯 가지가 있느니라."

12-2 "여러 비구들이여. 세 요소를 갖추었던 멱죄상갈마는 비법갈마이고 율이 아닌 갈마이며 갈마가 성취되지 않느니라. 이를테면, 현전하지 않았는데 행하였거나, 검사하여 묻지 않고서 행하였거나, 스스로가 말하지 않았는데 행하는 것이다. 여러 비구들이여. 이와 같은 세 요소를 갖추었던 멱죄상갈마는 비법갈마이고 율이 아닌 갈마이며 갈마가 성취되지 않느니라.

여러 비구들이여. 세 요소를 갖추었던 멱죄상갈마는 비법갈마이고 율이 아닌 갈마이며 갈마가 성취되지 않느니라. 이를테면, 무죄인 사람에게 행하였거나, 마땅히 죄를 참회하지 않은 사람에게 행하였거나, 이미 죄를 참회하였는데 행하는 것이다. 여러 비구들이여. 이와 같은 세 요소를 갖추었던 멱죄상갈마는 비법갈마이고 율이 아닌 갈마이며 갈마가 성취되지 않느니라.

여러 비구들이여. 세 요소를 갖추었던 멱죄상갈마는 비법갈마이고 율이 아닌 갈마이며 갈마가 성취되지 않느니라. 이를테면, 비난받을 행이 아닌데 행하였거나, 검사하여 묻지 않고서 행하였거나, 스스로가 말하지 않았는데 행하는 것이다. 여러 비구들이여. 이와 같은 세 요소를 갖추었던 멱죄상갈마는 비법갈마이고 율이 아닌 갈마이며 갈마가 성취되지 않느니라.

여러 비구들이여. 세 요소를 갖추었던 멱죄상갈마는 비법갈마이고 율이 아닌 갈마이며 갈마가 성취되지 않느니라. 이를테면, 현전하지 않았는데 행하였거나, 비법으로 행하였거나, 별중에서 행하는 것이다. 여러 비구들이여. 이와 같은 세 요소를 갖추었던 멱죄상갈마는 비법갈마이고 율이 아닌 갈마이며 갈마가 성취되지 않느니라.

여러 비구들이여. 세 요소를 갖추었던 멱죄상갈마는 비법갈마이고 율이 아닌 갈마이며 갈마가 성취되지 않느니라. 이를테면, 검사하여 묻지 않고서 행하였거나, 비법으로 행하였거나, 별중에서 행하는 것이다. 여러 비구들이여. 이와 같은 세 요소를 갖추었던 멱죄상갈마는 비법갈마이고 율이 아닌 갈마이며 갈마가 성취되지 않느니라.

여러 비구들이여. 세 요소를 갖추었던 멱죄상갈마는 비법갈마이고 율이 아닌 갈마이며 갈마가 성취되지 않느니라. 이를테면, 스스로가 말하지 않았는데 행하였거나, 비법으로 행하였거나, 별중에서 행하는 것이다. 여러 비구들이여. 이와 같은 세 요소를 갖추었던 멱죄상갈마는 비법갈마이고 율이 아닌 갈마이며 갈마가 성취되지 않느니라.

여러 비구들이여. 세 요소를 갖추었던 멱죄상갈마는 비법갈마이고 율이 아닌 갈마이며 갈마가 성취되지 않느니라. 이를테면, 무죄인 사람에게 행하였거나, 비법으로 행하였거나, 별중에서 행하는 것이다. 여러 비구들이여. 이와 같은 세 요소를 갖추었던 멱죄상갈마는 비법갈마이고 율이 아닌 갈마이며 갈마가 성취되지 않느니라.

여러 비구들이여. 세 요소를 갖추었던 멱죄상갈마는 비법갈마이고 율이 아닌 갈마이며 갈마가 성취되지 않느니라. 이를테면, 마땅히 죄를 참회하지 않은 사람에게 행하였거나, 비법으로 행하였거나, 별중에서 행하는 것이다. 여러 비구들이여. 이와 같은 세 요소를 갖추었던 멱죄상갈마는 비법갈마이고 율이 아닌 갈마이며 갈마가 성취되지 않느니라.

여러 비구들이여. 세 요소를 갖추었던 멱죄상갈마는 비법갈마이고 율이 아닌 갈마이며 갈마가 성취되지 않느니라. 이를테면, 이미 죄를 참회하였는데 행하였거나, 비법으로 행하였거나, 별중에서 행하는 것이다. 여러 비구들이여. 이와 같은 세 요소를 갖추었던 멱죄상갈마는 비법갈마이고 율이 아닌 갈마이며 갈마가 성취되지 않느니라.

여러 비구들이여. 세 요소를 갖추었던 멱죄상갈마는 비법갈마이고 율이 아닌 갈마이며 갈마가 성취되지 않느니라. 이를테면, 비난받을 행이 아닌데 행하였거나, 비법으로 행하였거나, 별중에서 행하는 것이다. 여러 비구들이여. 이와 같은 세 요소를 갖추었던 멱죄상갈마는 비법갈마이고 율이 아닌 갈마이며 갈마가 성취되지 않느니라.

여러 비구들이여. 세 요소를 갖추었던 멱죄상갈마는 비법갈마이고 율이 아닌 갈마이며 갈마가 성취되지 않느니라. 이를테면, 검사하여 묻지 않고서 행하였거나, 비법으로 행하였거나, 별중에서 행하는 것이다.

여러 비구들이여. 이와 같은 세 요소를 갖추었던 멱죄상갈마는 비법갈마이고 율이 아닌 갈마이며 갈마가 성취되지 않느니라.

여러 비구들이여. 세 요소를 갖추었던 멱죄상갈마는 비법갈마이고 율이 아닌 갈마이며 갈마가 성취되지 않느니라. 이를테면, 스스로가 말하지 않았는데 행하였거나, 비법으로 행하였거나, 별중에서 행하는 것이다. 여러 비구들이여. 이와 같은 세 요소를 갖추었던 멱죄상갈마는 비법갈마이고 율이 아닌 갈마이며 갈마가 성취되지 않느니라."

12-3 "여러 비구들이여. 세 요소를 갖추었던 멱죄상갈마는 여법갈마이고 율의 갈마이며 갈마가 성취되느니라. 이를테면, 현전하고서 행하였거나, 검사하여 묻고서 행하였거나, 스스로가 말하고서 행하는 것이다. 여러 비구들이여. 이와 같은 세 요소를 갖추었던 멱죄상갈마는 여법갈마이고 율의 갈마이며 갈마가 성취되느니라.

여러 비구들이여. 세 요소를 갖추었던 멱죄상갈마는 여법갈마이고 율의 갈마이며 갈마가 성취되느니라. 이를테면, 유죄인 사람에게 행하였거나, 마땅히 죄를 참회한 사람에게 행하였거나, 이미 죄를 참회하지 않았으므로 행하는 것이다. 여러 비구들이여. 세 요소를 갖추었던 멱죄상갈마는 여법갈마이고 율의 갈마이며 갈마가 성취되느니라.

여러 비구들이여. 세 요소를 갖추었던 멱죄상갈마는 여법갈마이고 율의 갈마이며 갈마가 성취되느니라. 이를테면, 비난받을 행이어서 행하였거나, 검사하여 묻고서 행하였거나, 스스로가 말하고서 행하는 것이다. 여러 비구들이여. 세 요소를 갖추었던 멱죄상갈마는 여법갈마이고 율의 갈마이며 갈마가 성취되느니라.

여러 비구들이여. 세 요소를 갖추었던 멱죄상갈마는 여법갈마이고 율의 갈마이며 갈마가 성취되느니라. 이를테면, 현전하고서 행하였거나, 여법하게 행하였거나, 화합중에서 행하는 것이다. 세 요소를 갖추었던 멱죄상갈마는 여법갈마이고 율의 갈마이며 갈마가 성취되느니라.

여러 비구들이여. 세 요소를 갖추었던 멱죄상갈마는 여법갈마이고 율의 갈마이며 갈마가 성취되느니라. 이를테면, 검사하여 묻고서 행하였거나, 여법하게 행하였거나, 화합중에서 행하는 것이다. 여러 비구들이여. 세 요소를 갖추었던 멱죄상갈마는 여법갈마이고 율의 갈마이며 갈마가 성취되느니라.

여러 비구들이여. 세 요소를 갖추었던 멱죄상갈마는 여법갈마이고 율의 갈마이며 갈마가 성취되느니라. 이를테면, 스스로가 말하고서 행하였거나, 여법하게 행하였거나, 화합중에서 행하는 것이다. 여러 비구들이여. 세 요소를 갖추었던 멱죄상갈마는 여법갈마이고 율의 갈마이며 갈마가 성취되느니라.

여러 비구들이여. 세 요소를 갖추었던 멱죄상갈마는 여법갈마이고 율의 갈마이며 갈마가 성취되느니라. 이를테면, 유죄인 사람에게 행하였거나, 여법하게 행하였거나, 화합중에서 행하는 것이다. 여러 비구들이여. 세 요소를 갖추었던 멱죄상갈마는 여법갈마이고 율의 갈마이며 갈마가 성취되느니라.

여러 비구들이여. 세 요소를 갖추었던 멱죄상갈마는 여법갈마이고 율의 갈마이며 갈마가 성취되느니라. 이를테면, 마땅히 죄를 참회한 사람에게 행하였거나, 여법하게 행하였거나, 화합중에서 행하는 것이다. 여러 비구들이여. 세 요소를 갖추었던 멱죄상갈마는 여법갈마이고 율의 갈마이며 갈마가 성취되느니라.

여러 비구들이여. 세 요소를 갖추었던 멱죄상갈마는 여법갈마이고 율의 갈마이며 갈마가 성취되느니라. 이를테면, 이미 죄를 참회하지 않았으므로 행하였거나, 여법하게 행하였거나, 화합중에서 행하는 것이다. 세 요소를 갖추었던 멱죄상갈마는 여법갈마이고 율의 갈마이며 갈마가 성취되느니라.

여러 비구들이여. 세 요소를 갖추었던 멱죄상갈마는 여법갈마이고 율의 갈마이며 갈마가 성취되느니라. 이를테면, 비난받을 행이어서 행하였거나, 여법하게 행하였거나, 화합중에서 행하는 것이다. 세 요소를 갖추었던 멱죄상갈마는 여법갈마이고 율의 갈마이며 갈마가 성취되느니라.

여러 비구들이여. 세 요소를 갖추었던 멱죄상갈마는 여법갈마이고 율의 갈마이며 갈마가 성취되느니라. 이를테면, 검사하여 묻고서 행하였거나, 여법하게 행하였거나, 화합중에서 행하는 것이다. 세 요소를 갖추었던 멱죄상갈마는 여법갈마이고 율의 갈마이며 갈마가 성취되느니라.

여러 비구들이여. 세 요소를 갖추었던 멱죄상갈마는 여법갈마이고 율의 갈마이며 갈마가 성취되느니라. 이를테면, 스스로가 말하고서 행하였거나, 여법하게 행하였거나, 화합중에서 행하는 것이다. 세 요소를 갖추었던 멱죄상갈마는 여법갈마이고 율의 갈마이며 갈마가 성취되느니라."

12-4 "여러 비구들이여. 세 요소를 갖추었던 비구이었고, 승가가 만약 원하였다면 마땅히 멱죄상갈마를 행할 수 있느니라. 이를테면, 승가의 가운데에서 쟁송하였고 투쟁하였으며 논쟁하였고 분쟁하였거나, 우치하였고 우매하였으며 죄가 많았고 교계를 받아들이지 않았거나, 재가에 머물렀고 재가의 대중과 수순하지 않으면서 함께 머무르는 것이다. 여러 비구들이여. 이와 같은 세 요소를 갖추었던 비구이었고, 승가가 만약 원하였다면 마땅히 멱죄상갈마를 행할 수 있느니라.

여러 비구들이여. 또한 세 요소를 갖추었던 비구이었고, 승가가 만약 원하였다면 마땅히 멱죄상갈마를 행할 수 있느니라. 이를테면, 증상계에서 계율을 파괴하였거나, 증상행에서 행을 파괴하였거나, 증상견에서 견해를 파괴한 것이다. 여러 비구들이여. 이와 같은 세 요소를 갖추었던 비구이었고, 승가가 만약 원하였다면 마땅히 멱죄상갈마를 행할 수 있느니라.

여러 비구들이여. 또한 세 요소를 갖추었던 비구이었고, 승가가 만약 원하였다면 마땅히 멱죄상갈마를 행할 수 있느니라. 이를테면, 세존을 훼방하였거나, 법을 훼방하였거나, 승가를 훼방한 것이다. 여러 비구들이여. 이와 같은 세 요소를 갖추었던 비구이었고, 승가가 만약 원하였다면 마땅히 멱죄상갈마를 행할 수 있느니라.

여러 비구들이여. 세 부류의 비구들이었고, 승가가 만약 원하였다면 마땅히 멱죄상갈마를 행할 수 있느니라. 이를테면, 첫째는 승가의 가운데에서 첫째는 승가의 가운데에서 쟁송하였고 투쟁하였으며 논쟁하였고 분쟁하였던 부류이고, 둘째는 우치하였고 우매하였으며 죄가 많았고 교계를 받아들이지 않았던 부류이며, 셋째는 재가에 머물렀고 재가의 대중과 수순하지 않으면서 머물렀던 부류이다. 여러 비구들이여. 이와 같은 세 부류의 비구들이었고, 승가가 만약 원하였다면 마땅히 멱죄상갈마를 행할 수 있느니라.

여러 비구들이여. 또한 세 부류의 비구들이었고, 승가가 만약 원하였다면 마땅히 멱죄상갈마를 행할 수 있느니라. 이를테면, 세존을 비방하였거나, 법을 비방하였거나, 승가를 비방한 것이다. 여러 비구들이여. 이와 같은 세 부류의 비구들이었고, 승가가 만약 원하였다면 마땅히 멱죄상갈마를 행할 수 있느니라."

12-5 "여러 비구들이여. 의지갈마를 받은 비구는 마땅히 바르게 행해야 하느니라. 이 가운데에서 바르게 행하는 것은 이를테면, 구족계를 사람들에게 줄 수 없고, 사람들에게 의지를 받을 수 없으며, 사미를 양육할 수 없고, 비구니를 교계하는 사람으로 뽑힐 수 없으며, 뽑혔더라도 역시 가서 비구니를 교계할 수 없고, 승가가 이미 멱죄상갈마를 행하였다면 죄를 범할 수 없으며, 비슷한 죄를 범할 수 없고, 이것보다 더욱 악한 죄를 범할 수 없으며, 갈마를 비난할 수 없고, 갈마를 행하는 것을 비난할 수 없으며, 청정한 비구의 포살을 방해할 수 없고, 자자를 방해할 수 없으며, 대중에게 명령할 수 없고, 교계할 수 없으며, (갈마를) 허락할 수 없고, 꾸짖을 수 없으며, 억념시킬 수 없고, 여러 비구들과 투쟁할 수 없느니라."

12-6 이때 승가는 오바와라 비구에게 멱죄상비니를 행하게 할 수 있느니라.

[멱죄상비니를 마친다.]

13) 여초비니(如草毘尼) ①

13-1 그때 여러 비구들에게 소송(訴訟), 투쟁(鬪諍), 논쟁(諍論) 등이 일어났으므로, 평소에 사문법이 아닌 행이 많았고, 말에 산란함이 있었다. 이때 여러 비구들은 이와 같이 생각하였다.

'우리들에게 쟁송, 투쟁, 논쟁 등이 일어났으므로, 평소에 사문법이 아닌 행이 많았고, 말에 산란함이 있다. 만약 우리들이 이러한 죄 등을 까닭으로 서로의 죄를 판결하지 못한다면, 이러한 쟁사(諍事)는 거칠어지고 요란해지며 승가는 파괴될 것이다. 우리들은 마땅히 어떻게 해야 하는가?'

이때 그 여러 비구들은 이 일로써 세존께 아뢰었고, 세존께서는 승가대중을 모으셨으며 여러 비구들에게 물어 말씀하셨다.

"여러 비구들이여. 이 처소에서 여러 비구들에게 소송, 투쟁, 논쟁 등이 일어났으므로, 평소에 사문법이 아닌 행이 많았고, 말에 산란함이 있었으며, 만약 여러 비구들이 '이러한 죄 등을 까닭으로 서로의 죄를 판결하지 못한다면, 이러한 쟁송의 일은 거칠어지고 요란해지며 승가는 파괴될 것이다. 우리들은 마땅히 어떻게 해야 하는가?'라고 이와 같이 생각하였다면, 여러 비구들이여. 이러한 쟁송의 일을 여초비니로써 그것을 소멸시키는 것을 허락하겠노라."

13-2 "여러 비구들이여. 이와 같이 소멸시켜야 하느니라. 승가대중을 마땅히 한곳에 모으고서, 모두가 모였다면 마땅히 한 총명하고 현명하며 능력있는 비구가 승가의 가운데에서 창언해야 한다.

"대덕 승가께서는 허락하십시오. 우리들에게 소송, 투쟁, 논쟁 등이 일어났으므로, 평소에 사문법이 아닌 행이 많았고, 말에 산란함이 있었으며, 만약 우리들이 이러한 죄 등을 까닭으로 서로의 죄를 판결하지 못한다면, 이러한 쟁송의 일은 거칠어지고 요란해지며 승가는 파괴될 것입니다. 만약 승가께서 때에 이르셨다면, 승가는 다만 거칠고 무거운 죄와 재가와 상응하는 죄를 제외하고서 여초비니로써 마땅히 이러한 쟁송의 일을 소멸시키겠습니다. 이와 같이 아룁니다."

한 부류의 비구대중의 가운데에서도 마땅히 한 총명하고 현명하며 능력있는 비구가 자기 대중들에서 알려 말해야 한다.

"대덕 승가께서는 허락하십시오. 우리들에게 소송, 투쟁, 논쟁 등이 일어났으므로, 평소에 사문법이 아닌 행이 많았고, 말에 산란함이 있었으며, 만약 우리들이 이러한 죄 등을 까닭으로 서로의 죄를 판결하지 못한다면, 이러한 쟁송의 일은 거칠어지고 요란해지며 승가는 파괴될 것입니다. 만약 승가께서 때에 이르셨다면, 나는 여러 대덕들과 나의 이익을 위하여 마땅히 승가의 가운데에서 여러 대덕들과 나의 죄이고, 다만 거칠고 무거운 죄와 재가와 상응하는 죄를 제외하고서 여초비니로써 마땅히 이러한 쟁송의 일을 소멸시키겠습니다."

다른 부류의 비구대중의 가운데에서도 마땅히 한 총명하고 현명하며 능력있는 비구가 자기 대중들에서 알려 말해야 한다.

"대덕 승가께서는 허락하십시오. 우리들에게 소송, 투쟁, 논쟁 등이 일어났으므로, 평소에 사문법이 아닌 행이 많았고, 말에 산란함이 있었으며, 만약 우리들이 이러한 죄 등을 까닭으로 서로의 죄를 판결하지 못한다면, 이러한 쟁송의 일은 거칠어지고 요란해지며 승가는 파괴될 것입니다. 만약 승가께서 때에 이르셨다면, 나는 여러 대덕들과 나의 이익을 위하여 마땅히 승가의 가운데에서 여러 대덕들과 나의 죄이고, 다만 거칠고 무거운 죄와 재가와 상응하는 죄를 제외하고서 여초비니로써 마땅히 이러한 쟁송의 일을 소멸시키겠습니다."

13-3 한 부류의 비구대중의 가운데에서도 마땅히 한 총명하고 현명하며 능력있는 비구가 자기 대중들에서 알려 말해야 한다.

"'대덕 승가께서는 허락하십시오. 우리들에게 소송, 투쟁, 논쟁 등이 일어났으므로, 평소에 사문법이 아닌 행이 많았고, 말에 산란함이 있었으며, 만약 우리들이 이러한 죄 등을 까닭으로 서로의 죄를 판결하지 못한다면, 이러한 쟁송의 일은 거칠어지고 요란해지며 승가는 파괴될 것입니다. 만약 승가께서 때에 이르셨다면, 나는 여러 대덕들과 나의 이익을 위하여 여러 대덕들의 죄와 나의 죄를 가지고서 마땅히 승가의 가운데에서 다만 거칠고 무거운 죄와 재가와 상응하는 죄를 제외하고서 여초비니에 의지하여 말하면서 보여주겠습니다. 이와 같이 아룁니다.'

'대덕 승가께서는 허락하십시오. 우리들에게 소송, 투쟁, 논쟁 등이 일어났으므로, 평소에 사문법이 아닌 행이 많았고, 말에 산란함이 있었으며, 만약 우리들이 이러한 죄 등을 까닭으로 서로의 죄를 판결하지 못한다면, 이러한 쟁송의 일은 거칠어지고 요란해지며 승가는 파괴될 것입니다. 만약 승가께서 때에 이르셨다면, 나는 여러 대덕들과 나의 이익을 위하여 여러 대덕들의 죄와 나의 죄를 가지고서 마땅히 승가의 가운데에서 다만 거칠고 무거운 죄와 재가와 상응하는 죄를 제외하고서 여초비니에 의지하여 말하면서 보여주겠습니다. 여러 대덕들께서 승가의 가운데에서 우리들의 이러한 죄를 가지고 다만 거칠고 무거운 죄와 재가와 상응하는 죄를 제외하고서 여초비니에 의지하여 말하면서 보여주는 것을 인정하신다면 묵연하시고, 인정하지 않는다면 말씀하십시오.'

'승가시여. 우리들의 이러한 죄를 가지고 다만 거칠고 무거운 죄와 재가와 상응하는 죄를 제외하고서 여초비니에 의지하여 말하면서 보여주는 것을 마쳤습니다. 여러 대덕들께서 인정하신 것은 묵연하였던 까닭입니다. 나는 이와 같이 알고 이해하겠습니다.'"

13-4 "여러 비구들이여. 그 여러 비구들은 이와 같은 까닭으로 다만 거칠고 무거운 죄와 재가와 상응하는 죄를 제외하고서 그 죄를 벗어나느니라. 다만 견해를 드러내었거나, 그 처소에 없던 자는 제외하느니라."

[여초비니를 마친다.]

14) 네 종류의 쟁사

14-1 그때 여러 비구들은 여러 비구니들과 함께 논쟁하였고, 여러 비구니들은 여러 비구들과 함께 논쟁하였다. 천타(闡陀) 비구는 여러 비구니들과 한 패거리가 되었고 비구니들의 붕당(朋黨)으로 여러 비구들과 쟁송하였다. 여러 비구들의 가운데에서 욕심이 적은 자들은 싫어하고 비난하였다.

"무슨 까닭으로써 천타 비구는 여러 비구니들과 한 패거리가 되었고 비구니들의 붕당으로 여러 비구들과 쟁송하는가?"

이때 그 여러 비구들은 이 일로써 세존께 아뢰었고, 세존께서는 승가대중을 모으셨으며 여러 비구들에게 물어 말씀하셨다.

"여러 비구들이여. 진실로 천타 비구는 여러 비구니들과 한 패거리가 되었고 비구니들의 붕당으로 여러 비구들과 쟁송하였는가?"

"진실로 그렇습니다. 세존이시여."

세존께서는 꾸짖으셨다.

"여러 비구들이여. 이 어리석은 사람들은 행할 것이 아니고, 수순하는 행이 아니며, 상응하는 법이 아니고, 위의가 아니며, 사문의 행이 아니고, 청정한 행이 아니며, 마땅히 지을 것이 아니니라. 여러 비구들이여. 이 어리석은 사람은 여러 비구들이 스스로가 말하지 않았는데, 곧 가책갈마, 의지갈마, 구출갈마, 하의갈마, 거죄갈마 등을 행하였는가? 여러 비구들이여. 이것은 오히려 믿지 않는 자에게 신심이 생겨나지 않게 하고, 이미 믿었던 자는 증장시키지 않느니라. …… 이미 믿었던 자는 일부가 전전하여 다른 곳을 향하여 떠나가게 하느니라."

세존께서는 여러 방편으로 꾸짖으셨고 적절한 법을 수순하여 설하신 뒤에 여러 비구들에게 알려 말씀하셨다.

14-2 "여러 비구들이여. 쟁사에는 네 종류가 있나니 이를테면, 논쟁쟁사(諍論諍事), 교계쟁사(敎誡諍事), 범죄쟁사(犯罪諍事), 사쟁사(事諍事)이니라. 이 처소에서 무엇이 논쟁쟁사인가? 여러 비구들이여. 이 처소에

있는 비구들이 법이고 혹은 비법이거나, 율이고 혹은 율이 아니거나, 여래께서 설하신 말씀이고 혹은 여래께서 설하신 말씀이 아니거나, 여래의 상법(常法)이고 여래의 상법이 아니거나, 여래께서 제정하셨고 혹은 여래께서 제정하시지 않았거나, 유죄이고 혹은 무죄이거나, 가벼운 죄이고 혹은 무거운 죄이거나, 남음이 있는 죄이거나 남음이 없는 죄이거나, 거친 죄이고 거칠지 않은 죄로 논쟁하는 것이다. 이 처소에서 소송하고 투쟁하며 논쟁하고 담론(談論)하며 이론(異論)하고 별론(別論)하며 반대로 저항하며 말하면서 논의(論議)하였다면, 이것을 논쟁쟁사라고 이름한다.

이 처소에서 무엇이 교계쟁사인가? 여러 비구들이여. 이 처소에 있는 비구들이 계를 깨트린 것, 행을 깨트린 것, 견해를 깨트린 것, 생활(命)을 깨트린 것으로써, 비구를 교계하는 것이다. 이 처소에서 이 교계를 비난하였고 힐난하였으며 꾸짖었고 충고하고 변명하며 희롱하였다면, 이것을 교계쟁사라고 이름한다.

이 처소에서 무엇이 범죄쟁사인가? 다섯 종류의 죄가 쌓여서 범죄쟁사가 되고, 일곱 종류의 죄가 쌓여서 범죄쟁사를 하는 것이니, 이것을 범죄쟁사라고 이름한다.

이 처소에서 무엇이 사쟁사인가? 승가의 지을 것, 해야 할 것, 구청갈마(求聽羯磨), 단백갈마(單白羯磨), 백이갈마(白二羯磨), 백사갈마(白四羯磨) 등이니, 이것을 사쟁사라고 이름한다."

14-3 "무엇을 논쟁쟁사의 근본(根本)으로 하는가? 여섯 종류 논쟁의 뿌리가 논쟁쟁사를 근본으로 삼나니, 세 종류의 선하지 않은 뿌리를 논쟁쟁사의 근본으로 삼고, 세 종류의 선한 뿌리를 논쟁쟁사의 근본으로 하는 것이다.

어떠한 여섯 종류의 논쟁의 뿌리를 논쟁쟁사의 근본으로 하는가? 이 처소의 비구는 분노가 있고 원한이 있느니라. 여러 비구들이여. 그 비구는 분노가 있고 원한이 있는 때에 스승을 존중하지 않고 수순하지 않으면서 머무르며, 법을 존중하지 않고 수순하지 않으면서 머무르며,

승가를 존중하지 않고 수순하지 않으면서 머무르며, 계율에서 원만하지 않은 것이다.

여러 비구들이여. 그 비구가 스승을 존중하지 않고 수순하지 않으면서 머무르며, 법을 존중하지 않고 수순하지 않으면서 머무르며, 승가를 존중하지 않고 수순하지 않으면서 머무르며, 계율에서 원만하지 않는다면 승가에 논쟁이 생겨나고, 대중에게 이익이 없고 즐거움이 없으며 이익이 없으며, 천상과 인간에게 이익이 없는 고뇌를 주는 것이다.

여러 비구들이여. 그대들이 만약 이와 같은 까닭으로 안과 바깥에서 논쟁의 뿌리를 관찰해야 하고, 여러 비구들이여. 그대들은 마땅히 부지런하게 그 악한 논쟁의 뿌리를 잘라내야 하느니라. 여러 비구들이여. 그대들이 만약 이와 같은 까닭이라면 안과 바깥에서 논쟁의 뿌리를 관찰해야 하고, 여러 비구들이여. 그대들은 이 처소에서 마땅히 부지런하게 미래에 악한 논쟁의 뿌리가 생겨나지 않게 해야 하느니라. 이와 같이 이러한 악한 논쟁의 뿌리를 잘라내야 하고, 이와 같이 미래에 악한 논쟁의 뿌리가 생겨나지 않게 해야 한다.

여러 비구들이여. 다시 이 처소의 비구는 위선이 있고 고뇌가 있느니라. 여러 비구들이여. 그 비구는 위선이 있고 고뇌가 있는 때에 스승을 존중하지 않고 수순하지 않으면서 머무르며, …… 나아가 …… 여러 비구들이여. 다시 이 처소의 비구는 질투가 있고 간탐이 있느니라. 여러 비구들이여. 그 비구는 질투가 있고 간탐이 있는 때에 스승을 존중하지 않고 수순하지 않으면서 머무르며, …… 나아가 …… 여러 비구들이여. 다시 이 처소의 비구는 속임이 있고 험담이 있느니라. 여러 비구들이여. 그 비구는 속임이 있고 험담이 있는 때에 스승을 존중하지 않고 수순하지 않으면서 머무르며, …… 나아가 …… 여러 비구들이여. 다시 이 처소의 비구는 악한 욕망이 있고 삿된 견해가 있느니라.

여러 비구들이여. 그 비구는 악한 욕망이 있고 삿된 견해가 있는 때에 스승을 존중하지 않고 수순하지 않으면서 머무르며, …… 나아가 …… 여러 비구들이여. 다시 이 처소의 비구는 현세에서 망령을 취하고 견고한 집착을 일으키고 버리는 것이 어려우니라. 여러 비구들이여. 그 비구는 현세에서 망령을 취하고 견고한 집착을 일으키고 버리는 것이 어려움이 있는 때에 스승을 존중하지 않고 수순하지 않으면서 머무르며, 법을 존중하지 않고 수순하지 않으면서 머무르며, 승가를 존중하지 않고 수순하지 않으면서 머무르며, 계율에서 원만하지 않은 것이다.

…… 여러 비구들이여. 그대들이 만약 이와 같은 까닭이라면 안과 바깥의 논쟁의 뿌리를 관찰해야 하고, 여러 비구들이여. 그대들은 이 처소에서 마땅히 부지런하게 미래에 악한 논쟁의 뿌리가 생겨나지 않게 해야 하느니라. 이와 같이 이러한 악한 논쟁의 뿌리를 잘라내야 하고, 이와 같이 미래에 악한 논쟁의 뿌리가 생겨나지 않게 해야 하나니, 이와 같은 여섯 종류의 악한 뿌리를 논쟁쟁사의 뿌리를 근본으로 삼는 것이다."

14-4 "무엇이 세 종류의 선하지 않은 뿌리를 논쟁쟁사의 근본으로 하는가? 이 처소의 여러 비구들이 '법이고 혹은 비법이거나, 율이고 혹은 율이 아니거나, 여래께서 설하신 말씀이고 혹은 여래께서 설하신 말씀이 아니거나, 여래의 상법이고 여래의 상법이 아니거나, 여래께서 제정하셨고 혹은 여래께서 제정하시지 않았거나, 유죄이고 혹은 무죄이거나, 가벼운 죄이고 혹은 무거운 죄이거나, 남음이 있는 죄이고 혹은 남음이 없는 죄이거나, 거친 죄이고 혹은 거칠지 않은 죄이다.'라고 말하면서 탐내는 마음으로 논쟁하고, 성내는 마음으로 논쟁하며, 어리석은 마음으로 논쟁하는 것이다. 이와 같은 세 종류의 선하지 않은 뿌리를 논쟁쟁사의 근본으로 삼는 것이다.

무엇이 세 종류의 선한 뿌리를 논쟁쟁사의 근본으로 하는가? 이 처소의 여러 비구들은 '법이고 혹은 비법이거나, 율이고 혹은 율이 아니거나, 여래께서 설하신 말씀이고 혹은 여래께서 설하신 말씀이 아니거나, 여래의 상법이고 여래의 상법이 아니거나, 여래께서 제정하셨고 혹은 여래께서 제정하시지 않았거나, 유죄이고 혹은 무죄이거나, 가벼운 죄이고 혹은 무거운 죄이거나, 남음이 있는 죄이거나 남음이 없는 죄이거나, 거친 죄이고 거칠지 않은 죄이다.'라고 말하면서 탐내지 않는 마음으로 논쟁하고, 성내지 않는 마음으로 논쟁하며, 어리석지 않는 마음으로 논쟁하는 것이다. 이와 같은 세 종류의 선한 뿌리를 논쟁쟁사의 근본으로 삼는 것이다."

14-5 "무엇을 교계쟁사의 근본으로 하는가? 세 종류의 선하지 않은 뿌리를 교계쟁사의 근본으로 삼고, 세 종류의 선한 뿌리를 교계쟁사의 근본으로 삼고, 몸으로 교계쟁사의 근본으로 삼으며, 말로 교계쟁사의 근본으로 삼는 것이다

어떠한 여섯 종류의 논쟁의 뿌리를 교계쟁사의 근본으로 하는가? 이 처소의 비구는 분노가 있고 원한이 있느니라. 여러 비구들이여. 그 비구는 분노가 있고 원한이 있는 때에 스승을 존중하지 않고 수순하지 않으면서 머무르며, 법을 존중하지 않고 수순하지 않으면서 머무르며, 승가를 존중하지 않고 수순하지 않으면서 머무르며, 계율에서 원만하지 않은 것이다.

여러 비구들이여. 그 비구가 스승을 존중하지 않고 수순하지 않으면서 머무르며, 법을 존중하지 않고 수순하지 않으면서 머무르며, 승가를 존중하지 않고 수순하지 않으면서 머무르며, 계율에서 원만하지 않는다면 승가에 논쟁이 생겨나고, 대중에게 이익이 없고 즐거움이 없으며 이익이 없으며, 천상과 인간에게 이익이 없는 고뇌를 주는 것이다.

여러 비구들이여. 그대들이 만약 이와 같은 까닭으로 안과 바깥에서 논쟁의 뿌리를 관찰해야 하고, 여러 비구들이여. 그대들은 마땅히 부지런하게 그 악한 논쟁의 뿌리를 잘라내야 하느니라. 여러 비구들이여. 그대들이 만약 이와 같은 까닭이라면 안과 바깥에서 논쟁의 뿌리를 관찰해야 하고, 여러 비구들이여. 그대들은 이 처소에서 마땅히 부지런하게 미래에 악한 논쟁의 뿌리가 생겨나지 않게 해야 하느니라. 이와 같이 이러한 악한 논쟁의 뿌리를 잘라내야 하고, 이와 같이 미래에 악한 논쟁의 뿌리가 생겨나지 않게 해야 한다.

여러 비구들이여. 다시 이 처소의 비구는 위선이 있고 고뇌가 있느니라. 여러 비구들이여. 그 비구는 위선이 있고 고뇌가 있는 때에 스승을 존중하지 않고 수순하지 않으면서 머무르며, …… 나아가 …… 여러 비구들이여. 다시 이 처소의 비구는 질투가 있고 간탐이 있느니라. 여러 비구들이여. 그 비구는 질투가 있고 간탐이 있는 때에 스승을 존중하지 않고 수순하지 않으면서 머무르며, …… 나아가 …… 여러 비구들이여. 다시 이 처소의 비구는 속임이 있고 험담이 있느니라.

여러 비구들이여. 그 비구는 속임이 있고 험담이 있는 때에 스승을 존중하지 않고 수순하지 않으면서 머무르며, …… 나아가 …… 여러 비구들이여. 다시 이 처소의 비구는 악한 욕망이 있고 삿된 견해가 있느니라. 여러 비구들이여. 그 비구는 악한 욕망이 있고 삿된 견해가 있는 때에 스승을 존중하지 않고 수순하지 않으면서 머무르며, …… 나아가 …… 여러 비구들이여. 다시 이 처소의 비구는 현세에서 망령을 취하고 견고한 집착을 일으키고 버리는 것이 어려우니라.

여러 비구들이여. 그 비구는 현세에서 망령을 취하고 견고한 집착을 일으키고 버리는 것이 어려움이 있는 때에 스승을 존중하지 않고 수순하지 않으면서 머무르며, 법을 존중하지 않고 수순하지 않으면서 머무르며, 승가를 존중하지 않고 수순하지 않으면서 머무르며, 계율에서 원만한 것이다.

…… 여러 비구들이여. 그대들이 만약 이와 같은 까닭이라면 안과 바깥에서 논쟁의 뿌리를 관찰해야 하고, 여러 비구들이여. 그대들은 이 처소에서 마땅히 부지런하게 미래에 악한 논쟁의 뿌리가 생겨나지 않게 해야 하느니라. 이와 같이 이러한 악한 논쟁의 뿌리를 잘라내야 하고, 이와 같이 미래에 악한 논쟁의 뿌리가 생겨나지 않게 해야 하나니, 이와 같은 여섯 종류의 악한 뿌리를 교계쟁사의 근본으로 삼는 것이다."

14-6 "무엇이 세 종류의 선하지 않은 뿌리를 교계쟁사의 근본으로 하는가? 이 처소의 여러 비구들이 비구를 마주하고서 계율을 깨트린 것,

수행을 깨트린 것, 견해를 깨트린 것, 생활을 깨트린 것으로써, 교계하면서 탐내는 마음으로 논쟁하고, 성내는 마음으로 논쟁하며, 어리석은 마음으로 논쟁하는 것이다. 이와 같은 세 종류의 선하지 않은 뿌리를 교계쟁사의 뿌리를 근본으로 삼는 것이다.

무엇이 세 종류의 선한 뿌리를 논쟁쟁사의 근본으로 하는가? 이 처소의 여러 비구들은 비구를 마주하고서 계율을 깨트린 것, 수행을 깨트린 것, 견해를 깨트린 것, 생활을 깨트린 것으로써, 교계하면서 탐내지 않는 마음으로 논쟁하고, 성내지 않는 마음으로 논쟁하며, 어리석지 않은 마음으로 논쟁하는 것이다. 이와 같은 세 종류의 선한 뿌리를 논쟁쟁사의 뿌리를 근본으로 삼는 것이다.

무엇이 몸으로 교계쟁사의 근본으로 하는가? 이 처소의 한 사람이 있었는데 나쁜 안색이었고, 추악하였으며 왜소(矮小)하였고 병이 많았으며 애꾸눈이었고 꼽추였으며 반신불수(半身不遂)이었던 까닭으로 이 사람을 교계하는 것이니, 이와 같다면 몸으로 교계쟁사의 근본으로 삼는 것이다.

무엇이 말로 교계쟁사의 근본으로 하는가? 이 처소의 한 사람이 있었는데 퉁명스럽게 말하고, 더듬으면서 말하였으며 벙어리처럼 말하였던 까닭으로 이 사람을 교계하는 것이니, 이와 같다면 몸으로 교계쟁사의 근본으로 삼는 것이다."

14-7 "무엇을 범죄쟁사의 근본으로 하는가? 여섯 종류의 범죄가 생겨났다면 범죄쟁사의 근본으로 하는 것이다. 유죄가 몸을 의지하여 생겨났고 말과 마음을 의지하여 생겨나지 않았거나, 유죄가 말을 의지하여 생겨났고 몸과 마음을 의지하여 생겨나지 않았거나, 유죄가 몸과 말을 의지하여 생겨났고 마음을 의지하여 생겨나지 않았거나, 유죄가 몸과 뜻을 의지하여 생겨났고 말을 의지하여 생겨나지 않았거나, 유죄가 말과 뜻을 의지하여 생겨났고 몸을 의지하여 생겨나지 않았거나, 유죄가 몸과 말과 뜻을 의지하여 생겨났던 것이다. 이와 같은 여섯 종류의 범죄가 생겨났다면

범죄쟁사의 근본으로 삼는 것이다."

14-8 "무엇을 사쟁사의 근본으로 하는가? 사쟁사의 근본은 하나이나니, 곧 승가이니라."

14-9 "논쟁쟁사는 선(善), 불선(不善), 무기(無記)이다. 논쟁쟁사는 혹은 선하고, 혹은 선하지 않으며, 혹은 무기이다.
　이 처소에서 무엇의 논쟁쟁사가 선한 것인가? 이 처소에 있는 여러 비구들이 선한 마음이 있어서 논쟁하였거나, 법이고 혹은 비법으로 논쟁하였거나, 율이고 혹은 율이 아닌 것으로 논쟁하였거나, 여래께서 설하신 말씀이고 혹은 여래께서 설하신 말씀이 아닌 것으로 논쟁하였거나, 여래의 상법이고 여래의 상법이 아닌 것으로 논쟁하였거나, 여래께서 제정하셨고 혹은 여래께서 제정하지 않으신 것으로 논쟁하였거나, 유죄이고 혹은 무죄인 것으로 논쟁하였거나, 가벼운 죄이고 혹은 무거운 죄인 것으로 논쟁하였거나, 남음이 있는 죄이고 혹은 남음이 없는 죄인 것으로 논쟁하였거나, 거친 죄이고 혹은 거칠지 않은 죄인 것으로 논쟁하는 것이다. 이 처소에서 소송하고 투쟁하며 논쟁하고 담론하며 이론하고 별론하며 반대로 저항하며 말하면서 논의하였다면, 이것을 선한 논쟁쟁사라고 이름한다.
　이 처소에서 무엇의 논쟁쟁사가 선하지 않은 것인가? 이 처소에 있는 여러 비구들이 선하지 않은 마음이 있어서 논쟁하였거나, 법이고 혹은 비법으로 논쟁하였거나, …… 거친 죄이고 혹은 거칠지 않은 죄인 것으로 논쟁하는 것이다. 이 처소에서 소송하고 투쟁하며 논쟁하고 담론하며 이론하고 별론하며 반대로 저항하며 말하면서 논의하였다면, 이것을 선하지 않은 논쟁쟁사라고 이름한다.
　이 처소에서 무엇의 논쟁쟁사가 무기인가? 이 처소에 있는 여러 비구들이 무기의 마음이 있어서 논쟁하였거나, 법이고 혹은 비법으로 논쟁하였거나, …… 거친 죄이고 혹은 거칠지 않은 죄인 것으로 논쟁하는 것이다.

이 처소에서 소송하고 투쟁하며 논쟁하고 담론하며 이론하고 별론하며 반대로 저항하며 말하면서 논의하였다면, 이것을 무기의 논쟁쟁사라고 이름한다."

14-10 "교계쟁사는 선, 불선, 무기이다. 교계쟁사는 혹은 선하고, 혹은 선하지 않으며, 혹은 무기이다.

이 처소에서 무엇의 교계쟁사가 선한 것인가? 이 처소에 있는 여러 비구들이 선한 마음이 있는 비구들을 마주하고서 교계하는 때에 계율을 깨트린 것, 수행을 깨트린 것, 견해를 깨트린 것, 생활을 깨트린 것이었다. 이 처소에서 이러한 교계를 비난하였고 힐난하였으며 꾸짖었고 충고하고 변명하며 희롱하였다면, 이것을 선한 교계쟁사라고 이름한다.

이 처소에서 무엇의 교계쟁사가 선하지 않은 것인가? 이 처소에 있는 여러 비구들이 선하지 않은 마음이 있는 비구들을 마주하고서 교계하는 때에 계율을 깨트린 것, …… 희롱하였다면, 이것을 선하지 않은 교계쟁사라고 이름한다.

이 처소에서 무엇의 교계쟁사가 무기인가? 이 처소에 있는 여러 비구들이 선하지 않은 마음이 있는 비구들을 마주하고서 교계하는 때에 계율을 깨트린 것, …… 희롱하였다면, 이것을 무기의 교계쟁사라고 이름한다."

14-11 "범죄쟁사는 선, 불선, 무기이다. 범죄쟁사는 혹은 선하고, 혹은 선하지 않으며, 혹은 무기이다.

범죄쟁사가 없다면 선한 것이다.

이 처소에서 무엇의 범죄쟁사가 선하지 않은 것인가? 알았거나, 고의이거나, 모의하였거나, 헤아리고서 범한 것이니, 이것을 선하지 않은 범죄쟁사라고 이름한다.

이 처소에서 무엇의 범죄쟁사가 무기인가? 알지 못하였거나, 고의가 아니거나, 모의하지 않았거나, 헤아리지 않고서 범한 것이니, 이것을 무기의 범죄쟁사라고 이름한다."

14-12 "사쟁사는 선, 불선, 무기이다. 사쟁사는 혹은 선하고, 혹은 선하지 않으며, 혹은 무기이다.

이 처소에서 무엇의 사쟁사가 선한 것인가? 승가가 선한 마음이 있어서 갈마를 행하는 것이니 이를테면, 구청갈마, 단백갈마, 백이갈마, 백사갈마 등이니, 이것을 선한 사쟁사라고 이름한다.

이 처소에서 무엇의 사쟁사가 선하지 않은 것인가? 승가가 선하지 않은 마음이 있어서 갈마를 행하는 것이니 이를테면, 구청갈마, 단백갈마, 백이갈마, 백사갈마 등이니, 이것을 선한 사쟁사라고 이름한다.

이 처소에서 무엇의 사쟁사가 무기인가? 승가가 무기의 마음이 있어서 갈마를 행하는 것이니 이를테면, 구청갈마, 단백갈마, 백이갈마, 백사갈마 등이니, 이것을 무기의 사쟁사라고 이름한다."

14-13 "논쟁이고 논쟁쟁사를 하였거나, 논쟁이고 쟁사가 아니거나, 쟁사이고 논쟁이 아니거나, 쟁사이고 역시 논쟁하였거나, 혹은 논쟁이고 논쟁쟁사가 있거나, 혹은 논쟁이고 쟁사가 아닌 것이 있거나, 혹은 쟁사이고 논쟁이 아닌 것이 있거나, 혹은 쟁사이고 역시 논쟁이 있었던 것이 있다.

이 처소에서 무엇이 논쟁이고 논쟁쟁사를 하는 것인가? 법이고 혹은 비법으로 논쟁하였거나, 율이고 혹은 율이 아닌 것으로 논쟁하였거나, 여래께서 설하신 말씀이고 혹은 여래께서 설하신 말씀이 아닌 것으로 논쟁하였거나, 여래의 상법이고 여래의 상법이 아닌 것으로 논쟁하였거나, 여래께서 제정하셨고 혹은 여래께서 제정하지 않으신 것으로 논쟁하였거나, 유죄이고 혹은 무죄인 것으로 논쟁하였거나, 가벼운 죄이고 혹은 무거운 죄인 것으로 논쟁하였거나, 남음이 있는 죄이고 혹은 남음이 없는 죄인 것으로 논쟁하였거나, 거친 죄이고 혹은 거칠지 않은 죄인 것으로 논쟁하는 것이다. 이 처소에서 소송하고 투쟁하며 논쟁하고 담론하며 이론하고 별론하며 반대로 저항하며 말하면서 논쟁하였다면, 이것은 논쟁이고 논쟁쟁사를 하는 것이다.

이 처소에서 무엇이 논쟁이고 쟁사가 아닌가? 어머니와 아들이 논쟁하였거나, 아들과 어머니가 논쟁하였거나, 아버지와 아들이 논쟁하였거나, 아들과 아버지가 논쟁하였거나, 형제와 형제가 논쟁하였거나, 형제와 자매가 논쟁하였거나, 자매와 형제가 논쟁하였거나, 벗과 벗이 논쟁하였다면, 이것은 논쟁이고 쟁사가 아니다.

이 처소에서 무엇이 쟁사이고 논쟁이 아닌가? 교계쟁사이거나, 범죄쟁사이거나, 사쟁사이니, 이것은 쟁사이고 논쟁이 아니다.

이 처소에서 무엇이 쟁사이고 역시 논쟁인가? 논쟁쟁사를 쟁사하고 역시 논쟁하는 것이다."

14-14 "교계이고 교계쟁사를 하였거나, 교계이고 쟁사가 아니거나, 쟁사이고 교계가 아니거나, 쟁사이고 역시 교계하였거나, 혹은 교계이고 교계쟁사가 있거나, 혹은 교계이고 쟁사가 아니거나, 혹은 쟁사이고 교계가 아닌 것이 있거나, 혹은 쟁사이고 역시 교계가 있었던 것이 있다.

이 처소에서 무엇이 교계이고 교계쟁사를 하는 것인가? 법이고 혹은 비법으로 교계하였거나, 율이고 혹은 율이 아닌 것으로 교계하였거나, 여래께서 설하신 말씀이고 혹은 여래께서 설하신 말씀이 아닌 것으로 교계하였거나, 여래의 상법이고 여래의 상법이 아닌 것으로 교계하였거나, 여래께서 제정하셨고 혹은 여래께서 제정하지 않으신 것으로 교계하였거나, 유죄이고 혹은 무죄인 것으로 교계하였거나, 가벼운 죄이고 혹은 무거운 죄인 것으로 교계하였거나, 남음이 있는 죄이고 혹은 남음이 없는 죄인 것으로 교계하였거나, 거친 죄이고 혹은 거칠지 않은 죄인 것으로 논쟁하는 것이다. 이 처소에서 소송하고 투쟁하며 논쟁하고 담론하며 이론하고 별론하며 반대로 저항하며 말하면서 교계하였다면, 이것은 교계이고 교계쟁사를 하는 것이다.

이 처소에서 무엇이 교계이고 쟁사가 아닌 것인가? 어머니가 아들을 교계하였거나, 아들이 어머니를 교계하였거나, 아버지가 아들을 교계하였거나, 아들이 아버지를 교계하였거나, 형제가 형제를 교계하였거나, 형제가 자매를 교계하였거나, 자매가 형제를 교계하였거나, 벗과 벗을 교계하였다면, 이것은 교계이고 쟁사가 아닌 것이다.

　이 처소에서 무엇이 쟁사이고 교계가 아닌 것인가? 범죄쟁사이거나, 사쟁사이거나, 논쟁쟁사이나니, 이것은 쟁사이고 교계가 아닌 것이다.

　이 처소에서 무엇이 쟁사이고 역시 교계하는 것인가? 교계쟁사를 쟁사하고 역시 교계하는 것이다."

14-15 "범죄이고 범죄쟁사를 하였거나, 범죄이고 쟁사가 아니거나, 쟁사이고 범죄가 아니거나, 쟁사이고 역시 범죄이었거나, 혹은 범죄이고 범죄쟁사가 있었거나, 혹은 범죄이고 쟁사가 아닌 것이 있었거나, 혹은 쟁사이고 범죄가 아니었거나, 혹은 쟁사가 있고 역시 범죄가 있었던 것이 있다.

　이 처소에서 무엇이 범죄이고 범죄쟁사를 하는 것인가? 다섯 종류가 범죄가 쌓였고 범죄쟁사를 하였거나, 다섯 종류가 범죄가 쌓였고 범죄쟁사를 하였다면, 이것은 범죄이고 범죄쟁사를 하는 것이다.

　이 처소에서 무엇이 범죄이고 쟁사가 아닌가? 예류(預流)이거나, 등지(等至)라면, 이것은 범죄이고 쟁사가 아니다.

　이 처소에서 무엇이 쟁사이고 범죄가 아닌가? 사쟁사이거나, 논쟁쟁사이거나, 교계쟁사이나니, 이것은 쟁사이고 범죄가 아니다.

　이 처소에서 무엇이 쟁사이고 역시 범죄인가? 범죄쟁사를 쟁사하고 역시 죄를 범하는 것이다."

14-16 "사이고 사쟁사를 하였거나, 사이고 쟁사가 아니거나, 쟁사이고 사가 아니거나, 쟁사이고 역시 사이었거나, 혹은 사이고 사쟁사가 있었거나, 혹은 사이고 쟁사가 아닌 것이 있었거나, 혹은 쟁사이고 사가 아니었거나, 혹은 쟁사가 있고 역시 사가 있었던 것이 있다.

　이 처소에서 무엇이 사이고 사쟁사를 하는 것인가? 승가의 지을 것, 해야 할 것, 구청갈마, 단백갈마, 백이갈마, 백사갈마 등이니, 이것은 사이고 사쟁사를 하는 것이다.

　이 처소에서 무엇이 사이고 쟁사가 아닌가? 아사리(阿闍梨)[37]를 마주하는 일이거나, 화상(和尙)38)을 마주하는 일이거나, 같은 화상을 마주하는 일이거나, 같은 아사리를 마주하는 일이라면, 이것은 범죄이고 쟁사가 아니다.

이 처소에서 무엇이 쟁사이고 사가 아닌가? 논쟁쟁사이거나, 교계쟁사이거나, 범죄쟁사이나니, 이것은 쟁사이고 사가 아니다.

이 처소에서 무엇이 쟁사이고 역시 사인가? 사쟁사를 쟁사하고 역시 일을 하는 것이다."

14-17 "논쟁쟁사는 무슨 종류의 멸쟁법으로써 그것을 소멸시켜야 하는가? 논쟁쟁사는 두 종류의 멸쟁법으로써 그것을 소멸해야 하나니 이를테면, 현전비니와 다멱비니이니라. 논쟁쟁사가 있다면 다멱비니의 하나를 의지하지 않고서 멸쟁을 소멸하거나, 현전비니의 하나로써 멸쟁을 소멸할 수 있는가? 마땅히 있다고 말할 수 있다.

왜 그러한가? 이 처소에 있는 여러 비구들이 '법이고 혹은 비법이거나, 율이고 혹은 율이 아니거나, 여래께서 설하신 말씀이고 혹은 여래께서 설하신 말씀이 아니거나, 여래의 상법이고 여래의 상법이 아니거나, 여래께서 제정하셨고 혹은 여래께서 제정하시지 않았거나, 유죄이고 혹은 무죄이거나, 가벼운 죄이고 혹은 무거운 죄이거나, 남음이 있는 죄이고 혹은 남음이 없는 죄이거나, 거친 죄이고 혹은 거칠지 않은 죄이다.'라고 말하였고, 여러 비구들이여. 만약 그 여러 비구들이 이 쟁사를 소멸시켰다면, 여러 비구들이여. 이것을 쟁사를 소멸시켰다고 이름하느니라.

무엇으로써 그것을 소멸시키는가? 현전비니이다. 이 현전비니에는 무엇이 있는가? 승가현전(僧伽現前), 법현전(法現前), 율현전(律現前), 인현전(人現前)이다. 이 처소에서 무엇이 승가현전인가? 갈마의 처소에 필요한 비구들이 모두 이르렀다면 마땅히 즐거이 욕(欲)을 주는 자이고, 이미 즐거이 욕을 주었다면 현전한 비구를 꾸짖지 않는 것이다. 이것이 이 처소의 승가현전이다.

---

37) 팔리어 Ācariya(아차리야)의 음사이다.
38) 팔리어 Upajjhāya(우파짜야)의 음사이다.

이 처소에서 무엇이 법현전이고, 율현전인가? 법으로써, 율로써, 스승의 가르침으로써, 이곳의 쟁사를 소멸시키는 것이니, 이것이 이 처소의 법현전이고, 율현전이다. 이 처소에서 무엇이 인현전인가? 논쟁하는 자와 논쟁하는 자가 함께 스스로이거나, 다른 사람과 함께 현전하는 것이니, 이것이 이 처소의 법현전이고, 인현전이다. 여러 비구들이여. 이와 같이 쟁사를 소멸시켰는데, 만약 지었던 자가 다시 일으킨다면 일으킨 자는 바일제를 범하고, 만약 즐거이 욕을 주었던 자가 불평하였다면, 불평한 자는 바일제를 범한다."

14-18 "여러 비구들이여. 만약 그 여러 비구들이 그 주처에서 능히 이러한 쟁사를 소멸시키지 못하였다면, 여러 비구들이여. 그 여러 비구들은 마땅히 다시 비구가 많은 주처로 떠나가야 하느니라. 여러 비구들이여. 그 여러 비구들이 다른 주처로 떠나갔는데, 도중(途中)에서 능히 이러한 쟁사를 소멸시켰다면, 여러 비구들이여. 이것을 쟁사를 소멸시켰다고 이름한다.

　무엇으로써 그것을 소멸시키는가? 현전비니이다. …… 이와 같이 쟁사를 소멸시켰는데, 만약 지었던 자가 다시 일으킨다면 일으킨 자는 바일제를 범하고, 만약 즐거이 욕을 주었던 자가 불평하였다면, 불평한 자는 바일제를 범한다."

14-19 "여러 비구들이여. 만약 그 여러 비구들이 다른 주처로 떠나갔는데, 도중(途中)에서 능히 이러한 쟁사를 소멸시키지 못하였다면, 여러 비구들이여. 여러 비구들은 마땅히 다른 주처로 떠나가야 하고, 그 다른 주처에서 여러 비구들을 향하여 이와 같이 말해야 한다.

　'여러 장로들이여. 이러한 쟁사가 이와 같이 생겨났고, 이와 같이 일어났습니다. 여러 장로들이여. 원하건대 이러한 쟁사를 법으로써, 율로써, 스승의 가르침으로써, 이러한 쟁사를 잘 소멸시켜 주십시오.'

　여러 비구들이여. 만약 그 주처의 여러 비구들이 상좌(上座)이었고,

객비구들이 하좌(下座)이었다면, 여러 비구들이여. 그 주처의 여러 비구들은 객비구들을 마주하고서 마땅히 이와 같이 말해야 한다.

'여러 비구들이여. 그대들은 우리들이 마땅히 논의할 때까지 한쪽에서 잠시 기다리시오.'

여러 비구들이여. 만약 그 주처의 여러 비구들이 하좌이었고, 객비구들이 상좌이었다면, 여러 비구들이여. 그 주처의 여러 비구들은 객비구들을 마주하고서 마땅히 이와 같이 말해야 한다.

'여러 장로들이여. 그대들은 우리들이 마땅히 논의할 때까지 한쪽에서 잠시 기다리십시오.'

여러 비구들이여. 만약 그 주처의 여러 비구들이 논의하는 때에 〈우리들은 법으로써, 율로써, 스승의 가르침으로써, 이러한 쟁사를 잘 소멸시킬 수 없다.〉라고 생각하였다면, 곧 계속하여 마땅히 이러한 쟁사를 소멸시킬 수 없느니라.

여러 비구들이여. 만약 그 주처의 여러 비구들이 논의하는 때에 〈우리들은 법으로써, 율로써, 스승의 가르침으로써, 이러한 쟁사를 잘 소멸시킬 수 있다.〉라고 생각하였다면, 여러 비구들이여. 만약 그 주처의 여러 비구들은 그 객비구들을 향하여 이와 같이 말해야 한다.

'여러 비구들이여. 곧 우리들이 마땅히 이러한 쟁사를 법으로써, 율로써, 스승의 가르침으로써, 이러한 쟁사에 대하여 잘 소멸시킬 수 있게 그대들을 따라서 생겨났고 그대들을 따라서 일어났다면 우리들에게 이러한 쟁사를 알려 주십시오. 여러 비구들이여. 곧 우리들이 마땅히 이러한 쟁사를 법으로써, 율로써, 스승의 가르침으로써, 이러한 쟁사에 대하여 잘 소멸시킬 수 있게 그대들을 따라서 생겨났고 그대들을 따라서 일어났다면 우리들에게 이러한 쟁사를 알려 주지 않는다면, 우리들은 이러한 쟁사를 소멸시킬 수 없습니다.'

여러 비구들이여. 이와 같이 잘 섭수해야 하고, 그 주처의 여러 비구들은 마땅히 이러한 쟁사를 소멸시키게 해야 한다. 여러 비구들이여. 그 여러 객비구들은 그 주처의 여러 비구들을 향하여 이와 같이 말해야 한다.

'우리들을 따라서 생겨났고, 따라서 일어났던 쟁사를 여러 장로들에게 알립니다. 만약 여러 장로들께서 법, 율, 스승의 가르침에 의지하여 그것을 잘 소멸시킬 수 있다면, 우리들은 이러한 쟁사를 여러 장로들께 위탁(委託)하겠습니다. 약 여러 장로들께서 법, 율, 스승의 가르침에 의지하여 그것을 잘 소멸시킬 수 없다면, 우리들은 곧 스스로가 이러한 쟁사를 주재(主宰)하겠습니다.'

여러 비구들이여. 이와 같이 잘 섭수해야 하고, 그 여러 객비구들은 마땅히 이러한 쟁사를 그 주처의 여러 비구들에게 위탁해야 한다. 여러 비구들이여. 그 주처의 여러 비구들이 이러한 쟁사를 잘 소멸시켰다면, 여러 비구들이여. 이것을 멸쟁을 소멸시켰다고 이름하느니라.

무엇으로써 그것을 소멸시키는가? 현전비니이다. …… 이와 같이 쟁사를 소멸시켰는데, 만약 지었던 자가 다시 일으킨다면 일으킨 자는 바일제를 범하고, 만약 즐거이 욕을 주었던 자가 불평하였다면, 불평한 자는 바일제를 범한다."

14-20 "여러 비구들이여. 만약 그 여러 비구들이 이러한 쟁사를 판결하는데, 끝이 없는 말과 설명이 생겨나고 그것을 설명하는 뜻을 알기 어렵다면, 여러 비구들이여. 단사인(斷事人)³⁹⁾을 의지하여 이와 같은 쟁사를 소멸시키는 것을 허락하겠노라. 마땅히 열 가지를 구족하였다면 단사인으로 뽑아야 하느니라.

이를테면 계율을 구족하고서 바라제목차(婆羅提木叉)⁴⁰⁾의 율의에 의지하여 몸을 섭수하고 머무르는 것이고, 행(行)을 구족하고서 작은 죄와 허물을 보았어도 두려워하면서 학처(學處)⁴¹⁾를 집지하고서 다문으로

---

39) 팔리어 ubbāhika(우빠히카)의 번역이다.
40) 팔리어 pātimokkha(파티모카)의 음사이다.
41) sikkhati sikkhāpadesu(시까티 시까파데수)의 번역이고, 'sikkhati'는 '배우다.' 또는 '자신을 훈련시킨다.'는 뜻이고 'sikkhāpada'는 '계율' 또는 '종교적 규칙'을 가리키므로 합쳐서 '학처(學處)'라고 번역할 수 있겠다.

들은 것을 기억하고 들은 것을 모으면서 처음에도 좋고 중간도 좋으며 끝도 좋고 뜻을 갖추었고 문장을 갖추었으며 순수하고 원만한 행을 찬탄하고 여러 법을 많이 들었다면 많이 지녔던 말씀을 익히며 뜻을 관찰하고 보는 때에 잘 통달하는 것이며, 2부중(部衆)의 바라제목차를 널리 이해하고 또한 경전에 상응하여 잘 분별하고 잘 통달하여 잘 판결하는 것이고, 계율을 잘 수지(受持)하고 흔들리지 않으며, 스스로와 다른 사람을 설득시키고 이해시키며 관찰시키고 보살피게 하며 적정하게 하는 것이고, 쟁사가 일어나는 것을 멈추게 하는 것을 잘 아는 것이며, 쟁사가 일어나는 것을 아는 것이고, 쟁사를 소멸시키는 것을 아는 것이며, 쟁사를 소멸시키는 길을 아는 것이다.

여러 비구들이여. 이와 같은 열 가지를 구족한 단사인을 뽑는 것을 허락하겠노라."

14-21 "여러 비구들이여. 마땅히 이와 같이 뽑아야 하느니라. 마땅히 먼저 비구를 청하고서 마땅히 한 총명하고 현명하며 능력있는 비구가 승가의 가운데에서 창언해야 한다.

'대덕 승가께서는 허락하십시오. 우리들은 이러한 쟁사를 판결하면서 끝이 없는 말과 설명이 생겨났고 그것을 설명하는 뜻을 알기 어렵습니다. 만약 승가께서 때에 이르렀다면, 마땅히 누구 비구와 누구 비구를 단사인으로 뽑아서 이러한 일을 소멸시키겠습니다. 이와 같이 아룁니다.'

'대덕 승가께서는 허락하십시오. 우리들은 이러한 쟁사를 판결하면서 끝이 없는 말과 설명이 생겨났고 그것을 설명하는 뜻을 알기 어렵습니다. 승가시여. 누구 비구와 누구 비구를 단사인으로 뽑아서 이러한 일을 소멸시키겠습니다. 여러 대덕들께서 마땅히 누구 비구를 단사인으로 뽑는 것을 인정하신다면 묵연하시고, 인정하지 않으신다면 말씀하십시오.'

'승가시여. 누구 비구와 누구 비구를 단사인으로 뽑아서 이러한 일을 소멸시키겠습니다. 여러 대덕들께서 인정하신 것은 묵연하였던 까닭입니다. 나는 이와 같이 알고 이해하겠습니다.'"

14-22 "여러 비구들이여. 만약 그 여러 비구들이 능히 단사인에 의지하여 이러한 쟁사를 판결할 수 있다면, 여러 비구들이여. 이것을 쟁사를 소멸시켰다고 이름한다.

무엇으로써 그것을 소멸시키는가? 현전비니이다. …… 이와 같이 쟁사를 소멸시켰는데, 만약 지었던 자가 다시 일으킨다면 일으킨 자는 바일제를 범하고, 만약 즐거이 욕을 주었던 자가 불평하였다면, 불평한 자는 바일제를 범한다."

14-23 "여러 비구들이여. 만약 그 여러 비구들이 이러한 쟁사를 판결하는 때에, 이 처소에서 설법하는 비구가 있었는데, 그 비구가 경을 이해하지 못하였고, 경분별(經分別)⁴²⁾을 이해하지 못하였으며, 뜻을 분별하지 못하였고, 문구의 그늘에 의지하여 진정한 뜻을 배척한다면, 마땅히 한 총명하고 현명하며 능력있는 비구가 그 여러 비구들에게 알려 말해야 한다.

"대덕 승가께서는 허락하십시오. 이 처소에서 설법하는 누구 비구가 있으나, 그 비구가 경을 이해하지 못하였고, 경분별을 이해하지 못하였으며, 뜻을 분별하지 못하였고, 문구의 그늘에 의지하여 진정한 뜻을 배척하였습니다. 만약 승가께서 때에 이르렀다면, 마땅히 이 누구 비구를 내보내고서 남은 자들이 이러한 일을 소멸시키겠습니다."

"여러 비구들이여. 만약 여러 비구들이 그 비구를 내보낸 뒤에 능히 이러한 쟁사를 잘 소멸시켰다면, 여러 비구들이여. 이것을 멸쟁을 소멸시켰다고 이름하느니라. 무엇으로써 그것을 소멸시키는가? 현전비니이다. …… 이와 같이 쟁사를 소멸시켰는데, 만약 지었던 자가 다시 일으킨다면 일으킨 자는 바일제를 범하고, 만약 즐거이 욕을 주었던 자가 불평하였다면, 불평한 자는 바일제를 범한다."

14-24 "여러 비구들이여. 만약 그 여러 비구들이 이러한 쟁사를 판결하는

---

42) 바라제목차를 가리킨다.

때에, 이 처소에서 설법하는 비구가 있었는데, 그 비구가 경을 이해하였으나 경분별을 이해하지 못하였으며, 뜻을 분별하지 못하였고, 문구의 그늘에 의지하여 진정한 뜻을 배척한다면, 마땅히 한 총명하고 현명하며 능력있는 비구가 그 여러 비구들에게 알려 말해야 한다.

"대덕 승가께서는 허락하십시오. 이 처소에서 설법하는 누구 비구가 있으나, 그 비구가 경을 이해하였으나 경분별을 이해하지 못하였으며, 뜻을 분별하지 못하였고, 문구의 그늘에 의지하여 진정한 뜻을 배척하였습니다. 만약 승가께서 때에 이르렀다면, 마땅히 이 누구 비구를 보내고서 남은 자들이 이러한 일을 소멸시키겠습니다."

여러 비구들이여. 만약 여러 비구들이 그 비구를 내보낸 뒤에 능히 이러한 쟁사를 잘 소멸시켰다면, 여러 비구들이여. 이것을 멸쟁을 소멸시켰다고 이름하느니라. 무엇으로써 그것을 소멸시키는가? 현전비니이다. …… 이와 같이 쟁사를 소멸시켰는데, 만약 지었던 자가 다시 일으킨다면 일으킨 자는 바일제를 범하고, 만약 즐거이 욕을 주었던 자가 불평하였다면, 불평한 자는 바일제를 범한다."

14-25 "여러 비구들이여. 만약 그 여러 비구들이 단사인에 의지하여 능히 이러한 쟁사를 소멸시키지 못하였다면, 여러 비구들이여. 이러한 쟁사를 마땅히 승가에게 위탁(委託)해야 하느니라.

'대덕 승가시여. 우리들은 단사인에 의지하여 능히 이러한 쟁사를 소멸시키지 못하였으므로 승가께서 이러한 쟁사를 소멸시켜 주시기를 청합니다.'

여러 비구들이여. 이러한 쟁사를 다멱비니로써 그것을 소멸시키는 것을 허락하겠노라. 마땅히 다섯 가지를 구족한 비구를 행주인(行籌人)으로 뽑아야 하나니 이를테면, 욕망을 따르지 않고 성냄을 따르지 않으며 어리석음을 따르지 않고 두려움을 따르지 않으며 행주할 것과 행주하지 않을 것을 아는 자이다. 마땅히 이와 같이 뽑아야 하느니라. 마땅히 먼저 비구를 청하고서 마땅히 한 총명하고 현명하며 능력있는 비구가 승가의 가운데에서 창언해야 한다.

'대덕 승가께서는 허락하십시오. 만약 승가께서 때에 이르렀다면, 마땅히 누구 비구를 행주인으로 뽑겠습니다. 이와 같이 아룁니다.'

'대덕 승가께서는 허락하십시오. 승가시여. 누구 비구를 행주인으로 뽑겠습니다. 여러 대덕들께서 마땅히 누구 비구를 행주인으로 뽑는 것을 인정하신다면 묵연하시고, 인정하지 않으신다면 말씀하십시오.'

'승가시여. 누구 비구를 행주인으로 뽑는 것을 마쳤습니다. 여러 대덕들께서 인정하신 것은 묵연하였던 까닭입니다. 나는 이와 같이 알고 이해하겠습니다.'

마땅히 그 행주비구가 행주하였던 까닭으로 마땅히 많은 숫자의 여법하게 설하는 말을 따라서 이러한 쟁사를 소멸시켰다면, 여러 비구들이여. 이것을 멸쟁을 소멸시켰다고 이름하느니라. 무엇으로써 그것을 소멸시키는가? 현전비니와 다멱비니이다. 이 현전비니에는 무엇이 있는가? 승가현전, 법현전, 율현전, 인현전이다. 이 처소에서 무엇이 승가현전인가? 갈마의 처소에 필요한 비구들이 모두 이르렀다면 마땅히 즐거이 욕(欲)을 주는 자이고, …… 이것이 이 처소의 인현전이다.

이 다멱비니에는 무엇이 있는가? 다멱비니갈마를 행하고 준비하며 시작하고 진행하며 인정하고 꾸짖지 않는 것이다. 이것이 처소의 다멱비니이니라. 여러 비구들이여. 이와 같이 쟁사를 소멸시켰는데, 만약 지었던 자가 다시 일으킨다면 일으킨 자는 바일제를 범하고, 만약 즐거이 욕을 주었던 자가 불평하였다면, 불평한 자는 바일제를 범한다."

14-26 그때 사위성의 쟁사가 이와 같이 생겨났고, 이와 같이 일어났다. 이때 여러 비구들은 사위성의 승가가 쟁사를 소멸시킨 것에 불만이 있었는데, 그 비구들은 '어느 주처에 대중의 많은 장로들이 머무르고 있고, 다문이며 아함을 통달하였고 법을 수지하였으며 율을 수지하였고 현명하며 총명하고 지혜가 있으며 부끄러움이 있고 참회가 있으며 배우기를 좋아하는 자들이다. 만약 그 여러 장로들이라면 법, 율, 스승의 가르침으로

써 이러한 쟁사를 소멸시킬 것이니, 이러한 쟁사를 잘 소멸시킬 것이다.'라고 들었다.

이때 여러 비구들은 그 비구들의 주처에 이르렀으며, 장로들을 향하여 말하였다.

"여러 대덕들이여. 이러한 쟁사가 이와 같이 생겨났고, 이와 같이 일어났습니다. 원하건대 여러 장로들께서는 법, 율, 스승의 가르침으로써 이러한 쟁사를 소멸시켜 주십시오. 이러한 쟁사를 잘 소멸시켜 주십시오."

이때 그 여러 장로들은 사위성의 승가가 쟁사를 소멸시킨 것과 같이 선을 행하여 소멸시켰고 이와 같이 쟁사를 소멸시켰다. 이때 그 여러 비구들은 사위성의 승가가 쟁사를 소멸시킨 것에 불만이 있었고, 대중의 많은 장로들이 쟁사를 소멸시킨 것에 불만이 있었는데, 그 비구들은 '어느 주처에 세 장로가 머무르고 있고, 다문이며 아함을 통달하였고 법을 수지하였으며 율을 수지하였고, 현명하며 총명하고 지혜가 있으며 부끄러움이 있고 참회가 있으며 배우기를 좋아하는 자들이다. 어느 주처에 두 장로가 머무르고 있고, 다문이며 …… 배우기를 좋아하는 자들이다. 어느 주처에 한 장로가 머무르고 있고, 다문이며 …… 배우기를 좋아하는 자들이다. 만약 그 여러 장로들이라면 법·율·스승의 가르침으로써 이러한 쟁사를 소멸시킬 것이니, 이러한 쟁사를 잘 소멸시킬 것이다.'라고 들었다.

이때 여러 비구들은 그 비구들의 주처에 이르렀으며, 장로들을 향하여 말하였다.

"여러 대덕들이여. 이러한 쟁사가 이와 같이 생겨났고, 이와 같이 일어났습니다. 원하건대 여러 장로들께서는 법, 율, 스승의 가르침으로써 이러한 쟁사를 소멸시켜 주십시오. 이러한 쟁사를 잘 소멸시켜 주십시오."

이때 그 여러 장로들은 사위성의 승가가 쟁사를 소멸시킨 것과 같이, 대중의 많은 장로들이 쟁사를 소멸시킨 것과 같이, 세 장로들이 쟁사를 소멸시킨 것과 같이, 두 장로들이 쟁사를 선을 행하여 소멸시켰고 이와 같이 쟁사를 소멸시켰다. 이때 그 여러 비구들은 사위성의 승가가 쟁사를 소멸시킨 것에 불만이 있었고, 대중의 많은 장로들이 쟁사를 소멸시킨 것에 불만이 있었으며, 세 장로들이 쟁사를 소멸시킨 것에 불만이 있었고, 두 장로들이 쟁사를 소멸시킨 것에 불만이 있었으므로 세존의 주처에 나아갔다. 나아가서 이 일로써 세존께 아뢰었고, 세존께서는 말씀하셨다.
"여러 비구들이여. 이와 같이 쟁사를 소멸시킨 것은 적정(寂靜)하게 소멸시킨 것이고, 잘 소멸시킨 것이니라."

14-27 "여러 비구들이여. 이것을 비구들에게 이해시키게 하기 위하여 세 종류의 산가지를 행하는 것을 허락하겠나니 이를테면, 비밀스럽거나, 속삭이거나, 공개(公開)하는 것이니라.
여러 비구들이여. 무엇이 비밀스럽게 산가지를 행하는 것인가? 그 산가지를 행하는 비구가 색깔이 있고 색깔이 없는 산가지를 지었고, 한 명·한 명 비구의 처소에 이르렀으며, 마땅히 '이것은 나아가 이와 같이 설하는 자의 산가지이고, 이것은 나아가 이와 같이 설하는 자의 산가지입니다. 원하는 것을 따라서 취하십시오.'라고 말하였고, 만약 취하면서 마땅히 '누구라도 보여주지 마십시오.'라고 말하였으며, 만약 비법으로 설하는 자가 많았다고 알았다면 '선하지 않게 취하였다.'라고 말하면서 마땅히 취하지 않는 것이고, 만약 여법하게 설하는 자가 많았다고 알았다면 '선하게 취하였다.'라고 말하면서 마땅히 취하는 것이다. 여러 비구들이여. 이와 같다면 비밀스럽게 산가지를 행한 것이다.
여러 비구들이여. 무엇이 속삭이면서 산가지를 행하는 것인가? 그 산가지를 행하는 비구가 마땅히 한 명·한 명 비구를 향하여 '이것은 나아가 이와 같이 설하는 자의 산가지이고, 이것은 나아가 이와 같이 설하는 자의 산가지입니다. 원하는 것을 따라서 취하십시오.'라고 말하였고, 만약 취하면서 마땅히 '누구라도 보여주지 마십시오.'라고 말하였으며, 만약 비법으로 설하는 자가 많았다고 알았다면 '선하지 않게 취하였다.'라고 말하면서 마땅히 취하지 않는 것이고, 만약 여법하게 설하는 자가 많았다고 알았다면 '선하게 취하였다.'라고 말하면서 마땅히 취하는 것이다. 여러 비구들이여. 이와 같다면 속삭이면서 산가지를 행한 것이다.

여러 비구들이여. 무엇이 공개적으로 산가지를 행하는 것인가? 만약 여법하게 설하는 자가 많았다고 알았다면 마땅히 공개하고 취하는 것이다. 여러 비구들이여. 이와 같다면 공개적으로 산가지를 행한 것이다. 여러 비구들이여. 이와 같이 산가지를 행하는 세 종류가 있느니라."

14-28 교계쟁사는 몇 종류의 멸쟁법으로 그것을 소멸시켜야 하는가? 교계쟁사는 네 종류의 멸쟁법으로 그것을 소멸시키나니 이를테면, 현전비니, 억념비니, 불치비니, 멱죄상비니이니라. '교계쟁사를 두 종류의 멸쟁법인 불치비니와 멱죄상비니를 의지하지 않고, 두 종류의 멸쟁법인 현전비니와 억념비니로써 그것을 소멸시킬 수 있는가?'라고 물었다면 마땅히 '할 수 있다.'라고 말해야 한다.

왜 그러한가? 이 처소에 여러 비구들이 있었고 근거가 없는 파계(破戒)로써 비구를 비방하였다면, 여러 비구들이여. 그 비구를 널리 억념시키고서 마땅히 억념비니를 주어야 한다. 여러 비구들이여. 마땅히 이와 같이 주어야 하느니라. 여러 비구들이여. 그 비구는 마땅히 승가의 처소에 이르러 오른쪽 어깨를 드러내고 상좌 비구의 발에 예배하고 호궤 합장하고서 이와 같이 아뢰어 말해야 한다.

"여러 대덕들이여. 여러 비구들이 근거가 없는 파계로써 나를 비방하였습니다. 여러 대덕들이여. 나의 억념은 광대(廣大)하므로 승가께 억념비니를 애원합니다."

마땅히 이와 같이 두 번째에도 애원해야 하고, …… 나아가 …… 세 번째에도 애원해야 한다.

마땅히 한 총명하고 현명하며 능력있는 비구가 승가의 가운데에서 창언해야 한다.

"대덕 승가께서는 허락하십시오. 여러 비구들이 근거가 없는 파계로써 누구 비구를 비방하였습니다. 그 비구의 억념은 광대하므로 승가께 억념비니를 애원하고 있습니다. 만약 승가께서 때에 이르셨다면 승가께서는 누구 비구의 억념은 광대하므로 억념비니를 주십시오. 이와 같이 아룁니다.'

'대덕 승가께서는 허락하십시오. 여러 비구들이 근거가 없는 파계로써 누구 비구를 비방하였습니다. …… 여러 대덕들께서 누구 비구의 억념은 광대하므로 억념비니를 주는 것을 인정하신다면 묵연하시고, 인정하지 않는다면 말씀하십시오.'

저는 두 번째로 이 일을 아룁니다.

'대덕 승가께서는 허락하십시오. 여러 비구들이 근거가 없는 파계로써 누구 비구를 비방하였습니다. …… 여러 대덕들께서 누구 비구의 억념은 광대하므로 억념비니를 주는 것을 인정하신다면 묵연하시고, 인정하지 않는다면 말씀하십시오.'

저는 세 번째로 이 일을 아룁니다.

'대덕 승가께서는 허락하십시오. 여러 비구들이 근거가 없는 파계로써 누구 비구를 비방하였습니다. 그 비구는 누구 비구의 억념은 광대하므로 승가께 억념비니를 주시기를 애원하고 있습니다. 만약 승가께서 때에 이르셨다면 승가께서는 누구 비구의 억념은 광대하므로 억념비니를 주겠습니다. 여러 대덕들께서 누구 비구의 억념은 광대하므로 억념비니를 주는 것을 인정하신다면 묵연하시고, 인정하지 않는다면 말씀하십시오.'

'승가시여. 누구 비구의 억념은 광대하므로 억념비니를 주는 것을 마쳤습니다. 여러 대덕들께서 인정하신 것은 묵연하였던 까닭입니다. 나는 이와 같이 알고 이해하겠습니다.'"

여러 비구들이여. 이것을 멸쟁사라고 이름하느니라. 무엇으로써 그것을 소멸시키는가? 현전비니와 억념비니이다. 이 현전비니에는 무엇이 있는가? 승가현전, 법현전, 율현전, 인현전이다. 이 처소에서 무엇이 승가현전인가? 갈마의 처소에 필요한 비구들이 모두 이르렀다면 마땅히 즐겁게 욕(欲)을 주는 자이고, …… 이것이 이 처소의 인현전이다.

이 억념비니에는 무엇이 있는가? 억념비니갈마를 행하고 준비하며 시작하고 진행하며 인정하고 꾸짖지 않는 것이다. 이것이 처소의 억념비니이니라. 여러 비구들이여. 이와 같이 쟁사를 소멸시켰는데, 만약 지었던 자가 다시 일으킨다면 일으킨 자는 바일제를 범하고, 만약 즐거이 욕을 주었던 자가 불평하였다면, 불평한 자는 바일제를 범하느니라."

14-29 교계쟁사를 두 종류의 멸쟁법인 불치비니와 멱죄상비니를 의지하지 않고, 두 종류의 멸쟁법인 현전비니와 억념비니로써 그것을 소멸시킬 수 있는가?'라고 물었다면 마땅히 '할 수 있다.'라고 말해야 한다.

왜 그러한가? 이 처소에 있는 비구가 발광(發狂)하고 마음이 전도(顚倒)되었으며, 그 비구가 발광하고 마음이 전도되었던 까닭으로 항상 많은 사문법이 아닌 것을 행하였고 말에 산란함이 있었다. 그 비구가 발광하고 마음이 전도되어 항상 죄를 범하였던 까닭으로 여러 비구들이 비난하여 말하였다.

"장로여. 이와 같은 죄를 범한 것을 억념하십니까?"

그 비구는 말하였다.

"여러 장로들이여. 나는 발광하고 마음이 전도되었으며, 발광하고 마음이 전도되었던 까닭으로, 항상 많은 사문법이 아닌 것을 행하였고 말에 산란함이 있었어도, 나는 이것을 억념하지 못하며, 나는 나아가 어리석게 행하였습니다."

그가 이와 같이 말하는 때에, 그 비구들은 오히려 비난하여 말하였다.

"장로여. 이와 같은 죄를 범한 것을 억념하십니까?"

(이때 그 여러 비구들은 이 일로써 세존께 아뢰었고, 세존께서는 여러 비구들에게 물어 말씀하셨다.)

"여러 장로들이여. 그와 같다면 그 불치(不癡)의 비구에게 마땅히 불치비니를 주어야 한다. 여러 비구들이여. 마땅히 이와 같이 주어야 하느니라. 여러 비구들이여. 그 비구는 마땅히 승가의 처소에 이르러 오른쪽 어깨를 드러내고 상좌 비구의 발에 예배하고 호궤 합장하고서 이와 같이 아뢰어 말해야 한다.

"여러 대덕들이여. 여러 장로들이여. 나는 발광하고 마음이 전도되었으며, 발광하고 마음이 전도되었던 까닭으로, 항상 많은 사문법이 아닌 것을 행하였고 말에 산란함이 있었으나, 나는 이것을 억념하지 못하였고,

나아가 어리석게 행하였으며, 여러 비구들께서 '장로여. 이와 같은 죄를 범한 것을 억념하십니까?'라고 말하였어도, 나는 '여러 장로들이여. 나는 발광하고 마음이 전도되었으며, 발광하고 마음이 전도되었던 까닭으로, 항상 많은 사문법이 아닌 것을 행하였고 말에 산란함이 있었어도, 나는 이것을 억념하지 못하며, 나는 나아가 어리석게 행하였습니다.'라고 이와 같이 말하였으므로, 여러 비구들은 오히려 '장로여. 이와 같은 죄를 범한 것을 억념하십니까?' 라고 비난하여 말하였습니다. 나는 발광하고 마음이 전도되었으므로 승가께서 불치비니를 주시기를 애원합니다."

마땅히 이와 같이 두 번째에도 애원해야 하고, …… 나아가 …… 세 번째에도 애원해야 한다.

마땅히 한 총명하고 현명하며 능력있는 비구가 승가의 가운데에서 창언해야 한다.

"대덕 승가께서는 허락하십시오. 이 비구는 발광하고 마음이 전도되었으며, 발광하고 마음이 전도되었던 까닭으로, 항상 많은 사문법이 아닌 것을 행하였고 말에 산란함이 있었으나, 이 비구는 이것을 억념하지 못하였고, 나아가 어리석게 행하였으며, 여러 비구들께서 '장로여. 이와 같은 죄를 범한 것을 억념하십니까?'라고 말하였어도, 이 비구는 '여러 장로들이여. 나는 발광하고 마음이 전도되었으며, 발광하고 마음이 전도되었던 까닭으로, 항상 많은 사문법이 아닌 것을 행하였고 말에 산란함이 있었어도, 나는 이것을 억념하지 못하며, 나는 나아가 어리석게 행하였습니다.'라고 이와 같이 말하였으므로, 여러 비구들은 오히려 '장로여. 이와 같은 죄를 범한 것을 억념하십니까?'라고 비난하여 말하였습니다. 이 비구는 발광하고 마음이 전도되었으므로 승가께서 불치비니를 주시기를 애원하고 있습니다. 만약 승가께서 때에 이르셨다면 승가께서는 누구 비구의 억념은 광대하므로 억념비니를 주십시오. 이와 같이 아룁니다.'

'대덕 승가께서는 허락하십시오. 누구 비구는 발광하고 마음이 전도되었으며, 발광하고 마음이 전도되었던 까닭으로, 항상 많은 사문법이 아닌 것을 행하였고 말에 산란함이 있었으나, 누구 비구는 이것을 억념하지 못하였고, 나아가 어리석게 행하였으며, 여러 비구들께서 '장로여. 이와 같은 죄를 범한 것을 억념하십니까?'라고 말하였어도, 누구 비구는 '여러 장로들이여. 나는 발광하고 마음이 전도되었으며, 발광하고 마음이 전도되었던 까닭으로, 항상 많은 사문법이 아닌 것을 행하였고 말에 산란함이 있었어도, 나는 이것을 억념하지 못하며, 나는 나아가 어리석게 행하였습니다.'라고 이와 같이 말하였으므로, 여러 비구들은 오히려 '장로여. 이와 같은 죄를 범한 것을 억념하십니까?' 라고 비난하여 말하였습니다. 누구 비구는 발광하고 마음이 전도되었으므로 승가께서 불치비니를 주시기를 애원하고 있습니다. 만약 승가께서 때에 이르셨다면 승가께서는 누구 비구에게 불치비니를 주겠습니다. 여러 대덕들께서 누구 비구에게 불치를 주는 것을 인정하신다면 묵연하시고, 인정하지 않는다면 말씀하십시오.'

저는 두 번째로 이 일을 아룁니다.

'대덕 승가께서는 허락하십시오. 누구 비구는 발광하고 마음이 전도되었으며, 발광하고 마음이 전도되었던 까닭으로, …… 만약 승가께서 때에 이르셨다면 승가께서는 누구 비구에게 불치비니를 주겠습니다. 여러 대덕들께서 누구 비구에게 불치를 주는 것을 인정하신다면 묵연하시고, 인정하지 않는다면 말씀하십시오.'

저는 세 번째로 이 일을 아룁니다.

'대덕 승가께서는 허락하십시오. 이 비구는 발광하고 마음이 전도되었으며, 발광하고 마음이 전도되었던 까닭으로, …… 만약 승가께서 때에 이르셨다면 승가께서는 누구 비구에게 불치비니를 주겠습니다. 여러 대덕들께서 누구 비구에게 불치를 주는 것을 인정하신다면 묵연하시고, 인정하지 않는다면 말씀하십시오.'

'승가시여. 누구 비구에게 불치비니를 주는 것을 마쳤습니다. 여러 대덕들께서 인정하신 것은 묵연하였던 까닭입니다. 나는 이와 같이 알고 이해하겠습니다.'"

여러 비구들이여 이것을 멸쟁사라고 이름하느니라. 무엇으로써 그것을 소멸시키는가? 현전비니와 불치비니이다. 이 현전비니에는 무엇이 있는가? 승가현전, 법현전, 율현전, 인현전이다. 이 처소에서 무엇이 승가현전인가? 갈마의 처소에 필요한 비구들이 모두 이르렀다면 마땅히 즐겁게 욕을 주는 자이고, …… 이것이 이 처소의 인현전이다.

이 불치비니에는 무엇이 있는가? 불치비니갈마를 행하고 준비하며 시작하고 진행하며 인정하고 꾸짖지 않는 것이다. 이것이 처소의 억념비니이니라. 여러 비구들이여. 이와 같이 쟁사를 소멸시켰는데, 만약 지었던 자가 다시 일으킨다면 일으킨 자는 바일제를 범하고, 만약 즐거이 욕을 주었던 자가 불평하였다면, 불평한 자는 바일제를 범하느니라."

14-30 교계쟁사를 두 종류의 멸쟁법인 억념비니와 불치비니를 의지하지 않고, 두 종류의 멸쟁법인 현전비니와 멱죄상비니로써 그것을 소멸시킬 수 있는가?'라고 물었다면 마땅히 '할 수 있다.'라고 말해야 한다.

왜 그러한가? 이 처소에 여러 비구들이 있었고, 승가의 가운데에서 무거운 죄로써 비구를 비난하여 말하였다.

"장로여. 이와 같은 바라이죄를 범하였거나, 혹은 비슷한 모습의 무거운 바라이죄를 범한 것을 억념합니까?"

그 비구는 말하였다.

"장로들이여. 이와 같은 바라이죄를 범하였거나, 혹은 비슷한 모습의 무거운 바라이죄를 범한 것을 억념하지 못합니다."

그 비구는 이와 같이 인정하지 않았으므로 다시 강하게 비난하였다.

"장로여. 원하건대 바라이죄를 범하였거나, 혹은 비슷한 모습의 무거운 바라이죄를 범한 것을 억념하십시오."

그 비구는 말하였다.

"장로들이여. 나는 이와 같은 바라이죄를 범하였거나, 혹은 비슷한 모습의 무거운 바라이죄를 범한 것을 억념하지 못합니다. 장로들이여. 나는 이와 같은 작은 죄를 범한 것을 억념합니다."

그 비구는 이와 같이 인정하지 않았으므로 다시 강하게 비난하였다.

"장로여. 원하건대 바라이죄를 범하였거나, 혹은 비슷한 모습의 무거운 바라이죄를 범한 것을 억념하십시오."

그 비구는 말하였다.

"장로들이여. 나는 이러한 작은 죄를 범하였다면 묻지 않았어도 스스로가 말하였습니다. 그런데 어찌 이와 같은 바라이죄를 범하였거나, 혹은 비슷한 모습의 무거운 바라이죄를 범하였다면, 어찌 묻지 않았더라도 스스로가 말하지 않았겠습니까?"

그 여러 비구들은 말하였다.

"장로여. 그대는 이러한 작은 죄를 범하였다면 묻지 않았어도 스스로가 말하였습니다. 그리고 그대는 바라이죄를 범하였거나, 혹은 비슷한 모습의 무거운 바라이죄를 범하였다면, 어찌 묻지 않았어도 스스로가 말하지 않았습니까? 장로여. 원하건대 바라이죄를 범하였거나, 혹은 비슷한 모습의 무거운 바라이죄를 범한 것을 억념하십시오."

그 비구는 말하였다.

"장로들이여. 나는 이와 같은 바라이죄를 범하였거나, 혹은 비슷한 모습의 무거운 바라이죄를 범한 것을 억념합니다. 나는 희롱하였고 경솔하게 말하였습니다.

'이와 같은 바라이죄를 범하였거나, 혹은 비슷한 모습의 무거운 바라이죄를 범한 것을 억념하지 못합니다.'"

여러 비구들이여. (그와 같다면) 그 비구에게 마땅히 멱죄상갈마를 행해야 한다.

마땅히 한 총명하고 현명하며 능력있는 비구가 승가의 가운데에서 창언해야 한다.

"대덕 승가께서는 허락하십시오. 이 처소에서 누구 비구는 승가의 가운데에서 무거운 죄를 검사하며 묻는 때에 앞에는 범하지 않았다고 말하고서 뒤에 범하였다고 말하였으며, 앞에는 범하였다고 말하고서 뒤에 범하지 않았다고 말하였으며, 다른 말을 지어서 말을 돌렸고 고의로 망어하였습니다. 만약 승가께서 때에 이르셨다면, 승가께서는 마땅히 누구 비구에게 멱죄상비니를 행하게 하겠습니다. 이와 같이 아룁니다.'

'대덕 승가께서는 허락하십시오. 이 처소에서 누구 비구는 승가의 가운데에서 무거운 죄를 검사하며 묻는 때에 앞에서는 범하지 않았다고 말하고서 뒤에서 범하였다고 말하였으며, 앞에는 범하였다고 말하고서 뒤에 범하지 않았다고 말하였으며, 다른 말을 지어서 말을 돌렸고 고의로 망어하였습니다. 승가시여. 마땅히 누구 비구에게 멱죄상비니를 행하겠습니다. 여러 대덕들께서 누구 비구에게 멱죄상비니를 행하게 하는 것을 인정하신다면 묵연하시고, 인정하지 않는다면 말씀하십시오.'

저는 두 번째로 이 일을 아룁니다.

'대덕 승가께서는 허락하십시오. 이 처소에서 누구 비구는 승가의 가운데에서 무거운 죄를 검사하며 묻는 때에 앞에서는 범하지 않았다고 말하고서 뒤에서 범하였다고 말하였으며, 앞에는 범하였다고 말하고서 뒤에 범하지 않았다고 말하였으며, 다른 말을 지어서 말을 돌렸고 고의로 망어하였습니다. 승가시여. 마땅히 누구 비구에게 멱죄상비니를 행하겠습니다. 여러 대덕들께서 누구 비구에게 멱죄상비니를 행하게 하는 것을 인정하신다면 묵연하시고, 인정하지 않는다면 말씀하십시오.'

저는 세 번째로 이 일을 아룁니다.

'대덕 승가께서는 허락하십시오. 이 처소에서 누구 비구는 승가의 가운데에서 무거운 죄를 검사하며 묻는 때에 앞에서는 범하지 않았다고 말하고서 뒤에서 범하였다고 말하였으며, 앞에는 범하였다고 말하고서 뒤에 범하지 않았다고 말하였으며, 다른 말을 지어서 말을 돌렸고 고의로 망어하였습니다. 승가시여. 마땅히 누구 비구에게 멱죄상비니를 행하겠습니다. 여러 대덕들께서 오바와라 비구에게 멱죄상비니를 행하게 하는 것을 인정하신다면 묵연하시고, 인정하지 않는다면 말씀하십시오.'

'승가시여. 누구 비구에게 멱죄상비니를 행하는 것을 마쳤습니다. 여러 대덕들께서 인정하신 것은 묵연하였던 까닭입니다. 나는 이와 같이 알고 이해하겠습니다.'"

14-31 범죄쟁사는 몇 종류의 멸쟁법으로 그것을 소멸시켜야 하는가?

범죄쟁사는 세 종류의 멸쟁법으로 그것을 소멸시키나니 이를테면, 현전비니, 자언비니, 여초비니이니라. "범죄쟁사를 한 종류의 멸쟁법인 여초비니를 의지하지 않고, 두 종류의 멸쟁법인 현전비니와 자언비니로써 그것을 소멸시킬 수 있는가?"라고 물었다면, 마땅히 "할 수 있다."라고 말해야 한다.

왜 그러한가? 이 처소에 여러 비구들이 있었고 가벼운 죄를 범하였다면, 여러 비구들이여. 그 비구는 한 비구의 처소에 이르러 오른쪽 어깨를 드러내고 상좌 비구의 발에 예배하고 호궤 합장하고서 이와 같이 창언(唱言)해야 한다.

"장로여. 나는 무슨 죄를 범하였습니다. 이것을 참회합니다."

뒤에 마땅히 말해야 한다.

"그대는 죄를 보았습니까?"

"그렇습니다. 나는 죄를 보았습니다."

"지금부터는 마땅히 그것을 섭수하여 호지(護持)하십시오."

여러 비구들이여. 이것을 멸쟁을 소멸시켰다고 이름하느니라. 무엇으로써 그것을 소멸시키는가? 현전비니와 자언비니이다. 이 현전비니에는 무엇이 있는가? 승가현전, 법현전, 율현전, 인현전이다. 이 처소에서 무엇이 승가현전인가? 갈마의 처소에 필요한 비구들이 모두 이르렀다면 마땅히 즐거이 욕(欲)을 주는 자이고, …… 이것이 이 처소의 인현전이다.

이 자언비니에는 무엇이 있는가? 자언비니갈마를 행하고 준비하며 시작하고 진행하며 인정하고 꾸짖지 않는 것이다. 이것이 처소의 자언비니이니라. 여러 비구들이여. 이와 같이 쟁사를 소멸시켰는데, 만약 지었던 자가 다시 일으킨다면 일으킨 자는 바일제를 범하고, 만약 즐거이 욕을 주었던 자가 불평하였다면, 불평한 자는 바일제를 범한다."

14-32 "만약 이와 같이 얻었다면 좋으나, 여러 비구들이여. 만약 얻지 못하였다면 그 비구는 마땅히 많은 대중의 처소에 이르러 오른쪽 어깨를 드러내고 상좌 비구의 발에 예배하고 호궤 합장하고서 이와 같이 창언해야

한다.

"장로들이여. 나는 무슨 죄를 범하였습니다. 이것을 참회합니다."

마땅히 한 총명하고 현명하며 능력있는 비구가 그 여러 비구들에게 알려 말해야 한다.

"대덕 승가께서는 허락하십시오. 이 처소의 누구 비구는 죄를 억념하고서 밝게 드러내었고 아뢰어 말하였습니다. 만약 여러 대덕들께서 때에 이르렀다면 나는 장차 누구 비구는 죄를 너그럽게 용서하겠습니다."

그 비구는 마땅히 말해야 한다.

"그대는 죄를 보았습니까?"

"그렇습니다. 나는 죄를 보았습니다."

"지금부터는 마땅히 그것을 섭수하여 호지하십시오."

여러 비구들이여. 이것을 멸쟁을 소멸시켰다고 이름하느니라. 무엇으로써 그것을 소멸시키는가? 현전비니와 자언비니이다. 이 현전비니에는 무엇이 있는가? 승가현전, 법현전, 율현전, 인현전이다. 이 처소에서 무엇이 승가현전인가? 갈마의 처소에 필요한 비구들이 모두 이르렀다면 마땅히 즐거이 욕(欲)을 주는 자이고, …… 이것이 이 처소의 인현전이다.

이 자언비니에는 무엇이 있는가? 자언비니갈마를 행하고 준비하며 시작하고 진행하며 인정하고 꾸짖지 않는 것이다. 이것이 처소의 자언비니이니라. 여러 비구들이여. 이와 같이 쟁사를 소멸시켰는데, 만약 지었던 자가 다시 일으킨다면 일으킨 자는 바일제를 범하고, 만약 즐거이 욕을 주었던 자가 불평하였다면, 불평한 자는 바일제를 범한다."

14-33 "만약 이와 같이 얻었다면 좋으나, 여러 비구들이여. 만약 얻지 못하였다면 그 비구는 마땅히 승가의 처소에 이르러 오른쪽 어깨를 드러내고 상좌 비구의 발에 예배하고 호궤 합장하고서 이와 같이 창언해야 한다.

"여러 대덕들이여. 나는 무슨 죄를 범하였습니다. 이것을 참회합니다."

마땅히 한 총명하고 현명하며 능력있는 비구가 그 여러 비구들에게 알려 말해야 한다.

"대덕 승가께서는 허락하십시오. 이 처소의 누구 비구는 죄를 억념하고서 밝게 드러내었고 아뢰어 말하였습니다. 만약 승가께서 때에 이르렀다면 나는 장차 누구 비구는 죄를 너그럽게 용서하겠습니다."

그 비구는 마땅히 말해야 한다.

"그대는 죄를 보았습니까?"

"그렇습니다. 나는 죄를 보았습니다."

"지금부터는 마땅히 그것을 섭수하여 호지하십시오."

여러 비구들이여. 이것을 멸쟁을 소멸시켰다고 이름하느니라. 무엇으로써 그것을 소멸시키는가? 현전비니와 자언비니이다. 이 현전비니에는 무엇이 있는가? 승가현전, 법현전, 율현전, 인현전이다. 이 처소에서 무엇이 승가현전인가? 갈마의 처소에 필요한 비구들이 모두 이르렀다면 마땅히 즐거이 욕(欲)을 주는 자이고, …… 이것이 이 처소의 인현전이다.

이 자언비니에는 무엇이 있는가? 자언비니갈마를 행하고 준비하며 시작하고 진행하며 인정하고 꾸짖지 않는 것이다. 이것이 처소의 자언비니이니라. 여러 비구들이여. 이와 같이 쟁사를 소멸시켰는데, 만약 지었던 자가 다시 일으킨다면 일으킨 자는 바일제를 범하고, 만약 즐거이 욕을 주었던 자가 불평하였다면, 불평한 자는 바일제를 범한다."

14-34 "범죄쟁사를 한 종류의 멸쟁법인 자언비니를 의지하지 않고, 두 종류의 멸쟁법인 현전비니와 여초비니로써 그것을 소멸시킬 수 있는가?'라고 물었다면, 마땅히 '할 수 있다.'라고 말해야 한다.

왜 그러한가? 이 처소에 여러 비구들이 있었고 소송, 투쟁, 논쟁 등이 일어났으므로, 평소에 사문법이 아닌 행이 많았고, 말에 산란함이 있었으며, 만약 여러 비구들이 '이러한 죄 등을 까닭으로 서로의 죄를 판결하지 못한다면, 이러한 쟁송의 일은 거칠어지고 요란해지며 승가는 파괴될 것이다. 우리들은 마땅히 어떻게 해야 하는가?'라고 이와 같이 생각하였다면, 여러 비구들이여. 이러한 쟁송의 일을 여초비니로 그것을 소멸시켜야 하느니라.
　여러 비구들이여. 이와 같이 소멸시켜야 하느니라. 승가대중을 마땅히 한곳에 모으고서, 모두가 모였다면 마땅히 한 총명하고 현명하며 능력있는 비구가 승가의 가운데에서 창언해야 한다.
　"대덕 승가께서는 허락하십시오. 우리들에게 소송, 투쟁, 논쟁 등이 일어났으므로, 평소에 사문법이 아닌 행이 많았고, 말에 산란함이 있었으며, 만약 우리들이 이러한 죄 등을 까닭으로 서로의 죄를 판결하지 못한다면, 이러한 쟁송의 일은 거칠어지고 요란해지며 승가는 파괴될 것입니다. 만약 승가께서 때에 이르셨다면, 승가는 다만 거칠고 무거운 죄와 재가와 상응하는 죄를 제외하고서 여초비니로써 마땅히 이러한 쟁송의 일을 소멸시키겠습니다. 이와 같이 아룁니다."
　한 부류의 비구대중의 가운데에서도 마땅히 한 총명하고 현명하며 능력있는 비구가 자기 대중들에서 알려 말해야 한다.
　"대덕 승가께서는 허락하십시오. 우리들에게 소송, 투쟁, 논쟁 등이 일어났으므로, 평소에 사문법이 아닌 행이 많았고, 말에 산란함이 있었으며, 만약 우리들이 이러한 죄 등을 까닭으로 서로의 죄를 판결하지 못한다면, 이러한 쟁송의 일은 거칠어지고 요란해지며 승가는 파괴될 것입니다. 만약 승가께서 때에 이르셨다면, 나는 여러 대덕들과 나의 이익을 위하여 마땅히 승가의 가운데에서 여러 대덕들과 나의 죄로써 다만 거칠고 무거운 죄와 재가와 상응하는 죄를 제외하고서 여초비니로써 마땅히 이러한 쟁송의 일을 소멸시키겠습니다."
　다른 부류의 비구대중의 가운데에서도 마땅히 한 총명하고 현명하며 능력있는 비구가 자기 대중들에서 알려 말해야 한다.
　"대덕 승가께서는 허락하십시오. 우리들에게 소송, 투쟁, 논쟁 등이 일어났으므로, 평소에 사문법이 아닌 행이 많았고, 말에 산란함이 있었으며, 만약 우리들이 이러한 죄 등을 까닭으로 서로의 죄를 판결하지 못한다면, 이러한 쟁송의 일은 거칠어지고 요란해지며 승가는 파괴될 것입니다. 만약 승가께서 때에 이르셨다면, 나는 여러 대덕들과 나의 이익을 위하여 마땅히 승가의 가운데에서 여러 대덕들과 나의 죄로써 다만 거칠고 무거운 죄와 재가와 상응하는 죄를 제외하고서 여초비니로써 마땅히 이러한 쟁송의 일을 소멸시키겠습니다."

한 부류의 비구대중의 가운데에서도 마땅히 한 총명하고 현명하며 능력있는 비구가 자기 대중들에서 알려 말해야 한다.

"대덕 승가께서는 허락하십시오. 우리들에게 소송, 투쟁, 논쟁 등이 일어났으므로, 평소에 사문법이 아닌 행이 많았고, 말에 산란함이 있었으며, 만약 우리들이 이러한 죄 등을 까닭으로 서로의 죄를 판결하지 못한다면, 이러한 쟁송의 일은 거칠어지고 요란해지며 승가는 파괴될 것입니다. 만약 승가께서 때에 이르셨다면, 나는 여러 대덕들과 나의 이익을 위하여 여러 대덕들의 죄와 나의 죄를 가지고서 마땅히 승가의 가운데에서 다만 거칠고 무거운 죄와 재가와 상응하는 죄를 제외하고서 여초비니에 의지하여 말하면서 보여주겠습니다. 이와 같이 아룁니다."

'대덕 승가께서는 허락하십시오. 우리들에게 소송, 투쟁, 논쟁 등이 일어났으므로, 평소에 사문법이 아닌 행이 많았고, 말에 산란함이 있었으며, 만약 우리들이 이러한 죄 등을 까닭으로 서로의 죄를 판결하지 못한다면, 이러한 쟁송의 일은 거칠어지고 요란해지며 승가는 파괴될 것입니다. 만약 승가께서 때에 이르셨다면, 나는 여러 대덕들과 나의 이익을 위하여 여러 대덕들의 죄와 나의 죄를 가지고서 마땅히 승가의 가운데에서 다만 거칠고 무거운 죄와 재가와 상응하는 죄를 제외하고서 풀로써 땅을 덮는 것과 법에 의지하여 말하면서 보여주겠습니다. 여러 대덕들께서 승가의 가운데에서 우리들의 이러한 죄를 가지고 다만 거칠고 무거운 죄와 재가와 상응하는 죄를 제외하고서 여초비니에 의지하여 말하면서 보여주는 것을 인정하신다면 묵연하시고, 인정하지 않는다면 말씀하십시오.'

'승가시여. 우리들의 이러한 죄를 가지고 다만 거칠고 무거운 죄와 재가와 상응하는 죄를 제외하고서 여초비니에 의지하여 말하면서 보여주는 것을 마쳤습니다. 여러 대덕들께서 인정하신 것은 묵연하였던 까닭입니다. 나는 이와 같이 알고 이해하겠습니다.'"

여러 비구들이여. 이것을 멸쟁을 소멸시켰다고 이름하느니라. 무엇으로써 그것을 소멸시키는가? 현전비니와 자언비니이다. 이 현전비니에는 무엇이 있는가? 승가현전, 법현전, 율현전, 인현전이다. 이 처소에서 무엇이 승가현전인가? 갈마의 처소에 필요한 비구들이 모두 이르렀다면 마땅히 즐거이 욕을 주는 자이고, …… 이것이 이 처소의 인현전이다.

이 여초비니에는 무엇이 있는가? 여초비니갈마를 행하고 준비하며 시작하고 진행하며 인정하고 꾸짖지 않는 것이다. 이것이 처소의 자언비니이니라. 여러 비구들이여. 이와 같이 쟁사를 소멸시켰는데, 만약 지었던 자가 다시 일으킨다면 일으킨 자는 바일제를 범하고, 만약 즐거이 욕을 주었던 자가 불평하였다면, 불평한 자는 바일제를 범한다."

14-35 사쟁사를 몇 종류의 멸쟁법으로써 소멸시킬 수 있는가? 사쟁사는 한 종류의 멸쟁법으로써 소멸시킬 수 있나니 이를테면, 현전비니이니라.

[네 종류의 쟁사를 마친다.]

○ 첫째의 송출품을 마친다.

◉ 멸쟁건도를 마친다.

건도 제15권

제5장 소사건도(小事犍度)¹⁾

1. 제1송출품

1) 사소한 일

1-1 그때 불·세존께서는 왕사성의 가란타죽림원에 머무르셨다.

그때 육군비구들은 목욕하면서 나무로써 몸·넓적다리·팔뚝·가슴·배 등을 문질렀으므로, 여러 사람들은 싫어하고 비난하였다.

"어찌하여 사문 석자(釋子)들은 목욕하면서 나무로써 몸·넓적다리·팔뚝·가슴·배 등을 문지르는가? 오히려 역사(力士)²⁾와 채신자(彩身者)³⁾와 같구나!"

---

1) 팔리어 Khuddakavatthukkhandhaka(쿠따카바뚜깐다카)의 번역이다.
2) 팔리어 mallamuṭṭhika(말라무띠카)의 번역이고, malla와 muṭṭhika의 합성어이다. 'malla'는 '말라족의 남자'라는 뜻이고, 'muṭṭhika'는 '레슬링 선수' 또는 '권투 선수'라는 뜻이다.
3) 팔리어 gāmamoddavā(가마모따바)의 번역이고, 피부를 장식하고 염색하는 사람들이라는 뜻이다.

여러 비구들은 그 여러 사람들이 싫어하고 비난하는 것을 들었다. 이때 그 여러 비구들은 이 일로써 세존께 아뢰었다. 이때 세존께서는 이 인연으로써 비구 승가를 모으셨으며, 여러 비구들에게 물어 말씀하셨다.

"여러 비구들이여. 육군비구들이 목욕하면서 나무로써 몸·넓적다리·팔뚝·가슴·배 등을 문질렀는가?"

"진실로 그렇습니다. 세존이시여."

세존께서는 꾸짖으셨다.

"여러 비구들이여. 이 어리석은 사람들의 행은 행할 것이 아니고, 수순하는 행이 아니며, 상응하는 법이 아니고, 위의가 아니며, 사문의 행이 아니고, 청정한 행이 아니며, 마땅히 지을 것이 아니니라. 여러 비구들이여. 이 어리석은 사람들은 어찌하여 목욕하면서 나무로써 몸·넓적다리·팔뚝·가슴·배 등을 문질렀는가? 여러 비구들이여. 이것은 오히려 믿지 않는 자에게 신심이 생겨나지 않게 하고, 이미 믿었던 자는 증장시키지 않느니라. …… 이미 믿었던 자는 일부가 전전하여 다른 곳을 향하여 떠나가게 하느니라."

세존께서는 육군비구들을 꾸짖으셨고 설법하셨으며 여러 비구들에게 알려 말씀하셨다.

"여러 비구들이여. 비구들이 목욕하는 때에 나무로 몸을 문지를 수 없느니라. 문지르는 자는 악작을 범하느니라."

1-2 그때 육군비구들은 목욕하면서 마욕판(摩浴板)4)에, …… 나아가 …… 담벼락에, 몸·넓적다리·팔뚝·가슴·배 등을 문질렀으므로, 여러 사람들은 싫어하고 비난하였다.

"어찌하여 사문 석자들은 목욕하면서 기둥에 몸·넓적다리·팔뚝·가슴·배 등을 문지르는가? 오히려 역사와 채신자와 같구나!"

여러 비구들은 그 여러 사람들이 싫어하고 비난하는 것을 들었다.

---

4) 팔리어 aṭṭāna(아따나)의 번역이고, 사각형의 나무판자에 홈을 파서 울퉁불퉁하게 만든 도구를 가리킨다.

이때 그 여러 비구들은 이 일로써 세존께 아뢰었다. 이때 세존께서는 이 인연으로써 비구 승가를 모으셨으며, 여러 비구들에게 물어 말씀하셨다.

"여러 비구들이여. 육군비구들이 목욕하면서 기둥에, …… 나아가 …… 담벼락에, 몸·넓적다리·팔뚝·가슴·배 등을 문질렀는가?"

"진실로 그렇습니다. 세존이시여."

세존께서는 꾸짖으셨다.

"여러 비구들이여. 이 어리석은 사람들의 행은 행할 것이 아니고, 수순하는 행이 아니며, 상응하는 법이 아니고, 위의가 아니며, 사문의 행이 아니고, 청정한 행이 아니며, 마땅히 지을 것이 아니니라. 여러 비구들이여. 이 어리석은 사람들은 어찌하여 목욕하면서 기둥에, …… 나아가 …… 담벼락에, 몸·넓적다리·팔뚝·가슴·배 등을 문질렀는가? 여러 비구들이여. 이것은 오히려 믿지 않는 자에게 신심이 생겨나지 않게 하고, 이미 믿었던 자는 증장시키지 않느니라. …… 이미 믿었던 자는 일부가 전전하여 다른 곳을 향하여 떠나가게 하느니라."

세존께서는 육군비구들을 꾸짖으셨고 설법하셨으며 여러 비구들에게 알려 말씀하셨다.

"여러 비구들이여. 비구들이 목욕하는 때에 기둥에, …… 나아가 …… 담벼락에 몸을 문지를 수 없느니라. 문지르는 자는 악작을 범하느니라."

1-3 그때 육군비구들은 목욕하면서 건달바장(乾闥婆掌)[5]에, …… 나아가 …… 주사뉴(朱砂紐)[6]에, 몸·넓적다리·팔뚝·가슴·배 등을 문질렀으므로, 여러 사람들은 싫어하고 비난하였다.

"어찌하여 사문 석자들은 목욕하면서 건달바장에, …… 나아가 …… 주사뉴에, 몸·넓적다리·팔뚝·가슴·배 등을 문지르는가? 오히려 여러

---

5) 팔리어 Gandhabbahatthaka(간다빠하따카)의 번역이고, 목욕하면서 몸을 문지르는 새의 발톱 모양의 나무 도구를 가리킨다.

6) 팔리어 kuruvindakasutti(쿠루빈다카수띠)의 음사이고, 진주 껍질과 붉은 돌로 염주처럼 만든 도구이다.

욕락을 즐기는 재가인들과 같구나!"

여러 비구들은 그 여러 사람들이 싫어하고 비난하는 것을 들었다. 이때 그 여러 비구들은 이 일로써 세존께 아뢰었다. 이때 세존께서는 이 인연으로써 비구 승가를 모으셨으며, 여러 비구들에게 물어 말씀하셨다.

"여러 비구들이여. 육군비구들이 목욕하면서 기둥에 몸, 넓적다리, 팔뚝, 가슴, 배 등을 문질렀는가?"

"진실로 그렇습니다. 세존이시여."

세존께서는 꾸짖으셨다.

"여러 비구들이여. 이 어리석은 사람들의 행은 행할 것이 아니고, 수순하는 행이 아니며, 상응하는 법이 아니고, 위의가 아니며, 사문의 행이 아니고, 청정한 행이 아니며, 마땅히 지을 것이 아니니라. 여러 비구들이여. 이 어리석은 사람들은 어찌하여 목욕하면서 건달바장에, …… 나아가 …… 주사뉴에, 몸·넓적다리·팔뚝·가슴·배 등을 문질렀는가? 여러 비구들이여. 이것은 오히려 믿지 않는 자에게 신심이 생겨나지 않게 하고, 이미 믿었던 자는 증장시키지 않느니라. …… 이미 믿었던 자는 일부가 전전하여 다른 곳을 향하여 떠나가게 하느니라."

세존께서는 육군비구들을 꾸짖으셨고 설법하셨으며 여러 비구들에게 알려 말씀하셨다.

"여러 비구들이여. 비구들이 목욕하는 때에 건달바장에, …… 나아가 …… 주사뉴에, 몸을 문지를 수 없느니라. 문지르는 자는 악작을 범하느니라."

1-4 그때 육군비구들은 물에 들어가서 서로가 몸과 몸을 문질렀으므로, 여러 사람들은 싫어하고 비난하였다.

"어찌하여 사문 석자들은 물에 들어가서 서로가 몸과 몸을 문지르는가?"

여러 비구들은 그 여러 사람들이 싫어하고 비난하는 것을 들었다. …… 세존께서는 육군비구들을 꾸짖으셨고 설법하셨으며 여러 비구들에게 알려 말씀하셨다.

"여러 비구들이여. 비구들이 목욕하는 때에 물에 들어가서 서로가 몸과 몸을 문지를 수 없느니라. 문지르는 자는 악작을 범하느니라."

그때 육군비구들은 목욕하면서 소배구(搔背具)[7]를 사용하였으므로, 여러 사람들은 싫어하고 비난하였다.
"어찌하여 사문 석자들은 목욕하면서 소배구를 사용하는가? 오히려 여러 욕락을 즐기는 재가인들과 같구나!"
여러 비구들은 그 여러 사람들이 싫어하고 비난하는 것을 들었다. 이때 그 여러 비구들은 이 일로써 세존께 아뢰었다. …… 세존께서는 육군비구들을 꾸짖으셨고 설법하셨으며 여러 비구들에게 알려 말씀하셨다.
"여러 비구들이여. 비구들이 목욕하는 때에 소배구를 사용할 수 없느니라. 문지르는 자는 악작을 범하느니라."

그때 한 비구가 선개(癬疥)를 앓았다. 그 비구는 소배구를 사용하지 못하였으므로, 안은하지 않았다. 그 비구는 이 일로써 세존께 아뢰었고, 세존께서는 알려 말씀하셨다.
"여러 비구들이여. 병자는 완성되지 않는 소배구를 사용하는 것을 허락하겠노라."

1-5 그때 늙고 나약한 한 비구가 있었는데, 목욕하는 때에 능히 스스로가 몸을 문지르지 못하였다. 그 비구는 이 일로써 세존께 아뢰었고, 세존께서는 알려 말씀하셨다.
"여러 비구들이여. 수건[8]으로 문지르는 것을 허락하겠노라."

그때 여러 비구들은 의심하고 두려웠으므로 감히 등을 문지를 수 없었다.

---

7) 팔리어 mallaka(말라카)의 번역이고, 코코넛 껍질로 만든 피부를 긁는 것 또는 수세미를 가리킨다.
8) 팔리어 ukkāsika(우까시카)의 번역이고, '밴드' 또는 '사슬'의 뜻이다.

그 비구는 이 일로써 세존께 아뢰었고, 세존께서는 알려 말씀하셨다.
"여러 비구들이여. 손으로 문지르는 것을 허락하겠노라."

[사소한 일을 마친다.]

2) 몸의 장엄(莊嚴)

2-1 그때 육군비구들이 귀고리(耳環)⁹⁾, 귀장엄구(耳璫)¹⁰⁾, 목걸이(首飾)¹¹⁾, 허리띠(腰飾)¹²⁾, 팔찌(手環)¹³⁾, 손목 장엄구(腕飾)¹⁴⁾, 손 장엄구(手飾)¹⁵⁾, 반지(指環)¹⁶⁾ 등을 착용하였다. 여러 사람들은 싫어하고 비난하였다.
 "어찌하여 사문 석자들은 귀고리, 귀 장엄구, 목걸이, 허리띠, 팔찌, 손목 장엄구, 손 장엄구, 반지 등을 착용하는가? 오히려 여러 욕락을 즐기는 재가인들과 같구나!"
 여러 비구들은 그 여러 사람들이 싫어하고 비난하는 것을 들었다. 이때 그 여러 비구들은 이 일로써 세존께 아뢰었다. 이때 세존께서는 이 인연으로써 비구 승가를 모으셨으며, 여러 비구들에게 물어 말씀하셨다.
 "여러 비구들이여. 육군비구들이 귀고리, 귀장엄구, 목걸이, 허리띠, 팔찌, 손목 장엄구, 손 장엄구, 반지 등을 착용하였는가?"
 "진실로 그렇습니다. 세존이시여."

---

9) 팔리어 vallika(발리카)의 번역이다.
10) 팔리어 pāmaṅga(파만가)의 번역이다.
11) 팔리어 kaṇṭhasuttaka(칸타수따카)의 번역이다.
12) 팔리어 kaṭisuttaka(카티수따카)의 번역이다.
13) 팔리어 ovaṭṭika(오바띠카)의 번역이다.
14) 팔리어 kāyura(카유라)의 번역이고, 팔뚝이나 목에 착용하는 '장식용 브래킷' 또는 '반지'를 가리킨다.
15) 팔리어 hatthābharaṇa(하따바라나)의 번역이다.
16) 팔리어 aṅgulimuddika(안구리무띠카)의 번역이다.

세존께서는 꾸짖으셨다.

"여러 비구들이여. 이 어리석은 사람들의 행은 행할 것이 아니고, 수순하는 행이 아니며, 상응하는 법이 아니고, 위의가 아니며, 사문의 행이 아니고, 청정한 행이 아니며, 마땅히 지을 것이 아니니라. 여러 비구들이여. 이 어리석은 사람들은 어찌하여 귀고리, 귀장엄구, 목걸이, 허리띠, 팔찌, 손목 장엄구, 손 장엄구, 반지 등을 착용하였는가? 여러 비구들이여. 이것은 오히려 믿지 않는 자에게 신심이 생겨나지 않게 하고, 이미 믿었던 자는 증장시키지 않느니라. …… 이미 믿었던 자는 일부가 전전하여 다른 곳을 향하여 떠나가게 하느니라."

세존께서는 육군비구들을 꾸짖으셨고 설법하셨으며 여러 비구들에게 알려 말씀하셨다.

"여러 비구들이여. 귀고리, 귀장엄구, 목걸이, 허리띠, 팔찌, 손목 장엄구, 손 장엄구, 반지 등을 착용할 수 없느니라. 착용하는 자는 악작을 범하느니라."

2-2 그때 육군비구들이 머리카락을 길렀다. 여러 사람들은 싫어하고 비난하였다.

"어찌하여 사문 석자들은 머리카락을 기르는가?"

여러 비구들은 그 여러 사람들이 싫어하고 비난하는 것을 들었다. 이때 그 여러 비구들은 이 일로써 세존께 아뢰었다. 이때 세존께서는 이 인연으로써 비구 승가를 모으셨으며, 여러 비구들에게 물어 말씀하셨다.

"여러 비구들이여. 육군비구들이 머리카락을 길렀는가?"

"진실로 그렇습니다. 세존이시여."

…… 세존께서는 육군비구들을 꾸짖으셨고 설법하셨으며 여러 비구들에게 알려 말씀하셨다.

"여러 비구들이여. 머리카락을 기를 수 없느니라. 기르는 자는 악작을 범하느니라. 여러 비구들이여. 2개월을 기르거나, 혹은 손가락의 두 마디는 허락하겠노라."

2-3 그때 육군비구들이 빗으로써 머리를 빗었고, 뱀 모양의 빗으로써 머리를 빗었으며, 손으로써 머리를 빗었고, 밀랍으로써 머리를 빗었으며, 기름이 있는 물로써 머리를 빗었다. 여러 사람들은 싫어하고 비난하였다.

"어찌하여 사문 석자들은 빗으로써 머리를 빗었고, 뱀 모양의 빗으로써 머리를 빗었으며, 손으로써 머리를 빗었고, 밀랍으로써 머리를 빗었으며, 기름이 있는 물로써 머리를 빗는가? 오히려 여러 욕락을 즐기는 재가인들과 같구나!"

여러 비구들은 그 여러 사람들이 싫어하고 비난하는 것을 들었다. 이때 그 여러 비구들은 이 일로써 세존께 아뢰었다. 이때 세존께서는 이 인연으로써 비구 승가를 모으셨으며, 여러 비구들에게 물어 말씀하셨다.

"여러 비구들이여. 육군비구들이 빗으로써 머리를 빗었고, 뱀 모양의 빗으로써 머리를 빗었으며, 손으로써 머리를 빗었고, 밀랍으로써 머리를 빗었으며, 기름이 있는 물로써 머리를 빗었는가?"

"진실로 그렇습니다. 세존이시여."

…… 세존께서는 육군비구들을 꾸짖으셨고 설법하셨으며 여러 비구들에게 알려 말씀하셨다.

"여러 비구들이여. 빗으로써 머리를 빗었고, 뱀 모양의 빗으로써 머리를 빗었으며, 손으로써 머리를 빗었고, 밀랍으로써 머리를 빗었으며, 기름이 있는 물로써 머리를 빗을 수 없느니라. 머리를 빗는 자는 악작을 범하느니라."

2-4 그때 육군비구들이 거울로써, 혹은 물그릇으로써 얼굴을 비추어보았다. 여러 사람들은 싫어하고 비난하였다.

"어찌하여 사문 석자들은 거울로써, 혹은 물그릇으로써 얼굴을 비추어보는가? 오히려 여러 욕락을 즐기는 재가인들과 같구나!"

여러 비구들은 그 여러 사람들이 싫어하고 비난하는 것을 들었다. 이때 그 여러 비구들은 이 일로써 세존께 아뢰었다. 이때 세존께서는 이 인연으로써 비구 승가를 모으셨으며, 여러 비구들에게 물어 말씀하셨다.

"여러 비구들이여. 육군비구들이 거울로써, 혹은 물그릇으로써 얼굴을 비추어보았는가?"

"진실로 그렇습니다. 세존이시여."

…… 세존께서는 육군비구들을 꾸짖으셨고 설법하셨으며 여러 비구들에게 알려 말씀하셨다.

"여러 비구들이여. 거울로써, 혹은 물그릇으로써 얼굴을 비추어볼 수 없느니라. 비추어보는 자는 악작을 범하느니라."

2-5 그때 한 비구의 얼굴 위에 부스럼이 생겨났고, 그 비구는 여러 비구들에게 물어 말하였다.

"여러 장로들이여. 나의 부스럼은 어떻습니까?"

여러 비구들은 이와 같이 말하였다.

"장로여. 그대의 부스럼은 이와 같습니다."

그 비구는 믿지 않았다. 여러 비구들은 이 일로써 세존께 아뢰었고, 세존께서는 말씀하셨다.

"여러 비구들이여. 만약 병의 까닭이라면 거울로써, 혹은 물그릇으로써 얼굴을 비추어보는 것을 허락하겠노라."

2-6 그때 육군비구들이 얼굴에 기름을 바르거나, 얼굴을 어루만지고 문지르거나, 얼굴에 화장하거나, 웅황(雄黃)17)으로 채색(彩色)하거나, 사지(四肢)를 채색하거나, 얼굴을 채색하거나, 얼굴과 사지를 채색하였다. 여러 사람들은 싫어하고 비난하였다.

"어찌하여 사문 석자는 얼굴에 기름을 바르거나, 얼굴을 어루만지고 문지르거나, 얼굴에 화장하거나, 웅황으로 채색하거나, 사지를 채색하거나, 얼굴을 채색하거나, 얼굴과 사지를 채색하는가? 오히려 여러 욕락을 즐기는 재가인들과 같구나!"

여러 비구들은 그 여러 사람들이 싫어하고 비난하는 것을 들었다. 이때

---

17) 약으로 사용하는 광석으로 황화비소가 주성분이며 '석웅황(石雄黃)'이라고도 말한다.

그 여러 비구들은 이 일로써 세존께 아뢰었다. 이때 세존께서는 이 인연으로써 비구 승가를 모으셨으며, 여러 비구들에게 물어 말씀하셨다.

"여러 비구들이여. 육군비구들이 얼굴에 기름을 바르거나, 얼굴을 어루만지고 문지르거나, 얼굴에 화장하거나, 웅황으로 채색하거나, 사지를 채색하거나, 얼굴을 채색하거나, 얼굴과 사지를 채색하였는가?"

"진실로 그렇습니다. 세존이시여."

…… 세존께서는 육군비구들을 꾸짖으셨고 설법하셨으며 여러 비구들에게 알려 말씀하셨다.

"여러 비구들이여. 얼굴에 기름을 바를 수 없고, 얼굴을 어루만지고 문지를 수 없으며, 얼굴에 화장할 수 없고, 웅황으로 채색할 수 없으며, 사지를 채색할 수 없고, 얼굴을 채색할 수 없으며, 얼굴과 사지를 채색할 수 없느니라. 채색하는 자는 악작을 범하느니라."

그때 한 비구가 눈병을 앓았다. 여러 비구들은 이 일로써 세존께 아뢰었고, 세존께서는 말씀하셨다.

"여러 비구들이여. 만약 병의 까닭이라면 기름을 바르는 것을 허락하겠노라."

2-7 그때 왕사성의 산정제전(山頂祭典)이 있었는데, 육군비구들도 제전을 보려고 산꼭대기에 갔다. 여러 사람들은 싫어하고 비난하였다.

"어찌하여 사문 석자가 춤·노래·음악을 보려고 오는가? 오히려 여러 욕락을 즐기는 재가인들과 같구나!"

여러 비구들은 그 여러 사람들이 싫어하고 비난하는 것을 들었다. 이때 그 여러 비구들은 이 일로써 세존께 아뢰었다. 이때 세존께서는 이 인연으로써 비구 승가를 모으셨으며, 여러 비구들에게 물어 말씀하셨다.

"여러 비구들이여. 육군비구들이 춤·노래·음악을 보려고 산꼭대기에 갔는가?"

"진실로 그렇습니다. 세존이시여."

…… 세존께서는 육군비구들을 꾸짖으셨고 설법하셨으며 여러 비구들에게 알려 말씀하셨다.

"여러 비구들이여. 춤·노래·음악을 보려고 떠나갈 수 없느니라. 떠나가는 자는 악작을 범하느니라."

[몸의 장엄을 마친다.]

   3) 노래

3-1 그때 육군비구들은 긴 곡조의 노랫소리로 법을 송출하였다. 여러 사람들은 싫어하고 비난하였다.

"어찌하여 사문 석자가 오히려 우리들이 송출하는 것과 같이 긴 곡조의 노랫소리로 법을 송출하는가?"

여러 비구들은 그 여러 사람들이 싫어하고 비난하는 것을 들었다. 이때 그 여러 비구들은 이 일로써 세존께 아뢰었다. 이때 세존께서는 이 인연으로써 비구 승가를 모으셨으며, 여러 비구들에게 물어 말씀하셨다.

"여러 비구들이여. 육군비구들이 긴 곡조의 노랫소리로 법을 송출하였는가?"

"진실로 그렇습니다. 세존이시여."

…… 세존께서는 육군비구들을 꾸짖으셨고 설법하셨으며 여러 비구들에게 알려 말씀하셨다.

"여러 비구들이여. 긴 곡조의 노랫소리로 법을 송출하는 자는 다섯 가지의 허물이 있느니라. 스스로가 그 음성을 탐착하고, 다른 사람들도 역시 그 음성을 탐착하며, 여러 거사들이 비난하고, 즐거이 음의 곡조를 구한다면 삼매를 파괴하며, 뒤의 사람들이 삿된 견해에 떨어지는 것이다. 여러 비구들이여. 긴 곡조의 노랫소리로 법을 송출하는 자는 이와 같은 다섯 가지의 허물이 있느니라. 여러 비구들이여. 긴 곡조의 노랫소리로 법을 송출할 수 없느니라. 송출하는 자는 악작을 범하느니라."

3-2 그때 여러 비구들은 의심하고 두려웠으므로 감히 독송하지 못하였다. 여러 비구들은 이 일로써 세존께 아뢰었고, 세존께서는 말씀하셨다.
"여러 비구들이여. 독송하는 것은 허락하겠노라."

[노래를 마친다.]

4) 가죽옷

4-1 그때 육군비구들은 바깥에 털이 있는 가죽옷을 입었다. 여러 사람들은 싫어하고 비난하였다.
"어찌하여 사문 석자들은 털이 있는 가죽옷을 입는가? 오히려 여러 욕락을 즐기는 재가인들과 같구나!"
여러 비구들은 그 여러 사람들이 싫어하고 비난하는 것을 들었다. 이때 그 여러 비구들은 이 일로써 세존께 아뢰었다. 이때 세존께서는 이 인연으로써 비구 승가를 모으셨으며, 여러 비구들에게 물어 말씀하셨다.
"여러 비구들이여. 육군비구들이 털이 있는 가죽옷을 입었는가?"
"진실로 그렇습니다. 세존이시여."
…… 세존께서는 육군비구들을 꾸짖으셨고 설법하셨으며 여러 비구들에게 알려 말씀하셨다.
"여러 비구들이여. 털이 있는 가죽옷을 입을 수 없느니라. 입는 자는 악작을 범하느니라."

[가죽옷을 마친다.]

5) 암바라과(菴婆羅果)

5-1 그때 마갈타국(摩竭陀國)[18]의 왕인 사니야빈비사라(斯尼耶頻毘娑羅)[19]의 원림(園林) 가운데에서 암바라과가 익었다. 마갈타국의 왕인 사니야빈비사라는 이것을 알려 말하였다.

"여러 존자들이여. 뜻을 따라서 암바라과를 드십시오."

육군비구들은 익지 않았던 암바라과를 떨어뜨리고서 먹었다. 마갈타국의 왕인 사니야빈비사라는 암바라과를 먹으려고 하였다. 이때 마갈타국의 왕인 사니야빈비사라는 여러 사람들에게 명령하여 말하였다.

"원림으로 가서 암바라과를 가져오시오."

"알겠습니다. 대왕이시여."

그 여러 사람들은 마갈타국의 왕인 사니야빈비사라에게 대답하였고, 원림으로 가서 수원인(守園人)에게 말하였다.

"대왕께서 암바라과를 원하시므로, 암바라과를 받드시오."

"암바라과는 없습니다. 여러 비구들이 익지 않았던 암바라과를 떨어뜨리고서 먹었습니다."

이때 그 여러 사람들은 이 일로써 마갈타국의 왕인 사니야빈비사라에게 아뢰었다.

"여러 존자들이 먹었던 것은 옳은 일이오. 그러나 세존께서는 적정한 양을 찬탄하셨소."

여러 사람들은 싫어하고 비난하였다.

"어찌하여 사문 석자들은 양을 알지 못하고서 왕의 암바라과를 먹는가?"

여러 비구들은 그 여러 사람들이 싫어하고 비난하는 것을 들었다. 이때 그 여러 비구들은 이 일로써 세존께 아뢰었다. 이때 세존께서는 이 인연으로써 비구 승가를 모으셨으며, 여러 비구들에게 물어 말씀하셨다.

"여러 비구들이여. 육군비구들이 양을 알지 못하고서 왕의 암바라과를

---

18) 팔리어 māgadha(마가다)의 음사이다.
19) 팔리어 Seniya bimbisāra(세니야 빔비사라)의 번역이다.

먹었는가?"

"진실로 그렇습니다. 세존이시여."

…… 세존께서는 육군비구들을 꾸짖으셨고 설법하셨으며 여러 비구들에게 알려 말씀하셨다.

"여러 비구들이여. 암바라과를 먹을 수 없느니라. 먹는 자는 악작을 범하느니라."

5-2 그때 한 무리의 사람들이 승가에게 차례로 공양하였다. 음료수에 암바라과의 껍질이 섞여 있었다. 여러 비구들은 의심하고 두려웠으므로 감히 먹지 못하였다. 여러 비구들은 이 일로써 세존께 아뢰었고, 세존께서는 말씀하셨다.

"여러 비구들이여. 그 음식을 받아서 먹을지니라. 암바라과의 껍질을 받는 것을 허락하겠노라."

그때 한 무리의 사람들이 승가에게 차례로 공양하였다. 그 사람들은 과일의 껍질을 깎지 않는 것을 알지 못하였으므로, 온전한 암바라과를 가지고 식당으로 갔다. 여러 비구들은 의심하고 두려웠으므로 감히 먹지 못하였다. 여러 비구들은 이 일로써 세존께 아뢰었고, 세존께서는 말씀하셨다.

"여러 비구들이여. 그 음식을 받아서 먹을지니라. 사문에게 상응하는 다섯 가지 일에 의지하는 과일을 먹는 것을 허락하겠나니 이를테면, 불에 손상되었거나, 칼에 손상되었거나, 손톱에 손상되었거나, 오히려 종자가 없거나, 종자가 분리된 것의 다섯 종류이니라. 사문에게 상응하는 다섯 가지 일에 의지하는 과일을 먹는 것을 허락하겠노라."

[암바라과를 마친다.]

6) 자호주(自護咒)

6-1 그때 어느 한 비구가 뱀에 물려서 죽었다. 여러 비구들은 이 일로써 세존께 아뢰었고, 세존께서는 말씀하셨다.

"여러 비구들이여. 그 비구는 자비심으로써 네 부류의 뱀왕족(蛇王族)[20]에 널리 원만하지 않았느니라. 여러 비구들이여. 만약 그 비구가 자비심으로써 네 부류의 뱀왕족에 널리 원만하였다면, 여러 비구들이여. 그 비구는 뱀에 물려서 죽지 않았을 것이니라. 무엇이 네 부류의 뱀왕족인가? 비루라아차(毘樓羅阿叉)[21]의 뱀왕족, 이라만(伊羅漫)[22]의 뱀왕족, 사바자(舍婆子)[23]의 뱀왕족, 구담명(瞿曇冥)[24]의 뱀왕족이니라.

여러 비구들이여. 그 비구는 반드시 자비심으로써 네 부류의 뱀왕족에 널리 원만하지 않았느니라. 여러 비구들이여. 만약 그 비구가 자비심으로써 네 부류의 뱀왕족에 널리 원만하였다면, 여러 비구들이여. 그 비구는 뱀에 물려서 죽지 않았을 것이니라. 여러 비구들이여. 자비심으로써 네 부류의 뱀왕족에 널리 원만스러운 자는 스스로를 지키고, 스스로를 보호하기 위하여 자호주를 송출하는 것을 허락하겠노라. 여러 비구들이여. 이것을 행하면서 마땅히 이와 같이 행할지니라.

　　비루라를 위하여 나의 자애(慈愛)를!
　　이라만을 위하여 나의 자애를!
　　사바자를 위하여 나의 자애를!
　　구담명을 위하여 나의 자애를!

---

20) 팔리어 Ahirājakula(아히라자쿠라)의 번역이다.
21) 팔리어 Virūpakkha(비루빠까)의 음사이다.
22) 팔리어 Erāpatha(에라파타)의 음사이다.
23) 팔리어 Chabyāputta(차브야푸따)의 음사이다.
24) 팔리어 Kaṇhāgotama(칸하고타마)의 음사이다.

다리가 없는 자를 위하여 나의 자애를!
다리가 두 개인 자를 위하여 나의 자애를!
다리가 네 개인 자를 위하여 나의 자애를!
다리가 많은 자를 위하여 나의 자애를!

다리가 없는 자가 나를 해치지 않기를!
다리가 두 개인 자가 나를 해치지 않기를!
다리가 네 개인 자가 나를 해치지 않기를!
다리가 많은 자를 자가 나를 해치지 않기를!

일체의 유정(有情)과 생명(生命)들
일체의 생명이 있는 자들은
일체가 모두 선하고 아름다움을 만나고
작은 부분의 악이라도 앞에 오지 않기를!

세존께서는 무량(無量)하시고 법도 무량하시며 승가도 무량하실지라도, 기어다니는 자들, 곧 뱀, 전갈, 지네(白足), 거미, 도마뱀, 쥐 등은 유량(有量)합니다. 나를 스스로 보호하고자 나는 호주(護咒)를 송출하오니, 살아있는 자는 떠나가라. 나는 세존께 귀명(歸命)하옵고, 일곱 분의 정등각(正等覺)께 귀명하옵니다.
여러 비구들이여. 장차 사혈(瀉血)하는 것을 허락하겠노라."

[자호주를 마친다.]

7) 생지(生支)의 절단

7-1 그때 어느 한 비구가 있었는데, 즐겁지 않음으로 고뇌하면서 스스로가

남근(男根)을 잘랐다. 여러 비구들은 이 일로써 세존께 아뢰었고, 세존께서는 말씀하셨다.

"여러 비구들이여. 그 어리석은 사람은 마땅히 자르지 않을 것을 이렇게 잘랐구나! 여러 비구들이여. 스스로가 남근을 자를 수 없나니, 자르는 자는 투란차(偸蘭遮)를 범하느니라."

[생지의 절단을 마친다.]

8) 전단(栴檀) 발우

8-1 그때 왕사성에 장자(長子)가 있었는데, 값비싼 전단의 심재(心材)가 있는 전단목(栴檀木)을 얻었다. 이때 왕사성의 장자는 마음에서 생각하였다.

'나는 마땅히 이 전단목으로써 발우를 짓고, 조각들은 내가 수용하겠으며, 보시물인 발우를 보시해야겠다.'

이때 왕사성의 장자는 그 전단목으로써 발우를 짓게 시켰고 그물자루에 넣어두었다. 그물자루를 대나무 장대의 꼭대기에 걸어두고서 이와 같이 말하였다.

"만약 사문이나, 바라문께서 신통을 구족한 아라한이라면, 이 보시하는 발우를 취하십시오."

이때 부루나가섭(富樓那迦葉)[25]은 왕사성 장자의 처소에 이르렀고, 왕사성 장자에게 말하였다.

"거사여. 나는 신통을 구족한 아라한이니, 발우를 나에게 주시오."

"만약 장로께서 신통을 구족한 아라한이라면, 이 보시하는 발우를 취하십시오."

이때 마가리구사자(摩伽梨俱賒子)[26], 아기타시사흠파라(阿耆陀翅舍欽

---

25) 팔리어 Pūraṇa kassapa(푸루나 카싸파)의 음사이다. 육사외도의 한 명이고, 도덕론자이다.

婆羅)27), 가구타전연(迦求陀梅延)28), 산도야비라도자(珊闍耶毘羅茶子)29), 니건타야제자(尼犍陀若提子)30) 등도 왕사성 장자의 처소에 이르렀고, 왕사성 장자에게 말하였다.

"거사여. 나는 신통을 구족한 아라한이니, 발우를 나에게 주시오."

그때 장로 마하목건련(摩訶目犍連)31)과 장로 빈두로파라타(賓頭盧頗羅墮)32)는 이른 아침에 하의를 입고서 옷과 발우를 지니고 왕사성에 들어가서 걸식하였다. 이때 장로 빈두로파라타는 장로 마하목건련에게 말하였다.

"장로 목건련은 신통을 구족한 아라한입니다. 장로 목건련이여. 청하건대 가서 이 발우를 취하십시오. 이 발우는 그대에게 귀속될 것입니다."

장로 마하목건련은 장로 빈두로파라타에게 말하였다.

"장로 빈두로파라타는 신통을 구족한 아라한입니다. 장로 빈두로파라타여. 청하건대 가서 이 발우를 취하십시오. 이 발우는 그대에게 귀속될 것입니다."

이때 장로 빈두로파라타는 허공으로 날아올라서 그 발우를 취하였고, 왕사성을 세 바퀴를 돌았다. 그때 왕사성의 장자는 아내와 함께 집에 서 있으면서 합장하고 예배하면서 말하였다.

"존자 파라타여. 청하건대 우리집으로 내려오십시오."

---

26) 팔리어 Makkhali gosāla(마까리 고살라)의 음사이다. 육사외도의 한 명이고, 숙명론자이다.
27) 팔리어 Ajita kesakambala(아지타 케사캄바라)의 음사이다. 육사외도의 한 명이고, 물질론자이다.
28) 팔리어 Pakudha kaccāyana(푸쿠다 카짜야나)의 음사이다. 육사외도의 한 명이고, 우주는 흙, 물, 불, 공기, 행복, 고통, 영혼의 일곱 가지의 한 요소로 구성되어 있다고 믿는 원자론자이다.
29) 팔리어 Sañcaya belaṭṭhaputta(산차야 베라따푸따)의 음사이다. 육사외도의 한 명이고, 고행론자이다.
30) 팔리어 Nigaṇṭha nāṭaputta(니간타 나타푸따)의 음사이다. 육사외도의 한 명이고, 불가지론자이다.
31) 팔리어 Mahāmoggallāna(마하모깔라나)의 음사이다.
32) 팔리어 Piṇḍolabhāradvāja(핀도라바라드바자)의 음사이다.

이때 장로 빈두로파라타는 왕사성 장자의 집에 내려와서 서 있었다. 이때 왕사성의 장자는 손으로 장로 빈두로파라타의 발우를 취하였고 많이 준비하였던 진귀한 담식을 장로 빈두로파라타에게 보시하였다. 이때 장로 빈두로파라타는 그 발우를 지니고 정사에 갔다.

8-2 여러 사람들은 "존자 빈두로파라타가 왕사성 장자의 발우를 취하였다."라고 들었다. 그 여러 사람들은 시끄럽게 떠들면서 장로 빈두로파라타의 뒤를 따라다녔다. 세존께서는 시끄럽게 떠드는 소리를 들으셨고, 장로 아난에게 말씀하셨다.

"아난이여. 저 시끄러운 소리는 무엇인가?"

"장로 빈두로파라타가 왕사성 장자의 발우를 취하였고, 여러 사람들은 '존자 빈두로파라타가 왕사성 장자의 발우를 취하였다.'라고 들었습니다. 그 여러 사람들은 시끄럽게 떠들면서 장로 빈두로파라타의 뒤를 따라다니고 있습니다."

이때 세존께서는 이 인연으로써 비구 승가를 모으셨으며, 빈두로파라타에게 물어 말씀하셨다.

"파라타여. 그대가 진실로 왕사성 장자의 발우를 취하였는가?"

"진실로 그렇습니다. 세존이시여."

세존께서는 장로 빈두로파라타를 꾸짖으셨다.

"파라타여. 이것은 행할 것이 아니고, 수순하는 행이 아니며, 상응하는 법이 아니고, 위의가 아니며, 사문의 행이 아니고, 청정한 행이 아니며, 마땅히 지을 것이 아니니라. 파라타여. 그대는 어찌 미천한 발우를 위한 까닭으로 재가인을 위하여 상인법(上人法)인 신통의 변화를 나타내었는가? 파라타여. 오히려 부녀(婦女)가 미천한 마사가(摩沙迦)33)의 금전을 위하여 속치마를 보여주는 것과 같으니라. 이와 같이 파라타여. 이것은 미천한 발우를 위한 까닭으로 재가인을 위하여 상인법(上人法)인 신통의

---

33) 팔리어 māsaka(마사카)의 음사이고, 적은 액수의 금전을 가리킨다.

변화를 나타내던 것과 같으니라. 파라타여. 이것은 오히려 믿지 않는 자에게 신심이 생겨나지 않게 하고, 이미 믿었던 자는 증장시키지 않느니라. …… 이미 믿었던 자는 일부가 전전하여 다른 곳을 향하여 떠나가게 하느니라."

세존께서는 장로 빈두로파라타를 꾸짖으셨고 설법하셨으며 여러 비구들에게 알려 말씀하셨다.

"여러 비구들이여. 재가인을 위하여 상인법인 신통의 변화를 나타낼 수 없느니라. 나타내는 자는 악작을 범하느니라. 여러 비구들이여. 이 나무 발우는 부수어 가루를 만들 것이고, 여러 비구들 위하여 안약(眼藥)으로 주도록 하라. 여러 비구들이여. 나무 발우를 지닐 수 없나니, 지니는 자는 악작을 범하느니라."

[전단 발우를 마친다.]

9) 발우

9-1 그때 육군비구들은 여러 종류의 금(金) 발우와 은(銀) 발우를 지니고 다녔다. 여러 사람들은 싫어하고 비난하였다.

"어찌하여 사문 석자들은 금 발우와 은 발우를 지니고 다니는가?"

여러 비구들은 그 여러 사람들이 싫어하고 비난하는 것을 들었다. 이때 그 여러 비구들은 이 일로써 세존께 아뢰었다. 이때 세존께서는 이 인연으로써 비구 승가를 모으셨으며, 여러 비구들에게 물어 말씀하셨다.

"여러 비구들이여. 육군비구들이 금 발우와 은 발우를 지니고 다녔는가?"

"진실로 그렇습니다. 세존이시여."

…… 세존께서는 육군비구들을 꾸짖으셨고 설법하셨으며 여러 비구들에게 알려 말씀하셨다.

"여러 비구들이여. 금 발우, 은 발우, 마니(摩尼) 발우, 벽유리(碧琉璃)[34]

발우, 수정(水晶)35) 발우, 청동(銅)36) 발우, 유리(琉璃)37) 발우, 주석(銅石)38) 발우, 납(鉛) 발우, 구리39) 발우 등을 지닐 수 없느니라. 지니는 자는 악작을 범하느니라. 여러 비구들이여. 두 발우를 허락하겠나니, 철 발우와 질그릇 발우이니라."

9-2 그때 발우의 바닥이 닳았으므로, 이때 그 여러 비구들은 이 일로써 세존께 아뢰었다. 이때 세존께서는 말씀하셨다.
"여러 비구들이여. 발우의 받침대를 만드는 것을 허락하겠노라."

그때 육군비구들은 여러 종류의 금과 은의 발우 받침대를 지니고 다녔다. 여러 사람들은 싫어하고 비난하였다.
"어찌하여 사문 석자들은 금과 은의 발우 받침대를 지니고 다니는가?"
여러 비구들은 그 여러 사람들이 싫어하고 비난하는 것을 들었다. 이때 그 여러 비구들은 이 일로써 세존께 아뢰었다. 이때 세존께서는 이 인연으로써 비구 승가를 모으셨으며, 여러 비구들에게 물어 말씀하셨다.
"여러 비구들이여. 육군비구들이 금과 은의 발우 받침대를 지니고 다녔는가?"
"진실로 그렇습니다. 세존이시여."
…… 세존께서는 육군비구들을 꾸짖으셨고 설법하셨으며 여러 비구들에게 알려 말씀하셨다.
"여러 비구들이여. 금과 은의 발우 받침대를 지닐 수 없느니라. 지니는 자는 악작을 범하느니라. 여러 비구들이여. 두 종류의 발우 받침대를 허락하겠나니, 주석과 납으로 지은 것이니라."

---

34) 팔리어 veḷuriya(베루리야)의 번역이다.
35) 팔리어 phalika(파리카)의 번역이다.
36) 팔리어 kaṃsa(캄사)의 번역이다.
37) 팔리어 kāca(카차)의 번역이다.
38) 팔리어 tipu(티푸)의 번역이다.
39) 팔리어 tambaloha(탐바로하)의 번역이다.

발우 받침대가 두꺼워서 알맞지 않았다. 여러 비구들은 이 일로써 세존께 아뢰었다. 이때 세존께서는 말씀하셨다.

"여러 비구들이여. 깎아내는 것을 허락하겠노라."

울퉁불퉁하였으므로, 여러 비구들은 이 일로써 세존께 아뢰었다. 이때 세존께서는 말씀하셨다.

"여러 비구들이여. 마갈어(摩竭魚)[40]의 이빨로 깎아내는 것을 허락하겠노라."

그때 육군비구들은 그림을 그렸던 것과 상감(象嵌)[41]으로 채색하였던 발우 받침대를 지니고 있었는데, 이것을 지니고 도로를 배회하였다. 여러 사람들은 싫어하고 비난하였다.

"어찌하여 사문 석자들은 그림을 그렸던 것과 상감으로 채색하였던 발우 받침대를 지니고 다니는가?"

여러 비구들은 그 여러 사람들이 싫어하고 비난하는 것을 들었다. 이때 그 여러 비구들은 이 일로써 세존께 아뢰었다. 이때 세존께서는 이 인연으로써 비구 승가를 모으셨으며, 여러 비구들에게 물어 말씀하셨다.

"여러 비구들이여. 육군비구들이 그림을 그렸던 것과 상감으로 채색하였던 발우 받침대를 다녔는가?"

"진실로 그렇습니다. 세존이시여."

…… 세존께서는 육군비구들을 꾸짖으셨고 설법하셨으며 여러 비구들에게 알려 말씀하셨다.

"여러 비구들이여. 그림을 그렸던 것과 상감으로 채색하였던 발우 받침대를 지닐 수 없느니라. 지니는 자는 악작을 범하느니라. 여러 비구들이여. 자연스러운 발우 받침대를 허락하겠노라."

---

40) 팔리어 makara(마카라)의 음사이고, 상어류의 물고기를 가리킨다.
41) 금속, 도자기, 목재 등의 겉면에 여러 가지 무늬를 파내고 그 속에 같은 모양의 다른 재료를 끼우는 기술을 가리킨다.

9-3 그때 여러 비구들은 발우에 물을 담아서 보관하였으므로, 발우가 부서졌다. 여러 비구들은 이 일로써 세존께 아뢰었고, 이때 세존께서는 말씀하셨다.

"여러 비구들이여. 발우에 물을 담아서 보관할 수 없느니라. 보관하는 자는 악작을 범하느니라. 여러 비구들이여. 발우는 햇볕에 말린 뒤에 그것을 보관하는 것을 허락하겠노라."

그때 여러 비구들은 발우에 물을 담아서 말렸으므로, 발우에 악취가 생겨났다. 여러 비구들은 이 일로써 세존께 아뢰었고, 이때 세존께서는 말씀하셨다.

"여러 비구들이여. 발우에 물을 담아서 말릴 수 없느니라. 말리는 자는 악작을 범하느니라. 여러 비구들이여. 발우의 물을 닦고서 말린 뒤에 그것을 보관하는 것을 허락하겠노라."

그때 여러 비구들은 발우를 가지고 뜨거운 곳에 놓아두었으므로, 발우의 색깔이 변하였다. 여러 비구들은 이 일로써 세존께 아뢰었다. 이때 세존께서는 말씀하셨다.

"여러 비구들이여. 발우를 뜨거운 곳에 놓아둘 수 없느니라. 놓아두는 자는 악작을 범하느니라. 여러 비구들이여. 발우를 뜨거운 곳에서 잠깐 말린 뒤에 그것을 보관하는 것을 허락하겠노라."

9-4 그때 여러 비구들이 발우를 지지대가 없는 노지에 놓아두었고, 회오리바람이 불어서 굴러다녔으므로 부서졌다. 여러 비구들은 이 일로써 세존께 아뢰었고, 이때 세존께서는 말씀하셨다.

"여러 비구들이여. 발우의 지지대를 허락하겠노라."

그때 여러 비구들은 발우를 가지고 판탑(板榻)[42]의 끝자락에 놓아두었는데, 발우가 떨어져서 부서졌다. 여러 비구들은 이 일로써 세존께 아뢰었고, 이때 세존께서는 말씀하셨다.

"여러 비구들이여. 발우를 판탑의 끝자락에 놓아둘 수 없느니라. 놓아두는 자는 악작을 범하느니라."

그때 여러 비구들이 발우를 평상의 끝자락에 놓아두었는데, 발우가 떨어져서 부서졌다. 여러 비구들은 이 일로써 세존께 아뢰었고, 이때 세존께서는 말씀하셨다.

"여러 비구들이여. 발우를 평상의 끝자락에 놓아둘 수 없느니라. 놓아두는 자는 악작을 범하느니라."

그때 여러 비구들은 발우를 가지고 땅 위에 덮어두었는데, 발우의 가장자리가 긁혔다. 여러 비구들은 이 일로써 세존께 아뢰었고, 이때 세존께서는 말씀하셨다.

"여러 비구들이여. 풀의 부구(敷具)를 사용하는 것을 허락하겠노라."

풀의 부구를 개미들이 씹었다. 여러 비구들은 이 일로써 세존께 아뢰었고, 이때 세존께서는 말씀하셨다.

"여러 비구들이여. 작은 천조각을 사용하는 것을 허락하겠노라."

작은 천조각을 개미들이 씹었다. 여러 비구들은 이 일로써 세존께 아뢰었고, 이때 세존께서는 말씀하셨다.

"여러 비구들이여. 발우 받침대43)를 사용하는 것을 허락하겠노라."

발우가 떨어져서 부서졌다. 여러 비구들은 이 일로써 세존께 아뢰었고, 이때 세존께서는 말씀하셨다.

---

42) 팔리어 middha(미따)의 번역이고, 벽에 판자로 붙여서 만든 의자의 한 종류이다.
43) 팔리어 Pattamālaka(파따마라카)는 발우를 올려놓을 수 있는 물건으로 벽돌이나, 나무를 사용하여 만든다.

"여러 비구들이여. 발우 바구니를 사용하는 것을 허락하겠노라."

발우의 가장자리가 긁혔다. 여러 비구들은 이 일로써 세존께 아뢰었고, 이때 세존께서는 말씀하셨다.
"여러 비구들이여. 발랑을 사용하는 것을 허락하겠노라."

어깨 끈이 없었다. 여러 비구들은 이 일로써 세존께 아뢰었고, 이때 세존께서는 말씀하셨다.
"여러 비구들이여. 어깨끈과 묶는 끈을 사용하는 것을 허락하겠노라."

9-5 그때 여러 비구들은 벽에 말뚝44)이 있었으므로 발우를 가지고 벽의 말뚝에 걸어두었는데, 발우가 떨어져서 부서졌다. 여러 비구들은 이 일로써 세존께 아뢰었고, 이때 세존께서는 말씀하셨다.
"여러 비구들이여. 발우를 걸어둘 수 없느니라. 걸어두는 자는 악작을 범하느니라."

그때 여러 비구들이 발우를 평상의 위에 놓아두었는데, 앉아 있던 때에 생각을 잊어버려서 발우가 부서졌다. 여러 비구들은 이 일로써 세존께 아뢰었고, 이때 세존께서는 말씀하셨다.
"여러 비구들이여. 발우를 평상의 위에 놓아둘 수 없느니라. 놓아두는 자는 악작을 범하느니라."

그때 여러 비구들이 발우를 가지고 무릎의 위에 놓아두었는데, 생각을 잊어버렸으므로 발우가 떨어져서 부서졌다. 여러 비구들은 이 일로써 세존께 아뢰었고, 이때 세존께서는 말씀하셨다.
"여러 비구들이여. 발우를 평상의 위에 놓아둘 수 없느니라. 놓아두는

---

44) 팔리어 nāgadantaka(나가단타카)의 번역이고, 벽에서 돌출되어 물건을 걸기 위해 사용되는 말뚝 또는 브래킷을 가리킨다.

자는 악작을 범하느니라."

그때 여러 비구들이 발우를 가지고 일산의 가운데에 놓아두었는데, 일산이 회오리바람이 불어서 날아갔고, 떨어져서 부서졌다. 여러 비구들은 이 일로써 세존께 아뢰었고, 이때 세존께서는 말씀하셨다.
"여러 비구들이여. 발우를 일산의 가운데에 놓아둘 수 없느니라. 놓아두는 자는 악작을 범하느니라."

그때 여러 비구들이 발우를 가졌던 손으로 문을 열었는데, 문이 회전하여 발우가 부서졌다. 여러 비구들은 이 일로써 세존께 아뢰었고, 이때 세존께서는 말씀하셨다.
"여러 비구들이여. 발우를 가진 손으로 문을 열 수 없느니라. 여는 자는 악작을 범하느니라."

[발우를 마친다.]

10) 박 그릇(瓠壺)

10-1 그때 여러 비구들은 박(瓠) 그릇[45]을 지니고 걸식을 행하였다. 여러 사람들은 싫어하고 비난하였다.
"어찌하여 사문 석자들은 박 그릇을 지니고 걸식을 행하는가? 오히려 외도와 같구나!"
여러 비구들은 그 여러 사람들이 싫어하고 비난하는 것을 들었다. 이때 그 여러 비구들은 이 일로써 세존께 아뢰었다. 이때 세존께서는 이 인연으로써 비구 승가를 모으셨으며, 여러 비구들에게 물어 말씀하셨다.

---
45) 팔리어 tumbakatāha(툼바카타하)의 번역이고, 박(瓠)으로 만든 그릇을 가리킨다.

"여러 비구들이여. 여러 비구들이 박의 그릇을 지니고 걸식을 행하였는가?"

"진실로 그렇습니다. 세존이시여."

…… 세존께서는 여러 비구들을 꾸짖으셨고 설법하셨으며 여러 비구들에게 알려 말씀하셨다.

"여러 비구들이여. 박의 그릇을 지니고 걸식을 행할 수 없느니라. 행하는 자는 악작을 범하느니라."

그때 여러 비구들은 물그릇46)을 지니고 걸식을 행하였다. 여러 사람들은 싫어하고 비난하였다.

"어찌하여 사문 석자들은 물그릇을 지니고 걸식을 행하는가? 오히려 외도와 같구나!"

여러 비구들은 그 여러 사람들이 싫어하고 비난하는 것을 들었다. 이때 그 여러 비구들은 이 일로써 세존께 아뢰었다. 이때 세존께서는 이 인연으로써 비구 승가를 모으셨으며, 여러 비구들에게 물어 말씀하셨다.

"여러 비구들이여. 여러 비구들이 물그릇을 지니고 걸식을 행하였는가?"

"진실로 그렇습니다. 세존이시여."

…… 세존께서는 여러 비구들을 꾸짖으셨고 설법하셨으며 여러 비구들에게 알려 말씀하셨다.

"여러 비구들이여. 물그릇을 지니고 걸식을 행할 수 없느니라. 행하는 자는 악작을 범하느니라."

10-2 그때 한 비구가 있었는데, 항상 분소의(糞掃衣)47)를 입었고, 해골(骸骨)의 발우를 지니고 다녔다. 임신하였던 여인이 그 비구를 보고 놀라서 외쳐 말하였다.

"무섭구나! 이것은 반드시 필사차(畢舍遮)48)이다."

---

46) 팔리어 ghaṭikaṭāha(카티카타하)의 번역이다.
47) 팔리어 sabbapa sukūlika(사빠파 수쿠리카)의 번역이다.

여러 사람들은 싫어하고 비난하였다.

"어찌하여 사문 석자들은 해골의 발우를 지녔으므로, 오히려 필사차와 같은가?"

여러 비구들은 그 여러 사람들이 싫어하고 비난하는 것을 들었다. 이때 그 여러 비구들은 이 일로써 세존께 아뢰었다. 이때 세존께서는 이 인연으로써 비구 승가를 모으셨으며, 여러 비구들에게 물어 말씀하셨다.

"여러 비구들이여. 비구가 해골의 발우를 지녔는가?"

"진실로 그렇습니다. 세존이시여."

…… 세존께서는 여러 비구들을 꾸짖으셨고 설법하셨으며 여러 비구들에게 알려 말씀하셨다.

"여러 비구들이여. 해골의 발우를 지닐 수 없느니라. 지니는 자는 악작을 범하느니라. 여러 비구들이여. 역시 항상 분소의를 입을 수 없느니라. 입는 자는 악작을 범하느니라."

10-3 그때 여러 비구들은 발우에 찌꺼기, 뼛조각, 더러운 물 등을 담았다. 여러 사람들은 싫어하고 비난하였다.

"이 여러 사문 석자들은 이러한 음식으로써, 역시 이와 같은 물건 등으로써 이것을 담는구나!"

여러 비구들은 그 여러 사람들이 싫어하고 비난하는 것을 들었다. 이때 그 여러 비구들은 이 일로써 세존께 아뢰었다. 이때 세존께서는 이 인연으로써 비구 승가를 모으셨으며, 여러 비구들에게 물어 말씀하셨다.

"여러 비구들이여. 여러 비구들이 발우에 찌꺼기, 뼛조각, 더러운 물 등을 담았는가?"

"진실로 그렇습니다. 세존이시여."

…… 세존께서는 여러 비구들을 꾸짖으셨고 설법하셨으며 여러 비구들에게 알려 말씀하셨다.

---

48) 팔리어 pisāca(피사차)의 음사이다.

"여러 비구들이여. 발우에 찌꺼기, 뼛조각, 더러운 물 등을 담을 수 없느니라. 담는 자는 악작을 범하느니라. 여러 비구들이여. 쓰레기통[49]을 허락하겠노라."

[박 그릇을 마친다.]

○ 첫째의 송출품을 마친다.

2. 제2송출품

11) 옷

11-1 그때 여러 비구들은 손으로써 옷의 꿰맨 곳을 뜯었는데, 올바르지 않았다. 여러 비구들은 이 일로써 세존께 아뢰었고, 세존께서는 말씀하셨다.
"여러 비구들이여. 칼과 칼집을 허락하겠노라."

그때 승가는 손잡이가 있는 칼을 얻었다. 여러 비구들은 이 일로써 세존께 아뢰었고, 세존께서는 말씀하셨다.
"여러 비구들이여. 자루가 있는 칼을 허락하겠노라."

그때 육군비구들은 여러 종류의 금과 은의 칼과 손잡이를 지니고 다녔다. 여러 사람들은 싫어하고 비난하였다.
"어찌하여 사문 석자들은 금과 은의 칼과 손잡이를 지니고 다니는가?"
여러 비구들은 그 여러 사람들이 싫어하고 비난하는 것을 들었다. 이때

---

49) 팔리어 paṭiggaha(파티까하)의 번역이다.

그 여러 비구들은 이 일로써 세존께 아뢰었다. 이때 세존께서는 이 인연으로써 비구 승가를 모으셨으며, 여러 비구들에게 물어 말씀하셨다.
"여러 비구들이여. 육군비구들이 금과 은의 칼과 손잡이를 지니고 다녔는가?"
"진실로 그렇습니다. 세존이시여."
…… 세존께서는 육군비구들을 꾸짖으셨고 설법하셨으며 여러 비구들에게 알려 말씀하셨다.
"여러 비구들이여. 금과 은의 칼과 손잡이를 지닐 수 없느니라. 지니는 자는 악작을 범하느니라. 여러 비구들이여. 뼈의 손잡이, 상아 손잡이, 뿔 손잡이, 갈대 손잡이, 대나무 손잡이, 나무 손잡이, 수지(樹脂) 손잡이, 열매 손잡이, 구리 손잡이, 소라껍질 손잡이 등은 허락하겠노라."

11-2 그때 여러 비구들은 닭털과 대나무의 껍질을 사용하여 옷을 꿰매었으나, 옷을 쉽게 꿰맬 수 없었다. 여러 비구들은 이 일로써 세존께 아뢰었고, 세존께서는 말씀하셨다.
"여러 비구들이여. 바늘을 사용하는 것을 허락하겠노라."

바늘이 녹슬었다.
"여러 비구들이여. 대나무로 바늘통을 만드는 것을 허락하겠노라."

대나무 바늘통의 가운데에서도 역시 녹슬었다.
"여러 비구들이여. 효모(酵母)50)를 채우는 것을 허락하겠노라."

대나무 효모의 가운데에서도 역시 녹슬었다.
"여러 비구들이여. 보릿가루를 채우는 것을 허락하겠노라."

---

50) 팔리어 kiṇṇa(킨나)의 음사이다.

대나무 보릿가루의 가운데에서도 역시 녹슬었다.
"여러 비구들이여. 돌가루를 채우는 것을 허락하겠노라."

대나무 돌가루의 가운데에서도 역시 녹슬었다.
"여러 비구들이여. 밀납(密臘)을 채우는 것을 허락하겠노라."

대나무 밀납의 가운데에서도 역시 녹슬었다.
"여러 비구들이여. 고무가 섞인 돌가루를 채우는 것을 허락하겠노라."

11-3 그때 여러 비구들은 여러 곳의 말뚝에 묶고서 옷을 꿰매었는데, 올바르지 않았다. 여러 비구들은 이 일로써 세존께 아뢰었고, 세존께서는 말씀하셨다.
"여러 비구들이여. 가치나(迦絺那)[51]와 가치나 끈을 이용하여 여러 곳에 묶고서 옷을 꿰매는 것을 허락하겠노라."

평평하지 않은 곳에 가치나를 길게 펼쳐놓았는데, 가치나가 부서졌다.
"여러 비구들이여. 평평하지 않은 곳에 가치나를 길게 펼쳐놓을 수 없느니라. 길게 펼쳐놓는 자는 악작을 범하느니라."

땅 위에 가치나를 길게 펼쳐놓았으므로, 가치나는 재(恢)와 먼지에 더럽혀졌다.
"여러 비구들이여. 풀의 부구를 사용하는 것을 허락하겠노라."

가치나의 가장자리가 부서졌다.
"여러 비구들이여. 가장자리를 엮는 것을 허락하겠노라."

---

51) 팔리어 kathina(카티나)의 음사이고, 가치나의를 꿰맬 때에 사용하는 나무 틀(프레임)을 가리킨다.

가치나가 알맞지 않았다.

"여러 비구들이여. 가치나에 가로 막대52), 쐐기53), 나무 핀54), 묶는 끈55), 묶는 밧줄56) 등을 사용하여 묶고서 옷을 꿰매는 것을 허락하겠노라."

실(線)의 간격이 알맞지 않았다.
"여러 비구들이여. 표시하는 것을 허락하겠노라."

실이 비뚤어졌다.
"여러 비구들이여. 시침실(繃線)로 꿰매는 것을 허락하겠노라."

11-4 그때 여러 비구들은 발을 씻지 않고 가치나를 밟았으므로 가치나가 더러워졌다. 여러 비구들은 이 일로써 세존께 아뢰었고, 세존께서는 말씀하셨다.

"여러 비구들이여. 발을 씻지 않고 가치나를 밟을 수 없느니라. 밟는 자는 악작을 범하느니라."

그때 여러 비구들은 젖은 발로 가치나를 밟았으므로 가치나가 더러워졌다. 여러 비구들은 이 일로써 세존께 아뢰었고, 세존께서는 말씀하셨다.

"여러 비구들이여. 젖은 발로 가치나를 밟을 수 없느니라. 밟는 자는 악작을 범하느니라."

그때 여러 비구들은 신발을 신고서 가치나를 밟았으므로 가치나가 더러워졌다. 여러 비구들은 이 일로써 세존께 아뢰었고, 세존께서는

---

52) 팔리어 daṇḍakathina(단다카티나)의 번역이고, 'daṇḍa'와 'kathina'의 합성어이다. 'daṇḍa'는 나무 조각, 막대기, 지팡이 등을 뜻한다.
53) 팔리어 bidalaka(비다라카)의 번역이고, 작은 막대기 또는 쐐기를 뜻한다.
54) 팔리어 vinandhanarajju(비난다나라쭈)의 번역이고, 말뚝 또는 얇은 막대를 뜻한다.
55) 팔리어 vinandhanasutta(비난다나수따)의 번역이다.
56) 팔리어 vinandhitvā(비난디트바)의 번역이다.

말씀하셨다.

"여러 비구들이여. 신발을 신고서 가치나를 밟을 수 없느니라. 밟는 자는 악작을 범하느니라."

11-5 그때 여러 비구들은 손가락의 움켜쥐는 힘으로 옷을 꿰맸으므로 손가락이 아팠다. 여러 비구들은 이 일로써 세존께 아뢰었고, 세존께서는 말씀하셨다.

"여러 비구들이여. 골무57)를 사용하는 것을 허락하겠노라."

그때 육군비구들은 여러 종류의 금과 은의 골무를 지니고 다녔다. 여러 사람들은 싫어하고 비난하였다.

"어찌하여 사문 석자들은 금과 은의 골무를 지니고 다니는가?"

여러 비구들은 그 여러 사람들이 싫어하고 비난하는 것을 들었다. 이때 그 여러 비구들은 이 일로써 세존께 아뢰었다. 이때 세존께서는 이 인연으로써 비구 승가를 모으셨으며, 여러 비구들에게 물어 말씀하셨다.

"여러 비구들이여. 육군비구들이 금과 은의 골무를 지니고 다녔는가?"

"진실로 그렇습니다. 세존이시여."

…… 세존께서는 육군비구들을 꾸짖으셨고 설법하셨으며 여러 비구들에게 알려 말씀하셨다.

"여러 비구들이여. 여러 종류의 골무를 지닐 수 없느니라. 지니는 자는 악작을 범하느니라. 여러 비구들이여. 뼈의 골무, 상아 골무, 뿔 골무, 갈대 골무, 대나무 골무, 나무 골무, 수지 골무, 열매 골무, 구리 골무, 소라껍질 골무 등은 허락하겠노라."

그때 바늘, 칼, 골무 등을 잃어버렸다. 여러 비구들은 이 일로써 세존께 아뢰었고, 세존께서는 말씀하셨다.

---

57) 팔리어 paṭiggaha(파티까하)의 번역이고, 다른 의미로 '그릇' 또는 '쓰레기통'의 뜻도 있다.

"여러 비구들이여. 바늘 상자를 사용하는 것을 허락하겠노라."

그때 바늘 상자가 어지러웠다. 여러 비구들은 이 일로써 세존께 아뢰었고, 세존께서는 말씀하셨다.
"여러 비구들이여. 골무 주머니를 허락하겠노라."

어깨 끈이 없었다. 여러 비구들은 이 일로써 세존께 아뢰었고, 세존께서는 말씀하셨다.
"여러 비구들이여. 어깨 끈과 묶는 끈을 허락하겠노라."

11-6 그때 여러 비구들은 노지에서 옷을 꿰맸는데 추위와 더위의 인연으로 매우 피로하였다. 여러 비구들은 이 일로써 세존께 아뢰었고, 세존께서는 말씀하셨다.
"여러 비구들이여. 가치나당(迦絺那堂)과 가치나랑(迦絺那廊)을 허락하겠노라."

가치나당이 낮아서 물이 스며들었다. 여러 비구들은 이 일로써 세존께 아뢰었고, 세존께서는 말씀하셨다.
"여러 비구들이여. 땅바닥을 높이는 것을 허락하겠노라."

쌓았던 흙이 무너졌다. 여러 비구들은 이 일로써 세존께 아뢰었고, 세존께서는 말씀하셨다.
"여러 비구들이여. 세 종류의 흙으로 쌓는 것을 허락하겠나니, 벽돌로 쌓거나, 돌로 쌓거나, 나무로 쌓는 것이니라."

올라가는 때에 불편하였다.
"여러 비구들이여. 세 종류의 계단을 허락하겠나니, 벽돌로 쌓거나, 돌로 쌓거나, 나무로 쌓는 것이니라."

올라가는 때에 넘어졌다.
"여러 비구들이여. 난간을 허락하겠노라."

가치나당에 풀과 먼지로 어지러워졌다.
"여러 비구들이여. (벽의 뼈대를) 묶은 뒤에 안과 밖으로 백색, 흑색, 홍색의 흙을 바르는 것을 허락하겠고, 화만(華鬘) 장식[58], 넝쿨(蔓)[59], 마갈어의 이빨(摩竭魚牙)[60], 선반(棚)[61], 대나무 옷걸이[62], 옷걸이의 끈(衣繩)[63]을 허락하겠노라."

11-7 그때 여러 비구들은 옷을 꿰매고서 가치나를 방치하고서 떠나갔는데, 쥐와 개미가 씹었다. 여러 비구들은 이 일로써 세존께 아뢰었고, 세존께서는 말씀하셨다.
"여러 비구들이여. 가치나를 접어두는 것을 허락하겠노라."

가치나가 부서졌다.
"여러 비구들이여. 소의 가죽을 사용하여 접어두는 것을 허락하겠노라."

가치나가 풀어졌다.
"여러 비구들이여. 끈으로 묶는 것을 허락하겠노라."

그때 여러 비구들은 가치나를 벽과 기둥에 세워두고서 떠나갔는데, 가치나가 떨어져서 부서졌다. 여러 비구들은 이 일로써 세존께 아뢰었고, 세존께서는 말씀하셨다.

---

58) 팔리어 mālākamma(마라캄마)의 번역이다.
59) 팔리어 latākamma(라타캄마)의 번역이다.
60) 팔리어 makaradantaka(마카라단타카)의 번역이다.
61) 팔리어 pañcapaṭika(판차파티카)의 번역이다.
62) 팔리어 cīvaravaṃsa(치바라밤사)의 번역이다.
63) 팔리어 cīvararajjuka(치바라라쭈카)의 번역이다.

"여러 비구들이여. 벽의 말뚝과 고리에 걸어두는 것을 허락하겠노라."

[옷을 마친다.]

12) 주머니

12-1 그때 세존께서는 뜻을 따라서 왕사성에 머무셨으며, 비사리성(毘舍離城)⁶⁴⁾을 향하여 유행하셨다. 그때 여러 비구들도 바늘, 칼, 약 등을 발우에 담아서 갔다. 여러 비구들은 이 일로써 세존께 아뢰었고, 세존께서는 말씀하셨다.
"여러 비구들이여. 약 주머니를 사용하는 것을 허락하겠노라."

그때 한 비구가 있었는데, 신발을 허리에 묶고서 걸식하고자 취락에 들어갔다. 한 우바새(優婆塞)⁶⁵⁾가 있었고 그 비구에게 예배하였는데, 신발이 머리에 떨어졌으므로 그 비구는 부끄러워하였다. 이때 그 비구는 정사에 갔으며 이 일로써 여러 비구들에게 알렸다. 여러 비구들은 이 일로써 세존께 아뢰었고, 세존께서는 말씀하셨다.
"여러 비구들이여. 신발 주머니를 사용하는 것을 허락하겠노라."

어깨 끈이 없었다. 여러 비구들은 이 일로써 세존께 아뢰었고, 세존께서는 말씀하셨다.
"여러 비구들이여. 어깨 끈과 묶는 끈을 허락하겠노라."

[주머니를 마친다.]

---

64) 팔리어 Vesālī(베사리)의 음사이다.
65) 팔리어 Upāsaka(우파사카)의 음사이다.

13) 녹수낭(濾水囊)

13-1 그때 여러 비구들이 도중에서 물이 더러웠으나, 녹수낭(濾水囊)[66]이 없었다. 여러 비구들은 이 일로써 세존께 아뢰었고, 세존께서는 말씀하셨다.
"여러 비구들이여. 녹수낭을 사용하는 것을 허락하겠노라."

천조각이 부족하였다. 여러 비구들은 이 일로써 세존께 아뢰었고, 세존께서는 말씀하셨다.
"여러 비구들이여. 삼각형의 녹수낭을 사용하는 것을 허락하겠노라."

천조각이 부족하였다. 여러 비구들은 이 일로써 세존께 아뢰었고, 세존께서는 말씀하셨다.
"여러 비구들이여. 물병(水甁)의 녹수낭을 사용하는 것을 허락하겠노라."

13-2 그때 두 비구가 있었고 교살라국(憍薩羅國)[67]을 유행하는 도중이었다. 한 비구가 비행(非行)하였으므로 다른 한 비구가 말하였다.
"장로여. 이러한 일을 행하지 마십시오. 이것은 마땅하지 않습니다."
그 비구는 이 비구에게 한(恨)을 품었다. 이 비구는 갈증으로 고통을 받았으므로 한을 품었던 그 비구에게 말하였다.
"장로여. 나에게 녹수낭을 주십시오. 나는 물을 마시고자 합니다."
한을 품었던 비구는 주지 않았고, 이 비구는 갈증으로 고통을 받아서 죽었다. 이때 그 비구는 정사로 갔으며, 그 비구는 이 일로써 여러 비구들에게 알려 말하였다.
"장로여. 그대를 향하여 녹수낭을 구하였는데, 주지 않았습니까?"
"여러 장로들이여. 그렇습니다."
여러 비구들의 가운데에서 욕심이 적은 자들은 싫어하고 비난하였다.

---

66) 팔리어 Parissāvana(파리싸바나)의 번역이며, 물을 거르는 도구를 가리킨다.
67) 팔리어 Kosala(코살라)의 음사이다.

"무슨 까닭으로써 녹수낭을 구하였는데, 주지 않는가?"

이때 그 여러 비구들은 이 일로써 세존께 아뢰었다. 이때 세존께서는 이 인연으로써 비구 승가를 모으셨으며, 그 비구에게 물어 말씀하셨다.

"어느 비구가 그대를 향하여 녹수낭을 구하였는데, 진실로 주지 않았는가?"

"진실로 그렇습니다. 세존이시여."

세존께서는 그 비구를 꾸짖으셨다.

"어리석은 사람이여. 이것은 행할 것이 아니고, 수순하는 행이 아니며, 상응하는 법이 아니고, 위의가 아니며, 사문의 행이 아니고, 청정한 행이 아니며, 마땅히 지을 것이 아니니라. 어리석은 사람이여. 어찌하여 그대를 향하여 녹수낭을 구하였는데, 진실로 주지 않았는가? 어리석은 사람이여. 이것은 오히려 믿지 않는 자에게 신심이 생겨나지 않게 하고, 이미 믿었던 자는 증장시키지 않느니라. …… 이미 믿었던 자는 일부가 전전하여 다른 곳을 향하여 떠나가게 하느니라."

세존께서는 그 비구를 꾸짖으셨고 설법하셨으며 여러 비구들에게 알려 말씀하셨다.

"여러 비구들이여. 유행하는 도중에 비구가 있어 녹수낭을 구하였다면, 주지 않을 수 없나니, 주지 않는 자는 악작을 범하느니라. 여러 비구들이여. 녹수낭을 지니지 않은 외부로 유행할 수 없느니라. 외출하는 자는 악작을 범하느니라. 만약 녹수낭이 없었거나, 물병의 녹수낭이 없었다면, 승가의 모서리를 잡고서 이와 같이 생각을 지을지니라. '나는 이것으로써 물을 걸러서 마시겠습니다.'"

13-3 그때 세존께서는 차례로 유행하시어 비사리성에 이르셨다. 이때 세존께서는 비사리성 대림(大林)[68]의 중각강당(重閣講堂)[69]에 머무르셨다. 이때 비구들이 방사를 수리하면서 물이 부족하였다. 여러 비구들은 이 일로써 세존께 아뢰었고, 세존께서는 말씀하셨다.

---

68) 팔리어 Mahāvane(마하바네)의 번역이다.
69) 팔리어 kūṭāgārasālā(쿠타가라사라)의 번역이고, 뾰족한 지붕을 지닌 집을 가리킨다.

"여러 비구들이여. 네모진 녹수낭70)을 사용하는 것을 허락하겠노라."

네모진 녹수낭의 물이 멈추지 않았다. 여러 비구들은 이 일로써 세존께 아뢰었고, 세존께서는 말씀하셨다.
"여러 비구들이여. 녹수포(濾水布)71)를 사용하는 것을 허락하겠노라."

그때 여러 비구들이 모기로 괴로워하였다. 여러 비구들은 이 일로써 세존께 아뢰었고, 세존께서는 말씀하셨다.
"여러 비구들이여. 모기장을 사용하는 것을 허락하겠노라."

[녹수낭을 마친다.]

14) 경행(經行)과 욕실(浴室)

14-1 그때 세존께서 머무르셨던 비사리성에서는 계속하여 상묘(上妙)한 음식을 공양하였다. 여러 비구들은 상묘한 음식을 먹었으므로, 몸에 체액(體液)이 충만하여 병이 많았다. 이때 기바(耆婆)72) 동자는 이 일을 인연으로 비사리성으로 갔다. 기바 동자는 여러 비구들의 몸에 체액이 충만하여 병이 많음을 보았다. 보고서 세존의 처소로 나아갔으며, 나아가서 세존께 예경하고서 한쪽에 앉았다. 한쪽에 앉았으므로 기바 동자는 세존께 아뢰어 말하였다.
"세존이시여. 여러 비구들의 몸에 체액이 충만하여 병이 많습니다.

---

70) 팔리어 daṇḍaparissāvana(단다파리싸바나)의 번역이다. 염료를 거르기 위한 도구와 같이, 천 조각을 프레임의 네 군데의 끝자락을 묶은 뒤에, 중간에 있는 파이프에 물을 붓고서 양쪽을 채우면 걸러지는 녹수낭이다.
71) 팔리어 ottharaka(오따라카)의 번역이고, 녹수낭의 한 종류이고, 필터와 같은 것이다.
72) 팔리어 jīvaka komārabhacca(지바카 코마라바짜)의 번역이다.

원하건대 세존께서는 여러 비구들에게 경행과 따스한 목욕을 허락하여 주십시오. 이와 같다면 장차 여러 비구들의 병이 적을 것입니다."
 이때 세존께서는 기바 동자를 위하여 설법하여 열어서 보여주었고 가르쳤으며 이익되고 기쁘게 하였다. 이때 세존께서는 기바 동자에게 설법하여 열어서 보여주었고 가르쳤으며 이익되고 기쁘게 하셨으므로 기바 동자는 자리에서 일어났으며, 세존께 예경하고서 오른쪽으로 돌면서 떠나갔다.
 이때 세존께서는 이 인연으로써 비구 승가를 모으셨고, 설법하셨으며 여러 비구들에게 알려 말씀하셨다.
 "여러 비구들이여. 경행하는 것과 따뜻하게 목욕하는 것을 허락하겠노라."

14-2 이때 비구들은 울퉁불퉁한 곳을 경행하여 발이 아팠다. 여러 비구들은 이 일로써 세존께 아뢰었고, 세존께서는 말씀하셨다.
 "여러 비구들이여. 평평하게 하는 것을 허락하겠노라."

 경행하는 곳이 낮아서 물에 침수되었다. 여러 비구들은 이 일로써 세존께 아뢰었고, 세존께서는 말씀하셨다.
 "여러 비구들이여. 땅바닥을 높이는 것을 허락하겠노라."

 쌓았던 흙이 무너졌다. 여러 비구들은 이 일로써 세존께 아뢰었고, 세존께서는 말씀하셨다.
 "여러 비구들이여. 세 종류의 흙으로 쌓는 것을 허락하겠나니, 벽돌로 쌓거나, 돌로 쌓거나, 나무로 쌓는 것이니라."

 올라가는 때에 불편하였다.
 "여러 비구들이여. 세 종류의 계단을 허락하겠나니, 벽돌로 쌓거나, 돌로 쌓거나, 나무로 쌓는 것이니라."

올라가는 때에 넘어졌다.
"여러 비구들이여. 난간을 허락하겠노라."

이때 비구들은 노지에서 경행하였는데, 추위와 더위를 인연으로 매우 피로하였다. 여러 비구들은 이 일로써 세존께 아뢰었고, 세존께서는 말씀하셨다.
"여러 비구들이여. 경행당(經行堂)을 허락하겠노라."

경행당이 풀과 먼지로 어지러워졌다.
"여러 비구들이여. (벽의 뼈대를) 묶은 뒤에 안과 밖으로 백색, 흑색, 홍색의 흙을 바르는 것을 허락하겠고, 화만, 넝쿨, 마갈어의 이빨, 선반, 대나무 옷걸이, 옷걸이의 끈을 허락하겠노라."

14-3 욕실이 낮아서 물에 침수되었다. 여러 비구들은 이 일로써 세존께 아뢰었고, 세존께서는 말씀하셨다.
"여러 비구들이여. 땅바닥을 높이는 것을 허락하겠노라."

쌓았던 흙이 무너졌다. 여러 비구들은 이 일로써 세존께 아뢰었고, 세존께서는 말씀하셨다.
"여러 비구들이여. 세 종류의 흙으로 쌓는 것을 허락하겠나니, 벽돌로 쌓거나, 돌로 쌓거나, 나무로 쌓는 것이니라."

올라가는 때에 불편하였다.
"여러 비구들이여. 세 종류의 계단을 허락하겠나니, 벽돌로 쌓거나, 돌로 쌓거나, 나무로 쌓는 것이니라."

올라가는 때에 넘어졌다.
"여러 비구들이여. 난간을 허락하겠노라."

욕실에 문이 없었다.

"여러 비구들이여. 문(門), 문미(楣)73), 문기둥(門柱), 문지방(閫), 장부(柄)74), 빗장(閂), 나무못(木栓), 쐐기(針), 문설주(楔)75), 열쇠 구멍(鍵孔), 끈 구멍(紐孔), 묶는 끈(紐) 등을 허락하겠노라."

욕실의 벽이 무너져내렸다. 여러 비구들은 이 일로써 세존께 아뢰었고, 세존께서는 말씀하셨다.

"여러 비구들이여. 기초로 중첩(重疊)하여 쌓는 것을 허락하겠노라."

욕실의 연기통이 없었다.

"여러 비구들이여. 연기통을 짓는 것을 허락하겠노라."

그때 여러 비구들이 작은 욕실의 중간에 화로를 설치하였으므로, 다닐 곳이 없었다.

"여러 비구들이여. 작은 욕실은 한쪽에, 큰 욕실은 가운데에 설치하는 것을 허락하겠노라."

욕실에서 불이 뺨을 태웠다.

"여러 비구들이여. 뺨에 점토를 바르는 것을 허락하겠노라."

손으로써 진흙을 반죽하였다.

"여러 비구들이여. 진흙통을 사용하는 것을 허락하겠노라."

진흙에 악취가 있었다.

"여러 비구들이여. 훈연(燻煙)하는 것을 허락하겠노라."

---

73) 문 위에 가로로 댄 나무를 가리킨다.
74) 나무 끝을 구멍에 맞추어 박기 위하여 깎아 가늘게 만든 부분을 가리킨다.
75) 문짝을 끼워 달기 위하여 문의 양쪽에 세운 기둥을 가리킨다.

욕실에서 불이 몸을 태웠다.
"여러 비구들이여. 물을 가져오는 것을 허락하겠노라."

그릇으로써, 발우로써 물을 가져왔다.
"여러 비구들이여. 물을 공급하는 곳과 물그릇을 허락하겠노라."

풀로써 욕실을 덮었으므로 땀이 생겨나지 않았다.
"여러 비구들이여. 가지런하게 정돈하고 안과 바깥을 덮는 것을 허락하겠노라."

욕실에 항상 습기가 많았다.
"여러 비구들이여. 세 종류의 덮개를 허락하겠나니, 벽돌로 덮거나, 돌로 덮거나, 나무로 덮는 것이니라."

항상 습기가 많았다.
"여러 비구들이여. 깨끗이 닦는 것을 허락하겠노라."

물이 고여서 흐르지 않았다.
"여러 비구들이여. 배수구를 만드는 것을 허락하겠노라."

욕실에 칸막이가 많았다.
"여러 비구들이여. 세 종류의 칸막이를 허락하겠나니, 벽돌로 막거나, 돌로 막거나, 나무로 막는 것이니라."

14-4 문루(門樓)가 없었다. 여러 비구들은 이 일로써 세존께 아뢰었고, 세존께서는 말씀하셨다.
"여러 비구들이여. 문루를 짓는 것을 허락하겠노라."

문루가 낮아서 물에 침수되었다. 여러 비구들은 이 일로써 세존께 아뢰었고, 세존께서는 말씀하셨다.

"여러 비구들이여. 땅바닥을 높이는 것을 허락하겠노라."

올라가는 때에 불편하였다.

"여러 비구들이여. 세 종류의 계단을 허락하겠나니, 벽돌로 쌓거나, 돌로 쌓거나, 나무로 쌓는 것이니라."

올라가는 때에 넘어졌다.

"여러 비구들이여. 난간을 허락하겠노라."

문루에 문이 없었다.

"여러 비구들이여. 문, 문미, 문기둥, 문지방, 장부, 빗장, 나무못, 쐐기, 문설주, 열쇠 구멍, 끈 구멍, 묶는 끈 등을 허락하겠노라."

문루가 풀과 먼지로 어지러워졌다.

"여러 비구들이여. (벽의 뼈대를) 묶은 뒤에 안과 밖으로 백색, 흑색, 홍색의 흙을 바르는 것을 허락하겠고, 화만, 넝쿨, 마갈어의 이빨, 선반, 대나무 옷걸이, 옷걸이의 끈을 허락하겠노라."

14-5 방사에 습기가 많았다. 여러 비구들은 이 일로써 세존께 아뢰었고, 세존께서는 말씀하셨다.

"여러 비구들이여. 자갈을 까는 것을 허락하겠노라."

만족스럽지 않았다.

"여러 비구들이여. 돌로 덮는 것을 허락하겠노라."

물이 고여서 흐르지 않았다.

"여러 비구들이여. 배수구를 짓는 것을 허락하겠노라."

[경행과 욕실을 마친다.]

15) 나형(裸形)

15-1 그때 여러 비구들은 나형으로 나형이었던 사람들에게 예배하였고, 나형으로 나형이었던 사람에게 예배를 받았으며, 나형으로 나형이었던 사람에게 시봉하였고, 나형으로 나형이었던 사람에게 시봉을 받았으며, 나형으로 나형이었던 사람에게 보시하였고, 나형으로 나형이었던 사람에게 보시를 받았으며, 나형으로 담식을 먹었고, 나형으로 작식을 먹었으며, 나형으로 마셨고, 나형으로 먹었다. 여러 비구들은 이 일로써 세존께 아뢰었고, 세존께서는 말씀하셨다.
"여러 비구들이여. 나형으로 예배할 수 없고, 나형으로 예배를 받을 수 없으며, 나형으로 시봉할 수 없고, 나형으로 사람에게 시봉을 받을 수 없으며, 나형으로 보시할 수 없고, 나형으로 보시를 받을 수 없으며, 나형으로 담식을 얻을 수 없고, 나형으로 작식을 얻을 수 없으며, 나형으로 마실 수 없고, 나형으로 먹을 수 없느니라."

[나형을 마친다.]

16) 욕실

16-1 그때 여러 비구들은 욕실의 바닥에 옷을 놓아두었고, 옷은 먼지에 더럽혀졌다. 그 여러 비구들은 이 일로써 세존께 아뢰었고, 세존께서는 말씀하셨다.

"여러 비구들이여. 옷의 시렁과 옷의 끈을 허락하겠노라."

비가 와서 옷이 젖었다.
"여러 비구들이여. 욕실에 방사를 설치하는 것을 허락하겠노라."

욕실이 낮아서 물에 침수되었다. 여러 비구들은 이 일로써 세존께 아뢰었고, 세존께서는 말씀하셨다.
"여러 비구들이여. 땅바닥을 높이는 것을 허락하겠노라."

쌓았던 흙이 무너졌다. 여러 비구들은 이 일로써 세존께 아뢰었고, 세존께서는 말씀하셨다.
"여러 비구들이여. 세 종류의 흙으로 쌓는 것을 허락하겠나니, 벽돌로 쌓거나, 돌로 쌓거나, 나무로 쌓는 것이니라."

올라가는 때에 불편하였다.
"여러 비구들이여. 세 종류의 계단을 허락하겠나니, 벽돌로 쌓거나, 돌로 쌓거나, 나무로 쌓는 것이니라."

올라가는 때에 넘어졌다.
"여러 비구들이여. 난간을 허락하겠노라."

욕실이 먼지로 어지러워졌다.
"여러 비구들이여. (벽의 뼈대를) 묶은 뒤에 안과 밖으로 백색, 흑색, 홍색의 흙을 바르는 것을 허락하겠고, 화만, 넝쿨, 마갈어의 이빨, 선반, 대나무 옷걸이, 옷걸이의 끈을 허락하겠노라."

16-2 그때 여러 비구들이 욕실과 물속에서도 의심하고 두려워하면서 감히 시봉하지 못하였다. 여러 비구들은 이 일로써 세존께 아뢰었고,

세존께서는 말씀하셨다.
"여러 비구들이여. 세 종류의 걸치는 물건을 허락하겠나니, 욕실의 방사에서 물건이거나, 물속에서 물건이거나, 옷으로 덮는 물건이니라."

욕실이 물에 침수되었다. 여러 비구들은 이 일로써 세존께 아뢰었고, 세존께서는 말씀하셨다.
"여러 비구들이여. 우물을 설치하는 것을 허락하겠노라."

우물의 가장자리가 무너졌다. 여러 비구들은 이 일로써 세존께 아뢰었고, 세존께서는 말씀하셨다.
"여러 비구들이여. 세 종류로 쌓는 것을 허락하겠나니, 벽돌로 쌓거나, 돌로 쌓거나, 나무로 쌓는 것이다."

우물이 낮아서 물에 침수되었다. 여러 비구들은 이 일로써 세존께 아뢰었고, 세존께서는 말씀하셨다.
"여러 비구들이여. 땅바닥을 높이는 것을 허락하겠노라."

올라가는 때에 불편하였다.
"여러 비구들이여. 세 종류의 계단을 허락하겠나니, 벽돌로 쌓거나, 돌로 쌓거나, 나무로 쌓는 것이니라."

올라가는 때에 넘어졌다.
"여러 비구들이여. 난간을 허락하겠노라."

그때 여러 비구들은 끈으로써, 허리띠로써 물을 길었다.
"여러 비구들이여. 물을 긷는 끈을 허락하겠노라."

손이 고통스러웠다.

"여러 비구들이여. 가로 막대(橫桿)와 도르래(滑輪), 두레박(汲水輪)을 허락하겠노라."

많은 그릇이 부서졌다.
"여러 비구들이여. 세 종류의 병(甁)을 허락하겠나니, 구리병이거나, 나무병이거나, 가죽병이니라."

이때 비구들은 노지에서 물을 길었는데, 추위와 더위를 인연으로 매우 피로하였다. 여러 비구들은 이 일로써 세존께 아뢰었고, 세존께서는 말씀하셨다.
"여러 비구들이여. 우물 집(井堂)을 허락하겠노라."

우물 집의 가운데에서 풀과 먼지로 어지러워졌다.
"여러 비구들이여. (벽의 뼈대를) 묶은 뒤에 안과 밖으로 백색, 흑색, 홍색의 흙을 바르는 것을 허락하겠고, 화만, 넝쿨, 마갈어의 이빨, 선반, 대나무 옷걸이, 옷걸이의 끈을 허락하겠노라."

우물에 덮개가 없었으므로, 풀과 먼지에 더럽혀졌다.
"여러 비구들이여. 덮개를 사용하는 것을 허락하겠노라."

물그릇이 부족하였다.
"여러 비구들이여. 수조(水槽)와 물항아리를 허락하겠노라."

[욕실을 마친다.]

17) 목욕

17-1 그때 여러 비구들이 정사의 여러 곳에서 목욕을 하였으므로, 정사의 여러 곳이 질퍽거렸다. 여러 비구들은 이 일로써 세존께 아뢰었고, 세존께서는 말씀하셨다.
"여러 비구들이여. 욕지(浴池)를 짓는 것을 허락하겠노라."

욕지에 담장이 없었으므로 여러 비구들은 부끄러워서 목욕하지 않았다.
"여러 비구들이여. 세 종류의 담장을 허락하겠나니, 벽돌이거나, 돌이거나, 나무이니라."

욕지의 바닥이 질퍽거렸다.
"여러 비구들이여. 세 종류의 깔개를 허락하겠나니, 벽돌이거나, 돌이거나, 나무이니라."

물이 고여서 흐르지 않았다.
"여러 비구들이여. 배수구를 만드는 것을 허락하겠노라."

그때 여러 비구들은 사지(四肢)가 추웠다. 여러 비구들은 이 일로써 세존께 아뢰었고, 세존께서는 말씀하셨다.
"여러 비구들이여. 천조각[76]으로 닦거나, 작은 천조각[77]으로 닦는 것을 허락하겠노라."

17-2 그때 한 우바새가 있었고 승가의 이익을 위하여 연지(蓮池)를 짓고자 하였다. 여러 비구들은 이 일로써 세존께 아뢰었고, 세존께서는 말씀하셨다.
"여러 비구들이여. 연지를 짓는 것을 허락하겠노라."

---

76) 팔리어 udakapuñchani(우다카푼차니)의 번역이다.
77) 팔리어 colakena(초라케나)의 번역이다.

연지의 가장자리가 무너졌다. 여러 비구들은 이 일로써 세존께 아뢰었고, 세존께서는 말씀하셨다.
"여러 비구들이여. 세 종류로 쌓는 것을 허락하겠나니, 벽돌로 쌓거나, 돌로 쌓거나, 나무로 쌓는 것이다."

올라가는 때에 불편하였다.
"여러 비구들이여. 세 종류의 계단을 허락하겠나니, 벽돌로 쌓거나, 돌로 쌓거나, 나무로 쌓는 것이니라."

올라가는 때에 넘어졌다.
"여러 비구들이여. 난간을 허락하겠노라."

연지에 물이 채워졌다.
"여러 비구들이여. 수로(水路)와 배수구를 짓는 것을 허락하겠노라."

그때 한 비구가 있었고 승가의 이익을 위하여 절반이 덮어진 욕실을 짓고자 하였다. 여러 비구들은 이 일로써 세존께 아뢰었고, 세존께서는 말씀하셨다.
"여러 비구들이여. 절반이 덮어진 욕실을 짓는 것을 허락하겠노라."

[목욕을 마친다.]

18) 육군비구(六群比丘)

18-1 그때 육군비구들이 4개월을 부구에서 멀리 떠나서 있었다. 여러 비구들은 이 일로써 세존께 아뢰었고, 세존께서는 말씀하셨다.
"여러 비구들이여. 4개월을 부구에서 멀리 떠날 수 없느니라. 멀리 떠나가는 자는 악작을 범하느니라."

그때 육군비구들이 꽃이 뿌려진 와상(臥牀)에 누웠다. 여러 사람들이 정사를 돌아다니면서 보았다. 보고서 여러 사람들은 싫어하고 비난하였다.
"오히려 여러 욕락을 즐기는 재가인들과 같구나!"
이때 그 여러 비구들은 이 일로써 세존께 아뢰었고, 세존께서는 말씀하셨다.
"여러 비구들이여. 꽃이 뿌려진 와상에 누울 수 없느니라. 눕는 자는 악작을 범하느니라."

그때 여러 사람들이 향(香)과 화만(華鬘)을 지니고 정사로 왔으나, 여러 비구들은 의심하고 두려워하면서 감히 받지 못하였다. 여러 비구들은 이 일로써 세존께 아뢰었고, 세존께서는 말씀하셨다.
"여러 비구들이여. 향을 받는 것을 허락하겠나니, 문에서 다섯 손가락 사이에 바를 것이고, 화만을 받는 것을 허락하겠나니, 정사의 한쪽에 놓아둘지니라."

[육군비구를 마친다.]

19) 모직물(氈布)

19-1 그때 승가는 모직물(氈布)[78]을 얻었다. 여러 비구들은 이 일로써 세존께 아뢰었고, 세존께서는 말씀하셨다.
"여러 비구들이여. 모직물을 받는 것을 허락하겠노라."
이때 여러 비구들은 사유하였다.
"마땅히 모직물을 개인이 소유할 수 있는가? 혹은 주어야 하는가?"

---

78) 팔리어 Namataka(나마타카)의 번역이다.

"여러 비구들이여. 모직물을 인이 소유할 수 없고, 혹은 마땅히 줄 수도 없느니라."

그때 육군비구들이 장식한 침상 위에서 음식을 먹었다. 여러 사람들은 싫어하고 비난하였다.
"오히려 여러 욕락을 즐기는 재가인들과 같구나!"
이때 그 여러 비구들은 이 일로써 세존께 아뢰었고, 세존께서는 말씀하셨다.
"여러 비구들이여. 장식한 침상 위에서 음식을 먹을 수 없느니라. 먹는 자는 악작을 범하느니라."

그때 한 비구는 병이 있었고, 그 비구는 음식을 먹는 때에 능히 발우를 들지 못하였다. 여러 비구들은 이 일로써 세존께 아뢰었고, 세존께서는 말씀하셨다.
"여러 비구들이여. 받침대를 사용하는 것을 허락하겠노라."

그때 육군비구들이 함께 하나의 그릇으로 먹었고, 함께 하나의 그릇으로 마셨으며, 함께 하나의 평상에 누웠고, 함께 하나의 부구에 누웠으며, 함께 하나의 부구를 덮었고, 함께 하나의 와구를 덮었다. 여러 사람들은 싫어하고 비난하였다.
"오히려 여러 욕락을 즐기는 재가인들과 같구나!"
이때 그 여러 비구들은 이 일로써 세존께 아뢰었고, 세존께서는 말씀하셨다.
"여러 비구들이여. 함께 하나의 그릇으로 먹을 수 없고, 함께 하나의 그릇으로 마실 수 없으며, 함께 하나의 평상에 누울 수 없고, 함께 하나의 부구에 누울 수 없으며, 함께 하나의 부구를 덮을 수 없고, 함께 하나의 와구를 덮을 수 없느니라. 덮는 자는 악작을 범하느니라."

[모직물을 마친다.]

20) 복발갈마(覆鉢羯磨)

20-1 그때 리차(離車)[79] 와달(瓦達)[80]은 자(慈)비구와 지(地)비구의 도중(徒衆)의 벗이었다. 이때 라차의 와달은 자비구와 지비구의 도중의 처소에 이르렀고, 자비구와 지비구에게 말하였다.

'나는 대덕들께 예배합니다.'

이와 같이 말하는 때에 자비구와 지비구의 도중들은 모두 말하지 않았다. 두 번째에도 이와 같이 말하였고, …… 세 번째에도 리차 와달은 자비구의 도중들에게 말하였다.

"나는 대덕들께 예배합니다."

세 번째에도 자비구와 지비구의 도중들은 모두 대답하지 않았다.

"내가 여러 대덕들께 무엇의 허물을 범한 것이 있습니까? 무슨 까닭으로 대덕들께서는 나에게 말하지 않습니까?"

"벗인 와달이여. 우리들은 이와 같이 답바마라자에게 고뇌를 당하였는데, 그대는 우리를 돕지 않는구려."

"대덕이여. 내가 무엇을 할 수 있습니까?"

"벗인 와달이여. 만약 그대는 세존의 주처로 나아가서 이와 같이 세존께 청하시오. '세존이시여. 이곳은 여법하지 않고 상응하지 않습니다. 두려움이 없고, 피해가 없으며, 번뇌가 없는 곳이어야 하는데, 이곳은 두려움이 있고, 피해가 있으며, 번외가 있고, 바람이 없는 처소에 바람이 일어났고, 물은 불타는 것과 같습니다. 저의 아내는 답바마라자에게 더럽혀졌습니다.'"

20-2 "여러 대덕들이여. 알겠습니다."

리차 와달은 자비구와 지비구의 도중들에게 허락하였고, 세존의 주처에 나아갔다. 나아가서 세존의 발에 예경하고서 한쪽에 앉았다. 한쪽에 앉아서 라차의 와달은 세존께 이와 같이 말하였다.

---

79) 팔리어 licchavī(리차비)의 음사이다.
80) 팔리어 vaḍḍha(바따)의 음사이다.

"세존이시여. 이곳은 여법하지 않고 상응하지 않습니다. 두려움이 없고 피해가 없으며 번뇌가 없는 곳이어야 하는데, 이곳은 두려움이 있고, 피해가 있으며 번외가 있고 바람이 없는 처소에 바람이 일어났으며 물은 불타는 것과 같습니다. 답바마라자는 나의 아내를 염오(染汚)시켰습니다."

이때 세존께서는 이 인연으로써 대중 승가를 모으셨으며, 장로 다바마라자에게 물어 말씀하셨다.

"답바여. 그대는 리차 와달이 말하는 것의 행을 억념하는가?"

"세존이시여. 세존께서 저를 아시는 것과 같습니다."

세존께서는 두 번째에도 이와 같이 물으셨으며, …… 세존께서는 세 번째에도 이와 같이 물으셨다.

"답바여. 그대는 리차 와달이 말하는 것의 행을 억념하는가?"

"세존이시여. 세존께서 저를 아시는 것과 같습니다."

"답바여. 그대는 이것을 능히 대답하지 않았느니라. 그대가 만약 일찍이 지었다면 마땅히 지었다고 말하고, 만약 짓지 않았다면 마땅히 짓지 않았다고 말하라."

"세존이시여. 저는 태어난 이후에 꿈속에서도 역시 부정법을 행하지 않았습니다. 하물며 깨어있는 때이겠습니까?"

20-3 이때 세존께서는 여러 비구들에게 알려 말씀하셨다.

"여러 비구들이여. 그와 같다면 승가는 마땅히 리차 와달에게 복발을 행하도록 하고, 그가 승가와 함께 서로가 왕래하지 못하게 하라. 여러 비구들이여. 우바새가 여덟 가지를 갖추었다면 마땅히 복발을 행해야 하나니 이를테면, 여러 비구들에게 소득이 없게 도모(圖謀)하였거나, 여러 비구들에게 불리하게 도모하였거나, 여러 비구들에게 주처가 없게 도모하였거나, 여러 비구들을 비방하였거나, 여러 비구들을 이간질하였거나, 세존을 비방하였거나, 법을 비방하였거나, 승가를 비방하였던 것이다. 여러 비구들이여. 우바새가 여덟 가지를 갖추었다면 마땅히 복발을 행하는 것을 허락하겠노라."

20-4 "여러 비구들이여. 마땅히 이와 같이 행하여야 하느니라. 마땅히 한 총명하고 현명하며 능력있는 비구가 승가의 가운데에서 창언해야 한다.

"대덕 승가께서는 허락하십시오. 리차 와달은 근거가 없는 바라이로써 답바마라자를 비방하였습니다. 만약 승가께서 때에 이르셨다면, 승가는 마땅히 리차 와달에게 복발을 행하겠으며, 그가 승가와 함께 서로가 왕래하지 못하게 하겠습니다. 이와 같이 아룁니다.'

'대덕 승가께서는 허락하십시오. 리차 와달은 근거가 없는 바라이로써 답바마라자를 비방하였습니다. 승가시여. 마땅히 리차 와달에게 복발을 행하겠으며, 그가 승가와 함께 서로가 왕래하지 못하게 하겠습니다. 여러 대덕들께서 리차 와달에게 복발을 행하겠으며, 그가 승가와 함께 서로가 왕래하지 못하게 하는 것을 인정하신다면 묵연하시고, 인정하지 않는다면 말씀하십시오.'

'승가시여. 리차 와달에게 복발을 행하겠으며, 그가 승가와 함께 서로가 왕래하지 못하게 하는 것을 마쳤습니다. 여러 대덕들께서 인정하신 것은 묵연하였던 까닭입니다. 나는 이와 같이 알고 이해하겠습니다.'"

20-5 이때 장로 아난은 이른 아침에 하의를 입고 옷과 발우를 지니고 리차의 와달의 집에 이르렀다. 이르러서 리차 와달에게 말하였다.

"현자 와달이여. 승가께서 그대에게 복발을 행하였으니, 그대와 승가는 함께 서로가 왕래하지 않을 것이오."

이때 리차 와달은 "승가께서 나에게 복발을 행하였고, 나와 승가는 함께 서로가 왕래하지 못하는구나."라고 말하였으며, 곧 그곳에서 기절(悶絶)하여 땅에 쓰러졌다. 이때 리차 와달의 벗들과 친족들은 리차 와달에게 말하였다.

"벗인 와달이여. 근심을 멈추게. 근심하지 말게. 우리들이 세존과 비구

대중에게 용서를 청하겠네."

이때 리차 와달은 아내와 벗들 및 친족들과 함께 젖은 옷을 입고 젖은 머리로 세존의 처소로 나아갔다. 나아가서 머리 숙여 세존의 발에 예경하고서 말하였다.

"저는 허물이 있어서 오히려 우매한 자와 같았고 오히려 어리석은 자와 같았으며 오히려 선하지 않은 자와 같았으므로, 근거가 없는 바라이로써 답바마라자를 비방하였습니다. 세존이시여. 저의 허물을 허물로써 삼았으니, 청하건대 그것을 받아주시고 미래를 섭수(攝受)하여 주십시오."

"현자 와달이여. 그대는 진실로 허물이 있어서 오히려 우매한 자와 같았고 오히려 어리석은 자와 같았으며 오히려 선하지 않은 자와 같았소. 그대는 어찌하여 근거가 없는 바라이로써 답바마라자를 비방하였는가? 현자 와달이여. 그대는 허물을 허물이라고 보았고 여법하게 참회하였던 까닭으로 나는 이것을 받아들이겠소. 현자 와달이여. 존자의 계율에는 증장(增長)이 있으니, 허물을 보았던 인연으로 허물을 삼았어도, 여법하게 참회하였다면, 미래를 섭수하는 자량입니다."

20-6 이때 세존께서는 여러 비구들에게 알려 말씀하셨다.

"여러 비구들이여. 그와 같다면 승가는 마땅히 리차 와달에게 복발을 해제하고, 그가 승가와 함께 서로가 왕래하게 하라. 여러 비구들이여. 우바새가 여덟 가지를 갖추었다면 마땅히 복발을 해제해야 하나니 이를테면, 여러 비구들에게 소득이 없게 도모하지 않았거나, 여러 비구들에게 불리하게 도모하지 않았거나, 여러 비구들에게 주처가 없게 도모하지 않았거나, 여러 비구들을 비방하지 않았거나, 여러 비구들을 이간질하지 않았거나, 세존을 비방하지 않았거나, 법을 비방하지 않았거나, 승가를 비방하지 않았던 것이다. 여러 비구들이여. 우바새가 여덟 가지를 갖추었다면 마땅히 복발을 해제하는 것을 허락하겠노라."

20-7 "여러 비구들이여. 마땅히 이와 같이 해제해야 하느니라. 여러 비구들

이여. 그 리차 와달은 마땅히 승가의 처소에 이르러 오른쪽 어깨를 드러내고 상좌의 발에 예배하고서 호궤 합장하고 이와 같이 아뢰어 말해야 한다.

'여러 대덕들이여. 승가께서는 저에게 복발을 행하여 주셨으며, 나와 승가와 함께 서로가 왕래하지 못하게 하였습니다. 나는 바르게 행하였고 수순하였으며 죄를 없애려고 발원하였으니, 승가께 복발을 해제하여 주시기를 청합니다."

마땅히 두 번째에도, …… 나아가 …… 세 번째에도 애원하며 청해야 하느니라. 마땅히 한 총명하고 현명하며 능력있는 비구가 승가의 가운데에서 창언해야 한다.

"'대덕 승가께서는 허락하십시오. 승가께서는 리차 와달에게 복발을 행하게 주셨고, 승가와 함께 서로가 왕래하지 못하게 하셨습니다. 그는 바르게 행하였고 수순하였으며 죄를 없애려고 발원하였고, 승가께 복발을 해제하여 주시기를 청하고 있습니다. 만약 승가께서 때에 이르셨다면 승가께서는 리차 와달에게 복발을 해제하여 주시고 승가와 함께 서로가 왕래하게 하십시오. 이와 같이 아룁니다.'

'대덕 승가께서는 허락하십시오. 승가께서는 리차 와달에게 복발을 행하게 주셨고, 승가와 함께 서로가 왕래하지 못하게 하셨습니다. 그는 바르게 행하였고 수순하였으며 죄를 없애려고 발원하였고, 승가께 복발을 해제하여 주시기를 청하고 있습니다. 만약 승가께서 때에 이르셨다면 승가께서는 리차 와달에게 복발을 해제하여 주시고 승가와 함께 서로가 왕래하게 하십시오. 여러 대덕들께서 리차 와달에게 복발을 해제하여 주겠고 승가와 함께 서로가 왕래하게 하는 것을 인정하신다면 묵연하시고, 인정하지 않는다면 말씀하십시오.'

'승가시여. 리차 와달에게 복발을 해제하여 주겠고 승가와 함께 서로가 왕래하게 하는 것을 마쳤습니다. 여러 대덕들께서 인정하신 것은 묵연하였던 까닭입니다. 나는 이와 같이 알고 이해하겠습니다.'"

[복말갈마를 마친다.]

21) 모직물(毛織物)

21-1 그때 세존께서는 뜻을 따라서 비사리성에 머무셨으며 바가국(婆伽國)81)으로 유행하셨다. 차례로 유행하시어 바가국에 이르셨고, 이곳에서 세존께서는 바가국 수마라산(首摩羅山)82)의 공포림(恐怖林)83) 녹야원(鹿野苑)84)에 머무르셨다.

그때 보리 왕자(菩提王子)85)는 고가나타당(庫加那陀堂)86)을 건립하였고, 오래지 않아서 사문, 바라문, 기타의 어느 사람이라도 모두 들어와서 머무르지 못하였다. 이때 보리 왕자는 살사자마납(薩闍子摩納)87)에게 말하였다.

"살사지여. 그대는 세존의 주처로 나아가서 나의 말로써 세존의 발에 머리 숙여 예경하고 문신(問訊)하고서 아뢰도록 하게.

'병은 없으시고 번뇌가 적으시며 기거(起居)는 가볍고 편리하며 안락하게 머무르십니까?'

아뢰었다면 뒤에 '세존이시여. 보리 왕자는 세존의 발에 머리 숙여 '병은 없으시고 번뇌가 적으시며 기거(起居)는 가볍고 편리하며 안락하게 머무르십니까?'라고 예경하였습니다.

문신하였다면 이와 같이 아뢰도록 하게.

'원하건대 세존께서는 비구 대중들과 함께 내일 보리 왕자의 공양을 받아주십시오.'"

살사자마납은 보리 왕자에게 대답하였다.

---

81) 팔리어 Bhaggā(바까)의 음사이다.
82) 팔리어 Susumāragira(수수마라기라)의 음사이다.
83) 팔리어 Bhesakaḷāvane(베사카라바네)의 번역이다.
84) 팔리어 Migadāya(미가다야)의 번역이고, '사슴동산'의 뜻이다.
85) 팔리어 Bodhi rājakumāra(보디 라자쿠마라)의 번역이고, 'bodhi와 rājakumāra의 합성어이다. bodhi는 이름이고, rājakumāra는 '왕자'의 뜻이다.
86) 팔리어 Kokanada(코카나다)의 음사이다.
87) 팔리어 Sañjikāputta(산지카푸따)의 음사이다.

"알겠습니다."

세존의 처소로 나아갔다. 이르러 공손한 말로써 위문하였고, 환희하며 문신하였으며, 한쪽에 앉았다. 한쪽에 앉았으므로 살사자마납은 세존께 아뢰어 말하였다.

"보리 왕자는 세존의 발에 머리 숙여 '병은 없으시고 번뇌가 적으시며 기거는 가볍고 편리하며 안락하게 머무르십니까?'라고 예경하였습니다. 또한 이와 같이 말하였습니다.

'원하건대 세존께서는 비구 대중들과 함께 내일 보리 왕자의 공양을 받아주십시오.'"

이때 세존께서는 묵연히 청을 받아들이셨다.

21-2 이때 살사자마납은 세존께서 청을 받아들이신 것을 알고서 자리에서 일어나서 떠나갔으며, 왕자의 처소에 이르렀다. 이르러서 보리 왕자에게 말하였다.

"나는 왕자님의 말씀을 그 세존이신 구담께 말하였습니다. '보리 왕자는 세존의 발에 머리 숙여 '병은 없으시고 번뇌가 적으시며 기거는 가볍고 편리하며 안락하게 머무르십니까?'라고 예경하였습니다. 또한 '원하건대 세존께서는 비구 대중들과 함께 내일 보리 왕자의 공양을 받아주십시오.'라고 이와 같이 말하였으며, 사문 구담은 청을 받아들였습니다."

이때 보리 왕자는 밤이 지난 뒤에 여러 상묘한 작식과 담식을 조리를 시켰고, 고가나타당의 계단의 아래를 하얀 옷감(白布)을 펼쳐놓았으며, 살사자마납에게 말하였다.

"살사자여. 세존의 주처로 나아가서 세존께 음식의 때에 이르렀다고 알리도록 하게.

'세존이시여. 때에 이르렀고, 음식은 준비되었습니다.'"

살사자마납은 보리 왕자에게 대답하였다.

"알겠습니다."

세존의 처소로 나아갔고, 나아가서 세존께 음식의 때에 이르렀음을 알려 말하였다.

'세존이신 구담이시여. 때에 이르렀고, 음식은 준비되었습니다.'"

이때 세존께서는 하의를 입으시고 옷과 발우를 지니고서 보리 왕자의 집에 이르셨다. 그때 보리 왕자는 문밖의 문옥[88])에 서 있으면서 세존을 영접하였고, 보리 왕자는 세존께서 먼 비방에서 오시는 것을 보았다. 보고서 그 앞의 처소로 가서 환영하면서 예경하였고, 앞에서 세존을 인도하여 고가나타당에 이르렀다. 이때 세존께서는 계단의 아래에 서 있었다. 이때 보리 왕자는 세존께 아뢰었다.

"세존이시여. 청하건대 세존께서는 하얀 옷감을 밟으십시오. 청하건대 선서(善逝)께서는 하얀 옷감을 밟으십시오. 이것은 나를 위하여 장야(長夜)에 이익과 안락이 있을 것입니다."

이와 같이 말하는 때에 세존께서는 묵연하셨다. 두 번째에도, …… 나아가 …… 세 번째에도 보리 왕자는 세존께 아뢰었다.

"세존이시여. 청하건대 세존께서는 하얀 옷감을 밟으십시오. 청하건대 선서께서는 하얀 옷감을 밟으십시오. 이것은 나를 위하여 장야에 이익과 안락이 있을 것입니다."

이때 세존께서는 장로 아난을 돌아보셨다. 이때 장로 아난은 보리 왕자에게 말하였다.

"왕자여. 청하건대 이 옷감을 접어서 거두십시오. 세존께서는 면포를 밟지 않을 것입니다. 여래는 미래의 중생을 애민하게 생각하십니다."

21-3 이때 보리 왕자는 면포를 거두게 하였고, 고가나타당에 자리를 설치하였다. 이때 세존께서는 고가나타당에 오르셨으며, 비구 대중과 함께 설치된 자리에 앉으셨다. 이때 보리 왕자는 세존과 상수의 대중들에게 스스로가 손으로 상묘한 음식인 담식과 작식을 받들어 공양하여 배부르

---

88) 팔리어 bahidvārakoṭṭhaka(바히드바라코따카)의 번역이고, 문이나 입구 위의 지붕이 있으나 열린 공간이거나, 난간으로 보호되고 덮혀 있으나 앞쪽이 열려있는 그러한 공간인 문옥을 가리킨다.

게 먹게 하였다. 왕자는 세존께서 음식을 드시고서 손을 씻고 발우를 씻었으므로 한쪽에 앉았다. 세존께서는 한쪽에 앉은 보리 왕자를 향하여 설법하시어 열어서 보여주셨고, 교계하셨으며, 인도하셨고 권장하셨으며 환희하게 하셨고, 그러한 뒤에 자리에서 일어나서 떠나가셨다.

이때 세존께서는 이 인연으로써 여러 비구들을 모으셨고, 설법하셨으며, 비구 대중들에게 알려 말씀하셨다.

"여러 비구들이여. 옷감의 위를 밟을 수 없느니라. 밟는 자는 악작을 범하느니라."

21-4 이때 한 여인이 유산(流産)하였으므로, 여러 비구들을 청하였으며, 옷감을 펼쳐놓고 말하였다.

"청하건대 옷감을 밟으십시오."

여러 비구들은 의심하고 두려워하면서 밟지 않았다.

"길상(吉祥)을 위한 까닭이니, 청하건대 옷감을 밟으십시오."

여러 비구들은 의심하고 두려워하면서 감히 밟지 못하였다. 이때 그 여인은 싫어하고 비난하였다.

"여러 존자들은 길상을 위한 까닭으로 청을 받았는데, 어찌하여 옷감을 밟지 않는가?"

여러 비구들은 그 여인이 싫어하고 비난하는 것을 들었다. 이때 그 여러 비구들은 이 일로써 세존께 아뢰었고, 세존께서는 말씀하셨다.

"여러 비구들이여. 재가에서 길상을 위한 것이었고, 여러 비구들이여. 재가에서 길상을 위하여 청하였던 것이라면 옷감을 밟는 것을 허락하겠노라."

여러 비구들은 의심하고 두려워하면서 발수건을 밟지 못하였다. 여러 비구들은 이 일로써 세존께 아뢰었고, 세존께서는 말씀하셨다.

"여러 비구들이여. 발수건을 밟는 것을 허락하겠노라."

[모직물을 마친다.]

○ 둘째의 송출품을 마친다.

3. 제3송출품

22) 비사거녹자모(毘舍佉鹿子母)

22-1 그때 세존께서는 뜻을 따라서 바가국에 머무셨으며 사위성으로 유행하셨다. 차례로 유행하시어 사위성에 이르셨고, 이곳에서 세존께서는 기수급고독원에 머무르셨다. 이때 비사거녹자모(毘舍佉鹿子母)[89]는 병(瓶)·마찰구(摩擦具)[90]·빗자루를 가지고 세존의 처소로 나아갔다. 나아가서 세존께 예경하고서 한쪽에 앉았다. 한쪽에 앉아서 비사거녹자모는 세존께 아뢰어 말하였다.

"세존께서는 병·마찰구·빗자루를 받아주시기를 청합니다. 이것은 나에게 장야에 이익이 될 것입니다."

세존께서는 병과 빗자루를 받으셨으나, 마찰구를 받지 않으셨다. 이때 세존께서는 비사거녹자모를 위하여 설법하시어 가르쳐서 보여주셨고 인도하셨으며 권장하셨고 기쁘게 하셨다. 이때 세존께서는 설법하시어 열어서 보여주셨고, 교계하셨으며, 인도하셨고 권장하셨으므로, 비사거녹자모는 환희하면서 자리에서 일어나서 세존께 예경하고 오른쪽으로 돌면서 떠나갔다.

이때 세존께서는 이 인연으로써 설법하셨으며 여러 비구들에게 알려

---

89) 팔리어 Visākhā migāramātā(비사카 미가라마타)의 음사이다.
90) 팔리어 Kataka(카타카)의 번역이고 목욕한 후 사용하는 스크러버(마찰하는 도구)를 가리킨다.

말씀하셨다.

"여러 비구들이여. 병과 빗자루를 사용하는 것을 허락하겠노라. 여러 비구들이여. 마찰구를 사용할 수 없느니라. 사용하는 자는 악작을 범하느니라. 여러 비구들이여. 세 종류의 마찰구를 사용하는 것을 허락하겠나니, 돌·자갈·바닷돌(海石)이니라."

22-2 이때 비사거녹자모는 부채(扇)와 다라수 잎의 부채를 가지고 세존의 처소로 나아갔다. 나아가서 세존께 예경하고서 한쪽에 앉았다. 한쪽에 앉아서 비사거녹자모는 세존께 아뢰어 말하였다.

"세존께서는 부채와 다라수 잎의 부채를 받아주시기를 청합니다. 이것은 나에게 장야에 이익이 될 것입니다."

세존께서는 부채와 다라수 잎의 부채를 받으셨다. 이때 세존께서는 비사거녹자모를 위하여 설법하시어 가르쳐서 보여주셨고 인도하셨으며 권장하셨고 기쁘게 하셨다. 이때 세존께서는 설법하시어 열어서 보여주셨고, 교계하셨으며, 인도하셨고 권장하셨으므로, 비사거녹자모는 환희하면서 자리에서 일어나서 세존께 예경하고 오른쪽으로 돌면서 떠나갔다. 이때 세존께서는 이 인연으로써 설법하셨으며 여러 비구들에게 알려 말씀하셨다.

"여러 비구들이여. 부채와 다라수 잎의 부채를 사용하는 것을 허락하겠노라."

[비사거녹자모를 마친다.]

23) 모기채(蚊拂)

23-1 그때 승가는 모기채[91]를 얻었다. 여러 비구들은 이 일로써 세존께 아뢰었고, 세존께서는 말씀하셨다.

"여러 비구들이여. 모기채를 사용하는 것을 허락하겠노라."

야크92)의 꼬리털로 만든 모기채를 얻었다. 여러 비구들은 이 일로써 세존께 아뢰었고, 세존께서는 말씀하셨다.

"여러 비구들이여. 야크 꼬리털의 모기채를 지닐 수 없느니라. 지니는 자는 악작을 범하느니라. 여러 비구들이여. 세 종류의 모기채를 사용하는 것을 허락하겠나니 이를테면, 나무 껍질로 만든 것·우시라(憂尸羅)93)로 만든 것·공작(孔雀)의 꼬리털로 만든 것이니라."

23-2 그때 승가는 일산(傘蓋)을 얻었다. 여러 비구들은 이 일로써 세존께 아뢰었고, 세존께서는 말씀하셨다.

"여러 비구들이여. 일산을 사용하는 것을 허락하겠노라."

그때 육군비구들은 큰 일산을 펼치고서 배회하였다. 그때 한 우바새가 있었는데, 여러 사명외도(邪命外道)의 제자들과 함께 원림으로 갔다. 그 사명외도의 여러 제자들은 육군비구들이 큰 일산을 펼치고 멀리서 오는 것을 보았고, 보고서 우바새에게 말하였다.

"이곳에 그대의 여러 대덕들께서 큰 일산을 펼치고서 오고 있구려. 오히려 부유한 대신과 같구려."

"그들은 비구가 아니고 널리 유행하는 범지(梵志)입니다."

그리고 서로가 비구인가? 비구가 아닌가를 도박하였다. 이때 그 우바새는 그들이 가까이 왔던 때에 비구인 것을 알고서 싫어하고 비난하였다.

"무엇을 위하여 여러 대덕들이 큰 일산을 지니고서 배회하는가?"

여러 비구들은 우바새가 싫어하고 비난하는 것을 들었다. 이때 그 여러 비구들은 이 일로써 세존께 아뢰었다. 이때 세존께서는 이 인연으로

---

91) 팔리어 Makasabījani(마카사비자니)의 번역이다.
92) 팔리어 Cāmara(차마라)의 번역이다.
93) 팔리어 Usīra(우시라)의 음사이고, 학명은 Andropogon Muricatum이다.

써 비구 승가를 모으셨으며, 육군비구들에게 물어 말씀하셨다.

"육군비구들이여. 그대들이 진실로 큰 일산을 지니고서 배회하였는가?"

"진실로 그렇습니다. 세존이시여."

세존께서는 그 비구를 꾸짖으셨다.

"어리석은 사람이여. 이것은 행할 것이 아니고, 수순하는 행이 아니며, 상응하는 법이 아니고, 위의가 아니며, 사문의 행이 아니고, 청정한 행이 아니며, 마땅히 지을 것이 아니니라. 어리석은 사람들이여. 어찌하여 그대들은 큰 일산을 지니고서 배회하였는가? 어리석은 사람들이여. 이것은 오히려 믿지 않는 자에게 신심이 생겨나지 않게 하고, 이미 믿었던 자는 증장시키지 않느니라. …… 이미 믿었던 자는 일부가 전전하여 다른 곳을 향하여 떠나가게 하느니라."

세존께서는 육군비구들을 꾸짖으셨고 설법하셨으며 여러 비구들에게 알려 말씀하셨다.

"여러 비구들이여. 큰 일산을 지닐 수 없느니라. 지니는 자는 악작을 범하느니라."

23-3 그때 한 비구에게 병이 있었으나, 그 비구는 일산을 얻을 수 없어서 안온하지 않았다. 여러 비구들은 이 일로써 세존께 아뢰었고, 세존께서는 말씀하셨다.

"여러 비구들이여. 병이 있는 자는 일산을 사용하는 것을 허락하겠노라."

그때 여러 비구들은 사유하였다.

'세존께서는 병자들에게 일산을 허락하셨으나, 병이 없는 자는 허락하지 않았다.'

정사이거나, 정사의 근처에서도 의심하고 두려워하면서 감히 일산을 사용하지 못하였다. 여러 비구들은 이 일로써 세존께 아뢰었고, 세존께서는 말씀하셨다.

"여러 비구들이여. 병이 있는 자는 일산을 사용하는 것을 허락하겠고,

병이 없는 자도 정사이거나, 정사의 근처라면 사용을 허락하겠노라."

[모기채를 마친다.]

24) 지팡이와 발랑

24-1 그때 한 비구가 발랑으로써 발우를 담고서 지팡이에 매달고서 때가 아니었으나, 마을의 문밖으로 나왔는데, 여러 사람들이 말하였다.
"여러분! 도둑이 그곳을 돌아다녔는데, 그의 칼에서 섬광(閃光)이 있었습니다."
쫓아가서 그를 붙잡았고 비구라고 알고서 그를 풀어주었다. 이때 그 비구는 정사에 돌아와서 그 일로써 여러 비구들에게 알렸다.
"장로여. 그대는 지팡이에 발랑을 매달고서 다녔습니까?"
"장로들이여. 그렇습니다."
여러 비구들의 가운데에서 욕심이 적은 비구들은 싫어하고 비난하였다.
"무슨 까닭으로써 비구가 지팡이에 발랑을 매달고서 다니는가?"
이때 그 여러 비구들은 이 일로써 세존께 아뢰었다. 이때 세존께서는 이 인연으로써 비구 승가를 모으셨으며, 그 비구에게 물어 말씀하셨다.
"비구여. 그대가 진실로 지팡이에 발랑을 매달고서 다녔는가?"
…… 세존께서는 육군비구들을 꾸짖으셨고 설법하셨으며 여러 비구들에게 알려 말씀하셨다.
"여러 비구들이여. 지팡이에 발랑을 지닐 수 없느니라. 지니는 자는 악작을 범하느니라."

24-2 그때 한 비구에게 병이 있었는데, 지팡이가 없다면 돌아다닐 수 없었다. 여러 비구들은 이 일로써 세존께 아뢰었고, 세존께서는 말씀하셨다.
"여러 비구들이여. 병이 있는 비구에게 지팡이를 지니는 것을 허락하겠노라. 여러 비구들이여. 마땅히 이와 같이 주어야 하느니라. 그 병든 비구는 마땅히 승가의 처소에 이르러 오른쪽 어깨를 드러내고 상좌의 발에 예배하고서 호궤 합장하고 이와 같이 아뢰어 말해야 한다.

 여러 대덕들이여. 나는 병이 있어서 지팡이가 없다면 능히 돌아다닐 수 없습니다. 청하건대 승가께서는 내가 지팡이를 지니는 것을 허락하여 주십시오.”

 마땅히 두 번째에도, …… 나아가 …… 세 번째에도 애원하며 청해야 하느니라. 마땅히 한 총명하고 현명하며 능력있는 비구가 승가의 가운데에서 창언해야 한다.

 "대덕 승가께서는 허락하십시오. 이 누구 비구는 병이 있어서 지팡이가 없다면 능히 돌아다닐 수 없으므로, 그 비구는 승가께서 지팡이를 허락하시기를 청하고 있습니다. 만약 승가께서 때에 이르셨다면 승가께서는 누구 비구에게 지팡이를 지니는 것을 허락하여 주십시오. 이와 같이 아룁니다.'

 '대덕 승가께서는 허락하십시오. 이 누구 비구는 병이 있어서 지팡이가 없다면 능히 돌아다닐 수 없으므로, 그 비구는 승가께서 지팡이를 지니는 것을 허락하시기를 청하고 있습니다. 만약 승가께서 때에 이르셨다면 승가께서는 누구 비구에게 지팡이를 지니는 것을 허락하여 주십시오. 여러 대덕들께서 누구 비구에게 지팡이를 허락하여 주는 것을 인정하신다면 묵연하시고, 인정하지 않는다면 말씀하십시오.'

 '승가시여. 누구 비구에게 지팡이를 지니는 것을 허락하여 주는 것을 마쳤습니다. 여러 대덕들께서 인정하신 것은 묵연하였던 까닭입니다. 나는 이와 같이 알고 이해하겠습니다.'"

24-3 그때 한 비구에게 병이 있었는데, 걸망이 없다면 능히 발우를 지닐 수 없었다. 여러 비구들은 이 일로써 세존께 아뢰었고, 세존께서는 말씀하셨다.

 "여러 비구들이여. 병이 있는 비구에게 걸망을 지니는 것을 허락하겠노

라. 여러 비구들이여. 마땅히 이와 같이 주어야 하느니라. 그 병든 비구는 마땅히 승가의 처소에 이르러 오른쪽 어깨를 드러내고 상좌의 발에 예배하고서 호궤 합장하고 이와 같이 아뢰어 말해야 한다.

　"여러 대덕들이여. 나는 병이 있어서 걸망이 없다면 능히 발우를 지닐 수 없습니다. 청하건대 승가께서는 내가 걸망을 지니는 것을 허락하여 주십시오."

　마땅히 두 번째에도, …… 나아가 …… 세 번째에도 애원하며 청해야 하느니라. 마땅히 한 총명하고 현명하며 능력있는 비구가 승가의 가운데에서 창언해야 한다.

　"대덕 승가께서는 허락하십시오. 이 누구 비구는 병이 있어서 걸망이 없다면 능히 발우를 지닐 수 없으므로, 그 비구는 승가께서 걸망을 지니는 것을 허락하기를 청하고 있습니다. 만약 승가께서 때에 이르셨다면 승가께서는 누구 비구에게 걸망을 지니는 것을 허락하여 주십시오. 이와 같이 아룁니다.'

　'대덕 승가께서는 허락하십시오. 이 누구 비구는 병이 있어서 걸망이 없다면 능히 발우를 지닐 수 없으므로, 그 비구는 승가께서 걸망을 허락하시기를 청하고 있습니다. 만약 승가께서 때에 이르셨다면 승가께서는 누구 비구에게 갈망을 지니는 것을 허락하여 주십시오. 여러 대덕들께서 누구 비구에게 걸망을 허락하여 주는 것을 인정하신다면 묵연하시고, 인정하지 않는다면 말씀하십시오.'

　'승가시여. 누구 비구에게 걸망을 지니는 것을 허락하여 주는 것을 마쳤습니다. 여러 대덕들께서 인정하신 것은 묵연하였던 까닭입니다. 나는 이와 같이 알고 이해하겠습니다.'"

24-4 그때 한 비구에게 병이 있었는데, 지팡이가 없다면 돌아다닐 수 없었고, 걸망이 없다면 능히 발우를 지닐 수 없었다. 여러 비구들은 이 일로써 세존께 아뢰었고, 세존께서는 말씀하셨다.

　"여러 비구들이여. 병이 있는 비구에게 지팡이와 걸망을 지니는 것을 허락하겠노라. 여러 비구들이여. 마땅히 이와 같이 주어야 하느니라. 그 병든 비구는 마땅히 승가의 처소에 이르러 오른쪽 어깨를 드러내고 상좌의 발에 예배하고서 호궤 합장하고 이와 같이 아뢰어 말해야 한다.

여러 대덕들이여. 나는 병이 있어서 지팡이가 없다면 능히 돌아다닐 수 없고, 걸망이 없다면 능히 발우를 지닐 수 없습니다. 청하건대 승가께서는 내가 지팡이와 걸망을 지니는 것을 허락하여 주십시오."

마땅히 두 번째에도, …… 나아가 …… 세 번째에도 애원하며 청해야 하느니라. 마땅히 한 총명하고 현명하며 능력있는 비구가 승가의 가운데에서 창언해야 한다.

"대덕 승가께서는 허락하십시오. 이 누구 비구는 병이 있어서 지팡이가 없다면 능히 돌아다닐 수 없고, 걸망이 없다면 능히 발우를 지닐 수 없으므로, 그 비구는 승가께서 지팡이와 걸망을 지니는 것을 허락하시기를 청하고 있습니다. 만약 승가께서 때에 이르셨다면 승가께서는 누구 비구에게 지팡이와 걸망을 지니는 것을 허락하여 주십시오. 이와 같이 아룁니다.'

'대덕 승가께서는 허락하십시오. 이 누구 비구는 병이 있어서 지팡이가 없다면 능히 돌아다닐 수 없으므로, 그 비구는 승가께서 지팡이를 지니는 것을 허락하시기를 청하고 있습니다. 만약 승가께서 때에 이르셨다면 승가께서는 누구 비구에게 지팡이를 지니는 것을 허락하여 주십시오. 여러 대덕들께서 누구 비구에게 지팡이를 허락하여 주는 것을 인정하신다면 묵연하시고, 인정하지 않는다면 말씀하십시오.'

'승가시여. 누구 비구에게 지팡이를 지니는 것을 허락하여 주는 것을 마쳤습니다. 여러 대덕들께서 인정하신 것은 묵연하였던 까닭입니다. 나는 이와 같이 알고 이해하겠습니다.'"

[지팡이와 걸망을 마친다.]

25) 되새김을 하는 자

25-1 그때 비구가 되새김질을 하는 자가 있었는데, 그 비구는 두 번·세 번을 되새김을 하고서 삼켰다. 여러 비구들은 싫어하고 비난하였다.
"이 비구는 때가 아닌 때에 먹는구나!"
여러 비구들은 이 일로써 세존께 아뢰었고, 세존께서는 말씀하셨다.
"여러 비구들이여. 이 비구는 소의 태에서 죽은 지가 오래되지 않았나니, 여러 비구들이여. 되새김을 하고서 삼키는 것을 허락하겠노라. 여러 비구들이여. 다만 입 밖으로 나왔던 것은 삼킬 수 없느니라. 되새김을 하는 자는 마땅히 여법하게 그것을 다스릴지니라."

[되새김을 하는 자를 마친다.]

26) 떨어트린 음식

26-1 그때 한 대중들이 승가에게 차례로 공양하였는데, 식당에 많은 밥알이 떨어졌다. 여러 사람들은 싫어하고 비난하였다.
"무엇을 위하여 여러 사문 석자들은 밥을 공양하였는데, 일심(一心)으로 그것을 받지 않는가? 하나하나의 밥알도 모두 일백 가지의 노력으로 이루어지는 것이다."
여러 비구들은 대중들이 싫어하고 비난하는 것을 들었다. 이때 그 여러 비구들은 이 일로써 세존께 아뢰었고, 세존께서는 말씀하셨다.
"여러 비구들이여. 주었던 음식을 떨어트렸던 자는 스스로가 취하여 먹는 것을 허락하겠노라. 여러 비구들이여. 그것은 시주(施主)가 그대들에게 주었던 것이니라."

[떨어트린 음식을 마친다.]

27) 손톱과 머리카락

27-1 그때 한 비구가 있었는데, 긴 손톱을 지니고서 걸식하였다. 한 여인이 있었고 그 비구를 보고서 말하였다.
"오시어 음법(婬法)을 행하세요."
"그만두시오. 자매여. 이것은 상응하는 법이 아니오."
"만약 그대가 나와 음행하지 않는다면 나는 지금 스스로가 손톱으로써 사지(四肢)를 할퀴고 분노하면서 '이 비구가 나를 범하였다.'라고 꾸며서 말하겠습니다."
"자매여. 그대의 마음대로 하시오."
이때 그 여인은 스스로가 손톱으로써 사지(四肢)를 할퀴고 분노하면서 "이 비구가 나를 범하였습니다."라고 꾸며서 말하였다. 여러 사람들이 달려와서 그 비구를 붙잡았다. 그 여러 사람들은 그 여인의 손톱의 가운데에서 피부와 피가 있는 것을 보고서 말하였다.
"이것은 오로지 이 여인이 지은 것이고, 비구가 하였던 것이 아닙니다."
그 비구를 풀어주었다. 이때 그 비구는 정사에 돌아와서 그 일로써 여러 비구들에게 알렸다.
"장로여. 그대는 긴 손톱이 있습니까?"
"장로들이여. 그렇습니다."
여러 비구들의 가운데에서 욕심이 적은 비구들은 싫어하고 비난하였다.
"무슨 까닭으로써 비구가 긴 손톱을 지니고서 다니는가?"
이때 그 여러 비구들은 이 일로써 세존께 아뢰었고, 세존께서는 말씀하셨다.
"여러 비구들이여. 긴 손톱을 지닐 수 없느니라. 지니는 자는 악작을 범하느니라."

27-2 그때 여러 비구들이 손톱으로써 손톱을 잘랐고, 입으로써 손톱을 잘랐으며 벽에 문질렀으므로 손가락이 고통스러웠다. 여러 비구들은

이 일로써 세존께 아뢰었고, 세존께서는 말씀하셨다.
"여러 비구들이여. 손톱을 자르는 칼을 사용하는 것을 허락하겠노라."

손톱을 잘랐는데 피가 흘러서 손가락이 고통스러웠다. 여러 비구들은 이 일로써 세존께 아뢰었고, 세존께서는 말씀하셨다.
"여러 비구들이여. 살이 있는 곳까지 자르는 것을 허락하겠노라."

이때 육군비구들은 20개의 손톱과 발톱을 다듬었다. 여러 사람들은 싫어하고 비난하였다.
"오히려 여러 욕락을 즐기는 재가인들과 같구나!"
여러 비구들은 여러 사람들이 싫어하고 비난하는 것을 들었다. 이때 그 여러 비구들은 이 일로써 세존께 아뢰었고, 세존께서는 말씀하셨다.
"여러 비구들이여. 20개의 손톱과 발톱을 다듬을 수 없느니라. 다듬는 자는 악작을 범하느니라. 여러 비구들이여. 오직 더러운 때를 없애는 것을 허락하겠노라"

27-3 그때 여러 비구들이 머리가 길었다. 여러 비구들은 이 일로써 세존께 아뢰었고, 세존께서는 말씀하셨다.
"여러 비구들이여. 능히 서로가 머리를 깎을 수 있는가?"
"그렇습니다. 세존이시여."
이때 세존께서는 이 인연으로써 설법하셨으며, 비구 대중들에게 알려 말씀하셨다.
"여러 비구들이여. 면도칼, 숫돌, 칼집, 면 조각 등의 일체의 도구를 사용하는 것을 허락하겠노라."

27-4 그때 육군비구들은 수염을 다듬고 수염을 길렀으며 염소 털과 같은 수염을 길렀고, 사각형으로 수염을 길렀으며 가슴까지 수염을 늘어트렸고 배까지 수염을 늘어트렸으며, 구레나룻을 남겨두었고 은밀한

곳의 털을 깎았다. 여러 사람들은 싫어하고 비난하였다.
"오히려 여러 욕락을 즐기는 재가인들과 같구나!"
여러 비구들은 여러 사람들이 싫어하고 비난하는 것을 들었다. 이때 그 여러 비구들은 이 일로써 세존께 아뢰었고, 세존께서는 말씀하셨다.
"여러 비구들이여. 수염을 다듬을 수 없고 수염을 기를 수 없으며 염소 털과 같은 수염을 기를 수 없고, 사각형으로 수염을 기를 수 없으며 가슴까지 수염을 늘어트릴 수 없고 배까지 수염을 늘어트릴 수 없으며, 구레나룻을 남겨둘 수 없고 은밀한 곳의 털을 깎을 수 없느니라. 깎는 자는 악작을 범하느니라."

그때 한 비구가 있었고, 은밀한 곳에 종기가 있었으나, 약을 바를 수 없었다. 여러 비구들은 이 일로써 세존께 아뢰었고, 세존께서는 말씀하셨다.
"여러 비구들이여. 병의 인연이라면 은밀한 곳의 털을 깎는 것을 허락하겠노라."

27-5 그때 육군비구들은 가위로써 머리카락을 잘랐다. 여러 사람들은 싫어하고 비난하였다.
"오히려 여러 욕락을 즐기는 재가인들과 같구나!"
여러 비구들은 여러 사람들이 싫어하고 비난하는 것을 들었다. 이때 그 여러 비구들은 이 일로써 세존께 아뢰었고, 세존께서는 말씀하셨다.
"여러 비구들이여. 가위로써 머리카락을 자를 수 없느니라. 자르는 자는 악작을 범하느니라."

그때 한 비구가 머리에 종기가 있었으나, 면도칼로써 자를 수 없었다. 여러 비구들은 이 일로써 세존께 아뢰었고, 세존께서는 말씀하셨다.
"여러 비구들이여. 병의 인연이라면 가위를 사용하여 머리카락을 깎는 것을 허락하겠노라."

그때 여러 비구들은 코털이 길었다. 여러 사람들은 싫어하고 비난하였다.
"오히려 필사차(畢舍遮)94)의 신도(信徒)들과 같구나!"
여러 비구들은 여러 사람들이 싫어하고 비난하는 것을 들었다. 이때 그 여러 비구들은 이 일로써 세존께 아뢰었고, 세존께서는 말씀하셨다.
"여러 비구들이여. 코털을 길게 남겨둘 수 없느니라. 남겨두는 자는 악작을 범하느니라."

그때 여러 비구들이 자갈과 밀납으로써 콧털을 없앴으므로 코가 고통스러웠다. 이때 그 여러 비구들은 이 일로써 세존께 아뢰었고, 세존께서는 말씀하셨다.
"여러 비구들이여. 족집게를 사용하는 것을 허락하겠노라."

그때 육군비구들이 하얀 머리카락을 뽑아서 없앴다. 여러 사람들은 싫어하고 비난하였다.
"오히려 여러 욕락을 즐기는 재가인들과 같구나!"
여러 비구들은 여러 사람들이 싫어하고 비난하는 것을 들었다. 이때 그 여러 비구들은 이 일로써 세존께 아뢰었고, 세존께서는 말씀하셨다.
"여러 비구들이여. 하얀 머리카락을 뽑아서 없앨 수 없느니라. 뽑는 자는 악작을 범하느니라."

27-6 그때 한 비구가 있었는데, 귓밥이 귀를 막았다. 이때 그 여러 비구들은 이 일로써 세존께 아뢰었고, 세존께서는 말씀하셨다.
"여러 비구들이여. 귀를 후비는 도구를 사용하는 것을 허락하겠노라."

그때 육군비구들은 여러 종류의 금과 은을 가지고 귀를 후비는 도구를 만들었다. 여러 사람들은 싫어하고 비난하였다.

---

94) 팔리어 pisācillikā(피사칠리카)의 음사이고, 숲에 사는 정령(精靈)을 가리킨다.

"오히려 여러 욕락을 즐기는 재가인들과 같구나!"

여러 비구들은 여러 사람들이 싫어하고 비난하는 것을 들었다. 이때 그 여러 비구들은 이 일로써 세존께 아뢰었고, 세존께서는 말씀하셨다.

"여러 비구들이여. 여러 종류의 귀를 후비는 도구를 지닐 수 없느니라. 지니는 자는 악작을 범하느니라. 여러 비구들이여. 뼈로 만든 것·상아로 만든 것·뿔로 만든 것·갈대로 만든 것·대나무로 만든 것·나무로 만든 것·수지(樹脂)로 만든 것·과일로 만든 것·구리로 만든 것·조개껍질로 만든 것 등은 허락하겠노라."

[손톱과 머리카락을 마친다.]

28) 구리 물건

28-1 그때 육군비구들은 많은 구리 물건과 청동(鍮) 물건을 저축하였다. 여러 사람들이 정사를 돌아다니면서 보았고 싫어하고 비난하였다.

"무엇을 위하여 여러 사문 석자들은 구리 물건과 청동 물건을 저축하는가? 오히려 청동의 장사꾼과 같구나!"

여러 비구들은 여러 사람들이 싫어하고 비난하는 것을 들었다. 이때 그 여러 비구들은 이 일로써 세존께 아뢰었고, 세존께서는 말씀하셨다.

"여러 비구들이여. 구리 물건과 청동 물건을 저축할 수 없느니라. 저축하는 자는 악작을 범하느니라."

28-2 그때 여러 비구들은 바르는 약의 상자·바르는 약의 비치개·귀를 후비는 도구·칼자루 등을 의심하고 두려워하면서 감히 사용하지 못하였다. 여러 비구들은 이 일로써 세존께 아뢰었고, 세존께서는 말씀하셨다.

"여러 비구들이여. 바르는 약의 상자·바르는 약의 비치개·귀를 후비는 도구·칼자루 등을 사용하는 것을 허락하겠노라."

그때 육군비구들은 승가리(僧伽梨)95)에 등을 기대고 앉았으므로, 승가리의 연(緣)96)이 찢어졌다. 여러 비구들은 이 일로써 세존께 아뢰었고, 세존께서는 말씀하셨다.

"여러 비구들이여. 승가리에 등을 기대고 앉을 수 없느니라. 앉는 자는 악작을 범하느니라."

그때 한 비구에게 병이 있었는데, 그 비구는 붕대가 없었으므로 안온하지 않았다. 여러 비구들은 이 일로써 세존께 아뢰었고, 세존께서는 말씀하셨다.

"여러 비구들이여. 붕대를 사용하는 것을 허락하겠노라."

이때 여러 비구들은 사유하였다.

"마땅히 무엇을 가지고 붕대를 지어야 하는가?"

여러 비구들은 이 일로써 세존께 아뢰었고, 세존께서는 말씀하셨다.

"여러 비구들이여. 베틀(織機), 베틀 북(梭)97), 실(緖), 산가지(籌), 일체의 배틀 도구를 사용하는 것을 허락하겠노라."

[구리 물건을 마친다.]

29) 허리띠(腰帶)

29-1 그때 한 비구가 있었는데, 허리띠를 묶지 않고서 취락에 들어가서 걸식하였다. 그 비구는 도로에 안타회(安陀會)98)가 떨어졌고 여러 사람들

---

95) 팔리어 saṅghāṭi(산가티)의 음사이다.
96) 팔리어 paṭṭā(파따)의 번역이다.
97) 베틀에서, 날실의 틈으로 왔다 갔다 하면서 씨실을 푸는 기구를 가리킨다.
98) 팔리어 antaravāsaka(안타라바사카)의 음사이다.

이 불렀으므로 그 비구는 부끄러워하였다. 이때 그 비구는 정사에 돌아와서 그 일로써 여러 비구들에게 알렸다. 여러 비구들은 이 일로써 세존께 아뢰었고, 세존께서는 말씀하셨다.

"여러 비구들이여. 허리띠를 묶지 않고서 취락에 들어가서 걸식할 수 없느니라. 들어가는 자는 악작을 범하느니라."

29-2 그때 육군비구들은 여러 종류의 허리띠를 지녔는데, 가는 섬유로 꼬았던 것, 물뱀의 머리 형상이 있는 것, 작은 북의 형상이 있는 것, 귀고리와 같은 형상이 있는 것이었다. 여러 사람들은 보고서 싫어하고 비난하였다.

"오히려 여러 욕락을 즐기는 재가인들과 같구나!"

여러 비구들은 여러 사람들이 싫어하고 비난하는 것을 들었다. 이때 그 여러 비구들은 이 일로써 세존께 아뢰었고, 세존께서는 말씀하셨다.

"여러 비구들이여. 여러 종류의 허리띠인 가는 실로 꼬았던 것, 물뱀의 머리 형상이 있는 것, 작은 북의 형상이 있는 것, 귀고리와 같은 형상이 있는 것 등을 지닐 수 없느니라. 지니는 자는 악작을 범하느니라. 여러 비구들이여. 두 종류의 허리띠를 사용하는 것을 허락하겠나니, 가는 실의 허리띠와 가는 실로 엮은 것이니라."

허리띠의 가장자리가 낡았다.

"여러 비구들이여. 작은 북의 형상이 있는 것과 귀고리와 같은 형상이 있는 것을 사용하는 것을 허락하겠노라."

허리띠의 끝부분이 낡았다.

"여러 비구들이여. 허리띠의 끝부분을 수선하고 덧대는 것을 허락하겠노라."

허리띠의 끝매듭이 낡았다.

"여러 비구들이여. 구자(扣子)⁹⁹⁾를 사용하는 것을 허락하겠노라."

그때 육군비구들은 여러 종류의 금과 은을 가지고 구자를 만들었다. 여러 사람들은 싫어하고 비난하였다.
"오히려 여러 욕락을 즐기는 재가인들과 같구나!"
여러 비구들은 여러 사람들이 싫어하고 비난하는 것을 들었다. 이때 그 여러 비구들은 이 일로써 세존께 아뢰었고, 세존께서는 말씀하셨다.
"여러 비구들이여. 여러 종류의 구자를 지닐 수 없느니라. 지니는 자는 악작을 범하느니라. 여러 비구들이여. 뼈로 만든 것·상아로 만든 것·뿔로 만든 것·갈대로 만든 것·대나무로 만든 것·나무로 만든 것·수지로 만든 것·과일로 만든 것·구리로 만든 것·조개껍질로 만든 것·실로 만든 것 등은 허락하겠노라."

29-3 그때 장로 아난은 가벼운 승가리를 입고서 취락에 들어가서 걸식하였다. 회오리바람이 불어서 승가리가 뒤집혔다. 이때 장로 아난은 정사에 돌아와서 그 일로써 여러 비구들에게 알렸다. 여러 비구들은 이 일로써 세존께 아뢰었고, 세존께서는 말씀하셨다.
"여러 비구들이여. 옷끈(紐)¹⁰⁰⁾와 고리(鉤)¹⁰¹⁾를 사용하는 것을 허락하겠노라."

그때 육군비구들은 여러 종류의 금과 은으로 옷끈을 만들어서 지녔다. 여러 사람들은 싫어하고 비난하였다.
"오히려 여러 욕락을 즐기는 재가인들과 같구나!"
여러 비구들은 여러 사람들이 싫어하고 비난하는 것을 들었다. 이때 그 여러 비구들은 이 일로써 세존께 아뢰었고, 세존께서는 말씀하셨다.

---

99) 팔리어 vidha(비다)의 번역이고, 허리띠 끝부분의 버클을 가리킨다.
100) 팔리어 gaṇṭhika(간티카)의 번역이다.
101) 팔리어 pasaka(파사카)의 번역이다.

"여러 비구들이여. 여러 종류의 옷끈을 만들어서 지닐 수 없느니라. 지니는 자는 악작을 범하느니라. 여러 비구들이여. 뼈로 만든 것·상아로 만든 것·뿔로 만든 것·갈대로 만든 것·대나무로 만든 것·나무로 만든 것·수지로 만든 것·과일로 만든 것·구리로 만든 것·조개껍질로 만든 것·실로 만든 것 등은 허락하겠노라."

그때 여러 비구들이 옷끈과 고리를 사용하였는데, 옷이 찢어졌다. 여러 비구들은 이 일로써 세존께 아뢰었고, 세존께서는 말씀하셨다.
"여러 비구들이여. 옷끈의 판(紐板)102)과 고리의 판(鉤板)을 사용하는 것을 허락하겠노라."

옷끈의 판과 고리의 판을 꿰매어 사용하였는데, 옷의 모서리가 벌어졌다. 여러 비구들은 이 일로써 세존께 아뢰었고, 세존께서는 말씀하셨다.
"여러 비구들이여. 옷끈의 판을 옷의 모서리에 꿰매고, 고리의 판을 옷의 안쪽에 꿰매는 것을 허락하겠나니, 일곱 뼘이거나, 혹은 여덟 뼘이 들어간 곳이니라."

29-4 그때 육군비구들은 재가자들이 입는 코끼리의 옷103), 물고기 꼬리의 옷104), 네모진 옷105), 야자 줄기의 옷106), 백 가지의 넝쿨 옷107) 등을 입었다. 여러 사람들은 싫어하고 비난하였다.
"오히려 여러 욕락을 즐기는 재가인들과 같구나!"
여러 비구들은 여러 사람들이 싫어하고 비난하는 것을 들었다. 이때

---

102) 팔리어 Phalaka(파라카)의 번역이고, 판자 또는 조각 등을 가리킨다.
103) 팔리어 Hatthisoṇḍaka(하띠손다카)의 번역이고, 코끼리 몸통과 같은 부속물로 배열된 속옷이다.
104) 팔리어 Macchavālaka(마짜바라카)의 번역이다.
105) 팔리어 Catukaṇṇaka(쿠투칸나카)의 번역이다.
106) 팔리어 Tālavaṇṭaka(타라반다카)의 번역이다.
107) 팔리어 Satavalika(사타바리카)의 번역이다.

그 여러 비구들은 이 일로써 세존께 아뢰었고, 세존께서는 말씀하셨다.
"여러 비구들이여. 재가자들이 입는 코끼리의 옷, 물고기 꼬리의 옷, 네모진 옷, 야자 줄기의 옷, 백 가지의 넝쿨 옷을 입을 수 없느니라. 입는 자는 악작을 범하느니라."

그때 육군비구들은 재가인의 외투(外套)[108]을 입었다. 여러 사람들은 싫어하고 비난하였다.
"오히려 국왕의 일꾼과 같구나!"
여러 비구들은 여러 사람들이 싫어하고 비난하는 것을 들었다. 이때 그 여러 비구들은 이 일로써 세존께 아뢰었고, 세존께서는 말씀하셨다.
"여러 비구들이여. 재가인의 외투를 입을 수 없느니라. 입는 자는 악작을 범하느니라."

29-5 그때 육군비구들은 재가자들이 입는 얽은 옷(纏衣)[109]을 입었다. 여러 사람들은 싫어하고 비난하였다.
"오히려 여러 욕락을 즐기는 재가인들과 같구나!"
여러 비구들은 여러 사람들이 싫어하고 비난하는 것을 들었다. 이때 그 여러 비구들은 이 일로써 세존께 아뢰었고, 세존께서는 말씀하셨다.
"여러 비구들이여. 재가자들이 입는 얽은 옷을 입을 수 없느니라. 입는 자는 악작을 범하느니라."

[허리띠를 마친다.]

---

108) 팔리어 Gihipāruta(기히파루타)의 번역이다.
109) 팔리어 Saṃvelliya(삼벨리야)의 번역이고, 생지를 감추려고 풀로 만들어 입는 옷이다.

30) 멜대(天秤棒)

30-1 그때 육군비구들은 양쪽의 멜대110)를 짊어졌다. 여러 사람들은 싫어하고 비난하였다.

"오히려 국왕의 일꾼과 같구나!"

여러 비구들은 여러 사람들이 싫어하고 비난하는 것을 들었다. 이때 그 여러 비구들은 이 일로써 세존께 아뢰었고, 세존께서는 말씀하셨다.

"여러 비구들이여. 양쪽의 멜대를 짊어질 수 없느니라. 짊어지는 자는 악작을 범하느니라. 여러 비구들이여. 한쪽의 멜대111), 두 사람의 멜대112), 머리의 멜대113), 어깨의 멜대114), 허리의 멜대115), 매달았던 것116) 등은 허락하겠노라."

[멜대를 마친다.]

31) 치목(齒木)

31-1 그때 여러 비구들은 치목(齒木)117)을 씹지 않았으므로 입안에 악취가 있었다. 이때 그 여러 비구들은 이 일로써 세존께 아뢰었고, 세존께서는 말씀하셨다.

"여러 비구들이여. 치목을 씹지 않는 자는 이와 같은 다섯 종류의

---

110) 팔리어 Ubhatokāja(우바토카자)의 번역이다.
111) 팔리어 Ekatokāja(에카토카자)의 번역이다.
112) 팔리어 Antarākāja(안타라카자)의 번역이다.
113) 팔리어 Sīsabhāra(시사바라)의 번역이다.
114) 팔리어 Khandhabhāra(칸다바라)의 번역이다.
115) 팔리어 Kaṭibhāra(카티바라)의 번역이다.
116) 팔리어 Olambaka(오람바카)의 번역이다.
117) 팔리어 Dantakaṭṭha(단타카따)의 번역이다.

허물이 있느니라. 눈이 밝지 않고 입안에 냄새가 있으며 미각처(味覺處)가 청정하지 않고 담즙과 침이 음식을 덮으며 음식에 맛이 없는 것이다. 여러 비구들이여. 치목을 씹지 않는 자는 이와 같은 다섯 종류의 허물이 있느니라.

여러 비구들이여. 치목을 씹는 자는 이와 같은 다섯 종류의 이익이 있느니라. 눈이 밝고 입안에 냄새가 없으며 미각처가 청정하고 담즙과 침이 음식을 덮지 않으며 음식에 맛이 있는 것이다. 여러 비구들이여. 치목을 씹는 자는 이와 같은 다섯 종류의 이익이 있느니라. 여러 비구들이여. 치목을 사용하는 것을 허락하겠노라."

31-2 그때 육군비구들은 긴 치목을 씹으면서 이것으로써 여러 사미들을 때렸다. 여러 비구들은 이 일로써 세존께 아뢰었고, 세존께서는 말씀하셨다.

"여러 비구들이여. 긴 치목을 씹을 수 없느니라. 씹는 자는 악작을 범하느니라. 여러 비구들이여. 최고로 길더라도 여덟 마디의 치목을 사용하라. 이것으로써 사미를 때릴 수 없나니, 때리는 자는 악작을 범하느니라."

그때 한 비구가 있어서 짧은 치목을 씹으면서 목구멍에 걸렸다. 여러 비구들은 이 일로써 세존께 아뢰었고, 세존께서는 말씀하셨다.

"여러 비구들이여. 짧은 치목을 씹을 수 없느니라. 씹는 자는 악작을 범하느니라. 여러 비구들이여. 최고로 짧더라도 네 마디의 치목을 사용해야 하느니라."

[치목을 마친다.]

32) 초목(草木)

32-1 그때 육군비구들은 초목을 불태웠다. 여러 사람들은 싫어하고 비난하였다.
"오히려 숯을 굽는 사람과 같구나!"
여러 비구들은 여러 사람들이 싫어하고 비난하는 것을 들었다. 이때 그 여러 비구들은 이 일로써 세존께 아뢰었고, 세존께서는 말씀하셨다.
"여러 비구들이여. 초목을 태울 수 없느니라. 태우는 자는 악작을 범하느니라."

그때 정사는 초목으로 뒤덮였는데, 들불이 일어나서 정사를 불태웠다. 여러 비구들은 의심하고 두려워하면서 맞불을 태우지 못하였다. 여러 비구들은 이 일로써 세존께 아뢰었고, 세존께서는 말씀하셨다.
"여러 비구들이여. 들불이 불타는 때라면 보호하고자 맞불을 태우는 것을 허락하겠노라."

32-2 그때 육군비구들은 나무에서 나무로 움직였던 이유로 나무에 기어올랐다. 여러 사람들은 싫어하고 비난하였다.
"오히려 원숭이와 같구나!"
여러 비구들은 여러 사람들이 싫어하고 비난하는 것을 들었다. 이때 그 여러 비구들은 이 일로써 세존께 아뢰었고, 세존께서는 말씀하셨다.
"여러 비구들이여. 나무 기어오를 수 없느니라. 기어오르는 자는 악작을 범하느니라."

그때 한 비구가 있었고 교살라국에서 사위성으로 가는 도중에 코끼리에게 쫓겼다. 그 비구는 나무 아래로 도망쳤으나, 의심하고 두려워하면서 감히 나무에 기어오르지 못하였다. 그 코끼리는 다른 곳으로 떠나갔고, 이때 그 비구는 사위성으로 갔으며, 이 일로써 여러 비구들에게 알렸다.

여러 비구들은 이 일로써 세존께 아뢰었고, 세존께서는 말씀하셨다.
"여러 비구들이여. 일이 있는 때라면 높은 나무에 기어오르는 것을 허락하겠으며, 재해가 있는 때에도 필요한 높이까지 기어오르는 것을 허락하겠노라."

[초목을 마친다.]

33) 외도(外道)의 학문

33-1 그때 야바(夜婆)[118]와 구바(瞿婆)[119]라는 두 비구가 있었는데, 나아가 형제이었고, 바라문으로 태어나서 말씨가 아름다웠고 음성도 아름다웠다. 그 비구들은 세존의 주처로 나아갔고, 나아가서 세존께 예경하고서 한쪽에 앉았다. 한쪽에 앉았으므로 그 비구들은 세존께 아뢰어 말하였다.
"세존이시여. 지금 여러 비구들은 이름이 다르고 족성도 다르며 태생도 다르며 가문도 다르게 출가하였고, 여러 비구들은 각자의 말로써[120] 세존의 말씀을 더럽히고 있습니다. 세존이시여. 우리들은 세존의 말씀을 운율의 언어로[121] 바꾸고자 원합니다."
세존께서는 꾸짖으셨다.
"어리석은 사람들이여. 그대들은 무엇을 위하여 '세존의 말씀을 운율의 언어로 바꾸고자 원합니다.'라고 말하는가? 어리석은 사람들이여. 이것은 오히려 믿지 않는 자에게 신심이 생겨나지 않게 하고, 이미 믿었던 자는 증장시키지 않느니라. …… 이미 믿었던 자는 일부가 전전하여

---

118) 팔리어 Yameḷa(야메라)의 번역이다.
119) 팔리어 Ukekuṭa(우케쿠타)의 번역이다.
120) 팔리어 sakāya niruttiyā(사카야 니루띠야)의 번역이고, '각자의 방언'이라는 뜻이다.
121) 팔리어 Chandaso āropemā(찬다소 아로페마)의 번역이고, '베다의 음율'이라는 뜻이다.

다른 곳을 향하여 떠나가게 하느니라."

세존께서는 그 비구들을 꾸짖으셨고 설법하셨으며 여러 비구들에게 알려 말씀하셨다.

"여러 비구들이여. 세존의 말씀을 운율의 언어로 바꿀 수 없느니라. 바꾸는 자는 악작을 범하느니라. 여러 비구들이여. 각자의 말로써 세존의 말씀을 배우고 익히는 것을 허락하겠노라."

33-2 그때 육군비구들은 순세외도(順世外道)[122]를 배우고 익혔다. 여러 사람들은 싫어하고 비난하였다.

"오히려 여러 욕락을 즐기는 재가인들과 같구나!"

여러 비구들은 여러 사람들이 싫어하고 비난하는 것을 들었다. 이때 그 여러 비구들은 이 일로써 세존께 아뢰었고, 세존께서는 말씀하셨다.

"여러 비구들이여. 순세외도의 핵심을 보았던 자가 이 법과 율에서 능히 증장(增長)되어 광대(廣大)하게 발전하겠는가?"

"이러한 일은 없습니다."

"이 법과 율의 핵심을 보았던 자가 마땅히 순세외도가 배우고 익히겠는가?"

"세존이시여. 그렇지 않습니다."

"여러 비구들이여. 순세외도를 배우고 익힐 수 없느니라. 익히는 자는 악작을 범하느니라.

그때 육군비구들은 순세외도를 가르쳤다. 여러 사람들은 싫어하고 비난하였다.

"오히려 여러 욕락을 즐기는 재가인들과 같구나!"

여러 비구들은 여러 사람들이 싫어하고 비난하는 것을 들었다. 이때

---

[122] 팔리어 lokāyata(로카야타)의 번역이고, 사전적 의미로는 '세상을 향하다.', '세속적이다.'를 가리킨다. 고대 인도의 유물론의 부파이고, 지각을 유일한 프라마나(pramāṇa, 지식에 대한 수단)로, 의식을 물질의 산물로, 감각적 쾌락을 삶의 유일한 목표로 받아들이는 유물론적 철학 체계를 가지고 있었다.

그 여러 비구들은 이 일로써 세존께 아뢰었고, 세존께서는 말씀하셨다.
"여러 비구들이여. 순세외도를 가르칠 수 없느니라. 가르치는 자는 악작을 범하느니라.

그때 육군비구들은 축생주(畜生咒)123)를 배우고 익혔다. 여러 사람들은 싫어하고 비난하였다.
"오히려 여러 욕락을 즐기는 재가인들과 같구나!"
여러 비구들은 여러 사람들이 싫어하고 비난하는 것을 들었다. 이때 그 여러 비구들은 이 일로써 세존께 아뢰었고, 세존께서는 말씀하셨다.
"여러 비구들이여. 축생주를 배우고 익힐 수 없느니라. 익히는 자는 악작을 범하느니라.

그때 육군비구들은 축생주를 가르쳤다. 여러 사람들은 싫어하고 비난하였다.
"오히려 여러 욕락을 즐기는 재가인들과 같구나!"
여러 비구들은 여러 사람들이 싫어하고 비난하는 것을 들었다. 이때 그 여러 비구들은 이 일로써 세존께 아뢰었고, 세존께서는 말씀하셨다.
"여러 비구들이여. 축생주를 가르칠 수 없느니라. 가르치는 자는 악작을 범하느니라."

33-3 그때 세존께서는 대회(大會)에서 대중들에게 위요(圍繞)되시어 설법하시던 때에 재채기하셨다. 여러 비구들은 높고 큰 소리로 말하였다.
"세존이시여. 장수(長壽)하십시오. 선서시여. 장수하십시오."
그 소리를 인연하여 설법이 중간에 끊어졌다. 이때 세존께서는 여러 비구들에게 알려 말씀하셨다.
"여러 비구들이여. 재채기하는 때에 '장수하십시오.'라고 이렇게 말하

---

123) 팔리어 tiracchānavijja(티라짜나비짜)의 번역이고, tiracchāna와 vijja의 합성어이다. tiracchāna는 '축생'을 뜻하고, vijja는 '지식'을 뜻한다.

는 인연으로 태어남과 죽음이 있겠는가?"

"세존이시여. 그렇지 않습니다."

"여러 비구들이여. 재채기하는 때에 '장수하십시오.'라고 이렇게 말할 수 없느니라. 말하는 자는 악작을 범하느니라."

그때 여러 비구들이 재채기하는 때에 여러 사람들은 말하였다.

"대덕들이여. 장수하십시오."

여러 비구들은 의심하고 두려워하면서 대답하지 못하였다. 여러 사람들은 싫어하고 비난하였다.

"어찌하여 사문 석자들은 재채기하는 때에 여러 사람들이 '장수하십시오.'라고 말하여도 대답하지 않는가?"

여러 비구들은 여러 사람들이 싫어하고 비난하는 것을 들었다. 이때 그 여러 비구들은 이 일로써 세존께 아뢰었고, 세존께서는 말씀하셨다.

"여러 비구들이여. 재가인이 길상(吉祥)하고자 하였고, 여러 비구들이여. 만약 재가인이 '장수하십시오.'라고 말하였다면, '장수하십시오.'라고 말하는 것을 허락하겠노라."

[외도의 학문을 마친다.]

34) 마늘(蒜)

34-1 그때 세존께서는 대회에서 대중들에게 위요되셨고, 앉아서 설법하셨다. 한 비구가 있어서 마늘을 먹었으므로 그 비구는 여러 비구들을 피곤하게 하지 않으려고 한쪽에 앉았다. 세존께서는 그 비구가 한쪽에 앉은 것을 보셨다. 보시고서 여러 비구들에게 알려 말씀하셨다.

"여러 비구들이여. 저 비구는 어찌 한쪽에 앉아 있는가?"

"그 비구는 마늘을 먹었으므로, 여러 비구들을 피곤하게 하지 않으려고 한쪽에 앉았습니다."
 "여러 비구들이여. 만약 이와 같은 음식을 먹는다면 마땅히 이와 같은 설법을 멀리해야 하는데, 이러한 음식이 마땅한가?"
 "세존이시여. 그렇지 않습니다."
 "여러 비구들이여. 마늘을 먹을 수 없느니라. 먹는 자는 악작을 범하느니라."

34-2 그때 장로 사리불은 복통(腹痛)을 앓았다. 이때 장로 목건련은 장로 사리불의 처소에 이르렀고, 장로 사리불에게 말하였다.
 "장로 사리불이여. 그대는 이전의 복통에 무엇을 의지하면 안은하였는가?"
 "장로여. 마늘이었네."
 여러 비구들은 이 일로써 세존께 아뢰었고, 세존께서는 말씀하셨다.
 "여러 비구들이여. 질병의 까닭이라면 마늘을 먹는 것을 허락하겠노라."

[마늘을 마친다.]

35) 대·소변(大小便)

35-1 그때 여러 비구들이 정사의 여러 곳에서 소변을 보았으므로, 정사가 더럽혀졌다. 여러 비구들은 이 일로써 세존께 아뢰었고, 세존께서는 말씀하셨다.
 "여러 비구들이여. 한쪽에서 소변을 보는 것을 허락하겠노라."

 정사에 악취가 있었다.
 "여러 비구들이여. 소변통(尿甕)을 허락하겠노라."

 앉아서 소변을 보았으므로 불편하였다.
 "여러 비구들이여. 소변용의 신발[124]을 허락하겠노라."

소변용의 신발이 드러났으므로, 여러 비구들은 감히 소변을 보지 못하였다.

"여러 비구들이여. 세 종류의 칸막이를 허락하겠나니 이를테면, 벽돌 칸막이·돌 칸막이·나무 칸막이이니라."

소변통에 덮개가 없어서 악취가 있었다.
"여러 비구들이여. 덮개를 사용하는 것을 허락하겠노라."

35-2 그때 여러 비구들이 정사의 여러 곳에서 대변을 보았으므로, 정사가 더럽혀졌다. 여러 비구들은 이 일로써 세존께 아뢰었고, 세존께서는 말씀하셨다.

"여러 비구들이여. 한쪽에서 대변을 보는 것을 허락하겠노라."

정사에 악취가 있었다.
"여러 비구들이여. 대변의 구덩이를 허락하겠노라."

대변의 구덩이의 옆쪽이 허물어졌다.
"여러 비구들이여. 세 종류의 흙으로 쌓는 것을 허락하겠나니 이를테면, 벽돌로 쌓거나, 돌로 쌓거나, 나무로 쌓는 것이니라."

대변의 구덩이가 낮아서 물에 침수되었다.
"여러 비구들이여. 땅바닥을 높이는 것을 허락하겠노라."

축대가 허물어졌다.
"여러 비구들이여. 세 종류의 흙으로 쌓는 것을 허락하겠나니 이를테면, 벽돌로 쌓거나, 돌로 쌓거나, 나무로 쌓는 것이니라."

---

124) 팔리어 passāvakumbhi(파싸바쿰비)의 번역이다.

올라가는 때에 불편하였다.
"여러 비구들이여. 세 종류의 계단을 허락하겠나니, 벽돌로 쌓거나, 돌로 쌓거나, 나무로 쌓는 것이니라."

올라가는 때에 넘어졌다.
"여러 비구들이여. 난간을 허락하겠노라."

끝에 앉아서 대변을 보면서 미끄러졌다.
"여러 비구들이여. 바닥을 넓히고 구멍을 만들어 대변을 보는 것을 허락하겠노라."

앉아서 대변을 보았으므로 불편하였다.
"여러 비구들이여. 대변용의 신발[125]을 허락하겠노라."

35-3 밖에서 소변을 보았다.
"여러 비구들이여. 소변통을 허락하겠노라."

똥막대기가 없었다.
"여러 비구들이여. 똥막대기를 허락하겠노라."

똥막대기를 담는 그릇이 없었다.
"여러 비구들이여. 똥막대기를 담는 그릇을 허락하겠노라."

대변 구덩이에 덮개가 없어서 악취가 있었다.
"여러 비구들이여. 덮개를 사용하는 것을 허락하겠노라."

---

125) 팔리어 vaccapāduka(바짜파두카)의 번역이다.

드러난 곳에서 대변을 보았으므로 추위와 더위를 인연으로 피로하였다.
"여러 비구들이여. 측간(廁間)을 짓는 것을 허락하겠노라."

측간에 문이 없었다.
"여러 비구들이여. 문, 문미, 문기둥, 문지방, 장부, 빗장, 나무못, 쐐기, 문설주, 열쇠 구멍, 끈 구멍, 묶는 끈 등을 허락하겠노라."

측간이 풀과 먼지로 어지러워졌다.
"여러 비구들이여. (벽의 뼈대를) 얽어매고서 뒤에 안과 밖으로 백색, 흑색, 홍색의 흙을 바르는 것을 허락하겠고, 화만, 넝쿨, 마갈어의 이빨, 선반, 대나무 옷걸이, 옷걸이의 끈을 허락하겠노라."

그때 한 늙고 여위었던 비구가 대변을 보고 일어나면서 넘어졌다. 여러 비구들은 이 일로써 세존께 아뢰었고, 세존께서는 말씀하셨다.
"여러 비구들이여. 팔걸이를 만드는 것을 허락하겠노라."

측간에 칸막이가 없었다.
"여러 비구들이여. 세 종류의 칸막이를 허락하겠나니 이를테면, 벽돌 칸막이·돌 칸막이·나무 칸막이이니라."

35-4 문루(門樓)가 없었다.
"여러 비구들이여. 문루를 짓는 것을 허락하겠노라."

문루에 문이 없었다.
"여러 비구들이여. 문, 문미, 문기둥, 문지방, 장부, 빗장, 나무못, 쐐기, 문설주, 열쇠 구멍, 끈 구멍, 묶는 끈 등을 허락하겠노라."

문루가 풀과 먼지로 어지러워졌다.

"여러 비구들이여. (벽의 뼈대를) 얽어매고서 뒤에 안과 밖으로 백색, 흑색, 붉은 점토를 바르는 것을 허락하겠고, 화만, 넝쿨, 마갈어의 이빨, 선반, 대나무 옷걸이, 옷걸이의 끈을 허락하겠노라."

방사에 습기가 많았다.
"여러 비구들이여. 자갈을 까는 것을 허락하겠노라."

자갈을 깔 수 없었다.
"여러 비구들이여. 바닥판을 설치하는 것을 허락하겠노라."

물이 고였다.
"여러 비구들이여. 배수구를 설치하는 것을 허락하겠노라."

씻을 물병이 없었다.
"여러 비구들이여. 씻을 물병을 사용하는 것을 허락하겠노라."

물병의 받침대가 없었다.
"여러 비구들이여. 물병의 받침대를 사용하는 것을 허락하겠노라."

앉아서 씻으면서 피곤하였다.
"씻는 신발을 허락하겠노라."

씻는 신발에 칸막이가 없었다.
"여러 비구들이여. 세 종류의 칸막이를 허락하겠나니 이를테면, 벽돌 칸막이·돌 칸막이·나무 칸막이이니라."

씻는 물병의 덮개가 없어서 풀과 먼지로 더럽혀졌다.
"여러 비구들이여. 덮개를 사용하는 것을 허락하겠노라."

[대·소변을 마친다.]

36) 비행(非行)

36-1 그때 육군비구들은 비행(非行)하였는데 이를테면, 스스로가 꽃과 나무를 심었고 또한 다른 사람을 시켜서 심었으며, 스스로가 물을 뿌렸고 혹은 다른 사람을 시켜서 뿌렸으며, 스스로가 꽃을 꺾었고 혹은 다른 사람을 시켜서 꺾었으며, 스스로가 꽃을 묶었고 혹은 다른 사람을 시켜서 묶었으며, 스스로가 하나의 꽃과 줄기로 꽃다발을 지었고 혹은 다른 사람을 시켜서 지었으며, 스스로가 두 개의 꽃과 줄기로 꽃다발을 지었고 혹은 다른 사람을 시켜서 지었으며, 스스로가 꽃과 줄기로 줄기와 같은 꽃다발을 지었고 혹은 다른 사람을 시켜서 지었으며, 스스로가 꽃으로 화살을 지었고 혹은 다른 사람을 시켜서 지었으며, 꽃으로 귀걸이를 지었고 혹은 다른 사람을 시켜서 지었으며, 머리 장식을 지었고 혹은 다른 사람을 시켜서 지었으며, 가슴 장식을 지었고 혹은 다른 사람을 시켜서 지었다.

그들은 좋은 가문의 부인을 위하여, 좋은 가문의 소녀를 위하여, 좋은 가문의 동녀를 위하여, 좋은 가문의 며느리를 위하여, 좋은 가문의 여노비를 위하여, 스스로가 하나의 꽃과 줄기의 꽃다발을 지어서 운반하였고 혹은 다른 사람을 시켜서 운반하였으며, 두 개의 꽃과 줄기의 꽃다발을 지어서 운반하였고 혹은 다른 사람을 운반하였으며, 스스로가 가지와 같은 꽃과 줄기의 꽃다발을 지어서 운반하였고 혹은 다른 사람을 시켜서 운반하였으며, 스스로가 꽃 화살을 지어서 운반하였고 혹은 다른 사람을 시켜서 운반하였으며, 스스로가 꽃 귀걸이를 지어서 운반하였고 혹은 다른 사람을 시켜서 운반하였으며, 스스로가 가슴 장식을 지어서 운반하였고 혹은 다른 사람을 시켜서 운반하였으며, 머리 장식을 지어서 운반하였고 혹은 다른 사람을 시켜서 운반하였다.

그들은 고귀한 가문의 부인, 딸, 동녀, 며느리, 노비 등과 함께 한 그릇으로 먹었고, 함께 한 그릇으로 마셨으며, 함께 하나의 자리에 앉았고, 함께 하나의 양탄자 위에 누웠으며, 함께 누워서 하나의 양탄자를 덮었다.

때가 아닌 때에 먹었고, 술을 마셨으며, 꽃다발을 걸쳤고, 향유를 발랐으며, 춤을 추었고, 노래를 불렀으며, 연주하였고, 오락하였다. 그 여인들이 춤추는 것을 따라서 춤을 추었고, 노래하였으며, 연주하였고, 오락하였고, 그 여인들이 노래하는 것을 따라서 춤을 추었고, 노래하였으며, 연주하였고, 오락하였다. 그 여인들이 연주하는 것을 따라서 춤을 추었고, 노래하였으며, 연주하였고, 오락하였고, 그 여인들이 오락하는 것을 따라서 춤을 추었고, 노래하였으며, 연주하였고, 오락하였다.

36-2 팔목바둑을 즐겼고, 혹은 십목바둑을 즐겼으며, 허공바둑, 원형놀이, 블록 쌓기, 주사위 놀이, 자치기, 손금 보기, 공놀이 등을 즐겼고, 풀피리를 불었고, 쟁기질을 즐겼으며, 재주를 넘었고, 바람개비를 돌렸으며, 대나무 놀이를 즐겼고, 수레 놀이를 즐겼으며, 활 놀이를 즐겼고, 글자 맞추기를 즐겼고, 생각을 맞추기를 즐겼으며, 장애인 놀이를 즐겼다.

혹은 코끼리를 조련하는 것을 배웠고, 말을 조련하는 것을 배웠으며, 수레를 이끄는 것을 배웠고, 활쏘기를 배웠으며, 칼을 다루는 것을 배웠고, 코끼리의 앞을 달려갔으며, 말의 앞을 달려갔고, 수레의 앞을 달려갔으며, 혹은 달려갔고 돌아왔으며, 휘파람을 불었고, 박수쳤으며, 씨름하였고, 주먹으로 싸웠으며, 또한 무대의 위에서 승가리를 펼쳐놓고 무녀를 마주하고서 '자매여. 이곳에서 춤을 추시오.'라고 말하였고, 또한 갈채를 보냈으며, 또한 이와 같은 여러 악행을 행하였다. 여러 비구들은 이 일로써 세존께 아뢰었고, 세존께서는 말씀하셨다.

"여러 비구들이여. 여러 종류의 비행할 수 없느니라. 행하는 마땅히 여법하게 다스릴지니라."

[비행을 마친다.]

37) 구리 물건

37-1 그때 우루빈나가섭(優樓頻螺迦葉)[126]이 출가하였다.

이때 승가는 구리 물건, 나무 물건, 토기 물건 등을 많이 얻었다. 이때 여러 비구들은 마음에서 사유하였다.

'세존께서는 얻었던 구리 물건을 허락하겠는가? 혹은 허락하지 않겠는가? 얻었던 나무 물건을 허락하겠는가? 혹은 허락하지 않겠는가? 얻었던 토기 물건을 허락하겠는가? 혹은 허락하지 않겠는가?'

여러 비구들은 이 일로써 세존께 아뢰었고, 세존께서는 이 인연으로써 설법하셨으며, 여러 비구들에게 알려 말씀하셨다.

"여러 비구들이여. 무기(武器)를 제외한 일체의 구리 물건과 높은 평상, 긴 의자, 나무 발우, 나무 신발을 제외한 일체의 나무 물건 및 토기의 마찰구를 제외한 일체의 토기의 물건을 허락하겠노라."

[구리 물건을 마친다.]

○ **셋째의 송출품을 마친다.**

◎ 섭송으로 설하겠노라.

나무와 기둥과 벽과 마욕판과
건달바손과 끈을 사용하는 것과
소배구와 서로가 마찰하는 것과
선개와 노쇠와 손으로 마찰하는 것과

귀고리와 귀장엄구와 머리장엄구와

---

126) 팔리어 Uruvelakassapa(우루베라카싸파)의 음사이다.

반지와 팔찌와 허리 손장엄구와
장발과 빗과 뱀모양의 빗과
손과 왁스 기름과 기름있는 물과

거울과 수면(水面)과 상처와
바르는 것과 마찰하는 것과 가루를 바르는 것과
색깔을 칠하는 것과 사지(四肢)와 눈병과
산정의 축제와 긴 음조와

암바라과와 일체 과일의 껍질과
밖에 털이 있는 외투와
뱀과 생지를 자른 것과 전단과 여러 발우와
받침대와 황금과 두꺼운 것과 울퉁불퉁한 것과

채색과 손상과 악취와
더운 곳과 부서짐과 나무 의자와
평상과 풀의 부구와 옷조각과
병풍과 바구니와 발랑과

어깨끈과 묶는 끈과 기둥과 평상과
좌상과 큰 무릎과 일산과 문을 여는 것과
항아리와 물단지와 해골과
쓰레기와 쓰레기통과

뜨는 것과 손잡이와 황금과
깃털과 껍질과 대나무통과
효모와 미숫가루와 돌가루와 밀납과
고무와 울퉁불퉁한 것과

묶음과 땅바닥과 무너짐과 적당함과
표시와 시침질과 씻지 않음과 습기와 신발과
손가락과 골무와 바늘통과
어깨끈과 묶는 끈과

노지와 낮음과 흙을 쌓는 것과 괴로움과
넘어짐과 풀과 먼지와 안밖을 바르는 것과
흰색·검정색·붉은색의 흙을 바르는 것과
꽃다발과 넝쿨과 마갈어의 이빨과
말뚝과 시렁과 옷걸이 끈의
이것은 세존께서 널리 허락하셨네.

방치하고 떠난 것과 가치나의가 찢어진 것과
낡은 것과 벽과 발우에 담아가는 것과
어깨끈과 묶는 끈과 신발을 묶는 것과
유행하는 도중의 두 비구와

더러운 물과 녹수낭을 구한 것과
옷감과 물병과 녹수기와
세존께서 비사리에 이르신 것과
이곳에서 옷감으로 녹수기를 사용하게 허락하셨네.

모기와 상묘한 음식과 병이 많음과 기바와
경행과 난방과 평평하지 않은 곳과
땅의 낮음과 세 흙을 쌓는 것과 넘어짐과
계단과 난간과 경행처의 난간과

노지와 풀과 먼지와 안팎을 바르는 것과

흰색·검정색·붉은색의 흙을 바르는 것과
꽃다발과 넝쿨과 마갈어의 이빨과
말뚝과 시렁과 옷걸이 끈과 땅의 낮음과

흙을 쌓는 것과 계단과 난간과
문과 문미와 문기둥과
문지방과 장부와 빗장과
나무못과 쐐기와 문설주와
열쇠 구멍과 끈 구멍과 묶는 끈과

바닥과 연기통과 기운데와
얼굴에 진흙을 바르는 것과 악취와
연기와 급수처와 물항아리와
땀이 나는 것과 습기가 많은 것과

마찰하며 씻는 것과 배수구와
좌상과 문루를 설치하는 것과
자갈과 바닥판과 배수구와
나형과 땅바닥과 비가 오는 것과

덮개와 우물과 허물어짐과
세 종류의 넝쿨과 허리띠와 지렛대와
도르래와 두레박 고리와 깨어진 그릇과
구리와 나무와 가죽과

집과 풀과 덮개와 수조와
물그릇과 담장과 습기와 배수구와
추위와 연지와 가득함과 반원형과

514 건도 소품(Cullavagga 犍度小品)

4개월과 눕는 것과 칼자루와

결정할 수 없음과 장식된 와상과
받침대와 누워서 먹지 않는 것과 와달과
보리와 가는 것과 병과 마찰구와
빗자루와 발 마찰구와 자갈과

바닷돌과 다라수의 부채와 꽃병과
모기 털이개와 세존의 불자(拂子)와
일산과 없음과 정사와 세 종류와
걸망과 허락과 되새김을 하는 자와

밥알과 긴 손톱을 자르는 것과
손가락의 고통과 출혈과
20개의 손·발톱과
장발과 면도칼과 머리칼과

칼집과 칼자루와 칼과
수염을 다듬는 것과 긴 수염과 네모의 수염과
가슴까지 늘어진 것과 배까지 늘어진 것과
구레나룻과 음부의 털을 자르는 것과

병과 칼과 종기와 긴 코털과
자갈과 백발과 귀마개와 여러 종류와
구리 물건을 저축하는 것과 쌓아놓은 것과
붕대와 실마리와 산가지와 허리띠와 끈과

물뱀머리의 끈과 작은 북과 같은 것과 귀걸이와

다라수 줄기의 옷과 백 넝쿨의 옷과
재가인의 얽은 옷과 양쪽의 멜대와
침목과 때리는 것과 목에 걸림과 들불과

맞불을 태우는 것과 코끼리와
야바와 순세외도와 축생주와 재채기와
길상과 마늘을 먹는 것과 복통과
악취와 피곤함과 신발과

부끄러움과 덮개가 없는 것과
여러 곳의 악취와
대변 구덩이와 무너짐과 낮은 땅과
흙을 쌓는 것과 계단과 난간과 끝자락과

파로한 것과 신발과 바깥과 항아리와
똥막대기와 똥막대기 그릇과
덮개가 없는 것과 측간과 문과 문미와
문기둥과 문지방과 장부와 빗장과

나무못과 쐐기와 문설주와
열쇠 구멍과 끈 구멍과 묶는 끈과
안팎을 바르는 것과 흰색·검정색과
꽃다발과 넝쿨과 마갈어의 이빨과
말뚝과 시렁과 옷걸이 끈과

늙고 약한 자와 칸막이와
문루와 자갈과 바닥판과
배수구와 깨끗한 물병과 받침대와

피곤함과 부끄러움과 덮개와 비행과

무기를 제외한 구리 물건과
안락의자와 긴 의자와 나무 발우와
신발을 제외하고서 일체의 나무 물건을
세존께서는 허락하셨네.

마찰구와 도자기 물건을 제외하고서
일체의 토기 물건을
애민하게 생각하시어
세존께서는 허락하셨네.

가르쳐서 설하신 일은 모두 앞에서와 같고
간략하게 설하신 섭송의 이치로도
이 율장의 소사건도와 같으니
함께 일백의 일이 있을지라도
이와 같이 정법에 머무르면서
선하고 아름답게 섭수할지니라.

선하게 배우고 이 율장을 지니는 성자는
이익이 있는 마음으로 선하게 행하고
밝은 등불을 걸고서 견고하므로
다문자는 마땅히 공양을 받으리라.

◉ 소사건도를 마친다.

건도 제16권

제6장 와좌구건도(臥坐具犍度)[1]

1. 제1송출품

1) 정사(精舍) 조성(造成)의 연기(緣起)

1-1 그때 불·세존께서는 왕사성의 가란타죽림원에 머무르셨다.

그때는 아직 여러 비구들을 위하여 눕고 앉을 처소를 조성하지 않으셨다. 이곳의 여러 비구들은 아란야(阿蘭若)[2], 나무 아래(樹下), 산속(山中), 동굴(洞窟), 산속 동굴(山洞), 무덤(塚間), 숲속(山林), 노지(露地), 짚더미(藁堆) 등의 여러 곳에서 머물렀으며, 일찍이 아란야, 나무 아래, 산속, 동굴, 산속 동굴, 무덤, 숲속, 노지, 짚더미 등의 여러 곳에서 나아가고 물러나며 관찰하고 구부리고 펼쳤으며 눈을 땅을 향하게 하고 위의를 구족하였다.

1-2 그때 왕사성에 장자가 있었고 일찍 원림을 유람하려고 갔다. 왕사성

---

[1] 팔리어 Senāsanakkhandhaka(세나사나깐다카)의 번역이다.
[2] 팔리어 Arañña(아란냐)의 음사이다.

의 장자는 여러 비구들이 일찍이 아란야, 나무 아래, 산속, 동굴, 산속 동굴, 무덤, 숲속, 노지, 짚더미 등의 여러 곳에서 나아가고 물러나며 관찰하고 구부리고 펼쳤으며 눈을 땅을 향하게 하고 위의를 구족하였던 것을 보았다. 이때 왕사성의 장자는 여러 비구들의 처소에 이르렀고, 이르러서 그 여러 비구들에게 말하였다.

"만약 내가 정사를 조성한다면 나의 정사로 가시겠습니까?"

"거사여. 세존께서는 아직 정사를 허락하지 않으셨습니다."

"만약 그와 같다면 세존께 청하서 물으시고서 나에게 알려주십시오."

"거사여. 알겠습니다."

그 여러 비구들은 왕사성의 장자에게 대답하고서 세존의 주처로 나아갔다. 나아가서 세존께 예경하고서 한쪽에 앉았다. 한쪽에 앉아서 그 여러 비구들은 세존께 아뢰어 말하였다.

"세존이시여. 왕사성의 장자가 정사로 조성하고자 합니다. 마땅히 어떻게 해야 합니까?"

여러 비구들은 이 일로써 세존께 아뢰었고, 세존께서는 이 인연으로써 설법하셨으며, 여러 비구들에게 알려 말씀하셨다.

"여러 비구들이여. 다섯 종류의 방사를 허락하겠나니, 정사(精舍)[3], 평부옥(平蓋屋)[4], 전루(殿樓)[5], 루방(樓房)[6], 지굴(地窟)[7]이니라."

1-3 이때 그 여러 비구들은 왕사성의 장자에 이르렀다. 이르러서 왕사성의 장자에게 말하였다.

"세존께서는 정사를 조성하는 것을 허락하셨습니다. 때인 것을 아십시오."

이때 왕사성의 장자는 하루에 60개의 정사를 건립하였다. 이때 왕사성

---

3) 팔리어 Vihāra(비하라)의 번역이고, '사찰' 또는 '신성한 장소'의 뜻이다.
4) 팔리어 Aḍḍhayoga(아따요가)의 번역이고, 독수리 날개 모양의 지붕을 가진 주택이다.
5) 팔리어 Pāsāda(파사다)의 번역이고, 긴 모양의 집, 또는 복층으로 이루어진 주택이다.
6) 팔리어 Hammiya(함미야)의 번역이고, 꼭대기에 위층 방이 있는 길고 층이 있는 주택이다.
7) 팔리어 Guha(구하)의 번역이고, 동굴을 가리킨다.

의 장자는 하루에 60개의 정사를 세우고서 세존의 처소로 나아갔으며, 나아가서 세존께 예경하고서 한쪽에 앉았다. 한쪽에 앉아서 왕사성의 장자는 세존께 아뢰었다.

"세존이시여. 내일 비구 승가와 함께 저의 공양을 받으시기를 청합니다." 세존께서는 묵연히 허락하셨다. 이때 왕사성의 장자는 세존께서 묵연히 허락하신 것을 알고서 세존께 예경하고서 오른쪽으로 돌면서 떠나갔다.

1-4 이때 왕사성의 장자는 밤이 지나간 뒤에 상묘한 담식과 작식을 조리하였고, 적당한 때에 세존께 아뢰게 시켰다.

"세존이시여. 때에 이르렀습니다. 음식이 준비되었습니다."

이때 세존께서는 이른 아침에 하의를 입고서 옷과 발우를 지니고 왕사성 장자의 집에 이르셨다. 이르시어 비구 대중과 함께 펼쳐진 자리 위에 앉으셨다. 이때 왕사성 장자는 세존과 상수 비구들을 위하여 스스로가 손으로 상묘한 담식과 작식을 공양하여 배부르고 만족스럽게 먹게 하였다. 장자는 공양을 마치시고 손과 발우를 씻는 것을 보고서 한쪽에 앉았다. 한쪽에 앉아서 왕사성의 장자는 세존께 아뢰었다.

"세존이시여. 저는 복업(福業)을 발원하였고 천상에 태어나는 것을 발원하였던 까닭으로 이 처소에서 60개의 정사를 세우게 시켰습니다. 나는 이 정사 등을 어떻게 해야 합니까?"

"거사여. 그와 같다면 60개의 정사로써 현재와 미래의 사방승가(四方僧伽)에게 받들어 보시하시오."

"알겠습니다. 세존이시여."

왕사성 장자는 세존께 대답하였고, 60개의 정사로써 현재와 미래의 사방승가에게 받들어 보시하였다.

1-5 이때 세존께서는 게송으로써 왕사성의 장자를 환희하게 하셨다.

이것으로 추위와 더위와 맹수와

뱀과 모기와 차가운 비를 막아내고
폭풍과 더위가 생겨나도 막아내며
정려(靜慮)와 정관(正觀)을 보호한다네.

또한 안락하게 기거하라고
정사로써 승가에 보시한다면
세존은 이것이 최상이라고 찬탄하나니
스스로가 이익을 관찰하는 현자라네.

환희하며 정사를 조성한다면
다문자가 안락하게 머무르나니
마땅히 밝고 청정한 마음으로
곧 여러 사람에게 음식을 주고

의복과 와구와 좌구를 보시한다면
비구가 그를 위하여 설법하리니
일체의 고통의 법을 없애서
번뇌가 없는 열반을 얻는다네.

이때 세존께서는 게송으로써 왕사성의 장자를 환희하게 하셨으며, 자리에서 일어나서 떠나가셨다.

[정사 조성의 연기를 마친다.]

2) 정사의 조성

2-1 그때 여러 사람들은 "세존께서 정사를 허락하셨다."라고 들었으므로,

공경스럽게 정사를 조성하였다. 그 정사에는 문(門)이 없었으므로 뱀·전갈·지네 등이 들어왔다. 여러 비구들은 이 일로써 세존께 아뢰었고, 세존께서는 말씀하셨다.

"여러 비구들이여. 문을 설치하는 것을 허락하겠노라."

벽을 뚫어서 넝쿨과 끈으로 문을 묶었으므로 쥐와 개미가 씹었고, 문을 묶었던 곳을 씹었으므로 문이 떨어졌다. 여러 비구들은 이 일로써 세존께 아뢰었고, 세존께서는 말씀하셨다.

"여러 비구들이여. 문미와 문기둥과 문지방과 장부를 설치하는 것을 허락하겠노라."

문이 닫히지 않았다.
"여러 비구들이여. 열쇠 구멍과 끈 구멍을 허락하겠노라."

문이 닫히지 않았다.
"여러 비구들이여. 빗장과 나무못과 쐐기와 문설주를 설치하는 것을 허락하겠노라."

그때 여러 비구들은 문을 열 수 없었다. 여러 비구들은 이 일로써 세존께 아뢰었고, 세존께서는 말씀하셨다.

"여러 비구들이여. 열쇠 구멍을 짓는 것을 허락하겠나니, 구리 열쇠, 나무 열쇠, 뿔(角) 열쇠의 세 종류이니라."

여러 사람들이 열고 들어가서 정사를 수호할 수 없었다. 여러 비구들은 이 일로써 세존께 아뢰었고, 세존께서는 말씀하셨다.

"여러 비구들이여. 자물쇠와 걸쇠(針)를 허락하겠노라."

2-2 그때 정사를 풀로 겹쳐서 덮었으므로, 추울 때는 더욱 추웠고 더울

때는 더욱 더웠다. 여러 비구들은 이 일로써 세존께 아뢰었고, 세존께서는 말씀하셨다.

"여러 비구들이여. 겹친 뒤에 안팎을 바르는 것을 허락하겠노라."

그때 정사에 창문이 없었으므로, 눈으로 볼 수 없었고 또한 악취가 있었다. 여러 비구들은 이 일로써 세존께 아뢰었고, 세존께서는 말씀하셨다.

"여러 비구들이여. 난간창(欄干窓)8), 망창(網窓)9), 책창(柵窓)10)의 세 종류를 허락하겠노라."

제비와 박쥐가 창문으로 들어왔다. 여러 비구들은 이 일로써 세존께 아뢰었고, 세존께서는 말씀하셨다.

"여러 비구들이여. 창문의 덮개를 허락하겠노라."

제비와 박쥐가 창문의 틈새로 들어왔다. 여러 비구들은 이 일로써 세존께 아뢰었고, 세존께서는 말씀하셨다.

"여러 비구들이여. 창문과 창대(窓袋)11)를 허락하겠노라."

2-3 그때 여러 비구들이 바닥 위에서 누웠으므로 먼지로 사지와 몸이 더럽혀졌다. 여러 비구들은 이 일로써 세존께 아뢰었고, 세존께서는 말씀하셨다.

"여러 비구들이여. 돗자리를 사용하는 것을 허락하겠노라."

---

8) 팔리어 Vedikāvātapāna(베디카바타파나)의 번역이고, 난간의 모양을 지닌 창문을 말한다.
9) 팔리어 Jālavātapāna(자라바타파나)의 번역이고, 그물모양의 격자 모양을 지닌 창문을 말한다.
10) 팔리어 Salākavātapāna(사라카바타파나)의 번역이고, 수직으로 막대를 세워둔 모양을 지닌 창문을 말한다.
11) 창문에서 외부의 바람을 조절할 수 있는 기구를 가리킨다.

펼쳐진 돗자리를 쥐와 개미가 씹었다.
"여러 비구들이여. 연대(緣臺)12)를 사용하는 것을 허락하겠노라."

연대를 인연으로 사지가 고통스러웠다.
"여러 비구들이여. 대나무 평상(竹榻)13)을 사용하는 것을 허락하겠노라."

그때 승가는 관(棺) 모양의 마차라가(摩遮羅伽)14) 평상을 얻었다. 여러 비구들은 이 일로써 세존께 아뢰었고, 세존께서는 말씀하셨다.
"여러 비구들이여. 마차라가 평상을 사용하는 것을 허락하겠노라."

그때 작은 마차라가 평상을 얻었다. 여러 비구들은 이 일로써 세존께 아뢰었고, 세존께서는 말씀하셨다.
"여러 비구들이여. 작은 마차라가 평상을 사용하는 것을 허락하겠노라."

그때 승가는 관(棺) 모양의 문제(文蹄)15) 평상을 얻었다. 여러 비구들은 이 일로써 세존께 아뢰었고, 세존께서는 말씀하셨다.
"여러 비구들이여. 문제 평상을 사용하는 것을 허락하겠노라."

그때 작은 문제 평상을 얻었다. 여러 비구들은 이 일로써 세존께 아뢰었고, 세존께서는 말씀하셨다.
"여러 비구들이여. 작은 문제 평상을 사용하는 것을 허락하겠노라."

그때 승가는 관(棺) 모양의 구리라각(句利羅脚)16) 평상을 얻었다. 여러

---

12) 팔리어 Miḍḍhi(미띠)의 번역이고, 긴 의자를 가리킨다.
13) 팔리어 Bidalamañcaka(비다라만차카)의 번역이다.
14) 팔리어 Masāraka(마사라카)의 음사이고, 한 종류의 소파(mañca) 또는 긴 의자를 가리킨다.
15) 팔리어 Bundikābaddha(분디카바따)의 음사이고, 침대 또는 소파를 가리킨다.
16) 팔리어 Kuḷīrapādaka(쿠리라파다카)의 음사이다.

비구들은 이 일로써 세존께 아뢰었고, 세존께서는 말씀하셨다.
"여러 비구들이여. 구리라각 평상을 사용하는 것을 허락하겠노라."

그때 작은 구리라각 평상을 얻었다. 여러 비구들은 이 일로써 세존께 아뢰었고, 세존께서는 말씀하셨다.
"여러 비구들이여. 작은 구리라각 평상을 사용하는 것을 허락하겠노라."

그때 승가는 관(棺) 모양의 아알차각(阿遏遮脚)[17] 평상을 얻었다. 여러 비구들은 이 일로써 세존께 아뢰었고, 세존께서는 말씀하셨다.
"여러 비구들이여. 아알차각 평상을 사용하는 것을 허락하겠노라."

그때 작은 아알차각 평상을 얻었다. 여러 비구들은 이 일로써 세존께 아뢰었고, 세존께서는 말씀하셨다.
"여러 비구들이여. 작은 아알차각 평상을 사용하는 것을 허락하겠노라."

2-4 그때 승가는 네모난 의자(方椅)[18]를 얻었다. 여러 비구들은 이 일로써 세존께 아뢰었고, 세존께서는 말씀하셨다.
"여러 비구들이여. 네모난 의자를 사용하는 것을 허락하겠노라."

그때 승가는 높은 네모난 의자를 얻었다. 여러 비구들은 이 일로써 세존께 아뢰었고, 세존께서는 말씀하셨다.
"여러 비구들이여. 높은 네모난 의자를 사용하는 것을 허락하겠노라."

그때 승가는 등받이가 있는 의자(靠椅)[19]를 얻었다. 여러 비구들은

---

17) 팔리어 Āhaccapādaka(아하짜파다카)의 음사이고, 다리를 접을 수 있는 평상을 가리킨다.
18) 팔리어 Āsandika(아산디카)의 번역이다.
19) 팔리어 Sattaṅga(사딴가)의 번역이고, 7개의 구조를 갖춘 소파(즉, 네 개의 다리,

이 일로써 세존께 아뢰었고, 세존께서는 말씀하셨다.
"여러 비구들이여. 등받이가 있는 의자를 사용하는 것을 허락하겠노라."

그때 승가는 높은 등받이가 있는 의자를 얻었다. 여러 비구들은 이 일로써 세존께 아뢰었고, 세존께서는 말씀하셨다.
"여러 비구들이여. 높은 등받이가 있는 의자를 사용하는 것을 허락하겠노라."

그때 승가는 등나무 의자(籐椅)20)를 얻었고, …… 나아가 …… 작은 의자21)를 얻었으며, …… 나아가 …… 양각 의자(羊脚椅子)22)를 얻었고, …… 나아가 …… 아마륵(阿摩勒) 줄기의 의자23)를 얻었으며, …… 나아가 …… 나무판자로 만든 의자24)를 얻었으며, …… 나아가 …… 풀로 만든 의자25)를 얻었으며, …… 나아가 …… 짚으로 엮은 의자(藁椅)26)를 얻었다. …… 여러 비구들은 이 일로써 세존께 아뢰었고, 세존께서는 말씀하셨다.
"여러 비구들이여. …… 짚으로 엮은 의자를 사용하는 것을 허락하겠노라."

2-5 그때 육군비구들은 높은 평상에 누워서 잠잤다. 여러 사람들이 정사를 돌아다니면서 보았고, 싫어하고 비난하였다.
"오히려 여러 욕락을 즐기는 재가인들과 같구나!"
여러 비구들은 여러 사람들이 싫어하고 비난하는 것을 들었다. 이때

머리 지지대, 발 지지대, 측면)를 가리킨다.
20) 팔리어 Bhaddapīṭha(바따피타)의 번역이다.
21) 팔리어 Pīṭhikā(피티카)의 번역이고, 작은 의자나 벤치를 가리킨다.
22) 팔리어 Eḷakapādaka(에라카파다카)의 번역이고, 다리의 윗부분을 양털로 감싼 의자를 가리킨다.
23) 팔리어 Āmalakavaṭṭika(아마라카바띠카)의 번역이다.
24) 팔리어 Phalaka(파라카)의 번역이다.
25) 팔리어 Koccha(코짜)의 번역이다.
26) 팔리어 Palālapīṭha(파라라피타)의 번역이다.

그 여러 비구들은 이 일로써 세존께 아뢰었고, 세존께서는 말씀하셨다.
"여러 비구들이여. 높은 평상에 누워서 잠잘 수 없느니라. 눕는 자는 악작을 범하느니라."

그때 한 비구들은 낮은 평상에 누워서 잠잤는데, 뱀이 깨물었다. 여러 비구들은 이 일로써 세존께 아뢰었고, 세존께서는 말씀하셨다.
"여러 비구들이여. 평상의 다리를 허락하겠노라."

그때 육군비구들은 높은 다리의 평상을 사용하면서 평상의 다리를 흔들었다. 여러 비구들은 이 일로써 세존께 아뢰었고, 세존께서는 말씀하셨다.
"여러 비구들이여. 높은 다리의 평상을 지니고서 사용할 수 없느니라. 지니는 자는 악작을 범하느니라. 여러 비구들이여. 평상의 다리는 손가락의 여덟 마디를 허락하겠노라."

2-6 그때 승가는 실(線)을 얻었다. 여러 비구들은 이 일로써 세존께 아뢰었고, 세존께서는 말씀하셨다.
"여러 비구들이여. 실의 평상을 사용하는 것을 허락하겠노라."

네 모서리에 많은 실이 필요하였다.
"여러 비구들이여. 네 모서리에 구멍을 뚫고서 꿰매는 것을 허락하겠노라."

작은 천조각(布)을 얻었다. 여러 비구들은 이 일로써 세존께 아뢰었고, 세존께서는 말씀하셨다.
"여러 비구들이여. 요(褥)를 짓는 것을 허락하겠노라."

작은 두꺼운 요(褥)를 얻었다. 여러 비구들은 이 일로써 세존께 아뢰었고, 세존께서는 말씀하셨다.

"여러 비구들이여. 풀어서 뒤에 나무 면(綿), 덩쿨 면, 풀 면을 나누고서, 이 세 종류의 면으로 베개를 짓는 것을 허락하겠노라."

그때 육군비구들은 몸의 절반 크기의 베개를 사용하였다. 여러 사람들은 정사를 돌아다니면서 보았고, 싫어하고 비난하였다.
"오히려 여러 욕락을 즐기는 재가인들과 같구나!"
여러 비구들은 여러 사람들이 싫어하고 비난하는 것을 들었다. 이때 그 여러 비구들은 이 일로써 세존께 아뢰었고, 세존께서는 말씀하셨다.
"여러 비구들이여. 몸의 절반 크기의 베개를 지니고서 사용할 수 없느니라. 지니는 자는 악작을 범하느니라. 여러 비구들이여. 머리의 크기와 같은 베개를 짓는 것을 허락하겠노라."

2-7 그때 왕사성에는 산정제(山頂祭)가 있었고, 여러 사람들은 대신(大臣)을 위하여 요를 지었는데, 양모요(羊毛褥), 면요(布褥), 나무껍질요(樹皮褥), 풀요(草褥), 낙엽(葉褥) 등이었다. 산정제를 마치고서 그들은 겉의 껍질을 벗겨서 가지고 갔다. 이때 비구들은 제를 지냈던 곳에 흩어져 있던 많은 양모, 면, 나무껍질, 풀, 낙엽 등을 보았고, 여러 비구들은 이 일로써 세존께 아뢰었으며, 세존께서는 말씀하셨다.
"다섯 종류의 요를 허락하겠나니, 양모요, 면요, 나무껍질요, 풀요, 낙엽이니라."

그때 승가는 와구와 좌구의 천조각을 얻었다. 여러 비구들은 이 일로써 세존께 아뢰었고, 세존께서는 말씀하셨다.
"여러 비구들이여. 베개와 요를 사용하는 것을 허락하겠노라."

그때 여러 비구들은 평상의 요를 의자에 펼쳤고, 의자의 요를 평상에 펼쳤으므로 요가 찢어졌다. 여러 비구들은 이 일로써 세존께 아뢰었고, 세존께서는 말씀하셨다.

"여러 비구들이여. 평상과 의자의 덮개를 허락하겠노라."

아래의 덮개를 짓지 않고서 거듭하여 덮었으므로 아래가 찢어졌다. 여러 비구들은 이 일로써 세존께 아뢰었고, 세존께서는 말씀하셨다.
"여러 비구들이여. 아래의 덮개를 짓고서 베개와 요를 덮는 것을 허락하겠노라."

여러 사람들이 바깥 껍질을 찢고서 가지고 떠나갔다.
"여러 비구들이여. 반점(斑點)을 찍는 것을 허락하겠노라."

오히려 가지고 떠나갔다.
"여러 비구들이여. 꿰매는 것을 허락하겠노라."

오히려 가지고 떠나갔다.
"여러 비구들이여. 손바닥 크기로 꿰매는 것을 허락하겠노라."

[정사의 조성을 마친다.]

3) 벽체와 평상

3-1 그때 여러 외도들은 와구를 흰색으로 칠하였고, 바닥은 검은색으로 칠하였으며 벽은 붉은 점토(紅土子)[27]로 발랐다. 매우 많은 사람들이 이 방사를 보려고 갔다. 여러 비구들은 이 일로써 세존께 아뢰었고, 세존께서는 말씀하셨다.
"여러 비구들이여. 정사를 흰색, 검은 색, 붉은 점토로 칠하는 것을

---

27) gerukaparikammakatā(게루카파리캄마카타)의 번역이다.

허락하겠노라."

그때 벽체가 거칠어서 흰색으로 칠할 수 없었다. 여러 비구들은 이 일로써 세존께 아뢰었고, 세존께서는 말씀하셨다.
"여러 비구들이여. 왕겨를 뭉쳐서 흙손으로 평평하게 바르고서, 흰색으로 칠하는 것을 허락하겠노라."

흰색이 달라붙지 않았다. 여러 비구들은 이 일로써 세존께 아뢰었고, 세존께서는 말씀하셨다.
"여러 비구들이여. 점토를 사용하여 흙손으로 평평하게 바르고서, 흰색으로 칠하는 것을 허락하겠노라."

흰색이 달라붙지 않았다. 여러 비구들은 이 일로써 세존께 아뢰었고, 세존께서는 말씀하셨다.
"여러 비구들이여. 접착제와 밀가루 풀을 사용하는 것을 허락하겠노라."

그때 벽체가 거칠어서 붉은 점토를 칠할 수 없었다. 여러 비구들은 이 일로써 세존께 아뢰었고, 세존께서는 말씀하셨다.
"여러 비구들이여. 왕겨를 뭉쳐서 흙손으로 평평하게 바르고서, 붉은 점토를 칠하는 것을 허락하겠노라."

붉은 점토가 달라붙지 않았다. 여러 비구들은 이 일로써 세존께 아뢰었고, 세존께서는 말씀하셨다.
"여러 비구들이여. 점토를 사용하여 흙손으로 평평하게 바르고서, 붉은 점토를 칠하는 것을 허락하겠노라."

붉은 점토가 달라붙지 않았다. 여러 비구들은 이 일로써 세존께 아뢰었고, 세존께서는 말씀하셨다.

"여러 비구들이여. 접착제와 밀가루 풀을 사용하는 것을 허락하겠노라."

두꺼워졌다. 여러 비구들은 이 일로써 세존께 아뢰었고, 세존께서는 말씀하셨다.
"여러 비구들이여. 천조각으로 닦아내는 것을 허락하겠노라."

그때 바닥이 거칠어서 검은색으로 칠할 수 없었다. 여러 비구들은 이 일로써 세존께 아뢰었고, 세존께서는 말씀하셨다.
"여러 비구들이여. 왕겨를 뭉쳐서 흙손으로 평평하게 바르고서, 검은색으로 칠하는 것을 허락하겠노라."

붉은 점토가 달라붙지 않았다. 여러 비구들은 이 일로써 세존께 아뢰었고, 세존께서는 말씀하셨다.
"여러 비구들이여. 접착제와 나무의 진액[28]을 사용하는 것을 허락하겠노라."

3-2 그때 육군비구들은 정사에 남녀가 서로 오락하는 그림을 그렸다. 여러 사람들은 정사를 돌아다니면서 보았고, 싫어하고 비난하였다.
"오히려 여러 욕락을 즐기는 재가인들과 같구나!"
여러 비구들은 여러 사람들이 싫어하고 비난하는 것을 들었다. 이때 그 여러 비구들은 이 일로써 세존께 아뢰었고, 세존께서는 말씀하셨다.
"여러 비구들이여. 남녀가 서로 오락하는 그림을 그릴 수 없느니라. 그리는 자는 악작을 범하느니라."

3-3 그때 정사가 낮아서 물에 침수되었다.
"여러 비구들이여. 땅바닥을 높이는 것을 허락하겠노라."

---

28) 팔리어 ikkāsa(이까사)의 번역이다.

축대가 허물어졌다.
"여러 비구들이여. 세 종류의 흙으로 쌓는 것을 허락하겠나니 이를테면, 벽돌로 쌓거나, 돌로 쌓거나, 나무로 쌓는 것이니라."

올라가는 때에 불편하였다.
"여러 비구들이여. 세 종류의 계단을 허락하겠나니, 벽돌로 쌓거나, 돌로 쌓거나, 나무로 쌓는 것이니라."

올라가는 때에 넘어졌다.
"여러 비구들이여. 난간을 짓는 것을 허락하겠노라."

그때 여러 사람들이 정사에 모였고, 여러 비구들은 부끄러워서 누울 수 없었다. 여러 비구들은 이 일로써 세존께 아뢰었고, 세존께서는 말씀하셨다.
"여러 비구들이여. 장막(帳幕)으로 가리는 것을 허락하겠노라."

그때 여러 사람들은 장막을 들추고서 바라보았다. 여러 비구들은 이 일로써 세존께 아뢰었고, 세존께서는 말씀하셨다.
"여러 비구들이여. 절반을 벽으로 쌓는 것을 허락하겠노라."

그때 여러 사람들은 절반의 벽 위에서 바라보았다. 여러 비구들은 이 일로써 세존께 아뢰었고, 세존께서는 말씀하셨다.
"여러 비구들이여. 세 종류의 방사를 허락하겠나니, 방방(方房)29), 장방(長房)30), 루방(樓房)31)이니라."

---

29) 팔리어 sivikāgabbha(시비카가빠)의 번역이고, sivikā와 gabbha의 합성어이다. 사각형의 방사를 가리킨다.
30) 팔리어 nāḷikāgabbha(나리카가빠)의 번역이고, nāḷikā와 gabbha의 합성어이다. 관(管) 모양의 긴 내부의 방사를 가리킨다.

그때 여러 비구들은 작은 정사의 가운데에 방사를 조성하였는데 통로가 없었다. 여러 비구들은 이 일로써 세존께 아뢰었고, 세존께서는 말씀하셨다.

"여러 비구들이여. 작은 정사는 한쪽에 방사를 조성하고, 큰 정사는 가운데에 방사를 조성하는 것을 허락하겠노라."

3-4 그때 정사가 벽체의 기둥이 손상되었다.

"여러 비구들이여. 나무 기둥을 사용하는 것을 허락하겠노라."

정사의 벽이 비에 젖었다.

"여러 비구들이여. 쇠똥과 재와 흙을 사용하여 방호(防護)하는 것을 허락하겠노라."

그때 한 비구가 있었는데, 뱀이 초가집의 지붕을 인연으로 지붕에서 어깨로 떨어졌고, 그는 놀라서 크게 소리쳤다. 여러 비구들은 달려와서 그 비구에게 말하였다.

'장로여. 그대는 어찌하여 크게 소리를 질렀습니까?'

이때 그 비구는 이 일로써 여러 비구들에게 알렸고, 여러 비구들은 이 일로써 세존께 아뢰었다. 세존께서는 말씀하셨다.

"여러 비구들이여. 천개(天蓋)32)를 사용하는 것을 허락하겠노라."

3-5 그때 여러 비구들은 걸망을 평상의 다리와 작은 평상의 다리에 두었는데, 쥐와 개미가 씹었다. 여러 비구들은 이 일로써 세존께 아뢰었고, 세존께서는 말씀하셨다.

"여러 비구들이여. 벽체에 거는 말뚝이나 고리를 허락하겠노라."

---

31) 팔리어 hammiyagabbha(함미야가빠)의 번역이고, hammiya와 gabbha의 합성어이다. 대기에 위층 방이 있는, 길고 층이 있는 저택의 방사를 가리킨다.
32) 팔리어 vitāna(비타나)의 번역이고, 지붕의 끝에 설치하는 '캐노피' 또는 '차양'을 가리킨다.

그때 여러 비구들은 옷을 평상과 작은 평상에 방치하였으므로 옷이 찢어졌다. 여러 비구들은 이 일로써 세존께 아뢰었고, 세존께서는 말씀하셨다.

"여러 비구들이여. 옷의 시렁이나 옷걸이 줄을 사용하는 것을 허락하겠노라."

그때 정사에 서까래(外椽)가 없었던 까닭으로 피할 곳이 없었다. 여러 비구들은 이 일로써 세존께 아뢰었고, 세존께서는 말씀하셨다.

"여러 비구들이여. 서까래, 방벽(防壁), 부연(內椽), 처마(檐) 등을 허락하겠노라."

서까래에 벽이 없었으므로, 여러 비구들은 부끄러워서 누울 수 없었다. 여러 비구들은 이 일로써 세존께 아뢰었고, 세존께서는 말씀하셨다.

"여러 비구들이여. 당기는 장막과 매다는 장막을 허락하겠노라."

3-6 그때 여러 비구들은 노지에서 음식을 나누었는데, 더위와 추위를 인연하여 피로하였다. 여러 비구들은 이 일로써 세존께 아뢰었고, 세존께서는 말씀하셨다.

"여러 비구들이여. 근행당(勤行堂)을 허락하겠노라."

근행당이 낮아서 물에 침수되었다.

"여러 비구들이여. 땅바닥을 높이는 것을 허락하겠노라."

축대가 허물어졌다.

"여러 비구들이여. 세 종류의 흙으로 쌓는 것을 허락하겠나니 이를테면, 벽돌로 쌓거나, 돌로 쌓거나, 나무로 쌓는 것이니라."

올라가는 때에 불편하였다.

"여러 비구들이여. 세 종류의 계단을 허락하겠나니, 벽돌로 쌓거나, 돌로 쌓거나, 나무로 쌓는 것이니라."

올라가는 때에 넘어졌다.
"여러 비구들이여. 난간을 짓는 것을 허락하겠노라."

근행당이 풀과 먼지로 어지러워졌다.
"여러 비구들이여. (벽의 뼈대를) 얽어매고서 뒤에 안과 밖으로 백색, 흑색, 붉은 점토를 바르는 것을 허락하겠고, 화만, 넝쿨, 마갈어의 이빨, 선반, 대나무 옷걸이, 옷걸이의 끈을 허락하겠노라."

그때 여러 비구들은 노지에서 옷을 말렸는데 옷이 먼지로 더럽혀졌다.
"여러 비구들이여. 노지에서 옷의 시렁이나 옷걸이 줄을 사용하는 것을 허락하겠노라."

3-7 그때 물이 말랐다.
"여러 비구들이여. 수각(水閣)과 수용당(水用堂)을 허락하겠노라."

수각이 낮아서 물에 침수되었다.
"여러 비구들이여. 땅바닥을 높이는 것을 허락하겠노라."

축대가 허물어졌다.
"여러 비구들이여. 세 종류의 흙으로 쌓는 것을 허락하겠나니 이를테면, 벽돌로 쌓거나, 돌로 쌓거나, 나무로 쌓는 것이니라."

올라가는 때에 불편하였다.
"여러 비구들이여. 세 종류의 계단을 허락하겠나니, 벽돌로 쌓거나, 돌로 쌓거나, 나무로 쌓는 것이니라."

올라가는 때에 넘어졌다.
"여러 비구들이여. 난간을 짓는 것을 허락하겠노라."

수각이 풀과 먼지로 어지러워졌다.
"여러 비구들이여. (벽의 뼈대를) 얽어매고서 뒤에 안과 밖으로 백색, 흑색, 붉은 점토를 바르는 것을 허락하겠고, 화만, 넝쿨, 마갈어의 이빨, 선반, 대나무 옷걸이, 옷걸이의 끈을 허락하겠노라."

물그릇이 없었다.
"여러 비구들이여. 물을 담는 소라와 잔(杯)을 허락하겠노라."

3-8 그때 정사에 담장이 없었다.
"여러 비구들이여. 세 종류의 담장을 허락하겠나니, 벽돌로 쌓거나, 돌로 쌓거나, 나무로 쌓는 것이니라."

문루가 없었다.
"여러 비구들이여. 문루를 짓는 것을 허락하겠노라."

문루에 문이 없었다.
"여러 비구들이여. 문, 문미, 문기둥, 문지방, 장부, 빗장, 나무못, 쐐기, 문설주, 열쇠 구멍, 끈 구멍, 묶는 끈 등을 허락하겠노라."

문루가 풀과 먼지로 어지러워졌다.
"여러 비구들이여. (벽의 뼈대를) 얽어매고서 뒤에 안과 밖으로 백색, 흑색, 붉은 점토를 바르는 것을 허락하겠고, 화만, 넝쿨, 마갈어의 이빨, 선반, 대나무 옷걸이, 옷걸이의 끈을 허락하겠노라."

3-9 방사에 습기가 많았다. 여러 비구들은 이 일로써 세존께 아뢰었고,

세존께서는 말씀하셨다.
"여러 비구들이여. 자갈을 까는 것을 허락하겠노라."

만족스럽지 않았다.
"여러 비구들이여. 돌로 덮는 것을 허락하겠노라."

물이 고여서 흐르지 않았다.
"여러 비구들이여. 배수구를 짓는 것을 허락하겠노라."

3-10 그때 여러 비구들은 방사 안에서 여러 곳에 화로(火爐)를 지었는데, 방사가 더럽혀졌다. 여러 비구들은 이 일로써 세존께 아뢰었고, 세존께서는 말씀하셨다.
"여러 비구들이여. 한쪽에 화당(火堂)을 짓는 것을 허락하겠노라."

화당이 낮아서 물에 침수되었다.
"여러 비구들이여. 땅바닥을 높이는 것을 허락하겠노라."

축대가 허물어졌다.
"여러 비구들이여. 세 종류의 흙으로 쌓는 것을 허락하겠나니 이를테면, 벽돌로 쌓거나, 돌로 쌓거나, 나무로 쌓는 것이니라."

올라가는 때에 불편하였다.
"여러 비구들이여. 세 종류의 계단을 허락하겠나니, 벽돌로 쌓거나, 돌로 쌓거나, 나무로 쌓는 것이니라."

올라가는 때에 넘어졌다.
"여러 비구들이여. 난간을 짓는 것을 허락하겠노라."

수각이 풀과 먼지로 어지러워졌다.

"여러 비구들이여. (벽의 뼈대를) 얽어매고서 뒤에 안과 밖으로 백색, 흑색, 붉은 점토를 바르는 것을 허락하겠고, 화만, 넝쿨, 마갈어의 이빨, 선반, 대나무 옷걸이, 옷걸이의 끈을 허락하겠노라."

3-11 승원(僧園)에 담장이 없었으므로 염소와 가축들이 묘목(苗木)을 손상시켰다. 여러 비구들은 이 일로써 세존께 아뢰었고, 세존께서는 말씀하셨다.

"여러 비구들이여. 세 종류의 울타리(柵)를 허락하겠나니, 대나무 울타리이거나, 가시(棘) 울타리이거나, 해자(垓子)이니라.

문이 없었으므로 염소와 가축들이 묘목을 손상시켰다. 여러 비구들은 이 일로써 세존께 아뢰었고, 세존께서는 말씀하셨다.

"여러 비구들이여. 문을 설치하는 것을 허락하겠나니, 가시(棘) 문이거나, 아라가(阿羅迦)33) 문이거나, 누각(樓) 문이거나, 빗장(閂) 문이니라."

문이 풀과 먼지로 어지러워졌다.

"여러 비구들이여. (벽의 뼈대를) 얽어매고서 뒤에 안과 밖으로 백색, 흑색, 붉은 점토를 바르는 것을 허락하겠고, 화만, 넝쿨, 마갈어의 이빨, 선반, 대나무 옷걸이, 옷걸이의 끈을 허락하겠노라."

승원에 습기가 많았다.

"여러 비구들이여. 배수구를 만드는 것을 허락하겠노라."

3-12 그때 사니야 빔비사라왕은 승가를 위하여 석회(石灰)와 흙을 바른 전루(殿樓)34)를 세우려고 하였다. 이때 여러 비구들은 이와 같이 사유하였다.

---

33) 팔리어 Apesi(아페시)의 번역이고, 두 겹으로 겹쳐진 문을 가리킨다.
34) 사방을 바라볼 수 있도록 문과 벽체가 없이 다락처럼 높이 지은 집이다.

'세존께서는 지붕을 짓도록 허락하시는가? 혹은 허락하시지 않는가?'
여러 비구들은 이 일로써 세존께 아뢰었고, 세존께서는 말씀하셨다.
"여러 비구들이여. 다섯 종류의 지붕을 짓도록 허락하겠나니, 기와 지붕, 돌 지붕, 석회 지붕, 풀(草) 지붕, 나뭇잎(葉) 지붕이니라."

[벽체와 평상을 마친다.]

○ 첫째의 송출품을 마친다.

2. 제2송출품

4) 급고독장자(給孤獨長子)

4-1 그때 급고독장자(給孤獨長子)[35]가 있었고, 왕사성(王舍城) 장자 누이의 남편이었다. 이때 급고독장자는 일이 있어서 왕사성으로 갔다. 그때 왕사성의 장자는 다음 날에 세존과 상수 비구승가를 청하였다. 이때 왕사성의 장자는 노비들에게 명하여 말하였다.
"그와 같으니 일찍 일어나서 죽을 끓이고 밥을 짓고 국을 끓이며 음식을 준비하게."
이때 급고독장자는 이와 같이 생각하였다.
'이전에는 내가 왔다면 이 거사는 모든 일을 제쳐두고 오직 나와 함께 서로가 안부를 물었다. 그는 지금 산란한 모습이 있으며, 〈그와 같으니 일찍 일어나서 죽을 끓이고 밥을 짓고 국을 끓이며 음식을 준비하게.〉라고 노비들에게 명하는구나. 이 거사의 집에서 시집가거나, 며느리를 얻는가?

---

35) 팔리어 Anathapindika(아나타핀디카)의 번역이다.

혹은 큰 제사를 지내는가? 혹은 내일 마가다국의 사니야 빈비사라왕과 군대를 청하였는가?'

4-2 그때 왕사성 장자는 노비들에게 명하고서 급고독장자의 처소에 이르렀다. 이르러서 급고독장자와 서로가 안부를 물었고 한쪽에 앉았다. 급고독장자는 한쪽에 앉은 왕사성 장자에게 말하였다.

"거사여. 이전에는 내가 왔다면 이 거사는 모든 일을 제쳐두고 오직 나와 함께 서로가 안부를 물었습니다. 그대는 지금 산란한 모습이 있으면서, '그와 같으니 일찍 일어나서 죽을 끓이고 밥을 짓고 국을 끓이며 음식을 준비하게.'라고 노비들에게 명하였습니다. 그대에게 시집가거나, 며느리를 얻는 것이 있습니까? 혹은 큰 제사를 지냅니까? 혹은 내일 마가다국의 사니야 빈비사라왕과 군대를 청하였습니까?"

"거사여. 나에게 시집가거나, 며느리를 얻는 것이 없고, 역시 내일 마가다국의 사니야 빈비사라왕과 군대를 청하였던 것도 아니며, 나아가 큰 제사를 지내는 것도 아닙니다. 내일 세존과 상수의 비구 승가를 청하였습니다."

"거사여. 그대는 세존을 말하였습니까?"
"거사여. 나는 세존을 말하였습니다."
"거사여. 그대는 세존을 말하였습니까?"
"거사여. 나는 세존을 말하였습니다."
"거사여. 그대는 세존을 말하였습니까?"
"거사여. 나는 세존을 말하였습니다."
"거사여. 그대는 세존을 말하였습니까?"
"거사여. 세존을 세존이라고 말하는 것은 매우 얻기 어려운 말입니다. 거사여. 이 시간에 그분이신 세존·응공·정등각을 보려고 갈 수 있습니까?"
"거사여. 이 시간에 그분이신 세존·응공·정등각을 보려고 가는 것은 때가 아닙니다. 그대는 내일 일찍 가서 그 분이신 세존36)·응공(應供)37)·정등각(正等覺)38)을 보십시오."

이때 급고독장자는 내일 나아가서 세존·응공·정등각을 생각하였고, 세 번을 깨어나서 일어났다.

4-3 그때 급고독장자는 한림(寒林)의 문(門)에 이르렀는데, 어느 비인(非人)이 문을 열어주었다. 이때 급고독장자는 도성(都城)을 나왔는데, 어둠이 없어지고 광명이 나타났다. 두렵고 놀랐으며 모든 몸의 털이 곤두섰으므로 곧 돌아가려고 하였다. 이때 시가(尸呵)39) 야차(夜叉)40)는 나타나지 않고서 소리를 들려주었다.

설사 일백의 코끼리와 일백의 말과 일백의 노새의 수레가 있고
비록 마니(摩尼)의 귀고리를 착용한 백천의 동녀가 있을지라도
다만 앞으로 나아간 한 걸음의 십육 분의 일에도 미치지 못하리니
거사여. 나아가라! 거사여. 나아가라!
나아가는 자에게 이익이 있으리니 물러나지 말라.

이때 급고독장자는 어둠이 없어지고 광명이 나타났으므로 두렵고 놀랐으며 모든 몸의 털이 곤두섰던 것이 사라졌다. 두 번째에도, …… 세 번째에도 어둠이 없어지고 광명이 나타났으므로 두렵고 놀랐으며 모든 몸의 털이 곤두섰으므로, 곧 돌아가고자 하였으며, …… 세 번째에도 시가 야차는 나타나지 않고서 …… '나아가는 자에게 이익이 있으리니 물러나지 말라.'라고 말하였다. 이때 급고독장자는 세 번째에도 어둠이 없어지고 광명이 나타났으므로 두렵고 놀랐으며 모든 몸의 털이 곤두섰던 것이 사라졌다.

---

36) 팔리어 Bhagavanta(바가반타)의 번역이다.
37) 팔리어 Arahanta(아라한타)의 번역이다.
38) 팔리어 Sammāsambuddha(삼마삼부타)의 번역이다.
39) 팔리어 Sivaka(시바카)의 번역이다.
40) 팔리어 Yakkha(야까)의 번역이다.

4-4 이때 급고독장자는 한림에 이르렀다. 이때 세존께서는 아침에 일찍 일어나시어 노지를 경행하셨으며, 급고독장자가 멀리서 오는 것을 보셨다. 보시고서 경행처 아래의 펼쳐진 자리에 앉으셨다. 앉으셨으므로 세존께서는 급고독장자에게 말씀하셨다.

"잘 왔느니라. 수달다(須達多)41)여."

이때 급고독장자는 세존께서 그의 이름을 부르는 것을 알았고 환희하고 용약하면서 세존의 처소로 나아갔다. 나아가서 세존의 발에 머리 숙여 예경하고서 세존께 아뢰어 말하였다.

"세존이시여. 안락하게 머무르셨습니까?"

여러 욕망에 물들지 않은 자는
청량하여 의지하지 않고
열반의 바라문은
머무는 곳을 따라서 안락하다네.

일체의 집착을 끊고
고뇌를 마음에서 조복받으며
마음에서 적정을 얻었으니
적정하여 안락하게 머무른다네.

4-5 이때 세존께서는 급고독장자를 위하여 차례로 설법하셨는데 이를테면, 보시론, 계율론, 생천론(生天論), 여러 욕망의 허물, 퇴전(退轉), 염오(染汚), 출리(出離)의 공덕(功德)이었다. 급고독장자에게 책무(責務)의 마음, 유연(柔軟)한 마음, 장애를 벗어난 마음, 환희의 마음, 청정한 마음이 생겨난 것을 아셨다. 세존께서는 곧 제불의 근본인 진리 법을 설하셨으니 이를테면, 고성제, 집성제, 멸성제, 도성제이었다.

---

41) 팔리어 sudattā(수다따)의 음사이다.

비유한다면 깨끗하고 검은 얼룩이 없었던 원래의 옷감이 바르게 색깔을 받아들이는 것과 같이, 이 급고독장자도 이와 같았고, 역시 그 자리에서 번뇌(塵垢)를 멀리 떠나서 법안을 얻었으며, "일반적으로 모여졌던 법은, 이것은 모두 멸하는 법이 있다."라고 말하였다.

이때 급고독장자는 법을 보았고, 법을 얻었으며, 법을 알았고, 법을 깨달아 들어갔으며, 의혹을 초월하였고, 의심을 버렸으며, 무소외(無所畏)를 얻었고, 다른 인연을 의지하지 않고서 스승의 가르침으로써 행하였으며, 세존께 아뢰어 말하였다.

"묘(妙)합니다! 묘합니다! 비유한다면 넘어진 자를 일으킨 것과 같고, 덮였던 것을 드러내는 것과 같으며, 미혹한 자를 가르치는 것과 같고, 어둠 속에서 횃불을 드는 것과 같으며, 눈이 있는 자에게 색깔을 보게 하는 것과 같습니다. 이와 같이 세존께서는 역시 여러 종류의 방편으로써 나타내시어 보여주셨고 법을 가르치셨습니다. 나는 이곳에서 세존께 귀의하고, 법과 비구 대중에게 귀의하오니, 세존께서는 나에게 지금부터 목숨을 마칠 때까지 귀의하여 우바새가 되는 것을 허락하십시오. 세존이시여. 내일 비구 대중들과 함께 제가 청하는 음식을 받아주십시오."

세존께서는 묵연히 허락하셨다. 이때 급고독장자는 세존께서 청을 받아들이신 것을 알고서 자리에서 일어나서 세존께 예경하고 오른쪽으로 돌면서 떠나갔다.

4-6 그때 왕사성 장자는 급고독장자가 내일 세존과 상수인 비구 대중들에게 음식을 청하였다고 들었다. 이때 왕사성 장자는 급고독장자에게 말하였다.

"거사여. 그대가 세존과 상수인 비구 대중들에게 음식을 청하였다고 들었소. 그대도 역시 손님이오. 내가 그대에게 금전을 주겠으니, 이것을 의지하여 음식을 짓고 세존과 상수인 비구 대중들을 청하시오."

"거사여. 멈추십시오. 나에게도 금전이 있습니다. 나는 이것을 의지하여 음식을 짓고 세존과 상수인 비구 대중들을 청하겠습니다."

왕사성의 다른 한 장자가 있었고 급고독장자가 내일 세존과 상수인 비구 대중들에게 음식을 청하였다고 들었다. 이때 왕사성의 다른 한 장자는 급고독장자에게 말하였다.

"거사여. 그대가 세존과 상수인 비구 대중들에게 음식을 청하였다고 들었소. 그대도 역시 손님이오. 내가 그대에게 금전을 주겠으니, 이것을 의지하여 음식을 짓고 세존과 상수인 비구 대중들을 청하시오."

"현자여. 멈추십시오. 나에게도 금전이 있습니다. 나는 이것을 의지하여 음식을 짓고 세존과 상수인 비구 대중들을 청하겠습니다."

마갈타국의 사니야 빈비사라왕도 급고독장자가 내일 세존과 상수인 비구 대중들에게 음식을 청하였다고 들었다. 이때 왕사성의 다른 한 장자는 급고독장자에게 말하였다.

"거사여. 그대가 세존과 상수인 비구 대중들에게 음식을 청하였다고 들었소. 그대도 역시 손님이오. 내가 그대에게 금전을 주겠으니, 이것을 의지하여 음식을 짓고 세존과 상수인 비구 대중들을 청하시오."

"대왕이시여. 멈추십시오. 나에게도 금전이 있습니다. 나는 이것을 의지하여 음식을 짓고 세존과 상수인 비구 대중들을 청하겠습니다."

4-7 이때 급고독장자는 밤이 지난 뒤에 왕사성 장자의 집에서 여러 상묘한 작식과 담식을 조리시켰고, 적정한 때에 세존께 아뢰었다.

"세존이시여. 때에 이르렀고, 음식은 준비되었습니다."

이때 세존께서는 하의를 입으시고 옷과 발우를 지니고서 왕사성 장자의 집에 이르셨다. 이르시어 비구 대중과 함께 설치된 자리에 앉으셨다. 이때 급고독장자는 세존과 상수의 대중들에게 스스로가 손으로 상묘한 음식인 담식과 작식을 받들어 공양하여 배부르게 먹게 하였다. 급고독장자는 세존께서 음식을 드시고서 손을 씻고 발우를 씻었으므로 한쪽에 앉았다. 한쪽에 앉아서 세존께 아뢰어 말하였다.

"세존이시여. 비구 대중과 함께 사위성에서 저의 우안거를 받아주십시오."

"거사여. 빈집에서의 쾌락을 즐깁니다."

"세존이시여. 저도 알고 있습니다. 선서시여. 저도 알고 있습니다."
이때 세존께서는 급고독장자에게 설법하시어 열어서 보여주셨고, 교계하셨으며, 인도하셨고 권장하셨으며 환희하게 하셨고, 그러한 뒤에 자리에서 일어나서 떠나가셨다.

4-8 이때 급고독장자는 친족이 많았고 벗들이 많았으며 말에 믿음이 있었다. 이때 급고독장자는 왕사성에서 일을 마치고 사위성으로 향하였다. 이때 급고독장자는 도중에 여러 사람들에게 말하였다.
"승원을 조성하고 정사를 건립하여 보시하고자 합니다. 세존께서는 이미 세간에 출현하셨고 그 세존께서는 나의 청을 받으셨으며 장차 이 도로로 오실 것입니다."
이때 그 여러 사람들은 급고독장자에게 가르침을 받고서 승원을 조성하고 정사를 건립하여 보시하였다. 이때 급고독장자는 사위성에 돌아와서 사방을 관찰하였다.
'세존께서는 마땅히 어느 곳에 머무르셔야 하는가? 마땅히 도성을 벗어나지 않아야 하고 혹은 멀지도 않아야 하며 혹은 가깝지도 않아야 하고 왕래가 편리해야 하며 원하는 사람들이 쉽게 갈 수 있고 낮에 시끄럽지 않으며 밤에 고요하고 인적이 끊어지면 사람들이 떠나서 조용하며 알맞게 적정한 처소여야 한다.'

4-9 급고독장자가 기타(祇陀)[42] 태자의 원림을 보았는데, 도성을 벗어나지 않아야 하고 혹은 멀지도 않아야 하며 혹은 가깝지도 않아야 하고 왕래가 편리해야 하며 원하는 사람들이 쉽게 갈 수 있고 낮에 시끄럽지 않으며 밤에 고요하고 인적이 끊어지면 사람들이 떠나서 조용하며 알맞게 적정하였다. 보고서 기타 태자의 처소로 갔으며, 이르러서 기타 태자에게 말하였다.

---

42) 팔리어 jeta(제타)의 음사이다.

"태자여. 나에게 원림을 주십시오. 승원을 조성하고자 합니다."
"거사여. 금으로 가득 채울지라도 원림을 줄 수 없습니다."
"태자여. 팔았으니 승원을 조성하겠습니다."
"거사여. 승원으로 팔지 않았습니다."
"팔았습니다."
"팔지 않았습니다."
이 일을 여러 대신들은 판결하여 말하였다.
"태자여. 그대가 가격을 결정하였으니, 승원으로 팔린 것입니다."
이때 급고독장자는 수레로 금을 운반하여 기타림(祇陀林)에 펼쳐놓았다.

4-10 여러 차례를 금을 운반하여 문옥(門屋)의 주위와 작은 공터에 펼치는데 부족하였다. 이때 급고독장자는 여러 사람들에게 명령하였다.
"가서 금을 가지고 오게. 나는 이 공터에 펼치고자 하네."
이때 기타 태자는 이와 같이 사유하였다.
'이 거사는 이와 같은 많은 금전을 희생하였는데, 이것은 일상적인 일이 아니다.'
그리고 급고독장자에게 말하였다.
"장자여. 멈추시오. 이 땅에 펼치지 마시오. 이 공터를 나에게 주시오. 나는 보시하고자 하오."
이때 급고독장자는 사유하였다.
'이 기타 태자는 저명한 사람이고, 모든 사람들에게 알려져 있다. 이와 같이 매우 명예로운 사람은 법과 율에서 청정한 믿음을 일으킬 것이고, 큰 세력이 있다.'
그 공터를 가지고 기타 태자에게 양보하여 주었다. 이때 기타 태자는 그 공터에 문루(門樓)를 세워서 일으켰다. 이때 급고독장자는 기타림에 정사(精舍)43)를 세웠고, 방사(房舍)44)를 조성하였으며, 문루45)를 지었고,

---

43) 팔리어 Vihāra(비하라)의 번역이다.
44) 팔리어 Pariveṇāni(파리베나니)의 번역이다.

근행당(勤行堂)46)을 지었으며, 화당(火堂)47)을 지었고, 창고(倉庫)48)를 지었으며 측간(廁間)49)을 지었고 경행처(經行處)50)를 지었으며 경행당(經行堂)51)을 지었고, 우물52)을 팠으며 우물집(井戶)53)을 지었고 찜질방(暖室)54)을 지었으며 욕실(暖房舍)55)을 지었고 연못56)을 만들었고 정당(廷堂)57)을 지었다.

[급고독장자를 마친다.]

5) 정사의 수리(修理)

5-1 그때 세존께서는 뜻을 따라서 왕사성에서 머무르셨고, 비사리(毘舍離)로 유행하셨다. 차례로 유행하시어 비사리에 이르셨으며, 세존께서는 비사리 대림(大林)의 중각강당(重閣講堂)에 머무르셨다. 이때 여러 사람들이 정사를 정성스럽게 수리하고 있었고, 여러 비구들도 정성스럽게 수리

---

45) 팔리어 Koṭṭhaka(코따카)의 번역이고, 출입문 위의 세운 방사 또는 창고 등을 가리킨다.
46) 팔리어 Upaṭṭhānasālā(우파따나사라)의 번역이고, 집회실, 예배당 등을 가리킨다.
47) 팔리어 Aggisālā(아끼사라)의 번역이고, 난방이 가능한 방사를 가리킨다.
48) 팔리어 Kappiyakuṭi(카삐야쿠티)의 번역이다.
49) 팔리어 Vaccakuṭi(바짜쿠티)의 번역이다.
50) 팔리어 Caṅkama(찬카마)의 번역이고, '산책하다' 또는 '경행하다'의 뜻이다.
51) 팔리어 Caṅkamasālā(찬카마사라)의 번역이다.
52) 팔리어 Udapāna(우다파나)의 번역이다.
53) 팔리어 Udapānasālā(우타파나사라)의 번역이다.
54) 팔리어 Jantāghara(잔타가라)의 번역이고, 불을 피우는 방사로서 한증탕을 위한 뜨거운 방사이다.
55) 팔리어 Jantāgharasālā(잔타가라사라)의 번역이고, 욕실을 가리킨다.
56) 팔리어 Pokkharaṇi(포까라니)의 번역이고, 연못, 연꽃 연못, 인공 수영장을 가리킨다.
57) 팔리어 Maṇḍapa(만다파)의 번역이고, 의식, 담론 또는 예술 공연을 포함한 공개적인 행사를 위한 열린 기둥이 있는 공간이다.

에 참여하였으므로, 역시 그 비구들을 마주하고서 의복, 단식(摶食)58), 좌구(坐具), 와구(臥具), 의약품(病藥), 자구(資具) 등으로 받들어 보시하였다.

그때 한 가난한 재봉사가 있었는데, 이와 같이 생각하였다.

'이러한 여러 사람들이 이와 같이 정성스럽게 수리하는 일은 일상적인 일이 아니다. 나도 역시 마땅히 수리하는 일에 참여해야겠다.'

이때 그 가난한 재봉사는 스스로가 진흙을 반죽하였고 벽돌을 쌓았으며 벽을 세웠다. 그는 기술이 없었던 인연으로 쌓았던 벽체가 굽었고 벽체는 무너졌다. 두 번째에도, …… 나아가 …… 세 번째에도 기술이 없었던 이년으로 쌓았던 벽체가 굽었고 벽체는 무너졌다.

5-2 그때 그 가난한 재봉사는 싫어하고 비난하였다.

"여러 사람들은 이 여러 비구들을 마주하고서 의복, 단식, 좌구, 와구, 의약품, 자구 등으로 받들어 보시하고, 아울러 수리하는 일에서 감독을 받는다. 그러나 나는 가난한 인연으로 수리하는 일에서 감독을 받지 못한다."

여러 비구들은 그 가난한 재봉사는 싫어하고 비난하는 것을 들었고, 이때 여러 비구들은 이 일로써 세존께 아뢰었다. 이때 세존께서는 이 인연으로써 설법하셨으며 여러 비구들에게 알려 말씀하셨다.

"여러 비구들이여. 수리하는 일을 맡기는 것을 허락하겠노라. 여러 비구들이여. 수리하는 일에 참여한 비구는 마땅히 정사를 빠르게 수리하고 마땅히 부서진 곳을 수리하는 부지런히 노력해야 하느니라."

5-3 "여러 비구들이여. 마땅히 이와 같이 맡겨야 하느니라. 마땅히 먼저 비구를 청한 뒤에 마땅히 한 총명하고 현명하며 능력있는 비구가 승가의 가운데에서 창언해야 한다."

"대덕 승가께서는 허락하십시오. 만약 승가께서 때에 이르렀다면 누구

---

58) '둥글게 뭉친 밥'이라는 뜻이고, 거칠거나, 덩어리의 음식을 가리킨다.

거사에게 정사를 수리하게 하고 누구 비구가 감독하도록 맡기겠습니다. 이와 같이 아룁니다.'

'대덕 승가께서는 허락하십시오. 승가는 장차 누구 거사가 정사를 수리하게 하고 누구 비구가 감독하도록 맡기겠습니다. 여러 대덕들께서 누구 거사에게 정사를 수리하게 하고 누구 비구가 감독하도록 맡기는 것을 인정하신다면 묵연하시고, 인정하지 않으신다면 말씀하십시오.'

'승가시여. 누구 거사에게 정사를 수리하게 하고 누구 비구가 감독하도록 맡기는 것을 마쳤습니다. 여러 대덕들께서 인정하신 것은 묵연하였던 까닭입니다. 나는 이와 같이 알고 이해하겠습니다.'"

[정사의 수리를 마친다.]

6) 첫째의 자리와 물과 음식

6-1 그때 세존께서는 뜻을 따라서 비사리에서 머무르셨고, 사위성으로 유행하셨다. 그때 육군비구들은 여러 비구들을 따라서 세존과 승가의 상수(上首) 비구의 앞에서 떠나갔으며, 정사를 취하였고, 방사를 취하면서 말하였다.

"이곳은 우리들의 화상에게 귀속되었고, 이곳은 우리들의 아사리에게 귀속되었으며, 이곳은 우리들에게 귀속되었소."

그때 장로 사리불은 세존과 승가의 상수이었으므로 뒤에 떠나갔다. 정사를 이미 취하였고, 방사를 이미 취하였으므로 방사를 구하지 못하여서 한 나무의 아래에 앉았다. 이때 세존께서는 일찍 일어나셨고 헛기침을 하셨으므로, 장로 사리불도 역시 헛기침을 하였다.

"누가 그곳에 있는가?"

"세존이시여. 사리불입니다."

"사리불이여. 그대는 무슨 까닭으로 이곳에 앉아 있는가?"

이때 장로 사리불은 이 일로써 세존께 아뢰었다.

6-2 그때 세존께서는 이 인연으로써 비구 승가를 모으셨으며 여러 비구들에게 물어 말씀하셨다.

"여러 비구들이여. 육군비구들은 여러 비구들을 따라서 세존과 승가의 상수 비구의 앞에서 떠나갔으며, 정사를 취하였고, 방사를 취하면서 '이곳은 우리들의 화상에게 귀속되었고, 이곳은 우리들의 아사리에게 귀속되었으며, 이곳은 우리들에게 귀속되었다.'라고 말하였는가?"

"진실로 그렇습니다. 세존이시여."

세존께서는 꾸짖으셨다.

"여러 비구들이여. 어찌하여 그 어리석은 사람들은 세존과 승가의 상수 비구의 앞에서 떠나갔으며, 정사를 취하였고, 방사를 취하면서 '이곳은 우리들의 화상에게 귀속되었고, 이곳은 우리들의 아사리에게 귀속되었으며, 이곳은 우리들에게 귀속되었다.'라고 말하였는가? 여러 비구들이여. 이것은 오히려 믿지 않는 자에게 신심이 생겨나지 않게 하고, 이미 믿었던 자는 증장시키지 않느니라. …… 이미 믿었던 자는 일부가 전전하여 다른 곳을 향하여 떠나가게 하느니라."

세존께서는 그 비구들을 꾸짖으셨고 설법하셨으며 여러 비구들에게 알려 말씀하셨다.

"여러 비구들이여. 누가 마땅히 첫째로 자리를 받아야 하고, 첫째로 물을 받아야 하며, 첫째로 음식을 받아야 하는가?"

일부의 비구들이 말하였다.

"세존이시여. 찰제리(刹帝利)59)의 종족으로 출가한 자가 마땅히 첫째로 자리를 받아야 하고, 첫째로 물을 받아야 하며, 첫째로 음식을 받아야 합니다."

일부의 비구들이 말하였다.

---

59) 팔리어 Khattiya(카띠야)의 번역이다.

"세존이시여. 바라문(婆羅門)60)의 종족으로 출가한 자가 마땅히 첫째로 자리를 받아야 하고, 첫째로 물을 받아야 하며, 첫째로 음식을 받아야 합니다."

일부의 비구들이 말하였다.

"세존이시여. 거사(居士)61)의 종족으로 출가한 자가 마땅히 첫째로 자리를 받아야 하고, 첫째로 물을 받아야 하며, 첫째로 음식을 받아야 합니다."

일부의 비구들이 말하였다.

"세존이시여. 경사(經師)62)로 출가한 자가 마땅히 첫째로 자리를 받아야 하고, 첫째로 물을 받아야 하며, 첫째로 음식을 받아야 합니다."

일부의 비구들이 말하였다.

"세존이시여. 지율자(持律者)63)로 출가한 자가 마땅히 첫째로 자리를 받아야 하고, 첫째로 물을 받아야 하며, 첫째로 음식을 받아야 합니다."

일부의 비구들이 말하였다.

"세존이시여. 설법자(說法者)64)로 출가한 자가 마땅히 첫째의 자리를 받아야 하고, 첫째의 물을 받아야 하며, 첫째의 음식을 받아야 합니다."

일부의 비구들이 말하였다.

"세존이시여. 초선(初禪)을 얻은 자가 마땅히 첫째의 자리를 받아야 하고, 첫째의 물을 받아야 하며, 첫째의 음식을 받아야 합니다."

일부의 비구들이 말하였다.

"세존이시여. 2선(二禪)을 얻은 자가 마땅히 첫째의 자리를 받아야 하고, 첫째의 물을 받아야 하며, 첫째의 음식을 받아야 합니다."

일부의 비구들이 말하였다.

---

60) 팔리어 Brāhmaṇa(브라흐마나)의 번역이다.
61) 팔리어 Gahapati(가하파티)의 번역이다.
62) 팔리어 Suttantika(수딴티카)의 번역이다.
63) 팔리어 Vinayadhara(비나야다라)의 번역이다.
64) 팔리어 Dhammakathika(담마카티카)의 번역이다.

"세존이시여. 3선(三禪)을 얻은 자가 마땅히 첫째의 자리를 받아야 하고, 첫째의 물을 받아야 하며, 첫째의 음식을 받아야 합니다."
 일부의 비구들이 말하였다.
"세존이시여. 4선(四禪)을 얻은 자가 마땅히 첫째의 자리를 받아야 하고, 첫째의 물을 받아야 하며, 첫째의 음식을 받아야 합니다."
 일부의 비구들이 말하였다.
"세존이시여. 예류(預流)인 자가 마땅히 첫째의 자리를 받아야 하고, 첫째의 물을 받아야 하며, 첫째의 음식을 받아야 합니다."
 일부의 비구들이 말하였다.
"세존이시여. 일래(一來)인 자가 마땅히 첫째의 자리를 받아야 하고, 첫째의 물을 받아야 하며, 첫째의 음식을 받아야 합니다."
 일부의 비구들이 말하였다.
"세존이시여. 불환(不還)인 자가 마땅히 첫째의 자리를 받아야 하고, 첫째의 물을 받아야 하며, 첫째의 음식을 받아야 합니다."
 일부의 비구들이 말하였다.
"세존이시여. 아라한(阿羅漢)인 자가 마땅히 첫째의 자리를 받아야 하고, 첫째의 물을 받아야 하며, 첫째의 음식을 받아야 합니다."
 일부의 비구들이 말하였다.
"세존이시여. 3명(三明)[65]을 얻은 자가 마땅히 첫째의 자리를 받아야 하고, 첫째의 물을 받아야 하며, 첫째의 음식을 받아야 합니다."
 일부의 비구들이 말하였다.
"세존이시여. 육신통(六神通)을 얻은 자가 마땅히 첫째의 자리를 받아야 하고, 첫째의 물을 받아야 하며, 첫째의 음식을 받아야 합니다."

6-3 그때 세존께서는 여러 비구들에게 알려 말씀하셨다.
"여러 비구들이여. 과거의 세상에서 설산(雪山)[66]의 산기슭에 대니구율

---

[65] 아라한이 갖추고 있는 세 가지의 지혜로써 첫째는 숙명지증명(宿命智證明)이고 둘째는 생사지증명(生死智證明)이며, 셋째는 누진지증명(漏盡智證明)이다.

수(大尼拘律樹)67)가 있었고, 친한 벗 셋이 의지하며 이곳에 머물렀나니, 자고새68)와 원숭이69)와 코끼리70)였느니라. 그들은 서로가 존중하지 않았고, 공경하지 않았으며 화합하지 않고 머물렀느니라. 이때 그 여러 친한 벗들은 이와 같이 사유하였다.

'우리들은 마땅히 우리들의 가운데에서 연장이고, 우리들은 마땅히 존중하고 공경하며 공양하며 그의 가르침에 의지하여 머물러야 하는가?'

여러 비구들이여. 이때 자고새와 원숭이는 코끼리에게 물어 말하였다.

"벗이여. 그대는 과거의 일을 기억하는가?"

"나는 이와 같은 과거의 일을 기억하고 있네. 내가 어렸던 때에 넓적다리로 이 니구율수를 지나갔는데, 끝부분이 나의 배에 닿았었네."

여러 비구들이여. 이때 자고새와 코끼리가 원숭이에게 물어 말하였다.

"벗이여. 그대는 과거의 일을 기억하는가?"

"나는 이와 같은 과거의 일을 기억하고 있네. 내가 어렸던 때에 땅위에 앉아서 이 니구율수의 새싹을 따먹었었네."

여러 비구들이여. 이때 코끼리와 원숭이가 자고새에게 물어 말하였다.

"벗이여. 그대는 과거의 일을 기억하는가?"

"그 공터에 대니구율수가 있었고, 내가 그 하나의 과일을 쪼아먹고 이 공중에서 대변을 보았는데, 이 대니구율수가 생겨났네. 만약 그와 같다면 내가 곧 연장자이네."

여러 비구들이여. 이때 코끼리와 원숭이는 자고새를 마주하고서 말하였다.

"그대가 우리들의 가운데에서 연장자이니, 우리들은 존중하고 공경하며 그대를 공양하겠고, 우리들은 그대의 가르침에 의지하여 머무르겠네."

---

66) 팔리어 himavantapadesa(히마반타파데사)의 번역이다.
67) 팔리어 mahānigrodha(마하니그로다)의 번역이고, 반얀나무 또는 인도 무화과나무를 가리킨다.
68) 팔리어 tittira(티띠라)의 번역이고, 메추라기와 비슷한 새를 가리킨다.
69) 팔리어 Makkaṭa(마까타)의 번역이다.
70) 팔리어 hatthināga(하띠나가)의 번역이고, 고귀한 코끼리를 가리킨다.

여러 비구들이여. 그때 자고새는 원숭이와 코끼리에게 5계(戒)를 주었고, 스스로도 5계를 지니면서 머물렀느니라. 그들은 서로가 존중하고 공경하며 화합하고 머물렀으므로 목숨을 마치고서 선취(善趣)인 천상에 태어났느니라. 여러 비구들이여. 이것을 자고새의 범행이라고 이름하느니라."

상수인 자를 공경한다면
이 사람은 밝은 법에 통하고
현재의 법에서 찬탄을 받고
다음의 세상에서 선취를 얻는다네.

6-4 "여러 비구들이여. 그러므로 축생의 부류들도 매우 지극하게 서로가 존중하고 공경하며 화합하고 머물렀느니라. 여러 비구들이여. 이 처소의 그대들이 만약 이와 같이 선설(善說)하는 법과 율에서 출가한 자라면 서로가 존중하고 공경하며 화합하고 머물러야 하느니라. 여러 비구들이여. 이것은 오히려 믿지 않는 자에게 신심이 생겨나지 않게 하고, 이미 믿었던 자는 증장시키지 않느니라. …… 이미 믿었던 자는 일부가 전전하여 다른 곳을 향하여 떠나가게 하느니라."

세존께서는 육군비구들을 꾸짖으셨고 설법하셨으며 여러 비구들에게 알려 말씀하셨다.

"여러 비구들이여. 좌차(座次)를 따라서 예배, 영접, 전송, 합장, 공경, 첫째의 자리, 첫째의 물, 첫째의 음식을 받는 것을 허락하겠노라. 여러 비구들이여. 승가의 물건은 좌차를 따라서 얻을 수 없느니라. 얻는 자는 악작을 범하느니라."

6-5 "여러 비구들이여. 예배를 받을 수 없는 열 종류의 사람이 있느니라. 먼저 구족계를 받은 자에게 뒤에 구족계를 받은 자가 예배를 받을 수 없고, 아직 구족계를 받지 않은 자가 예배를 받을 수 없으며, 다른 주처이고

비법으로 설법하는 연장자가 예배를 받을 수 없고, 여인은 예배를 받을 수 없으며, 황문은 예배를 받을 수 없고, 별주자는 예배를 받을 수 없으며, 본일치를 받는 자는 예배를 받을 수 없고, 마나타를 받은 자는 예배를 받을 수 없으며, 마나타를 행하는 자는 예배를 받을 수 없고, 마땅히 출죄를 받아야 하는 자는 예배를 받을 수 없느니라. 여러 비구들이여. 이와 같은 열 종류의 사람은 예배를 받을 수 없느니라.

여러 비구들이여. 예배를 받을 수 있는 세 종류의 사람이 있느니라. 먼저 구족계를 받은 자는 마땅히 뒤에 구족계를 받은 자에게 예배를 받을 수 있고, 다른 주처이더라도 여법하게 설법하는 연장자가 예배를 받을 수 있느니라. 여러 비구들이여. 천계(天界), 마계(魔界), 법계(梵界), 세간(世間), 사문(沙門), 바라문(婆羅門), 인간(人間), 천상(天上)의 유정(有情)들은 마땅히 여래(如來)·응공(應供)·정등각(正等覺)께 예경해야 하느니라. 여러 비구들이여. 마땅히 이와 같은 세 종류의 사람에게 예배해야 하느니라."

[첫째의 자리와 물과 음식을 마친다.]

7) 천막과 부구와 공터

7-1 그때 여러 대중들은 승가를 위하여 천막과 부구(敷具)와 공터를 준비하였다. 그때 육군비구들은 여러 비구들에게 말하였다.

"세존께서는 비록 승가의 물건을 좌차를 따라서 허락하셨으나, 지어진 물건은 그렇지 않소."

세존과 승가의 상수 비구의 앞에서 떠나갔으며, 천막과 부구와 공터를 취하면서 말하였다.

"이곳은 우리들의 화상에게 귀속되었고, 이곳은 우리들의 아사리에게 귀속되었으며, 이곳은 우리들에게 귀속되었소."

이때 장로 사리불은 세존과 승가의 상수이었으므로 뒤에 떠나갔다. 천막을 이미 취하였고, 부구를 이미 취하였으며 공터를 이미 취하였으므로 공터를 구하지 못하여서 한 나무의 아래에 앉았다. 이때 세존께서는 일찍 일어나셨고 헛기침을 하셨으므로, 장로 사리불도 역시 헛기침을 하였다.

"누가 그곳에 있는가?"

"세존이시여. 사리불입니다."

"사리불이여. 그대는 무슨 까닭으로 이곳에 앉아 있는가?"

이때 장로 사리불은 이 일로써 세존께 아뢰었다.

7-2 그때 세존께서는 이 인연으로써 비구 승가를 모으셨으며 여러 비구들에게 물어 말씀하셨다.

"여러 비구들이여. 육군비구들은 '세존께서는 비록 승가의 물건을 좌차를 따라서 허락하셨으나, 지어진 물건은 그렇지 않소.'라고 말하면서 세존과 승가의 상수 비구의 앞에서 떠나갔으며, 천막과 부구와 공터를 취하면서 '이곳은 우리들의 화상에게 귀속되었고, 이곳은 우리들의 아사리에게 귀속되었으며, 이곳은 우리들에게 귀속되었소.'라고 말하였는가?"

"진실로 그렇습니다. 세존이시여."

세존께서는 꾸짖으셨다.

"여러 비구들이여. 어찌하여 그 어리석은 사람들은 '세존께서는 비록 승가의 물건을 좌차를 따라서 허락하셨으나, 지어진 물건은 그렇지 않소.'라고 말하면서 세존과 승가의 상수 비구의 앞에서 떠나갔으며, 천막과 부구와 공터를 취하면서 '이곳은 우리들의 화상에게 귀속되었고, 이곳은 우리들의 아사리에게 귀속되었으며, 이곳은 우리들에게 귀속되었소.'라고 말하였는가? 여러 비구들이여. 이것은 오히려 믿지 않는 자에게 신심이 생겨나지 않게 하고, 이미 믿었던 자는 증장시키지 않느니라. …… 이미 믿었던 자는 일부가 전전하여 다른 곳을 향하여 떠나가게 하느니라."

세존께서는 그 비구들을 꾸짖으셨고 설법하셨으며 여러 비구들에게 알려 말씀하셨다.

"여러 비구들이여. 지었던 물건도 역시 좌차를 따라서 얻는 것을 막을 수 없느니라. 막는 자는 악작을 범하느니라."

[천막과 부구와 공터를 마친다.]

8) 높은 평상과 큰 평상

8-1 그때 여러 사람들은 실내와 식당에서 여러 종류의 높은 평상과 큰 평상을 설치하였는데 이를테면, 긴 의자71), 안락 의자72), 긴 양털의 부구(敷具)73), 문양이 있는74) 부구, 하얀 모직(白氈)의 부구, 꽃문양의 부구, 목화솜으로 만든 부구, 호랑이와 사자의 모습이 있는 부구, 양쪽에 테두리가 있는 부구, 한쪽에 테두리가 있는 부구, 보석으로 수놓은 부구, 비단의 부구, 16명의 무녀(舞女)가 춤추는 모습의 큰 부구, 코끼리를 수놓은 부구, 말을 수놓은 부구, 수레를 수놓은 부구, 검은 영양(羚羊)75)을 수놓은 부구, 최고의 가죽으로 만든 부구76), 일산으로 사용하는 부구, 양쪽에 붉은 베개가 있는 평상이었다.

여러 비구들은 의심하고 두려워하면서 감히 앉지 못하였다. 여러 비구들은 이 일로써 세존께 아뢰었고, 세존께서는 말씀하셨다.

"여러 비구들이여. 긴 의자·안락 의자·목화솜으로 만든 양탄자를 제외

---

71) 팔리어 āsandi(아산디)의 번역이고, 등받이가 없는 긴 의자를 가리킨다.
72) 팔리어 pallaṅka(팔란카)의 번역이고, 현재의 소파(sofa)를 가리킨다.
73) 팔리어 gonaka(고나카)의 번역이고, 부구는 바닥에 까는 카펫 또는 양탄자를 가리킨다.
74) 팔리어 cittaka(치따카)의 번역이다.
75) 팔리어 ajinapaveṇi(아지나파베니)의 번역이다.
76) 팔리어 kadalimigapavarapaccattharaṇa(카다리미가파바라파짜따라나)의 번역이고, 카다리(kadali) 사슴의 가죽으로 만들어진 깔개 또는 양탄자를 가리킨다.

하고서 재가인이 지은 것이라면 다만 누울 수는 없으나, 앉는 것을 허락하
겠노라."

8-2 그때 여러 사람들은 실내와 식당에서 목화솜으로 만든 의자와 평상을
설치하였는데, 여러 비구들은 의심하고 두려워하면서 감히 앉지 못하였
다. 여러 비구들은 이 일로써 세존께 아뢰었고, 세존께서는 말씀하셨다.
"여러 비구들이여. 재가인이 지은 것이라면 다만 누울 수는 없으나,
앉는 것을 허락하겠노라."

[높은 평상과 큰 평상을 마친다.]

9) 기수급고독원(祇樹給孤獨園)

9-1 그때 세존께서는 차례로 유행하시어 사위성에 이르셨으며, 세존께서
는 사위성의 기수급고독원에 머무르셨다.
 이때 급고독장자는 세존의 주처로 나아갔으며, 나아가서 세존께 예경
하고서 한쪽에 앉았다. 한쪽에 앉았으므로 급고독장자는 세존께 아뢰어
말하였다.
 "세존이시여. 내일 비구 승가와 함께 저의 음식을 받아주십시오."
 세존께서는 묵연히 허락하셨다. 이때 급고독장자는 세존께서 청을
받아들이신 것을 알고서 자리에서 일어나서 세존께 예경하고 오른쪽으로
돌면서 떠나갔다.
 이때 급고독장자는 밤이 지난 뒤에 왕사성 장자의 집에서 여러 상묘한
작식과 담식을 조리시켰고, 때에 이르렀으므로 세존께 아뢰었다.
 "세존이시여. 때에 이르렀고, 음식은 준비되었습니다."
 이때 세존께서는 하의를 입으시고 옷과 발우를 지니고서 급고독장자의
집에 이르셨다. 이르러서 비구 대중과 함께 설치된 자리에 앉으셨다.

이때 급고독장자는 세존과 상수의 대중들에게 스스로가 손으로 상묘한 음식인 담식과 작식을 받들어 공양하여 배부르게 먹게 하였다. 급고독장자는 세존께서 음식을 드시고서 손을 씻고 발우를 씻었으므로 한쪽에 앉았다. 한쪽에 앉아서 세존께 아뢰어 말하였다.

"저는 기타림을 마땅히 어찌해야 합니까?"

"거사여. 그와 같다면 기타림을 미래와 현재의 사방승가(四方僧伽)에게 받들어 보시하시오."

"세존이시여. 알겠습니다."

급고독장자는 세존께 대답하였고, 기타림으로써 미래와 현재의 사방승가에게 받들어 보시하였다.

9-2 그때 세존께서는 게송으로써 급고독장자를 기쁘게 하셨다.

추위와 더위, 악한 짐승과 뱀과
모기와 추운 비를 막아내고
무서운 더위도 막아내므로
정려(靜慮)와 정관(正觀)을 보호한다네.

또한 기거(起居)를 안락하게 하고
정사로써 승가에 보시하였으니
세존께서 찬탄하는 최고인
까닭으로 자신의 이익을 관찰하는 현자라네.

기쁘게 정사를 조성한다면
다문자가 안주할 수 있으며
만약 맑고 청정한 마음으로 보시한다면
곧 여러 사람들이 마시고 먹을 수 있다네.

의복과 자구와 와구라면
비구는 그를 위하여 연설하리니
일체의 고통의 법을 없애고
무루(無漏)를 깨우쳐서 반열반(般涅槃)을 한다네.

그때 세존께서는 이 게송으로써 급고독장자를 기쁘게 하시고서 자리에서 일어나서 떠나가셨다.

[기수급고독원을 마친다.]

10) 승차식(僧次食)의 자리

10-1 그때 한 사명외도의 제자인 대신(大臣)이 승차식(僧次食)을 베풀었다. 장로 우파난타(優波難陀)는 늦게 와서 아직 음식을 먹지 않은 비구들을 자리에서 일으켰으므로 식당이 소란스러웠다. 이때 그 대신은 싫어하고 비난하였다.
 "어찌하여 여러 사문 석자들은 늦게 와서 아직 음식을 먹지 않은 비구들을 자리에서 일으켜서 식당을 소란스럽게 하는가? 남은 자리에 앉더라도 어찌 음식을 얻을 수 없겠는가?"
 여러 비구들은 그 대신이 싫어하고 비난하는 것을 들었다. 여러 비구들의 가운데에서 욕심이 적은 비구들은 싫어하고 비난하였다.
 "무슨 까닭으로써 장로 우파난타는 늦게 와서 아직 음식을 먹지 않은 비구들을 자리에서 일으켜서 식당을 소란스럽게 하는가?"
 이때 그 여러 비구들은 이 일로써 세존께 아뢰었고, 세존께서는 말씀하셨다.
 "우파난타여. 진실로 그대는 늦게 와서 아직 음식을 먹지 않은 비구들을 자리에서 일으켜서 식당을 소란스럽게 하였는가?"

"진실로 그렇습니다. 세존이시여."

세존께서는 꾸짖으셨다.

"어리석은 사람이여. 어찌하여 늦게 와서 아직 음식을 먹지 않은 비구들을 자리에서 일으켜서 식당을 소란스럽게 하였는가? 어리석은 사람이여. 이것은 오히려 믿지 않는 자에게 신심이 생겨나지 않게 하고, 이미 믿었던 자는 증장시키지 않느니라. …… 이미 믿었던 자는 일부가 전전하여 다른 곳을 향하여 떠나가게 하느니라."

세존께서는 그 비구들을 꾸짖으셨고 설법하셨으며 여러 비구들에게 알려 말씀하셨다.

"여러 비구들이여. 아직 음식을 먹지 않은 비구는 일으킬 수 없느니라. 일으키는 자는 악작을 범하느니라. 만약 일으켰는데, 이미 음식을 먹었다고 말하였다면 마땅히 '가서 물을 가져오십시오.'라고 말해야 한다. 만약 이와 같이 얻을 수 있다면 좋으나, 만약 얻을 수 없다면 씹고 있는 음식을 삼키고서 상좌에게 자리를 양보해야 한다. 여러 비구들이여. 무슨 일이 있더라도 상좌의 자리를 차지할 수 없느니라. 차지하는 자는 악작을 범하느니라."

10-2 그때 육군비구들은 병든 비구를 일으켰는데, 여러 병든 비구들이 말하였다.

"장로여. 우리들은 일어날 수 없습니다. 우리들은 병들었습니다."

육군비구들은 말하였다.

"우리들이 장로들을 일으키겠소."

그들을 붙잡고 일으키면서 손을 놓쳤고 병든 비구들은 넘어졌다. 여러 비구들은 이 일로써 세존께 아뢰었고, 세존께서는 말씀하셨다.

"여러 비구들이여. 병든 비구를 일으킬 수 없느니라. 일으키는 자는 악작을 범하느니라."

그때 육군비구들은 말하였다.

"우리들은 병들어서 일어날 수 없소."
최고의 와상에 누워있었다. 여러 비구들은 이 일로써 세존께 아뢰었고, 세존께서는 말씀하셨다.
"여러 비구들이여. 병든 비구에게 적당한 와구를 주는 것을 허락하겠노라."

그때 육군비구들은 어느 일에 의지하여 와구와 좌구를 차지하였다. 여러 비구들은 이 일로써 세존께 아뢰었고, 세존께서는 말씀하셨다.
"여러 비구들이여. 어느 일에 의지하여 와구와 좌구를 차지할 수 없느니라. 차지하는 자는 악작을 범하느니라."

[승차식의 자리를 마친다.]

11) 방사와 분배자

11-1 그때 십칠군비구(十七群比丘)들은 최고로 변방인 하나의 큰 정사를 수리하면서 생각하였다.
'우리들은 장차 이 주처에서 우안거를 들어가야겠다.'
육군비구들은 십칠군비구들이 정사를 수리하는 것을 보고서 말하였다.
"장로들이여. 십칠군비구들이 이 정사를 수리하고 있으니, 우리들이 여러 비구들을 쫓아내도록 하세."
일부가 말하였다.
"장로들이여. 마땅히 수리가 끝나는 것을 기다려서 쫓아내도록 하세."
이때 육군비구들은 십칠군비구들에게 말하였다.
"여러 비구들이여. 떠나가시오. 이 정사는 우리들에게 귀속되었소."
"장로들이여. 어찌하여 이러한 일을 이전에 말하지 않았습니까? 우리들은 다른 정사를 수리해야 합니까?"
"여러 비구들이여. 정사는 승가의 물건이 아닌가?"

"장로들이여. 그렇습니다. 정사는 승가의 물건입니다."
"여러 비구들이여. 떠나가시오. 이 정사는 우리들에게 귀속되었소."
"장로들이여. 정사는 많으니 그대들이 가십시오. 우리들은 이곳에 머무르겠습니다."
"여러 비구들이여. 떠나가시오. 이 정사는 우리들에게 귀속되었소."
성내고 기쁘지 않아서 목(頸)을 끌고서 쫓아냈다. 그 비구들은 쫓겨났으므로 울었고, 여러 비구들은 말하였다.
"여러 비구들이여. 그대들은 어찌하여 울고 있는가?"
"여러 장로들이여. 육군비구들이 성내고 기쁘지 않아서 우리들을 승가의 정사에서 쫓아냈습니다."
여러 비구들의 가운데에서 욕심이 적은 비구들은 싫어하고 비난하였다.
"무슨 까닭으로써 육군비구들은 성내고 기쁘지 않아서 여러 비구들을 승가의 정사에서 쫓아내는가?"
이때 그 여러 비구들은 이 일로써 세존께 아뢰었고, 세존께서는 말씀하셨다.
"여러 비구들이여. 진실로 육군비구들은 성내고 기쁘지 않아서 여러 비구들을 승가의 정사에서 쫓아내었는가?"
"진실로 그렇습니다. 세존이시여."
세존께서는 꾸짖으셨다.
"어리석은 사람들이여. 어찌하여 성내고 기쁘지 않아서 여러 비구들을 승가의 정사에서 쫓아내었는가? 어리석은 사람들이여. 이것은 오히려 믿지 않는 자에게 신심이 생겨나지 않게 하고, 이미 믿었던 자는 증장시키지 않느니라. …… 이미 믿었던 자는 일부가 전전하여 다른 곳을 향하여 떠나가게 하느니라."
세존께서는 그 비구들을 꾸짖으셨고 설법하셨으며 여러 비구들에게 알려 말씀하셨다.
"여러 비구들이여. 성내고 기쁘지 않아서 여러 비구들을 승가의 정사에서 쫓아낼 수 없느니라. 쫓아내는 자는 마땅히 그것을 여법하게 다스릴지니라. 여러 비구들이여. 좌구와 와구를 평등하게 분배할지니라."

11-2 이때 여러 비구들은 이렇게 사유하였다.
 '마땅히 누가 와구와 좌구를 분배해야 하는가?'
 여러 비구들은 이 일로써 세존께 아뢰었고, 세존께서는 말씀하셨다.
 "여러 비구들이여. 마땅히 다섯 가지를 구족한 비구를 와구와 좌구를 분배하는 사람으로 뽑아야 하나니 이를테면, 욕망을 따르지 않고 성냄을 따르지 않으며 어리석음을 따르지 않고 두려움을 따르지 않으며 주어야 할 것과 주지 않는 것을 아는 자이다. 마땅히 이와 같이 뽑아야 하느니라. 마땅히 먼저 비구를 청하고서 마땅히 한 총명하고 현명하며 능력있는 비구가 승가의 가운데에서 창언해야 한다.
 "대덕 승가께서는 허락하십시오. 만약 승가께서 때에 이르렀다면, 마땅히 누구 비구를 와구와 좌구를 분배하는 사람으로 뽑겠습니다. 이와 같이 아룁니다.'
 '대덕 승가께서는 허락하십시오. 승가시여. 누구 비구를 와구와 좌구를 분배하는 사람으로 뽑겠습니다. 여러 대덕들께서 마땅히 누구 비구를 와구와 좌구를 분배하는 사람으로 뽑는 것을 인정하신다면 묵연하시고, 인정하지 않으신다면 말씀하십시오.'
 '승가시여. 누구 비구를 와구와 좌구를 분배하는 사람으로 뽑는 것을 마쳤습니다. 여러 대덕들께서 인정하신 것은 묵연하였던 까닭입니다. 나는 이와 같이 알고 이해하겠습니다.'"

11-3 이때 와구와 좌구를 분배하는 비구는 이렇게 사유하였다.
 '마땅히 어떻게 와구와 좌구를 분배해야 하는가?'
 여러 비구들은 이 일로써 세존께 아뢰었고, 세존께서는 말씀하셨다.
 "여러 비구들이여. 먼저 비구들의 숫자를 계산할 것이고, 여러 비구들의 숫자를 계산한 뒤에 와구의 숫자를 계산할 것이며, 와구의 숫자를 계산한 뒤에 매번 개인들에게 의지하여 와구를 분배해야 하느니라."

매번 개인들에게 의지하여 와구를 분배하였으나, 와구가 남았다.
"여러 비구들이여. 매번 하나의 정사에 분배하는 것을 허락하겠노라."
매번 하나의 정사에 분배하였으나, 정사가 남았다.
"여러 비구들이여. 매번 방사에 의지하여 분배하는 것을 허락하겠노라."
매번 방사에 의지하여 분배하였으나, 방사가 남았다.
"여러 비구들이여. 거듭하여 분배하는 것을 허락하겠노라."
거듭하여 분배하였는데, 다른 비구들이 왔다.
"만약 원하지 않는다면 주지 않도록 하라."
그때 여러 비구들은 경계 밖의 자에게 와구와 좌구를 분배하였다. 여러 비구들은 이 일로써 세존께 아뢰었고, 세존께서는 말씀하셨다.
"여러 비구들이여. 경계 밖의 자에게 와구와 좌구를 분배할 수 없느니라. 분배하는 자는 악작을 범하느니라."
그때 여러 비구들은 와구와 좌구를 취하여 일체의 때에 수용(受用)하였다. 여러 비구들은 이 일로써 세존께 아뢰었고, 세존께서는 말씀하셨다.
"여러 비구들이여. 와구와 좌구를 취하여 일체의 때에 수용할 수 없느니라. 사용하는 자는 악작을 범하느니라. 여러 비구들이여. 우안거의 3개월을 사용할 수 있고 평소의 때에는 수용할 수 없느니라."

11-4 이때 여러 비구들은 이렇게 사유하였다.
'분배하였던 와구와 좌구는 어느 기한이 있는가?'
여러 비구들은 이 일로써 세존께 아뢰었고, 세존께서는 말씀하셨다.
"여러 비구들이여. 분배하였던 와구와 좌구는 세 종류의 기한이 있나니 이를테면, 초분(初分)과 후분(後分)과 중분(中分)이니라. 알사다(頞沙茶)77) 만월(滿月)78)의 다음 날부터는 초분이 되고, 알사다 만월의 1개월의

---

77) 팔리어 āsāḷha(아살하)의 음사이고, 대략적으로 6월 15일에서 7월 15일의 증간의 때를 가리킨다.
78) 팔리어 purimaka(푸리마카)의 번역이고. 보름달(밤)을 가리킨다.

뒤는 후분이 되며, 알사다 만월의 다음 날부터 우안거에 이르면 중분이 되느니라. 여러 비구들이여. 이와 같이 와구와 좌구는 세 종류의 기한이 있느니라."

[방사와 분배자를 마친다.]

○ 둘째의 송출품을 마친다.

3. 제3송출품

12) 두 주처의 와구와 좌구

12-1 그때 장로 우파난타 석자는 와구와 좌구를 취하고서 뒤에 한 취락으로 갔으며 그 처소에서 역시 와구와 좌구를 취하였다. 이때 그 여러 비구들은 이렇게 사유하였다.

'여러 장로들이여. 이 처소의 장로 우파난타 석자는 소송(訴訟)으로써 일을 삼고, 투쟁으로써 일을 삼으며, 논쟁으로써 일을 삼고, 분쟁으로써 일을 삼으며, 승가의 가운데에서 쟁사(諍事)로써 일을 삼는다. 만약 그 비구가 이 처소에서 우안거를 들어간다면 우리들은 모두 안은하게 머무를 수 없다. 마땅히 곧 그에게 물어야겠다.'

이때 여러 비구들은 장로 우파난타 석자에게 물어 말하였다.
"장로 우파난타여. 그대는 사위성에서 이미 와구와 좌구를 취하였습니까?"
"여러 장로들이여. 그렇습니다."
"장로 우파난타여. 그대는 한 사람이 두 벌의 와구와 좌구를 수용하였습니까?"
"여러 장로들이여. 그와 같다면 이 처소를 버리고 그 처소를 취하겠습니다."

여러 비구들의 가운데에서 욕심이 적은 비구들은 싫어하고 비난하였다.
"무슨 까닭으로써 장로 우파난타 석자는 한 사람이 두 벌의 와구와 좌구를 차지하는가?"

이때 그 여러 비구들은 이 일로써 세존께 아뢰었고, 세존께서는 이 인연으로써 비구 승가를 모으셨으며, 장로 우파난타에게 물어 말씀하셨다.

"우파난타여. 진실로 그대는 한 사람이 두 벌의 와구와 좌구를 차지하였는가?"

"진실로 그렇습니다. 세존이시여."

세존께서는 꾸짖으셨다.

"어리석은 사람이여. 어찌하여 그대는 한 사람이 두 벌의 와구와 좌구를 수용하였는가? 어리석은 사람이여. 이것은 오히려 믿지 않는 자에게 신심이 생겨나지 않게 하고, 이미 믿었던 자는 증장시키지 않느니라. …… 이미 믿었던 자는 일부가 전전하여 다른 곳을 향하여 떠나가게 하느니라."

세존께서는 그 비구들을 꾸짖으셨고 설법하셨으며 여러 비구들에게 알려 말씀하셨다.

"여러 비구들이여. 한 사람이 두 벌의 와구와 좌구를 차지할 수 없느니라. 차지하는 자는 악작을 범하느니라."

[두 주처의 와구와 좌구를 마친다.]

13) 우바리(優波離)의 교계(敎戒)

13-1 그때 세존께서는 여러 비구들을 위하여 무수(無數)한 방편으로 계율을 논하셨고 계율을 찬탄하셨으며 계율을 통달한 자를 찬탄하셨고 매번의 일에서 장로 우바리를 찬탄하셨다. 여러 비구들은 말하였다.

"세존께서는 무수한 방편으로 계율을 논하셨고 계율을 찬탄하셨으며 계율을 통달한 자를 찬탄하셨고 매번의 일에서 장로 우바리를 찬탄하셨습니다. 여러 비구들이여. 우리들도 장로 우바리를 따라서 계율을 배워야 합니다."

이 처소에서는 매우 많은 상좌(上座)의 비구와 하좌(下座) 및 중좌(中座)의 비구들이 우바리를 따라서 계율을 배웠다. 장로 우바리는 상좌 비구들을 존중하였으므로 서 있으면서 계율을 가르쳤고 여러 상좌의 비구들도 계율을 존중하였으므로 서 있으면서 계율을 배웠다. 이 처소의 상좌 비구들과 장로 우바리는 모두가 피로하였다. 여러 비구들은 이 일로써 세존께 아뢰었고, 세존께서는 말씀하셨다.

"여러 비구들이여. 하좌의 비구들이 가르치는 때라면, 혹은 동등하게 앉거나, 혹은 중요한 법을 존중하는 까닭으로 높게 앉는 것을 허락하겠으며, 상좌의 비구들이 가르치는 때라면, 혹은 동등하게 앉거나, 혹은 중요한 법을 존중하는 까닭으로 낮게 앉는 것을 허락하겠노라."

13-2 그때 매우 많은 비구들이 우바리의 처소에서 서 있으면서 독송하였으므로 매우 피로하였다. 여러 비구들은 이 일로써 세존께 아뢰었고, 세존께서는 말씀하셨다.

"여러 비구들이여. 동등(同等)한 좌차(座次)라면 같이 앉는 것을 허락하겠노라."

이때 여러 비구들은 이렇게 사유하였다.
'어느 기한까지가 동등한 좌차인가?'
여러 비구들은 이 일로써 세존께 아뢰었고, 세존께서는 말씀하셨다.
"여러 비구들이여. 3년까지 동등하게 앉는 것을 허락하겠노라."

그때 많은 동등한 좌차가 있어서 평상에 앉았는데, 평상이 부러졌고, 의자에 앉는 때에 의자가 부러졌다. 여러 비구들은 이 일로써 세존께 아뢰었고, 세존께서는 말씀하셨다.

"여러 비구들이여. 세 사람이 같이 평상에 앉는 것을 허락하겠으며, 세 사람이 같이 의자에 앉는 것을 허락하겠노라."

세 사람이 같이 평상에 앉았는데, 평상이 부러졌고, 세 사람이 같이 의자에 앉는 때에 의자가 부러졌다. 여러 비구들은 이 일로써 세존께 아뢰었고, 세존께서는 말씀하셨다.
"여러 비구들이여. 두 사람이 같이 평상에 앉는 것을 허락하겠으며, 두 사람이 같이 의자에 앉는 것을 허락하겠노라."

그때 좌차가 동등하지 않은 비구들은 의심하고 두려워하면서 긴 의자에 앉지 않았다. 여러 비구들은 이 일로써 세존께 아뢰었고, 세존께서는 말씀하셨다.
"여러 비구들이여. 황문(黃門), 여인, 이근(二根)인 자와 같이 앉을 수 없으나, 같이 긴 의자에 앉는 것을 허락하겠노라."

이때 여러 비구들은 이렇게 사유하였다.
'최소한 어느 길이가 긴 의자인가?'
여러 비구들은 이 일로써 세존께 아뢰었고, 세존께서는 말씀하셨다.
"여러 비구들이여. 세 사람이 앉을 수 있다면 최소한으로 긴 의자이니라."

[우바리의 교계를 마친다.]

14) 전각(殿閣)

14-1 그때 비사거녹자모는 승가를 위하여 코끼리 머리 모양의 서까래가 있는 전각을 짓고자 하였다. 이때 여러 비구들은 이렇게 사유하였다.
'세존께서 전각을 수용하는 것을 혹은 허락하셨는가? 혹은 허락하시지

않았는가?'
　여러 비구들은 이 일로써 세존께 아뢰었고, 세존께서는 말씀하셨다.
　"여러 비구들이여. 일체의 전각을 수용하는 것을 허락하겠노라."

14-2 그때 교살라국 파사닉왕(波斯匿王)[79]의 조모(祖母)가 목숨을 마쳤다. 그녀가 죽었으므로, 승가는 상응하지 못하는 물건을 얻었는데 이를테면, 긴 의자, 안락 의자, 긴 양털의 부구, 문양이 있는 부구, 하얀 모직의 부구, 꽃문양의 부구, 목화솜으로 만든 부구, 호랑이와 사자의 모습이 있는 양탄자, 양쪽에 테두리가 있는 부구, 한쪽에 테두리가 있는 부구, 보석으로 수놓은 부구, 비단의 부구, 16명의 무녀가 춤추는 모습의 큰 부구, 코끼리를 수놓은 부구, 말을 수놓은 부구, 수레를 수놓은 부구, 검은 영양을 수놓은 부구, 최고의 가죽으로 만든 양탄자, 일산으로 사용하는 부구, 양쪽에 붉은 베개가 있는 평상이었다.
　여러 비구들은 의심하고 두려워하면서 감히 앉지 못하였다. 여러 비구들은 이 일로써 세존께 아뢰었고, 세존께서는 말씀하셨다.
　"여러 비구들이여. 긴 의자의 다릴 없애고서 수용할 것이고, 안락 의자는 짐승의 모습이 없애고서 수용할 것이고, 넣었던 목화솜은 베개를 지을 것이고, 나머지는 바닥의 부구로 수용하는 것을 허락하겠노라."

[전각을 마친다.]

15) 버릴 수 없는 물건

15-1 그때 사위성 부근의 한 취락에 주처가 있었고, 그 주처의 여러 비구들은 객비구들을 위한 와구와 좌구를 베풀어 주면서 매우 피로하였

---

79) 팔리어 Pasenadi(파세나디)의 음사이다.

다. 이때 여러 비구들은 이렇게 사유하였다.

'여러 장로들이여. 지금 우리들은 객비구들을 위한 와구와 좌구를 베풀어 주면서 매우 피로하다. 장차 승가의 일체 와구와 좌구를 모두 한 사람에게 주고서 그가 소유한 것을 수용해야겠다.'

여러 비구들은 장차 승가의 일체 와구와 좌구를 모두 한 사람에게 주었다. 여러 객비구들이 있었고 그 여러 비구들을 향하여 말하였다.

"여러 장로들이여. 우리들에게 와구와 좌구를 베풀어 주십시오."

"여러 장로들이여. 승가에는 와구와 좌구가 없습니다. 우리들은 이미 일체를 한 사람에게 주었습니다."

"여러 장로들이여. 그대들은 승가의 일체 와구와 좌구를 가지고 모두 한 사람에게 주었습니까?"

"여러 장로들이여. 그렇습니다."

여러 비구들의 가운데에서 욕심이 적은 비구들은 싫어하고 비난하였다.

"무슨 까닭으로써 여러 비구들은 승가의 와구와 좌구를 가지고 버리고서 주는가?"

이때 그 여러 비구들은 이 일로써 세존께 아뢰었고, 세존께서는 이 인연으로써 비구 승가를 모으셨으며, 여러 비구들에게 물어 말씀하셨다.

"여러 비구들이여. 진실로 그대들이 승가의 와구와 좌구를 가지고 버리고서 주었는가?"

"진실로 그렇습니다. 세존이시여."

세존께서는 꾸짖으셨다.

"어리석은 사람들이여. 어찌하여 그대들은 승가의 와구와 좌구를 가지고 버리고서 주었는가? 어리석은 사람들이여. 이것은 오히려 믿지 않는 자에게 신심이 생겨나지 않게 하고, 이미 믿었던 자는 증장시키지 않느니라. …… 이미 믿었던 자는 일부가 전전하여 다른 곳을 향하여 떠나가게 하느니라."

15-2 세존께서는 여러 비구들을 꾸짖으셨고 설법하셨으며 여러 비구들

에게 알려 말씀하셨다.

"여러 비구들이여. 다섯 종류의 버릴 수 없고, 버리고서 승가와 별중 혹은 사람에 줄 수 없나니, 곧 버려서 주었더라도 버려서 주었던 것이 아니며, 버려서 주었던 자들은 투란차(偸蘭遮)[80]를 범하느니라.

무엇이 다섯 종류인가? 승원(僧園)[81]과 승원의 땅이니라. 이것은 첫 번째로 버릴 수 없고, 버리고서 승가와 별중 혹은 사람에 줄 수 없나니, 곧 버려서 주었더라도 버려서 주었던 것이 아니며, 버려서 주었던 자들은 투란차를 범한다.

정사(精舍)[82]와 정사의 땅이니라. 이것은 두 번째로 버릴 수 없고, 버리고서 승가와 별중 혹은 사람에 줄 수 없나니, 곧 버려서 주었더라도 버려서 주었던 것이 아니며, 버려서 주었던 자들은 투란차를 범한다.

평상과 의자, 요, 베개 등이니라. 이것은 세 번째로 버릴 수 없고, 버리고서 승가와 별중, 혹은 사람에게 줄 수 없나니, 곧 버려서 주었더라도 버려서 주었던 것이 아니며, 버려서 주었던 자들은 투란차를 범한다.

구리 단지, 구리병, 구리 옹기, 구리 그릇, 작은 도끼, 큰 도끼, 괭이, 삽 등이니라. 이것은 네 번째로 버릴 수 없고, 버리고서 승가와 별중, 혹은 사람에게 줄 수 없나니, 곧 버려서 주었더라도 버려서 주었던 것이 아니며, 버려서 주었던 자들은 투란차를 범한다.

넝쿨, 대나무, 문자초(們叉草)[83], 풀, 흙, 나무 물건(木具), 토기(土具) 등이니라. 이것은 다섯 번째로 버릴 수 없고, 버리고서 승가와 별중, 혹은 사람에게 줄 수 없나니, 곧 버려서 주었더라도 버려서 주었던 것이 아니며, 버려서 주었던 자들은 투란차를 범한다.

여러 비구들이여. 다섯 종류의 버릴 수 없고, 버리고서 승가와 별중, 혹은 사람에게 줄 수 없나니, 곧 버려서 주었더라도 버려서 주었던 것이

---

80) 팔리어 thullaccaya(툴라짜야)의 음사이다.
81) 팔리어 Ārāma(아라마)의 번역이다.
82) 팔리어 Vihāra(비하라)의 번역이다.
83) 팔리어 muñja(문자)의 음사이다.

아니며, 버려서 주었던 자들은 투란차를 범하느니라."

[버릴 수 없는 물건을 마친다.]

16) 나눌 수 없는 물건

16-1 그때 세존께서는 뜻을 따라서 사위성에 머무르셨고, 500명의 비구 대중과 사리불 및 목건련과 함께 계타산(雞咤山)을 향하여 유행하셨다. 아습바(阿濕婆)와 부나바사(富那婆娑)의 도중(徒衆)인 여러 비구들은 "세존께서 500명의 비구 대중과 사리불 및 목건련과 함께 계타산으로 오고 있다."라고 듣고서 그들은 말하였다.

"여러 장로들이여. 우리들은 일체 승가의 와구와 좌구를 분배해야 합니다. 사리불과 목건련은 삿된 욕망으로 삿된 욕망을 따르고 있으니, 우리들은 그들을 위하여 와구와 좌구를 베풀어 줄 수 없습니다."

이때 세존께서는 차례로 유행하시어 계타산에 이르셨다. 이때 세존께서는 여러 비구들에게 알려 말씀하셨다.

"여러 비구들이여. 그대들은 아습바와 부나바사의 도중에게 이르러 말하라. '여러 장로들이여. 세존께서 500명의 비구 대중과 사리불 및 목건련과 함께 계타산으로 오셨습니다. 여러 비구들이여. 그대들은 세존과 500명의 비구 대중 및 사리불과 목건련을 위하여 와구와 좌구를 분배하여 주십시오.'"

"알겠습니다."

세존께 대답하고서 아습바와 부나바사의 도중에게 이르렀다. 이르러서 아습바와 부나바사의 도중에게 말하였다.

"여러 장로들이여. 세존께서 500명의 비구 대중과 사리불 및 목건련과 함께 계타산으로 오셨습니다. 여러 비구들이여. 그대들은 세존과 500명의 비구 대중 및 사리불과 목건련을 위하여 와구와 좌구를 베풀어 주십시오."

"여러 장로들이여. 승가의 와구와 좌구는 없습니다. 우리들은 이미 일체를 분배하였습니다. 여러 장로들이여. 세존께서 잘 오셨습니다. 세존께서는 뜻을 따라서 정사에 머무르실 것이고, 사리불과 목건련은 삿된 욕망으로 삿된 욕망을 따르고 있으니, 우리들은 그들을 위하여 와구와 좌구를 분배할 수 없습니다."

16-2 "여러 장로들이여. 그대들은 승가의 와구와 좌구를 분배하였습니까?"
"여러 장로들이여. 그렇습니다."
여러 비구들의 가운데에서 욕심이 적은 비구들은 싫어하고 비난하였다.
"무슨 까닭으로써 여러 비구들은 승가의 와구와 좌구를 분배하는가?"
이때 그 여러 비구들은 이 일로써 세존께 아뢰었고, 세존께서는 이 인연으로써 비구 승가를 모으셨으며, 여러 비구들에게 물어 말씀하셨다.
"여러 비구들이여. 진실로 그대들이 승가의 와구와 좌구를 분배하였는가?"
"진실로 그렇습니다. 세존이시여."
세존께서는 꾸짖으셨다.
"어리석은 사람들이여. 어찌하여 그대들은 승가의 와구와 좌구를 가지고 버리면서 주었는가? 어리석은 사람들이여. 이것은 오히려 믿지 않는 자에게 신심이 생겨나지 않게 하고, 이미 믿었던 자는 증장시키지 않느니라. …… 이미 믿었던 자는 일부가 전전하여 다른 곳을 향하여 떠나가게 하느니라."
세존께서는 여러 비구들을 꾸짖으셨고 설법하셨으며 여러 비구들에게 알려 말씀하셨다.
"여러 비구들이여. 다섯 종류의 버릴 수 없고, 버리고서 승가와 별중, 혹은 사람에게 줄 수 없나니, 곧 버리면서 주었더라도 버리면서 주었던 것이 아니며, 버리면서 주었던 자들은 투란차를 범하느니라.
무엇이 다섯 종류인가? 승원과 승원의 땅이니라. 이것은 첫 번째로 버릴 수 없고, 버리고서 승가와 별중, 혹은 사람에게 줄 수 없나니, 곧 버려서 주었더라도 버려서 주었던 것이 아니며, 버려서 주었던 자들은 투란차를 범한다.

 정사와 정사의 땅이니라. 이것은 두 번째로 버릴 수 없고, 버리고서 승가와 별중, 혹은 사람에게 줄 수 없나니, 곧 버려서 주었더라도 버려서 주었던 것이 아니며, 버려서 주었던 자들은 투란차를 범한다.

 평상과 의자, 요, 베개 등이니라. 이것은 세 번째로 버릴 수 없고, 버리고서 승가와 별중, 혹은 사람에게 줄 수 없나니, 곧 버려서 주었더라도 버려서 주었던 것이 아니며, 버려서 주었던 자들은 투란차를 범한다.

 구리 단지, 구리병, 구리 옹기, 구리 그릇, 작은 도끼, 큰 도끼, 괭이, 삽 등이니라. 이것은 네 번째로 버릴 수 없고, 버리고서 승가와 별중, 혹은 사람에게 줄 수 없나니, 곧 버려서 주었더라도 버려서 주었던 것이 아니며, 버려서 주었던 자들은 투란차를 범한다.

 넝쿨, 대나무, 문자초, 풀, 흙, 나무 물건(木具), 토기(土具) 등이니라. 이것은 다섯 번째로 버릴 수 없고, 버리고서 승가와 별중, 혹은 사람에게 줄 수 없나니, 곧 버려서 주었더라도 버려서 주었던 것이 아니며, 버려서 주었던 자들은 투란차를 범한다.

 여러 비구들이여. 다섯 종류의 버릴 수 없고, 버리고서 승가와 별중, 혹은 사람에게 줄 수 없나니, 곧 버리면서 주었더라도 버리면서 주었던 것이 아니며, 버리면서 주었던 자들은 투란차를 범하느니라."

[나눌 수 없는 물건을 마친다.]

17) 정사의 수리(修理)

17-1 그때 세존께서는 뜻을 따라서 계타산에 머무르셨고, 아라비국(阿羅毘國)[84]을 향하여 유행하셨다. 차례로 유행하여 아라비국에 이르셨으며,

---

84) 팔리어 Ālavī(아라비)의 음사이다.

세존께서는 아라비국의 아가라바(阿伽羅婆)[85] 제저(制底)[86]에 머무르셨다.

그때 아라비국의 여러 비구들은 이와 같은 수리하는 일을 맡겼으니 이를테면, 오직 흙덩이를 쌓는 것의 수리하는 일을 맡겼고, 오직 벽을 바르는 것의 수리하는 일을 맡겼으며, 오직 문을 세우는 것의 수리하는 일을 맡겼고, 오직 빗장을 만드는 것의 수리하는 일을 맡겼으며, 오직 창문을 만드는 것의 수리하는 일을 맡겼고, 오직 흰색을 칠하는 것의 수리하는 일을 맡겼으며, 오직 검은색을 칠하는 것의 수리하는 일을 맡겼고, 오직 붉은 점토를 칠하는 것의 수리하는 일을 맡겼으며, 오직 지붕을 짓는 것의 수리하는 일을 맡겼고, 오직 연결하는 것의 수리하는 일을 맡겼으며, 오직 가로 막대를 붙이는 것의 수리하는 일을 맡겼고, 오직 무너진 것의 수리하는 일을 맡겼으며, 오직 지상(地牀)을 짓는 것[87]의 수리하는 일을 맡겼고, 20년의 수리하는 일을 맡겼으며, 30년의 수리하는 일을 맡겼고, 나아가 목숨을 마칠 때까지의 수리하는 일을 맡겼으며, 다비(茶毘)하는 곳에 연기가 피어오를 때까지의 수리하는 일을 맡겼다.

여러 비구들의 가운데에서 욕심이 적은 비구들은 싫어하고 비난하였다.

"무슨 까닭으로써 아라비국의 비구들은 이와 같은 수리하는 일을 맡기는가? 이를테면 오직 흙덩이를 쌓는 것의 수리하는 일을 주었고, 오직 벽을 바르는 것의 수리하는 일을 주었으며, …… 30년의 수리하는 일을 주었고, 나아가 목숨을 마칠 때까지의 수리하는 일을 주었으며, 다비하는 곳에 연기가 피어오를 때까지의 수리하는 일을 맡기는가?"

이때 그 여러 비구들은 이 일로써 세존께 아뢰었고, 세존께서는 이 인연으로써 비구 승가를 모으셨으며, 여러 비구들에게 물어 말씀하셨다.

"여러 비구들이여. 진실로 그대들이 이와 같은 수리하는 일을 맡겼는데 이를테면, 오직 흙덩이를 쌓는 것의 수리하는 일을 맡겼고, 오직 벽을 바르는 것의 수리하는 일을 맡겼으며, …… 30년의 수리하는 일을 주었고,

---

85) 팔리어 Aggālava(아까라바)의 음사이다.
86) 팔리어 cetiya(세티야)의 번역이다.
87) 접착제와 쇠똥을 섞어서 바닥을 바르는 것을 가리킨다.

나아가 목숨을 마칠 때까지의 수리하는 일을 주었으며, 다비하는 곳에 연기가 피어오를 때까지의 수리하는 일을 맡겼는가?"

"진실로 그렇습니다. 세존이시여."

세존께서는 꾸짖으셨다.

"어리석은 사람들이여. 어찌하여 그대들은 이와 같은 수리하는 일을 맡겼는데 이를테면, 오직 흙덩이를 쌓는 것의 수리하는 일을 맡겼고, 오직 벽을 바르는 것의 수리하는 일을 맡겼으며, …… 30년의 수리하는 일을 주었고, 나아가 목숨을 마칠 때까지의 수리하는 일을 주었으며, 다비하는 곳에 연기가 피어오를 때까지의 수리하는 일을 맡겼는가? 어리석은 사람들이여. 이것은 오히려 믿지 않는 자에게 신심이 생겨나지 않게 하고, 이미 믿었던 자는 증장시키지 않느니라. …… 이미 믿었던 자는 일부가 전전하여 다른 곳을 향하여 떠나가게 하느니라."

세존께서는 여러 비구들을 꾸짖으셨고 설법하셨으며 여러 비구들에게 알려 말씀하셨다.

"여러 비구들이여. 이와 같은 수리하는 일을 맡겼는데 이를테면, 오직 흙덩이를 쌓는 것의 수리하는 일을 맡겼고, 오직 벽을 바르는 것의 수리하는 일을 맡겼으며, …… 30년의 수리하는 일을 주었고, 나아가 목숨을 마칠 때까지의 수리하는 일을 맡겼으며, 다비하는 곳에 연기가 피어오를 때까지의 수리하는 일을 맡길 수 없느니라. 맡기는 자는 악작을 범하느니라.

여러 비구들이여. 아직 짓지 않았거나, 혹은 완성되지 않은 정사를 수리하는 일을 맡기는 것을 허락하겠노라. 작은 정사를 관찰하여 5년이나, 6년에 수리하는 일을 맡기는 것을 허락하겠고, 평부옥(平覆屋)을 관찰하여 7년이나, 8년에 수리하는 일을 맡기는 것을 허락하겠으며, 큰 정사이거나, 혹은 전루를 관찰하여 10년이나, 20년에 수리하는 일을 맡기는 것을 허락하겠노라."

17-2 그때 여러 비구들은 일체의 정사를 수리하는 일을 맡겼다. 여러 비구들은 이 일로써 세존께 아뢰었고, 세존께서는 말씀하셨다.

"여러 비구들이여. 일체의 정사를 수리하는 일을 맡길 수 없느니라. 맡기는 자는 악작을 범하느니라."

그때 여러 비구들은 한 사람에게 두 가지를 수리하는 일을 맡겼다. 여러 비구들은 이 일로써 세존께 아뢰었고, 세존께서는 말씀하셨다.

"여러 비구들이여. 한 사람에게 두 가지를 수리하는 일을 맡길 수 없느니라. 맡기는 자는 악작을 범하느니라."

그때 여러 비구들은 수리하는 일을 맡은 다른 사람을 머무르게 하였다. 여러 비구들은 이 일로써 세존께 아뢰었고, 세존께서는 말씀하셨다.

"여러 비구들이여. 수리하는 일을 받은 다른 사람을 머무르게 할 수 없느니라. 머무르게 하는 자는 악작을 범하느니라."

그때 여러 비구들은 수리하는 일을 맡고서 승가의 물건을 차지하였다. 여러 비구들은 이 일로써 세존께 아뢰었고, 세존께서는 말씀하셨다.

"여러 비구들이여. 수리하는 일을 맡고서 승가의 물건을 차지할 수 없느니라. 차지하는 자는 악작을 범하느니라. 여러 비구들이여. 하나의 최고의 방사는 허락하겠노라."

그때 여러 비구들은 경계의 밖이었던 자에게 수리하는 일을 맡겼다. 여러 비구들은 이 일로써 세존께 아뢰었고, 세존께서는 말씀하셨다.

"여러 비구들이여. 경계의 밖이었던 자에게 수리하는 일을 맡길 수 없느니라. 맡기는 자는 악작을 범하느니라."

그때 여러 비구들은 수리하는 일을 받고서 오랜 시간을 차지하였다. 여러 비구들은 이 일로써 세존께 아뢰었고, 세존께서는 말씀하셨다.

"여러 비구들이여. 수리하는 일을 받고서 오랜 시간을 차지할 수 없느니라. 수용하는 자는 악작을 범하느니라. 여러 비구들이여. 우기의 3개월을 수용하는 것을 허락하겠노라. 평소의 때에는 차지할 수 없느니라."

17-3 그때 여러 비구들은 수리하는 일을 맡고서 환속하였거나, 목숨을 마쳤거나, 스스로가 사미라고 말하였거나, 스스로가 배움을 버렸다고 말하였거나, 스스로가 무거운 죄를 범하였다고 말하였거나, 스스로가

미쳤던 사람이라고 말하였거나, 스스로가 마음이 어지러운 자이라고 말하였거나, 스스로가 고통받는 자라고 말하였거나, 스스로가 죄를 인연하여 거론된 자라고 말하였거나, 스스로가 죄를 참회하지 않아서 거론된 자라고 말하였거나, 스스로가 악한 견해를 버리지 않아서 거론된 자라고 말하였거나, 스스로가 황문이라고 말하였거나, 스스로가 적주하는 자라고 말하였거나, 스스로가 외도로 돌아갔던 자라고 말하였거나, 스스로가 축생이라고 말하였거나, 스스로가 아버지를 죽인 자라고 말하였거나, 스스로가 어머니를 죽인 자라고 말하였거나, 스스로가 아라한을 죽인 자라고 말하였거나, 스스로가 비구니를 더럽혔던 자라고 말하였거나, 스스로가 화합승가를 파괴한 자라고 말하였거나, 스스로가 세존의 몸에 피를 흐르게 하였던 자라고 말하였거나, 스스로가 이근자라고 말하였다.

여러 비구들은 이 일로써 세존께 아뢰었고, 세존께서는 말씀하셨다.

"여러 비구들이여. 이 처소에 있는 비구가 수리하는 일을 맡고서 환속하였거나, 목숨을 마쳤거나, …… 스스로가 이근자라고 말하면서 승가가 맡겼던 것을 손실시키지 않았다면, 다른 사람에게 맡겨야 한다.

여러 비구들이여. 이 처소에 있는 비구가 수리하는 일을 맡고서 완성되지 않았는데, 떠나갔거나, 환속하였거나, 목숨을 마쳤거나, …… 스스로가 이근자라고 말하면서 승가가 맡겼던 것을 손실시키지 않았다면, 다른 사람에게 맡겨야 한다.

여러 비구들이여. 이 처소에 있는 비구가 수리하는 일을 맡고서 완성하고서 떠나갔다면, 이것은 그 비구에게 책임이 있다.

여러 비구들이여. 이 처소에 있는 비구가 수리하는 일을 맡고서 완성하고서 환속하였다면, 이것은 그 승가에게 책임이 있다.

여러 비구들이여. 이 처소에 있는 비구가 수리하는 일을 맡고서 완성하였는데, 목숨을 마쳤거나, …… 스스로가 이근자라고 말하였다면, 이것은 그 승가에게 책임이 있느니라."

[정사의 수리를 마친다.]

18) 와구와 자구의 이동(移動)

18-1 그때 여러 비구들은 한 우바새의 정사에서 수용하였던 와구와 좌구를 다른 처소에서 수용하였다. 이때 우바새는 싫어하고 비난하였다.

"어찌하여 여러 존자들은 한 처소에서 수용하였던 물건들을 다른 처소에서 수용하는가?"

여러 비구들은 이 일로써 세존께 아뢰었고, 세존께서는 말씀하셨다.

"여러 비구들이여. 한 처소에서 수용하였던 물건들을 다른 처소에서 수용할 수 없느니라. 수용하는 자는 악작을 범하느니라."

그때 여러 비구들은 의심하고 두려워하면서 감히 와구와 좌구를 가지고 포살당과 집회당으로 이동하지 못하였고 땅바닥에 앉았으므로, 손발과 의복이 더럽혀졌다. 여러 비구들은 이 일로써 세존께 아뢰었고, 세존께서는 말씀하셨다.

"여러 비구들이여. 잠시 이동하는 것을 허락하겠노라."

그때 승가의 정사가 무너졌다. 여러 비구들은 의심하고 두려워하면서 감히 와구와 좌구를 가지고 이동하지 못하였다. 여러 비구들은 이 일로써 세존께 아뢰었고, 세존께서는 말씀하셨다.

"여러 비구들이여. 만약 보호하기 위해서라면 이동하는 것을 허락하겠노라."

[와구와 자구의 이동을 마친다.]

19) 와구와 자구의 교환(交換)

19-1 그때 승가는 값비싼 흠바라의(欽婆羅衣)[88]를 얻었고 와구와 자구의

비용으로 삼고자 하였다. 여러 비구들은 이 일로써 세존께 아뢰었고, 세존께서는 말씀하셨다.
"여러 비구들이여. 만약 증장시키려고 한다면 교환하는 것을 허락하겠노라."

그때 승가는 값비싼 옷을 얻었고 와구와 자구의 비용으로 삼으려고 하였다. 여러 비구들은 이 일로써 세존께 아뢰었고, 세존께서는 말씀하셨다.
"여러 비구들이여. 만약 증장시키려고 한다면 교환하는 것을 허락하겠노라."

그때 승가는 곰가죽을 얻었다. 여러 비구들은 이 일로써 세존께 아뢰었고, 세존께서는 말씀하셨다.
"여러 비구들이여. 발수건으로 짓는 것을 허락하겠노라."

그때 승가는 차가리의(遮伽利衣)[89]를 얻었다. 여러 비구들은 이 일로써 세존께 아뢰었고, 세존께서는 말씀하셨다.
"여러 비구들이여. 발수건으로 짓는 것을 허락하겠노라."

[와구와 자구의 교환을 마친다.]

20) 와구와 자구의 청결

20-1 그때 여러 비구들은 발을 씻지 않고서 와구와 자구를 밟았으므로, 와구와 자구가 더럽혀졌다. 여러 비구들은 이 일로써 세존께 아뢰었고, 세존께서는 말씀하셨다.

---

88) 팔리어 kambala(캄바라)의 음사이고, 모직물로 만든 담요 또는 의복을 가리킨다.
89) 팔리어 cakkalika(차까리카)의 음사이고, 창문의 블라인드 또는 커튼을 가리킨다.

"여러 비구들이여. 발을 씻지 않고서 와구와 자구를 밟을 수 없느니라. 밟는 자는 악작을 범하느니라."

그때 여러 비구들은 물기가 있는 발로써 와구와 자구를 밟았으므로, 와구와 자구가 더럽혀졌다. 여러 비구들은 이 일로써 세존께 아뢰었고, 세존께서는 말씀하셨다.
"여러 비구들이여. 물기가 있는 발로써 와구와 자구를 밟을 수 없느니라. 밟는 자는 악작을 범하느니라."

그때 여러 비구들은 신발을 신고서 와구와 자구를 밟았으므로, 와구와 자구가 더럽혀졌다. 여러 비구들은 이 일로써 세존께 아뢰었고, 세존께서는 말씀하셨다.
"여러 비구들이여. 신발을 신고서 와구와 자구를 밟을 수 없느니라. 밟는 자는 악작을 범하느니라."

20-2 그때 여러 비구들은 정리된 바닥에 침을 뱉었으므로, 그곳이 더럽혀졌다. 여러 비구들은 이 일로써 세존께 아뢰었고, 세존께서는 말씀하셨다.
"여러 비구들이여. 정리된 바닥에 침을 뱉을 수 없느니라. 뱉는 자는 악작을 범하느니라. 여러 비구들이여. 침통에 뱉는 것을 허락하겠노라."

그때 평상의 다리와 의자의 다리가 정리된 바닥을 손상시켰다. 여러 비구들은 이 일로써 세존께 아뢰었고, 세존께서는 말씀하셨다.
"여러 비구들이여. 작은 천조각으로써 그것을 묶는 것을 허락하겠노라."

그때 여러 비구들은 정리된 벽에 기대었으므로, 그곳이 더럽혀졌다. 여러 비구들은 이 일로써 세존께 아뢰었고, 세존께서는 말씀하셨다.
"여러 비구들이여. 정리된 벽에 기댈 수 없느니라. 기대는 자는 악작을 범하느니라. 여러 비구들이여. 기대는 판자를 허락하겠노라."

기대는 판자가 정리된 벽을 손상시켰다. 여러 비구들은 이 일로써 세존께 아뢰었고, 세존께서는 말씀하셨다.

"여러 비구들이여. 작은 천조각으로써 위와 아래를 묶는 것을 허락하겠노라."

그때 의심하고 두려워하면서 발을 씻었으나, 감히 와구가 있는 곳을 밟지 못하였다. 여러 비구들은 이 일로써 세존께 아뢰었고, 세존께서는 말씀하셨다.

"여러 비구들이여. 만약 깔개를 덮고서 눕는 것을 허락하겠노라."

[와구와 자구의 청결을 마친다.]

21) 분배자

21-1 그때 세존께서는 뜻을 따라서 아라비국에 머무르셨고, 왕사성을 향하여 유행하셨다. 차례로 유행하여 왕사성에 이르셨으며, 세존께서는 가란타죽림원에 머무르셨다.

그때 왕사성은 기근이었으므로, 여러 사람들은 능히 승차식(僧次食)[90]을 행할 수 없었고, 별청식(別請食)[91], 청식(請食)[92], 행주식(行籌食)[93], 십오일식(十五日食)[94], 포살식(布薩食)[95], 월초일식(月初日食)[96]을 행하고자 하였다. 여러 비구들은 이 일로써 세존께 아뢰었고, 세존께서는

---

90) 팔리어 saṅghabhatta(산가바따)의 번역이고, 비구승가에 공양하는 음식을 가리킨다.
91) 팔리어 uddesabhatta(우떼사바따)의 번역이다.
92) 팔리어 nimantana(니만타나)의 번역이다.
93) 팔리어 salākabhatta(사라카바따)의 번역이다.
94) 팔리어 pakkhika(파끼카)의 번역이다.
95) 팔리어 uposathika(우포사티카)의 번역이다.
96) 팔리어 pāṭipadika(파티파티카)의 번역이다.

말씀하셨다.

"여러 비구들이여. 승차식, 별청식, 청식, 행주식, 십오일식, 포살식, 월초일식을 허락하겠노라."

그때 육군비구들은 스스로가 상묘한 음식을 취하였고, 여러 비구들에게 거친 음식을 주었다. 여러 비구들은 이 일로써 세존께 아뢰었고, 세존께서는 말씀하셨다.

"여러 비구들이여. 다섯 가지를 구족한 비구를 공양청의 분배자로 뽑는 것을 허락하겠나니 이를테면, 욕망을 따르지 않고 성냄을 따르지 않으며 어리석음을 따르지 않고 두려움을 따르지 않으며 분배하는 것과 분배하지 않는 것을 아는 자이다.

여러 비구들이여. 마땅히 이와 같이 뽑아야 하느니라. 마땅히 먼저 비구를 청하고서 마땅히 한 총명하고 현명하며 능력있는 비구가 승가의 가운데에서 창언해야 한다.

'대덕 승가께서는 허락하십시오. 만약 승가께서 때에 이르렀다면, 마땅히 누구 비구를 청식(請食)의 분배자로 뽑겠습니다. 이와 같이 아룁니다.'

'대덕 승가께서는 허락하십시오. 승가시여. 누구 비구를 청식의 분배자로 뽑겠습니다. 여러 대덕들께서 마땅히 누구 비구를 청식의 분배자로 뽑는 것을 인정하신다면 묵연하시고, 인정하지 않으신다면 말씀하십시오.'

'승가시여. 누구 비구를 청식의 분배자로 뽑는 것을 마쳤습니다. 여러 대덕들께서 인정하신 것은 묵연하였던 까닭입니다. 나는 이와 같이 알고 이해하겠습니다.'"

이때 분배하는 비구는 이렇게 사유하였다.
'마땅히 어떻게 분배해야 하는가?'
여러 비구들은 이 일로써 세존께 아뢰었고, 세존께서는 말씀하셨다.
"여러 비구들이여. 산가지를 행하거나, 혹은 천조각에 기록하고 모아서 그 비구의 이름을 뽑는 것을 허락하겠노라."

21-2 그때 승가에는 와구와 자구를 분배하는 자가 없었다. 여러 비구들은 이 일로써 세존께 아뢰었고, 세존께서는 말씀하셨다.

"여러 비구들이여. 다섯 가지를 구족한 비구를 와구와 자구의 분배자로 뽑는 것을 허락하겠나니 이를테면, 욕망을 따르지 않고 성냄을 따르지 않으며 어리석음을 따르지 않고 두려움을 따르지 않으며 분배하는 것과 분배하지 않는 것을 아는 자이다.

여러 비구들이여. 마땅히 이와 같이 뽑아야 하느니라. 마땅히 먼저 비구를 청하고서 마땅히 한 총명하고 현명하며 능력있는 비구가 승가의 가운데에서 창언해야 한다.

'대덕 승가께서는 허락하십시오. 만약 승가께서 때에 이르렀다면, 마땅히 누구 비구를 와구와 자구의 분배자로 뽑겠습니다. 이와 같이 아룁니다.'

'대덕 승가께서는 허락하십시오. 승가시여. 누구 비구를 와구와 자구를 분배자로 뽑겠습니다. 여러 대덕들께서 마땅히 누구 비구를 와구와 자구의 분배자로 뽑는 것을 인정하신다면 묵연하시고, 인정하지 않으신다면 말씀하십시오.'

'승가시여. 누구 비구를 와구와 자구의 분배자로 뽑는 것을 마쳤습니다. 여러 대덕들께서 인정하신 것은 묵연하였던 까닭입니다. 나는 이와 같이 알고 이해하겠습니다.'"

21-3 그때 승가에는 창고를 지키는 자가 없었다. 여러 비구들은 이 일로써 세존께 아뢰었고, 세존께서는 말씀하셨다.

"여러 비구들이여. 다섯 가지를 구족한 비구를 창고를 지키는 자로 뽑는 것을 허락하겠나니 이를테면, 욕망을 따르지 않고 성냄을 따르지 않으며 어리석음을 따르지 않고 두려움을 따르지 않으며 지킬 것과 지키지 않을 것을 아는 자이다.

여러 비구들이여. 마땅히 이와 같이 뽑아야 하느니라. 마땅히 먼저 비구를 청하고서 마땅히 한 총명하고 현명하며 능력있는 비구가 승가의 가운데에서 창언해야 한다.

'"대덕 승가께서는 허락하십시오. 만약 승가께서 때에 이르렀다면, 마땅히 누구 비구를 창고를 지키는 자로 뽑겠습니다. 이와 같이 아룁니다.'

'대덕 승가께서는 허락하십시오. 승가시여. 누구 비구를 창고를 지키는 자로 뽑겠습니다. 여러 대덕들께서 마땅히 누구 비구를 창고를 지키는 자로 뽑는 것을 인정하신다면 묵연하시고, 인정하지 않으신다면 말씀하십시오.'

'승가시여. 누구 비구를 창고를 지키는 자로 뽑는 것을 마쳤습니다. 여러 대덕들께서 인정하신 것은 묵연하였던 까닭입니다. 나는 이와 같이 알고 이해하겠습니다.'"

21-4 그때 승가에는 옷을 수납하는 자가 없었다. 여러 비구들은 이 일로써 세존께 아뢰었고, 세존께서는 말씀하셨다.

"여러 비구들이여. 다섯 가지를 구족한 비구를 창고를 지키는 자로 뽑는 것을 허락하겠나니 이를테면, 욕망을 따르지 않고 성냄을 따르지 않으며 어리석음을 따르지 않고 두려움을 따르지 않으며 수납할 것과 수납하지 않을 것을 아는 자이다.

여러 비구들이여. 마땅히 이와 같이 뽑아야 하느니라. 마땅히 먼저 비구를 청하고서 마땅히 한 총명하고 현명하며 능력있는 비구가 승가의 가운데에서 창언해야 한다.

'"대덕 승가께서는 허락하십시오. 만약 승가께서 때에 이르렀다면, 마땅히 누구 비구를 옷을 수납하는 자로 뽑겠습니다. 이와 같이 아룁니다.'

'대덕 승가께서는 허락하십시오. 승가시여. 누구 비구를 옷을 수납하는 자로 뽑겠습니다. 여러 대덕들께서 마땅히 누구 비구를 옷을 수납하는 자로 뽑는 것을 인정하신다면 묵연하시고, 인정하지 않으신다면 말씀하십시오.'

'승가시여. 누구 비구를 옷을 수납하는 자로 뽑는 것을 마쳤습니다. 여러 대덕들께서 인정하신 것은 묵연하였던 까닭입니다. 나는 이와 같이 알고 이해하겠습니다.'"

21-5 그때 승가에는 옷의 분배자가 없었고, …… 죽의 분배자가 없었고, …… 과일의 분배자가 없었다. 여러 비구들은 이 일로써 세존께 아뢰었고, 세존께서는 말씀하셨다.
 "여러 비구들이여. 다섯 가지를 구족한 비구를 옷의 분배자로, …… 죽의 분배자로, …… 과일의 분배자로 뽑는 것을 허락하겠나니 이를테면, 욕망을 따르지 않고 성냄을 따르지 않으며 어리석음을 따르지 않고 두려움을 따르지 않으며 나누어야 할 것과 나누지 않을 것을 아는 자이다.
 여러 비구들이여. 마땅히 이와 같이 뽑아야 하느니라. 마땅히 먼저 비구를 청하고서 마땅히 한 총명하고 현명하며 능력있는 비구가 승가의 가운데에서 창언해야 한다.
 '대덕 승가께서는 허락하십시오. 만약 승가께서 때에 이르렀다면, 마땅히 누구 비구를 옷의 분배자로, …… 죽의 분배자로, …… 과일의 분배자로 뽑겠습니다. 이와 같이 아룁니다.'
 '대덕 승가께서는 허락하십시오. 승가시여. 누구 비구를 옷의 분배자로, …… 죽의 분배자로, …… 과일의 분배자로 뽑겠습니다. 여러 대덕들께서 마땅히 누구 비구를 옷의 분배자로, …… 죽의 분배자로, …… 과일의 분배자로 뽑는 것을 인정하신다면 묵연하시고, 인정하지 않으신다면 말씀하십시오.'
 '승가시여. 누구 비구를 옷의 분배자로, …… 죽의 분배자로, …… 과일의 분배자로 뽑는 것을 마쳤습니다. 여러 대덕들께서 인정하신 것은 묵연하였던 까닭입니다. 나는 이와 같이 알고 이해하겠습니다.'"

21-6 그때 승가에는 작식의 분배자가 없었고, 작식을 나누지 않아서 상하였다. 여러 비구들은 이 일로써 세존께 아뢰었고, 세존께서는 말씀하

셨다.

"여러 비구들이여. 다섯 가지를 구족한 비구를 작식의 분배자로 뽑는 것을 허락하겠나니 이를테면, 욕망을 따르지 않고 성냄을 따르지 않으며 어리석음을 따르지 않고 두려움을 따르지 않으며 나누어야 할 것과 나누지 않을 것을 아는 자이다.

여러 비구들이여. 마땅히 이와 같이 뽑아야 하느니라. 마땅히 먼저 비구를 청하고서 마땅히 한 총명하고 현명하며 능력있는 비구가 승가의 가운데에서 창언해야 한다.

"'대덕 승가께서는 허락하십시오. 만약 승가께서 때에 이르렀다면, 마땅히 누구 비구를 작식의 분배자로 뽑겠습니다. 이와 같이 아룁니다.'

'대덕 승가께서는 허락하십시오. 승가시여. 누구 비구를 작식의 분배자로 뽑겠습니다. 여러 대덕들께서 마땅히 누구 비구를 작식의 분배자로 뽑는 것을 인정하신다면 묵연하시고, 인정하지 않으신다면 말씀하십시오.'

'승가시여. 누구 비구를 작식의 분배자로 뽑는 것을 마쳤습니다. 여러 대덕들께서 인정하신 것은 묵연하였던 까닭입니다. 나는 이와 같이 알고 이해하겠습니다.'"

21-7 그때 승가에는 창고에 작은 생활용품이 있었다. 여러 비구들은 이 일로써 세존께 아뢰었고, 세존께서는 말씀하셨다.

"여러 비구들이여. 다섯 가지를 구족한 비구를 작은 생활용품의 분배자로 뽑는 것을 허락하겠나니 이를테면, 욕망을 따르지 않고 성냄을 따르지 않으며 어리석음을 따르지 않고 두려움을 따르지 않으며 나누어야 할 것과 나누지 않을 것을 아는 자이다.

여러 비구들이여. 마땅히 이와 같이 뽑아야 하느니라. 마땅히 먼저 비구를 청하고서 마땅히 한 총명하고 현명하며 능력있는 비구가 승가의 가운데에서 창언해야 한다.

"'대덕 승가께서는 허락하십시오. 만약 승가께서 때에 이르렀다면, 마땅히 누구 비구를 작은 생활용품의 분배자로 뽑겠습니다. 이와 같이

아룁니다.'

'대덕 승가께서는 허락하십시오. 승가시여. 누구 비구를 작은 생활용품의 분배자로 뽑겠습니다. 여러 대덕들께서 마땅히 누구 비구를 작은 생활용품의 분배자로 뽑는 것을 인정하신다면 묵연하시고, 인정하지 않으신다면 말씀하십시오.'

'승가시여. 누구 비구를 작은 생활용품의 분배자로 뽑는 것을 마쳤습니다. 여러 대덕들께서 인정하신 것은 묵연하였던 까닭입니다. 나는 이와 같이 알고 이해하겠습니다.'"

작은 생활용품을 분배하는 비구는 한 비구·한 비구에게 바늘(針), 가위(鋏), 신발(覆), 허리띠(帶), 어깨끈(肩紐), 녹수낭(濾水囊), 물을 거르는 병(水甕), 대단(大襢)[97], 소단(小襢)[98], 조(條)[99], 엽(葉)[100], 수연(豎緣)[101], 횡연(橫緣)[102]을 주어야 한다.

만약 승가가 소(酥), 기름(油), 꿀(蜜), 설탕(糖)을 얻었다면 마땅히 주어서 그 맛을 보게 해야 한다. 만약 다시 요구하였다면 마땅히 다시 그것을 주어야 한다. 만약 거듭하여 다시 요구하였어도 마땅히 다시 그것을 주어야 한다.

21-8 그때 승가에는 목욕옷(浴衣)의 분배자가 없었고, …… 발우의 분배자가 없었다. 여러 비구들은 이 일로써 세존께 아뢰었고, 세존께서는 말씀하셨다.

---

97) 팔리어 kusi(쿠시)의 번역이고, 승가리의 네 개의 교차하는 이음새의 하나를 가리킨다.
98) 팔리어 aḍḍhakusi(아따쿠시)의 번역이고, 짧은 중간에 교차하는 이음새의 하나를 가리킨다.
99) 팔리어 maṇḍala(만다라)의 번역이다.
100) 팔리어 aḍḍhamaṇḍala(아따만다라)의 번역이다.
101) 팔리어 anuvāta(아누바타)의 번역이다.
102) 팔리어 paribhaṇḍa(파리반다)의 번역이다.

"여러 비구들이여. 다섯 가지를 구족한 비구를 목욕옷의 분배자로, …… 발우의 분배자로 뽑는 것을 허락하겠나니 이를테면, 욕망을 따르지 않고 성냄을 따르지 않으며 어리석음을 따르지 않고 두려움을 따르지 않으며 나누어야 할 것과 나누지 않을 것을 아는 자이다.

여러 비구들이여. 마땅히 이와 같이 뽑아야 하느니라. 마땅히 먼저 비구를 청하고서 마땅히 한 총명하고 현명하며 능력있는 비구가 승가의 가운데에서 창언해야 한다.

'대덕 승가께서는 허락하십시오. 만약 승가께서 때에 이르렀다면, 마땅히 누구 비구를 목욕옷의 분배자로, …… 발우의 분배자로 뽑겠습니다. 이와 같이 아룁니다.'

'대덕 승가께서는 허락하십시오. 승가시여. 누구 비구를 목욕옷의 분배자로, …… 발우의 분배자로 뽑겠습니다. 여러 대덕들께서 마땅히 누구 비구를 목욕옷의 분배자로, …… 발우의 분배자로 뽑는 것을 인정하신다면 묵연하시고, 인정하지 않으신다면 말씀하십시오.'

'승가시여. 누구 비구를 목욕옷의 분배자로, …… 발우의 분배자로 뽑는 것을 마쳤습니다. 여러 대덕들께서 인정하신 것은 묵연하였던 까닭입니다. 나는 이와 같이 알고 이해하겠습니다.'"

21-9 그때 승가에는 정인(淨人)의 관리자[103]가 없었으므로 정인들은 일할 수 없었다. 여러 비구들은 이 일로써 세존께 아뢰었고, 세존께서는 말씀하셨다.

"여러 비구들이여. 다섯 가지를 구족한 비구를 정인들의 관리자로 뽑는 것을 허락하겠나니 이를테면, 욕망을 따르지 않고 성냄을 따르지 않으며 어리석음을 따르지 않고 두려움을 따르지 않으며 시켜야 하는 것과 시키지 않을 것을 아는 자이다.

---

103) 팔리어 ārāmikapesaka(아라미카페사카)의 번역이고, ārāmika와 pesaka의 합성어이다. Ārāmika는 사찰에서 종무를 수행하는 자의 뜻이고, pesaka는 주인 또는 고용주를 뜻한다.

여러 비구들이여. 마땅히 이와 같이 뽑아야 하느니라. 마땅히 먼저 비구를 청하고서 마땅히 한 총명하고 현명하며 능력있는 비구가 승가의 가운데에서 창언해야 한다.

"'대덕 승가께서는 허락하십시오. 만약 승가께서 때에 이르렀다면, 마땅히 누구 비구를 정인들의 관리자로 뽑겠습니다. 이와 같이 아룁니다.'

'대덕 승가께서는 허락하십시오. 승가시여. 누구 비구를 정인들의 관리자로 뽑겠습니다. 여러 대덕들께서 마땅히 누구 비구를 정인들의 관리자로 뽑는 것을 인정하신다면 묵연하시고, 인정하지 않으신다면 말씀하십시오.'

'승가시여. 누구 비구를 정인들의 관리자로 뽑는 것을 마쳤습니다. 여러 대덕들께서 인정하신 것은 묵연하였던 까닭입니다. 나는 이와 같이 알고 이해하겠습니다.'"

그때 승가에는 사미(沙彌)들의 관리자104)가 없었으므로 사미들은 일할 수 없었다. 여러 비구들은 이 일로써 세존께 아뢰었고, 세존께서는 말씀하셨다.

"여러 비구들이여. 다섯 가지를 구족한 비구를 사미들의 관리자로 뽑는 것을 허락하겠나니 이를테면, 욕망을 따르지 않고 성냄을 따르지 않으며 어리석음을 따르지 않고 두려움을 따르지 않으며 시켜야 하는 것과 시키지 않을 것을 아는 자이다.

여러 비구들이여. 마땅히 이와 같이 뽑아야 하느니라. 마땅히 먼저 비구를 청하고서 마땅히 한 총명하고 현명하며 능력있는 비구가 승가의 가운데에서 창언해야 한다.

'대덕 승가께서는 허락하십시오. 만약 승가께서 때에 이르렀다면, 마땅히 누구 비구를 사미들의 관리자로 뽑겠습니다. 이와 같이 아룁니다.'

'대덕 승가께서는 허락하십시오. 승가시여. 누구 비구를 사미들의 관리자로 뽑겠습니다. 여러 대덕들께서 마땅히 누구 비구를 사미들의 관리자로

---

104) 팔리어 sāmaṇerapesaka(사마레나페사카)의 번역이고, sāmaṇera와 pesaka의 합성어이다.

뽑는 것을 인정하신다면 묵연하시고, 인정하지 않으신다면 말씀하십시오.'
'승가시여. 누구 비구를 사미들의 관리자로 뽑는 것을 마쳤습니다. 여러 대덕들께서 인정하신 것은 묵연하였던 까닭입니다. 나는 이와 같이 알고 이해하겠습니다.'"

[분배자를 마친다.]

○ **셋째의 송출품을 마친다.**

◎ 섭송으로 설하겠노라.

그때에 최승의 세존께서는
일찍이 정사를 허락하지 않으셨고
수승한 성문 등은
각자의 주처에서 왔다네.

장자인 거사가 보고서
비구들에게 말하였고
주처를 짓고자 하였으므로
그들은 도사(導師)에게 청하여 물었네.

다섯 종류의 방사를 허락하였으니
정사와 평부옥과
전루와 루방과 굴이었고
장자는 정사를 지었네.

사람들이 정사를 지었는데
문이 없어서 보호할 수 없었고

문과 문기둥과 평방과 문지방과
구멍과 묶는 끈과 나무 빗장과

빗장과 나무못과 걸쇠와 열쇠구멍과
구리 자물쇠와 나무 자물쇠와
뿔 자물쇠와 열쇠와
안팎으로 칠하는 것과

난간과 그물망과
창살과 창문 덮개와
산가지와 빗장과
판자 침상과 대나무 침상과

관 모양의 평상과
파라차마가와
문제상을 허락한 것과
구리라각상과

아알차각상과
네모난 의자와 높은 네모난 의자와
등받이 의자와 넝쿨 의자와
작은 의자와

양각 의자와
아마륵 줄기 의자와
줄기 의자와 짚의 의자와
높은 의자와 평상 다리와

여덟 마디의 평상 다리와
실과 꿰맨 것과 작은 천조각과
목화솜을 넣은 덮개와
몸의 절반인 베개와

산정제와 요와
옷과 와구와 좌구와
덮개와 아래에서 찢어진 것과
찢어진 것을 가져간 것과
손바닥 크기를 꿰매는 것을
여래께서 허락하셨다.

외도의 정사와
왕겨를 뭉친 점토와
진흙과 흙손과 붉은 점토와
겨자와 밀납유와

두꺼움을 닦아내는 것과
거친 것과 지렁이 똥의 흙과
접착제와 그림과
낮은 땅과 땅에 흙을 쌓는 것과

오르는 것과 무너진 것과 밀집한 것과
반절의 벽과 세 종류와 작은 정사와
벽체와 비에 맞는 것과
비명과 말뚝과 시렁과

옷시렁과 서까래와 장막과

난간과 지푸라기와
아래의 이치로 행하는 것과
노천과 마른 것과 수각과

아래와 같은 것과 물그릇과
정사와 문루와
승방과 화당과
승원과 문루와

아래의 이치로 행하는 것과
석회와 급고독장자와
신도가 한림으로 간 것과
법을 보고 청한 것과

도사와 승가와
도중에서 여러 사람에게 명하여
그 승원을 지은 것과
비사리의 수리한 일과

앞에 가서 방사를 취한 것과
누가 첫째의 음식을 받는 것인가와
자고새와 예배를 받지 못하는 자와
가서 취한 것과 실내와 면직물과

사위성에 이른 것과
그 승원을 건립한 것과
식당에서 시끄러운 것과
병자와 좋은 와구와

핑계와 십칠군비구와
누가 어떻게 정사를 분배하는 것과
방사를 각자에게 분배하는 것과
원하지 않으면 주지 않는 것과

경계 밖의 자와
일체의 시간과
세 가지의 와구와 좌구의 분배와
우파난타와 찬탄과

서 있는 것과 좌차와
동등한 좌차와 부러진 것과
긴 의자와 두 명과
수용과 존자 등과

가까움과 분배와 계타산과
아비라국과 흙이 무너짐과
벽과 문과 빗장과
창문과 흰색과 검은색과

붉은 점토와 지붕과
연결과 가로 대들보와 무너진 것과
방바닥과 20년과 30년과
나아가 목숨을 마치는 것과

전부와 미완성과 일체와
작은 정사의 5년과 6년과
평부옥의 7년과 8년과

큰 정사의 10년과 20년과

일체의 정사와 한 사람과
다른 사람이 머무는 것과
승가의 물건과 경계의 바깥과
일체의 시간과 떠나간 것과

환속과 죽음과 사미와
계율을 버린 것과 무거운 죄를 범한 것과
미쳤던 것과 마음이 산란한 것과
고통을 받는 것과 죄를 보지 못한 것과

악한 견해와 참회하지 않는 것과
황문과 적주자와 외도와 축생과
부모를 죽인 자와 아라한을 죽인 자와
비구니를 더럽힌 자와

화합승가를 깨트린 자와
세존의 몸에서 피를 흐르게 한 자와
이근인 자와
승가를 손상하지 않은 자와

수리하는 일을 다른 사람에게 주는 것과
완성하지 않아서 다른 사람에게 주는 것과
완성하였다면 그 비구의 책임인 것과
떠난 것과 환속한 것과 죽은 것과

스스로가 사미라고 말한 것과

계율을 버린 것과 무거운 죄를 범한 것과
미쳤던 것과 마음이 산란한 것과
고통을 받는 것과 죄를 보지 못한 것과

악한 견해와 참회하지 않는 것과
황문과 적주자와 외도와 축생과
부모를 죽인 자와 아라한을 죽인 자와
비구니를 더럽힌 자와

화합승가를 깨트린 자와
세존의 몸에서 피를 흐르게 한 자와
이근인 자라고 만약 스스로 말하였다면
승가에게 책임이 있다.

옮기는 것과 다른 곳과 의심과
무너짐과 흠바라의와
옷과 가죽과 차가라의와
천조각과 밟는 것과 젖은 발과

신발로 밟는 것과 침뱉는 것과
긁히는 것과 기대는 것과
기대는 판자와 긁히는 것과
씻고서 덮고서 눕는 것과

왕사성과 공양할 수 없는 것과
거친 것과 청식의 분배자를 뽑는 것과
어떻게 뽑아야 하는 것과
와구와 와구의 분배자와

창고를 지키는 자와 수납자와
옷의 분배자와 죽의 분배자와
과일의 분배자와 작식의 분배자와
작은 생활용품의 분배자와
목욕옷의 분배자와 발우의 분배자와
정인의 관리자와 사미의 분배자가 있고

최승의 세간해(世間解)[105]이시고
자비에 두루하신 도사(導師)이시며
정려(靜慮)와 정관(正觀)으로
구호(救護)하시어 안락하게 하시네.

● 와좌구건도를 마친다.

---

105) 팔리어 lokavidū(로카비두)의 번역이다.

건도 제17권

제7장 파승사건도(破僧事犍度)[1]

1. 제1송출품

1) 석씨(釋氏) 여섯 명의 출가

1-1 그때 불·세존께서는 아노이국(阿奴夷國)[2]에 머무르셨고, 아노이는 마라(摩羅)[3]라고 이름하는 종족의 소읍(小邑)이었다.

그때 저명(著名)한 석가족의 여러 동자들이 세존을 따라서 출가하였다. 이때 석씨(釋氏) 마하남(摩訶男)[4]과 석씨 아나율(阿那律)[5]은 두 명이 형제이었다. 아나율은 사치하고 유약(柔弱)하였으며, 그에게는 3개의 궁전이 있었는데, 하나는 겨울을 위한 것이고, 하나는 여름을 위한 것이었으며

---

1) 팔리어 Saṅghabhedakakkhandhaka(산가베다카깐다카)의 번역이다.
2) 팔리어 Anupiyā(아누피야)의 음사이다.
3) 팔리어 Mallāna(말라나)의 음사이다.
4) 팔리어 Mahānāma(마하나마)의 음사이다.
5) 팔리어 Anuruddha(아누루따)의 음사이다.

하나는 우기를 위한 것이었다. 그는 우기의 궁전에서 4개월을 남자들과 함께 교류하지 않았고, 기녀들이 시중드는 궁전에서 내려오지 않았다. 이때 석씨 마하남은 이렇게 사유하였다.

'지금 저명한 석씨의 석가족의 여러 동자들이 세존을 따라서 출가하였으나, 우리들의 종족의 가운데에서는 오히려 한 사람도 출가하지 않았다. 만약 나이거나, 아나율이 출가한다면 어떻겠는가?'

이때 석씨 마하남은 석씨 아나율의 처소에 이르렀다. 이르러서 석씨 아나율에게 말하였다.

"지금 저명한 석씨의 석가족의 여러 동자들이 세존을 따라서 출가하였으나, 우리들 종족의 가운데에서는 오히려 한 사람도 출가하지 않았네. 그대가 출가하겠는가? 아니면 내가 출가해야 하는가?"

"나는 유약하므로, 나는 능히 출가할 수 없습니다. 그대가 출가하십시오."

1-2 "아나율이여. 만약 그렇다면 나는 그대를 위하여 가업(家業)을 설명하겠네. 먼저 밭을 갈게 시켜야 하고, 밭을 갈았다면 파종(播種)하게 시켜야 하며, 파종하였다면 물을 급수하게 시켜야 하고, 물을 대주었다면 배수(排水)하게 시켜야 하며, 물을 배수하고서 풀을 없애게 시켜야 하고, 풀을 없애고서 베어서 거두어들이게 시켜야 하고, 거두어들이고서 더미를 만들게 시켜야 하며, 더미를 만들었다면 쌓아두게 시켜야 하고, 쌓아두었다면 그것을 타작하게 시켜야 하며, 타작하였다면 짚을 고르게 시켜야 하고, 짚을 골라냈으면 왕겨를 골라내게 시켜야 하며, 왕겨를 골라냈다면 키로 까불게 시켜야 하고, 까불렀으면 저장하게 시켜야 하며, 저장하게 시켰다면 내년에도 역시 이와 같이 시켜야 하고, 미래의 년도에도 역시 이와 같이 시켜야 하네."

"가업은 끝나지 않고 가업의 끝은 알 수 없구나! 어느 때에 가업이 끝나고 어느 때에 가업의 끝을 알겠는가? 어느 때에 우리들은 안락하고 5욕락(欲樂)에 풍족함을 모두 갖추어서 기쁘고 즐거울 것인가?"

"아나율이여. 가업은 끝나지 않고 가업의 끝은 알 수 없네. 아버지와 할아버지도 모두 가업을 마치지 못하고 돌아가셨네."

"그렇다면 그대가 가업을 알고 있으니, 나는 집을 떠나서 출가하겠습니다."

이때 석씨 아나율은 어머니의 처소에 이르렀다. 이르러서 어머니에게 말하였다.

"어머니. 나는 집을 떠나서 출가하고자 합니다. 내가 집을 떠나서 출가하는 것을 허락하여 주십시오."

이와 같이 말하였고, 석씨 아나율의 어머니는 아나율에게 말하였다.

"아나율이여. 그대들 두 사람은 곧 나의 종족에서 사랑하는 아들들이다. 그대들이 죽어서 떠나갈지라도 나는 역시 그대들과 헤어지고 싶지 않구나. 하물며 살아있는데 그대들이 집을 떠나서 출가하는 것을 허락하겠는가?"

석씨 아나율은 두 번째에도 어머니에게 말하였다.

"어머니. 나는 집을 떠나서 출가하고자 합니다. 내가 집을 떠나서 출가하는 것을 허락하여 주십시오."

"아나율이여. 그대들 두 사람은 곧 나의 종족에서 사랑하는 아들들이다. 그대들이 죽어서 떠나갈지라도 나는 역시 그대들과 헤어지고 싶지 않구나. 하물며 살아있는데 그대들이 집을 떠나서 출가하는 것을 허락하겠는가?"

석씨 아나율은 세 번째에도 어머니에게 말하였다.

"어머니. 나는 집을 떠나서 출가하고자 합니다. 내가 집을 떠나서 출가하는 것을 허락하여 주십시오."

"아나율이여. 그대들 두 사람은 곧 나의 종족에서 사랑하는 아들들이다. 그대들이 죽어서 떠나갈지라도 나는 역시 그대들과 헤어지고 싶지 않구나. 하물며 살아있는데 그대들이 집을 떠나서 출가하는 것을 허락하겠는가?"

1-3 이때 석씨 발제왕(跋提王)[6]은 석가족을 통치하였고, 석씨 아나율의 벗이었다. 이때 석씨 아나율의 어머니는 사유하였다.

'이 석씨 발제왕은 석가족을 통치하고 있는데, 곧 석씨 아나율의 벗이다.

---

6) 팔리어 Bhaddiya(바띠야)의 음사이다.

그는 능히 집을 떠나가서 출가하지 못하게 할 수 있을 것이다.'

그리고 석씨 아나율에게 알려 말하였다.

"아나율이여. 만약 석씨 발제왕이 집을 떠나서 출가한다면, 그대도 역시 출가하게."

이때 석씨 아나율은 석씨 발제왕의 주처에 이르렀다. 이르러서 석씨 발제왕에게 말하였다.

"벗이여. 나의 출가의 일은 그대에게 얽혀있네."

"벗이여. 만약 그대의 출가가 나와 얽혀있더라도 곧 얽히지 않게 하겠네. 나는 그대가 뜻을 따라서 출가하도록 해주겠네."

"우리 두 사람은 함께 집을 떠나서 출가하세."

"나는 능히 집을 떠나서 출가할 수 없네. 내가 만약 그대를 위하여 다른 일을 지을 수 있다면 마땅히 그것을 하겠네. 그대는 출가하게."

"어머니가 나에게 말하였네. '아나율이여. 만약 석씨 발제왕이 집을 떠나서 출가한다면, 그대도 역시 출가하게.'

그러나 그대는 이렇게 말하였네.

'만약 그대의 출가가 나와 얽혀있더라도 곧 얽히지 않게 하겠네. 나는 그대가 뜻을 따라서 출가하도록 해주겠네.' 벗이여. 우리 두 사람은 함께 집을 떠나서 출가하세."

그때의 사람과 사람은 마땅히 말하였다면 행하였고, 마땅히 약속하였어도 행하였다. 이때 석씨 발제왕은 석씨 아나율에게 말하였다.

"벗이여. 7년을 기다리게. 7년 뒤에 나는 그대와 함께 집을 떠나서 출가하겠네."

"벗이여. 7년은 너무 긴 시간이네. 나는 능히 7년을 기다릴 수 없네."

"벗이여. 6년을 기다리게. 6년 뒤에 나는 그대와 함께 집을 떠나서 출가하겠네."

"벗이여. 6년은 너무 긴 시간이네. 나는 능히 6년을 기다릴 수 없네."

"벗이여. 5년을 기다리게. …… 나아가 …… 4년을 기다리게. …… 나아가 …… 3년을 기다리게. …… 나아가 …… 2년을 기다리게. …… 나아가

…… 1년을 기다리게. …… 1년 뒤에 나는 그대와 함께 집을 떠나서 출가하겠네."

"벗이여. 1년은 너무 긴 시간이네. 나는 능히 1년을 기다릴 수 없네."

"벗이여. 7개월을 기다리게. 7개월 뒤에 나는 그대와 함께 집을 떠나서 출가하겠네."

"벗이여. 7개월은 너무 긴 시간이네. 나는 능히 7개월을 기다릴 수 없네."

"벗이여. 6개월을 기다리게. …… 나아가 …… 5개월을 기다리게. …… 나아가 …… 4개월을 기다리게. …… 나아가 …… 3개월을 기다리게. …… 나아가 …… 2개월을 기다리게. …… 나아가 …… 1개월을 기다리게. …… 나아가 …… 15일을 기다리게. …… 15일 뒤에 나는 그대와 함께 집을 떠나서 출가하겠네."

"벗이여. 15일은 너무 긴 시간이네. 나는 능히 15일을 기다릴 수 없네."

"벗이여. 7일을 기다리게. 왕의 일을 여러 아들들과 형제들에게 부탁하겠네."

"7일은 길지 않으니, 나는 그것을 기다리겠네."

1-4 이때 석씨 발제왕, 아나율, 아난(阿難)[7], 바구(婆咎)[8], 금비라(金毘羅)[9], 제바달다(提婆達多)[10]와 이발사 우바리(優波離)[11]의 일곱 명은 평소와 같이 사병(四兵)을 거느리고 원림으로 갔으며, 이 사병을 거느리고 원림에서 나왔다. 그들은 멀리 떠나온 뒤에 병사들을 돌려보내고 다른 경계로 나갔으며, 장엄구를 풀어서 상의로 감쌌으며 이발사인 우바리에게 말하였다.

---

7) 팔리어 Ānanda(아난다)의 음사이다.
8) 팔리어 Bhagu(바구)의 음사이다.
9) 팔리어 Kimila(키미라)의 음사이다.
10) 팔리어 Devadatta(데바다따)의 음사이다.
11) 팔리어 Upāli(우파리)의 음사이다.

"우바리여. 돌아가라. 이 금전으로 그대의 생활은 만족할 만할 것이다."
이때 우바리는 장차 돌아가면서 이렇게 생각하였다.

'여러 석씨들은 폭력적이니, 여러 동자들은 나를 죽일 것이다. 석씨의 여러 동자들이 집을 떠나서 출가하였는데, 내가 무엇을 하겠는가?'

그는 꾸러미를 풀어서 나무 위에 걸어놓고 말하였다.

"만약 보는 자가 있다면 곧 가지고 떠나시오."

석씨 동자들이 있는 곳으로 갔다. 그 석씨 여러 동자들은 이발사인 우바리가 멀리서 오는 것을 보았다. 보고서 이발사인 우바리에게 말하였다.

"그대는 어찌 돌아왔는가?"

"여러 존귀한 동자들이여. 나는 이곳에서 돌아가면서 이렇게 생각하였습니다. '여러 석씨들은 폭력적이니, 여러 동자들은 나를 죽일 것이다. 석씨의 여러 동자들이 집을 떠나서 출가하였는데, 내가 무엇을 하겠는가?' 여러 존귀한 동자들이여. 나는 꾸러미를 풀어서 나무 위에 걸어놓고 말하였습니다. '만약 보는 자가 있다면 곧 가지고 떠나시오.'"

"우바리여. 그대가 돌아온 것은 옳았네. 여러 석씨들은 폭력적이니, 여러 동자들은 그를 죽였을 것이네."

그때 그 석씨의 여러 동자들과 이발사인 우바리는 세존의 처소로 나아갔다. 나아가서 세존께 예경하고서 한쪽에 앉았다. 석씨의 여러 동자들은 한쪽에 앉아서 세존께 아뢰었다.

"우리들 석씨들은 교만(驕慢)함이 있습니다. 이곳에서 이발사인 우바리는 장야에 우리들의 노비였습니다. 청하건대 세존께서는 그를 먼저 출가시키고, 우리들이 그를 향하여 맞이하고 합장하며 공경하게 하여서 이와 같은 우리들 석씨의 교만함을 없애주십시오."

이때 세존께서는 먼저 이발사인 우바리를 출가시켰고 뒤에 여러 석씨 동자들을 출가시켰다. 이때 장로 발제(跋提)는 우안거의 중간에 삼명(三明)을 증득(證得)하였고, 장로 아나율은 천안(天眼)이 열렸으며, 장로 아난은 예류과를 증득하였고, 제바달다는 범부의 신통[12]을 성취하였다.

1-5 이때 장로 발제는 아란야로 갔고 나무 아래에 갔으며 빈 공터에도 갔고 항상 스스로가 기뻐하면서 말하였다.

"매우 즐겁구나! 매우 즐겁구나!"

이때 많은 비구들이 세존의 주처로 나아갔다. 나아가서 세존께 예경하고서 한쪽에 앉았다. 석씨의 여러 동자들은 한쪽에 앉아서 세존께 아뢰었다.

"장로 발제는 아란야로 갔고 나무 아래에 갔으며 빈 공터에도 갔고 항상 스스로가 기뻐하면서 말하였습니다. '매우 즐겁다. 매우 즐겁다.' 이것은 장로 발제가 범행을 닦는 것을 기뻐하지 않는 것이고, 이전의 왕의 안락함을 억념(憶念)하면서 아란야로 갔고 나무 아래에 갔으며 빈 공터에도 갔고 항상 스스로가 기뻐하면서 '매우 즐겁구나! 매우 즐겁구나!'라고 말하는 것입니다."

이때 세존께서는 한 비구에게 알려 말씀하셨다.

"비구여. 그대는 나의 말을 발제 비구에게 알려 말하게. '장로 발제여. 세존께서 그대를 부르십니다.'"

"알겠습니다. 세존이시여."

그 비구는 세존께 대답하고서 장로 발제의 처소에 이르렀다. 이르러서 장로 발제에게 말하였다.

"장로 발제여. 세존께서 그대를 부르십니다."

1-6 "알겠습니다. 장로여."

장로 발제는 비구에게 대답하고서 세존의 주처로 나아갔다. 나아가서 세존께 예경하고서 한쪽에 앉았다. 장로 발제는 한쪽에 앉은 때에 세존께 아뢰었다.

"발제여. 그대는 아란야로 갔고 나무 아래에 갔으며 빈 공터에도 갔고 항상 스스로가 기뻐하면서 '매우 즐겁구나! 매우 즐겁구나!'라고 말하였는가?"

---

12) 팔리어 pothujjanika(포투짜니카)의 번역이다.

"진실로 그렇습니다. 세존이시여."

"발제여. 그대는 무슨 뜻으로 아란야로 갔고 나무 아래에 갔으며 빈 공터에도 갔어도 항상 스스로가 기뻐하면서 '매우 즐겁구나! 매우 즐겁구나!'라고 말하였는가?"

"세존이시여. 제가 이전에 왕이었던 때에는 궁중의 안에서도 호위(護衛)들이 엄숙히 경비하였고, 궁중의 밖에서도 호위들이 엄숙히 경비하였으며, 성안에서도 호위들이 엄숙히 경비하였고, 성밖에서도 호위들이 엄숙히 경비하였으며, 나라의 안에서도 호위들이 엄숙히 경비하였습니다. 세존이시여. 이와 같이 호위들이 수호하였어도 역시 두려워하였고 근심하였으며 의심하고 놀라면서 머물렀습니다.

세존이시여. 지금 아란야로 가고 나무 아래에 가며 빈 공터에도 가더라도 두려움이 없고 근심이 없으며 의심이 없고 놀라움이 없어서 평안하고 안락하며 안은하게 사슴과 같은 마음으로 머무르고 있습니다. 세존이시여. 저는 이러한 뜻으로 아란야로 갔고 나무 아래에 갔으며 빈 공터에도 갔어도 항상 스스로가 기뻐하면서 '매우 즐겁구나! 매우 즐겁구나!'라고 말하였습니다."

이때 세존께서는 이 뜻을 아셨고, 이때 스스로가 기뻐하시면서 말씀하셨다.

안으로 분노가 없어서
이와 같이 유무(有無)를 뛰어넘으면
근심과 두려움이 없는 안락을
여러 천인들도 엿볼 수 없다네.

[석씨 여섯 명의 출가를 마친다.]

2) 제바달다와 아사세(阿闍世)

2-1 그때 불·세존께서는 뜻을 따라서 아노이국에 머무르셨고, 구섬미국(拘睒彌國)을 향하여 유행하셨다. 차례로 유행하시어 구섬미국에 이르셨고, 세존께서는 구섬미국의 구사라원(瞿師羅園)13)에 머무르셨다. 이때 제바달다는 고요하게 머무르며 묵연하면서 마음으로 사유하였다.

'내가 능히 어느 사람을 즐거이 믿게 시킨다면 그의 즐거운 믿음을 의지하여 장차 많은 이양(利養)과 공경을 얻을 것인가?'

이때 제바달다는 마음으로 사유하였다.

'이곳의 아사세(阿闍世)14) 왕자는 어리므로 장차 길상(吉祥)이 있을 것이다. 내가 마땅히 아사세 왕자를 즐거이 믿게 시킨다면 그의 즐거운 믿음을 의지하여 장차 많은 이양과 공경을 얻을 것이다.'

이때 제바달다는 와구와 좌구를 거두고 옷과 발우를 지니고서 왕사성으로 갔으며, 점차로 왕사성에 이르렀다. 이때 제바달다는 스스로의 모습을 없애고 변화하여 동자의 모습을 지었으며 뱀허리띠를 착용하고서 아사세 왕자의 무릎 아래에 나타났다. 이때 아사세 왕자는 두려웠고 근심하였으며 의심하였고 놀랐다. 이때 제바달다는 아사세 왕자에게 말하였다.

"왕자여. 내가 두렵습니까?"

"나는 두렵소. 그대는 누구시오?"

"나는 제바달다입니다."

"그대가 만약 제바달다 존자라면, 청하건대 빠르게 스스로가 모습을 나타내시오."

이때 제바달다는 동자의 모습을 없애고 승가리와 발우를 지닌 모습으로 아사세 왕자 앞에 서 있었다. 이때 아사세 왕자는 제바달다의 신통과 신통한 변화를 즐거이 믿었고 아침과 저녁에 500대의 수레를 거느리고 가서 봉사하였으며, 아울러 500개의 솥에 음식을 끓여서 공양하였다.

---

13) 팔리어 Ghositārāma(고시타라마)의 음사이다.
14) 팔리어 Ajātasattu(아자타사뚜)의 음사이다.

이때 제바달다는 이양과 공경과 명성을 위하여 마음이 피폐하고 어지러웠으므로 이와 같은 욕망이 생겨났다.

'내가 장차 비구대중을 이끌어야겠다.'

제바달다는 이러한 마음이 생겨났던 때에 곧 그 신통을 잃어버렸다.

2-2 그때 구라자(拘羅子)[15])의 가휴(迦休)[16])라고 이름하는 자가 있었는데, 장로 마하목건련의 시자이었으며, 근래에 목숨을 마쳤고, 의생신(意生身)[17])을 이루고 태어났으며, 그는 마갈타국의 두 배·세 배의 취락과 밭과 같은 몸을 받았고, 그의 몸은 받고서 스스로와 다른 사람을 해치지 않았다. 그때 가휴천자(迦休天子)[18])는 마하목건련에게 이르렀다. 이르러서 마하목건련에게 예배하고 한쪽에 서 있었다. 한쪽에 서 있으면서 가휴천자는 마하목건련에게 알려 말하였다.

"존자여. 이양과 공경과 명성을 위하여 마음이 피폐하고 어지러웠으므로, '내가 장차 비구대중을 이끌어야겠다.'라고 이와 같은 욕망이 생겨났고, 제바달다는 이러한 마음이 생겨났던 때에 곧 그 신통을 잃어버렸습니다."

가휴천자는 이와 같이 마하목건련에게 알려 말하였고, 이와 같이 말하고서 마하목건련에게 예배하였으며 오른쪽으로 돌면서 그곳에서 사라졌다.

이때 마하목건련은 세존의 주처로 나아갔다. 나아가서 세존께 예경하고서 한쪽에 앉았다. 한쪽에 앉아서 장로 마하목건련은 세존께 아뢰어 말하였다.

"세존이시여. 구라족의 가휴라고 이름하는 자가 있었는데, 저의 시자이었으며, 근래에 목숨을 마쳤고, 의생신을 이루고 태어났으며, 그는 마갈타국의 두 배·세 배의 취락과 밭과 같은 몸을 받았고, 그의 몸은 받고서

---

15) 팔리어 Koliyaputta(코리야푸따)의 음사이다.
16) 팔리어 Kakudha(카쿠다)의 음사이다.
17) 팔리어 manomaya kāya(마노마야 카야)의 번역이고, 비구가 수행을 통하여 얻은 미세한 몸을 가리킨다.
18) 팔리어 Kakudha devaputta(카쿠다 데바푸따)의 번역이다.

스스로와 다른 사람을 해치지 않았습니다. 이때 가휴천자는 저에게 이르렀고, 이르러서 저에게 예배하고 한쪽에 서 있었습니다. 한쪽에 서 있으면서 가휴천자는 저에게 알려 말하였다.

'존자여. 이양과 공경과 명성을 위하여 마음이 피폐하고 어지러웠으므로, 〈내가 장차 비구대중을 이끌어야겠다.〉라고 이와 같은 욕망이 생겨났고, 제바달다는 이러한 마음이 생겨났던 때에 곧 그 신통을 잃어버렸습니다.'

가휴천자는 이와 같이 저에게 알려 말하였고, 이와 같이 말하고서 저에게 예배하였으며 오른쪽으로 돌면서 그곳에서 사라졌습니다."

"목련이여. 그대는 변지심(遍知心)으로써 가휴천자의 마음을 알았고, 가휴전자의 일체의 말이 이와 같고 이와 다른 것이 없다고 알았는가?"

"저는 변지심으로써 가휴천자의 마음을 알았고, 가휴전자의 일체의 말이 이와 같고 이와 다른 것이 없다고 알았습니다."

"목련이여. 이 말을 비밀로 하게. 목련이여. 이 말을 비밀로 하게. 지금 그 어리석은 사람은 스스로가 장차 스스로를 드러낼 것이네."

2-3 "목련이여. 세간(世間)에는 다섯 종류의 스승이 있네. 무엇이 다섯 가지인가? 목련이여. 이 처소에 한 스승이 있는데, 계율이 청정하지 않으면서 스스로가 계율이 청정하다고 말하였으며, 스스로의 계율은 청정하고 결백(潔白)하여 염오가 없다고 말하는 자이네. 제자들도 '이 스승은 계율이 청정하지 않으면서 스스로가 계율이 청정하다고 말하였으며, 스스로의 계율은 청정하고 결백하여 염오가 없다고 말하는 자이다.'라고 이와 같이 알았으나, 만약 우리들이 이것을 여러 재가인들에게 알린다면 그들은 곧 싫어할 것이고, 그들이 싫어하는데, 우리들이 어떻게 그것을 말하겠는가? 그는 의복, 음식, 와구, 좌구, 필수 의약품으로써 의지하는 것을 알았고, 그는 그것을 의지하였다고 알고서 말하였던 것이다.

목련이여. 이것은 스승의 계율을 여러 제자들이 방호(防護)하는 것과 같고, 이것은 스승이 계율을 버리려는 희망을 여러 제자들이 방호하는 것과 같네."

2-4 "목련이여. 이 처소에 한 스승이 있는데, 생활(命)19)이 청정하지 않으면서 스스로가 생활이 청정하다고 말하였으며, 스스로의 생활은 청정하고 결백하여 염오가 없다고 말하는 자이네. 제자들도 '이 스승은 생활이 청정하지 않으면서 스스로가 생활이 청정하다고 말하였으며, 스스로의 생활은 청정하고 결백하여 염오가 없다고 말하는 자이다.'라고 이와 같이 알았으나, 만약 우리들이 이것을 여러 재가인들에게 알린다면 그들은 곧 싫어할 것이고, 그들이 싫어하는데, 우리들이 어떻게 그것을 말하겠는가? 그는 의복, 음식, 와구, 좌구, 필수 의약품으로써 의지하는 것을 알았고, 그는 그것을 의지하였다고 알고서 말하였던 것이다.

목련이여. 이것은 스승의 생활을 여러 제자들이 방호하는 것과 같고, 이것은 스승이 생활을 버리려는 희망을 여러 제자들이 방호하는 것과 같네.

목련이여. 이 처소에 한 스승이 있는데, 설법(說法)20)이 청정하지 않으면서 스스로가 설법이 청정하다고 말하였으며, 스스로의 설법은 청정하고 결백하여 염오가 없다고 말하는 자이네. 제자들도 '이 스승은 설법이 청정하지 않으면서 스스로가 설법이 청정하다고 말하였으며, 스스로의 설법은 청정하고 결백하여 염오가 없다고 말하는 자이다.'라고 이와 같이 알았으나, …… 목련이여. 이것은 스승의 설법을 여러 제자들이 방호하는 것과 같고, 이것은 스승이 설법을 버리려는 희망을 여러 제자들이 방호하는 것과 같네.

목련이여. 이 처소에 한 스승이 있는데, 기설(記說)21)이 청정하지 않으면서 스스로가 기설이 청정하다고 말하였으며, 스스로의 기설은 청정하고 결백하여 염오가 없다고 말하는 자이네. 제자들도 '이 스승은 기설이 청정하지 않으면서 스스로가 기설이 청정하다고 말하였으며, 스스로의

---

19) 팔리어 ājīva(아지바)의 번역이고, '생계' 또는 '생활 방식'을 뜻한다.
20) 팔리어 dhammadesana(담마데사나)의 번역이다.
21) 팔리어 veyyākaraṇa(베이야카라나)의 번역이고, '설명하다.' 또는 '해석하다.'는 뜻이다.

기설은 청정하고 결백하여 염오가 없다고 말하는 자이다.'라고 이와 같이 알았으나, …… 목련이여. 이것은 스승의 기설을 여러 제자들이 방호하는 것과 같고, 이것은 스승이 기설을 버리려는 희망을 여러 제자들이 방호하는 것과 같네.

목련이여. 이 처소에 한 스승이 있는데, 지견(智見)22)이 청정하지 않으면서 스스로가 지견이 청정하다고 말하였으며, 스스로의 지견은 청정하고 결백하여 염오가 없다고 말하는 자이네. 제자들도 '이 스승은 지견이 청정하지 않으면서 스스로가 지견이 청정하다고 말하였으며, 스스로의 지견은 청정하고 결백하여 염오가 없다고 말하는 자이다.'라고 이와 같이 알았으나, …… 목련이여. 이것은 스승의 지견을 여러 제자들이 방호하는 것과 같고, 이것은 스승이 지견을 버리려는 희망을 여러 제자들이 방호하는 것과 같네.

목련이여. 나는 계율이 청정하여 스스로가 계율이 청정하다고 말하였고, 나는 계율이 청정하고 결백하여 염오가 없다고 말하였으니, 나의 계율을 여러 제자들이 방호하지 않고, 내가 계율을 버리려는 희망을 여러 제자들이 방호하지 않네. 나는 생활이 청정하여, …… 나아가 …… 나는 설법이 청정하고, …… 나아가 …… 나는 기설이 청정하여, …… 나아가 …… 나는 지견이 청정하여 스스로가 지견이 청정하다고 말하였고, 나는 지견이 청정하고 결백하여 염오가 없다고 말하였으니, 나의 지견을 여러 제자들이 방호하지 않고, 내가 지견을 버리려는 희망을 여러 제자들이 방호하지 않네."

2-5 그때 불·세존께서는 뜻을 따라서 구섬미국에 머무르셨고, 왕사성을 향하여 유행하셨다. 차례로 유행하시어 왕사성에 이르셨고, 세존께서는 왕사성의 가란타죽림원에 머무르셨다.

이때 많은 비구들이 세존의 주처로 나아갔다. 나아가서 세존께 예경하

---

22) 팔리어 ñāṇadassana(냐나다싸나)의 번역이고, '알고 보는 것', 또는 '완전한 지식'을 뜻한다.

고서 한쪽에 앉았다. 한쪽에 앉아서 많은 비구들은 세존께 아뢰어 말하였다.

"세존이시여. 아사세 왕자는 제바달다를 위하여 아침과 저녁에 500대의 수레를 거느리고 가서 봉사하였으며, 아울러 500개의 솥에 음식을 끓여서 공양하였습니다."

"여러 비구들이여. 제바달다의 이양과 공경과 명성을 부러워하지 말라. 여러 비구들이여. 아사세 왕자는 제바달다를 위하여 아침과 저녁에 500대의 수레를 거느리고 가서 봉사하였고, 아울러 500개의 솥에 음식을 끓여서 공양하였느니라. 여러 비구들이여. 그 기간에 제바달다는 희구(希求)하였던 것을 얻었으나, 이것은 선법(善法)을 손감(損減)시키고 증장(增長)하지 않느니라.

여러 비구들이여. 오히려 사나운 개의 코에 쓸개를 터트리면23) 더욱 사나워지는 것과 같으니라. 이와 같아서 아사세 왕자는 제바달다를 위하여 아침과 저녁에 500대의 수레를 거느리고 가서 봉사하였고, 아울러 500개의 솥에 음식을 끓여서 공양한다면, 여러 비구들이여. 이것은 선법을 손감시키고 증장하지 않느니라. 여러 비구들이여. 제바달다가 얻었던 이양과 공경과 명성은 능히 스스로에게 피해를 줄 것이고, 제바달다가 얻었던 이양과 공경과 명성은 능히 스스로를 파괴할 것이니라.

여러 비구들이여. 오히려 파초(芭蕉)에 열매가 생겨난다면 스스로를 해치고 열매가 생겨난다면 능히 스스로를 파괴하는 것과 같으니라. 여러 비구들이여. 제바달다가 얻었던 이양과 공경과 명성은 능히 스스로에게 피해를 줄 것이고, 제바달다가 얻었던 이양과 공경과 명성은 능히 스스로를 파괴할 것이니라.

여러 비구들이여. 오히려 대나무(竹)가 열매를 맺는다면 스스로를 해치고 열매를 맺는다면 능히 스스로를 파괴하는 것과 같으니라. 여러 비구들이여. 제바달다가 얻었던 이양과 공경과 명성은 능히 스스로에게 피해를

---

23) 팔리어 pittaṃ bhindeyyuṃ(피땀 빈데이윰)의 번역이고, pitta는 '담즙' 또는 담즙의 기질인 '흥분', '분노'를 뜻하고, Bhindati는 '자르다.', '파괴하다.'의 뜻이므로 전체적으로 '쓸개를 터트리다.'는 뜻이다.

줄 것이고, 제바달다가 얻었던 이양과 공경과 명성은 능히 스스로를 파괴할 것이니라.

　여러 비구들이여. 오히려 갈대(蘆)가 열매를 맺는다면 스스로를 해치고 열매를 맺는다면 능히 스스로를 파괴하는 것과 같으니라. 여러 비구들이여. 제바달다가 얻었던 이양과 공경과 명성은 능히 스스로에게 피해를 줄 것이고, 제바달다가 얻었던 이양과 공경과 명성은 능히 스스로를 파괴할 것이니라.

　여러 비구들이여. 오히려 노새(驢)가 수태(受胎)한다면 스스로를 해치고 열매를 맺는다면 능히 스스로를 파괴하는 것과 같으니라. 여러 비구들이여. 제바달다가 얻었던 이양과 공경과 명성은 능히 스스로에게 피해를 줄 것이고, 제바달다가 얻었던 이양과 공경과 명성은 능히 스스로를 파괴할 것이니라."

　　파초가 열매를 맺으면 파초를 해칠 것이고
　　갈대와 대나무도 열매가 스스로를 해치며
　　노새의 태가 어미를 죽이듯이
　　명예와 이익을 탐한다면 스스로를 해친다네.

　[제바달다와 아사세를 마친다.]

　○ **첫째의 송출품을 마친다.**

2. 제2송출품

3) 제바달다의 음모(陰謀)

3-1 그때 불·세존께서는 대회(大會)의 대중에게 위요되셨고, 앉아서 설법하셨으며, 왕도 역시 대회에 참가하였다. 이때 제바달다는 앉았던 자리에서 일어났고 오른쪽 어깨를 드러내고서 세존을 향하여 합장하고 세존께 아뢰어 말하였다.

"세존이시여! 지금 세존께서는 노쇠하셨고 여위고 약하시며 늙어서 연세가 많으시며 고령(高齡)입니다. 세존이시여! 지금 안은(安隱)하게 현법(現法)에서 즐거이 전심(專心)으로 머무시고, 장차 비구 대중을 저에게 부촉하십시오. 제가 비구 대중을 이끌어가겠습니다."

"멈추게. 제바달다여. 즐거이 비구 대중을 이끌려고 하지 말라."

제바달다는 두 번째에도, …… 나아가 …… 세 번째에도 세존께 아뢰어 말하였다.

"지금 세존께서는 노쇠하셨고 여위고 약하시며 늙어서 연세가 많으시며 고령입니다. 세존이시여! 지금 안은하게 현법에서 즐거이 전심으로 머무시고, 장차 비구 대중을 저에게 부촉하십시오. 제가 비구 대중을 이끌어가겠습니다."

"제바달다여. 사비리불이나 목건련에게도 나는 역시 비구 대중을 부촉하지 않았느니라. 하물며 그대는 6년을 가래침을 삼켰던 자이었느니라!"

이때 제바달다는 분노하고 즐겁지 않아서 '세존께서는 왕이 함께 참석한 대회의 가운데에서 내가 가래침을 먹은 자라고 모욕하셨고, 사리불과 목건련을 찬탄하셨다.'라고 생각하였고, 세존께 예경하고 오른쪽으로 돌면서 떠나갔다. 이것이 제바달다가 처음으로 세존께 원한을 품은 것이었다.

3-2 이때 세존께서는 여러 비구들에게 알려 말씀하셨다.

"여러 비구들이여. 승가는 왕사성에서 제바달다를 위하여 현시갈마(顯示羯磨)[24]를 행하면서 '제바달다의 본성(本性)은 이전과 지금과 다르고, 제바달다가 몸과 말로 하였던 것은 불법승을 위한 것으로 보이지 않으며, 오직 제바달다를 위한 것으로 보입니다.'라고 말해야 하느니라. 여러 비구들이여. 마땅히 이와 같이 행해야 하느니라. 마땅히 한 총명하고 현명하며 능력있는 비구가 승가의 가운데에서 창언해야 한다.

'대덕 승가께서는 허락하십시오. 만약 승가께서 때에 이르렀다면, 승가는 왕사성에서 제바달다를 위하여 현시갈마를 행하면서 '제바달다의 본성은 이전과 지금과 다르고, 제바달다가 몸과 말로 하였던 것은 불법승을 위한 것으로 보이지 않으며, 오직 제바달다를 위한 것으로 보입니다.'라고 말하겠습니다. 이와 같이 아룁니다.'

'대덕 승가께서는 허락하십시오. 승가는 왕사성에서 제바달다를 위하여 현시갈마를 행하면서 '제바달다의 본성은 이전과 지금과 다르고, 제바달다가 몸과 말로 하였던 것은 불법승을 위한 것으로 보이지 않으며, 오직 제바달다를 위한 것으로 보입니다.'라고 말하겠습니다. 여러 대덕들께서 승가는 왕사성에서 제바달다를 위하여 현시갈마를 행하면서 '제바달다의 본성은 이전과 지금과 다르고, 제바달다가 몸과 말로 하였던 것은 불법승을 위한 것으로 보이지 않으며, 오직 제바달다를 위한 것으로 보입니다.'라고 말하는 것을 인정하신다면 묵연하시고, 인정하지 않으신다면 말씀하십시오.'

'승가시여. 승가는 왕사성에서 제바달다를 위하여 현시갈마를 행하면서 '제바달다의 본성은 이전과 지금과 다르고, 제바달다가 몸과 말로 하였던 것은 불법승을 위한 것으로 보이지 않으며, 오직 제바달다를 위한 것으로 보입니다.'라고 말하는 것을 마쳤습니다. 여러 대덕들께서 인정하신 것은 묵연하였던 까닭입니다. 나는 이와 같이 알고 이해하겠습

---

24) 팔리어 pakāsanīya kamma(파카사니야 캄마)의 번역이고, 공공연히 저지른 잘못을 비난하는 갈마이다.

니다.'"

이때 세존께서는 사리불에게 알려 말씀하셨다.
"사리불이여. 만약 그와 같다면 왕사성에서 제바달다를 드러내어 알려주도록 하게."
"이전에 저는 왕사성에서 제바달다를 '고디의 아들[25]은 대신통(大神通)이 있다. 고디의 아들은 대위력(大威力)이 있다.'라고 말하였는데, 제가 어찌 왕사성에서 제바달다를 드러내어 알려주겠습니까?"
"사리불이여. 그대는 왕사성에서 진실로 '고디의 아들은 대신통이 있다. 고디의 아들은 대위력이 있다.'라고 찬탄하여 말하였는가?"
"진실로 그렇습니다."
"사리불이여. 이와 같다면 왕사성에서 진실하게 드러내어 알려주도록 하게."
장로 사리불은 세존께 대답하였다.
"알겠습니다. 세존이시여."

3-3 이때 세존께서는 여러 비구들에게 알려 말씀하셨다.
"여러 비구들이여. 그와 같다면 승가는 사리불을 뽑아서 왕사성의 제바달다에게 '제바달다의 본성은 이전과 지금과 다르고, 제바달다가 몸과 말로 하였던 것은 불·법·승을 위한 것으로 보이지 않으며, 오직 제바달다를 위한 것으로 보입니다.'라고 드러내어 알려주도록 하라.
여러 비구들이여. 마땅히 이와 같이 뽑아야 하느니라. 마땅히 사리불을 청해야 하고, 청한 뒤에 마땅히 한 총명하고 현명하며 능력있는 비구가 승가의 가운데에서 창언해야 한다.
'대덕 승가께서는 허락하십시오. 만약 승가께서 때에 이르렀다면, 승가는 사리불을 뽑아서 왕사성의 제바달다에게 드러내어 알려주면서 '제바달

---

25) 팔리어 Godhiputta(고디 푸따)의 음사이고, '고디의 아들'이란 뜻이므로 제바달다의 어머니가 '고디'라고 알 수 있다.

다의 본성은 이전과 지금과 다르고, 제바달다가 몸과 말로 하였던 것은 불·법·승을 위한 것으로 보이지 않으며, 오직 제바달다를 위한 것으로 보입니다.'라고 말하도록 하겠습니다. 이와 같이 아룁니다.'

'대덕 승가께서는 허락하십시오. 승가는 사리불을 뽑아서 왕사성의 제바달다에게 드러내어 알려주면서 '제바달다의 본성은 이전과 지금과 다르고, 제바달다가 몸과 말로 하였던 것은 불법승을 위한 것으로 보이지 않으며, 오직 제바달다를 위한 것으로 보입니다.'라고 말하도록 하겠습니다. 여러 대덕들께서 승가는 사리불을 뽑아서 왕사성의 제바달다에게 드러내어 알려주면서 '제바달다의 본성은 이전과 지금과 다르고, 제바달다가 몸과 말로 하였던 것은 불법승을 위한 것으로 보이지 않으며, 오직 제바달다를 위한 것으로 보입니다.'라고 말하도록 하는 것을 인정하신다면 묵연하시고, 인정하지 않으신다면 말씀하십시오.'

'승가시여. 승가는 사리불을 뽑아서 왕사성의 제바달다에게 드러내어 알려주면서 '제바달다의 본성은 이전과 지금과 다르고, 제바달다가 몸과 말로 하였던 것은 불법승을 위한 것으로 보이지 않으며, 오직 제바달다를 위한 것으로 보입니다.'라고 말하도록 하는 것을 마쳤습니다. 여러 대덕들께서 인정하신 것은 묵연하였던 까닭입니다. 나는 이와 같이 알고 이해하겠습니다.'"

이미 뽑혔던 장로 사리불은 많은 비구들과 함께 왕사성으로 들어갔고, 왕사성에서 제바달다에게 드러내어 알려주면서 '제바달다의 본성은 이전과 지금과 다르고, 제바달다가 몸과 말로 하였던 것은 불·법·승을 위한 것으로 보이지 않으며, 오직 제바달다를 위한 것으로 보입니다.'라고 말하였다. 믿음이 없고 청정한 마음이 없으며 지혜가 적은 여러 사람들은 말하였다.

"여러 사문 석자들은 질투심이 있다. 제바달다의 이양과 공경을 질투하는구나!"

믿음이 있고 청정한 마음이 있으며 지혜가 있는 여러 사람들은 말하였다.

"이것은 작은 일이 아니다. 세존께서는 왕사성에서 제바달다를 드러내어 알려주셨다."

3-4 이때 제바달다는 아사세 왕자의 처소에 이르렀다. 이르러서 아사세 왕자에게 말하였다.

"왕자여. 지나간 옛날의 사람들은 장수하였으나 지금의 사람은 목숨이 짧습니다. 그대가 왕자이던 때에도 곧 죽을 수 있습니다. 왕자여. 만약 그와 같다면 그대는 아버지를 죽이고서 왕이 되십시오. 나는 세존을 죽이고서 불타(佛陀)26)가 되겠습니다."

이때 아사세 왕자는 사유하였다.

'존자 제바달다는 대신통과 대위력이 있다. 존자 제바달다는 내가 하고자 하는 것을 알고 있다.'

일찍이 허벅지에 날카로운 칼을 묶고서 일찍이 두려워하고 근심하며 의심하고 놀라서 내궁(內宮)으로 들어갔다. 내궁에서 모시는 대신들도 아사세 왕자가 일찍이 두려워하고 근심하며 의심하고 놀라서 내궁으로 들어온 것을 보았고, 보고서 그를 붙잡았다. 그들은 조사하여 허벅지에 날카로운 칼을 묶은 것을 보았고 아사세 왕자에게 말하였다.

"왕자님! 그대는 무엇을 하고자 합니까?"

"부왕(父王)을 죽이고자 하오."

"누가 그대를 선동(煽動)하였습니까?"

"존자 제바달다이오."

일부의 대신은 의논하면서 말하였다.

"마땅히 왕자를 죽이고, 제바달다를 죽이며, 일체의 비구를 죽여야 합니다."

일부의 대신은 의논하면서 말하였다.

"비구들을 죽일 수 없습니다. 여러 비구들은 어떠한 죄도 범하지 않았습

---

26) 팔리어 buddha(부따)의 음사이다.

니다. 마땅히 왕자와 제바달다를 죽여야 합니다."

일부의 대신은 의논하면서 말하였다.

"왕자를 죽일 수 없고 역시 제바달다와 여러 비구들을 죽일 수 없습니다. 마땅히 왕에게 알리고 왕의 말에 의지하여 그것을 행해야 합니다."

3-5 이때 여러 대신들과 아사세 왕자는 함께 마갈타국 사니야 빈비사라왕의 처소에 이르렀다. 이르러서 여러 대신들은 이 일로써 사니야 빈비사라왕에게 알렸다.

"여러 대신들은 어떻게 의논하였소?"

"대왕이시여! 일부의 대신은 의논하면서 말하였습니다.

'마땅히 왕자를 죽이고, 제바달다를 죽이며, 일체의 비구를 죽여야 합니다.'

일부의 대신은 의논하면서 말하였다.

'비구들을 죽일 수 없습니다. 여러 비구들은 어떠한 죄도 범하지 않았습니다. 마땅히 왕자와 제바달다를 죽여야 합니다.'

일부의 대신은 의논하면서 말하였다.

'왕자를 죽일 수 없고 역시 제바달다와 여러 비구들을 죽일 수 없습니다. 마땅히 왕에게 알리고 왕의 말에 의지하여 그것을 행해야 합니다.'"

왕이 말하였다.

"불·법·승은 이것을 어떻게 다스리겠는가? 세존께서는 어찌 '제바달다의 본성은 이전과 지금과 다르고, 제바달다가 몸과 말로 하였던 것은 불·법·승을 위한 것으로 보이지 않으며, 오직 제바달다를 위한 것으로 보입니다.'라고 말하지 않았는가?"

일부의 대신들이 의논하고서 "마땅히 왕자를 죽이고, 제바달다와 일체의 비구를 죽여야 합니다."라고 말하였으나, 왕은 받아들이지 않았다. 일부의 대신들이 의논하고서 "비구들을 죽일 수 없습니다. 여러 비구들은 어떠한 죄도 범하지 않았습니다. 마땅히 왕자와 제바달다를 죽여야 합니다."라고 말하였으나, 하위(下位)의 방편으로 남겨두었다. 일부의 대신들이 의논하고서 "왕자를 죽일 수 없고 역시 제바달다와 여러 비구들을 죽일 수 없습니다. 마땅히 왕에게 알리고 왕의 말에 의지하여 그것을 행해야 합니다."라고 말하였으므로, 상위(上位)의 방편으로 남겨두었다.

마갈타국 사니야 빈비사라왕은 아사세 왕자에게 말하였다.

"왕자여. 그대는 어찌 나를 죽이고자 하였는가?"

"대왕이시여. 나는 왕위를 얻고자 합니다."

"왕자여. 그대가 왕위를 얻고자 한다면 곧 왕위를 물려주겠노라."

이와 같이 아사세 왕자에게 왕위를 물려주었다.

3-6 이때 제바달다는 아사세 왕자의 처소에 이르렀다. 이르러서 아사세 왕자에게 말하였다.

"대왕이여. 여러 사람들에게 사문 구담(瞿曇)[27]의 목숨을 빼앗으라고 명령하십시오."

이때 아사세 왕자는 여러 사람들에게 말하였다.

"존자 제바달다의 말에 의지하여 그것을 행하라."

이때 제바달다는 한 사람에게 명하여 말하였다.

"현자여. 사문 구담의 어느 처소로 가서 그의 목숨을 빼앗고 이 도로로 돌아오시오."

두 사람을 그 도로에 서 있게 시키면서 말하였다.

"이 도로에 만약 한 사람이 온다면, 그의 목숨을 빼앗고서 이 도로로 돌아오시오."

네 사람을 그 도로에 서 있게 시키면서 말하였다.

"이 도로에 만약 두 사람이 온다면, 그의 목숨을 빼앗고서 이 도로로 돌아오시오."

여덟 사람을 그 도로에 서 있게 시키면서 말하였다.

"이 도로에 만약 네 사람이 온다면, 그의 목숨을 빼앗고서 이 도로로

---

27) 팔리어 gotama(고타마)의 음사이다.

돌아오시오."

 열여섯 사람들을 그 도로에 서 있게 시키면서 말하였다.
 "이 도로에 만약 여덟 사람이 온다면, 그의 목숨을 빼앗고서 이 도로로 돌아오시오."

3-7 이때 그 한 사람은 검과 방패를 취하였고, 활과 화살을 갖추고서 세존의 처소로 나아갔다. 세존의 근처까지 나아갔으나, 두려워하고 근심하였으며 의심하였고 놀랐으므로 몸이 굳어져서 서 있었다. 세존께서는 그 사람이 두려워하고 근심하며 의심하고 놀라서 몸이 굳어져서 서 있는 것을 보셨으며, 그 사람에게 말씀하셨다.
 "현자여. 두려워하지 마시오."
 이때 그 사람은 검을 내려놓고 방패를 한쪽에 놓았으며 활과 화살을 버리고서 세존의 처소로 나아갔다. 나아가서 머리 숙여 세존의 발에 예경하고서 세존께 아뢰었다.
 "저는 허물을 범하였고 오직 우매한 사람이며 어리석은 사람이고 선하지 않으며 나에게 악심이 있어서 해치려는 마음으로 이곳에 왔습니다. 세존이시여. 미래를 섭수하시는 것으로써 나의 허물을 받아주시기를 청하옵니다."
 "현자여. 진실로 그러하오. 그대는 허물을 범하였고 오직 우매한 사람이며 어리석은 사람이고 선하지 않으며 나에게 악심이 있어서 해치려는 마음으로 이곳에 왔소. 그러나 현자여. 그대는 이러한 허물을 허물이라고 보았고 여법하게 참회하였던 까닭으로 나는 이것들을 받아들이겠소. 현자여. 이것은 성자의 계율을 증장시키는 것이니, 허물을 허물이라고 보았고 여법하게 참회하였던 까닭으로 미래를 섭수하는 것이오."
 이때 세존께서는 그 사람을 위하여 차례로 설법하셨으니 이를테면, 보시론, 계율론, 생천론, 여러 욕망의 허물, 퇴전, 염오, 출리의 공덕이었다. 그 사람에게 책무의 마음, 유연한 마음, 장애를 벗어난 마음, 환희의 마음, 청정한 마음이 생겨난 것을 아셨다. 세존께서는 곧 제불의 근본인 진리를 법을 설하셨으니 이를테면, 고성제, 집성제, 멸성제, 도성제이었다.

　비유한다면 깨끗하고 검은 얼룩이 없었던 원래의 옷감이 바르게 색깔을 받아들이는 것과 같이, 이 사람도 이와 같았고, 역시 그 자리에서 번뇌를 멀리 떠나서 법안을 얻었으며, "일반적으로 모여졌던 법은, 이것은 모두 멸하는 법이 있다."라고 말하였다.

　이때 그 사람은 법을 보았고, 법을 얻었으며, 법을 알았고, 법을 깨달아 들어갔으며, 의혹을 초월하였고, 의심을 버렸으며, 무소외를 얻었고, 다른 인연을 의지하지 않고서 스승의 가르침으로서 행하였으며, 세존께 아뢰어 말하였다.

　"묘합니다! 묘합니다! 비유한다면 넘어진 자를 일으킨 것과 같고, 덮였던 것을 드러내는 것과 같으며, 미혹한 자를 가르치는 것과 같고, 어둠 속에서 횃불을 드는 것과 같으며, 눈이 있는 자에게 색깔을 보게 하는 것과 같습니다. 이와 같이 세존께서는 역시 여러 종류의 방편으로써 나타내시어 보여주셨고 법을 가르치셨습니다. 나는 이곳에서 세존께 귀의하고, 법과 비구 대중에게 귀의하오니, 세존께서는 나에게 지금부터 목숨을 마칠 때까지 귀의하여 우바새가 되는 것을 허락하십시오."

　이때 세존께서는 그 사람에게 알려 말하였다.

　"현자여. 이 도로를 따라서 가지 마시오. 마땅히 이 길로 가시오."

　그는 다른 도로를 따라서 떠나갔다.

3-8 이때 그 두 사람은 말하였다.

　"어찌 그 한 사람은 늦게 오는가?"

　거슬러서 갔으며, 세존께서 나무 아래에 앉아 계신 것을 보았다. 보고서 세존의 처소로 나아갔다. 나아가서 세존께 예경하고서 한쪽에 앉았다. 세존께서는 그 사람을 위하여 차례로 설법하셨으니 이를테면, 보시론, …… 다른 인연을 의지하지 않고서 스승의 가르침으로서 행하였으며, 세존께 아뢰어 말하였다.

　"묘합니다! 묘합니다! 비유한다면 넘어진 자를 일으킨 것과 같고, 덮였던 것을 드러내는 것과 같으며, …… 나는 이곳에서 세존께 귀의하고, 법과 비구 대중에게 귀의하오니, 세존께서는 나에게 지금부터 목숨을 마칠 때까지 귀의하여 우바새가 되는 것을 허락하십시오."

이때 세존께서는 그 사람에게 알려 말하였다.

"현자여. 이 도로를 따라서 가지 마시오. 마땅히 이 길로 가시오."

그들은 다른 도로를 따라서 떠나갔다.

이때 그 네 사람은 말하였다.

"어찌 그 두 사람은 늦게 오는가?"

거슬러서 갔으며, 세존께서 나무 아래에 앉아 계신 것을 보았다. 보고서 세존의 처소로 나아갔다. 나아가서 세존께 예경하고서 한쪽에 앉았다. 세존께서는 그 사람을 위하여 차례로 설법하셨으니 이를테면, 보시론, …… 다른 인연을 의지하지 않고서 스승의 가르침으로서 행하였으며, 세존께 아뢰어 말하였다.

"묘합니다! 묘합니다! 비유한다면 넘어진 자를 일으킨 것과 같고, 덮였던 것을 드러내는 것과 같으며, …… 나는 이곳에서 세존께 귀의하고, 법과 비구 대중에게 귀의하오니, 세존께서는 나에게 지금부터 목숨을 마칠 때까지 귀의하여 우바새가 되는 것을 허락하십시오."

이때 세존께서는 그 사람에게 알려 말하였다.

"현자여. 이 도로를 따라서 가지 마시오. 마땅히 이 길로 가시오."

그들은 다른 도로를 따라서 떠나갔다.

이때 그 여덟 사람은 말하였다.

"어찌 그 네 사람은 늦게 오는가?"

거슬러서 갔으며, 세존께서 나무 아래에 앉아 계신 것을 보았다. 보고서 세존의 처소로 나아갔다. 나아가서 세존께 예경하고서 한쪽에 앉았다. 세존께서는 그 사람을 위하여 차례로 설법하셨으니 이를테면, 보시론, …… 다른 인연을 의지하지 않고서 스승의 가르침으로서 행하였으며,

세존께 아뢰어 말하였다.

"묘합니다! 묘합니다! 비유한다면 넘어진 자를 일으킨 것과 같고, 덮였던 것을 드러내는 것과 같으며, …… 나는 이곳에서 세존께 귀의하고, 법과 비구 대중에게 귀의하오니, 세존께서는 나에게 지금부터 목숨을 마칠 때까지 귀의하여 우바새가 되는 것을 허락하십시오."

이때 세존께서는 그 사람에게 알려 말하였다.

"현자여. 이 도로를 따라서 가지 마시오. 마땅히 이 길로 가시오."

그들은 다른 도로를 따라서 떠나갔다.

이때 그 열여섯 사람은 말하였다.

"어찌 그 여덟 사람은 늦게 오는가?"

거슬러서 갔으며, 세존께서 나무 아래에 앉아 계신 것을 보았다. 보고서 세존의 처소로 나아갔다. 나아가서 세존께 예경하고서 한쪽에 앉았다. 세존께서는 그 사람을 위하여 차례로 설법하셨으니 이를테면, 보시론, …… 다른 인연을 의지하지 않고서 스승의 가르침으로서 행하였으며, 세존께 아뢰어 말하였다.

"묘합니다! 묘합니다! 비유한다면 넘어진 자를 일으킨 것과 같고, 덮였던 것을 드러내는 것과 같으며, …… 나는 이곳에서 세존께 귀의하고, 법과 비구 대중에게 귀의하오니, 세존께서는 나에게 지금부터 목숨을 마칠 때까지 귀의하여 우바새가 되는 것을 허락하십시오."

이때 세존께서는 그 사람에게 알려 말하였다.

"현자여. 이 도로를 따라서 가지 마시오. 마땅히 이 길로 가시오."

그들은 다른 도로를 따라서 떠나갔다.

3-9 이때 그 한 사람은 제바달다의 처소에 이르렀다. 이르러서 제바달다에게 말하였다.

"나는 능히 세존의 목숨을 빼앗을 수 없었습니다. 그 세존은 대신통과 대위력이 있었습니다."

"현자여. 그만두게. 그대는 사문 구담의 목숨을 빼앗을 수 없으니, 내가 스스로 사문 구담의 목숨을 빼앗겠네."

그때 세존께서는 기사굴산(耆闍崛山)의 능선(稜線)을 경행하셨다. 이때 제바달다는 기사굴산에 올랐으며 바위를 아래로 굴리면서 생각하였다.

"이것이 사문 구담의 목숨을 빼앗을 것이다."

두 산봉우리가 만나는 곳에서 그 바위가 부서졌고, 돌조각이 날라와 떨어져서 세존의 발에 피가 흐르게 하였다. 이때 세존께서는 고개를 들어서 제바달다에게 알려 말씀하셨다.

"어리석은 사람이여. 그대는 악한 마음이 있고 해치려는 마음이 있어서 여래의 몸에서 피를 흐르게 하였구나. 그대는 많은 악덕을 쌓았느니라."

이때 세존께서는 여러 비구들에게 알려 말씀하셨다.

"여러 비구들이여. 이것은 제바달다가 처음으로 얻은 무간업(無間業)이니라. 악한 마음이 있고 해치려는 마음이 있어서 여래의 몸에서 피를 흐르게 하였느니라."

3-10 여러 비구들은 "제바달다가 세존을 해치려고 시도하였다."라고 들었다. 이때 그 여러 비구들은 세존의 정사를 둘러싸고서 경행하였고 크게 소리를 질렀으며 큰 소리로 독송하면서 수호(守護)하고 보호(保護)하였으며 세존을 위호(衛護)하였다. 세존께서는 크게 소리를 지르면서 큰 소리로 독송하는 것을 듣고서 장로 아난에게 알려 말씀하셨다.

"아난이여. 어찌하여 크게 소리를 지르면서 큰 소리로 독송하였는가?"

"여러 비구들은 '제바달다가 세존을 해치려고 시도하였다.'라고 들었습니다. 이 처소에서 그 여러 비구들은 세존의 정사를 둘러싸고서 경행하였고 크게 소리를 지르면서 큰 소리로 독송하면서 수호하고 보호하였으며 세존을 위호하였습니다. 세존이시여. 이것은 여러 비구들이 크게 소리를 질렀으며 큰 소리로 독송하는 것입니다."

"아난이여. 만약 그와 같다면 나의 말로써 여러 비구들에게 알리게. '스승께서 여러 장로들을 부르십니다.'"

장로 아난은 세존께 대답하여 말하였다.
"알겠습니다. 세존이시여."
그 여러 비구들의 처소에 이르렀고, 이르러서 여러 비구들에게 알렸다.
"스승님께서 여러 장로들을 부르십니다."
그 여러 장로들은 아난에게 대답하여 말하였다.
"알겠습니다. 장로여."
세존의 처소로 나아갔고, 나아가서 세존께 예경하고서 한쪽에 앉았다. 한쪽에 앉았으므로 세존께서는 여러 비구들에게 알려 말씀하셨다.
"여러 비구들이여. 폭력으로써 여래의 목숨을 빼앗는 것은 이치에도 없고, 역시 기회도 없느니라. 여러 비구들이여. 여래는 공격받은 인연으로 열반하지 않느니라. 여러 비구들이여. 세간(世間)에는 다섯 종류의 스승이 있느니라. 무엇이 다섯 가지인가?
여러 비구들이여. 이 처소에 한 스승이 있는데, 계율이 청정하지 않으면서 스스로가 계율이 청정하다고 말하였으며, 스스로가 계율은 청정하고 결백하여 염오가 없다고 말하는 자이네. 제자들도 '이 스승은 계율이 청정하지 않으면서 스스로가 계율이 청정하다고 말하였으며, 스스로가 계율은 청정하고 결백하여 염오가 없다고 말하는 자이다.'라고 이와 같이 알았으나, 만약 우리들이 이것을 여러 재가인들에게 알린다면 그들은 곧 싫어할 것이고, 그들이 싫어하는데, 우리들이 어떻게 그것을 말하겠는가? 그는 의복, 음식, 와구, 좌구, 필수 의약품으로써 의지하는 것을 알았고, 그는 그것을 의지하였다고 알고서 말하였던 것이다. 여러 비구들이여. 이것은 스승의 계율을 여러 제자들이 방호하는 것과 같고, 이것은 스승이 계율을 버리려는 희망을 여러 제자들이 방호하는 것과 같으니라.
여러 비구들이여. 이 처소에 한 스승이 있는데, 생활이 청정하지 않으면서 스스로가 생활이 청정하다고 말하였으며, 스스로가 생활은 청정하고 결백하여 염오가 없다고 말하는 자이네. 제자들도 '이 스승은 생활이 청정하지 않으면서 스스로가 생활이 청정하다고 말하였으며, 스스로가 생활은 청정하고 결백하여 염오가 없다고 말하는 자이다.'라고 이와 같이 알았으나, 만약 우리들이 이것을 여러 재가인들에게 알린다면 그들은 곧 싫어할 것이고, 그들이 싫어하는데, 우리들이 어떻게 그것을 말하겠는가? 그는 의복, 음식, 와구, 좌구, 필수 의약품으로써 의지하는 것을 알았고, 그는 그것을 의지하였다고 알고서 말하였던 것이다.

여러 비구들이여. 이것은 스승의 생활을 여러 제자들이 방호하는 것과 같고, 이것은 스승이 생활을 버리려는 희망을 여러 제자들이 방호하는 것과 같으니라.

여러 비구들이여. 이 처소에 한 스승이 있는데, 설법이 청정하지 않으면서 스스로가 설법이 청정하다고 말하였으며, 스스로가 설법은 청정하고 결백하여 염오가 없다고 말하는 자이네. 제자들도 '이 스승은 설법이 청정하지 않으면서 스스로가 설법이 청정하다고 말하였으며, 스스로가 설법은 청정하고 결백하여 염오가 없다고 말하는 자이다.'라고 이와 같이 알았으나, …… 여러 비구들이여. 이것은 스승의 설법을 여러 제자들이 방호하는 것과 같고, 이것은 스승이 설법을 버리려는 희망을 여러 제자들이 방호하는 것과 같으니라.

여러 비구들이여. 이 처소에 한 스승이 있는데, 기설이 청정하지 않으면서 스스로가 기설이 청정하다고 말하였으며, 스스로가 기설은 청정하고 결백하여 염오가 없다고 말하는 자이네. 제자들도 '이 스승은 기설이 청정하지 않으면서 스스로가 기설이 청정하다고 말하였으며, 스스로가 기설은 청정하고 결백하여 염오가 없다고 말하는 자이다.'라고 이와 같이 알았으나, …… 여러 비구들이여. 이것은 스승의 기설을 여러 제자들이 방호하는 것과 같고, 이것은 스승이 기설을 버리려는 희망을 여러 제자들이 방호하는 것과 같으니라.

여러 비구들이여. 이 처소에 한 스승이 있는데, 지견이 청정하지 않으면서 스스로가 지견이 청정하다고 말하였으며, 스스로가 지견은 청정하고 결백하여 염오가 없다고 말하는 자이네. 제자들도 '이 스승은 지견이 청정하지 않으면서 스스로가 지견이 청정하다고 말하였으며, 스스로가 지견은 청정하고 결백하여 염오가 없다고 말하는 자이다.'라고 이와 같이 알았으나, …… 여러 비구들이여. 이것은 스승의 지견을 여러 제자들이 방호하는 것과 같고, 이것은 스승이 지견을 버리려는 희망을 여러 제자들이 방호하는 것과 같으니라.

여러 비구들이여. 나는 계율이 청정하여 스스로가 계율이 청정하다고 말하였고, 나는 계율이 청정하고 결백하여 염오가 없다고 말하였으니, 나의 계율을 여러 제자들이 방호하지 않고, 내가 계율을 버리려는 희망을 여러 제자들이 방호하지 않느니라. 나는 생활이 청정하여, …… 나아가 …… 나는 설법이 청정하고, …… 나아가 …… 나는 기설이 청정하여, …… 나아가 …… 나는 지견이 청정하여 스스로가 지견이 청정하다고 말하였고, 나는 지견이 청정하고 결백하여 염오가 없다고 말하였으니, 나의 지견을 여러 제자들이 방호해야 하지 않고, 내가 지견을 버리려는 희망을 여러 제자들이 방호해야 하지 않느니라.

여러 비구들이여. 폭력으로써 여래의 목숨을 빼앗는 것은 이치에도 없고, 역시 기회도 없느니라. 여러 비구들이여. 여래는 공격받은 인연으로 열반하지 않느니라. 여러 비구들이여. 각자 스스로의 정사로 돌아가라. 여러 비구들이여. 여래를 마땅히 방호하지 않아야 하느니라."

3-11 그때 왕사성에 나라기리(那羅祇梨)[28]라고 이름하는 코끼리가 있었는데, 흉악하여 능히 사람을 죽였다. 이때 제바달다는 왕사성에 들어가서 코끼리의 우리(廐)로 갔고, 코끼리 조련사에게 말하였다.

"우리들은 왕족이고 장차 낮은 지위를 높이 올려줄 수 있으며, 능히 음식을과 급료를 늘려줄 수 있네. 만약 사문 구담이 이 도로에 들어오는 때라면, 이 나라기리 코끼리가 이 대로(大道)로 들어가게 시키게."

그 여러 코끼리의 조련사들은 대답하여 말하였다.

"존자여. 알겠습니다."

---

28) 팔리어 Nālāgiri(나라기리)의 음사이다.

이때 세존께서는 이른 아침에 하의를 입고 옷과 발우를 지니고서 비구 대중들과 함께 걸식하기 위하여 왕사성으로 들어가셨다. 이때 세존께서는 그 도로에 들어오셨고, 그 여러 코끼리의 조련사들은 세존께서는 그 도로에 들어오신 것을 보고서 나라기리 코끼리를 풀어놓아서 그 도로에 들여보냈다. 나라기리 코끼리는 세존께서 오시는 것을 멀리서 보았고 보고서 코를 들었으며 귀와 꼬리를 세우고서 세존의 근처로 달려왔다. 그 여러 비구들은 나라기리 코끼리가 멀리서 오는 것을 보고서 세존께 아뢰어 말하였다.

"이 나라기리 코끼리는 흉악하여 능히 사람을 죽이는데, 이 도로에 들어왔습니다. 세존이시여. 물러나십시오. 선서시여. 물러나십시오."

"여러 비구들이여. 두려워하지 말라. 폭력으로써 여래의 목숨을 빼앗는 것은 이치에도 없고, 역시 기회도 없느니라.

그 여러 비구들은 두 번째에도, …… 세 번째에도 세존께 아뢰어 말하였다.

"이 나라기리 코끼리는 흉악하여 능히 사람을 죽이는데, 이 도로에 들어왔습니다. 세존이시여. 물러나십시오. 선서시여. 물러나십시오."

"여러 비구들이여. 두려워하지 말라. 폭력으로써 여래의 목숨을 빼앗는 것은 이치에도 없고, 역시 기회도 없느니라.

3-12 그때 여러 사람들은 전루의 위에서, 루방의 위에서, 지붕 위에서 보고 있었다. 믿음이 없고 청정한 마음이 없으며 지혜가 적은 여러 사람들은 말하였다.

"단엄(端嚴)한 대사문이 코끼리에게 피해를 당할 것이다."

믿음이 있고 청정한 마음이 있으며 지혜가 있는 여러 사람들은 말하였다.

"잠시 뒤에 뛰어난 용(龍)과 용29)이 투쟁할 것이다."

이때 세존께서는 자비심으로써 나라기리 코끼리를 섭수하셨다. 이때 나라기리 코끼리는 세존의 자비심에 섭수되었고, 코를 늘어뜨리고 세존의

---

29) 팔리어 nāgo nāgena(나고 나게나)의 번역이고, nāga는 본래 '용'을 뜻하나, 다른 의미로 '코끼리' 또는 '특히 강하고 위엄있는 동물'을 뜻하기도 한다.

처소로 나아갔다. 나아가서 세존의 앞에 서 있었다. 이때 세존께서는 오른손으로 나라기리 코끼리의 이마를 어루만지셨고, 게송으로 나라기리 코끼리에게 말씀하셨다.

용이여. 용을 공격하지 않을지니
용이 용을 공격하면 괴로운 것이라.
용이 만약 용을 죽인다면
다음 세상에 선취(善趣)를 얻지 못한다네.

술에 취하여 미치지 말고 방일하지 말지니
방일한다면 선취(善趣)를 얻지 못하나니
그대가 마땅히 이와 같이 짓지 않는다면
그대는 장차 선취에 태어나리라.

이때 나라기리 코끼리는 세존의 발에 있는 먼지를 코로 취하여 머리 위에 뿌렸고 세존께서 볼 수 있도록 무릎을 구부리고서 물러갔다. 이때 나라기리 코끼리는 코끼리의 우리로 갔고 스스로의 처소에서 서 있었으며, 이와 같이 나라기리 코끼리는 온순하게 변하였다.

그때 여러 사람들은 게송을 외쳤다.

사람들은 막대와 갈고리와 채찍을
사용하여 코끼리를 조어하는데
대선(大仙)은 칼과 막대를
사용하지 않고 코끼리를 조어하였네.

3-13 그때 여러 사람들은 싫어하고 비난하였다.
"이 제바달다는 사악(邪惡)하고 길상(吉祥)하지 않은 자이다. 이와 같이 대신통이 있고 대위력이 있는 사문 구담을 죽이려고 모의하였다."

이것을 인연하여 제바달다의 공경과 이양(利養)은 감소하였고, 세존의 공경과 이양은 증가하였다. 제바달다는 공경과 이양은 감소하였으므로, 대중들과 함께 집집마다 음식을 구하였다. 여러 사람들은 싫어하고 비난하였다.

"어찌하여 사문 석자들은 집집마다 음식을 구하는가? 누가 잘 요리한 것을 싫어하겠는가? 누가 맛있는 것을 즐거워하지 않겠는가?"

여러 비구들은 여러 사람들이 싫어하고 비난하는 것을 들었다. 여러 비구들의 가운데에서 욕심이 적은 자들은 싫어하고 비난하였다.

"무슨 까닭으로써 제바달다는 집집마다 음식을 구하는가?"

여러 비구들은 이 일로써 세존께 아뢰었고, 세존께서는 말씀하셨다.

"제바달다여. 그대가 진실로 여러 비구들과 함께 집집마다 음식을 구하였는가?"

"진실로 그렇습니다. 세존이시여."

…… 세존께서는 제바달다를 꾸짖으셨고 설법하셨으며 여러 비구들에게 알려 말씀하셨다.

"여러 비구들이여. 만약 그와 같다면 세 가지의 뜻에 의지하여 여러 비구들이 집집에서 세 사람이 음식을 먹는 것을 제정하여 세우겠나니, 부끄러움이 없는 사람들을 절복시키기 위하여, 선행(善行)의 비구를 안락하게 머무르게 하기 위하여, 악한 욕망이 있는 자가 도당(徒黨)과 파승가(破僧伽)를 의지하지 않게 하기 위하여, 재가의 애민(哀愍)을 위한 것이니라. 여러 사람들이 함께 먹는 자는 마땅히 여법하게 그것을 다스릴지니라."

3-14 그때 제바달다는 구가리(俱伽梨)[30], 가류라제사(迦留羅提舍)[31], 건다표(乾陀驃)[32], 삼문달다(三聞達多)[33]의 처소에 이르렀다. 이르러서 구

---

30) 팔리어 Kokālika(코카리카)의 음사이다.
31) 팔리어 Kaṭamodakatissaka(카타모다카티싸카)의 음사이다.
32) 팔리어 Khaṇḍadeviyā putta(칸다데비야 푸따)의 음사이다.

가리, 가류라제사, 건다표, 삼문달다 등에게 말하였다.

"여러 장로들이여. 우리들은 사문 구담의 승가와 법륜(法輪)을 깨트립시다."

이와 같이 말하는 때에 구가리가 제바달다에게 말하였다.

"장로여. 사문 구담은 대신통이 있고 대위력이 있는데, 우리들이 어떻게 사문 구담의 승가와 법륜을 깨트리겠는가?"

"장로들이여. 우리들은 사문 구담의 처소에 이르러 5사(五事)를 구하면서 말하세. 세존이시여. 세존께서는 무수한 방편으로써 욕심이 적어서 만족하고 여러 악을 점차 감소시키는 것을 찬탄하셨고, 두타행과 청정한 믿음은 여러 장애를 감소시키고 정진하게 하는 것을 찬탄하셨습니다. 이 처소에서 5사가 있다면 무수한 방편으로써 욕심이 적어서 만족하면 이익되어서 여러 악을 점차 감소시키며, 두타행과 청정한 믿음은 여러 장애를 감소시키고 정진하게 합니다.

'세존이시여. 여러 비구들은 목숨을 마치도록 마땅히 숲속에 머물러야 하고, 만약 취락과 성읍에 들어간다면 유죄입니다. 목숨을 마치도록 마땅히 걸식해야 하고, 만약 청식(請食)을 받는다면 유죄입니다. 목숨을 마치도록 마땅히 분소의를 입어야 하고, 만약 거사의 옷을 받는다면 유죄입니다. 목숨을 마치도록 마땅히 나무의 아래에 머물러야 하고, 만약 실내에 이르렀다면 유죄입니다. 목숨을 마치도록 마땅히 고기와 물고기를 먹지 않아야 하고, 만약 청식(請食)을 받는다면 유죄입니다.'

사문 구담이 이러한 5사를 허락하지 않는다면 우리들은 이 5사로써 여러 사람들에게 알립시다. 여러 장로들이여. 이러한 5사로써 사문 구담의 승가와 법륜을 깨트릴 수 있소. 여러 장로들이여. 여러 사람들은 고행의 인연을 즐거이 믿을 것입니다."

3-15 그때 제바달다는 여러 비구들과 함께 세존의 주처에 나아갔다.

---

33) 팔리어 Samuddadatta(사무따다따)의 음사이다.

나아가서 세존께 예경하고서 한쪽에 앉았다. 한쪽에 앉아서 제바달다는 세존께 아뢰어 말하였다.

"세존께서는 무수한 방편으로써 욕심이 적어서 만족하고 여러 악을 점차 감소시키는 것을 찬탄하셨고, 두타행과 청정한 믿음은 여러 장애를 감소시키고 정진하게 하는 것을 찬탄하셨습니다. 이 처소에서 5사가 있다면 무수한 방편으로써 욕심이 적어서 만족하면 이익되어서 여러 악을 점차 감소시키며, 두타행과 청정한 믿음은 여러 장애를 감소시키고 정진하게 합니다.

세존이시여. 여러 비구들은 목숨을 마치도록 마땅히 숲속에 머물러야 하고, 만약 취락과 성읍에 들어간다면 유죄입니다. 목숨을 마치도록 마땅히 걸식해야 하고, 만약 청식을 받는다면 유죄입니다. 목숨을 마치도록 마땅히 분소의를 입어야 하고, 만약 거사의 옷을 받는다면 유죄입니다. 목숨을 마치도록 마땅히 나무의 아래에 머물러야 하고, 만약 실내에 이르렀다면 유죄입니다. 목숨을 마치도록 마땅히 고기와 물고기를 먹지 않아야 하고, 만약 청식(請食)을 받는다면 유죄입니다."

"멈추게. 제바달다여. 만약 일상의 때에 숲속에 머무르고자 한다면 숲에 머물러야 하고, 만약 취락과 읍성에 머무르고자 한다면 취락과 읍성에 머물러야 하며, 만약 일상의 때에 걸식하고자 한다면 걸식해야 하고, 만약 청식을 받고자 한다면 마땅히 청식을 받아야 하며, 만약 일상의 때에 분소의를 입고자 한다면 분소의를 입어야 하고, 만약 거사의 옷을 받고자 한다면 마땅히 거사의 옷을 받아야 하느니라. 제바달다여. 나는 8월에 나무의 아래에서 머무르는 것을 허락하겠노라. 보지 않았고 듣지 않았으며 의심하지 않은 일의 청정한 고기와 물고기를 허락하겠노라."

이때 제바달다는 '세존께서 이러한 5사를 허락하지 않으셨다.'라고 알았으므로, 환희하고 용약하면서 여러 비구들과 함께 자리에서 일어나서 세존께 예경하고 오른쪽으로 돌면서 떠나갔다.

이때 제바달다는 여러 비구들과 함께 왕사성으로 들어갔고, 5사로써 여러 사람들에게 알려 말하였다.

"여러 장로들이여. 우리들은 사문 구담의 처소에 이르러 5사를 구하면서 말하였습니다.

'세존이시여. 세존께서는 무수한 방편으로써 욕심이 적어서 만족하고 여러 악을 점차 감소시키는 것을 찬탄하셨고, …… 목숨을 마치도록 마땅히 고기와 물고기를 먹지 않아야 하고, 만약 청식을 받는다면 유죄입니다.'

사문 구담은 이러한 5사를 허락하지 않았습니다. 우리들은 이러한 5사를 수지(受持)할 것입니다."

3-16 이곳에서 믿음이 없고 청정한 마음이 없으며 지혜가 적은 여러 사람들은 말하였다.

"이 여러 사문 석자들은 두타를 행하고 점차 버리면서 머무르고 있는데, 사문 구담은 사치하고 사치하게 살려고 생각하고 있다."

믿음이 있고 청정한 마음이 있으며 지혜가 있는 여러 사람들은 싫어하고 비난하였다.

"어찌하여 제바달다는 세존의 승가와 법륜을 파괴하고자 시도하는가?"

여러 비구들은 여러 사람들이 싫어하고 비난하는 것을 들었다. 여러 비구들의 가운데에서 욕심이 적은 자들은 싫어하고 비난하였다.

"무슨 까닭으로써 제바달다는 세존의 승가와 법륜을 파괴하고자 시도하는가?"

여러 비구들은 이 일로써 세존께 아뢰었고, 세존께서는 말씀하셨다. 이때 그 여러 비구들은 이 일로써 세존께 아뢰었고 세존께서는 말씀하셨다.

"제바달다여. 그대가 진실로 승가와 법륜을 파괴하고자 시도하였는가?"

"진실로 그렇습니다. 세존이시여."

"멈추게. 제바달다여. 파승사를 기뻐하지 말라. 제바달다여. 파승사는 무거운 죄이니라. 제바달다여. 만약 화합승가를 파괴하는 자는 1겁(劫)[34]

---

34) 팔리어 kappa(카빠)의 번역이다.

의 죄를 쌓고, 1겁을 지옥에서 삶아지느니라. 제바달다여. 능히 이미 파괴된 승가를 화합시키는 자는 한 겁의 복덕을 쌓고, 천상에서 즐거움을 받느니라. 제바달다여. 파승사를 기뻐하지 말라. 제바달다여. 파승사는 무거운 죄이니라."

3-17 이때 장로 아난은 이른 아침에 하의를 입고 옷과 발우를 지니고서 걸식하기 위하여 왕사성으로 들어갔다. 제바달다는 장로 아난이 걸식하기 위하여 왕사성으로 들어온 것을 보았고, 장로 아난이 있는 곳에 이르러서 장로 아난에게 말하였다.

"아난이여. 나는 오늘부터 세존 및 비구 승가와 별도로 포살을 행하겠고, 별도로 승가의 갈마를 행하겠네."

이때 장로 아난은 왕사성에서 걸식을 마치고서 음식을 먹었으며 걸식에서 돌아와서 세존의 주처로 나아갔다. 나아가서 세존께 예경하고서 한쪽에 앉았다. 한쪽에 앉아서 장로 아난은 세존께 아뢰어 말하였다.

"제가 이곳에서 이른 아침에 하의를 입고 옷과 발우를 지니고서 걸식하기 위하여 왕사성으로 들어갔고, 곧 왕사성에서 걸식을 행하는 때에 제바달다가 우연히 저를 보았고, 보고서 제가 있는 곳에 이르러서 제바달다가 말하였습니다.

'아난이여. 나는 오늘부터 세존 및 비구 승가와 별도로 포살을 행하겠고, 별도로 승가의 갈마를 행하겠네.'

제바달다는 오늘 승가를 파괴하였습니다."

이때 세존께서는 이러한 일을 아셨고, 이때 스스로가 감응하시어 말씀하셨다.

"선한 자는 선을 행하는 것이 쉽고
악한 자는 선을 행하는 것이 어려우며
악한 자는 악을 행하는 것이 쉽고
성자(聖者)는 악을 행하는 것이 어렵다네."

[제바달다의 음모를 마친다.]

○ 둘째의 송출품을 마친다.

3. 제3송출품

4) 제바달다와 파승사

4-1 이때는 포살을 행하는 날이었다. 제바달다는 자리에서 일어나서 산가지를 취하면서 말하였다.

"여러 장로들이여. 우리들은 사문 구담의 처소에 이르러 5사를 청하면서 말하였습니다.

'세존이시여. 세존께서는 무수한 방편으로써 욕심이 적어서 만족하고 여러 악을 점차 감소시키는 것을 찬탄하셨고, …… 목숨을 마치도록 마땅히 고기와 물고기를 먹지 않아야 하고, 만약 청식을 받는다면 유죄입니다.'

사문 구담은 이러한 5사를 허락하지 않았으나, 우리들은 이러한 5사를 수지(受持)할 것이오. 여러 장로들께서 이러한 5사를 인정한다면 산가지를 취하시오."

이때 비시라의 발기자(跋耆子)[35]의 비구 500명이 있었는데, 새롭게 출가하여 일을 분명하게 분별하지 못하였다. 그들은 '이것이 법이고, 율이며, 스승의 가르침이다.'라고 생각하면서 산가지를 취하였다. 제바달다는 승가를 파괴하였고, 500명을 거느리고 상두산(象頭山)[36]을 향하여

---

35) 팔리어 vajjiputta(바지푸따)의 번역이다.
36) 팔리어 gayāsīsa(가야시사)의 번역이고, 고대 인도의 마가다국의 도시이고, 언덕이 평평한 돌로 구성되어 있고 코끼리 머리 모양으로 이루어져 있었다.

떠나갔다.
 이때 사리불과 목건련은 세존의 주처로 나아갔다. 나아가서 세존께 예경하고서 한쪽에 앉았다. 한쪽에 앉아서 사리불과 목건련은 세존께 아뢰어 말하였다.
 "제바달다는 승가를 파괴하였고, 500명을 거느리고 상두산을 향하여 떠나갔습니다."
 "사리불과 목건련이여. 그대들은 새롭게 출가한 비구들에게 자비심이 없는가? 그 여러 비구들은 오히려 오뇌(懊惱)하는 때에 떨어지지 않았으니, 그대들이 가보도록 하게."
 "알겠습니다. 세존이시여."
 사리불과 목건련은 세존께 대답하여 말하였고, 자리에서 일어나서 세존께 예경하고 오른쪽으로 돌면서 떠나갔으며, 상두산에 이르렀다.
 그때 한 비구가 세존의 근처에 있었는데 울면서 서 있었다. 이때 세존께서는 그 비구에게 말씀하셨다.
 "비구여. 그대는 어찌 울고 있는가?"
 "세존이시여. 사리불과 목건련은 세존의 제일인 제자일지라도, 또한 제바달다의 처소로 간다면 제바달다의 법을 기뻐할 것입니다."
 "비구여. 사리불과 목건련은 제바달다의 법에 기뻐할 이치가 없고 역시 기회도 없느니라. 그들은 나아가 여러 비구들에게 설법하여 조복시키고자 그곳에 갔느니라."

4-2 이때 제바달다는 대중들에게 둘러싸였으며, 앉아서 설법하였다. 제바달다는 사리불과 목건련이 멀리서 오는 것을 보았고, 여러 비구들에게 알려 말하였다.
 "여러 비구들이여. 보게! 나의 이와 같이 선설하는 법을 사리불과 목건련은 사문 구담의 제일인 제자일지라도, 또한 나의 법을 기뻐하면서 나에게 오고 있네."
 이와 같이 말하였는데, 구가리는 제바달다에게 말하였다.

"제바달다여. 사리불과 목건련을 신뢰하지 마시오. 사리불과 목건련은 악한 욕망이 있고, 악한 욕망을 따르고 있소."

"멈추시오. 장로여. 그들은 잘 왔고 나의 법을 기뻐할 것이오."

이때 제바달다는 자리의 절반을 사리불에게 나누어주었고, 청하여 말하였다.

"사리불이여. 이곳에 앉으시오."

"괜찮습니다. 장로여."

장로 사리불은 다른 하나의 자리를 취하여 한쪽에 앉았으며, 장로 목건련도 역시 다른 하나의 자리를 취하여 한쪽에 앉았다. 이때 제바달다는 여러 비구들을 위하여 늦은 밤까지 설법하여 가르쳐서 보여주었고 인도하였으며 권장하여서 기쁘게 하였고, 장로 사리불에게 권유하면서 말하였다.

"비구 대중들은 이미 혼침(惛沈)과 수면(睡眠)을 벗어났소. 사리불이여. 여러 비구들을 위하여 설법하시오. 나는 등이 아프니, 나는 휴식하고자 하오."

사리불은 제바달다에게 대답하여 말하였다.

"알겠습니다. 존자여."

이때 제바달다는 승가리를 네 겹으로 접었고, 오른쪽 옆구리로 누웠다. 그는 매우 피로하여 생각을 잊었고 바르게 알지 못하고서 잠깐사이에 잠이 들었다.

4-3 이때 장로 사리불은 기심신변(記心神變)[37)]의 교계설법(敎誡說法)으로써 교계하였고 가르쳐서 인도하였다. 장로 사리불과 마하목건련이 신통신변(神通神變)[38)]의 교계설법으로써 여러 비구들을 교계하였고 가르쳐서

---

37) 팔리어 ādesanāpāṭihāriya(아데사나파티하리야)의 번역이고, '마음을 읽는 뛰어난 능력'이라는 뜻이다.
38) 팔리어 iddhipāṭihāriya(이띠파티하리야)의 번역이고, '신통의 뛰어난 능력'이라는 뜻이다.

인도하였다. 이때 여러 비구들은 장로 사리불은 기심신변의 교계설법과 마하목건련의 신통신변의 교계설법으로써 교계하였고 가르쳐서 인도하였으므로 번뇌를 멀리 떠난 법을 얻었으니 이를테면, '일반적으로 모였던 법은, 모두 멸하는 법이다.'는 것이었다. 이때 장로 사리불은 여러 비구들에게 말하였다.

"비구들이여. 우리들은 세존의 처소로 갑시다. 세존의 법을 기뻐하는 자는 오시오."

이때 사리불과 목건련은 그 500명의 비구들과 함께 가란타죽림원에 이르렀다. 이때 구가리는 제바달다를 깨워서 일으키며 말하였다.

"제바달다여. 사리불과 목건련이 그 여러 비구들이 데리고서 떠나갔소. 제바달다여. 내가 어찌 그대에게 말하지 않았소. '제바달다여. 사리불과 목건련을 신뢰하지 마시오. 사리불과 목건련은 악한 욕망이 있고, 악한 욕망을 따르고 있소.'"

이때 제바달다는 곧 그 처소에서 입으로 뜨거운 피를 토하였다.

4-4 이때 사리불과 목건련은 그 500명의 비구들과 함께 세존의 주처로 나아갔다. 나아가서 세존께 예경하고서 한쪽에 앉았다. 한쪽에 앉아서 사리불은 세존께 아뢰어 말하였다.

"세존이시여. 원하건대 그 파승사를 따르던 여러 비구들에게 다시 구족계를 받게 하십시오."

"멈추게. 사리불이여. 즐거이 파승사를 따르던 여러 비구들에게 다시 구족계를 받게 하지 말게. 사리불이여. 그와 같다면 파승사를 따르던 여러 비구들을 투란차로 참회시키게. 사리불이여. 제바달다는 그대를 어떻게 마주하였는가?"

"세존이시여. 여러 비구들을 위하여 늦은 밤까지 설법하여 가르쳐서 보여주었고 인도하였으며 권장하여서 기쁘게 하였고, 나에게 권유하면서 말하였습니다.

'사리불이여. 비구 대중들은 이미 혼침(惛沈)과 수면(睡眠)을 벗어났소.

사리불이여. 여러 비구들을 위하여 설법하시오. 나는 등이 아프니, 나는 휴식하고자 하오.'
　제바달다는 이와 같이 하였습니다."

4-5 이때 세존께서는 여러 비구들에게 알려 말씀하셨다.
"여러 비구들이여. 지나간 과거에 텅비고 한적한 곳에 큰 연지(蓮池)가 있었고, 코끼리들은 의지하며 머물렀느니라. 그 코끼리들은 연지에 들어갔고 코로써 연뿌리를 뽑았으며 잘 씻었고 떠나가서 그것을 씹어서 먹었느니라. 그 코끼리들은 광택과 기력을 얻으려는 것이 아니었고, 이것은 죽지 않고 죽음의 고통을 받지 않으려는 것이었다. 그 작은 코끼리들은 큰 코끼리들을 모방하였으므로, 작은 코끼리들은 연지에 들어갔고 코로써 연뿌리를 뽑았으며 잘 씻지 않았고 진흙이 있는 것을 씹어서 먹었느니라. 그 작은 코끼리들은 광택과 기력을 얻으려는 것이 아니었어도, 이것을 인연으로 죽었거나, 죽음의 고통을 받았느니라.
　여러 비구들이여. 제바달다는 이와 같이 나를 모방하였으나, 고통을 받고 죽을 것이니라."

　　밤을 지내며 물속에서 큰 용[39]이
　　대지를 흔들고 연뿌리를 먹었으므로
　　진흙을 먹은 작은 코끼리와 같다면
　　나를 모방하였어도 죽거나 괴롭다네.

4-6 "여러 비구들이여. 여덟 가지를 갖춘 비구라면 사명(使命)을 전하는데 알맞으니라. 무엇이 여덟 가지인가? 여러 비구들이여. 이 처소의 비구가 능히 들을 수 있고, 능히 전달할 수 있으며, 능히 배울 수 있고, 능히

---

[39] 팔리어 Mahā varāha(마하 바라하)의 번역이다. 본래 varāha는 '돼지' 또는 '멧돼지'를 뜻하나, 힌두교에서 비쉬누의 열 가지 화신의 가운데에서 하나이므로, 본 문장에서는 '큰 용' 또는 '위대한 자'라고 해석할 수 있다.

수지할 수 있으며, 능히 이해할 수 있고, 능히 이해시킬 수 있으며, 선한 도반인가? 도반이 아닌가를 잘 아는 것이고, 투쟁하지 않는 자이다. 여러 비구들이여. 여덟 가지를 갖춘 비구라면 사명을 전하는데 알맞으니라.

여러 비구들이여. 사리불은 여덟 가지를 갖추었으므로 사명을 전하는데 알맞으니라. 무엇이 여덟 가지인가? 이 사리불은 능히 들을 수 있고, 능히 전달할 수 있으며, 능히 배울 수 있고, 능히 수지할 수 있으며, 능히 이해할 수 있고, 능히 이해시킬 수 있으며, 선한 도반인가? 도반이 아닌가를 잘 아는 것이고, 투쟁하지 않는 자이었다. 여러 비구들이여. 이와 같이 여덟 가지를 갖추었으므로 사리불은 사명을 전하는데 알맞았느니라."

폭언(暴言)하는 집회에 가서도 두려워하지 않고
경전의 말씀을 잊지 않고 가르침을 덮지 않으며
의혹이 없이 설하면서 물어도 분노하지 않는다면
이 비구는 사명(使命)을 받는 것이 알맞다네.

4-7 "여러 비구들이여. 제바달다는 여덟 가지의 비법(非法)에 마음이 피폐(疲弊)되어 가려졌으므로, 악취(惡趣)인 지옥에 떨어져서 1겁(劫)을 머무르면서 구제(救濟)될 수 없느니라. 무엇이 여덟 가지인가?

여러 비구들이여. 제바달다는 이익을 얻음[40]에 마음이 가려졌고, 악취인 지옥에 떨어졌으므로, 1겁(劫)을 머무르면서 구제될 수 없느니라. 여러 비구들이여. 제바달다는 이익의 잃음(喪失)[41]에 마음이 가려졌고, 악취인 지옥에 떨어졌으므로, 1겁을 머무르면서 구제될 수 없느니라. 여러 비구들이여. 제바달다는 명예를 얻음[42]에 마음이 가려졌고, 악취인 지옥에 떨어졌으므로, 1겁을 머무르면서 구제될 수 없느니라.

여러 비구들이여. 제바달다는 명예의 잃음[43]에 마음이 가려졌고, 악취

---

40) 팔리어 lābha(라바)의 번역이고, 재물에 대한 이기심을 가리킨다.
41) 팔리어 alābha(아라바)의 번역이고, '얻을 수 없는 것' 또는 '비소유'를 가리킨다.
42) 팔리어 yasa(야사)의 번역이다.

인 지옥에 떨어졌으므로, 1겁을 머무르면서 구제될 수 없느니라. 여러 비구들이여. 제바달다는 명성을 얻음44)에 마음이 가려졌고, 악취인 지옥에 떨어졌으므로, 1겁을 머무르면서 구제될 수 없느니라. 여러 비구들이여. 제바달다는 명성을 잃음45)에 마음이 가려졌고, 악취인 지옥에 떨어졌으므로, 1겁을 머무르면서 구제될 수 없느니라.

여러 비구들이여. 제바달다는 악한 욕망46)에 마음이 가려졌고, 악취인 지옥에 떨어졌으므로, 1겁을 머무르면서 구제될 수 없느니라. 여러 비구들이여. 제바달다는 악한 벗47)에 마음이 덮여졌고, 악취인 지옥에 떨어졌으므로, 1겁을 머무르면서 구제될 수 없느니라. 여러 비구들이여. 여덟 가지의 비법에 피폐되어 마음이 덮여진 제바달다는 악취인 지옥에 떨어져서 1겁을 머무르면서 구제될 수 없느니라.

여러 비구들이여. 이미 생겨난 이익의 얻음을 반드시 물리치고서 마땅히 머물러야 하느니라. 여러 비구들이여. 이미 생겨난 이익을 잃음을 반드시 물리치고서 마땅히 머물러야 하느니라. 여러 비구들이여. 이미 생겨난 명예의 얻음을 반드시 물리치고서 마땅히 머물러야 하느니라.

여러 비구들이여. 이미 생겨난 명예를 잃음을 반드시 물리치고서 마땅히 머물러야 하느니라. 여러 비구들이여. 이미 생겨난 명성을 얻음을 반드시 물리치고서 마땅히 머물러야 하느니라. 여러 비구들이여. 이미 생겨난 명성을 잃음을 반드시 물리치고서 마땅히 머물러야 하느니라.

여러 비구들이여. 이미 생겨난 악한 욕망을 반드시 물리치고서 마땅히 머물러야 하느니라. 여러 비구들이여. 이미 생겨난 악한 벗을 반드시 물리치고서 마땅히 머물러야 하느니라.

여러 비구들이여. 무슨 의취(意趣)48)를 의지하는 까닭으로, 비구는

---

43) 팔리어 ayasa(아야사)의 번역이다.
44) 팔리어 sakkāra(사까라)의 번역이다.
45) 팔리어 asakkāra(아사까라)의 번역이다.
46) 팔리어 pāpiccha(파피짜)의 번역이다.
47) 팔리어 pāpamittata(파파미따따)의 번역이다.
48) 팔리어 atthavasa(아따바사)의 번역이고, '의미' 또는 '이유'의 뜻이다.

생겨난 이익을 얻음을 마땅히 물리치고서 머무를 수 있는가? 여러 비구들이여. 무슨 의취를 의지하는 까닭으로, 비구는 생겨난 이익을 잃음을 마땅히 물리치고서 머무를 수 있는가? 여러 비구들이여. 무슨 의취를 의지하는 까닭으로, 비구는 생겨난 명예를 얻음을 마땅히 물리치고서 머무를 수 있는가?

여러 비구들이여. 무슨 의취를 의지하는 까닭으로, 비구는 생겨난 명예를 잃음을 마땅히 물리치고서 머무를 수 있는가? 여러 비구들이여. 무슨 의취를 의지하는 까닭으로, 비구는 생겨난 명성을 얻음을 마땅히 물리치고서 머무를 수 있는가? 여러 비구들이여. 무슨 의취를 의지하는 까닭으로, 비구는 생겨난 명성을 잃음을 마땅히 물리치고서 머무를 수 있는가?

여러 비구들이여. 무슨 의취를 의지하는 까닭으로, 비구는 생겨난 악한 욕망을 마땅히 물리치고서 머무를 수 있는가? 여러 비구들이여. 무슨 의취를 의지하는 까닭으로, 비구는 생겨난 악한 벗을 마땅히 물리치고서 머무를 수 있는가?

여러 비구들이여. 이미 생겨난 이익의 얻음을 물리치지 못하고서 머무르는 자는 반드시 고뇌와 열뇌(熱惱)의 여러 번뇌(漏)가 생겨나고, 이미 생겨난 이익의 얻음을 물리치고서 머무르는 자는 이와 같은 고뇌와 열뇌의 여러 번뇌가 생겨나지 않느니라. 여러 비구들이여. 이미 생겨난 이익의 잃음을 물리치지 못하고서 머무르는 자는 반드시 고뇌와 열뇌의 여러 번뇌가 생겨나고, 이미 생겨난 이익의 잃음을 물리치고서 머무르는 자는 이와 같은 고뇌와 열뇌의 여러 번뇌가 생겨나지 않느니라.

여러 비구들이여. 이미 생겨난 명예의 얻음을 물리치지 못하고서 머무르는 자는 반드시 고뇌와 열뇌의 여러 번뇌가 생겨나고, 이미 생겨난 이익의 얻음을 물리치고서 머무르는 자는 이와 같은 고뇌와 열뇌의 여러 번뇌가 생겨나지 않느니라. 여러 비구들이여. 이미 생겨난 명예를 잃음을 물리치지 못하고서 머무르는 자는 반드시 고뇌와 열뇌의 여러 번뇌가 생겨나고, 이미 생겨난 이익의 잃음을 물리치고서 머무르는 자는 이와 같은 고뇌와 열뇌의 여러 번뇌가 생겨나지 않느니라.

여러 비구들이여. 이미 생겨난 명성의 얻음을 물리치지 못하고서 머무르는 자는 반드시 고뇌와 열뇌의 여러 번뇌가 생겨나고, 이미 생겨난 이익의 얻음을 물리치고서 머무르는 자는 이와 같은 고뇌와 열뇌의 여러 번뇌가 생겨나지 않느니라. 여러 비구들이여. 이미 생겨난 명성의 얻음을 물리치지 못하고서 머무르는 자는 반드시 고뇌와 열뇌의 여러 번뇌가 생겨나고, 이미 생겨난 이익의 얻음을 물리치고서 머무르는 자는 이와 같은 고뇌와 열뇌의 여러 번뇌가 생겨나지 않느니라.

여러 비구들이여. 이미 생겨난 명성을 잃음을 물리치지 못하고서 머무르는 자는 반드시 고뇌와 열뇌의 여러 번뇌가 생겨나고, 이미 생겨난 이익의 잃음을 물리치고서 머무르는 자는 이와 같은 고뇌와 열뇌의 여러 번뇌가 생겨나지 않느니라. 여러 비구들이여. 이미 생겨난 명성의 얻음을 물리치지 못하고서 머무르는 자는 반드시 고뇌와 열뇌의 여러 번뇌가 생겨나고, 이미 생겨난 이익의 얻음을 물리치고서 머무르는 자는 이와 같은 고뇌와 열뇌의 여러 번뇌가 생겨나지 않느니라.

여러 비구들이여. 이미 생겨난 악한 욕망을 물리치지 못하고서 머무르는 자는 반드시 고뇌와 열뇌의 여러 번뇌가 생겨나고, 이미 생겨난 이익의 얻음을 물리치고서 머무르는 자는 이와 같은 고뇌와 열뇌의 여러 번뇌가 생겨나지 않느니라. 여러 비구들이여. 이미 생겨난 악한 벗을 물리치지 못하고서 머무르는 자는 반드시 고뇌와 열뇌의 여러 번뇌가 생겨나고, 이미 생겨난 이익의 잃음을 물리치고서 머무르는 자는 이와 같은 고뇌와 열뇌의 여러 번뇌가 생겨나지 않느니라.

여러 비구들이여. 이러한 의취를 의지하는 까닭으로, 비구는 생겨난 이익을 얻음을 마땅히 물리치고서 머물러야 하느니라. 여러 비구들이여. 이러한 의취를 의지하는 까닭으로, 비구는 생겨난 이익을 잃음을 마땅히 물리치고서 머물러야 하느니라. 여러 비구들이여. 이러한 의취를 의지하는 까닭으로, 비구는 생겨난 명예를 얻음을 마땅히 물리치고서 머물러야 하느니라.

여러 비구들이여. 이러한 의취를 의지하는 까닭으로, 비구는 생겨난 명예를 잃음을 마땅히 물리치고서 머물러야 하느니라. 여러 비구들이여. 이러한 의취를 의지하는 까닭으로, 비구는 생겨난 명성을 얻음을 마땅히 물리치고서 머물러야 하느니라. 여러 비구들이여. 이러한 의취를 의지하는 까닭으로, 비구는 생겨난 명성을 잃음을 마땅히 물리치고서 머물러야 하느니라.

여러 비구들이여. 이러한 의취를 의지하는 까닭으로, 비구는 생겨난 악한 욕망을 마땅히 물리치고서 머물러야 하느니라. 여러 비구들이여. 이러한 의취를 의지하는 까닭으로, 비구는 생겨난 악한 벗을 마땅히 물리치고서 머물러야 하느니라.

여러 비구들이여. 제바달다는 세 가지의 비법에 마음이 피폐되어 가려졌으므로, 악취인 지옥에 떨어져서 1겁을 머무르면서 구제될 수 없느니라. 무엇이 세 가지인가? 이를테면, 악한 욕망이 있고, 악한 벗이 있으며, 낮은 수승함을 증득하고서 중단에 그만두었던 것이니라. 여러 비구들이여. 제바달다는 이러한 세 가지의 비법에 마음이 피폐되어 가려졌으므로, 악취인 지옥에 떨어져서 1겁을 머무르면서 구제될 수 없느니라."

4-8 악한 욕망인 자는 이 세간에
　태어나지 않아야 하나니
　지금 설하는 것을 안다면
　악한 자가 나아가는 것을 안다네.

　제바달다는 현자라는
　찬탄이 들려졌고 스스로가
　성품을 닦았다고 찬탄되었으므로
　그의 명성이 찬란(燦爛)하였네.

　그는 방일하고 악을 행하며

그는 여래를 멸시하였으므로
무간(無間)의 지옥에 떨어지는데
그곳에는 네 개의 문이 있다네.

염오의 뜻이 없는 자이고
악업이 없는 자라면
능히 장애하고 해칠 수 없고
악심으로 공경이 없는 자는
사악함으로 피폐하다네.

독이 들어있는 단지로
바다를 오염시킨다고 생각하여도
그러한 오염으로써
바다를 두렵게 할 수 없다네.

이와 같이 불·세존께서는
마음의 적정을 성취하시어
그것의 손해를 논하더라도
그 논의는 증장하지 않는다네.

현자라면 마땅히 그분과 친하고
아울러 이 세존을 살피고서
만약 이 세존을 따른다면
비구는 고통을 멸할 수 있다네.

[제바달다와 파승사를 마친다.]

5) 우바리의 질문

5-1 이때 사리불과 우바리는 세존의 주처로 나아갔다. 나아가서 세존께 예경하고서 한쪽에 앉았다. 한쪽에 앉아서 장로 우바리는 세존께 아뢰어 말하였다.

"승가의 분쟁, 승가의 분쟁이라고 이름하는데, 어떤 승가의 분쟁이 파승사가 아닙니까? 어떤 승가의 분쟁이 파승사입니까?"

"우바리여. 한쪽에 한 사람이 있고, 다른 쪽에 두 사람이 있으며, 네 사람이 산가지를 취하면서 '이것은 법이고 이것은 율이며 이것이 스승의 가르침이니, 이것을 취하고 이것을 즐거이 믿으시오.'라고 창언하였는데, 우바리여. 이와 같다면 승가의 분쟁이고 파승사는 아니니라.

우바리여. 한쪽에 두 사람이 있고, 다른 쪽에 두 사람이 있으며, 다섯 사람이 산가지를 취하면서 '이것은 법이고 이것은 율이며 이것이 스승의 가르침이니, 이것을 취하고 이것을 즐거이 믿으시오.'라고 창언하였는데, 우바리여. 이와 같다면 승가의 분쟁이고 파승사는 아니니라.

우바리여. 한쪽에 두 사람이 있고, 다른 쪽에 세 사람이 있으며, 여섯 사람이 산가지를 취하면서, …… 우바리여. 한쪽에 세 사람이 있고, 다른 쪽에 세 사람이 있으며, 일곱 사람이 산가지를 취하면서, …… 우바리여. 한쪽에 세 사람이 있고, 다른 쪽에 네 사람이 있으며, 여덟 사람이 산가지를 취하면서 '이것은 법이고 이것은 율이며 이것이 스승의 가르침이니, 이것을 취하고 이것을 즐거이 믿으시오.'라고 창언하였는데, 우바리여. 이와 같다면 승가의 분쟁이고 파승사는 아니니라.

우바리여. 한쪽에 네 사람이 있고, 다른 쪽에 네 사람이 있으며, 아홉 사람이 산가지를 취하면서 '이것은 법이고 이것은 율이며 이것이 스승의 가르침이니, 이것을 취하고 이것을 즐거이 믿으시오.'라고 창언하였는데, 우바리여. 이와 같다면 승가의 분쟁이고 파승사이니라.

우바리여. 아홉 사람이었거나, 혹은 아홉 사람을 넘겼다면 승가의 분쟁이고 파승사이니라. 비구니가 파승사를 시도하여도 파승사는 아니니

라. 식차마나가 …… 사미가 …… 사미니가 …… 우바새가 …… 우바이가 파승사를 시도하여도 파승사는 아니니라. 우바리여. 동일한 주처이고 동일한 경계의 청정한 비구라면 파승사이니라."

5-2 "파승사, 파승사라고 이름하는데, 무엇이 파승사입니까?"
"우바리여. 이 주처에 있는 여러 비구들이 비법을 법이라고 말하였거나, 법을 비법이라고 말하였거나, 율이 아닌 것을 율이라고 말하였거나, 율을 율이 아니라고 말하였거나, 여래가 설한 것이 아닌 것을 여래가 설하였다고 말하였거나, 여래가 설한 것을 여래가 설한 것이 아니라고 말하였거나, 여래가 항상 행하지 않은 법을 여래가 항상 행하였다고 말하였거나, 여래가 항상 행한 법을 여래가 항상 행한 법이 아니라고 말하였거나, 여래가 제정하지 않은 것을 여래가 제정하였다고 말하였거나, 여래가 제정한 것을 여래가 제정하지 않았다고 말하였거나, 무죄(無罪)를 죄라고 말하였거나, 죄를 무죄라고 말하였거나, 가벼운 죄를 무거운 죄라고 말하였거나, 무거운 죄를 가벼운 죄라고 말하였거나, 유잔죄(有殘罪)를 무잔죄라고 말하였거나, 무잔죄를 유잔죄라고 말하였거나, 추죄(麤罪)를 추죄가 아니라고 말하였거나, 추죄가 아닌 것을 추죄라고 말하였던 것이니라.
그들이 이러한 18사(事)로써 유혹하면서 함께 포살을 행하지 않고, 함께 자자를 행하지 않으며, 함께 승가의 갈마를 행하지 않는 것이니라. 우바리여. 이것이 파승사이니라."

5-3 "화합승가, 화합승가라고 이름하는데, 무엇이 화합승가입니까?"
"우바리여. 이 주처에 있는 여러 비구들이 비법을 비법이라고 말하였거나, 법을 법이라고 말하였거나, 율이 아닌 것을 율이 아니라고 말하였거나, 율을 율이라고 말하였거나, 여래가 설한 것이 아닌 것을 여래가 설하지 않았다고 말하였거나, 여래가 설한 것을 여래가 설하였다고 말하였거나, 여래가 항상 행하지 않은 법을 여래가 항상 행하지 않았다고 말하였거나, 여래가 항상 행한 법을 여래가 항상 행한 법이라고 말하였거나, 여래가 제정하지 않은 것을 여래가 제정하지 않았다고 말하였거나, 여래가 제정한 것을 여래가 제정하였다고 말하였거나, 무죄를 무죄라고 말하였거나, 죄를 죄라고 말하였거나, 가벼운 죄를 가벼운 죄라고 말하였거나, 무거운 죄를 무거운 죄라고 말하였거나, 유잔죄를 유잔죄라고 말하였거나, 무잔죄를 무잔죄라고 말하였거나, 추죄를 추죄라고 말하였거나, 추죄가 아닌 것을 추죄가 아니라고 말하였던 것이니라.

그들이 이러한 18사로써 유혹하지 않고 함께 포살을 행하지 않고, 함께 자자를 행하지 않으며, 함께 승가의 갈마를 행하지 않는 것이니라. 우바리여. 이것이 화합승가이니라."

5-4 "화합승가를 파괴한다면, 무엇이 쌓입니까?"

"우바리여. 화합승가를 파괴하는 자는 1겁을 머무르는 죄와 허물을 쌓고, 1겁을 지옥에서 삶아지느니라."

승가를 파괴하는 자는
지옥에서 1겁을 머무르며
비법을 기뻐하는 대중은
안은하게 머무를 수 없고
화합승가를 파괴한 자는
1겁을 지옥에서 삶아진다네.

"만약 파괴된 승가를 화합시킨다면, 무엇이 쌓입니까?"

"우바리여. 만약 파괴된 승가를 화합시키는 자는 청정한 복덕을 쌓고, 1겁을 천상에서 즐거움을 받느니라."

승가를 화합시켜서
섭수하는 자는 열락(悅樂)하고
화합하며 머무는 자는

안은함을 잃지 않으며
승가를 화합시키는 자는
1겁을 천상에서 즐거움을 받는다네.

5-5 "승가를 파괴한 자는 악취인 지옥에 떨어지고 1겁을 머무르며 구제받을 수 없습니까?"

"우바리여. 승가를 파괴하는 자가 있다면, 악취인 지옥에 떨어지고 1겁을 머무르며 구제받을 수 없느니라."

"승가를 파괴한 자가 악취인 지옥에 떨어지지 않고 1겁을 머무르지 않으며 구제받을 수 있습니까?"

"어떻게 승가를 파괴한 자가 악취인 지옥에 떨어지지 않고 1겁을 머무르지 않으며 구제받을 수 있겠는가? 우바리여. 이 처소에 있는 비구들이 비법을 법이라고 말하였고 이것을 비법으로 보았으며 파승사를 비법이라고 보고서, 굳은 견해를 지녔으며 굳은 인욕을 지녔고 굳은 수행을 지녔는데, 산가지를 취하면서 '이것은 법이고 이것은 율이며 이것이 스승의 가르침이니, 이것을 취하고 이것을 즐거이 믿으시오.'라고 창언하였다면, 우바리여. 이와 같은 파승사인 자는 악취인 지옥으로 나아가고 1겁을 머무르며 구제될 수 없느니라.

우바리여. 또한 이 처소에 있는 비구들이 비법을 법이라고 말하였고 이것을 비법으로 보았으며 파승사를 법이라고 보고서, 굳은 견해를 지녔으며 굳은 인욕을 지녔고 굳은 수행을 지녔는데, 산가지를 취하면서 '이것은 법이고 이것은 율이며 이것이 스승의 가르침이니, 이것을 취하고 이것을 즐거이 믿으시오.'라고 창언하였다면, 우바리여. 이와 같은 파승사인 자는 악취인 지옥으로 나아가고 1겁을 머무르며 구제될 수 없느니라.

우바리여. 또한 이 처소에 있는 비구들이 비법을 법이라고 말하였고 이것을 법으로 보았으며 파승사를 의심하였고, …… 나아가 …… 우바리여. 또한 이 처소에 있는 비구들이 비법을 법이라고 말하였고 이것을 법으로 보았으며 파승사를 비법으로 보았고, …… 나아가 …… 우바리여.

또한 이 처소에 있는 비구들이 비법을 법이라고 말하였고 이것을 법으로 보았으며 파승사를 의심하였고, …… 나아가 …… 우바리여. 또한 이 처소에 있는 비구들이 비법을 법이라고 말하였고 이것을 의심하였으며 파승사를 비법이라고 보았고, …… 나아가 …… 우바리여. 또한 이 처소에 있는 비구들이 비법을 법이라고 말하였고 이것을 의심하였으며 파승사를 법이라고 보고서, …… 나아가 …… 우바리여. 또한 이 처소에 있는 비구들이 비법을 법이라고 말하였고 이것을 의심하였으며 파승사를 의심하였고, …… 산가지를 취하면서 '이것은 법이고 이것은 율이며 이것이 스승의 가르침이니, 이것을 취하고 이것을 즐거이 믿으시오.'라고 창언하였다면, 우바리여. 이와 같은 파승사인 자는 악취인 지옥으로 나아가고 1겁을 머무르며 구제될 수 없느니라.

우바리여. 이 주처에 있는 여러 비구들이 비법을 법이라고 말하였거나, 법을 비법이라고 말하였거나, 율이 아닌 것을 율이라고 말하였거나, 율을 율이 아니라고 말하였거나, 여래가 설한 것이 아닌 것을 여래가 설하였다고 말하였거나, 여래가 설한 것을 여래가 설한 것이 아니라고 말하였거나, 여래가 항상 행하지 않은 법을 여래가 항상 행하였다고 말하였거나, 여래가 항상 행한 법을 여래가 항상 행한 법이 아니라고 말하였거나, 여래가 제정하지 않은 것을 여래가 제정하였다고 말하였거나, 여래가 제정한 것을 여래가 제정하지 않았다고 말하였거나, 무죄를 죄라고 말하였거나, 죄를 무죄라고 말하였거나, 가벼운 죄를 무거운 죄라고 말하였거나, 무거운 죄를 가벼운 죄라고 말하였거나, 유잔죄를 무잔죄라고 말하였거나, 무잔죄를 유잔죄라고 말하였거나, 추죄를 추죄가 아니라고 말하였거나, 추죄가 아닌 것을 추죄라고 말하였으며, 이 처소에 있는 비구들이 비법을 법이라고 말하였고 이것을 비법으로 보았으며 파승사를 비법이라고 보고서, 굳은 견해를 지녔으며 굳은 인욕을 지녔고 굳은 수행을 지녔는데, 산가지를 취하면서 '이것은 법이고 이것은 율이며 이것이 스승의 가르침이니, 이것을 취하고 이것을 즐거이 믿으시오.'라고 창언하였다면, 우바리여. 이와 같은 파승사인 자는 악취인 지옥으로 나아가고 1겁을 머무르며 구제될 수 없느니라.

　우바리여. 이 주처에 있는 여러 비구들이 비법을 법이라고 말하였거나, 법을 비법이라고 말하였거나, 율이 아닌 것을 율이라고 말하였거나, 율을 율이 아니라고 말하였거나, …… 추죄를 추죄가 아니라고 말하였거나, 추죄가 아닌 것을 추죄라고 말하였으며, 이 처소에 있는 비구들이 비법을 법이라고 말하였고 이것을 비법으로 보았으며 파승사를 법이라고 보고서, 굳은 견해를 지녔으며 굳은 인욕을 지녔고 굳은 수행을 지녔는데, 산가지를 취하면서 '이것은 법이고 이것은 율이며 이것이 스승의 가르침이니, 이것을 취하고 이것을 즐거이 믿으시오.'라고 창언하였다면, 우바리여. 이와 같은 파승사인 자는 악취인 지옥으로 나아가고 1겁을 머무르며 구제될 수 없느니라.

　우바리여. 이 주처에 있는 여러 비구들이 비법을 법이라고 말하였거나, 법을 비법이라고 말하였거나, 율이 아닌 것을 율이라고 말하였거나, 율을 율이 아니라고 말하였거나, …… 추죄를 추죄가 아니라고 말하였거나, 추죄가 아닌 것을 추죄라고 말하였으며, 또한 이 처소에 있는 비구들이 비법을 법이라고 말하였고 이것을 법으로 보았으며 파승사를 의심하였고, …… 나아가 …… 우바리여. 또한 이 처소에 있는 비구들이 비법을 법이라고 말하였고 이것을 법으로 보았으며 파승사를 비법으로 보았고, …… 나아가 …… 우바리여. 또한 이 처소에 있는 비구들이 비법을 법이라고 말하였고 이것을 법으로 보았으며 파승사를 의심하였고, …… 나아가 …… 우바리여. 또한 이 처소에 있는 비구들이 비법을 법이라고 말하였고 이것을 의심하였으며 파승사를 비법이라고 보았고, …… 나아가 …… 우바리여. 또한 이 처소에 있는 비구들이 비법을 법이라고 말하였고 이것을 의심하였으며 파승사를 법이라고 보고서, …… 나아가 …… 우바리여. 또한 이 처소에 있는 비구들이 비법을 법이라고 말하였고 이것을 의심하였으며 파승사를 의심하였고, …… 산가지를 취하면서 '이것은 법이고 이것은 율이며 이것이 스승의 가르침이니, 이것을 취하고 이것을 즐거이 믿으시오.'라고 창언하였다면, 우바리여. 이와 같은 파승사인 자는 악취인 지옥으로 나아가고 1겁을 머무르며 구제될 수 없느니라.

5-6 "무엇이 승가를 파괴한 자가 악취인 지옥에 떨어지지 않고 1겁을 머무르지 않으며 구제될 수 있습니까?"

"우바리여. 이 주처에 있는 여러 비구들이 비법을 법이라고 말하였고 이것을 법으로 보았으며 파승사를 법이라고 보고서, 굳은 견해를 지니지 않았으며 굳은 인욕을 지니지 않았고 굳은 수행을 지니지 않았는데, 산가지를 취하면서 '이것은 법이고 이것은 율이며 이것이 스승의 가르침이니, 이것을 취하고 이것을 즐거이 믿으시오.'라고 창언하였다면, 우바리여. 이와 같은 파승사인 자는 악취인 지옥으로 나아가지 않고 1겁을 머무르지 않으며 구제될 수 있느니라.

우바리여. 이 주처에 있는 여러 비구들이 비법을 비법이라고 말하였거나, 법을 법이라고 말하였거나, 율이 아닌 것을 율이 아니라고 말하였거나, 율을 율이라고 말하였거나, 여래가 설한 것이 아닌 것을 여래가 설하지 않았다고 말하였거나, 여래가 설한 것을 여래가 설하였다고 말하였거나, 여래가 항상 행하지 않은 법을 여래가 항상 행하지 않았다고 말하였거나, 여래가 항상 행한 법을 여래가 항상 행한 법이라고 말하였거나, 여래가 제정하지 않은 것을 여래가 제정하지 않았다고 말하였거나, 여래가 제정한 것을 여래가 제정하였다고 말하였거나, 무죄를 무죄라고 말하였거나, 죄를 죄라고 말하였거나, 가벼운 죄를 가벼운 죄라고 말하였거나, 무거운 죄를 무거운 죄라고 말하였거나, 유잔죄를 유잔죄라고 말하였거나, 무잔죄를 무잔죄라고 말하였거나, 추죄를 추죄라고 말하였거나, 추죄가 아닌 것을 추죄가 아니라고 말하였으며, 이 주처에 있는 비구들이 비법을 법이라고 말하였고 이것을 법으로 보았으며 파승사를 법이라고 보고서, 굳은 견해를 지니지 않았으며 굳은 인욕을 지니지 않았고 굳은 수행을 지니지 않았는데, 산가지를 취하면서 '이것은 법이고 이것은 율이며 이것이 스승의 가르침이니, 이것을 취하고 이것을 즐거이 믿으시오.'라고 창언하였다면, 우바리여. 이와 같은 파승사인 자는 악취인 지옥으로 나아가지 않고 1겁을 머무르지 않으며 구제될 수 있느니라.

우바리여. 이와 같은 승가를 파괴한 자가 악취인 지옥에 떨어지지 않고 1겁을 머무르지 않으며 구제될 수 있느니라."

[우바리의 질문을 마친다.]

○ 셋째의 송출품을 마친다.

◎ 섭송으로 설하겠노라.

아노이국과 저명한 것과
유약하여 출가하지 못하는 것과
밭을 가는 것과 경작과 관개와
배수와 잡초의 제거와

베는 것과 수확과 쌓는 것과 타작과
짚과 왕겨와 키질과 저장과
아버지와 할아버지와
미래에도 역시 끝내지 못하는 것과

발제와 아나율과
아난과 바구와
금비라와 석자의
성품이 교만한 것과

구섬미국과 신통을 잃은 것과
가휴와 드러내어 보여주는 것과

아버지와 사람과 나기리(羅祇梨)와
세 명과 함께 먹는 것과

5사와 무거운 죄와
파승사와 투란차와
세 종류와 여덟 가지와
세 비법과 승가의 분쟁과
파승사와 유무(有無)가 있다.

● 파승사건도를 마친다.

건도 제18권

제8장 위의법건도(威儀法犍度)[1]

1. 제1송출품

1) 객비구의 위의법(威儀法)

1-1 그때 불·세존께서는 사위성의 기수급고독원에 머무르셨다.

그때 여러 객비구들이 신발을 신고서 승원(僧園)에 들어왔고, 일산을 지니고 승원에 들어왔으며, 머리를 덮고서 승원에 들어왔고, 머리 위에 옷을 얹고서 승원에 들어왔으며, 마시는 물로써 발을 씻었고, 상좌의 구주비구(舊住比丘)에게 예배하지 않았으며, 눕고 앉는 처소를 묻지 않았다.

한 비구가 있어서 머무르지 않는 승원의 쐐기를 뽑아냈고 급하게 문을 열고서 들어갔는데, 뱀이 대들보 위에서 그의 어깨로 떨어졌으며, 그 비구는 두려워서 크게 소리쳤다. 여러 비구들이 달려왔고 그 비구에게 말하였다.

---

1) 팔리어 Vattakkhandhaka(바따깐다카)의 번역이다.

"장로여. 무슨 까닭으로 크게 소리쳤습니까?"

이때 그 비구는 이 일로써 여러 비구들에게 알렸다. 여러 비구들의 가운데에서 욕심이 적은 자들은 싫어하고 비난하였다.

"무슨 까닭으로 객비구는 신발을 신고서 승원에 들어왔고, 일산을 지니고 승원에 들어왔으며, 머리를 덮고서 승원에 들어왔고, 머리 위에 옷을 얹고서 승원에 들어왔으며, 마시는 물로써 발을 씻었고, 상좌의 구주비구에게 예배하지 않았으며, 눕고 앉는 처소를 묻지 않는가?"

이때 여러 비구들은 이 일로써 세존께 아뢰었고, 세존께서는 여러 비구들에게 물어 말씀하셨다.

"여러 비구들이여. 여러 객비구들이 신발을 신고서 승원에 들어왔고, 일산을 지니고 승원에 들어왔으며, 머리를 덮고서 승원에 들어왔고, 머리 위에 옷을 얹고서 승원에 들어왔으며, 마시는 물로써 발을 씻었고, 상좌인 구주비구에게 예배하지 않았으며, 눕고 앉는 처소를 묻지 않았는가?"

"진실로 그렇습니다. 세존이시여."

세존께서는 꾸짖으셨다.

"여러 비구들이여. 어찌하여 여러 객비구들이 신발을 신고서 승원에 들어왔고, 일산을 지니고 승원에 들어왔으며, 머리를 덮고서 승원에 들어왔고, 머리 위에 옷을 얹고서 승원에 들어왔으며, 마시는 물로써 발을 씻었고, 상좌인 구주비구에게 예배하지 않았으며, 눕고 앉는 처소를 묻지 않았는가? 어리석은 사람들이여. 이것은 오히려 믿지 않는 자에게 신심이 생겨나지 않게 하고, 이미 믿었던 자는 증장시키지 않느니라. …… 이미 믿었던 자는 일부가 전전하여 다른 곳을 향하여 떠나가게 하느니라."

세존께서는 여러 비구들을 꾸짖으셨고 설법하셨으며 여러 비구들에게 알려 말씀하셨다.

"여러 비구들이여. 만약 그와 같다면 객비구의 위의법(威儀法)을 제정하겠나니, 객비구는 이와 같이 행하여야 하느니라."

1-2 "여러 비구들이여. 객비구들이 장차 승원에 들어오는 때에는 마땅히

신발을 벗어서 내려놓고 털어서 그것을 지니며, 일산을 접고, 머리 위의 수건을 풀 것이며, 옷은 어깨에 놓아두고, 천천히 승원에 들어가야 하느니라. 만약 승원에 들어왔다면 마땅히 여러 비구들의 어느 처소에 물러나서 있는가를 관찰해야 한다. 마땅히 구주비구들이 물러나서 있는 근행당, 원형당, 나무 아래로 가서 한쪽에 발우를 내려놓고 한쪽에 옷을 내려놓으며 적당한 자리를 취하여 앉아야 한다. 마땅히 마시는 물과 씻는 물을 물으면서 말해야 한다.

'무엇이 마시는 물이고, 무엇이 씻으면서 사용하는 물입니까?'

만약 마시는 물이 필요하다면 곧 취하여 마시고, 씻는 물이 필요하다면 곧 씻는 물을 취하여 발을 씻어야 한다. 발을 씻는 때에 마땅히 한 손으로 물을 붓고서 한 손으로 발을 씻어야 하며, 물을 부은 뒤에 발을 씻을 수 없느니라. 마땅히 신발을 닦는 수건을 물어야 하고, 신발을 닦는 때에 마땅히 먼저 마른 수건으로 문지르고서 뒤에 젖은 수건으로 닦아야 하며, 신발을 닦고 수건을 씻은 뒤에 마땅히 한쪽에 놓아두어야 한다.

만약 구주비구가 상좌이었다면 마땅히 예배해야 하고, 만약 하좌이었다면 예배하게 해야 하며 마땅히 눕고 앉는 처소를 물어야 한다.

'어디가 눕고 앉는 처소입니까?'

마땅히 머무르고 있는가? 머무르고 있지 않는가를 물어야 하고, 마땅히 친근할 처소와 친근하지 않는 처소를 물어야 하며, 마땅히 학가(學家)를 물어야 한다. 마땅히 대변처와 소변처를 물어야 하고, 마땅히 마시는 물과 씻는 물을 물어야 한다. 마땅히 지팡이를 물어야 하고, 마땅히 승가의 집회당을 물어야 하며, 어느 때에 들어오고 나가야 하는가를 물어야 하느니라."

1-3 "만약 정사에 머무르는 자가 없다면 마땅히 그 문을 두드리고 잠시 기다리고서 뒤에 빗장을 열며, 바깥에 서서 그곳을 보아야 한다. 만약 정사가 먼지로 더럽혀졌다면 평상은 평상에 올려놓고, 의자는 의자에 올려놓으며, 와구와 좌구는 높은 곳에 올려놓고, 만약 할 수 있는 자는

마땅히 깨끗하게 해야 한다.

정사가 깨끗한 때라면 마땅히 땅 위의 부구를 취하여 꺼내어서 한쪽에 놓아두고, 평상의 다리를 취하여 한쪽에 놓아두며, 요와 베개를 꺼내어서 한쪽에 놓아두고, 좌구와 부구를 꺼내어서 한쪽에 놓아두고, 평상은 내려 놓고 꺼내면서 문과 차양[2]에 부딪히지 않게 하며, 의자를 내려놓고 꺼내면서 문과 차양에 부딪히지 않게 하고, 침을 뱉는 그릇을 꺼내어서 한쪽에 놓아두며, 기대는 판자를 꺼내어 한쪽에 놓아두어야 한다.

만약 정사에 거미줄이 있다면 마땅히 살펴보고 뒤에 그것을 털어내고 창문과 방안의 모서리를 청소해야 한다. 만약 붉은 점토를 발랐던 벽이 더럽혀졌다면 마땅히 젖은 수건으로 그것을 닦아내야 하고, 만약 검은색으로 발랐던 바닥이 지저분하다면 마땅히 젖은 수건으로 그것을 닦아내야 하며, 만약 정리되지 않은 바닥이라면 마땅히 물을 뿌려서 그것을 깨끗하게 하며, 정사가 먼지로 더럽혀지지 않게 하고, 먼지를 모아서 한쪽에 버려야 한다."

1-4 "바닥의 부구는 마땅히 말리고 깨끗하게 하며 두드리고 옮겨서 이전과 같이 깔아야 한다. 평상의 다리는 마땅히 말리고 깨끗이 씻으며 두드리고 바닥에 내려놓으면서 문과 차양에 부딪히지 않게 하고, 옮겨서 이전과 같이 설치해야 한다. 의자의 다리는 마땅히 말리고 깨끗이 씻으며 두드리고 바닥에 내려놓으면서 문과 차양에 부딪히지 않게 하고, 옮겨서 이전과 같이 설치해야 한다. 요와 베개는 마땅히 말리고 깨끗하게 하며 두드리고 옮겨서 이전과 같이 놓아두어야 한다. 좌구와 부구는 마땅히 말리고 깨끗하게 하며 두드리고 옮겨서 이전과 같이 놓아두어야 한다. 침을 뱉는 그릇은 마땅히 말리고 닦고 옮겨서 이전과 같이 놓아두어야 한다. 기대는 판자는 마땅히 말리고 닦고 옮겨서 이전과 같이 놓아두어야 한다."

---

2) 처마 끝에 덧붙이는 좁은 지붕을 가리킨다.

1-5 "마땅히 발우를 보관해야 한다. 발우를 보관할 때에는 마땅히 한 손으로 발우를 취하여 잡고 다른 손으로 평상이거나, 혹은 의자를 만져보고서 발우를 보관해야 하고, 발우를 노지(露地)에 놓아두면 아니된다. 옷을 보관할 때에는 마땅히 한 손으로 옷을 취하여 잡고 다른 손으로 옷의 시렁이거나, 옷걸이의 줄을 털어내고서 단(端)을 밖으로 주름(襞)을 안으로 보관해야 한다.

만약 동쪽에서 먼지의 바람이 불어왔다면 곧 동쪽 창문을 닫아야 하고, 만약 동쪽에서, …… 만약 북쪽에서, …… 만약 남쪽에서 먼지의 바람이 불어왔다면 곧 동쪽 창문을 닫아야 한다. 만약 추운 때라면 마땅히 낮에 창문을 열고 밤에 창문을 닫아야 한다. 만약 더운 때라면 마땅히 낮에 창문을 닫고 밤에 창문을 열어야 한다.

만약 방사가 먼지로 지저분하다면 마땅히 그것을 청소해야 하고, 만약 문루가 먼지로 더럽혀졌다면 마땅히 그것을 청소해야 하며, 만약 근행당이 먼지로 더럽혀졌다면 마땅히 그것을 청소해야 하고, 만약 화당(火堂)이 먼지로 더럽혀졌다면 마땅히 그것을 청소해야 하며, 만약 측간이 먼지로 지저분하다면 마땅히 그것을 청소해야 한다.

만약 마시는 물이 없다면 그것을 준비해야 하고, 만약 씻는 물이 없다면 그것을 준비해야 하며, 만약 세정병(洗淨甁)에 물이 없다면 그것을 준비해야 하느니라.

여러 비구들이여. 이것은 객비구를 위한 위의법이니, 객비구는 마땅히 이와 같이 행해야 하느니라."

[객비구의 위의법을 마친다.]

2) 구주비구의 위의법

2-1 이때 구주비구들이 객비구를 보았던 때에도 앉는 자리도 펼치지

앉았고, 발을 씻는 물, 발 받침대, 발수건도 놓아두지 않았으며, 맞이하여 발우와 옷도 취하지 않았고, 물이 필요한가를 묻지 않았으며, 상좌의 객비구에게 예배하지 않았고, 눕고 앉는 처소도 내어주지 않았다. 여러 비구들의 가운데에서 욕심이 적은 자들은 싫어하고 비난하였다.

"무슨 까닭으로 구주비구들은 객비구들을 보았던 때에 앉는 자리도 펼치지 않았고, 발을 씻는 물, 발 받침대, 발수건도 놓아두지 않았으며, 맞이하여 발우와 옷도 취하지 않았고, 물이 필요한가를 묻지 않았으며, 상좌인 객비구에게 예배하지 않았고, 눕고 앉는 처소도 내어주지 않는가?"

이때 여러 비구들은 이 일로써 세존께 아뢰었고, 세존께서는 여러 비구들에게 물어 말씀하셨다.

"여러 비구들이여. 구주비구들이 객비구를 보았던 때에 앉는 자리도 펼치지 않았고, 발을 씻는 물, 발 받침대, 발수건도 놓아두지 않았으며, 맞이하여 발우와 옷도 취하지 않았고, 물이 필요한가를 묻지 않았으며, 상좌인 객비구에게 예배하지 않았고, 눕고 앉는 처소도 내어주지 않았는가?"

"진실로 그렇습니다. 세존이시여."

…… 세존께서는 여러 비구들을 꾸짖으셨고 설법하셨으며 여러 비구들에게 알려 말씀하셨다.

"여러 비구들이여. 만약 그와 같다면 구주비구의 위의법을 제정하겠나니, 구주비구는 이와 같이 행하여야 하느니라."

2-2 "여러 비구들이여. 구주들이 상좌인 객비구들을 보았던 때라면, 마땅히 자리를 펼쳐야 하고, 발을 씻는 물, 발 받침대, 발수건도 놓아두어야 하며, 맞이하여 발우와 옷도 취해야 하고, 물이 필요한가를 물어야 하며, 만약 할 수 있다면 마땅히 신발을 닦아주어야 한다. 신발을 닦는 때에 먼저 마른 수건으로 문지르고서 뒤에 젖은 수건으로 닦아야 하며, 신발을 닦고 수건을 씻은 뒤에 마땅히 한쪽에 놓아두어야 한다. 마땅히 객비구에게 예배해야 하고, 눕고 앉는 처소를 내어주고서 말해야 한다.

'이곳이 그대의 눕고 앉는 처소입니다.'

마땅히 머무르고 있는가? 머무르고 있지 않는가를 알려야 하고, 마땅히 친근할 처소와 친근하지 않은 처소를 알려야 하며, 마땅히 학가를 알려야 한다. 마땅히 대변처와 소변처를 알려야 하고, 마땅히 마시는 물과 씻는 물을 알려야 한다. 마땅히 지팡이를 알려야 하고, 마땅히 승가의 집회당을 알려야 하며, 어느 때에 들어오고 나가야 하는가를 알려야 하느니라."

2-3 "만약 하좌의 비구라면, 곧 앉아서 알려 말해야 한다.

'이곳이 발우를 놓아두는 곳이고, 이곳이 옷을 놓아두는 곳이며, 이곳이 그대의 앉을 처소입니다.'

마땅히 마시는 물과 씻는 물을 알려야 하고, 신발을 닦는 수건을 알려야 하며, 마땅히 객비구에게 예배하게 하고, 눕고 앉는 처소를 알려야 한다.

'이곳이 그대의 눕고 앉는 처소입니다.'

마땅히 머무르고 있는가? 머무르지 않는가를 알려야 하고, 마땅히 친근한 처소와 친근하지 않은 처소를 알려야 하며, 마땅히 학가를 알려야 한다. 마땅히 대변처와 소변처를 알려야 하고, 마땅히 지팡이를 알려야 하고, 마땅히 승가의 집회당을 알려야 하며, 어느 때에 들어오고 나가야 하는가를 알려야 하느니라.

여러 비구들이여. 이것은 구주비구를 위한 위의법이니, 구주비구는 마땅히 이와 같이 행해야 하느니라."

[구주비구의 위의법을 마친다.]

3) 원행비구(遠行比丘)의 위의법

3-1 이때 멀리 떠나가는 비구들은 나무 도구와 흙 도구를 거두어 보관하지 않았고, 문과 창문을 닫지 않았으며, 눕고 앉는 처소를 부탁하지 않고서

떠나갔던 인연으로 나무 도구와 흙 도구를 잃어버렸고, 눕고 앉는 처소를 보호할 수 없었다. 여러 비구들의 가운데에서 욕심이 적은 자들은 싫어하고 비난하였다.

"무슨 까닭으로 멀리 떠나가는 비구들은 나무 도구와 흙 도구를 거두어 보관하지 않았고, 문과 창문을 닫지 않았으며, 눕고 앉는 처소를 부탁하지 않고서 떠나갔던 인연으로 나무 도구와 흙 도구를 잃어버렸고, 눕고 앉는 처소를 보호할 수 없게 하는가?"

이때 여러 비구들은 이 일로써 세존께 아뢰었고, 세존께서는 여러 비구들에게 물어 말씀하셨다.

"여러 비구들이여. 멀리 떠나가는 비구들은 나무 도구와 흙 도구를 거두어 보관하지 않았고, 문과 창문을 닫지 않았으며, 눕고 앉는 처소를 부탁하지 않고서 떠나갔던 인연으로 나무 도구와 흙 도구를 잃어버렸고, 눕고 앉는 처소를 보호할 수 없게 하였는가?"

"진실로 그렇습니다. 세존이시여."

…… 세존께서는 여러 비구들을 꾸짖으셨고 설법하셨으며 여러 비구들에게 알려 말씀하셨다.

"여러 비구들이여. 만약 그와 같다면 원행비구의 위의법을 제정하겠나니, 멀리 떠나가는 비구는 이와 같이 행하여야 하느니라."

3-2 "여러 비구들이여. 멀리 떠나가는 비구들은 나무 도구와 흙 도구를 거두어 보관해야 하고, 문과 창문을 닫으며, 눕고 앉는 처소를 부탁하고서 떠나가야 하느니라. 만약 비구가 없다면 사미에게 부탁해야 하고, 만약 사미가 없다면 수원인(守園人)에게 부탁해야 한다. 만약 비구가 없고 사미도 없으며 수원인도 없었다면, 곧 마땅히 평상을 가지고 4개의 돌 위에 놓아두고, 평상을 평상 위에 올려놓으며, 소상을 소상 위에 올려놓고, 와구와 좌구를 위쪽에 쌓아두고, 나무 도구와 흙 도구를 거두어 보관하며, 문과 창문을 닫고서 떠나가야 하느니라.

3-3 만약 정사가 비에 샜고, 만약 할 수 있다면 마땅히 수리하거나, 혹은 다른 사람이 수리하도록 노력해야 한다. 만약 이와 같이 할 수 있다면 좋으나, 만약 할 수 없다면, 비가 새지 않는 저소에 곧 마땅히 평상을 가지고 4개의 돌 위에 놓아두고, 평상을 평상 위에 올려놓으며, 소상을 소상 위에 올려놓고, 와구와 좌구를 위쪽에 쌓아두고, 나무 도구와 흙 도구를 거두어 보관하며, 문과 창문을 닫고서 떠나가야 한다.

정사의 여러 곳에서 비가 샜고, 만약 능히 할 수 있다면 좌구와 와구를 취락과 읍으로 옮기거나, 다른 사람이 옮기도록 노력해야 한다. 만약 이와 같이 할 수 있다면 좋으나, 만약 할 수 없다면, 노지에 곧 마땅히 평상을 가지고 4개의 돌 위에 놓아두고, 평상을 평상 위에 올려놓으며, 소상을 소상 위에 올려놓고, 와구와 좌구를 위쪽에 쌓아두고, 나무 도구와 흙 도구를 거두어 보관하며, 일부라도 남아있기를 발원하면서 나머지를 풀과 낙엽으로 덮고서 떠나가야 한다.

여러 비구들이여. 이것은 원행비구를 위한 위의법이니, 원행비구는 마땅히 이와 같이 행해야 하느니라."

[원행비구의 위의법을 마친다.]

4) 식당(食堂)의 위의법

4-1 그때 여러 비구들이 식당에서 감사하는 것을 표현하지 않았다. 여러 사람들은 싫어하고 비난하였다.

"어찌하여 사문 석자들은 식당에서 감사하는 것을 표현하지 않는가?"

여러 비구들은 여러 사람들이 싫어하고 비난하는 것을 들었다. 이때 그 여러 비구들은 이 일로써 세존께 아뢰었다. 세존께서는 이 인연으로써 설법하셨으며 여러 비구들에게 알려 말씀하셨다.

"여러 비구들이여. 식당에서 감사하는 것을 표현하는 것을 허락하겠노라."

이때 여러 비구들은 사유하였다.

'누가 식당에서 감사하는 것을 표현해야 하는가?'

이때 그 여러 비구들은 이 일로써 세존께 아뢰었다. 세존께서는 이 인연으로써 설법하셨으며 여러 비구들에게 알려 말씀하셨다.

"여러 비구들이여. 상수(上首)인 비구가 식당에서 감사하는 것을 표현하는 것을 허락하겠노라."

이때 한 대중들이 승차식(僧次食)을 행하였다. 장로 사리불이 승가에서 상수이었으므로 여러 비구들이 말하였다.

"세존께서는 상수인 비구가 식당에서 감사하는 것을 표현하는 것을 허락하셨습니다."

오직 사리불의 한 사람을 남겨두고서 떠나갔다. 이때 장로 사리불은 그 대중들에게 감사하는 것을 표현하고서 뒤에 혼자서 떠나갔다. 세존께서는 장로 사리불이 멀리서 오는 것을 보셨고, 사리불에게 알려 말씀하셨다.

"사리불이여. 음식은 풍족하였는가?"

"음식은 풍족하였습니다. 그러나 여러 비구들이 저를 혼자 남겨두고서 떠나갔습니다."

세존께서는 이 인연으로써 설법하셨으며 여러 비구들에게 알려 말씀하셨다.

"여러 비구들이여. 네 번째·다섯 번째의 좌차인 장로 비구들도 식당에서 기다리는 것을 허락하겠노라."

이때 한 장로가 식당에서 대소변을 참으면서 기다렸다. 그 비구는 대소변을 참다가 기절하였다. 그 비구는 이 일로써 세존께 아뢰었고, 세존께서는 말씀하셨다.

"여러 비구들이여. 만약 일이 있다면 다음 좌차의 비구에게 알리고서 떠나가는 것을 허락하겠노라."

4-2 그때 육군비구들이 상의와 하의가 가지런하지 않았고, 위의를 구족하지 않고 식당에 갔으며, 옆으로 이탈(離脫)하여 여러 장로들의 앞으로 갔고, 여러 자리를 밀치고 자리에 앉았으며, 하좌 비구의 자리를 빼앗았고, 승가를 펼치고서 실내에 앉았다. 여러 사람들은 싫어하고 비난하였다.

"어찌하여 육군비구들이 상의와 하의가 가지런하지 않고, 위의를 구족하지 않고 식당에 가며, 옆으로 이탈하여 여러 장로들의 앞으로 갔고, 여러 장로들을 밀치고 자리에 앉으며, 하좌 비구의 자리를 빼앗고, 승가를 펼치고서 실내에 앉는가?"

이때 그 여러 비구들은 이 일로써 세존께 아뢰었고, 세존께서는 물어 말씀하셨다.

"여러 비구들이여. 진실로 육군비구들이 상의와 하의가 가지런하지 않았고, 위의를 구족하지 않고 식당에 갔으며, 옆으로 이탈하여 여러 장로들의 앞으로 갔고, 여러 장로 비구들을 밀치고 자리에 앉았으며, 하좌 비구의 자리를 빼앗았고, 승가를 펼치고서 실내에 앉았는가?"

"진실로 그렇습니다. 세존이시여."

…… 세존께서는 여러 비구들을 꾸짖으셨고 설법하셨으며 여러 비구들에게 알려 말씀하셨다.

"여러 비구들이여. 만약 그와 같다면 비구의 식당 위의법을 제정하겠나니, 비구는 식당에서 이와 같이 행하여야 하느니라."

4-3 "만약 승원에서 때가 이르렀음을 알리는 때라면, 마땅히 삼륜(三輪)을 덮도록 둥글게 하의를 입고, 허리띠를 묶으며, 겹쳐서 승가를 입고, 끈(細)을 묶으며, 발우를 씻어서 지니고, 천천히 취락이나 읍성에 들어가야 하느니라. 옆으로 빠져나와서 여러 장로들의 앞으로 들어갈 수 없고, 몸을 잘 가리고서 실내로 들어가야 하며, 몸을 잘 섭수하여 실내로 들어가야 하고, 눈은 바닥을 향하면서 실내로 들어가야 하며, 옷을 들어 올리고 실내로 들어갈 수 없느니라.

웃으면서 실내로 들어갈 수 없고, 큰 소리로 떠들면서 실내로 들어갈 수 없으며, 몸을 흔들면서 실내로 들어갈 수 없고, 어깨를 흔들면서 실내로 들어갈 수 없으며, 머리를 흔들면서 실내로 들어갈 수 없고, 허리에 손을 얹고 실내로 들어갈 수 없으며, 머리를 덮고서 실내로 들어갈 수 없고, 웅크리고 실내로 들어갈 수 없다.

마땅히 몸을 잘 가리고서 실내에 앉아야 하고, 실내에 앉았다면 마땅히 몸을 잘 섭수해야 하며, 앉았다면 눈은 바닥을 향해야 하고, 실내에 앉으면서 옷을 들어 올릴 수 없다. 실내에 앉아서 웃을 수 없고, 실내에 앉아서 큰 소리로 떠들 수 없고, 실내에 앉아서 몸을 흔들 수 없으며, 실내에 앉아서 어깨를 흔들 수 없고, 실내에 앉아서 머리를 흔들 수 없으며, 실내에 앉아서 허리에 손을 얹을 수 없고, 실내에 앉아서 머리를 덮을 수 없으며, 실내에 앉아서 어깨를 감쌀 수 없다.

장로를 밀치고 앉을 수 없으며, 하좌 비구의 자리를 빼앗을 수 없고, 실내에 앉아서 승가리를 펼칠 수 없느니라."

4-4 "물을 받는 때라면 두 손으로 발우를 잡고서 물을 받아야 하고, 발우를 내려놓고서 긁히지 않게 씻어야 한다. 만약 물을 받은 자라면 발우를 내려놓고, 받은 물그릇의 물을 주의하여 물을 받은 자에게 물이 튕기지 않게 해야 하고, 주위의 여러 비구들에게 튕기지 않게 해야 하며, 승가리에 물이 튕기지 않게 해야 한다. 만약 물을 받지 않은 자라면 발우를 내려놓고 물을 바닥에 튕기지 않게 해야 하고 주위의 여러 비구들에게 튕기지 않게 해야 하고, 승가리에 물이 튕기지 않게 해야 한다.

밥을 받는 때라면 두 손으로 발우를 잡고서 밥을 받아야 하고, 국의 공간을 남겨두어야 한다. 만약 소(酥), 기름(油), 맛있는 음식(眞味)[3]이 있다면 장로는 마땅히 말해야 한다.

'균등하게 모든 사람에게 제공하십시오.'

조심스럽게 음식을 받아야 하고, 발우를 생각하면서 음식을 받아야

---

3) 팔리어 uttaribhaṅga(우따리반가)의 번역이다.

하며, 마땅히 국과 균등하게 음식을 받아야 하고, 모든 사람이 음식을 받지 않았다면 장로는 음식을 먹을 수 없느니라."

4-5 "마땅히 조심스럽게 음식을 먹어야 하고, 마땅히 발우를 생각하면서 음식을 먹어야 하며, 마땅히 차례로 음식을 먹어야 하느니라. 음식을 가운데에 쌓아두고서 먹을 수 없고, 다시 많은 국과 맛있는 음식을 받을 수 없으며, 밥으로써 그것을 덮을 수 없고, 스스로를 위하여 국·밥·음식을 구걸할 수 없으나, 병자는 제외한다.

싫어하는 마음으로 다른 비구의 발우를 바라볼 수 없고, 밥을 지나치게 크게 둥글게 만들 수 없으며, 둥근 모양으로 먹어야 하며, 밥을 가까이 가져오지 않았는데 입을 벌릴 수 없고, 먹는 때에 모든 손가락을 입안에 넣을 수 없으며, 음식을 입에 머금고 말할 수 없고, 음식을 가지고 입에 던져서 넣을 수 없다.

밥 덩어리를 잘라서 먹을 수 없고, 뺨을 부풀리면서 먹을 수 없으며, 손을 흔들면서 먹을 수 없고, 밥을 흩트리면서 먹을 수 없으며, 혀를 내밀면서 먹을 수 없고, 쩝쩝거리면서 먹을 수 없으며, 빨아들이는 소리를 지으면서 먹을 수 없고, 손을 핥으면서 먹을 수 없으며, 발우를 핥으면서 먹을 수 없고, 입술을 핥으면서 먹을 수 없으며, 더러운 손으로 물병을 잡을 수 없느니라."

4-6 "모든 비구들이 먹지 않았다면 장로는 물을 받을 수 없다. 물을 받는 때라면 두 손으로 발우를 잡고서 물을 받아야 하고, 발우를 내려놓고서 긁히지 않게 씻어야 한다. 만약 물을 받은 자라면 발우를 내려놓고, 받은 물그릇의 물을 주의하여 물을 받은 자에게 물이 튕기지 않게 해야 하고, 주위의 여러 비구들에게 튕기지 않게 해야 하며, 승가리에 물이 튕기지 않게 해야 한다. 만약 물을 받지 않은 자라면 발우를 내려놓고 물을 바닥에 튕기지 않게 해야 하고 주위의 여러 비구들에게 튕기지 않게 해야 하고, 승가리에 물이 튕기지 않게 해야 한다.

밥알이 발우의 물속에 있다면 실내에서 버릴 수 없다. 돌아오는 때에는 하좌 비구가 앞에 있고, 상좌 비구는 뒤에 있어야 한다. 몸을 잘 섭수하여 실내로 가야 하며, 눈은 바닥을 향하면서 실내로 가야 하고, 옷을 들어 올리고 실내로 갈 수 없으며, 웃으면서 실내로 갈 수 없고, 큰 소리로 떠들면서 실내로 갈 수 없으며, 몸을 흔들면서 실내로 갈 수 없고, 어깨를 흔들면서 실내로 갈 수 없으며, 머리를 흔들면서 실내로 갈 수 없고, 허리에 손을 얹고 실내로 갈 수 없으며, 머리를 덮고서 실내로 갈 수 없고, 웅크리고 실내로 갈 수 없느니라.

여러 비구들이여. 이것은 비구의 식당 위의법이니, 비구는 식당에서 마땅히 이와 같이 행해야 하느니라."

[식당의 위의법을 마친다.]

○ 첫째의 송출품을 마친다

2. 제2송출품

5) 걸식비구(乞食比丘)의 위의법

5-1 걸식하는 비구들이 상의와 하의가 가지런하지 않았고, 위의를 구족하지 않았는데, 걸식하러 갔다. 재가의 집을 관찰하지 않고서 들어갔고, 관찰하지 않고 나왔으며, 다급하게 들어갔고 다급하게 나왔으며, 너무 멀리 서 있었고, 너무 가까이 서 있었으며, 너무 오래 서 있었고, 너무 빠르게 나왔다.

한 걸식비구가 있었고, 관찰하지 않고서 인가(人家)에 들어갔고, 문이라고 생각하고서 실내에 들어갔다. 그 집안에는 부인이 있었는데, 나체(裸體)

로 누워있었다. 그 비구는 그 부인이 나체로 누워있는 것을 보았고, 이것은 문이 아니고 실내라고 알고서 내실에서 나왔다. 그 부인의 남편은 그의 아내가 나체로 누워있는 것을 보고서 '이 비구가 나의 아내를 염오시킨 것이다.'라고 생각하였고, 그 비구를 붙잡아서 때렸다. 이때 그 아내는 소리에 깨어났고 그 남편에게 말하였다.

"현자여. 어찌 이 비구를 때립니까?"

"이 비구가 그대를 염오시켰소."

"현자여. 이 비구는 나를 염오시키지 않았습니다. 이 비구는 허물이 없습니다."

이와 같아서 그 비구를 풀어주었다. 이때 그 비구는 승원으로 갔으며, 이 일로써 여러 비구들에게 알렸다. 여러 비구들의 가운데에서 욕심이 적은 자들은 싫어하고 비난하였다.

"무슨 까닭으로 걸식하는 비구들이 상의와 하의가 가지런하지 않았고, 위의를 구족하지 않았으나 걸식하러 갔으며, 재가인의 집을 관찰하지 않고서 들어갔고, 관찰하지 않고 나왔으며, 다급하게 들어갔고 다급하게 나왔으며, 너무 멀리 서 있었고, 너무 가까이 서 있었으며, 너무 오래 서 있었고, 너무 빠르게 돌아왔는가?"

이때 여러 비구들은 이 일로써 세존께 아뢰었고, 세존께서는 여러 비구들에게 물어 말씀하셨다.

"여러 비구들이여. 진실로 걸식하는 비구들이 상의와 하의가 가지런하지 않았고, 위의를 구족하지 않았는데, 걸식하러 갔으며, 재가인의 집을 관찰하지 않고서 들어갔고, 관찰하지 않고 나왔으며, 다급하게 들어갔고 다급하게 나왔으며, 너무 멀리 서 있었고, 너무 가까이 서 있었으며, 너무 오래 서 있었고, 너무 빠르게 나왔는가?"

"진실로 그렇습니다. 세존이시여."

…… 세존께서는 여러 비구들을 꾸짖으셨고 설법하셨으며 여러 비구들에게 알려 말씀하셨다.

"여러 비구들이여. 만약 그와 같다면 걸식비구의 위의법을 제정하겠나니, 걸식비구는 이와 같이 행하여야 하느니라."

5-2 "여러 비구들이여. 걸식하는 비구가 취락이나 읍성에 들어가는 때라면, 마땅히 삼륜을 덮도록 둥글게 하의를 입고, 허리띠를 묶으며, 겹쳐서 승가를 입고, 끈을 묶으며, 발우를 씻어서 지니고, 천천히 취락이나 읍성에 들어가야 하느니라. 옆으로 빠져나와서 여러 장로들의 앞으로 들어갈 수 없고, 몸을 잘 가리고서 들어가야 하며, 몸을 잘 섭수하여 들어가야 하고, 눈은 바닥을 향하면서 들어가야 하고, 옷을 들어 올리고 들어갈 수 없느니라.

웃으면서 들어갈 수 없고, 큰 소리로 떠들면서 들어갈 수 없으며, 몸을 흔들면서 들어갈 수 없고, 어깨를 흔들면서 들어갈 수 없으며, 머리를 흔들면서 들어갈 수 없고, 허리에 손을 얹고 들어갈 수 없으며, 머리를 덮고서 들어갈 수 없고, 웅크리고 들어갈 수 없다.

인가에 들어가는 때에는 이곳이 들어가는 곳이고 이곳이 나오는 곳인가를 관찰해야 하고, 다급하게 들어가거나 다급하게 나오지 않아야 하며, 너무 멀리 서 있었거나 너무 가까이 서 있지 않아야 너무 오래 서 있거나 너무 빠르게 나오지 않아야 한다. 서 있는 때에 마땅히 주려고 하는가? 주지 않으려고 하는가를 관찰해야 하고, 만약 하는 일을 멈추지 않는다면 자리에서 일어나야 하며, 숟가락을 만지거나, 그릇을 만지면서 내려놓는 다면 주겠다는 것과 비슷하므로 여전히 서 있어야 한다.

음식을 받는 때에는 왼손으로 승가리를 잡고 오른손으로 발우를 꺼내어 보여주고서 두 손으로 음식을 받아야 하고, 베푸는 자의 얼굴은 보지 않아야 한다. 마땅히 국을 주려고 하는가? 주지 않으려고 하는가를 관찰해야 하고, 만약 숟가락을 만지거나, 그릇을 만지면서 내려놓는다면 주겠다는 것과 비슷하므로 여전히 서 있어야 한다. 이미 받은 때라면 마땅히 승가리로써 발우를 덮고서 천천히 돌아와야 한다.

마땅히 몸을 잘 가리고서 실내로 들어가야 하며, 몸을 잘 섭수하여 실내로 들어가야 하고, 눈은 바닥을 향하면서 실내로 들어가야 하며,

옷을 들어 올리고 실내로 들어갈 수 없느니라. 웃으면서 실내로 들어갈 수 없고, 큰 소리로 떠들면서 실내로 들어갈 수 없으며, 몸을 흔들면서 실내로 들어갈 수 없고, 어깨를 흔들면서 실내로 들어갈 수 없으며, 머리를 흔들면서 실내로 들어갈 수 없고, 허리에 손을 얹고 실내로 들어갈 수 없으며, 머리를 덮고서 실내로 들어갈 수 없고, 웅크리고 실내로 들어갈 수 없다.

5-3 "취락이나 읍성에서 먼저 돌아왔던 자는 마땅히 앉을 자리를 설치해야 하고, 발을 씻는 물, 발 받침대, 발수건을 준비해야 하며, 퇴수통(退水桶)을 깨끗하게 씻어야 하고, 마시는 물과 씻을 물을 준비해야 한다. 취락이나 읍성에서 뒤에 돌아왔던 자는 잔식이 있는데, 만약 먹고자 하였다면 먹을 것이고, 만약 먹으려고 하지 않았다면 풀이 없는 곳이거나, 벌레들이 없는 물속에 버려야 한다. 마땅히 앉았던 자리를 정리해야 하고, 발을 씻는 물, 발 받침대, 발수건을 들여놓아야 하며, 사용한 퇴수통을 깨끗하게 씻어서 보관해야 하고, 음식을 치우고 식당을 청소해야 한다. 만약 마시는 물병과 씻을 물을 보아서 물이 없다면 그 사람이 그것을 채워야 하고, 만약 그 비구가 능히 할 수 없다면, 손으로 다른 비구를 불러서 손으로 돕게 할 것이며, 이것을 인연으로 말한다면 아니된다.

여러 비구들이여. 이것은 걸식비구의 위의법이니, 걸식비구는 마땅히 이와 같이 행해야 하느니라."

[걸식비구의 위의법을 마친다.]

6) 아란야 비구의 위의법

6-1 그때 많은 비구들이 아란야에 머물렀다.

그 비구들은 마시는 물을 갖추지 않았고, 씻는 물을 갖추지 않았으며,

불(火)⁴⁾을 갖추지 않았고, 화구(火具)⁵⁾를 갖추지 않았으며, 별자리를 알지 못하였고, 방위도 알지 못하였다. 여러 도둑들이 그 처소에 왔고, 여러 비구들에게 말하였다.

"대덕이여. 마시는 물이 있습니까?"

"현자여. 없습니다."

"대덕이여. 씻는 물이 있습니까?"

"현자여. 없습니다."

"대덕이여. 불이 있습니까?"

"현자여. 없습니다."

"대덕이여. 화구가 있습니까?"

"현자여. 없습니다."

"대덕이여. 오늘은 무슨 별자리와 일치합니까?"

"현자여. 알지 못합니다."

"대덕이여. 이곳은 어느 방위입니까?"

"현자여. 알지 못합니다."

이때 그 도둑들은 말하였다.

"이곳에는 마시는 물도 없고, 씻는 물도 없으며, 불도 없고, 화구도 없으며, 별자리를 알지 못하고, 방위도 알지 못하니, 이러한 자들은 비구가 아니고 도둑이다."

때리고서 떠나갔다. 이때 여러 비구들은 이 일로써 세존께 아뢰었다. 이때 세존께서는 이 인연으로써 설법하셨고, 여러 비구들에게 알려 말씀하셨다.

"여러 비구들이여. 만약 그와 같다면 아란야 비구들의 위의법을 제정하겠나니, 아란야 비구들은 이와 같이 행하여야 하느니라."

6-2 "여러 비구들이여. 아란야 비구는 일찍 일어나서 마땅히 발우를

---

4) 팔리어 aggi(아끼)의 번역이다.
5) 팔리어 araṇisahita(아라니사히타)의 번역이고, 마찰을 위한 위쪽 막대기를 가리킨다.

내려서 발랑에 집어넣어서 어깨에 메고, 상의를 어깨에 걸치며, 신발을 신고, 나무의 도구와 흙의 도구를 거두어 보관해야 하고 문과 창문을 닫고서 눕고 앉는 처소로 나와야 한다. 장차 취락이나 읍성에 들어가는 때라면, 신발을 벗어서 내려놓고 두드려야 하고 그러한 뒤에 주머니에 집어넣고서 어깨에 걸쳐야 하며, 마땅히 삼륜을 덮도록 둥글게 하의를 입고, 허리띠를 묶으며, 겹쳐서 승가를 입고, 끈을 묶으며, 발우를 씻어서 지니고, 천천히 취락이나 읍성에 들어가야 하느니라. 옆으로 빠져나와서 여러 장로들의 앞으로 들어갈 수 없고, 몸을 잘 가리고서 들어가야 하며, 몸을 잘 섭수하여 들어가야 하고, 눈은 바닥을 향하면서 들어가야 하고, 옷을 들어 올리고 들어갈 수 없느니라.

　웃으면서 들어갈 수 없고, 큰 소리로 떠들면서 들어갈 수 없으며, 몸을 흔들면서 들어갈 수 없고, 어깨를 흔들면서 들어갈 수 없으며, 머리를 흔들면서 들어갈 수 없고, 허리에 손을 얹고 들어갈 수 없으며, 머리를 덮고서 들어갈 수 없고, 웅크리고 들어갈 수 없다.

　인가에 들어가는 때에는 이곳이 들어가는 곳이고 이곳이 나오는 곳인가를 관찰해야 하고, 다급하게 들어가거나 다급하게 나오지 않아야 하며, 너무 멀리 서 있었거나 너무 가까이 서 있지 않아야 하고, 너무 오래 서 있거나 너무 빠르게 나오지 않아야 한다. 서 있는 때에 마땅히 주려고 하는가? 주지 않으려고 하는가를 관찰해야 하고, 만약 하는 일을 멈추지 않는다면 자리에서 일어나야 하며, 숟가락을 만지거나, 그릇을 만지면서 내려놓는다면 주겠다는 것과 비슷하므로 여전히 서 있어야 한다.

　음식을 받는 때에는 왼손으로 승가리를 잡고 오른손으로 발우를 꺼내어 보여주고서 두 손으로 음식을 받아야 하고, 베푸는 자의 얼굴은 보지 않아야 한다. 마땅히 국을 주려고 하는가? 주지 않으려고 하는가를 관찰해야 하고, 만약 숟가락을 만지거나, 그릇을 만지면서 내려놓는다면 주겠다는 것과 비슷하므로 여전히 서 있어야 한다. 이미 받은 때라면 마땅히 승가리로써 발우를 덮고서 천천히 돌아와야 한다.

　마땅히 몸을 잘 가리고서 실내로 들어가야 하며, 몸을 잘 섭수하여 실내로 들어가야 하고, 눈은 바닥을 향하면서 실내로 들어가야 하며, 옷을 들어 올리고 실내로 들어갈 수 없느니라. 웃으면서 실내로 들어갈 수 없고, 큰 소리로 떠들면서 실내로 들어갈 수 없으며, 몸을 흔들면서 실내로 들어갈 수 없고, 어깨를 흔들면서 실내로 들어갈 수 없으며, 머리를 흔들면서 실내로 들어갈 수 없고, 허리에 손을 얹고 실내로 들어갈 수 없으며, 머리를 덮고서 실내로 들어갈 수 없고, 웅크리고 실내로 들어갈 수 없다."

6-3 "취락이나 읍성에서 나왔다면 발우를 발랑에 집어넣고, 상의를 접어서 어깨 위에 올려놓고서 마땅히 신발을 신고서 떠나가야 한다. 여러 비구들이여. 아란야 비구들은 마시는 물을 갖추어야 하고, 씻는 물을 갖추어야 하며, 불을 갖추어야 하고, 화구를 갖추어야 하며, 별자리를 알아야 하고, 방위도 알아야 하느니라.

여러 비구들이여. 이것은 아란야 비구의 위의법이니, 아란야 비구는 마땅히 이와 같이 행해야 하느니라."

[아란야 비구의 위의법을 마친다.]

7) 와구와 좌구의 위의법

7-1 그때 많은 비구들은 노지에서 옷을 지었고, 육군비구들은 앞마당[6]에서 바람을 거슬러서 와구와 좌구를 두드려서 털었으므로, 여러 비구들은 먼지를 뒤집어썼다. 여러 비구들의 가운데에서 욕심이 적은 자들은 싫어하고 비난하였다.

"무슨 까닭으로 육군비구들은 앞마당에서 바람을 거슬러서 와구와

---

6) 팔리어 Aṅgaṇa(안가나)의 번역이고, 정사에 부속된 열린 공간인 마당을 가리킨다.

좌구를 두드려서 털었고, 여러 비구들은 먼지를 뒤집어쓰게 하는가?"
 이때 여러 비구들은 이 일로써 세존께 아뢰었고, 세존께서는 여러 비구들에게 물어 말씀하셨다.
 "여러 비구들이여. 진실로 육군비구들은 앞마당에서 바람을 거슬러서 와구와 좌구를 두드려서 털었고, 여러 비구들은 먼지를 뒤집어쓰게 하였는가?"
 "진실로 그렇습니다. 세존이시여."
 …… 세존께서는 여러 비구들을 꾸짖으셨고 설법하셨으며 여러 비구들에게 알려 말씀하셨다.
 "여러 비구들이여. 만약 그와 같다면 비구의 와구와 좌구의 위의법을 제정하겠나니, 비구는 와구와 좌구를 이와 같이 행하여야 하느니라."

7-2 "만약 머무르는 정사가 먼지로 더럽혀졌고, 만약 능히 할 수 있다면 깨끗하게 청소해야 한다. 정사를 청소하는 때라면, 먼저 발우를 꺼내어서 한쪽에 놓아두어야 하고, 좌구와 부구를 꺼내어서 한쪽에 놓아두어야 하며, 요와 베개를 꺼내어서 한쪽에 놓아두어야 하고, 좌구와 부구를 꺼내어서 한쪽에 놓아두어야 하며, 평상은 내려놓고 문과 차양에 부딪히지 않게 꺼내어 한쪽에 놓아두어야 하고, 의자를 내려놓고 문과 차양에 부딪히지 않게 꺼내어 한쪽에 놓아두어야 하며, 평상의 다리를 꺼내어 한쪽에 놓아두어야 하고, 침을 뱉는 그릇을 꺼내어서 한쪽에 놓아두며, 기대는 판자를 꺼내어 한쪽에 놓아두어야 하고, 바닥의 부구는 마땅히 살펴보고 펼쳐서 꺼내고서 한쪽에 놓아두어야 한다.
 만약 정사에 거미줄이 있다면 마땅히 살펴보고 뒤에 그것을 털어내고 창문과 방안의 모서리를 청소해야 하고, 만약 붉은 점토를 발랐던 벽이 더럽혀졌다면 마땅히 젖은 수건으로 그것을 닦아내야 하고, 만약 검은색으로 발랐던 바닥이 지저분하다면 마땅히 젖은 수건으로 그것을 닦아내야 하며, 만약 정리되지 않은 바닥이라면 마땅히 물을 뿌려서 그것을 깨끗하게 하며, 정사가 먼지로 더럽혀지지 않게 하고, 먼지를 모아서 한쪽에 버려야 한다.

비구들의 주위에서 와구와 좌구를 두드려서 털어낼 수 없고, 정사의 주위에서 와구와 좌구를 두드려서 털어낼 수 없으며, 마시는 물의 주위에서 와구와 좌구를 두드려서 털어낼 수 없고, 씻는 물의 주위에서 와구와 좌구를 두드려서 털어낼 수 없으며, 바람이 부는 곳에서 와구와 좌구를 두드려서 털어낼 수 없다."

7-3 "바닥의 부구는 마땅히 말리고 깨끗하게 하며 두드리고 옮겨서 이전과 같이 깔아야 한다. 평상은 마땅히 말리고 깨끗이 씻으며 두드리고 바닥에 내려놓으면서 문과 차양에 부딪히지 않게 하고, 옮겨서 이전과 같이 설치해야 한다. 의자는 마땅히 말리고 깨끗이 씻으며 두드리고 바닥에 내려놓으면서 문과 차양에 부딪히지 않게 하고, 옮겨서 이전과 같이 설치해야 한다. 요와 베개는 마땅히 말리고 깨끗하게 하며 두드리고 옮겨서 이전과 같이 놓아두어야 한다. 좌구와 부구는 마땅히 말리고 깨끗하게 하며 두드리고 옮겨서 이전과 같이 놓아두어야 한다. 침을 뱉는 그릇은 마땅히 말리고 닦고 옮겨서 이전과 같이 놓아두어야 한다. 기대는 판자는 마땅히 말리고 닦고 옮겨서 이전과 같이 놓아두어야 한다.

마땅히 발우를 보관해야 한다. 발우를 보관할 때에는 마땅히 한 손으로 발우를 취하여 잡고 다른 손으로 평상이거나, 혹은 의자를 만져보고서 발우를 보관해야 하고, 발우를 노지에 놓아두면 아니된다. 옷을 보관할 때에는 마땅히 한 손으로 옷을 취하여 잡고 다른 손으로 옷의 시렁이거나, 옷걸이의 줄을 털어내고서 단을 밖으로 주름을 안으로 보관해야 한다."

7-4 "만약 동쪽에서 먼지의 바람이 불어왔다면 곧 동쪽 창문을 닫아야 하고, 만약 동쪽에서, …… 만약 북쪽에서, …… 만약 남쪽에서 먼지의 바람이 불어왔다면 곧 동쪽 창문을 닫아야 한다. 만약 추운 때라면 마땅히 낮에 창문을 열고 밤에 창문을 닫아야 한다. 만약 더운 때라면 마땅히 낮에 창문을 닫고 밤에 창문을 열어야 한다.

만약 방사가 먼지로 지저분하다면 마땅히 그것을 청소해야 하고, 만약 문루가 먼지로 더럽혀졌다면 마땅히 그것을 청소해야 하며, 만약 근행당이 먼지로 더럽혀졌다면 마땅히 그것을 청소해야 하고, 만약 화당(火堂)이 먼지로 더럽혀졌다면 마땅히 그것을 청소해야 하며, 만약 측간이 먼지로 지저분하다면 마땅히 그것을 청소해야 한다.

상좌의 비구와 같이 한 정사에 머물렀는데, 만약 알리지 않았다면 설명하여 보여줄 수 없고, 질문할 수 없으며, 독송할 수 없고, 설법할 수 없고, 점등(點燈)할 수 없으며, 소등(消燈)할 수 없고, 창문을 열 수 없으며, 창문을 닫을 수 없다. 만약 상좌의 비구와 같이 한 곳을 경행하였다면, 마땅히 상좌를 따라서 경행해야 하고, 승가리의 끝자락을 밟을 수 없느니라.

여러 비구들이여. 이것은 비구의 와구와 좌구의 위의법이니, 비구는 마땅히 와구와 좌구를 이와 같이 행해야 하느니라."

[와구와 좌구의 위의법을 마친다.]

8) 욕실(浴室)의 위의법

8-1 그때 육군비구들은 욕실에서 여러 장로 비구들에게 제지되었던 인연으로, 공경하지 않으면서 많은 땔감을 쌓아두고 불을 지폈으며, 문을 잠그고 문의 입구에 앉아 있었다. 여러 비구들은 열기로 고통받았고 나오지 못하여 기절하여 넘어졌다. 여러 비구들의 가운데에서 욕심이 적은 자들은 싫어하고 비난하였다.

"무슨 까닭으로 육군비구들은 욕실에서 여러 장로 비구들에게 제지되었던 인연으로, 공경하지 않으면서 많은 땔감을 쌓아두고 불을 지폈으며, 문을 잠그고 문의 입구에 앉아 있었고, 여러 비구들은 열기로 고통받았고 나오지 못하게 하여 기절하여 넘어지게 하는가?"

이때 여러 비구들은 이 일로써 세존께 아뢰었고, 세존께서는 여러 비구들에게 물어 말씀하셨다.

"여러 비구들이여. 진실로 육군비구들은 욕실에서 여러 장로 비구들에게 제지되었던 인연으로, 공경하지 않으면서 많은 땔감을 쌓아두고 불을 지폈으며, 문을 잠그고 문의 입구에 앉아 있었고, 여러 비구들은 열기로 고통받았고 나오지 못하게 하여 기절하여 넘어지게 하였는가?"

"진실로 그렇습니다. 세존이시여."

…… 세존께서는 여러 비구들을 꾸짖으셨고 설법하셨으며 여러 비구들에게 알려 말씀하셨다.

"여러 비구들이여. 욕실에서 여러 장로 비구들에게 제지되었던 인연으로, 공경하지 않으면서 많은 땔감을 쌓아두고 불을 지필 수 없느니라. 지피는 자는 악작을 범하느니라. 여러 비구들이여. 문을 잠그고 문의 입구에 앉아 있을 수 없느니라. 앉아있는 자는 악작을 범하느니라.

여러 비구들이여. 만약 그와 같다면 비구들에게 욕실의 위의법을 제정하겠나니, 여러 비구들은 욕실에서 이와 같이 행하여야 하느니라."

8-2 "욕실에 먼저 가는 자는 재(灰)와 먼지가 많았다면 마땅히 재와 먼지를 치워야 하고, 만약 욕실이 재와 먼지로 더럽혀졌다면 마땅히 깨끗하게 청소해야 하며, 만약 평상이 재와 먼지로 더럽혀졌다면 마땅히 깨끗하게 청소해야 한다. 만약 방사가 재와 먼지로 더럽혀졌다면, …… 나아가 …… 만약 문루가 재와 먼지로 더럽혀졌다면, …… 나아가 …… 만약 온실(溫室)이 재와 먼지로 더럽혀졌다면 마땅히 깨끗하게 청소해야 한다.

고운 가루를 반죽해야 하고, 진흙을 개야 하며, 물병에 물을 채워야 한다. 욕실에 들어가는 때에는 점토를 얼굴에 바르고 앞뒤를 가리고서 욕실에 들어가야 한다. 상좌 비구를 밀치고서 앉을 수 없고, 하좌 비구를 쫓아낼 수 없으며, 욕실에서 할 수 있다면 상좌 비구를 수순하며 모셔야 한다. 욕실을 나오는 때에는 욕실의 의자를 취하고 앞뒤를 가리고서 욕실을 나와야 한다. 물속에서 할 수 있다면 상좌 비구를 수순하면서 모셔야 한다. 장로 비구와 상좌 비구가 있는 곳에서 목욕할 수 없고, 목욕을 마치고 나오는 자는 마땅히 들어가는 자에게 길을 양보해야 한다. 일반적으로 뒤에 욕실을 나오는 자가 욕실에 만약 습기가 있다면 마땅히 그것을 씻어내야 하고, 마땅히 진흙병을 씻어야 하며, 욕실의 의자를 거두어 저장해야 하고, 불을 꺼야 하며, 문을 잠그고 나와야 하느니라.
　여러 비구들이여. 이것은 비구를 위한 욕실의 위의법이니, 비구는 마땅히 욕실에서 이와 같이 행해야 하느니라."

[욕실의 위의법을 마친다.]

9) 측간의 위의법 ①

9-1 그때 한 비구가 있었고, 바라문 종족이었는데 대변을 보고서 씻지 않으려고 하면서 말하였다.
　"누가 이렇게 더럽고 악취가 있는 것을 만지겠는가?"
　그의 대변도에 벌레가 생겨났다. 이때 그 비구는 이 일로써 여러 비구들에게 알렸고, 여러 비구들은 말하였다.
　"그대는 대변을 보고서 씻지 않는가?"
　"여러 장로들이여. 진실로 그렇습니다."
　여러 비구들의 가운데에서 욕심이 적은 자들은 싫어하고 비난하였다.
　"무슨 까닭으로써 비구가 대변을 보고서 씻지 않는가?"
　이때 여러 비구들은 이 일로써 세존께 아뢰었고, 세존께서는 그 비구에게 물어 말씀하셨다.
　"비구여. 진실로 그대는 대변을 보고서 씻지 않았는가?"
　"진실로 그렇습니다. 세존이시여."
　…… 세존께서는 여러 비구들을 꾸짖으셨고 설법하셨으며 여러 비구들

에게 알려 말씀하셨다.
"여러 비구들이여. 대변을 보고서 물이 있는 때에는 씻어야 하나니, 씻지 않는 자는 악작을 범하느니라."

10) 측간의 위의법 ②

10-1 그때 여러 비구들은 좌차를 따라서 대변을 보았다.
하좌인 비구들은 먼저 왔어도 기다려야 하였고, 대변에 압박을 받았어도 그들은 강제로 참았으므로 기절하여 쓰러졌다. 이때 여러 비구들은 이 일로써 세존께 아뢰었고, 세존께서는 여러 비구들에게 물어 말씀하셨다.
"비구들이여. 진실로 측간에서 좌차를 따라서 대변을 보았는가?"
"진실로 그렇습니다. 세존이시여."
…… 세존께서는 여러 비구들을 꾸짖으셨고 설법하셨으며, 여러 비구들에게 알려 말씀하셨다.
"여러 비구들이여. 측간에서 좌차를 따라서 대변을 볼 수 없느니라. 좌차를 행하는 자는 악작을 범하느니라. 여러 비구들이여. 이르는 차례로 대변을 보는 것을 허락하겠노라."

10-2 그때 육군비구들은 다급하게 측간에 들어가면서 옷을 걷어올리고 들어갔고, 신음(呻吟)하면서 대변을 보았으며, 치목을 씹으면서 대변을 보았고, 대변기의 밖에 대변을 보았으며, 소변기의 밖에 소변을 보았고, 소변기에 가래침을 뱉었으며, 거친 똥막대기로 대변을 닦았고, 똥막대기를 가지고 똥구덩이에 던졌으며, 다급하게 측간을 나오면서 옷을 걷어올리고 나왔고, 쩝쩝거리면서 씻었으며, 씻는 그릇에 물을 남겨두었다. 여러 비구들의 가운데에서 욕심이 적은 자들은 싫어하고 비난하였다.
"무슨 까닭으로써 육군비구들은 다급하게 측간에 들어가면서 옷을 걷어올리고 들어갔고, 신음하면서 대변을 보았으며, 치목을 씹으면서 대변을 보았고, 대변기의 밖에 대변을 보았으며, 소변기의 밖에 소변을 보았고, 소변기에 가래침을 뱉었으며, 거친 똥막대기로 대변을 닦았고, 똥막대기를 가지고 똥구덩이에 던졌으며, 다급하게 측간을 나오면서 옷을 걷어올리고 나왔고, 쩝쩝거리면서 씻었으며, 씻는 그릇에 물을 남겨두는가?"

이때 여러 비구들은 이 일로써 세존께 아뢰었고, 세존께서는 그 비구에게 물어 말씀하셨다.

"육군비구들이여. 진실로 그대들은 다급하게 측간에 들어가면서 옷을 걷어올리고 들어갔고, 신음하면서 대변을 보았으며, …… 쩝쩝거리면서 씻었으며, 씻는 그릇에 물을 남겨두는가?"

"진실로 그렇습니다. 세존이시여."

…… 세존께서는 여러 비구들을 꾸짖으셨고 설법하셨으며 여러 비구들에게 알려 말씀하셨다.

"여러 비구들이여. 만약 그와 같다면 여러 비구들에게 측간의 위의법을 제정하겠나니, 여러 비구들은 온실에서 이와 같이 행하여야 하느니라."

10-3 "측간에 가는 자는 밖에 서 있는 때에 마땅히 헛기침을 해야 하고, 안에 있는 자도 헛기침을 해야 한다. 옷은 옷의 시렁이나 옷걸이의 끈에 걸어두어야 하고, 마땅히 천천히 들어가야 한다. 옷을 걷어올리고 들어갈 수 없고, 마땅히 대소변의 신발에 서 있으면서 옷을 걷어올려야 하며, 대변을 보는 때에 신음할 수 없고, 대변을 보는 때에 치목을 씹을 수 없으며, 대변기의 밖에 대변을 볼 수 없고, 소변기의 밖에 소변을 볼 수 없으며, 소변기에 가래침을 뱉을 수 없으며, 거친 똥막대기로 대변을 닦을 수 없고, 똥막대기를 가지고 똥구덩이에 던질 수 없으며, 옷을 걷어올리고 나올 수 없고, 대소변의 신발에 서 있으면서 옷을 걷어올리고 씻을 수 없으며, 쩝쩝거리면서 씻을 수 없고, 씻는 그릇에 물을 남겨둘 수 없으며, 대소변의 신발에 서 있으면서 옷을 걷어올려야 한다.

만약 측간이 더러웠다면 먼저 씻어내야 한다. 만약 똥막대기가 상자를 채웠다면 마땅히 똥막대기를 버려야 한다. 만약 측간이 먼지로 더럽혀졌다면 마땅히 깨끗하게 청소해야 하고, 만약 방사가 먼지로 더럽혀졌다면, …… 나아가 …… 만약 문루가 먼지로 더럽혀졌다면 마땅히 깨끗하게 청소해야 한다. 만약 씻는 물병에 물이 없다면 마땅히 물을 채워야 하느니라.
　여러 비구들이여. 이것은 비구를 위한 측간의 위의법이니, 비구는 마땅히 측간에서 이와 같이 행해야 하느니라."

[측간의 위의법을 마친다.]

11) 제자의 화상 시봉의 위의법

11-1 그때 여러 비구들이 올바르게 여러 화상을 시봉(侍奉)하지 않았다. 여러 비구들의 가운데에서 욕심이 적은 자들은 싫어하고 비난하였다.
"무슨 까닭으로써 여러 비구들이 올바르게 여러 화상을 시봉하지 않는가?"
이때 여러 비구들은 이 일로써 세존께 아뢰었고, 세존께서는 여러 비구들에게 물어 말씀하셨다.
"비구여. 진실로 여러 비구들이 올바르게 여러 화상을 시봉하지 않았는가?"
"진실로 그렇습니다. 세존이시여."
…… 세존께서는 여러 비구들을 꾸짖으셨고 설법하셨으며 여러 비구들에게 알려 말씀하셨다.
"여러 비구들이여. 만약 그와 같다면 제자가 화상을 시봉하는 위의법을 제정하겠나니, 제자는 화상을 이와 같이 시봉해야 하느니라."

11-2 "여러 비구들이여. 제자는 화상에게 마땅히 올바르게 시봉해야 하느니라. 바르게 시봉하는 것은 이와 같으니라. 마땅히 일찍 일어나서 신발을 벗고 오른쪽 어깨를 드러내고서, 마땅히 치목을 주어야 하고, 마땅히 양치하는 물을 주어야 하며, 좌구를 펼쳐야 하고, 만약 죽이 있다면

마땅히 발우를 씻어서 죽을 주어야 하며, 죽을 먹었던 때라면 발우를 받아서 물을 주어야 하고, 아래에 두고 씻어서 훼손되거나 깨지지 않게 잘 씻어서 보관해야 한다. 화상이 일어나는 때에는 마땅히 좌구를 거두고서 그 자리에 먼지와 오물이 있다면 마땅히 그곳을 청소해야 하느니라."

11-3 "만약 화상이 취락에 들어가려는 때라면 마땅히 하의를 주어야 하고 입었던 하의를 받아야 하며 허리띠를 주어야 하고 승가리를 접어서 주어야 하며 발우를 씻어야 하고 물을 담아서 주어야 한다. 만약 화상을 제자가 따르고자 하였다면 마땅히 하의를 입고 삼륜을 덮으며, 허리띠를 묶고 승가리를 접어서 묶으며 발우를 씻어서 지니고서 화상을 따라가야 하느니라.

만약 화상이 말하는 때라면 마땅히 중간에 말을 잘라서는 아니되고, 만약 화상이 범하는 것과 비슷하게 말한다면 마땅히 막아서 멈추게 해야 한다. 돌아오는 때에는 먼저 돌아와서 좌구를 펼쳐야 하고, 발을 씻을 물, 발 받침대, 발수건 등을 취해서 와야 하며, 발우와 옷을 받아야 하고 입어야 하는 하의를 주어야 하며 벗었던 하의를 받아야 한다.

만약 상의가 젖었던 때라면 잠시 더운 곳에서 말려야 하고, 다만 상의를 더운 곳에 방치하는 것은 마땅하지 않다. 마땅히 상의를 접는다면 상의를 접는 때에 '가운데를 손상시키지 않겠다.'라고 마음으로 생각하고서 네 모서리가 4뼘을 넘도록 해야 한다. 허리띠는 옷이 접어진 사이에 두어야 한다. 만약 베푸는 음식이 있었고 화상이 먹고자 하였다면 마땅히 물을 주고 음식을 주어야 하느니라."

11-4 "마땅히 화상에게 물이 필요한가를 물어야 하고, 만약 음식을 먹었다면 마땅히 물을 주어야 하며, 발우를 취하여 밑바닥을 씻으면서 파손되지 않게 하며 잘 씻어서 물을 버려야 하고 잠시 뜨거운 곳에서 말려야 하며 다만 발우를 더운 곳에 방치해서는 아니된다.

마땅히 옷과 발우를 보관해야 한다. 발우를 보관하는 때라면 한 손으로 발우를 취하고 한 손으로 평상의 아래이거나, 작은 평상의 상태를 어루만져서 발우를 보관해야 하고 발우를 노지에 보관할 수 없다. 옷을 보관하는 때라면 한 손으로 옷을 취하고 한 손으로 옷 시렁이거나, 옷걸이의 끈을 털고서 옷의 끝자락이 밖으로 향하고 주름이 안으로 향하게 상의를 걸어두어야 한다.

화상이 떠나간 때라면 좌구를 거두고 발을 씻는 물을 버리며 발 받침대와 발수건을 거두어서 치워두어야 하고, 만약 그곳에 먼지와 오물이 있다면 마땅히 그곳을 청소해야 하느니라."

11-5 "만약 화상이 목욕하려고 하는 때라면 곧 마땅히 목욕하는 것을 준비해야 한다. 만약 냉욕을 하려고 하였다면 곧 냉욕을 준비해야 하고, 만약 열욕을 하려고 하였다면 곧 열욕을 준비해야 한다.

만약 화상이 욕실에 들어가려고 하였다면 마땅히 고운 가루와 축축한 점토로써 반죽해야 하고, 욕실에서 사용하는 작은 평상을 가지고 화상의 뒤를 따라가야 하며, 욕실에서 사용하는 작은 평상을 주어야 하고, 상의를 취하여 한쪽에 걸어두어야 하며, 고운 가루와 축축한 점토를 주어야 한다. 만약 함께 들어갈 수 있으나, 들어가는 때에는 마땅히 점토로써 얼굴에 바르고, 마땅히 앞뒤를 덮고서 욕실에 들어가야 한다.

장로 비구를 밀쳐내고서 앉을 수 없고, 젊은 비구를 자리에서 물러나게 시켜서도 아니되고, 마땅히 욕실에서 화상을 시봉해야 한다. 욕실에서 나가고자 하는 때에는 욕실에서 사용하는 작은 평상을 가지고 마땅히 앞뒤를 덮고서 욕실에서 나와야 한다. 물속에서도 역시 화상을 시봉해야 하고 욕실에서 나오는 때에는 먼저 나와서 몸의 물을 닦고 하의를 입고서, 다시 화상 몸의 물을 닦아주고 하의를 주며 승가리를 주고서 욕실에서 사용하는 작은 평상을 가지고 먼저 가서 의자를 펼쳐놓고 발을 씻는 물, 발 받침대, 발수건을 놓아두어야 하고, 마땅히 화상에게 물이 필요한가를 물어야 한다."

11-6 "만약 화상이 계목을 송출하려고 하였다면 마땅히 설법을 청해야 하고, 만약 화상이 질문을 원하였다면 마땅히 물어서 해야 한다. 만약 화상이 머무르는 정사가 먼지로 더럽혀졌다면 능히 곧 깨끗이 청소해야 한다. 정사를 깨끗하게 청소하는 때에는 마땅히 먼저 옷을 꺼내두고 발우를 한쪽에 놓아두며 좌구를 꺼내놓고 부구를 한쪽에 치워두며 요와 베개를 꺼내어 한쪽에 놓아두어야 한다.

평상을 내려놓으면서 문과 처마에 부딪히지 않게 하고, 밖으로 잘 꺼내는 것이 필요하며, 마땅히 한쪽에 놓아두어야 한다. 작은 평상을 내려놓으면서 문과 처마에 부딪히지 않게 하고, 밖으로 잘 꺼내는 것이 필요하며, 마땅히 한쪽에 놓아두어야 하고 한다. 평상을 꺼내면서 다리는 분리하여 한쪽에 놓아두어야 하고 침을 뱉는 그릇을 꺼내어 한쪽에 놓아두어야 하며 기대는 판자를 꺼내어 한쪽에 놓아두고 바닥 깔개를 꺼내면서 본래와 같은가를 사유하고서 한쪽에 놓아두어야 한다.

만약 정사에 거미줄이 있다면 마땅히 살펴서 털어내야 하고, 마땅히 창문과 네 모서리를 깨끗하게 청소해야 한다. 만약 붉은색의 흙으로 벽을 발랐는데 먼지가 있다면 마땅히 축축한 수건으로 그것을 닦아내야 하고, 만약 검은색의 흙으로 벽을 발랐는데 먼지가 있다면 마땅히 축축한 수건으로 그것을 닦아내야 한다. 만약 흙이 처리되지 않았다면 마땅히 물을 뿌려서 그것을 깨끗하게 청소해야 하고, '정사를 먼지로 더럽히지 않으려는 까닭이다.'라고 생각하고서 마땅히 청소하면서 한쪽에 지워두어야 한다."

11-7 "바닥 깔개는 마땅히 말리고 깨끗이 청소하며 털어내고서 실내에 들여놓아야 하고, 이전과 같이 깔개를 펼쳐놓아야 한다. 평상의 다리는 마땅히 말리고 깨끗이 청소하며 털어내고서 실내에 들여놓아야 하고, 원래의 자리에 설치해야 한다. 사용하는 평상은 들여놓으면서 문과 처마에 부딪히지 않게 하고, 이전에 설치되었던 곳과 같게 그것을 설치해야 한다.

베개와 요는 마땅히 말리고 깨끗이 청소하며 털어내고서 실내에 들여놓아야 하고, 이전에 있었던 곳과 같게 그것을 놓아두어야 한다. 좌구와 부구는 마땅히 말리고 깨끗이 청소하며 털어내고서 실내에 들여놓아야 하고, 이전에 있었던 곳과 같게 그것을 펼쳐두어야 한다.

침을 뱉는 그릇은 깨끗이 닦고서 실내에 들여놓아야 하고, 이전에 있었던 곳과 같게 그것을 펼쳐두어야 한다. 기대는 판자는 마땅히 말리고 깨끗이 청소하고서 실내에 들여놓아야 하고, 이전에 있었던 곳과 같게 그것을 펼쳐두어야 한다."

11-8 "마땅히 옷과 발우를 보관해야 한다. 발우를 보관하는 것은 마땅히 한 손으로 발우를 취하고 한 손으로 평상의 아래이거나, 혹은 작은 평상의 상태를 어루만져서 발우를 보관해야 하고 발우를 노지에 보관할 수 없다. 옷을 보관하는 것은 한 손으로 옷을 취하고 한 손으로 옷시렁이거나 혹은 옷걸이 끈을 털고서 옷의 끝자락이 밖으로 향하고 주름이 안으로 향하게 상의를 걸어두어야 한다.

만약 동쪽에서 바람이 불었고 먼지가 들어왔다면 마땅히 동쪽 창문을 닫아야 하며, 만약 서쪽에서 바람이 불었고 먼지가 들어왔다면 마땅히 서쪽 창문을 닫아야 하며, 만약 북쪽에서 바람이 불었고 먼지가 들어왔다면 마땅히 북쪽 창문을 닫아야 하며, 만약 남쪽에서 바람이 불었고 먼지가 들어왔다면 마땅히 남쪽 창문을 닫아야 한다. 만약 날씨가 추웠다면 낮에는 창문을 열고 밤에는 창문을 닫아야 한다. 만약 날씨가 더웠다면 낮에는 창문을 닫고 밤에는 창문을 열어야 한다."

11-9 "만약 방사에 먼지와 때가 있다면 마땅히 방사를 청소해야 하고, 문옥에 먼지와 때가 있다면 마땅히 문옥을 청소해야 한다. 집회당에 먼지와 때가 있다면 마땅히 집회당을 청소해야 하고, 화당에 먼지와 때가 있다면 마땅히 화당을 청소해야 한다.

측간에 먼지와 때가 있다면 마땅히 측간을 청소해야 한다. 만약 마시는 물이 없었다면 마시는 물을 준비해야 하고, 씻는 물이 없다면 씻는 물이 준비해야 하며, 쇄수병에 물이 없다면 마땅히 쇄수병에 물을 채워야 한다."

11-10 "만약 화상에게 즐겁지 않은 때라면 제자는 마땅히 스스로가 가라앉혀야 하고, 혹은 다른 사람에게 가라앉히게 시켜야 하며, 혹은 스스로에게 설법해야 한다. 만약 화상에게 악작이 생겨나는 때라면 제자는 마땅히 스스로가 막아야 하고, 혹은 다른 사람에게 막게 시켜야 하며, 혹은 스스로에게 설법해야 한다. 만약 화상에게 사견이 생겨나는 때라면 제자는 마땅히 스스로가 떠나야 하고, 혹은 다른 사람에게 떠나게 시켜야 하며, 혹은 스스로에게 설법해야 한다."

11-11 "만약 화상이 무거운 법을 범하여 마땅히 별주를 받을 때라면 제자는 마땅히 승가가 화상에게 별주를 주게 시켜야 하고, 만약 화상이 본일치를 받을 때라면 제자는 마땅히 승가가 화상에게 별주를 주게 시켜야 하며, 만약 화상이 마나타를 받을 때라면 제자는 마땅히 승가가 화상에게 별주를 주게 시켜야 하며, 만약 화상이 출죄를 받을 때라면 제자는 마땅히 승가가 화상에게 별주를 주게 시켜야 한다.

만약 승가가 화상에게 가책, 의지, 구출, 하의, 거죄 등의 갈마를 행하는 때라면, 제자는 마땅히 '어찌 화상에게 이것 등의 갈마를 행하는 것인가?'라고 생각하면서 방편을 구해야 한다.

만약 승가가 화상에게 가책, 의지, 구출, 하의, 거죄 등의 갈마를 행하는 때라면, 제자는 마땅히 '어떻게 화상에게 갈마를 행하지 못하게 할 것인가? 혹은 감경시킬 것인가?'라고 생각하면서 방편을 구해야 한다. 또한 혹은 승가가 화상에게 가책, 의지, 구출, 하의, 거죄 등의 갈마를 행하게 하였던 때라면, 제자는 마땅히 화상이 바르게 행하고 수순하며 죄를 없애고자 애원하며 구해야 하고, 승가에게 그 갈마를 풀어주도록 애원해야 한다."

11-12 "만약 화상이 마땅히 상의를 세탁하려고 하였다면 제자는 마땅히 스스로가 세탁하거나, 혹은 다른 사람을 시켜서 화상의 상의를 세탁하게 해야 한다. 만약 화상이 마땅히 상의를 지으려고 하였다면 제자는 마땅히 스스로가 짓거나, 혹은 다른 사람을 시켜서 화상의 상의를 짓게 해야 한다.

만약 화상이 마땅히 염료를 끓이려고 하였다면 제자는 마땅히 스스로가 끓이거나, 혹은 다른 사람을 시켜서 염료를 끓이게 해야 한다. 만약 화상이 마땅히 상의를 염색하려고 하였다면 제자는 마땅히 스스로가 염색하거나, 혹은 다른 사람을 시켜서 화상의 상의를 염색하게 해야 한다. 상의를 염색하는 때라면 마땅히 잘 뒤집으면서 그것을 염색해야 하고 만약 물방울이 멈추지 않은 때에는 마땅히 떠나갈 수 없다."

11-13 "화상에게 묻지 않았다면, 다른 사람에게 발우를 줄 수 없고, 다른 사람에게 발우를 받을 수 없다. 다른 사람에게 상의를 줄 수 없고, 다른 사람에게 상의를 받을 수 없다. 다른 사람에게 자구를 줄 수 없고, 다른 사람의 자구를 받을 수 없다.

다른 사람의 머리카락을 깎아줄 수 없고, 다른 사람에게 머리카락을 깎게 시킬 수 없다. 다른 사람에게 봉사할 수 없고, 다른 사람의 봉사를 받을 수 없다. 다른 사람을 시봉할 수 없고, 다른 사람의 시봉을 받을 수 없다. 다른 사람을 따르는 사문이 될 수 없고, 다른 사람을 따르게 시키는 사문이 될 수 없다. 다른 사람에게 음식을 나누어줄 수 없고, 다른 사람이 나누어주는 음식을 받을 수 없다. 화상에게 묻지 않았다면, 취락에 들어갈 수 없고, 묘지에 갈 수 없으며, 다른 지역으로 갈 수 없다. 만약 화상이 병들었다면 목숨을 마치도록 마땅히 시봉하고 쾌유하기를 기다려야 하느니라.

여러 비구들이여. 이것은 제자의 화상 시봉의 위의법이니, 비구는 마땅히 제자는 화상을 이와 같이 시봉해야 하느니라."

[제자의 화상 시봉의 위의법을 마친다.]

12) 화상의 제자에 대한 책무 위의법

12-1 그때 여러 화상들이 여러 제자들에게 올바르게 책무를 하지 않았다. 여러 비구들의 가운데에서 욕심이 적은 자들은 싫어하고 비난하였다.

"무슨 까닭으로써 여러 화상들이 여러 제자들에게 올바르게 책무를 하지 않는가?"

이때 여러 비구들은 이 일로써 세존께 아뢰었고, 세존께서는 여러 비구들에게 물어 말씀하셨다.

"비구여. 진실로 여러 화상들이 여러 제자들에게 올바르게 책무를 하지 않았는가?"

"진실로 그렇습니다. 세존이시여."

…… 세존께서는 여러 비구들을 꾸짖으셨고 설법하셨으며 여러 비구들에게 알려 말씀하셨다.

"여러 비구들이여. 만약 그와 같다면 화상의 제자에 대한 책무하는 위의법을 제정하겠나니, 화상은 이와 같이 제자에게 책무해야 하느니라."

12-2 "여러 비구들이여. 화상은 제자를 마주하고서 바로 마땅하게 책무를 행해야 하느니라. 여러 비구들이여. 화상은 마땅히 설하여 보여주고 질문하며 충고하고 교계를 의지하면서 제자를 섭수하고 보호하는 것으로써 증장시켜야 하느니라.

만약 화상은 발우가 있었고 제자가 발우가 없는 때라면 화상은 마땅히 제자에게 발우를 주어야 하고, 혹은 다른 사람을 시켜서 발우를 주어야 한다. 만약 화상은 상의가 있었고 제자가 상의가 없는 때라면 화상은 마땅히 제자에게 상의를 주어야 하고, 혹은 다른 사람을 상의를 시켜서 주어야 한다. 만약 화상은 자구가 있었고 제자가 자구가 없는 때라면 화상은 마땅히 제자에게 자구를 주어야 하고, 혹은 다른 사람을 자구를 시켜서 주어야 한다."

12-3 "만약 제자가 병든 때라면 일찍 일어나서 마땅히 치목을 주고 양치할 물을 주며 좌구를 펼쳐놓아야 하고, 만약 죽이 있는 때라면 마땅히 발우를 씻어서 죽을 주어야 한다. 죽을 먹었다면 마땅히 물을 주고 발우를 취하여 밑바닥을 씻으면서 깨지지 않게 하고 잘 씻어서 보관해야 한다. 제자가 일어났다면 마땅히 와구를 거두고 만약 그곳에 먼지와 때가 있다면 마땅히 청소해야 한다."

12-4 "만약 제자가 취락에 들어가려는 때라면 마땅히 하의를 주어야 하고 입었던 하의를 받아야 하며 허리띠를 주어야 하고 승가리를 접어서 주어야 하며 발우를 씻어야 하고 물을 담아서 주어야 한다. 만약 제자가 돌아왔다고 생각하였다면 마땅히 좌구를 펼쳐야 하고, 발을 씻을 물, 발 받침대, 발수건 등을 놓아두고, 나와서 맞이하며 발우와 옷을 받아야 하고 입어야 하는 하의를 주어야 하며 벗었던 하의를 받아야 한다.
　만약 상의가 젖었던 때라면 잠시 더운 곳에서 말려야 하고, 다만 상의를 더운 곳에 방치하는 것은 마땅하지 않다. 마땅히 상의를 접는다면 상의를 접는 때에 '가운데를 손상시키지 않겠다.'라고 마음으로 생각하고서 네 모서리가 4뼘을 넘도록 해야 한다. 허리띠는 옷이 접어진 사이에 두어야 한다. 만약 음식이 있었고 제자가 먹고자 하였다면 마땅히 물을 주고 음식을 주어야 하느니라."

12-5 "마땅히 제자에게 물이 필요한가를 물어야 하고, 만약 음식을 먹었다면 마땅히 물을 주어야 하며, 발우를 취하여 밑바닥을 씻어서 파손되지 않게 하며 잘 씻어서 물을 버려야 하고 잠시 뜨거운 곳에서 말려야 하며, 다만 발우를 더운 곳에 방치해서는 아니된다.
　마땅히 옷과 발우를 보관해야 한다. 발우를 보관하는 때라면 한 손으로 발우를 취하고 한 손으로 평상의 아래이거나, 작은 평상의 상태를 어루만져서 발우를 보관해야 하고 발우를 노지에 보관할 수 없다. 옷을 보관하는 때라면 한 손으로 옷을 취하고 한 손으로 옷시렁이거나, 옷걸이 끈을 털고서 옷의 끝자락이 밖으로 향하고 주름이 안으로 향하게 상의를 걸어두 어야 한다. 제자가 일어난 때라면 좌구를 거두고 발을 씻는 물, 발 받침대, 발수건을 치워야 하고, 만약 그곳에 먼지와 오물이 있다면 마땅히 그곳을 청소해야 하느니라."

12-6 "만약 제자가 목욕하려고 하는 때라면 곧 마땅히 목욕하는 것을 준비해야 한다. 만약 냉욕을 하려고 하였다면 곧 냉욕을 준비해야 하고, 만약 열욕을 하려고 하였다면 곧 열욕을 준비해야 한다.

만약 제자가 욕실에 들어가려고 하였다면 마땅히 고운 가루와 축축한 점토로써 반죽해야 하고, 욕실에서 사용하는 작은 평상을 가지고 욕실에서 사용하는 작은 평상을 주어야 하며, 상의를 취하여 한쪽에 걸어두어야 하고, 고운 가루와 축축한 점토를 주어야 한다. 만약 함께 들어갈 수 있으나, 들어가는 때에는 마땅히 점토로써 얼굴에 바르고, 마땅히 앞뒤를 덮고서 욕실에 들어가야 한다.

장로 비구를 밀쳐내고서 앉을 수 없고, 젊은 비구를 자리에서 물러나게 시켜서도 아니되고, 마땅히 욕실에서 제자를 보살펴야 한다. 욕실에서 나오는 때에는 먼저 나와서 몸의 물을 닦고 하의를 입고서, 다시 제자 몸의 물을 닦아주고 하의를 주며 승가리를 주고서 욕실에서 사용하는 작은 평상을 가지고 먼저 가서 의자를 펼쳐놓고 발을 씻는 물, 발 받침대, 발수건을 놓아두어야 하고, 마땅히 제자에게 물이 필요한가를 물어야 한다."

12-7 "만약 제자가 머무르는 정사가 먼지로 더럽혀졌다면 능히 곧 깨끗이 청소해야 한다. 정사를 깨끗하게 청소하는 때에는 마땅히 먼저 옷을 꺼내두고 발우를 한쪽에 놓아두며 좌구를 꺼내놓고 부구를 한쪽에 치워두며 요와 베개를 꺼내어 한쪽에 놓아두어야 한다.

평상을 내려놓으면서 문과 처마에 부딪히지 않게 하고, 밖으로 잘 꺼내는 것이 필요하며, 마땅히 한쪽에 놓아두어야 한다. 작은 평상을 내려놓으면서 문과 처마에 부딪히지 않게 하고, 밖으로 잘 꺼내는 것이 필요하며, 마땅히 한쪽에 놓아두어야 하고 한다. 평상을 꺼내면서 다리는 분리하여 한쪽에 놓아두어야 하고 침을 뱉는 그릇을 꺼내어 한쪽에 놓아두어야 하며 기대는 판자를 꺼내어 한쪽에 놓아두고 바닥 깔개를 꺼내면서 본래와 같은가를 사유하고서 한쪽에 놓아두어야 한다.

만약 정사에 거미줄이 있다면 마땅히 살펴서 털어내야 하고, 마땅히 창문과 네 모서리를 깨끗하게 청소해야 한다. 만약 붉은색의 흙으로 벽을 발랐는데 먼지가 있다면 마땅히 축축한 수건으로 그것을 닦아내야 하고, 만약 검은색의 흙으로 벽을 발랐는데 먼지가 있다면 마땅히 축축한 수건으로 그것을 닦아내야 한다. 만약 흙이 처리되지 않았다면 마땅히 물을 뿌려서 그것을 깨끗하게 청소해야 하고, '정사를 먼지로 더럽히지 않으려는 까닭이다.'라고 생각하고서 마땅히 청소하면서 한쪽에 지워두어야 한다."

12-8 "바닥 깔개는 마땅히 말리고 깨끗이 청소하며 털어내고서 실내에 들여놓아야 하고, 이전과 같이 깔개를 펼쳐놓아야 한다. 평상의 다리는 마땅히 말리고 깨끗이 청소하며 털어내고서 실내에 들여놓아야 하고, 원래의 자리에 설치해야 한다. 사용하는 평상은 들여놓으면서 문과 처마에 부딪히지 않게 하고, 이전에 설치되었던 곳과 같게 그것을 설치해야 한다.

베개와 요는 마땅히 말리고 깨끗이 청소하며 털어내고서 실내에 들여놓아야 하고, 이전에 있었던 곳과 같게 그것을 놓아두어야 한다. 좌구와 부구는 마땅히 말리고 깨끗이 청소하며 털어내고서 실내에 들여놓아야 하고, 이전에 있었던 곳과 같게 그것을 펼쳐두어야 한다.

침을 뱉는 그릇은 깨끗이 닦고서 실내에 들여놓아야 하고, 이전에 있었던 곳과 같게 그것을 펼쳐두어야 한다. 기대는 판자는 마땅히 말리고 깨끗이 청소하고서 실내에 들여놓아야 하고, 이전에 있었던 곳과 같게 그것을 펼쳐두어야 한다."

12-9 "마땅히 옷과 발우를 보관해야 한다. 발우를 보관하는 것은 마땅히 한 손으로 발우를 취하고 한 손으로 평상의 아래이거나, 혹은 작은 평상의 상태를 어루만져서 발우를 보관해야 하고 발우를 노지에 보관할 수 없다. 옷을 보관하는 것은 한 손으로 옷을 취하고 한 손으로 옷시렁이거나 혹은 옷걸이 끈을 털고서 옷의 끝자락이 밖으로 향하고 주름이 안으로 향하게 상의를 걸어두어야 한다.

만약 동쪽에서 바람이 불었고 먼지가 들어왔다면 마땅히 동쪽 창문을 닫아야 하며, 만약 서쪽에서 바람이 불었고 먼지가 들어왔다면 마땅히 서쪽 창문을 닫아야 하며, 만약 북쪽에서 바람이 불었고 먼지가 들어왔다면 마땅히 북쪽 창문을 닫아야 하며, 만약 남쪽에서 바람이 불었고 먼지가 들어왔다면 마땅히 남쪽 창문을 닫아야 한다. 만약 날씨가 추웠다면 낮에는 창문을 열고 밤에는 창문을 닫아야 한다. 만약 날씨가 더웠다면 낮에는 창문을 닫고 밤에는 창문을 열어야 한다."

12-10 "만약 방사에 먼지와 때가 있다면 마땅히 방사를 청소해야 하고, 문옥에 먼지와 때가 있다면 마땅히 문옥을 청소해야 한다. 집회당에 먼지와 때가 있다면 마땅히 집회당을 청소해야 하고, 화당에 먼지와 때가 있다면 마땅히 화당을 청소해야 한다. 측간에 먼지와 때가 있다면 마땅히 측간을 청소해야 한다. 만약 마시는 물이 없었다면 마시는 물을 준비해야 하고, 씻는 물이 없다면 마시는 물을 준비해야 하며, 쇄수병에 물이 없다면 마땅히 쇄수병에 물을 채워야 한다."

12-11 "만약 제자에게 즐겁지 않은 때라면 화상은 마땅히 스스로가 가라앉혀야 하고, 혹은 다른 사람에게 가라앉게 시켜야 하며, 혹은 스스로에게 설법해야 한다. 만약 제자가 악작이 생겨나는 때라면 화상은 마땅히 스스로가 막아야 하고, 혹은 다른 사람에게 막게 시켜야 하며, 혹은 스스로에게 설법해야 한다. 만약 제자에게 사견이 생겨나는 때라면 화상은 마땅히 스스로가 떠나야 하고, 혹은 다른 사람에게 떠나게 시켜야

하며, 혹은 스스로에게 설법해야 한다.

만약 제자가 무거운 법을 범하여 마땅히 별주를 받을 때라면 화상은 마땅히 승가가 제자에게 별주를 주게 시켜야 하고, 만약 제자가 본일치를 받을 때라면 화상은 마땅히 승가가 제자에게 별주를 주게 시켜야 하며, 만약 제자가 마나타를 받을 때라면 화상은 마땅히 승가가 제자에게 별주를 주게 시켜야 하며, 만약 제자가 출죄를 받을 때라면 화상은 마땅히 승가가 제자에게 별주를 주게 시켜야 한다. 만약 승가가 제자에게 가책, 의지, 구출, 하의, 거죄 등의 갈마를 행하는 때라면, 화상은 마땅히 '어찌 제자에게 이것 등의 갈마를 행하는 것인가?'라고 생각하면서 방편을 구해야 한다.

만약 승가가 제자에게 가책, 의지, 구출, 하의, 거죄 등의 갈마를 행하는 때라면, 화상은 마땅히 '어떻게 화상에게 갈마를 행하지 못하게 할 것인가? 혹은 감경시킬 것인가?'라고 생각하면서 방편을 구해야 한다. 또한 혹은 승가가 제자에게 가책, 의지, 구출, 하의, 거죄 등의 갈마를 행하게 하였던 때라면, 화상은 마땅히 제자가 바르게 행하고 수순하며 죄를 없애고자 애원하며 구해야 하고, 승가에게 그 갈마를 풀어주도록 애원해야 한다."

12-12 "만약 제자가 상의를 세탁하려고 하였다면 화상은 마땅히 '이와 같이 세탁하게.'라고 가르쳐서 말하거나, 혹은 '제자의 상의를 마땅히 어떻게 세탁해야 하는가?'라고 사유하고서 방편을 행해야 한다. 만약 제자가 상의를 지으려고 하였다면 화상은 마땅히 '이와 같이 짓게.'라고 가르쳐서 말하거나, 혹은 '제자의 상의를 마땅히 어떻게 지어야 하는가?'라고 사유하고서 방편을 행해야 한다.

만약 제자가 염료를 끓이려고 하였다면 화상은 마땅히 '이와 같이 끓이게.'라고 가르쳐서 말하거나, 혹은 '제자의 상의를 마땅히 어떻게 끓여야 하는가?'라고 사유하고서 방편을 행해야 한다. 만약 제자가 상의를 염색하려고 하였다면 화상은 마땅히 '이와 같이 염색하게.'라고 가르쳐서 말하거나, 혹은 '제자의 상의를 마땅히 어떻게 염색해야 하는가?'라고 사유하고서 방편을 행해야 한다. 상의를 염색하는 때라면 마땅히 잘 뒤집으면서 그것을 염색해야 하고 만약 물방울이 멈추지 않은 때에는 마땅히 떠나갈 수 없다. 만약 제자가 병들었다면 목숨을 마치도록 마땅히 보살피고 쾌유하기를 기다려야 하느니라."

[화상의 제자에 대한 책무 위의법을 마친다.]

○ 둘째의 송출품을 마친다.

3. 제3송출품

13) 제자의 아사리 시봉의 위의법

13-1 그때 여러 비구들이 올바르게 여러 아사리들을 시봉하지 않았다.
여러 비구들의 가운데에서 욕심이 적은 자들은 싫어하고 비난하였다.
"무슨 까닭으로써 여러 비구들이 올바르게 여러 아사리들을 시봉하지 않는가?"
이때 여러 비구들은 이 일로써 세존께 아뢰었고, 세존께서는 여러 비구들에게 물어 말씀하셨다.
"비구여. 진실로 여러 비구들이 올바르게 여러 아사리들을 시봉하지 않았는가?"
"진실로 그렇습니다. 세존이시여."
…… 세존께서는 여러 비구들을 꾸짖으셨고 설법하셨으며 여러 비구들에게 알려 말씀하셨다.
"여러 비구들이여. 만약 그와 같다면 제자가 아사리들을 시봉하는 위의법을 제정하겠나니, 제자는 화상을 이와 같이 시봉해야 하느니라."

13-2 "여러 비구들이여. 제자는 마땅히 아사리를 올바르게 시봉해야 하느니라. 마땅히 일찍 일어나서 신발을 벗고 오른쪽 어깨를 드러내고서, 마땅히 치목을 주어야 하고, 마땅히 양치하는 물을 주어야 하며, 좌구를 펼쳐야 하고, 만약 죽이 있다면 마땅히 발우를 씻어서 죽을 주어야 하며, 죽을 먹었던 때라면 발우를 받아서 물을 주어야 하고, 아래에 두고 씻어서 훼손되거나 깨지지 않게 잘 씻어서 보관해야 한다. 아사리가 일어나는 때에는 마땅히 좌구를 거두고서 그 자리에 먼지와 오물이 있다면 마땅히 그곳을 청소해야 하느니라."

13-3 "만약 아사리가 취락에 들어가려는 때라면 마땅히 하의를 주어야 하고 입었던 하의를 받아야 하며 허리띠를 주어야 하고 승가리를 접어서 주어야 하며 발우를 씻어야 하고 물을 담아서 주어야 한다. 만약 아사리를 제자가 따르고자 하였다면 마땅히 하의를 입고 삼륜을 덮으며, 허리띠를 묶고 승가리를 접어서 묶으며 발우를 씻어서 지니고서 아사리를 따라가야 하느니라.

만약 아사리가 말하는 때라면 마땅히 중간에 말을 잘라서는 아니되고, 만약 아사리가 범하는 것과 비슷하게 말한다면 마땅히 막아서 멈추게 해야 한다. 돌아오는 때에는 먼저 돌아와서 좌구를 펼쳐야 하고, 발을 씻을 물, 발 받침대, 발수건 등을 취하여 와야 하며, 발우와 옷을 받아야 하고 입을 하의를 주어야 하고 하의를 받아야 한다.

만약 상의가 젖었던 때라면 잠시 더운 곳에서 말려야 하고, 다만 상의를 더운 곳에 방치하는 것은 마땅하지 않다. 마땅히 상의를 접는다면 상의를 접는 때에 '가운데를 손상시키지 않겠다.'라고 마음으로 생각하고서 네 모서리가 4뼘을 넘도록 해야 한다. 허리띠는 옷이 접어진 사이에 두어야 한다. 만약 베푸는 음식이 있었고 아사리가 먹고자 하였다면 마땅히 물을 주고 음식을 주어야 하느니라."

13-4 "마땅히 아사리에게 물이 필요한가를 물어야 하고, 만약 음식을

먹었다면 마땅히 물을 주어야 하며, 발우를 취하여 밑바닥을 씻어서 파손되지 않게 하며 잘 씻어서 물을 버려야 하고 잠시 뜨거운 곳에서 말려야 하며, 다만 발우를 더운 곳에 방치해서는 아니된다.

마땅히 옷과 발우를 보관해야 한다. 발우를 보관하는 때라면 한 손으로 발우를 취하고 한 손으로 평상의 아래이거나, 작은 평상의 상태를 어루만져서 발우를 보관해야 하고 발우를 노지에 보관할 수 없다. 옷을 보관하는 때라면 한 손으로 옷을 취하고 한 손으로 옷시렁이거나, 옷걸이 끈을 털고서 옷의 끝자락이 밖으로 향하고 주름이 안으로 향하게 상의를 걸어두어야 한다. 아사리가 떠나간 때라면 좌구를 거두고 발을 씻는 물을 버리며 발 받침대와 발수건을 거두어 치워두어야 하고, 만약 그곳에 먼지와 오물이 있다면 마땅히 그곳을 청소해야 하느니라."

13-5 "만약 아사리가 목욕하려고 하는 때라면 곧 마땅히 목욕하는 것을 준비해야 한다. 만약 냉욕을 하려고 하였다면 곧 냉욕을 준비해야 하고, 만약 열욕을 하려고 하였다면 곧 열욕을 준비해야 한다. 만약 아사리가 욕실에 들어가려고 하였다면 마땅히 고운 가루와 축축한 점토로써 반죽해야 하고, 욕실에서 사용하는 작은 평상을 가지고 화상의 뒤를 따라가야 하며, 욕실에서 사용하는 작은 평상을 주어야 하고, 상의를 취하여 한쪽에 걸어두어야 하며, 고운 가루와 축축한 점토를 주어야 한다.

만약 함께 들어갈 수 있으나, 들어가는 때에는 마땅히 점토로써 얼굴에 바르고, 마땅히 앞뒤를 덮고서 욕실에 들어가야 한다. 장로 비구를 밀쳐내고서 앉을 수 없고, 젊은 비구를 자리에서 물러나게 시켜서도 아니되고, 마땅히 욕실에서 아사리를 시봉해야 한다. 욕실에서 나가고자 하는 때에는 욕실에서 사용하는 작은 평상을 가지고 마땅히 앞뒤를 덮고서 욕실에서 나와야 한다. 물속에서도 역시 아사리를 시봉해야 하고 욕실에서 나오는 때에는 먼저 나와서 몸의 물을 닦고 하의를 입고서, 다시 아사리 몸의 물을 닦아주고 하의를 주며 승가리를 주고서 욕실에서 사용하는 작은 평상을 가지고 먼저 가서 의자를 펼쳐놓고 발을 씻는 물, 발 받침대,

발수건을 놓아두어야 하고, 마땅히 아사리에게 물이 필요한가를 물어야 한다."

13-6 "만약 아사리가 계목을 송출하려고 하였다면 마땅히 설법을 청해야 하고, 만약 화상이 질문을 원하였다면 마땅히 물어야 해야 한다. 만약 화상이 머무르는 정사가 먼지로 더럽혀졌다면 능히 곧 깨끗이 청소해야 한다. 정사를 깨끗하게 청소하는 때에는 마땅히 먼저 옷을 꺼내두고 발우를 한쪽에 놓아두며 좌구를 꺼내놓고 부구를 한쪽에 치워두며 요와 베개를 꺼내어 한쪽에 놓아두어야 한다.

평상을 내려놓으면서 문과 처마에 부딪히지 않게 하고, 밖으로 잘 꺼내는 것이 필요하며, 마땅히 한쪽에 놓아두어야 한다. 작은 평상을 내려놓으면서 문과 처마에 부딪히지 않게 하고, 밖으로 잘 꺼내는 것이 필요하며, 마땅히 한쪽에 놓아두어야 한다. 평상을 꺼내면서 다리는 분리하여 한쪽에 놓아두어야 하고 침을 뱉는 그릇을 꺼내어 한쪽에 놓아두어야 하며 기대는 판자를 꺼내어 한쪽에 놓아두고 바닥 깔개를 꺼내면서 본래와 같은가를 사유하고서 한쪽에 놓아두어야 한다.

만약 정사에 거미줄이 있다면 마땅히 살펴서 털어내야 하고, 마땅히 창문과 네 모서리를 깨끗하게 청소해야 한다. 만약 붉은색의 흙으로 벽을 발랐는데 먼지가 있다면 마땅히 축축한 수건으로 그것을 닦아내야 하고, 만약 검은색의 흙으로 벽을 발랐는데 먼지가 있다면 마땅히 축축한 수건으로 그것을 닦아내야 한다. 만약 흙이 처리되지 않았다면 마땅히 물을 뿌려서 그것을 깨끗하게 청소해야 하고, '정사를 먼지로 더럽히지 않으려는 까닭이다.'라고 생각하고서 마땅히 청소하면서 한쪽에 치워두어야 한다."

13-7 "바닥깔개는 마땅히 말리고 깨끗이 청소하며 털어내고서 실내에 들여놓아야 하고, 이전과 같이 깔개를 펼쳐놓아야 한다. 평상의 다리는 마땅히 말리고 깨끗이 청소하며 털어내고서 실내에 들여놓아야 하고,

원래의 자리에 설치해야 한다. 사용하는 평상은 들여놓으면서 문과 처마에 부딪히지 않게 하고, 이전에 설치되었던 곳과 같게 그것을 설치해야 한다.

베개와 요는 마땅히 말리고 깨끗이 청소하며 털어내고서 실내에 들여놓아야 하고, 이전에 있었던 곳과 같게 그것을 놓아두어야 한다. 좌구와 부구는 마땅히 말리고 깨끗이 청소하며 털어내고서 실내에 들여놓아야 하고, 이전에 있었던 곳과 같게 그것을 펼쳐두어야 한다.

침을 뱉는 그릇은 깨끗이 닦고서 실내에 들여놓아야 하고, 이전에 있었던 곳과 같게 그것을 펼쳐두어야 한다. 기대는 판자는 마땅히 말리고 깨끗이 청소하고서 실내에 들여놓아야 하고, 이전에 있었던 곳과 같게 그것을 펼쳐두어야 한다."

13-8 "마땅히 옷과 발우를 보관해야 한다. 발우를 보관하는 것은 마땅히 한 손으로 발우를 취하고 한 손으로 평상의 아래이거나, 혹은 작은 평상의 상태를 어루만져서 발우를 보관해야 하고 발우를 노지에 보관할 수 없다. 옷을 보관하는 것은 한 손으로 옷을 취하고 한 손으로 옷시렁이거나, 혹은 옷걸이 끈을 털고서 옷의 끝자락이 밖으로 향하고 주름이 안으로 향하게 상의를 걸어두어야 한다.

만약 동쪽에서 바람이 불었고 먼지가 들어왔다면 마땅히 동쪽 창문을 닫아야 하며, 만약 서쪽에서 바람이 불었고 먼지가 들어왔다면 마땅히 서쪽 창문을 닫아야 하며, 만약 북쪽에서 바람이 불었고 먼지가 들어왔다면 마땅히 북쪽 창문을 닫아야 하며, 만약 남쪽에서 바람이 불었고 먼지가 들어왔다면 마땅히 남쪽 창문을 닫아야 한다. 만약 날씨가 추웠다면 낮에는 창문을 열고 밤에는 창문을 닫아야 한다. 만약 날씨가 더웠다면 낮에는 창문을 닫고 밤에는 창문을 열어야 한다.

만약 방사에 먼지와 때가 있다면 마땅히 방사를 청소해야 하고, 문옥에 먼지와 때가 있다면 마땅히 문옥을 청소해야 한다. 집회당에 먼지와 때가 있다면 마땅히 집회당을 청소해야 하고, 화당에 먼지와 때가 있다면 마땅히 화당을 청소해야 한다. 측간에 먼지와 때가 있다면 마땅히 측간을 청소해야 한다. 만약 마시는 물이 없었다면 마시는 물을 준비해야 하고, 씻는 물이 없다면 씻는 물을 준비해야 하며, 쇄수병에 물이 없다면 마땅히 쇄수병에 물을 채워야 한다."

13-9 "만약 아사리에게 즐겁지 않은 때라면 제자는 마땅히 스스로가 가라앉혀야 하고, 혹은 다른 사람에게 가라앉히게 시켜야 하며, 혹은 스스로에게 설법해야 한다. 만약 아사리가 악작이 생겨나는 때라면 제자는 마땅히 스스로가 막아야 하고, 혹은 다른 사람에게 막게 시켜야 하며, 혹은 스스로에게 설법해야 한다. 만약 아사리에게 사견이 생겨나는 때라면 제자는 마땅히 스스로가 떠나야 하고, 혹은 다른 사람에게 떠나게 시켜야 하며, 혹은 스스로에게 설법해야 한다.

만약 아사리가 무거운 법을 범하여 마땅히 별주를 받을 때라면 제자는 마땅히 승가가 아사리에게 별주를 주게 시켜야 하고, 만약 화상이 본일치를 받을 때라면 제자는 마땅히 승가가 아사리에게 별주를 주게 시켜야 하며, 만약 아사리가 마나타를 받을 때라면 제자는 마땅히 승가가 화상에게 별주를 주게 시켜야 하며, 만약 아사리가 출죄를 받을 때라면 제자는 마땅히 승가가 화상에게 별주를 주게 시켜야 한다. 만약 승가가 아사리에게 가책, 의지, 구출, 하의, 거죄 등의 갈마를 행하는 때라면, 제자는 마땅히 '어찌 아사리에게 이것 등의 갈마를 행하는 것인가?'라고 생각하면서 방편을 구해야 한다.

만약 승가가 아사리에게 가책, 의지, 구출, 하의, 거죄 등의 갈마를 행하는 때라면, 제자는 마땅히 '어떻게 아사리에게 갈마를 행하지 못하게 할 것인가? 혹은 감경시킬 것인가?'라고 생각하면서 방편을 구해야 한다. 또한 승가가 아사리에게 가책, 의지, 구출, 하의, 거죄 등의 갈마를 행하게 하였던 때라면, 제자는 마땅히 아사리가 바르게 행하고 수순하며 죄를 없애고자 애원하며 구해야 하고, 승가에게 그 갈마를 풀어주도록 애원해야 한다."

13-10 "만약 아사리가 마땅히 상의를 세탁하려고 하였다면 제자는 마땅히 스스로가 세탁하거나, 혹은 다른 사람을 시켜서 아사리의 상의를 세탁하게 해야 한다. 만약 아사리가 마땅히 상의를 지으려고 하였다면 제자는 마땅히 스스로가 짓거나, 혹은 다른 사람을 시켜서 아사리의 상의를 짓게 해야 한다.

만약 아사리가 마땅히 염료를 끓이려고 하였다면 제자는 마땅히 스스로가 끓이거나, 혹은 다른 사람을 시켜서 염료를 끓이게 해야 한다. 만약 아사리가 마땅히 상의를 염색하려고 하였다면 제자는 마땅히 스스로가 염색하거나, 혹은 다른 사람을 시켜서 아사리의 상의를 염색하게 해야 한다. 상의를 염색하는 때라면 마땅히 잘 뒤집으면서 그것을 염색해야 하고 만약 물방울이 멈추지 않은 때에는 마땅히 떠나갈 수 없다."

13-11 "아사리에게 묻지 않았다면, 다른 사람에게 발우를 줄 수 없고, 다른 사람에게 발우를 받을 수 없다. 다른 사람에게 상의를 줄 수 없고, 다른 사람에게 상의를 받을 수 없다. 다른 사람에게 자구를 줄 수 없고, 다른 사람의 자구를 받을 수 없다. 다른 사람의 머리카락을 깎아줄 수 없고, 다른 사람에게 머리카락을 깎게 시킬 수 없다. 다른 사람에게 봉사할 수 없고, 다른 사람의 봉사를 받을 수 없다. 다른 사람에게 시봉할 수 없고, 다른 사람의 시봉을 받을 수 없다. 다른 사람을 따르는 사문이 될 수 없고, 다른 사람을 따르게 시키는 사문이 될 수 없다.

다른 사람에게 음식을 나누어줄 수 없고, 다른 사람이 나누어주는 음식을 받을 수 없다. 아사리에게 묻지 않았다면, 취락에 들어갈 수 없고, 묘지에 갈 수 없으며, 다른 지역으로 갈 수 없다. 만약 아사리가 병들었다면 목숨을 마치도록 마땅히 시봉하고 쾌유하기를 기다려야 하느니라."

[제자의 아사리 시봉의 위의법을 마친다.]

14) 아사리의 제자에 대한 책무의 위의법

14-1 그때 여러 아사리들이 여러 제자들에게 올바르게 책무를 하지 않았다. 여러 비구들의 가운데에서 욕심이 적은 자들은 싫어하고 비난하였다.

"무슨 까닭으로써 여러 아사리들이 여러 제자들에게 올바르게 책무를 하지 않는가?"

이때 여러 비구들은 이 일로써 세존께 아뢰었고, 세존께서는 여러 비구들에게 물어 말씀하셨다.

"비구여. 진실로 여러 아사리들이 여러 제자들에게 올바르게 책무를 하지 않았는가?"

"진실로 그렇습니다. 세존이시여."

…… 세존께서는 여러 비구들을 꾸짖으셨고 설법하셨으며 여러 비구들에게 알려 말씀하셨다.

"여러 비구들이여. 만약 그와 같다면 아사리의 제자에 대한 책무의 위의법을 제정하겠나니, 화상은 이와 같이 제자에게 책무해야 하느니라."

14-2 "여러 비구들이여. 아사리는 제자를 마주하고서 바로 마땅하게 책무를 행해야 하느니라. 여러 비구들이여. 아사리는 마땅히 설하여 보여주고 질문하며 충고하고 교계를 의지하면서 제자를 섭수하고 보호하는 것으로써 증장시켜야 하느니라.

만약 아사리는 발우가 있었고 제자가 발우가 없는 때라면 아사리는 마땅히 제자에게 발우를 주어야 하고, 혹은 다른 사람을 시켜서 발우를 주어야 한다. 만약 아사리는 상의가 있었고 제자가 상의가 없는 때라면 아사리는 마땅히 제자에게 상의를 주어야 하고, 혹은 다른 사람을 상의를 시켜서 주어야 한다. 만약 아사리는 자구가 있었고 제자가 자구가 없는 때라면 아사리는 마땅히 제자에게 자구를 주어야 하고, 혹은 다른 사람을 자구를 시켜서 주어야 한다.

만약 제자가 병든 때라면 일찍 일어나서 마땅히 치목을 주고 양치할 물을 주며 좌구를 펼쳐놓고, 만약 죽이 있는 때라면 마땅히 발우를 씻어서 죽을 주어야 한다. 죽을 먹었다면 마땅히 물을 주고 발우를 취하여 밑바닥을 씻으면서 깨지지 않게 하고 잘 씻어서 보관해야 한다. 제자가 일어났다면 마땅히 와구를 거두고 만약 그곳에 먼지와 때가 있다면 마땅히 청소해야 한다."

14-3 "만약 제자가 취락에 들어가려는 때라면 마땅히 하의를 주어야 하고 입었던 하의를 받아야 하며 허리띠를 주어야 하고 승가리를 접어서 주어야 하며 발우를 씻어야 하고 물을 담아서 주어야 한다. 만약 제자가 돌아왔다고 생각하였다면 마땅히 좌구를 펼쳐야 하고, 발을 씻을 물, 발 받침대, 발수건 등을 놓아두고, 나와서 맞이하며 발우와 옷을 받아야 하고 입을 하의를 주어야 하고 하의를 받아야 한다.

만약 상의가 젖었던 때라면 잠시 더운 곳에서 말려야 하고, 다만 상의를 더운 곳에 방치하는 것은 마땅하지 않다. 마땅히 상의를 접는다면 상의를 접는 때에 '가운데를 손상시키지 않겠다.'라고 마음으로 생각하고서 네 모서리가 4뼘을 넘도록 해야 한다. 허리띠는 옷이 접혀진 사이에 두어야 한다. 만약 음식이 있었고 제자가 먹고자 하였다면 마땅히 물을 주고 음식을 주어야 하느니라."

14-4 "마땅히 제자에게 물이 필요한가를 물어야 하고, 만약 음식을 먹었다면 마땅히 물을 주어야 하며, 발우를 취하여 밑바닥을 씻어서 파손되지 않게 하며 잘 씻어서 물을 버려야 하고 잠시 뜨거운 곳에서 말려야 하며, 다만 발우를 더운 곳에 방치해서는 아니된다. 마땅히 옷과 발우를 보관해야 한다. 발우를 보관하는 때라면 한 손으로 발우를 취하고 한 손으로 평상의 아래이거나, 작은 평상의 상태를 어루만져서 발우를 보관해야 하고 발우를 노지에 보관할 수 없다.

옷을 보관하는 때라면 한 손으로 옷을 취하고 한 손으로 옷시렁이거나,

옷걸이 끈을 털고서 옷의 끝자락이 밖으로 향하고 주름이 안으로 향하게 상의를 걸어두어야 한다. 제자가 일어난 때라면 좌구를 거두고 발을 씻는 물, 발 받침대, 발수건을 치워야 하고, 만약 그곳에 먼지와 오물이 있다면 마땅히 그곳을 청소해야 하느니라."

14-5 "만약 제자가 목욕하려고 하는 때라면 곧 마땅히 목욕하는 것을 준비해야 한다. 만약 냉욕을 하려고 하였다면 곧 냉욕을 준비해야 하고, 만약 열욕을 하려고 하였다면 곧 열욕을 준비해야 한다. 만약 제자가 욕실에 들어가려고 하였다면 마땅히 고운 가루와 축축한 점토로써 반죽해야 하고, 욕실에서 사용하는 작은 평상을 가지고 욕실에서 사용하는 작은 평상을 주어야 하며, 상의를 취하여 한쪽에 걸어두어야 하고, 고운 가루와 축축한 점토를 주어야 한다.

만약 함께 들어갈 수 있으나, 들어가는 때에는 마땅히 점토로써 얼굴에 바르고, 마땅히 앞뒤를 덮고서 욕실에 들어가야 한다. 장로 비구를 밀쳐내고서 앉을 수 없고, 하좌 비구를 자리에서 물러나게 시켜서도 아니되고, 마땅히 욕실에서 제자를 보살펴야 한다. 욕실에서 나오는 때에는 먼저 나와서 몸의 물을 닦고 하의를 입고서, 다시 제자 몸의 물을 닦아주고 하의를 주며 승가리를 주고서 욕실에서 사용하는 작은 평상을 가지고 먼저 가서 의자를 펼쳐놓고 발을 씻는 물, 발 받침대, 발수건을 놓아두어야 하고, 마땅히 제자에게 물이 필요한가를 물어야 한다."

14-6 "만약 제자가 머무르는 정사가 먼지로 더럽혀졌다면 능히 곧 깨끗이 청소해야 한다. 정사를 깨끗하게 청소하는 때에는 마땅히 먼저 옷을 꺼내두고 발우를 한쪽에 놓아두며 좌구를 꺼내놓고 부구를 한쪽에 치워두며 요와 베개를 꺼내어 한쪽에 놓아두어야 한다.

평상을 내려놓으면서 문과 처마에 부딪히지 않게 하고, 밖으로 잘 꺼내는 것이 필요하며, 마땅히 한쪽에 놓아두어야 한다. 작은 평상을 내려놓으면서 문과 처마에 부딪히지 않게 하고, 밖으로 잘 꺼내는 것이 필요하며, 마땅히 한쪽에 놓아두어야 하고 한다. 평상을 꺼내면서 다리는 분리하여 한쪽에 놓아두어야 하고 침을 뱉는 그릇을 꺼내어 한쪽에 놓아두어야 하며 기대는 판자를 꺼내어 한쪽에 놓아두고 바닥 깔개를 꺼내면서 본래와 같은가를 사유하고서 한쪽에 놓아두어야 한다.

만약 정사에 거미줄이 있다면 마땅히 살펴서 털어내야 하고, 마땅히 창문과 네 모서리를 깨끗하게 청소해야 한다. 만약 붉은색의 흙으로 벽을 발랐는데 먼지가 있다면 마땅히 축축한 수건으로 그것을 닦아내야 하고, 만약 검은색의 흙으로 벽을 발랐는데 먼지가 있다면 마땅히 축축한 수건으로 그것을 닦아내야 한다. 만약 흙이 처리되지 않았다면 마땅히 물을 뿌려서 그것을 깨끗하게 청소해야 하고, '정사를 먼지로 더럽히지 않으려는 까닭이다.'라고 생각하고서 마땅히 청소하면서 한쪽에 지워두어야 한다."

14-7 "바닥깔개는 마땅히 말리고 깨끗이 청소하며 털어내고서 실내에 들여놓아야 하고, 이전과 같이 깔개를 펼쳐놓아야 한다. 평상의 다리는 마땅히 말리고 깨끗이 청소하며 털어내고서 실내에 들여놓아야 하고, 원래의 자리에 설치해야 한다. 사용하는 평상은 들여놓으면서 문과 처마에 부딪히지 않게 하고, 이전에 설치되었던 곳과 같게 그것을 설치해야 한다.

베개와 요는 마땅히 말리고 깨끗이 청소하며 털어내고서 실내에 들여놓아야 하고, 이전에 있었던 곳과 같게 그것을 놓아두어야 한다. 좌구와 부구는 마땅히 말리고 깨끗이 청소하며 털어내고서 실내에 들여놓아야 하고, 이전에 있었던 곳과 같게 그것을 펼쳐두어야 한다. 침을 뱉는 그릇은 깨끗이 닦고서 실내에 들여놓아야 하고, 이전에 있었던 곳과 같게 그것을 펼쳐두어야 한다. 기대는 판자는 마땅히 말리고 깨끗이 청소하고서 실내에 들여놓아야 하고, 이전에 있었던 곳과 같게 그것을 펼쳐두어야 한다."

14-8 "마땅히 옷과 발우를 보관해야 한다. 발우를 보관하는 것은 마땅히 한 손으로 발우를 취하고 한 손으로 평상의 아래이거나, 혹은 작은 평상의 상태를 어루만져서 발우를 보관해야 하고 발우를 노지에 보관할 수 없다. 옷을 보관하는 것은 한 손으로 옷을 취하고 한 손으로 옷시렁이거나 혹은 옷걸이 끈을 털고서 옷의 끝자락이 밖으로 향하고 주름이 안으로 향하게 상의를 걸어두어야 한다.

만약 동쪽에서 바람이 불었고 먼지가 들어왔다면 마땅히 동쪽 창문을 닫아야 하며, 만약 서쪽에서 바람이 불었고 먼지가 들어왔다면 마땅히 서쪽 창문을 닫아야 하며, 만약 북쪽에서 바람이 불었고 먼지가 들어왔다면 마땅히 북쪽 창문을 닫아야 하며, 만약 남쪽에서 바람이 불었고 먼지가 들어왔다면 마땅히 남쪽 창문을 닫아야 한다. 만약 날씨가 추웠다면 낮에는 창문을 열고 밤에는 창문을 닫아야 한다. 만약 날씨가 더웠다면 낮에는 창문을 닫고 밤에는 창문을 열어야 한다.

만약 방사에 먼지와 때가 있다면 마땅히 방사를 청소해야 하고, 문옥에 먼지와 때가 있다면 마땅히 문옥을 청소해야 한다. 집회당에 먼지와 때가 있다면 마땅히 집회당을 청소해야 하고, 화당에 먼지와 때가 있다면 마땅히 화당을 청소해야 한다. 측간에 먼지와 때가 있다면 마땅히 측간을 청소해야 한다. 만약 마시는 물이 없다면 마시는 물을 준비해야 하고, 씻는 물이 없다면 씻는 물을 준비해야 하며, 쇄수병에 물이 없다면 마땅히 쇄수병에 물을 채워야 한다."

14-9 "만약 제자에게 즐겁지 않은 때라면 화상은 마땅히 스스로가 가라앉혀야 하고, 혹은 다른 사람에게 가라앉히게 시켜야 하며, 혹은 스스로에게 설법해야 한다. 만약 제자에게 악작이 생겨나는 때라면 아사리는 마땅히 스스로가 막아야 하고, 혹은 다른 사람에게 막게 시켜야 하며, 혹은 스스로에게 설법해야 한다. 만약 제자에게 사견이 생겨나는 때라면 아사리는 마땅히 스스로가 떠나야 하고, 혹은 다른 사람에게 떠나게 시켜야 하며, 혹은 스스로에게 설법해야 한다.

만약 제자가 무거운 법을 범하여 마땅히 별주를 받을 때라면 아사리는 마땅히 승가가 제자에게 별주를 주게 시켜야 하고, 만약 제자가 본일치를 받을 때라면 아사리는 마땅히 승가가 제자에게 별주를 주게 시켜야 하며, 만약 제자가 마나타를 받을 때라면 아사리는 마땅히 승가가 제자에게 별주를 주게 시켜야 하며, 만약 제자가 출죄를 받을 때라면 아사리는 마땅히 승가가 제자에게 별주를 주게 시켜야 한다. 만약 승가가 제자에게 가책, 의지, 구출, 하의, 거죄 등의 갈마를 행하는 때라면, 아사리는 마땅히 '어찌 화상에게 이것 등의 갈마를 행하는 것인가?'라고 생각하면서 방편을 구해야 한다.

만약 승가가 제자에게 가책, 의지, 구출, 하의, 거죄 등의 갈마를 행하는 때라면, 아사리는 마땅히 '어떻게 화상에게 갈마를 행하지 못하게 할 것인가? 혹은 감경시킬 것인가?'라고 생각하면서 방편을 구해야 한다. 또한 혹은 승가가 제자에게 가책, 의지, 구출, 하의, 거죄 등의 갈마를 행하게 하였던 때라면, 아사리는 마땅히 제자가 바르게 행하고 수순하며 죄를 없애고자 애원하며 구해야 하고, 승가에게 그 갈마를 풀어주도록 애원해야 한다."

14-10 "만약 제자가 상의를 세탁하려고 하였다면 아사리는 마땅히 '이와 같이 세탁하게.'라고 가르쳐서 말하거나, 혹은 '제자의 상의를 마땅히 어떻게 세탁해야 하는가?'라고 사유하고서 방편을 행해야 한다. 만약 제자가 상의를 지으려고 하였다면 아사리는 마땅히 '이와 같이 짓게.'라고 가르쳐서 말하거나, 혹은 '제자의 상의를 마땅히 어떻게 지어야 하는가?'라고 사유하고서 방편을 행해야 한다.

만약 제자가 염료를 끓이려고 하였다면 아사리는 마땅히 '이와 같이 끓이게.'라고 가르쳐서 말하거나, 혹은 '제자의 상의를 마땅히 어떻게 끓여야 하는가?'라고 사유하고서 방편을 행해야 한다. 만약 제자가 상의를 염색하려고 하였다면 아사리는 마땅히 '이와 같이 염색하게.'라고 가르쳐서 말하거나, 혹은 '제자의 상의를 마땅히 어떻게 염색해야 하는가?'라고 사유하고서 방편을 행해야 한다. 상의를 염색하는 때라면 마땅히 잘 뒤집으면서 그것을 염색해야 하고 만약 물방울이 멈추지 않은 때에는 마땅히 떠나갈 수 없다. 만약 제자가 병이라면 목숨을 마치도록 마땅히 보살피고 쾌유하기를 기다려야 하느니라."

[아사리의 제자에 대한 책무의 위의법을 마친다.]

○ **셋째의 송출품을 마친다**

◎ 이 건도에는 55사(事)가 있고, 위의법은 40사가 있느니라. 섭송으로 설하겠노라.

신발과 일산과 머리를 덮는 것과
머리 위와 마시는 물과
예배하지 않는 것과 묻지 않는 것과
뱀과 아름다움과 비난과

벗는 것과 일산과 어깨와 느린 것과
물러나는 것과 발우를 놓아두는 것과
마땅한 것과 묻는 것과 붓는 것과 씻는 것과
말리는 것과 습한 것과 신발과 상좌와

하좌와 묻는 것과 친근한 것과
학가와 대변과 마시는 물과
씻는 물과 지팡이와 집회당과
시간과 잠시와 더러움과 바닥 깔개와

꺼냄과 평상 다리와 베개와 요와

평상과 소상과 침 뱉는 그릇과
기대는 판자와 창문과 방사의 모서리와
붉은 점토와 흑색과 수리하지 않은 것과

먼지와 바닥 깔개와 평상 다리와
평상과 소상과 베개와 좌구와 침뱉는 그릇과
기대는 판자와 발우와 옷과 바닥과
단은 밖이고 주름은 안쪽인 것과

동쪽과 남쪽과 서쪽과 북쪽과
추위와 더위와 밤과 낮과
방사와 문루와 근행당과
화당과 측간의 위의법과

마시는 물과 씻는 물과
측간의 씻는 물병과
객비구의 위의법은
비교하지 않고 제정하셨네.

자리가 없는 것과 물이 없는 것과
맞이하지 않는 것과 마시는 물이 없는 것과
예배하지 않는 것과 묻지 않는 것과
선한 비구가 싫어한 것과 상좌와

자리와 물과 맞이하는 것과 마시는 물과
신발과 한쪽과 예배와 알리는 것과
머무르는 것과 친근한 것과
학가와 측간과 마시는 물과 씻는 물과

지팡이와 집회당과 시간과 하좌와
앉는 것과 예배와 알리는 것과
이치는 앞에서와 같으며 구주비구의
위의법을 상주(商主)가 이것을 말하였다네.

원행하는 것과 나무와 토기와
여는 것과 부탁하지 않은 것과
손실된 것과 방호하지 않는 것과
선한 비구가 싫어한 것이 있다.

보관하며 닫고 부탁하며 떠나는 것과
비구와 사미와 수원인과 우바새와
돌 위에 쌓고 가두고 닫는 것과
가능한 것과 노력하는 것과

새지 않는 것과 전부 새는 것과
취락과 읍성과 노지와
일부라도 남기려고 하는 것은
원행비구의 위의법이라네.

기뻐하지 않는 것과 상좌와
남겨두는 것과 네·다섯 명과
대변에 압박받아 기절한 것과
이것들은 비구들의 기뻐하는 위의법이라네.

육군비구들과 옷이 가지런하지 않은 것과
위의가 없는 것과 이탈하는 것과
여러 상좌를 밀쳐내는 것과 하좌 비구와

승가리와 선한 비구가 싫어한 것이 있다네.

삼륜과 하의와 허리띠와
한 겹과 어깨끈과 몸을 가리는 것과
몸을 섭수하는 것과 눈을 땅에 향하는 것과
옷을 들어 올리는 것과 웃는 것과

큰 소리와 세 가지를 흔드는 것과
허리에 얹는 것과 머리를 덮는 것과
웅크리고 가는 것과 몸을 가리는 것과
몸을 섭수하는 것과 눈을 땅에 향하는 것과

옷을 들어 올리는 것과 웃는 것과
낮은 소리와 세 가지를 흔드는 것과
허리에 얹는 것과 허둥거리는 것과
밀쳐내는 것과 자리와 펼치는 것과
물과 아래와 놓아두고서 붓는 것이 있다네.

받는 자와 주위와 승가리와
밥과 받는 것과 국과 맛있는 음식과
일심과 발우를 생각하는 것과
좌차와 국과 가운데와

덮는 것과 구걸하는 거짓과 싫어하는 것과
큰 것과 둥근 것과 입과 모든 손과
던져서 먹는 것과 자르는 것과 뺨과
밥알과 혀를 내미는 것과

쩝쩝거리는 것과 빨아들이는 것과
손과 발우와 입술을 핥는 것과
더러운 손으로 취하는 것과
일체를 주지 않은 것과
아래에 놓아두고 물을 붓는 것이 있다.

받는 자와 주위와 승가리와
내려놓는 것과 땅 위와 밥알과
돌아오는 것과 몸을 가리는 것과
웅크리고 가는 것은
법왕께서 제정하신 식당의 위의법이라네.

옷이 가지런하지 않은 것과 위의가 없는 것과
관찰하지 않는 것과 다급한 것과 먼 것과
가까운 것과 오래인 것과 다급한 것과
걸식과 몸을 덮고서 머무르는 것과

몸을 섭수하는 것과 눈을 땅에 향하는 것과
옷을 들어 올리는 것과 웃는 것과
큰 소리와 세 가지를 흔드는 것과
허리에 얹는 것과 머리를 덮는 것과

웅크리고 가는 것과 관찰하는 것과
다급한 것과 그릇과
옷을 걷어올리고 나가는 것과
바라보지 않는 것과 국을 받는 것도 이와 같다네.

승가와 승가리로 덮는 것과

몸을 가리고 떠나가는 것과
몸을 섭수하는 것과
눈을 땅에 향하는 것과

옷을 들어 올리는 것과 웃는 것과
낮은 소리와 세 가지를 흔드는 것과
허리에 얹는 것과 머리를 덮는 것과
웅크리고 가는 것이 있다.

먼저 돌아온 자와 자리와 퇴수통과
마시는 물과 씻는 물과
먼저 돌아온 자와 먹고자 한다면 먹는 것과
버리는 것과 보관하는 것과

깨끗이 청소하는 것과 빈 것과
준비하는 것과 손짓하는 것과
수용하는 것은
걸식비구의 위의법이라네.

마시는 물과 씻는 물과
불과 화구와 별자리와 방위와
도둑이 일체가 없어 때렸던 것과
발우와 어깨끈과 옷을 어깨에 거는 것과
삼륜을 가리는 것과 아란야에서도
걸식비구의 위의법과 같다네.

발우와 어깨끈과 옷을 머리에 얹는 것과
마시는 물과 씻는 물과 불과 화구와 지팡이와

별자리와 일치하는 것과 방위를 아는 것은
최상사(最上師)께서 제정하신 아란야의 위의법이라네.

노지와 뒤집어썼던 것과
선한 비구가 싫어한 것과
정사가 더럽혀진 것과
먼저 발우와 옷과 요와 베개와

평상과 소상과 침뱉는 그릇과
기대는 판자와 창문과
방사의 모서리와 붉은 점토와
검은색과 짓지 않은 것과 먼지와

비구의 주위와 좌구와 와구와 정사와
마시는 물과 씻는 물과 이것 등의 주위와
거꾸로 바람이 부는 것과 바람의 아래와
부구와 평상 다리와 평상과

소상과 베개와 좌구와 침 뱉는 그릇과
기대는 판자와 발우와 옷과 바닥과
단은 밖이고 주름은 안쪽인 것과
동쪽과 남쪽과 서쪽과 북쪽과

추위와 더위와 밤과 낮과
방사와 문루와 근행당과 화당과
측간과 마시는 물과 씻는 물과 씻는 물병과
상좌와 설명하여 보여주는 것과

질문하는 것과 독송하는 것과 설법과
점등과 소등과 열거나 닫을 수 없는 것과
좌차를 따라서 행하는 것과 모서리와
성내지 않는 것은 대웅(大雄)께서 제정하신
와구와 좌구의 위의법이라네.

저지한 것과 문과 기절한 것과
선한 비구가 싫어하는 것과
재를 버리는 것과 욕실과
바닥 평상과 방사와

문루와 현관과 고운 가루와
진흙과 병과 얼굴과 앞에서와
상좌와 하좌와 위쪽과 도로와
습기와 진흙과 의자와
버리고 떠나가는 것은 비구의
욕실 위의법이라네.

씻지 않는 것과 상좌와 좌차와
다급한 것과 걷어올리는 것과
신음하는 것과 치목을 씹는 것과
똥막대기와 소변과 침과 거친 것과 구덩이와

다급한 것과 들어 올리는 것과
쩝쩝거리는 것과 남겨두는 것과
안과 밖에서 헛기침을 하는 것과
옷걸이 줄과 천천히 가는 것과

다급한 것과 들어 올리는 것과
신음하는 것과 치목을 씹는 것과
똥막대기와 소변과 침과 거친 것과
구덩이와 신발을 신는 것과

다급한 것과 들어 올리는 것과
신발을 신는 것과
쩝쩝거리는 것과
남겨두지 않는 것과 덮는 것과

똥막대 상자와 측간에서와
바닥 평상과 방사와 문루와
물병으로 깨끗이 씻는 것은
측간의 위의법이라네.

신발과 치목과 양치하는 물과 자리와
죽과 물과 씻는 것과 치우는 것과
더러운 것과 취락과 옷과 허리띠와
겹친 것과 발우에 붓는 것과

따르는 것과 삼륜을 가리는 것과
묶는 것과 접는 것과 씻는 것과
따르는 것과 멀리 가지 않는 것과
취하는 것과 말하는 것과 범하는 것과

먼저 오는 것과 자리와 물과 받침대와
수건과 맞이하는 것과 옷과 말리는 것과
방치하는 것과 손실과 주름과

음식과 받드는 것과

마시는 물과 아래의 물과
잠시와 방치하지 않는 것과
옷과 발우와 바닥과
단은 밖으로 주름은 안을 향하는 것과

없애는 것과 보관하는 것과
더러움과 목욕과 더운 것과
추운 것과 욕실과 고운 가루와
진흙과 시자와 소상과 옷과 고운 가루와

진흙과 가능한 것과 얼굴과 앞에서와
상좌와 시봉과 나오는 것과 앞에서와
물과 목욕과 하의를 입는 것과
화상과 승가리와 옷과 받침대와

자리와 발과 받침대와 수건과
물과 설법을 청하는 것과
더럽다면 청소하는 것과
이와 같은 이전의 옷과 발우와

좌구와 부구와 베개와 요와
평상과 소상과 평상 다리와
침뱉는 그릇과 기대는 판자와
바닥의 부구와 거미줄과

창문과 붉은 점토와

검은색과 짓지 않은 것과
바닥의 부구와 평상 다리와
평상과 소상과

베개와 요와 좌구와 부구와
침 뱉는 그릇과 기대는 판자와 옷과 발우와
동쪽과 남쪽과 서쪽과 북쪽과
추위와 더위와 밤과 낮과

방사와 문루와 근행당과
화당과 측간과 마시는 물과
씻는 물과 병을 씻는 것과
기쁘지 않은 것과 악작과

사견과 무거운 법과 본일치와
마나타와 출죄와
가책과 의지와 구출과 하의와
거죄 등의 갈마와 고행과

세탁과 짓는 것과 염색과 염료와
반복하고 되돌리는 것과
발우와 옷과 자구와 삭발과
시봉과 책무와

시자와 음식과 들어가는 것과
묘지와 지방과
목숨을 마칠 때까지 시봉하는 것은
제자의 화상과 아사리에 대한 위의법이라네.

교계와 설명하여 보여주는 것과
묻는 것과 발우와 옷과
자구와 질병과
사문을 수순하지 않아야 한다네.

화상과 역시 아사리의 위의법도 같으며
제자와 학인의 위의법도 같고
나아가 객비구와 구주비구의
위의법도 역시 같다네.

원행 비구와 찬탄 비구와
식당비구와 걸식비구와
아란야의 위의법과
좌구와 와구의 위의법과

욕실과 측간과
화상과 제자와
아사리의 위의법은
16장(章)이고 19사(事)로 설하였다네.

위의법이 원만하지 않고
계율이 원만하지 않으며
계율이 청정하지 않고 지혜가 적으면
마음에서 하나의 경계를 얻지 못하네.

마음이 산란하고 하나의 경계가 아니면
곧 정법을 보지 못하며
정법을 보지 못하면

곧 해탈하지 못하여 고통이라네.

위의법이 원만하고
계율이 원만하며
계율이 청정하고 지혜가 있으면
마음에서 하나의 경계를 얻는다네.

마음이 산란하지 않아서 하나의 경계이면
곧 정법을 보지 못하며
정법을 보는 것으로써
곧 해탈을 얻는다네.

관찰하는 최승자(最勝子)가 있다면
위의법에 원만하나니
최고로 수승한 세존께서 교계하시니
이것을 통달하여 열반한다네.

● **위의법건도를 마친다.**

건도 제19권

제9장 차설계건도(遮說戒犍度)[1]

1. 제1송출품

1) 설계(說戒) 중지(中止)의 연기

1-1 그때 불·세존께서는 사위성의 동원녹자당(東園鹿母堂)[2]에 머무르셨다. 그때는 포살일이었고 비구 대중은 세존을 위요하고 앉아 있었다. 이때 장로 아난은 한밤의 초야가 지나간 뒤에 자리에서 일어났고, 오른쪽 어깨를 드러내고서 세존이 계신 처소를 향하여 합장하고서 아뢰어 말하였다.
 "세존이시여. 밤이 깊었습니다. 초야는 이미 지나갔고, 비구 대중은 이미 오래 앉아 있었습니다. 세존께서 여러 비구들을 위하여 바라제목차(波羅提木叉)[3]를 설하시기를 청하옵니다."

---

1) 팔리어 Pātimokkhaṭṭhapanakkhandhaka(파티모까따파나깐다카)의 번역이다.
2) 팔리어 pubbārāme migāramātu pāsāda(푸빠라메 미가라마투 파사다)의 번역이다. Pubbarama는 지명이고, Migaramatu는 녹자모의 이름이며, pasada는 '높은 기초 위의 건물' 또는 '궁전'을 가리킨다.

이와 같이 아뢰는 때에 세존께서는 묵연하셨다.

장로 아난은 한밤의 중야가 지나간 뒤에 자리에서 일어났고, 오른쪽 어깨를 드러내고서 세존이 계신 처소를 향하여 합장하고서 아뢰어 말하였다.

"세존이시여. 밤이 깊었습니다. 중야는 이미 지나갔고, 비구 대중은 이미 오래 앉아 있었습니다. 세존께서 여러 비구들을 위하여 바라제목차를 설하시기를 청하옵니다."

세존께서는 두 번째에도 묵연하셨다.

장로 아난은 한밤의 후야가 지나간 뒤에 장차 날이 밝아오는 때에 자리에서 일어났고, 오른쪽 어깨를 드러내고서 세존이 계신 처소를 향하여 합장하고서 아뢰어 말하였다.

"세존이시여. 밤이 깊었습니다. 후야는 이미 지나갔고, 장차 날이 밝아오고 있으며, 비구 대중은 이미 오래 앉아 있었습니다. 세존께서 여러 비구들을 위하여 바라제목차를 설하시기를 청하옵니다."

"아난이여. 모인 대중이 청정하지 않느니라."

1-2 이때 장로 마하 목건련은 마음에서 사유하였다.

'세존께서는 어느 사람을 까닭으로 〈아난이여. 모인 대중이 청정하지 않느니라.〉고 말씀하셨는가?'

이때 장로 마하목건련은 마음으로써 이 처소의 비구 대중이 마음에서 짓는 뜻을 관찰하였다. 장로 마하목건련은 그 사람이 파계하였고 악법이며 부정하고 의심을 부르는 행이 있었으며, 지었던 것은 덮어서 숨겼고 사문이 아니었으나 사문이라고 말하였으며, 범행이 아닌 자가 범행자라고 말하였고, 마음은 부패하고 탐욕스러웠으나, 먼지와 같이 비구 대중의 가운데에 앉아 있는 것을 보았으므로, 그 사람이 있는 곳에 이르렀다. 이르러서 말하였다.

"현자여. 일어나시오. 세존께서 그대를 보았으니, 비구 대중들과 함께

---

3) 팔리어 pātimokkha(파티모까)의 음사이다.

머무를 수 없소."

이와 같이 말하는 때에 그 사람은 묵연하였다. 장로 마하목건련은 두 번째로 그 사람에게 말하였다.

"현자여. 일어나시오. 세존께서 그대를 보았으니, 비구 대중들과 함께 머무를 수 없소."

이와 같이 말하는 때에 그 사람은 묵연하였다. 장로 마하목건련은 세 번째로 그 사람에게 말하였다.

"현자여. 일어나시오. 세존께서 그대를 보았으니, 비구 대중들과 함께 머무를 수 없소."

이와 같이 말하는 때에 그 사람은 묵연하였다. 이때 장로 마하목건련은 그 사람의 어깨를 잡고서 문밖으로 끌어내고서 뒤에 문의 빗장을 걸었으며, 세존의 처소로 나아갔다. 나아가서 세존께 아뢰어 말하였다.

"제가 그 사람을 끌어냈습니다. 모였던 대중은 청정해졌습니다. 세존께서 여러 비구들을 위하여 바라제목차를 설하시기를 청하옵니다."

"목건련이여. 희유(希有)하구려! 미증유(未曾有)이구려! 그 어리석은 사람은 나아가 어깨를 붙잡혔구려."

1-3 이때 세존께서는 여러 비구들에게 알려 말씀하셨다.

"여러 비구들이여. 큰 바다에는 여덟 종류의 희유하고 미증유한 법이 있느니라. 이것을 보고서 아수라(阿修羅)[4]들은 큰 바다에서 환희(歡喜)하느니라. 무엇이 여덟 종류인가? 여러 비구들이여. 이러한 큰 바다는 천천히 나아가고 천천히 기울어지며 천천히 깊어가고 갑자기 험준(險峻)하지 않느니라. 여러 비구들이여. 큰 바다는 천천히 나아가고 천천히 기울어지며 천천히 깊어가고 갑자기 험준하지 않나니, 여러 비구들이여. 이것이 첫 번째의 희유하고 미증유한 법이니라. 이것을 보고서 아수라들은 큰 바다에서 환희하느니라.

---

4) 팔리어 Asurā(아수라)의 음사이다.

여러 비구들이여. 또한 이러한 큰 바다는 해안(海岸)을 침범하지 않는 것이 상법(常法)이니라. 여러 비구들이여. 큰 바다는 해안을 침범하지 않는 것이 상법이나니, 여러 비구들이여. 이것이 두 번째의 희유하고 미증유한 법이니라. 이것을 보고서 아수라들은 큰 바다에서 환희하느니라.
　여러 비구들이여. 또한 이러한 큰 바다에 죽었던 시체는 머무를 수 없고, 만약 죽은 시체가 있다면 빠르게 육지로 옮겨서 올려놓느니라. 큰 바다에 죽었던 시체는 머무를 수 없고, 만약 죽은 시체가 있다면 빠르게 육지로 옮겨서 올려놓나니, 여러 비구들이여. 이것이 세 번째의 희유하고 미증유한 법이니라. 이것을 보고서 아수라들은 큰 바다에서 환희하느니라.
　여러 비구들이여. 또한 이러한 큰 강이 있나니 이를테면, 항하(恒河)[5], 야마나하(夜摩那河)[6], 아이라발제하(阿夷羅跋提河)[7], 사노부하(舍勞浮河)[8], 마기하(摩企河)[9]이니라. 이것들이 만약 큰 바다에 흘러서 들어오면 곧 이전의 이름을 버리고, 오직 큰 바다라고 이름하느니라. 여러 비구들이여. 큰 강이 있나니 이를테면, 항하, 야마나하, 아이라발제하, 사노부하, 마기하이니라. 이것들이 만약 큰 바다에 흘러서 들어오면 곧 이전의 이름을 버리고, 오직 큰 바다라고 이름하나니, 여러 비구들이여. 이것이 네 번째의 희유하고 미증유한 법이니라. 이것을 보고서 아수라들은 큰 바다에서 환희하느니라.
　여러 비구들이여. 또한 이러한 큰 바다에는 세간의 물이 흘러들고, 공중에서 비가 내리더라도 이것을 까닭으로 큰 바다가 늘어나고 줄어드는 것을 알지 못하느니라. 여러 비구들이여. 큰 바다에 세간의 물이 흘러들고, 공중에서 비가 내리더라도 이것을 까닭으로 큰 바다가 늘어나고 줄어드는 것을 알지 못하나니, 여러 비구들이여. 이것이 다섯 번째의 희유하고 미증유

---

5) 팔리어 Gaṅgā(간가)의 음사이다.
6) 팔리어 Yamunā(야무나)의 음사이다.
7) 팔리어 Aciravatī(아치라바티)의 음사이다.
8) 팔리어 Sarabhū(사라부)의 음사이다.
9) 팔리어 Mahī(마히)의 음사이다.

한 법이니라. 이것을 보고서 아수라들은 큰 바다에서 환희하느니라.

여러 비구들이여. 또한 이러한 큰 바다는 곧 하나의 짠맛이니라. 여러 비구들이여. 큰 바다는 곧 하나의 짠맛이나니, 여러 비구들이여. 이것이 여섯 번째의 희유하고 미증유한 법이니라. 이것을 보고서 아수라들은 큰 바다에서 환희하느니라.

여러 비구들이여. 또한 이러한 큰 바다에는 많은 보물이 있고 다양(多樣)한 보물이 있으며, 이 가운데에서 보물은 이를테면, 진주(眞珠)[10], 마니주(摩尼珠)[11], 유리(琉璃)[12], 자거(硨磲)[13], 벽옥(璧玉)[14], 산호(珊瑚)[15], 은(銀)[16], 금(金)[17], 홍옥(紅玉)[18], 마노(瑪瑙)[19]이니라. 여러 비구들이여. 큰 바다에는 많은 보물이 있고 다양한 보물이 있으며 이 가운데에서 보물은 이를테면, 진주, 마니주, 유리, 자거, 벽옥, 산호, 은, 금, 홍옥, 마노이나니, 여러 비구들이여. 이것이 일곱 번째의 희유하고 미증유한 법이니라. 이것을 보고서 아수라들은 큰 바다에서 환희하느니라.

여러 비구들이여. 또한 이러한 큰 바다는 곧 많은 유정(有情)[20]들의 주처이고, 이 가운데에서 유정은 이를테면, 제예어(提霓魚)[21], 제예기라어(提霓耆羅魚)[22], 제예제예기라어(提霓提霓耆羅魚)[23], 아수라(阿修羅), 용

---

10) 팔리어 muttā(무따)의 번역이다.
11) 팔리어 maṇi(마니)의 번역이다.
12) 팔리어 veḷuriya(베루리야)의 번역이다.
13) 팔리어 saṅkha(산카)의 번역이다.
14) 팔리어 silā(시라)의 번역이다.
15) 팔리어 pavāla(파바라)의 번역이다.
16) 팔리어 rajata(라자타)의 번역이다.
17) 팔리어 jātarūpa(자타루파)의 번역이다.
18) 팔리어 lohitaka(로히타카)의 번역이다.
19) 팔리어 masāragalla(마사라갈라)의 번역이다.
20) 팔리어 bhūtānam(부타남)의 음사이다.
21) 팔리어 Timi(티미)의 음사이고, '큰 고래' 또는 '큰 물고기'를 가리킨다.
22) 팔리어 Timiṅgala(티민가라)의 음사이고, 거대한 크기의 물고기를 가리킨다.
23) 팔리어 Timitimiṅgala(티미티민가라)의 음사이다.

(龍)24), 건달바(乾達婆) 25)등이 있고, 큰 바다에는 1백 유순(由旬)26)인 몸이 있고, 2백 유순인 몸이 있으며, 3백 유순인 몸이 있고, 4백 유순인 몸이 있으며, 5백 유순인 몸이 있느니라. 여러 비구들이여. 큰 바다에는 1백 유순인 몸이 있고, 2백 유순인 몸이 있으며, 3백 유순인 몸이 있고, 4백 유순인 몸이 있으며, 5백 유순인 몸이 있느니라.

여러 비구들이여. 큰 바다는 곧 많은 유정들의 주처이고, 이 가운데에서 유정은 이를테면, 제예어, 제예기라어, 제예제예기라어, 아수라, 용, 건달바 등이 있고, 큰 바다에는 1백 유순인 몸이 있고, 2백 유순인 몸이 있으며, 3백 유순인 몸이 있고, 4백 유순인 몸이 있으며, 5백 유순인 몸이 있나니, 여러 비구들이여. 이것이 여덟 번째의 희유하고 미증유한 법이니라. 이것을 보고서 아수라들은 큰 바다에서 환희하느니라."

1-4 "여러 비구들이여. 이와 같이 법과 율의 가운데에는 여덟 종류의 희유하고 미증유한 법이 있느니라. 이것을 보고서 여러 비구들은 법과 율에서 환희하느니라. 무엇이 여덟 종류인가? 여러 비구들이여. 비유한다면 큰 바다는 천천히 나아가고 천천히 기울어지며 천천히 깊어가고 갑자기 험준하지 않는 것과 같이 여러 비구들이여. 이 법과 율에는 점차로 배우는 것이 있고 점차로 짓는 것이 있으며 점차로 향하는 도(道)가 있고 갑자기 명료하게 통달하는 지혜가 없나니, 여러 비구들이여. 이 법과 율에는 점차로 배우는 것이 있고 점차로 짓는 것이 있으며 점차로 향하는 도가 있고 갑자기 명료하게 통달하는 지혜가 없느니라. 여러 비구들이여. 이것이 곧 이 법과 율에서 첫 번째의 희유하고 미증유한 법이니라. 이것을 보고서 여러 비구들은 법과 율에서 환희하느니라.

여러 비구들이여. 비유한다면 큰 바다는 해안을 침범하지 않는 것이 상법(常法)이니라. 이와 같이 여러 비구들이여. 나는 여러 성문들을 위하

---

24) 팔리어 Nāgā(나가)의 음사이다.
25) 팔리어 Gandhabbā(간다빠)의 음사이다.
26) 팔리어 yojana(요자나)의 음사이다.

여 학처를 제정하여 세웠고, 나의 여러 성문들은 나아가 생활을 인연으로 역시 범하지 않느니라. 여러 비구들이여. 나는 여러 성문들을 위하여 학처를 제정하여 세웠고, 나의 여러 성문들은 나아가 생활을 인연으로 역시 범하지 않나니, 여러 비구들이여. 이것이 곧 이 법과 율에서 두 번째의 희유하고 미증유한 법이니라. 이것을 보고서 여러 비구들은 법과 율에서 환희하느니라.

여러 비구들이여. 비유한다면 큰 바다에 죽었던 시체는 머무를 수 없고, 만약 죽은 시체가 있다면 빠르게 육지로 옮겨서 올려놓느니라. 이와 같이 여러 비구들이여. 만약 사람이 파계하였고 악법이며 부정하고 의심을 부르는 행이 있었고 지었던 것은 덮어서 숨겼으며 사문이 아니었으나 사문이라고 말하였고 범행이 아닌 자가 범행자라고 말하였으며, 마음은 부패하고 번뇌하였으므로, 만약 먼지와 같은 자가 있었다면, 곧 승가와 함께 머무를 수 없나니, 다급하게 모여서 이것을 거론해야 하고, 그가 비록 승가의 가운데에 앉아 있더라도 그를 곧바로 승가에서 멀리 벗어나게 해야 하며, 승가도 역시 그에게서 멀리 벗어나야 하느니라.

여러 비구들이여. 만약 사람이 파계하였고 악법이며 부정하고 의심을 부르는 행이 있고 지었던 것은 덮어서 숨겼으며 사문이 아니었으나 사문이라고 말하였고 범행이 아닌 자가 범행자라고 말하였으며, 마음은 부패하고 탐욕스러웠으나, 만약 먼지와 같은 자가 있었다면, 곧 승가와 함께 머무를 수 없나니, 다급하게 모여서 이것을 거론해야 하고, 그가 비록 승가의 가운데에 앉아 있더라도 그를 곧바로 승가에서 멀리 벗어나게 해야 하며, 승가도 역시 그에게서 멀리 벗어나야 하느니라. 여러 비구들이여. 이것이 곧 이 법과 율에서 세 번째의 희유하고 미증유한 법이니라. 이것을 보고서 여러 비구들은 법과 율에서 환희하느니라.

여러 비구들이여. 비유한다면 큰 강이 있나니 이를테면, 항하, 야마나하, 아이라발제하, 사노부하, 마기하이니라. 이것들이 만약 큰 바다에 흘러들어 오며 곧 이전의 이름을 버리고, 오직 큰 바다라고 이름하느니라. 여러 비구들이여. 이와 같이 찰제리(利帝利)[27], 바라문(婆羅門)[28], 폐사(吠舍)[29], 수타라

(首陀羅)30) 등의 네 족성(族姓)이었으나, 그들은 집을 버리고서 여래가 설하는 법과 율에서 출가한 자이고, 이전의 이름을 버리고서 오직 사문 석자라는 이름으로 말해지느니라.

여러 비구들이여. 찰제리, 바라문, 폐사, 수타라 등의 네 족성이었으나, 그들은 집을 버리고서 여래가 설하는 법과 율에서 출가한 자이고, 이전의 이름을 버리고서 오직 사문 석자이라는 이름으로 말해지나니, 여러 비구들이여. 이것이 곧 이 법과 율에서 네 번째의 희유하고 미증유한 법이니라. 이것을 보고서 여러 비구들은 법과 율에서 환희하느니라.

여러 비구들이여. 비유한다면 큰 바다는 세간의 물이 흘러들고, 공중에서 비가 내려더라도 이것을 까닭으로 큰 바다가 늘어나고 줄어드는 것을 알지 못하느니라. 여러 비구들이여. 이와 같이 만약 많은 여러 비구들이 무여의열반계(無餘依涅槃界)31)에서 반열반(般涅槃)32)을 하더라도 이것을 까닭으로 무여의열반계에서 늘어나고 줄어드는 것을 알지 못하느니라. 여러 비구들이여. 만약 많은 여러 비구들이 무여의열반계에서 반열반을 하더라도 이것을 까닭으로 무여의열반계에서 늘어나고 줄어드는 것을 알지 못하나니, 여러 비구들이여. 이것이 곧 이 법과 율에서 다섯 번째의 희유하고 미증유한 법이니라. 이것을 보고서 여러 비구들은 법과 율에서 환희하느니라.

여러 비구들이여. 비유한다면 큰 바다는 곧 하나의 짠맛이니라. 여러 비구들이여. 이와 같이 이 법과 율에서 곧 하나의 해탈의 맛이니라. 여러 비구들이여. 이 법과 율에서 곧 하나의 해탈의 맛이니, 여러 비구들이여. 이것이 곧 이 법과 율에서 여섯 번째의 희유하고 미증유한 법이니라. 이것을 보고서 여러 비구들은 법과 율에서 환희하느니라.

---

27) 팔리어 Khattiyā(카띠야)의 음사이다.
28) 팔리어 Brāhmaṇā(브라마나)의 음사이다.
29) 팔리어 Vessā(베싸)의 음사이다.
30) 팔리어 Suddā(수따)의 음사이다.
31) 팔리어 anupādisesā nibbānadhātu(아누파디세사 니빠나다투)의 번역이다.
32) 팔리어 parinibbāyanti(파리니빠얀티)의 번역이다.

여러 비구들이여. 비유한다면 큰 바다는 많은 보물이 있고 다양한 보물이 있으며 이 가운데에서 보물은 이를테면, 진주, 마니주, 유리, 자거, 벽옥, 산호, 은, 금, 홍옥, 마노이니라. 여러 비구들이여. 이와 같이 이 법과 율에는 많은 보물이 있고 다양한 보물이 있으며 이 가운데에서 보물은 이를테면, 사념처(四念處)[33], 사정근(四正勤)[34], 사신족(四神足)[35], 오근(五根)[36], 오력(五力)[37], 칠각지(七覺支)[38], 팔정도(八正道)[39]이니라. 여러 비구들이여. 이 법과 율에는 많은 보물이 있고 다양한 보물이 있으며 이 가운데에서 보물은 이를테면, 사념처, 사정근, 사신족, 오근, 오력, 칠각지, 팔정도이나니, 여러 비구들이여. 이것이 곧 이 법과 율에서 일곱 번째의 희유하고 미증유한 법이니라. 이것을 보고서 여러 비구들은 법과 율에서 환희하느니라.

여러 비구들이여. 비유한다면 큰 바다는 곧 많은 유정들의 주처이고, 이 가운데에서 유정은 이를테면, 제예어, 제예기라어, 제예제예기라어, 아수라, 용, 건달바 등이 있고, 큰 바다에는 1백 유순인 몸이 있고, 2백 유순인 몸이 있으며, 3백 유순인 몸이 있고, 4백 유순인 몸이 있으며, 5백 유순인 몸이 있느니라. 여러 비구들이여. 이와 같이 이 법과 율에는 곧 많은 유정들의 주처이고, 이 가운데에서 유정은 이를테면, 예류자(豫流者)[40], 향예류과현증자(向預流果現證者)[41], 일래자(一來者)[42], 향일래과현증자(向一來果現證者)[43], 불환자(不還者)[44], 향불환과현증자(向不還果

---

[33] 팔리어 satipaṭṭhānā(사티파따나)의 번역이다.
[34] 팔리어 sammappadhānā(삼마빠다나)의 번역이다.
[35] 팔리어 iddhipādā(이띠파다)의 번역이다.
[36] 팔리어 pañcindriyāni(판친드리야니)의 번역이다.
[37] 팔리어 pañca balāni(판차 바라니)의 번역이다.
[38] 팔리어 satta bojjhaṅgā(사따 보짠가)의 번역이다.
[39] 팔리어 ariya aṭṭhaṅgika magga(아리야 아딴기카 마까)의 번역이다.
[40] 팔리어 sotāpanna(소타판나)의 번역이다.
[41] 팔리어 sotāpattiphalasacchikiriyāya paṭipanna(소타파띠파라사찌키리야야 파티판나)의 번역이다.
[42] 팔리어 sakadāgāmī(사카다가미)의 번역이다.

現證者)⁴⁵⁾, 아라한(阿羅漢)⁴⁶⁾, 향아라한성자(向阿羅漢性者)⁴⁷⁾가 있느니라.

여러 비구들이여. 이 법과 율에는 곧 많은 유정들의 주처이고, 이 가운데에서 유정은 이를테면, 예류자, 향예류과현증자, 일래자, 향일래과현증자, 불환자, 향불환과현증자, 아라한, 향아라한성자가 있나니, 여러 비구들이여. 이것이 곧 이 법과 율에서 여덟 번째의 희유하고 미증유한 법이니라. 이것을 보고서 여러 비구들은 법과 율에서 환희하느니라.

여러 비구들이여. 이와 같이 법과 율의 가운데에는 여덟 종류의 희유하고 미증유한 법이 있느니라. 이것을 보고서 여러 비구들은 법과 율에서 환희하느니라."

세존께서는 이 일을 아셨고, 이때 스스로 게송을 설하셨다.

덮어진 것에는 많은 비가 내리고
드러난 것에는 많은 비가 내리지 않나니
그러므로 덮어진 것은 드러나고
이와 같다면 그것은 많은 비가 내리지 않으리.

[설계 중지의 연기를 마친다.]

---

43) 팔리어 sakadāgāmiphalasacchikiriyāya paṭipanna(사카다가미파라사찌키리야야 파티판나)의 번역이다.
44) 팔리어 anāgāmī(아나가미)의 번역이다.
45) 팔리어 anāgāmiphalasacchikiriyāya paṭipanna(아나가미파라사찌키리야야 파티판나)의 번역이다.
46) 팔리어 arahā(아라하)의 번역이다.
47) 팔리어 arahattaphalasacchikiriyāya paṭipanna(아라하파라사찌키리야야 파티판나)의 번역이다.

2) 설계의 중지(中止)

2-1 이때 세존께서는 여러 비구들에게 알려 말씀하셨다.

"여러 비구들이여. 나는 지금부터 포살을 행하지 않겠고, 바라제목차를 송출하지 않겠노라. 여러 비구들이여. 지금부터는 그대들이 스스로 포살을 행하고, 스스로 바라제목차를 송출해야 하느니라. 여러 비구들이여. 여래는 청정하지 않은 승가의 회중(會中)에서 포살을 행할 수 없고, 바라제목차를 송출할 수 없나니, 이러한 처소도 없고, 이러한 때도 없는 것이다. 여러 비구들이여. 유죄인 자는 바라제목차를 들을 수 없느니라. 듣는 자는 악작을 범하느니라. 여러 비구들이여. 만약 유죄인 자가 바라제목차를 듣는다면, 곧 그 사람에게 설계를 막는 것을 허락하겠노라.

여러 비구들이여. 마땅히 이와 같이 막아야 하느니라. 포살의 날짜인 14일이거나, 혹은 15일에 그 사람이 나타난 때라면 마땅히 승가에 알리고 말해야 하느니라.

'여러 대덕들께서는 허락하십시오. 유죄인 누구가 있으므로 나는 그 사람이 설계를 듣는 것을 막겠습니다. 그 사람이 나타난 때라면 바라제목차를 송출할 수 없습니다.'

이것은 설계를 막은 것이니라."

[설계의 중지를 마친다.]

3) 육군비구

3-1 그때 육군비구들은 이와 같이 사유하였다.

'어느 누구일지라도 우리들을 모두 알지 못한다.'

유죄이었으나 바라제목차를 들었다. 다른 사람의 마음을 아는 여러 장로 비구들은 여러 비구들에게 알려 말하였다.

"여러 장로들이여. 누구와 누구의 육군비구들이 '어느 누구일지라도 우리들을 모두 알지 못한다.'라고 이와 같이 사유하였고, 유죄이었으나 바라제목차를 들었습니다."

육군비구들은 다른 사람의 마음을 아는 여러 장로 비구들이 "여러 장로들이여. 누구와 누구의 육군비구가 '어느 누구일지라도 우리들을 모두 알지 못한다.'라고 이와 같이 사유하였고, 유죄이었으나 바라제목차를 들었습니다."라고 여러 비구들에게 알렸다고 들었다. 그들은 사유하였다.

'청정한 비구들이 반드시 우리들이 설계하는 것을 막을 것이다.'

곧 이전에 일이 없었고, 인연이 없었던 것으로써 무죄이고 청정한 비구들의 설계를 막았다. 여러 비구들의 가운데에서 욕심이 적은 자들은 싫어하고 비난하였다.

"무슨 까닭으로써 육군비구들은 이전에 일이 없었고, 인연이 없었던 것으로써 무죄이고 청정한 비구들의 설계를 막는가?"

이때 여러 비구들은 이 일로써 세존께 아뢰었고, 세존께서는 여러 비구들에게 물어 말씀하셨다.

"여러 비구들이여. 진실로 육군비구들이 이전에 일이 없었고, 인연이 없었던 것으로써 무죄이고 청정한 비구들의 설계를 막았는가?"

"진실로 그렇습니다. 세존이시여."

…… 세존께서는 여러 비구들을 꾸짖으셨고 설법하셨으며 여러 비구들에게 알려 말씀하셨다.

"여러 비구들이여. 일이 없었고, 인연이 없었던 것으로써 무죄이고 청정한 비구들의 설계를 막을 수 없느니라. 막는 자는 악작을 범하느니라."

3-2 "여러 비구들이여. 설계를 막는 것에 한 가지의 비법(非法)인 것이 있고, 한 가지의 여법(如法)한 것이 있느니라. 설계를 막는 것에 두 가지의 비법이 있고, 두 가지의 여법이 있느니라. 설계를 막는 것에 세 가지의 비법이 있고, 세 가지의 여법이 있느니라. 설계를 막는 것에 네 가지의, …… 나아가 …… 다섯 가지의, …… 나아가 …… 여섯 가지의, …… 나아가

…… 일곱 가지의, …… 나아가 …… 여덟 가지의, …… 나아가 …… 아홉 가지의, …… 나아가 …… 열 가지의 비법인 것이 있고, 한 가지의 여법한 것이 있느니라."

3-3 "무엇이 설계를 막는 것에 한 가지의 비법인가? 근거가 없는 무너진 계로써 고의로 설계를 막았다면 이것은 설계를 막는 것에 한 가지의 비법인 것이니라. 무엇이 설계를 막는 것에 한 가지의 여법한 것인가? 근거가 있는 무너진 계로써 고의로 설계를 막았다면, 이것은 설계를 막는 것에 한 가지의 여법한 것이니라.

무엇이 설계를 막는 것에 두 가지의 비법인가? 근거가 없는 무너진 계로써, 근거가 없는 무너진 행으로써 고의로 설계를 막았다면 이것은 설계를 막는 것에 두 가지의 비법인 것이니라. 무엇이 설계를 막는 것에 두 가지의 여법한 것인가? 근거가 있는 무너진 계로써 고의로 설계를 막았거나, 근거가 있는 무너진 행으로써 고의로 설계를 막았다면, 이것은 설계를 막는 것에 두 가지의 여법한 것이니라.

무엇이 설계를 막는 것에 세 가지의 비법인가? 근거가 없는 무너진 계로써, 근거가 없는 무너진 행으로써, 근거가 없는 무너진 견해로써 고의로 설계를 막았다면 이것은 설계를 막는 것에 세 가지의 비법인 것이니라. 무엇이 설계를 막는 것에 세 가지의 여법한 것인가? 근거가 있는 무너진 계로써, 근거가 있는 무너진 행으로써, 근거가 있는 무너진 견해로써 고의로 설계를 막았다면, 이것은 설계를 막는 것에 세 가지의 여법한 것이니라.

무엇이 설계를 막는 것에 네 가지의 비법인가? 근거가 없는 무너진 계로써, 근거가 없는 무너진 행으로써, 근거가 없는 무너진 견해로써, 근거가 없는 무너진 생활로써 고의로 설계를 막았다면 이것은 설계를 막는 것에 네 가지의 비법인 것이니라. 무엇이 설계를 막는 것에 네 가지의 여법한 것인가? 근거가 있는 무너진 계로써, 근거가 있는 무너진 행으로써, 근거가 있는 무너진 견해로써, 근거가 있는 무너진 생활로써 고의로 설계를 막았다면, 이것은 설계를 막는 것에 네 가지의 여법한 것이니라.
　무엇이 설계를 막는 것에 다섯 가지의 비법인가? 근거가 없는 바라이로써, 근거가 없는 승잔으로써, 근거가 없는 바일제로써, 근거가 없는 바라제제사니로써, 근거가 없는 악작으로써 고의로 설계를 막았다면 이것은 설계를 막는 것에 다섯 가지의 비법인 것이니라. 무엇이 설계를 막는 것에 다섯 가지의 여법한 것인가? 근거가 있는 바라이로써, 근거가 있는 승잔으로써, 근거가 있는 바일제로써, 근거가 있는 바라제제사니로써, 근거가 있는 악작으로써 고의로 설계를 막았다면, 이것은 설계를 막는 것에 다섯 가지의 여법한 것이니라.
　무엇이 설계를 막는 것에 여섯 가지의 비법인가? 근거가 없는 무너진 계로써 그것을 짓지 않았는데 고의로 설계를 막았거나, 근거가 없는 무너진 계로써 그것을 지었는데 고의로 설계를 막았거나, 근거가 없는 무너진 계의 행으로써 그것을 짓지 않았는데 고의로 설계를 막았거나, 근거가 무너진 계의 행으로써 그것을 지었는데 고의로 설계를 막았거나, 근거가 없는 무너진 계의 견해로써 그것을 짓지 않았는데 고의로 설계를 막았거나, 근거가 없는 무너진 계의 견해로써 그것을 짓지 않았는데 고의로 설계를 막았다면, 이것은 설계를 막는 것에 여섯 가지의 비법인 것이니라.
　무엇이 설계를 막는 것에 여섯 가지의 여법한 것인가? 근거가 있는 무너진 계로써 그것을 짓지 않았는데 고의로 설계를 막았거나, 근거가 있는 무너진 계로써 그것을 지었는데 고의로 설계를 막았거나, 근거가 있는 무너진 행으로써 그것을 짓지 않았는데 고의로 설계를 막았거나, 근거가 있는 무너진 행으로써 그것을 지었는데 고의로 설계를 막았거나, 근거가 있는 무너진 견해로써 그것을 짓지 않았는데 고의로 설계를 막았거나, 근거가 있는 무너진 견해로써 그것을 짓지 않았는데 고의로 설계를 막았다면, 이것은 설계를 막는 것에 여섯 가지의 여법한 것이니라.
　무엇이 설계를 막는 것에 일곱 가지의 비법인가? 근거가 없는 바라이로써, 근거가 없는 승잔으로써, 근거가 없는 투란차로써, 근거가 없는 바일제로써, 근거가 없는 바라제제사니로써, 근거가 없는 악작으로써, 근거가 없는 악설로써 고의로 설계를 막았다면 이것은 설계를 막는 것에 일곱 가지의 비법이니라. 무엇이 설계를 막는 것에 일곱 가지의 여법한 것인가? 근거가 있는 바라이로써, 근거가 있는 승잔으로써, 근거가 있는 투란차로써, 근거가 있는 바일제로써, 근거가 있는 바라제제사니로써, 근거가 있는 악작으로써, 근거가 있는 악설로써 고의로 설계를 막았다면, 이것은 설계를 막는 것에 일곱 가지의 여법한 것이니라.

무엇이 설계를 막는 것에 여덟 가지의 비법인가? 근거가 없는 무너진 계로써 그것을 짓지 않았는데 고의로 설계를 막았거나, 근거가 없는 무너진 계로써 그것을 지었는데 고의로 설계를 막았거나, 근거가 없는 무너진 행으로써 그것을 짓지 않았는데 고의로 설계를 막았거나, 근거가 없는 무너진 행으로써 그것을 지었는데 고의로 설계를 막았거나, 근거가 없는 무너진 견해로써 그것을 짓지 않았는데 고의로 설계를 막았거나, 근거가 없는 무너진 견해로써 그것을 지었는데 고의로 설계를 막았거나, 근거가 없는 무너진 생활로써 그것을 짓지 않았는데 고의로 설계를 막았거나, 근거가 없는 무너진 생활로써 그것을 지었는데 고의로 설계를 막았다면, 이것은 설계를 막는 것에 여덟 가지의 비법이니라.

무엇이 설계를 막는 것에 여덟 가지의 여법한 것인가? 근거가 있는 무너진 계로써 그것을 짓지 않았는데 고의로 설계를 막았거나, 근거가 있는 무너진 계로써 그것을 지었는데 고의로 설계를 막았거나, 근거가 있는 무너진 행으로써 그것을 짓지 않았는데 고의로 설계를 막았거나, 근거가 있는 무너진 행으로써 그것을 지었는데 고의로 설계를 막았거나, 근거가 있는 무너진 견해로써 그것을 짓지 않았는데 고의로 설계를 막았거나, 근거가 있는 무너진 견해로써 그것을 지었는데 고의로 설계를 막았거나, 근거가 있는 무너진 생활로써 그것을 짓지 않았는데 고의로 설계를 막았거나, 근거가 있는 무너진 생활로써 그것을 지었는데 고의로 설계를 막았다면, 이것은 설계를 막는 것에 여덟 가지의 여법한 것이니라.

무엇이 설계를 막는 것에 아홉 가지의 비법인가? 근거가 없는 무너진 계로써 그것을 짓지 않았는데 고의로 설계를 막았거나, 근거가 없는 무너진 계로써 그것을 지었는데 고의로 설계를 막았거나, 근거가 없는 무너진 계로써 그것을 지었고 짓지 않았는데 고의로 설계를 막았거나, 근거가 없는 무너진 행으로써 그것을 짓지 않았는데 고의로 설계를 막았거나, 근거가 없는 무너진 행으로써 그것을 지었는데 고의로 설계를 막았거나, 근거가 없는 무너진 견해로써 그것을 짓지 않았는데 고의로 설계를 막았거나, 근거가 없는 무너진 견해로써 그것을 지었는데 고의로 설계를 막았거나, 근거가 있는 무너진 생활로써 그것을 짓지 않았는데 고의로 설계를 막았거나, 근거가 있는 무너진 생활로써 그것을 지었는데 고의로 설계를 막았다면, 이것은 설계를 막는 것에 아홉 가지의 비법이니라.

무엇이 설계를 막는 것에 아홉 가지의 여법한 것인가? 근거가 있는 무너진 계로써 그것을 짓지 않았는데 고의로 설계를 막았거나, 근거가 있는 무너진 계로써 그것을 지었는데 고의로 설계를 막았거나, 근거가 있는 무너진 계로써 그것을 지었고 짓지 않았는데 고의로 설계를 막았거나, 근거가 있는 무너진 행으로써 그것을 짓지 않았는데 고의로 설계를 막았거나, 근거가 있는 무너진 행으로써 그것을 지었는데 고의로 설계를 막았거나, 근거가 있는 무너진 견해로써 그것을 짓지 않았는데 고의로 설계를 막았거나, 근거가 있는 무너진 견해로써 그것을 지었는데 고의로 설계를 막았거나, 근거가 있는 무너진 생활로써 그것을 짓지 않았는데 고의로 설계를 막았거나, 근거가 있는 무너진 생활로써 그것을 지었는데 고의로 설계를 막았다면, 이것은 설계를 막는 것에 아홉 가지의 여법한 것이니라.

무엇이 설계를 막는 것에 열 가지의 비법인가? 바라이를 범하였던 자가 승가의 회중에 앉지 않았거나, 바라이를 명료하게 설명하지 않았거나, 계를 버렸던 자가 승가의 회중에 앉지 않았거나, 계를 버린 것을 명료하게 논하지 않았거나, 수순하고 여법하게 화합하였거나, 거슬러서 위반하지 않고 여법하게 화합하였거나, 거슬러서 위반하였던 것을 명료하게 설명하지 않았거나, 파계한 것을 보지 않았고 듣지 않았으며 의심하지 않았거나, 파괴한 행을 보지 않았고 듣지 않았으며 의심하지 않았다면, 이것은 설계를 막는 것에 열 가지의 비법이니라.

무엇이 설계를 막는 것에 열 가지의 여법한 것인가? 바라이를 범하였던 자가 승가의 회중에 앉았거나, 바라이를 명료하게 설명하였거나, 계를 버렸던 자가 승가의 회중에 앉았거나, 계를 버린 것을 명료하게 논하였거나, 수순하지 않고 여법하게 화합하였거나, 거슬러서 위반하고 여법하게 화합하였거나, 거슬러서 위반하였던 것을 명료하게 설명하였거나, 파계한 것을 보았고 들었으며 의심하였거나, 파괴한 행을 보았고 들었으며 의심하였다면, 이것은 설계를 막는 것에 열 가지의 여법인 것이니라."

3-4 "무엇이 바라이를 범한 자가 회중에 앉아있는 것인가? 여러 비구들이여. 이 처소에서 바라이법을 범하였던 모습, 형태, 특징이 있었거나, 누구 비구가 비구의 바라이법을 범하였던 모습, 형태, 특징을 보았거나, 혹은 누구 비구가 비록 비구의 바라이법을 범하였던 모습, 형태, 특징을 보지 않았어도 다만 다른 비구가 비구에게 '장로여. 누구 비구가 바라이법을 범하였습니다.'라고 말하였거나, 혹은 다른 비구가 비구의 바라이법을 범하였던 것을 보지 않았고 역시 다른 비구가 비구에게 '장로여. 누구 비구가 바라이법을 범하였습니다.'라고 말하지 않았어도 그 비구가 비구에게 '장로여. 나는 바라이법을 범하였습니다.'라고 말하였던 것이다.

여러 비구들이여. 비구가 만약 원하였다면, 그가 보았고 들었으며 의심하였던 것에 의지하여 14일이거나, 혹은 15일의 포살일에 그 비구가 나타났던 때라면 승가의 가운데에서 마땅히 말해야 한다.

'여러 대덕들께서는 허락하십시오. 누구는 바라이법을 범하였으므로 나는 그가 설계하는 것을 막겠고, 그가 나타나는 때라면 바라제목차를 송출할 수 없습니다.'

이것은 여법하게 설계하는 것을 막은 것이다.

비구가 설계를 막았고, 만약 열 가지의 환란(患亂)에서 한 가지라도 있다면 승가는 회중에서 일어나서 떠나가야 하나니 이를테면, 왕의 환란이거나, 도둑의 환란이거나, 불의 환란이거나, 물의 환란이거나, 사람의 환란이거나, 비인(非人)의 환란이거나, 맹수(猛獸)의 환란이거나, 뱀의 환란이거나, 생활의 환란이거나, 범행의 환란이다.

여러 비구들이여. 비구가 만약 원하였다면, 그 주처이거나, 다른 주처에서 그 사람이 나타나는 때에 승가의 가운데에서 마땅히 말해야 한다.

'여러 대덕들께서는 허락하십시오. 누구의 바라이를 말한 것이 명료하지 못하였고, 그의 일을 판결하지 못하였습니다. 만약 승가께서 때에 이르렀다면 승가는 마땅히 그 일을 판결하여 주십시오.'

이와 같이 아뢰었고 판결하였다면 좋으나, 판결하지 못하였는데, 14일이거나, 혹은 15일의 포살일에 그 비구가 나타났던 때라면 승가의 가운데에서 마땅히 말해야 한다.

'여러 대덕들께서는 허락하십시오. 누구의 바라이를 말한 것이 명료하지 못하였고, 그의 일을 판결하지 못하였습니다. 누구는 바라이법을 범하였으므로 나는 그가 설계하는 것을 막겠고, 그가 나타나는 때라면 바라제목차를 송출할 수 없습니다.'

이것은 여법하게 설계하는 것을 막은 것이다."

3-5 "무엇이 계를 버린 자가 회중에 앉아 있는 것인가? 여러 비구들이여. 이 처소에서 계를 버렸던 모습, 형태, 특징이 있었거나, 누구 비구가 비구의 계를 버렸던 모습, 형태, 특징을 보았거나, 혹은 누구 비구가 비록 비구의 계를 버렸던 모습, 형태, 특징을 보지 않았어도 다만 다른 비구가 비구에게 '장로여. 누구 비구가 계를 버렸습니다.'라고 말하였거나, 혹은 비구가 비구의 계를 버렸던 것을 보지 않았고 역시 다른 비구가 비구에게 '장로여. 누구 비구가 계를 버렸습니다.'라고 말하지 않았어도 그 비구가 비구에게 장로여. 나는 계를 버렸습니다.'라고 말하였던 것이다.

여러 비구들이여. 비구가 만약 원하였다면, 그가 보았고 들었으며 의심하였던 것에 의지하여 14일이거나, 혹은 15일의 포살일에 그 비구가 나타났던 때라면 승가의 가운데에서 마땅히 말해야 한다.

'여러 대덕들께서는 허락하십시오. 누구는 계를 버렸으므로 나는 그가 설계하는 것을 막겠고, 그가 나타나는 때라면 바라제목차를 송출할 수

없습니다.'

이것은 여법하게 설계하는 것을 막은 것이다.

비구가 설계를 막았고, 만약 열 가지의 환란에서 한 가지라도 있다면 승가는 회중에서 일어나서 떠나가야 하나니 이를테면, 왕의 환란이거나, 도둑의 환란이거나, 불의 환란이거나, 물의 환란이거나, 사람의 환란이거나, 비인의 환란이거나, 맹수의 환란이거나, 뱀의 환란이거나, 생활의 환란이거나, 범행의 환란이다.

여러 비구들이여. 비구가 만약 원하였다면, 그 주처이거나, 다른 주처에서 그 사람이 나타나는 때에 승가의 가운데에서 마땅히 말해야 한다.

'여러 대덕들께서는 허락하십시오. 누구의 바라이를 말한 것이 명료하지 못하였고, 그의 일을 판결하지 못하였습니다. 만약 승가께서 때에 이르렀다면 승가는 마땅히 그 일을 판결하여 주십시오.'

이와 같이 아뢰었고 판결하였다면 좋으나, 판결하지 못하였는데, 14일이거나, 혹은 15일의 포살일에 그 비구가 나타났던 때라면 승가의 가운데에서 마땅히 말해야 한다.

'여러 대덕들께서는 허락하십시오. 누구의 바라이를 말한 것이 명료하지 못하였고, 그의 일을 판결하지 못하였습니다. 누구는 바라이법을 범하였으므로 나는 그가 설계하는 것을 막겠고, 그가 나타나는 때라면 바라제목차를 송출할 수 없습니다.'

이것은 여법하게 설계하는 것을 막은 것이다."

3-6 "무엇이 수순하지 않고 여법하게 화합한 것인가? 여러 비구들이여. 이 처소에서 수순하지 않고 여법하게 화합하였던 모습, 형태, 특징이 있었거나, 누구 비구가 수순하지 않고 여법하게 화합하였던 모습, 형태, 특징을 보았거나, 혹은 누구 비구가 수순하지 않고 여법하게 화합하였던 모습, 형태, 특징을 보지 않았어도 다만 다른 비구가 비구에게 '장로여. 누구 비구가 수순하지 않고 여법하게 화합하였습니다.'라고 말하였거나, 혹은 비구가 수순하지 않고 여법하게 화합하였던 것을 보지 않았고 역시

다른 비구가 비구에게 '장로여. 수순하지 않고 여법하게 화합하였습니다.'라고 말하지 않았어도 그 비구가 비구에게 장로여. 나는 수순하지 않고 여법하게 화합하였습니다.'라고 말하였던 것이다.

여러 비구들이여. 비구가 만약 원하였다면, 그가 보았고 들었으며 의심하였던 것에 의지하여 14일이거나, 혹은 15일의 포살일에 그 비구가 나타났던 때라면 승가의 가운데에서 마땅히 말해야 한다.

'여러 대덕들께서는 허락하십시오. 누구는 수순하지 않고 여법하게 화합하였으므로 나는 그가 설계하는 것을 막겠고, 그가 나타나는 때라면 바라제목차를 송출할 수 없습니다.'

이것은 여법하게 설계하는 것을 막은 것이다."

3-7 "무엇이 거슬러서 위반하고 여법하게 화합한 것인가? 여러 비구들이여. 이 처소에서 거슬러서 위반하고 여법하게 화합하였던 모습, 형태, 특징이 있었거나, 누구 비구가 거슬러서 위반하고 여법하게 화합하였던 모습, 형태, 특징을 보았거나, 혹은 누구 비구가 거슬러서 위반하고 여법하게 화합하였던 모습, 형태, 특징을 보지 않았어도 다만 다른 비구가 비구에게 '장로여. 누구 비구가 거슬러서 위반하고 여법하게 화합하였습니다.'라고 말하였거나, 혹은 비구가 거슬러서 위반하고 여법하게 화합하였던 것을 보지 않았고 역시 다른 비구가 비구에게 '장로여. 거슬러서 위반하고 여법하게 화합하였습니다.'라고 말하지 않았어도 그 비구가 비구에게 장로여. 나는 거슬러서 위반하고 여법하게 화합하였습니다.'라고 말하였던 것이다.

여러 비구들이여. 비구가 만약 원하였다면, 그가 보았고 들었으며 의심하였던 것에 의지하여 14일이거나, 혹은 15일의 포살일에 그 비구가 나타났던 때라면 승가의 가운데에서 마땅히 말해야 한다.

'여러 대덕들께서는 허락하십시오. 누구는 수순하지 않고 여법하게 화합하였으므로 나는 그가 설계하는 것을 막겠고, 그가 나타나는 때라면 바라제목차를 송출할 수 없습니다.'

이것은 여법하게 설계하는 것을 막은 것이다."

3-8 "무엇이 파계에서 들었고 보았으며 의심한 것인가? 여러 비구들이여. 이 처소의 모습, 형태, 특징에 파계의 들었고 보았으며 의심한 것이 있었거나, 누구 비구가 이 처소의 모습, 형태, 특징에 파계의 들었고 보았으며 의심한 것이 있었거나, 혹은 누구 비구가 이 처소의 모습, 형태, 특징에 파계의 들었고 보았으며 의심하지 않았어도 다만 다른 비구가 비구에게 '장로여. 누구 비구가 파계의 들었고 보았으며 의심한 것이 있습니다.'라고 말하였거나, 혹은 비구가 파계의 들었고 보았으며 의심한 것이 없었고, 역시 다른 비구가 비구에게 '장로여. 파계의 들었고 보았으며 의심한 것이 있습니다.'라고 말하지 않았어도 그 비구가 비구에게 장로여. 나는 파계의 들었고 보았으며 의심한 것이 있습니다.'라고 말하였던 것이다.

여러 비구들이여. 비구가 만약 원하였다면, 그가 보았고 들었으며 의심하였던 것에 의지하여 14일이거나, 혹은 15일의 포살일에 그 비구가 나타났던 때라면 승가의 가운데에서 마땅히 말해야 한다.

'여러 대덕들께서는 허락하십시오. 누구는 수순하지 않고 여법하게 화합하였으므로 나는 그가 설계하는 것을 막겠고, 그가 나타나는 때라면 바라제목차를 송출할 수 없습니다.'

이것은 여법하게 설계하는 것을 막은 것이다."

3-9 "무엇이 계의 무너진 행에서 들었고 보았으며 의심한 것인가? 여러 비구들이여. 이 처소의 모습, 형태, 특징에 계의 무너진 행의 들었고 보았으며 의심한 것이 있었거나, 누구 비구가 이 처소의 모습, 형태, 특징에 계의 무너진 행의 들었고 보았으며 의심한 것이 있었거나, 혹은 누구 비구가 이 처소의 모습, 형태, 특징에 계의 무너진 행의 들었고 보았으며 의심하지 않았어도 다만 다른 비구가 비구에게 '장로여. 누구 비구가 계의 무너진 행의 들었고 보았으며 의심한 것이 있습니다.'라고

말하였거나, 혹은 비구가 계의 무너진 행의 들었고 보았으며 의심한 것이 없었고, 역시 다른 비구가 비구에게 '장로여. 계의 무너진 행의 들었고 보았으며 의심한 것이 있습니다.'라고 말하지 않았어도 그 비구가 비구에게 장로여. 나는 계의 무너진 행의 들었고 보았으며 의심한 것이 있습니다.'라고 말하였던 것이다.

여러 비구들이여. 비구가 만약 원하였다면, 그가 보았고 들었으며 의심하였던 것에 의지하여 14일이거나, 혹은 15일의 포살일에 그 비구가 나타났던 때라면 승가의 가운데에서 마땅히 말해야 한다.

'여러 대덕들께서는 허락하십시오. 누구는 수순하지 않고 여법하게 화합하였으므로 나는 그가 설계하는 것을 막겠고, 그가 나타나는 때라면 바라제목차를 송출할 수 없습니다.'

이것은 여법하게 설계하는 것을 막은 것이다.

이것은 여법하게 설계하는 것을 막은 열 가지이니라."

[육군비구를 마친다.]

○ 첫째의 송출품을 마친다.

2. 제2송출품

4) 우바리의 질문 ①

4-1 그때 장로 우바리는 세존의 처소에 이르렀다. 이르러서 세존께 예경하고서 한쪽에 앉았고, 한쪽에 앉았으므로 장로 우바리는 세존께 아뢰었다.

"스스로가 비구의 일을 취하고자 원하였고 무엇을 구족하였다면 스스로가 일을 취할 수 있습니까?"

"우바리여. 스스로가 비구의 일을 취하고자 원하였고, 만약 다섯 가지를 구족하였다면 스스로가 일을 취할 수 있느니라. 우바리여. 스스로가 비구의 일을 취하고자 원하였다면, 이와 같이 '내가 스스로 일을 취하고자 원하는데, 이것이 스스로가 일을 취하는 때인가? 때가 아닌가?'를 마땅히 관찰해야 하느니라. 우바리여. 만약 비구가 관찰해야 하는 때에 '스스로가 일을 취하다면, 이것은 잘못된 때이고 때가 아니다.'라고 알았다면, 우바리여. 스스로가 그 일을 취할 수 없느니라.

우바리여. 만약 비구가 관찰해야 하는 때에 '스스로가 일을 취하다면, 이것은 때이고, 때가 아닌 것이 아니다.'라고 이와 같이 알았다면, 우바리여. 그 비구는 다시 '내가 스스로 일을 취하고자 원하는데, 이것이 스스로가 일을 취하는 때인가? 때가 아닌가?'를 마땅히 관찰해야 하고, 우바리여. 만약 비구가 관찰해야 하는 때에 '스스로가 일을 취하다면, 이것은 허망한 것이고, 진실이 아니다.'라고 이와 같이 알았다면, 스스로가 일을 취할 수 없느니라.

우바리여. 만약 비구가 관찰해야 하는 때에 '스스로가 일을 취하다면, 이것은 진실한 것이고, 허망한 것이 아니다.'라고 이와 같이 알았다면, 우바리여. 그 비구는 다시 '내가 스스로 일을 취하고자 원하는데, 스스로가 일을 취하면서 이익이 있는가? 이익이 없는가?'를 마땅히 관찰해야 하고, 우바리여. 만약 비구가 관찰해야 하는 때에 '스스로가 일을 취한다면 이익이 없고 이익이 있는 것이 아니다.'라고 이와 같이 알았다면, 스스로가 일을 취할 수 없느니라.

우바리여. 만약 비구가 관찰해야 하는 때에 '스스로가 일을 취한다면 이익이 있고 이익이 없는 것이 아니다.'라고 이와 같이 알았다면, 우바리여. 그 비구는 다시 '내가 스스로 일을 취하다면, 여법하고 율과 같으며 같은 견해의 서로가 친근하게 여러 비구들이 나를 위하여 붕당(朋黨)이 될 것인가?'를 마땅히 관찰해야 하고, 우바리여. 만약 비구가 관찰해야 하는 때에 '내가 스스로 일을 취하다면, 여법하고 율과 같으며 같은 견해의 서로가 친근하게 여러 비구들이 나를 위하여 붕당이 되지 않을 것이다.'라고 이와 같이 알았다면, 스스로가 일을 취할 수 없느니라.

우바리여. 만약 비구가 관찰해야 하는 때에 '내가 스스로 일을 취하다면, 여법하고 율과 같으며 같은 견해의 서로가 친근하게 여러 비구들이 나를 위하여 붕당이 될 것이다.'라고 이와 같이 알았다면, 우바리여. 그 비구는 다시 '내가 스스로 일을 취하다면, 이것을 인연으로 승가에 쟁송, 투쟁, 분쟁, 논쟁, 파승사, 승가의 번민, 승가의 별주, 승가의 차별이 생겨나겠는가?'를 마땅히 관찰해야 하고, 우바리여. 만약 비구가 관찰해야 하는 때에 '내가 스스로 일을 취하다면, 이것을 인연으로 승가에 쟁송, 투쟁, 분쟁, 논쟁, 파승사, 승가의 번민, 승가의 별주, 승가의 차별이 생겨날 것이다.'라고 이와 같이 알았다면, 스스로가 일을 취할 수 없느니라.

우바리여. 만약 비구가 관찰해야 하는 때에 '내가 스스로 일을 취하다면, 이것을 인연으로 승가에 쟁송, 투쟁, 분쟁, 논쟁, 파승사, 승가의 번민, 승가의 별주, 승가의 차별이 생겨나지 않을 것이다.'라고 이와 같이 알았다면, 스스로가 일을 취할 수 있느니라.

우바리여. 이와 같이 다섯 가지를 구족하였고, 스스로가 일을 취하였다면 그러한 뒤에 후회가 생겨나지 않느니라."

5) 우바리의 질문 ②

5-1 "힐난(詰難)하려는 비구가 다른 비구를 힐난하고자 하였다면, 안으로 무슨 법을 관찰한 뒤에 다른 사람을 힐난해야 합니까?"

"우바리여. 힐난하려는 비구가 다른 비구를 힐난하고자 하였다면, 5법을 관찰한 뒤에 다른 사람을 힐난해야 하느니라. 우바리여. 힐난하려는 비구가 다른 비구를 힐난하고자 하였다면, 마땅히 '내가 몸의 청정한 행을 구족하였는가? 청정을 구족하였다면 과실(過失)이 없고 허물이 없는 몸의 행인가? 나는 이러한 법이 있는가?'라고 이와 같이 관찰해야 하느니

라. 우바리여. 만약 비구가 몸의 청정하지 않은 행을 구족하였는가? 청정함을 구족하지 않았어도 과실이 없고 허물이 없는 몸의 행이라면 어느 사람이 그에게 '장로여. 만약 원한다면 또한 몸의 행을 배우십시오.'라고 말할 것이다.

우바리여. 또한 힐난하려는 비구가 다른 비구를 힐난하고자 하였다면, 마땅히 '내가 같은 범행자인가? 장애가 없는 자비심을 닦았는가? 나는 이러한 법이 있는가?'라고 이와 같이 관찰해야 하느니라. 우바리여. 만약 비구가 같은 범행자이고 장애가 없는 자비심을 닦지 않은 자라면 어느 사람이 그에게 '장로여. 만약 원한다면 또한 같은 범행자의 자비심을 닦으십시오.'라고 말할 것이다.

우바리여. 또한 힐난하려는 비구가 다른 비구를 힐난하고자 하였다면, 마땅히 '내가 다문이고 듣고서 수지하였으며 듣고서 모아두었는가? 처음에도 좋고 중간도 좋으며 끝도 좋고 문구의 뜻은 구족되었으며 순일(純一)하고 청정하며 원만한 행을 찬탄하면서, 다문으로 법을 수지하였고 억념으로써 말하였으며, 관찰로써 생각하였고, 견해로써 잘 통달하였는가? 나는 이러한 법이 있는가?'라고 이와 같이 관찰해야 하느니라. 우바리여. 만약 비구가 다문이 아니고 듣고서 수지하지 않았으며 듣고서 모아두지 않았고, 처음에도 좋지 않고 중간도 좋지 않으며 끝도 좋지 않고 문구의 뜻은 구족되지 않았으며 순일하지 않고 청정하지 않으며 원만한 행을 찬탄하지 않으면서, 다문으로 법을 수지하지 않았고 억념으로써 말하지 않았으며, 관찰로써 생각하지 않았고, 견해로써 잘 통달하지 않은 자라면 어느 사람이 그에게 '장로여. 만약 원한다면 또한 같은 아함(阿含)을 익히십시오.'라고 말할 것이다.

우바리여. 또한 힐난하려는 비구가 다른 비구를 힐난하고자 하였다면, 마땅히 '내가 자세하게 잘 알았고 잘 분별하며 잘 적용시키고 경문(經文)에 잘 의지하며 2부(部)의 바라제목차를 잘 판결하는가? 나는 이러한 법이 있는가?'라고 이와 같이 관찰해야 하느니라. 우바리여. 만약 비구가 자세하게 잘 알지 못하였고 잘 분별하지 못하였으며 잘 적용시키지 못하였고 경문에 잘 의지하지 못하였으며 2부의 바라제목차를 잘 판결하지 못하는 자라면 어느 사람이 그에게 '장로여. 만약 원한다면 또한 계율을 익히십시오.'라고 말할 것이다.

우바리여. 힐난하려는 비구가 다른 비구를 힐난하고자 하였다면, 5법을 관찰한 뒤에 다른 사람을 힐난할 수 있느니라."

5-2 "힐난하려는 비구가 다른 비구를 힐난하고자 하였다면, 안으로 무슨 법을 관찰한 뒤에 다른 사람을 힐난해야 합니까?"

"우바리여. 힐난하려는 비구가 다른 비구를 힐난하고자 하였다면, 5법을 닦은 뒤에 다른 사람을 힐난해야 하나니 이를테면, 나는 때로써 힐난하겠고 때가 아닌 것으로써 힐난하지 않겠으며, 진실로써 힐난하겠고 진실이 아닌 것으로써 힐난하지 않겠으며, 유연한 것으로써 힐난하겠고 거친 것으로써 힐난하지 않겠으며, 이익이 있는 것으로써 힐난하겠고 이익이 없는 것으로써 힐난하지 않겠으며, 자비심이 있는 마음으로 말하고 성내는 마음으로써 힐난하지 않는 것이다.

우바리여. 힐난하려는 비구가 다른 비구를 힐난하고자 하였다면, 5법을 닦은 뒤에 다른 사람을 힐난해야 하느니라."

5-3 "세존이시여. 비법으로 힐난하려는 비구는 마땅히 몇 가지의 모습으로써 후회할 수 있습니까?"

"우바리여. 비법으로 힐난하려는 비구는 마땅히 다섯 가지의 모습으로써 후회가 생겨날 수 있느니라. 이를테면, 비구가 때가 아닌 것으로써 힐난하였고 때로써 힐난하지 않았다면 마땅히 후회할 것이다. 비구가 진실이 아닌 것으로써 힐난하였고 진실로써 힐난하지 않았다면 마땅히 후회할 것이다. 거친 것으로써 힐난하였고 부드러운 것으로써 힐난하지 않았다면 마땅히 후회할 것이다. 이익이 없는 것으로써 힐난하였고 이익이 있는 것으로써 힐난하지 않았다면 마땅히 후회할 것이다. 성내는 마음으로 힐난하였고 자비심이 있는 마음으로써 힐난하지 않았다면 마땅히 후회할 것이다.
　우바리여. 비법으로 힐난하려는 비구는 이와 같은 다섯 가지의 모습으로써 마땅히 후회가 생겨날 수 있느니라. 이것은 무슨 까닭인가? 다른 비구에게 진실하게 힐난을 받았다고 사유하게 시킬 수 없는 이유이다."

5-4 "세존이시여. 비법으로 힐난을 받은 비구는 마땅히 몇 가지의 모습으로써 후회하지 않을 수 있습니까?"
　"우바리여. 비법으로 힐난을 받은 비구는 마땅히 다섯 가지의 모습으로써 후회하지 않을 수 있나니 이를테면, 비구가 때가 아닌 것으로써 힐난을 받았고 때로써 힐난을 받지 않았다면 마땅히 후회하지 않을 것이다. 비구가 진실이 아닌 것으로써 힐난을 받았고 진실로써 힐난을 받지 않았다면 마땅히 후회하지 않을 것이다. 거친 것으로써 힐난을 받았고 부드러운 것으로써 힐난을 받지 않았다면 마땅히 후회하지 않을 것이다. 이익이 없는 것으로써 힐난을 받았고 이익이 있는 것으로써 힐난을 받지 않았다면 마땅히 후회하지 않을 것이다. 성내는 마음으로 힐난을 받았고 자비심이 있는 마음으로써 힐난을 받지 않았다면 마땅히 후회하지 않을 것이다.
　우바리여. 비법으로 힐난을 받은 비구는 이와 같은 다섯 가지의 모습으로써 마땅히 후회하지 않을 수 있느니라."

5-5 "세존이시여. 여법하게 힐난하는 비구는 마땅히 몇 가지의 모습으로써 후회하지 않을 수 있습니까?"
　"우바리여. 여법하게 힐난하는 비구는 마땅히 다섯 가지의 모습으로써 후회하지 않을 수 있나니 이를테면, 비구가 때로써 힐난하였고 때가 아닌 것으로써 힐난하지 않았다면 마땅히 후회하지 않을 것이다. 비구가 진실로써 힐난하였고 진실이 아닌 것으로써 힐난하지 않았다면 마땅히 후회하지 않을 것이다. 부드러운 것으로써 힐난하였고 거친 것으로써 힐난하지 않았다면 마땅히 후회하지 않을 것이다. 이익이 있는 것으로써 힐난하였고 이익이 없는 것으로써 힐난하지 않았다면 마땅히 후회하지 않을 것이다. 자비심이 있는 마음으로 힐난하였고 성내는 마음으로써 힐난하지 않았다면 마땅히 후회하지 않을 것이다.

　우바리여. 비법으로 힐난하는 비구는 이와 같은 다섯 가지의 모습으로써 마땅히 후회하지 않을 수 있느니라. 이것은 무슨 까닭인가? 다른 비구에게 진실로써 힐난을 받았다고 사유하게 시키는 이유이니라."

5-6 "세존이시여. 여법하게 힐난을 받은 비구는 마땅히 몇 가지의 모습으로써 후회할 수 있습니까?"

　"우바리여. 여법하게 힐난을 받은 비구는 마땅히 다섯 가지의 모습으로써 후회할 수 있나니 이를테면, 비구가 때로서 힐난을 받았고 때가 아닌 것으로써 힐난받지 않았다면 마땅히 후회할 것이다. 비구가 진실로써 힐난을 받았고 진실이 아닌 것으로써 힐난을 받지 않았다면 마땅히 후회할 것이다. 부드러운 것으로써 힐난을 받았고 거친 것으로써 힐난을 받지 않았다면 마땅히 후회할 것이다. 이익이 있는 것으로써 힐난을 받았고 이익이 없는 것으로써 힐난을 받지 않았다면 마땅히 후회할 것이다. 자비심이 있는 마음으로 힐난을 받았고 성내는 마음으로써 힐난을 받지 않았다면 마땅히 후회할 것이다."

5-7 "세존이시여. 힐난하려는 비구가 다른 비구를 힐난하고자 하였다면, 안으로 무슨 법을 지은 뒤에 다른 사람을 힐난해야 합니까?"

　"우바리여. 힐난하려는 비구가 다른 비구를 힐난하고자 하였다면, 안으로 5법을 지은 뒤에 다른 사람을 힐난해야 하나니 이를테면, 자비가 있고 이익을 구하며 애민함이 있고 죄를 벗어났으며 율을 존중하는 것이다. 우바리여. 힐난하려는 비구가 다른 비구를 힐난하고자 하였다면, 안으로 5법을 지은 뒤에 다른 사람을 힐난해야 하느니라."

　"힐난을 받은 비구는 마땅히 몇 가지의 법에 머물러야 합니까?"

　"우바리여. 힐난을 받은 비구는 마땅히 두 가지의 법에 머물러야 하나니, 진실한 것과 분노하지 않는 것이니라."

[우바리의 질문을 마친다.]

○ 둘째의 송출품을 마친다.

◎ 이 건도에는 30사(事)가 있느니라. 섭송으로 설하겠노라.

포살하는 때에
악한 비구가 떠나지 않는 것과
목건련에게 쫓겨난 것과
경이로움과 승리자의 가르침과[48]

기울어진 것과 점차 배우는 것과
상법과 침범하지 않는 것과
승가와 시체를 밀어낸 것과
여러 강물과 바다와

반열반과 일미와
해탈과 많음과 법과 율과
중생과 팔배(八輩)와
바다에 비유하여 가르침을 설한 것과

포살에서 설계하는 것과
사람들이 모두 모르는 것과
먼저와 싫어하는 것과
한·두·세·네 가지와 다섯 가지와

---

48) 팔리어 jinasāsana(지나사사나)의 번역이고, jina와 sāsana의 합성어이다. jina는 '승리자' 또는 '정복자'의 뜻이고, sāsana는 '가르침' 또는 '교리'를 뜻한다.

여섯·일곱·여덟·아홉 가지와 열 가지와
나아가 계와 행과 견해와
생활 등의 네 가지와
바라이와 승잔과

나아가 바일제와 바라제제사니와
악작의 다섯 종류와
계와 행이 무너진 것과
짓지 않은 것과

지은 것과 여섯 종류와
수순하는 것과 바라이와
승잔과 투란차와 바일제와
바라제제사니와

악작과 악설과 계·견해·생활이
무너진 것과 여덟의 지은 것과
짓지 않은 것과 계와 행과 견해와
지은 것과 짓지 않은 것과

나아가 지었고 짓지 않은 것과
진실과 같게 의지하는 것과
아홉 종류로써 설한 것과
바라이와 명료하지 않은 것과

계를 버린 것과 수순하는 것과
거슬러서 위반한 것과 위반하여 말한 것과
계와 행과 견해가 무너진 것과

보았고 들었으며 의심하였던 것과
열 가지의 이것을 마땅히 알아야 하네.

비구가 비구를 보았던 것과
보고서 다른 사람에게 알린 것과
청정으로써 설한 것과
설계를 막는 것과

장애가 있다면 떠나가는 것과
왕과 도둑과 불과 물과 사람과
비인과 맹수와 뱀 등의 환란과
생활과 범행과

열 가지의 가운데에서 하나와
그 처소와 다른 처소와
여법한 것과 비법과
이와 같은 길을 알아야 하네.

시간, 진실, 이익, 인연과
몸과 말과 자비와 다문과
진실과 2부의 계율과
때와 진실과 부드러움과

이익과 자비로 힐난하는 것과
비법에 의지하는 것과 후회와
마땅히 여법하게 없애는 것과
여법하게 힐난하는 자와

여법하게 힐난을 받는 자와
후회하지 않는 것과
자비와 이익과 애민함과
벗어난 것과 존중하는 것과

세존께서 힐난의 이치를 설하신 것과
힐난을 받는 사람과
진실과 후회가 없는 것과
마땅히 법성이 있는 것이 있다.

● 차설계건도를 마친다.

건도 제20권

제10장 비구니건도(比丘尼犍度)[1]

1. 제1송출품

1) 비구니 팔경법(八敬法)

1-1 그때 불·세존께서는 석가국(釋迦國)[2] 가비라위성(迦毘羅衛城)[3]의 니구율수원(尼拘律樹園)[4]에 머무르셨다.

이때 마하파사파제구담미(摩訶波闍波提瞿曇彌)[5]는 세존의 처소에 이르렀다. 이르러서 세존께 예경하고서 한쪽에 서 있었고, 서 있으면서 마하파사파제구담미는 세존께 아뢰었다.

"옳으신 세존이시여.[6] 여인들도 여래께서 설하시는 법과 율의 가운데

---

1) 팔리어 Bhikkhunikkhandhaka(비구니깐다카)의 번역이다.
2) 팔리어 Sakkesu(사케수)의 음사이다.
3) 팔리어 Kapilavatthu(카피라바뚜)의 음사이다.
4) 팔리어 Nigrodhārāma(니그로다라마)의 음사이다.
5) 팔리어 Mahāpajāpati gotamī(마하파자파티 고타미)의 음사이다.
6) 팔리어 sādhu bhante(사두 반테)의 번역이다. sādhu는 한역은 선재(善哉)이고

에 집을 버리고서 출가하는 것을 원합니다."

"멈추십시오. 구담미여. 여인은 즐거이 여래가 설하는 법과 율의 가운데에 집을 버리고서 출가할 수 없습니다."

마하파사파제구담미는 두 번째에도 세존께 아뢰었다.

"세존이시여. 여인들도 여래께서 설하시는 법과 율의 가운데에 집을 버리고서 출가하는 것을 원합니다."

"멈추십시오. 구담미여. 여인은 즐거이 여래가 설하는 법과 율의 가운데에 집을 버리고서 출가할 수 없습니다."

마하파사파제구담미는 세 번째에도 세존께 아뢰었다.

"세존이시여. 여인들도 여래께서 설하시는 법과 율의 가운데에 집을 버리고서 출가하는 것을 원합니다."

"멈추십시오. 구담미여. 여인은 즐거이 여래가 설하는 법과 율의 가운데에 집을 버리고서 출가할 수 없습니다."

이때 마하파사파제구담미는 '세존께서는 여인이 여래께서 설하시는 법과 율의 가운데에 집을 버리고서 출가하는 것을 허락하지 않는다.'라고 알았고 고뇌하고 한탄스럽게 눈물을 흘리고 울면서 세존께 예경하고 오른쪽으로 돌면서 떠나갔다.

1-2 이때 세존께서는 뜻을 따라서 가비라위성에 머무르셨고, 비사리성을 향하여 유행하셨다. 세존께서는 차례로 유행하시어 비사리성에 이르셨고, 비사리성의 대림(大林) 중각강당(重閣講堂)[7]에 머무르셨다. 이때 마하파사파제구담미는 삭발하고 가사를 입고서 많은 석가녀(釋迦女)들과 함께 비사리성을 향하여 유행하였다. 차례로 유행하여 비사리성의 대림 중각강당에 이르렀다. 이때 마하파사파제구담미는 발이 부었고 몸에 먼지를

'훌륭하다.', '매우 좋다.' 또는 '옳다.'는 뜻으로 세존께서 일반적으로 제자를 칭찬하거나 승인을 표현할 때 사용하였다. Bhante는 비구가 다른 비구를 높여서 부르는 용어이고, '존경하는 스승'의 뜻이다.

7) 팔리어 Mahāvane kūṭāgārasālā(마하바네 쿠타가라사라)의 번역이다.

뒤집어썼으며 고뇌하고 한탄스럽게 눈물을 흘리고 울면서 문밖에 서 있었다.

장로 아난은 마하파사파제구담미가 발이 부었고 몸에 먼지를 뒤집어썼으며 고뇌하고 한탄스럽게 눈물을 흘리고 울면서 문밖에 서 있는 것을 보았다. 보고서 마하파사파제구담미에게 말하였다.

"구담미여. 어찌하여 그대는 발이 부었고 몸에 먼지를 뒤집어썼으며 고뇌하고 한탄스럽게 눈물을 흘리고 울면서 문밖에 서 있습니까?"

"대덕(大德) 아난이여. 세존께서는 여인이 여래께서 설하시는 법과 율의 가운데에 집을 버리고서 출가하는 것을 허락하지 않습니다."

"그렇다면 구담미여. 이곳에서 잠시 기다리십시오. 내가 세존께 나아가서 여인이 여래께서 설하시는 법과 율의 가운데에 집을 버리고서 출가하는 것을 허락하시도록 청하겠습니다."

1-3 이때 장로 아난은 세존의 처소에 이르렀다. 이르러서 세존께 예경하고서 한쪽에 앉았고, 한쪽에 앉았으므로 장로 아난은 세존께 아뢰었다.

"세존이시여. 마하파사파제구담미가 발이 부었고 몸에 먼지를 뒤집어썼으며 고뇌하고 한탄스럽게 눈물을 흘리고 울면서 문밖에 서 있으면서 '세존께서는 여인이 여래께서 설하시는 법과 율의 가운데에 집을 버리고서 출가하는 것을 허락하지 않습니다.'라고 말하였습니다. 옳으신 세존이시여. 여인이 여래께서 설하시는 법과 율의 가운데에 집을 버리고서 출가하는 것을 허락하시기를 원합니다."

"멈추게 아난이여. 여인은 즐거이 여래가 설하는 법과 율의 가운데에 집을 버리고서 출가할 수 없네."

아난은 두 번째에도 세존께 아뢰었다.

"옳으신 세존이시여. 여인이 여래께서 설하시는 법과 율의 가운데에 집을 버리고서 출가하는 것을 허락하시기를 원합니다."

"멈추게 아난이여. 여인은 즐거이 여래가 설하는 법과 율의 가운데에 집을 버리고서 출가할 수 없네."

아난은 세 번째에도 세존께 아뢰었다.

"옳으신 세존이시여. 여인이 여래께서 설하시는 법과 율의 가운데에 집을 버리고서 출가하는 것을 허락하시기를 원합니다."

"멈추게 아난이여. 여인은 즐거이 여래가 설하는 법과 율의 가운데에 집을 버리고서 출가할 수 없네."

이때 아난은 '세존께서는 여인이 여래께서 설하시는 법과 율의 가운데에 집을 버리고서 출가하는 것을 허락하지 않는다.'라고 알았다. 아난은 사유하였다.

'나는 마땅히 다른 방편으로써 세존께서 여인이 여래께서 설하시는 법과 율의 가운데에 집을 버리고서 출가하는 것을 허락하시는 것을 청해야 겠다.'

이때 장로 아난은 세존께 아뢰어 말하였다.

"여인이 만약 여래께서 설하시는 법과 율의 가운데에 집을 버리고서 출가하는 자라면 예류과(預流果)·일래과(一來果)·불환과(不還果)·아라한과(阿羅漢果)를 증득할 수 있습니까?"

"아난이여. 여인이 만약 여래께서 설하시는 법과 율의 가운데에 집을 버리고서 출가하는 자라면 예류과·일래과·불환과·아라한과를 증득할 수 있느니라."

"세존이시여. 여인이 만약 여래께서 설하시는 법과 율의 가운데에 집을 버리고서 출가하는 자라면 예류과·일래과·불환과·아라한과를 증득할 수 있다면, 마하파사파제구담미는 세존께 많은 은혜를 베풀었는데, 세존의 이모(姨母)이었고 보모(保母)이었으며 양모(養母)이었고 포유모(哺乳母)이었으며, 생모(生母)께서 목숨을 마치신 뒤에 젖을 주어서 기르셨습니다. 여인이 여래께서 설하시는 법과 율의 가운데에 집을 버리고서 출가하는 것을 허락하시기를 원합니다."

1-4 "아난이여. 만약 마하파사파제구담미가 팔경법(八敬法)[8]을 받는다면, 곧 이것으로써 그녀는 구족계를 받은 것이니라. 이를테면, 비구니가

구족계를 받고 100년이 지났더라도 오늘에 구족계를 받은 비구에게 마땅히 예경하고 영접하며 합장하고 공경해야 하느니라. 이러한 법을 존경하고 존중하며 봉행하고 찬탄하면서 목숨을 마치도록 범하지 않아야 하느니라.

비구니는 비구가 없는 주처에서 머무를 수 없느니라. 이러한 법을 존경하고 존중하며 봉행하고 찬탄하면서 목숨을 마치도록 범하지 않아야 하느니라.

비구니는 매번 보름마다 마땅히 비구 승가를 향하여 두 가지의 법(法)인 포살(布薩)을 묻고 교계(敎誡)를 청해야 하느니라. 이러한 법을 존경하고 존중하며 봉행하고 찬탄하면서 목숨을 마치도록 범하지 않아야 하느니라.

비구니가 만약 우안거를 하였다면 2부승가에서 보았고 들었으며 의심하였던 세 가지의 법을 의지하여 마땅히 자자(自恣)를 해야 하느니라. 이러한 법을 존경하고 존중하며 봉행하고 찬탄하면서 목숨을 마치도록 범하지 않아야 하느니라.

비구니가 만약 존법(尊法)을 범하였다면 2부승가에서 마땅히 보름 동안을 마나타(摩那埵)를 행해야 하느니라. 이러한 법을 존경하고 존중하며 봉행하고 찬탄하면서 목숨을 마치도록 범하지 않아야 하느니라.

식차마나(式叉摩那)는 2년 동안에 6법(六法)을 배워야 하고, 이미 배웠다면 2부승가에서 마땅히 구족계를 받아야 하느니라. 이러한 법을 존경하고 존중하며 봉행하고 찬탄하면서 목숨을 마치도록 범하지 않아야 하느니라.

비구니는 무슨 이유일지라도 비구를 모욕하거나, 비난할 수 없느니라. 이러한 법을 존경하고 존중하며 봉행하고 찬탄하면서 목숨을 마치도록 범하지 않아야 하느니라.

지금부터 비구니는 비구에게 꾸짖을 수 없으나, 비구는 비구니를 꾸짖을 수 있느니라. 이러한 법을 존경하고 존중하며 봉행하고 찬탄하면서 목숨을 마치도록 범하지 않아야 하느니라.

아난이여. 만약 마하파사파제구담미가 팔경법을 받는다면, 곧 이것으

---

8) 팔리어 garudhamma(가루담마)의 번역이다.

로써 그녀는 구족계를 받은 것이니라."

1-5 이때 장로 아난은 세존의 처소에서 팔경법의 가르침을 받았고, 마하파사파제구담미의 처소에 이르렀다. 이르러서 마하파사파제구담미에게 말하였다.

"구담미여. 그대가 팔경법을 받는다면, 곧 이것으로써 그대는 구족계를 받은 것입니다. 이를테면, 비구니가 구족계를 받고 100년이 지났더라도 오늘에 구족계를 받은 비구에게 마땅히 예경하고 영접하며 합장하고 공경해야 합니다. 이러한 법을 존경하고 존중하며 봉행하고 찬탄하면서 목숨을 마치도록 범하지 않아야 합니다. …… 나아가 …… 지금부터 비구니는 비구에게 꾸짖을 수 없으나, 비구는 비구니를 꾸짖을 수 있습니다. 이러한 법을 존경하고 존중하며 봉행하고 찬탄하면서 목숨을 마치도록 범하지 않아야 합니다.

구담미여. 그대가 팔경법을 받는다면, 곧 이것으로써 그대는 구족계를 받은 것입니다."

"존자 아난이여. 청년과 젊은 남녀의 장엄을 좋아하는 자들이 머리를 감고 우발라(優鉢羅)9) 화만(華鬘)10)과 바사(婆師)11) 화만과 아희물다(阿希物多)12) 화만을 두 손으로 받아서 머리에 얹는 것과 같이, 아난이여. 이러한 법을 존경하고 존중하며 봉행하고 찬탄하면서 목숨을 마치도록 범하지 않겠습니다."

1-6 이때 장로 아난은 세존의 주처에 이르렀다. 이르러서 세존께 예경하고서 한쪽에 앉았고, 한쪽에 앉았으므로 장로 아난은 세존께 아뢰었다.

---

9) 팔리어 Uppala(우빠라)의 음사이고, 수련(水蓮)을 가리킨다.
10) 팔리어 Māla(마라)의 번역이다.
11) 팔리어 Vassika(바씨카)의 음사이고, 활짝 피어난 재스민을 가리킨다.
12) 팔리어 Atimuttaka(아티무따카)의 음사이고, 코로만델 해안의 맹그로브 나무를 가리킨다.

"세존이시여. 마하파사파제구담미가 이미 팔경법을 받았으니, 세존의 이모는 이미 구족계를 받은 것입니다."

"아난이여. 만약 여인이 여래께서 설하시는 법과 율의 가운데에 집을 버리고서 출가하지 않았다면, 아난이여. 범행은 오래 머물렀고 정법(正法)은 1천년을 머물렀을 것이니라. 아난이여. 여인이 여래께서 설하시는 법과 율의 가운데에 집을 버리고서 출가하였던 까닭으로, 아난이여. 지금 범행은 오래 머무르지 못할 것이고, 아난이여. 정법은 오직 5백년을 머무를 것이니라.

아난이여. 비유한다면 여인이 많고 남자가 적은 집은 도둑들이 밤에 침입하기 쉬운 것이다. 아난이여. 이와 같아서 만약 법과 율의 가운데에 여인이 집을 버리고서 출가한다면 범행은 오랫동안을 머무르지 못할 것이다.

아난이여. 비유한다면 잘 익은 벼의 논에 백미(白黴)13)라고 이름하는 질병이 생겨나는 때에 잘 익은 벼의 논이 오랫동안을 머무르지 못하는 것과 같으니라. 아난이여. 이와 같아서 만약 법과 율의 가운데에 여인이 집을 버리고서 출가한다면 범행은 오래 머무르지 못할 것이다.

아난이여. 비유한다면 사탕수수의 밭에 숙미(茜黴)14)라고 이름하는 질병이 생겨나는 때에 잘 익은 사탕수수의 밭이 오랫동안을 머무르지 못하는 것과 같으니라. 아난이여. 이와 같아서 만약 법과 율의 가운데에 여인이 집을 버리고서 출가한다면 범행은 오래 머무르지 못할 것이다.

아난이여. 비유한다면 사람을 위하여 대지의 물이 범람(氾濫)하지 못하도록 미리 제방(堤防)을 설치한 것과 같이, 아난이여. 이와 같아서 나는 여러 비구니들을 위하여 먼저 팔경법을 제정하였나니, 목숨을 마치도록 범하지 않아야 하느니라."

[비구니 팔경법을 마친다.]

---

13) 팔리어 Setaṭṭikā(세타띠카)의 번역이고, 하얀 곰팡이의 질병을 가리킨다.
14) 팔리어 Mañjiṭṭhikā(만지띠카)의 번역이고, 붉은 곰팡이의 질병을 가리킨다.

2) 석가녀들의 출가

2-1 이때 마하파사파제구담미는 세존의 주처에 나아갔다. 나아가서 세존께 예경하고서 한쪽에 서 있었고, 한쪽에 서 있으면서 마하파사파제구담미는 세존께 아뢰어 말하였다.

"세존이시여. 나는 석가녀의 가운데에서 마땅히 무엇을 해야 합니까?"

이때 세존께서는 설법하시어 가르쳐서 보여주셨고 인도하셨으며 권장하시어 마하파사파제구담미를 기쁘게 하셨다. 이때 마하파사파제구담미는 세존께서는 설법하시어 가르쳐서 보여주셨고 인도하셨으며 권장하셨으므로 기뻐하면서 자리에서 일어나서 세존께 예경하고 오른쪽으로 돌면서 떠나갔다. 이때 세존께서는 이 인연으로 설법하셨으며 여러 비구들에게 알려 말씀하셨다.

"여러 비구들이여. 비구니들이 비구를 따라서 구족계를 받는 것을 허락하겠노라."

2-2 이때 그 여러 비구니들은 마하파사파제구담미에게 말하였다.

"존니(尊尼)께서는 아직 구족계를 받지 않았으나, 우리들은 이미 구족계를 받았습니다. 세존께서는 이와 같이 계율을 제정하여 세우셨습니다.

'비구니들이 비구를 따라서 구족계를 받는 것을 허락하겠노라.'"

이때 마하파사파제구담미는 장로 아난의 주처에 이르렀다. 이르러서 장로 아난에게 예배하고서 한쪽에 서 있었고, 한쪽에 서 있으면서 마하파사파제구담미는 장로 아난에게 말하였다.

"대덕 아난이여. 그 여러 비구니들은 이와 같이 말하였습니다.

'존니께서는 아직 구족계를 받지 않았으나, 우리들은 이미 구족계를 받았습니다. 세존께서는 〈비구니들이 비구를 따라서 구족계를 받는 것을 허락하겠노라〉고 이와 같이 계율을 제정하여 세우셨습니다.'"

이때 장로 아난은 세존의 주처에 나아갔다. 나아가서 세존께 예경하고서 한쪽에 앉았고, 한쪽에 앉았으므로 장로 아난은 세존께 아뢰었다.

"세존이시여. 마하파사파제구담미가 말하였습니다. '대덕 아난이여. 그 여러 비구니들은 이와 같이 말하였습니다. 〈존니께서는 아직 구족계를 받지 않았으나, 우리들은 이미 구족계를 받았습니다. 세존께서는 비구니들이 비구를 따라서 구족계를 받는 것을 허락하겠다는 계율을 제정하여 세우셨습니다.〉'"

"아난이여. 마하파사파제구담미가 팔경법을 받았으니, 곧 이것으로써 그녀는 구족계를 받은 것이니라."

[석가녀의 출가를 마친다.]

3) 비구니에 대한 예배

3-1 이때 마하파사파제구담미는 장로 아난의 주처에 이르렀다. 이르러서 장로 아난에게 예배하고서 한쪽에 서 있었고, 한쪽에 서 있으면서 마하파사파제구담미는 장로 아난에게 말하였다.

"대덕 아난이여. 나는 세존을 향하여 하나의 원을 청합니다. '원하건대 세존께서는 비구와 비구니가 함께 좌차를 따라서 예경하고 영접하며 합장하고 공경하는 것을 허락하여 주십시오.'"

이때 장로 아난은 세존의 주처에 나아갔다. 나아가서 세존께 예경하고서 한쪽에 앉았고, 한쪽에 앉았으므로 장로 아난은 세존께 아뢰었다.

"세존이시여. 마하파사파제구담미가 말하였습니다.

'대덕 아난이여. 나는 세존을 향하여 하나의 원을 청합니다. 〈원하건대 세존께서는 비구와 비구니가 함께 좌차를 따라서 예경하고 영접하며 합장하고 공경하는 것을 허락하여 주십시오.〉'"

"아난이여. 여래는 여인에게 예경하고 영접하며 합장하고 공경하는 것을 허락하지 않겠나니, 이러한 처소와 때는 없는 것이다. 아난이여. 삿된 법을 설하는 여러 외도들도 여인에게 예경하고 영접하며 합장하고 공경하지 않는데, 하물며 여래가 어찌 여인에게 예경하고 영접하며 합장하고 공경하는 것을 허락하겠는가?"

이때 세존께서는 이 인연으로 설법하셨으며 여러 비구들에게 알려 말씀하셨다.

"여러 비구들이여. 여인에게 예경하고 영접하며 합장하고 공경할 수 없느니라. 행하는 자는 악작을 범하느니라."

[비구니에 대한 예배를 마친다.]

4) 비구니의 학처(學處)

4-1 이때 마하파사파제구담미는 세존의 주처에 나아갔다. 나아가서 세존께 예경하고서 한쪽에 서 있었고, 한쪽에 서 있으면서 마하파사파제구담미는 세존께 아뢰어 말하였다.

"세존이시여. 비구니들의 학처(學處)15)가 비구들과 함께 통하는 것이 있습니다. 그 학처에서 우리들은 마땅히 무엇을 배워야 합니까?"

"구담미여. 비구니들의 학처가 비구들과 함께 통하는 것이 있다면, 마땅히 여러 비구들이 배우는 곳에서 그 학처를 배우십시오."

"세존이시여. 비구니들의 학처가 비구들과 함께 통하는 것이 없습니다. 그 학처에서 우리들은 마땅히 무엇을 배워야 합니까?"

"구담미여. 비구니들의 학처가 비구들과 함께 통하는 것이 없다면, 마땅히 제정된 학처를 따라서 그 학처를 배우십시오."

[비구니의 학처를 마친다.]

---

15) 팔리어 pātimokkha(파티모까)의 번역이다.

5) 구담미의 청원(請願)

5-1 이때 마하파사파제구담미는 세존의 주처에 나아갔다. 나아가서 세존께 예경하고서 한쪽에 서 있었고, 한쪽에 서 있으면서 마하파사파제구담미는 세존께 아뢰어 말하였다.

"세존이시여. 원하건대 세존께서는 간략하게 교법(敎法)을 설하시어 우리들이 세존의 법을 듣고 혼자서 적정하게 머무르면서 방일하지 않으며 열정으로 정진하게 하십시오."

"구담미여. 만약 그대가 알았던 법에서 이것은 탐욕을 늘리는 자량(資糧)이었고 탐욕을 벗어남을 늘리는 자량이 아니었거나, 얽매임을 늘리는 자량이었고 얽매임을 벗어남을 늘리는 자량이 아니었거나, 집적(集積)을 늘리는 자량이었고 손감(損減)을 늘리는 자량이 아니었거나, 많은 욕망을 늘리는 자량이었고 욕망이 적음을 늘리는 자량이 아니었거나, 불만족(不滿足)을 늘리는 자량이었고 만족을 늘리는 자량이 아니었거나, 집회(集會)를 늘리는 자량이었고 한적(閑寂)함을 늘리는 자량이 아니었거나, 해태(懈怠)를 늘리는 자량이었고 정근(正勤)을 늘리는 자량이 아니었거나, 부양(扶養)하기 어려움을 늘리는 자량이었고 부양하기 쉬움을 늘리는 자량이 아니었다면, 구담미여. 마땅히 이것은 비법이고 율이 아니며 스승의 가르침이 아닌 것을 아십시오.

구담미여. 만약 그대가 알았던 법에서 이것은 탐욕을 벗어남을 늘리는 자량이었고 탐욕을 늘리는 자량이 아니었거나, 얽매임을 벗어나는 자량이었고 얽매임을 늘리는 자량이 아니었거나, 손감을 늘리는 자량이었고 집적을 늘리는 자량이 아니었거나, 욕망이 적음을 늘리는 자량이었고 많은 욕망을 늘리는 자량이 아니었거나, 만족을 늘리는 자량이었고 불만족을 늘리는 자량이 아니었거나, 한적함을 늘리는 자량이었고 집회를 늘리는 자량이 아니었거나, 정근을 늘리는 자량이었고 해태를 늘리는 자량이 아니었거나, 부양하기 쉬움을 늘리는 자량이었고 부양하기 어려움을 늘리는 자량이 아니었다면, 구담미여. 마땅히 이것은 여법이고 율이며 스승의 가르침인 것을 아십시오."

[구담미의 청원을 마친다.]

6) 바라제목차의 송출

6-1 그때 여러 비구니들을 위하여 바라제목차를 송출하지 않았다. 여러 비구들은 이 일로써 세존께 아뢰었고 세존께서는 말씀하셨다.
"여러 비구들이여. 여러 비구니들을 위하여 바라제목차를 송출하는 것을 허락하겠노라."

그때 여러 비구들은 사유하였다.
'누가 여러 비구니들을 위하여 바라제목차를 송출해야 하는가?'
여러 비구들은 이 일로써 세존께 아뢰었고 세존께서는 말씀하셨다.
"여러 비구들이여. 여러 비구들이 여러 비구니들을 위하여 바라제목차를 송출하는 것을 허락하겠노라."

그때 여러 비구들은 여러 비구니들이 머무르는 방사에서 여러 비구니들을 위하여 바라제목차를 송출하였다. 여러 사람들이 싫어하고 비난하였다.
"이 비구니들은 그들의 아내이고 이 비구니들은 그들의 정부(情夫)이다. 지금 그 비구들이 그 비구니들과 함께 오락하는구나!"
이때 여러 비구들은 여러 사람들이 싫어하고 비난하는 것을 들었다. 여러 비구들은 이 일로써 세존께 아뢰었고 세존께서는 말씀하셨다.
"여러 비구들이여. 여러 비구들이 여러 비구니들을 위하여 바라제목차를 송출할 수 없느니라. 송출하는 자는 악작을 범하느니라. 여러 비구니들이 여러 비구니들을 위하여 바라제목차를 송출하는 것을 허락하겠노라."

여러 비구니들은 바라제목차를 송출하는 것을 알지 못하였다. 여러 비구들은 이 일로써 세존께 아뢰었고 세존께서는 말씀하셨다.

"여러 비구들이여. 여러 비구들이 여러 비구니들에게 바라제목차를 송출하는 것을 가르치도록 허락하겠노라."

6-2 그때 여러 비구니들이 죄를 참회하지 않았다. 여러 비구들은 이 일로써 세존께 아뢰었고 세존께서는 말씀하셨다.

"여러 비구들이여. 여러 비구니들이 죄를 참회하지 않을 수 없느니라. 참회하지 않는 자는 악작을 범하느니라."

여러 비구니들은 죄를 참회하는 것을 알지 못하였다. 여러 비구들은 이 일로써 세존께 아뢰었고 세존께서는 말씀하셨다.

"여러 비구들이여. 여러 비구들이 여러 비구니들에게 죄를 참회하는 것을 가르치도록 허락하겠노라."

그때 여러 비구들은 사유하였다.
'누가 여러 비구니들의 죄를 받아주어야 하는가?'
여러 비구들은 이 일로써 세존께 아뢰었고 세존께서는 말씀하셨다.
"여러 비구들이여. 여러 비구들이 여러 비구니들의 죄를 받아주는 것을 허락하겠노라."

그때 여러 비구니들이 도로에서, 골목길에서, 네거리의 도로에서 발우를 땅에 내려놓고 오른쪽 어깨를 드러내고 호궤 합장하고서 죄를 참회하였다. 여러 사람들이 싫어하고 비난하였다.

"이 비구니들은 그들의 아내이고, 이 비구니들은 그들의 정부이다. 밤에 소홀하여 지금 사죄하는 것이다."
이때 여러 비구들은 여러 사람들이 싫어하고 비난하는 것을 들었다. 여러 비구들은 이 일로써 세존께 아뢰었고 세존께서는 말씀하셨다.
"여러 비구들이여. 여러 비구들이 여러 비구니들의 죄를 받아줄 수 없느니라. 받아주는 자는 악작을 범하느니라. 여러 비구니들이 여러 비구니들의 죄를 받아주는 것을 허락하겠노라."

여러 비구니들은 죄를 받아주는 것을 알지 못하였다. 여러 비구들은 이 일로써 세존께 아뢰었고 세존께서는 말씀하셨다.
"여러 비구들이여. 여러 비구들이 여러 비구니들에게 죄를 받아주는 것을 가르치도록 허락하겠노라."

6-3 그때 여러 비구니들을 위하여 갈마를 행하지 않았다. 여러 비구들은 이 일로써 세존께 아뢰었고 세존께서는 말씀하셨다.
"여러 비구들이여. 여러 비구니들을 위하여 갈마를 행하는 것을 허락하겠노라."

그때 여러 비구들은 사유하였다.
'누가 여러 비구니들을 위하여 갈마를 행해야 하는가?'
여러 비구들은 이 일로써 세존께 아뢰었고 세존께서는 말씀하셨다.
"여러 비구들이여. 여러 비구들이 여러 비구니들을 위하여 갈마를 행하는 것을 허락하겠노라."

그때 여러 비구니들이 도로에서, 골목길에서, 네거리의 도로에서 발우를 땅에 내려놓고 오른쪽 어깨를 드러내고 호궤 합장하고서 갈마를 받으면서 생각하였다.
'마땅히 이와 같이 행해야 한다.'
여러 사람들이 싫어하고 비난하였다.
"이 비구니들은 그들의 아내이고, 이 비구니들은 그들의 정부이다. 밤에 소홀하여 지금 사죄하는 것이다."
이때 여러 비구들은 여러 사람들이 싫어하고 비난하는 것을 들었다. 여러 비구들은 이 일로써 세존께 아뢰었고 세존께서는 말씀하셨다.

"여러 비구들이여. 여러 비구들이 여러 비구니들을 위하여 갈마를 행할 수 없느니라. 행하는 자는 악작을 범하느니라. 여러 비구니들이 여러 비구니들을 위하여 갈마를 행하는 것을 허락하겠노라."

여러 비구니들은 갈마를 행하는 것을 알지 못하였다. 여러 비구들은 이 일로써 세존께 아뢰었고 세존께서는 말씀하셨다.
"여러 비구들이여. 여러 비구들이 여러 비구니들에게 갈마를 행하는 것을 가르치도록 허락하겠노라."

[바라제목차의 송출을 마친다.]

7) 멸쟁(滅諍)의 소멸

7-1 그때 여러 비구니들의 승가에서 쟁송, 투쟁, 논쟁이 일어나서 서로가 입의 바늘로써 찌르면서 머물렀고, 쟁사(諍事)를 능히 소멸시키지 못하였다. 여러 비구들은 이 일로써 세존께 아뢰었고 세존께서는 말씀하셨다.
"여러 비구들이여. 여러 비구들이 여러 비구니들의 쟁사를 소멸시키는 것을 허락하겠노라."

그때 여러 비구들은 여러 비구니들의 쟁사를 소멸시켰다. 그 쟁사를 소멸시키는 때에 갈마를 행하는 여러 비구들과 죄를 범한 여러 비구니들이 있었는데, 여러 비구들에게 말하였다.
"존자들이여. 여러 비구니들이 갈마를 행하게 하시고, 또한 여러 비구니들이 범한 죄를 받아주게 하십시오. 세존께서는 계율을 제정하여 세우셨습니다. '여러 비구들이여. 마땅히 여러 비구니들의 쟁사를 소멸시키는 것을 허락하겠노라.'"
여러 비구들은 이 일로써 세존께 아뢰었고 세존께서는 말씀하셨다.

"여러 비구들이여. 여러 비구들이 여러 비구니들을 위하여 갈마하는 것을 중단시키고, 여러 비구니들에게 위임하여 여러 비구니들이 여러 비구니들의 갈마를 행하게 하며, 여러 비구들이 여러 비구니들의 죄를 받아주는 것을 중단시키고, 여러 비구니들에게 위임하여 여러 비구니들이 여러 비구니들의 죄를 받아주도록 하는 것을 허락하겠노라."

[멸쟁의 소멸을 마친다.]

8) 연화색(蓮華色) 비구니

8-1 그때 연화색(蓮華色)16) 비구니는 비구니들을 따라서 세존을 7년 동안을 모시면서 계율을 학습하였으나 잊어버렸고, 따라서 수지하였던 것도 잊어버렸다. 그 비구니는 "세존께서 사위성으로 오신다."라고 들었다. 이때 그 비구는 이렇게 생각하였다.

'나는 비구니들을 따라서 세존을 7년 동안을 모시면서 계율을 학습하였으나 잊어버렸고, 따라서 수지하였던 것도 잊어버렸다. 여인들은 목숨을 마치도록 스승을 따라서 모시는 것이 어렵다. 나는 마땅히 그것을 어찌해야 하는가?'

이때 그 비구니는 이 일로써 여러 비구들에게 알렸고, 여러 비구들은 이 일로써 세존께 아뢰었으며, 세존께서는 말씀하셨다.

"여러 비구들이여. 여러 비구들이 여러 비구니들의 계율을 가르치는 것을 허락하겠노라."

[연화색 비구니를 마친다.]

---

16) 팔리어 Uppalavaṇṇā(우빠라반나)의 번역이다.

○ 첫째의 송출품을 마친다.

2. 제2송출품

9) 비구와 비구니

9-1 그때 세존께서는 뜻을 따라서 비사리성에서 머무르셨고, 사위성을 향하여 유행하셨다. 차례로 유행하시어 사위성에 이르렀으며, 세존께서는 사위성의 기수급고독원에 머무르셨다. 그때 육군비구들은 자기들에게 애착(愛著)하게 하고자 여러 비구니들에게 더러운 물을 뿌렸다. 그때 여러 비구들은 이 일로써 세존께 아뢰었고, 세존께서는 말씀하셨다.
 "여러 비구들이여. 비구들이 더러운 물로써 여러 비구니들에게 뿌릴 수 없느니라. 뿌리는 자는 악작을 범하느니라. 여러 비구들이여. 그 여러 비구들을 처벌하는 것을 허락하겠노라."

그때 여러 비구들은 사유하였다.
'마땅히 어떻게 처벌해야 하는가?'
여러 비구들은 이 일로써 세존께 아뢰었고 세존께서는 말씀하셨다.
 "여러 비구들이여. 그 비구들은 여러 비구니들에게 예배를 받을 수 없느니라."

그때 육군비구들은 자기들에게 애착하게 하고자 몸을 드러내어 여러 비구니들에게 보여주었고, 허벅지를 드러내어 여러 비구니들에게 보여주었으며, 생지(生支)를 드러내어 여러 비구니들에게 보여주었고, 추악한 말로 비구니들과 교류하였다. 그때 여러 비구들은 이 일로써 세존께 아뢰었고, 세존께서는 말씀하셨다.

"여러 비구들이여. 비구들은 몸을 드러내어 여러 비구니들에게 보여줄 수 없고, 허벅지를 드러내어 여러 비구니들에게 보여줄 수 없으며, 생지를 드러내어 여러 비구니들에게 보여줄 수 없고, 추악한 말로 여러 비구니들과 함께 교류할 수 없느니라. 나아가 교류하는 자는 악작을 범하느니라. 여러 비구들이여. 그 여러 비구들을 처벌하는 것을 허락하겠노라."

그때 여러 비구들은 사유하였다.
'마땅히 어떻게 처벌해야 하는가?'
여러 비구들은 이 일로써 세존께 아뢰었고 세존께서는 말씀하셨다.
"여러 비구들이여. 그 비구들은 여러 비구니들에게 예배를 받을 수 없느니라."

9-2 육군비구니들은 자기들에게 애착하게 하고자 여러 비구들에게 더러운 물을 뿌렸다. 그때 여러 비구들은 이 일로써 세존께 아뢰었고, 세존께서는 말씀하셨다.
"여러 비구들이여. 비구니들이 더러운 물로써 여러 비구들에게 뿌릴 수 없느니라. 뿌리는 자는 악작을 범하느니라. 여러 비구들이여. 그 여러 비구들을 처벌하는 것을 허락하겠노라."

그때 여러 비구들은 사유하였다.
'마땅히 어떻게 처벌해야 하는가?'
여러 비구들은 이 일로써 세존께 아뢰었고 세존께서는 말씀하셨다.
"여러 비구들이여. 왕래를 금지하는 것을 허락하겠노라."

그때 육군비구니들은 자기들에게 애착하게 하고자 몸을 드러내어 여러 비구들에게 보여주었고, 유방을 드러내어 여러 비구들에게 보여주었으며, 허벅지를 드러내어 여러 비구들에게 보여주었고, 음부(陰部)를 드러내어 여러 비구들에게 보여주었고, 추악한 말로 비구들과 함께 교류하였다.

그때 여러 비구들은 이 일로써 세존께 아뢰었고, 세존께서는 말씀하셨다.
"여러 비구들이여. 비구니들은 몸을 드러내어 여러 비구들에게 보여줄 수 없고, 유방을 드러내어 여러 비구들에게 보여줄 수 없으며, 허벅지를 드러내어 여러 비구들에게 보여줄 수 없고, 음부를 드러내어 여러 비구니에게 보여줄 수 없으며, 추악한 말로 여러 비구들과 함께 교류할 수 없느니라. 나아가 교류하는 자는 악작을 범하느니라. 여러 비구들이여. 그 여러 비구니들을 처벌하는 것을 허락하겠노라."

그때 여러 비구들은 사유하였다.
'마땅히 어떻게 처벌해야 하는가?'
여러 비구들은 이 일로써 세존께 아뢰었고 세존께서는 말씀하셨다.
"여러 비구들이여. 왕래를 금지하는 것을 허락하겠노라."

왕래를 금지하였으나, 받아들이지 않았다. 여러 비구들은 이 일로써 세존께 아뢰었고 세존께서는 말씀하셨다.
"여러 비구들이여. 교계를 금지하는 것을 허락하겠노라."

9-3 이때 여러 비구들은 사유하였다.
"교계가 금지되었던 비구니들과 함께 포살을 행할 수 있는가?"
여러 비구들은 이 일로써 세존께 아뢰었고 세존께서는 말씀하셨다.
"여러 비구들이여. 교계가 금지되었던 비구니들과 함께 포살을 행할 수 없고, 그들의 쟁사도 소멸시킬 수 없느니라."

그때 장로 우타이(優陀夷)17)는 교계를 중지시키고서 유행하였다. 여러 비구들은 싫어하고 비난하였다.
"무슨 까닭으로써 장로 우타이는 교계를 중지시키고서 유행하는가?"

---

17) 팔리어 udāyī(우다이)의 음사이다.

이때 여러 비구들은 이 일로써 세존께 아뢰었고, 세존께서는 여러 비구들에게 물어 말씀하셨다.

"여러 비구들이여. 진실로 장로 우타이는 교계를 중지시키고서 유행하였는가?"

"진실로 그렇습니다. 세존이시여."

…… 세존께서는 여러 비구들을 꾸짖으셨고 설법하셨으며 여러 비구들에게 알려 말씀하셨다.

"여러 비구들이여. 교계를 중지시키고서 유행할 수 없느니라. 유행하는 자는 악작을 범하느니라."

그때 우치(愚癡)하고 우매(愚昧)한 여러 비구들이 교계를 중지시켰다. 여러 비구들은 이 일로써 세존께 아뢰었고, 세존께서는 여러 비구들에게 물어 말씀하셨다.

"여러 비구들이여. 우치하고 우매한 자들이 교계를 중지시킬 수 없느니라. 중지시키는 자는 악작을 범하느니라."

그때 여러 비구들은 일이 없고 인연이 없었는데 교계를 중지시켰다. 여러 비구들은 이 일로써 세존께 아뢰었고, 세존께서는 여러 비구들에게 물어 말씀하셨다.

"여러 비구들이여. 일이 없고 인연이 없었다면 교계를 중지시킬 수 없느니라. 중지시키는 자는 악작을 범하느니라."

그때 여러 비구들은 교계를 중지시켰으나, 결정하지 않았다. 여러 비구들은 이 일로써 세존께 아뢰었고, 세존께서는 말씀하셨다.

"여러 비구들이여. 교계를 중지시키고서 결정하지 않을 수 없느니라. 결정하지 않는 자는 악작을 범하느니라."

9-4 그때 여러 비구니들은 교계를 받는 것에 떠나가지 않았다. 여러

비구들은 이 일로써 세존께 아뢰었고, 세존께서는 말씀하셨다.
"여러 비구들이여. 비구니가 교계를 받는 것에 떠나가지 않을 수 없느니라. 떠나가지 않는 자는 여법하게 다스릴지니라."

그때 모든 비구니들이 교계를 받으려고 떠나갔다. 여러 사람들이 싫어하고 비난하였다.
"이 비구니들은 그들의 아내이고, 이 비구니들은 그들의 정부이다. 밤에 소홀하여 지금 사죄하는 것이다."
이때 여러 비구들은 여러 사람들이 싫어하고 비난하는 것을 들었다. 여러 비구들은 이 일로써 세존께 아뢰었고 세존께서는 말씀하셨다.
"여러 비구들이여. 모든 비구니들이 교계를 받으려고 떠나갈 수 없느니라. 떠나가는 자는 악작을 범하느니라. 여러 비구들이여. 네 명·다섯 명의 비구니들이 교계를 받으려고 떠나가는 것을 허락하겠노라."

그때 네 명·다섯 명의 비구니들이 교계를 받으려고 떠나갔다. 여러 사람들이 싫어하고 비난하였다.
"이 비구니들은 그들의 아내이고, 이 비구니들은 그들의 정부이다. 밤에 소홀하여 지금 사죄하는 것이다."
이때 여러 비구들은 여러 사람들이 싫어하고 비난하는 것을 들었다. 여러 비구들은 이 일로써 세존께 아뢰었고 세존께서는 말씀하셨다.
"여러 비구들이여. 네 명·다섯 명의 비구니들이 교계를 받으려고 떠나갈 수 없느니라. 떠나가는 자는 악작을 범하느니라. 여러 비구들이여. 두 명·세 명의 비구니들이 교계를 받으려고 떠나가는 것을 허락하겠노라."

한 비구의 처소에 이르러 오른쪽 어깨를 드러내고 발에 예배하고 호궤 합장하고서 마땅히 이와 같이 창언해야 한다.
"존자여. 비구니 대중들은 비구 대중들께 예배합니다. 교계를 받고자 하오니, 비구니 대중에게 교계를 받게 하십시오."

그 비구는 계율을 설하는 자의 처소에 이르러 마땅히 이와 같이 창언해야 한다.

"존자여. 비구니 대중들은 비구 대중들께 예배합니다. 교계를 받고자 하오니, 여러 비구니 대중에게 교계를 받게 하십시오."

계율을 설하는 자는 마땅히 말해야 한다.

"비구니 대중을 교계하는 비구를 뽑았습니까?"

만약 비구니 대중을 교계하는 비구를 뽑았다면, 계율을 설하는 자는 마땅히 말해야 한다.

"누구 비구를 비구니들을 교계하는 비구로 뽑았습니다. 비구니 대중은 마땅히 그 비구의 처소로 가십시오."

만약 비구니 대중을 교계하는 비구를 뽑지 않았다면 계율을 설하는 자는 마땅히 말해야 한다.

"누구 장로께서 여러 비구니들을 교계하겠습니까?"

만약 능히 비구니들을 교계할 수 있는 여덟 가지를 갖춘 자를 뽑은 뒤에 마땅히 말해야 한다.

"누구 비구를 비구니들을 교계하는 비구로 뽑았습니다. 비구니 대중은 마땅히 그의 처소로 가십시오."

만약 능히 비구니들을 교계할 수 있는 자를 뽑지 못하였다면, 계율을 설하는 자는 마땅히 말해야 한다.

"비구니들을 교계하는 비구를 뽑을 수 없습니다. 비구니 대중은 마땅히 근신(勤慎)하고 정진(精進)하십시오."

9-5 그때 여러 비구들은 교계하려고 하지 않았다. 여러 비구들은 이 일로써 세존께 아뢰었고, 세존께서는 말씀하셨다.

"여러 비구들이여. 교계하지 않을 수 없느니라. 교계하지 않는 자는 악작을 범하느니라."

그때 한 어리석은 비구가 있었다. 여러 비구니들은 그 비구의 처소에 이르러 말하였다.

"존자여. 교계하기를 청합니다."

"자매여. 나는 어리석은데, 어떻게 교계하겠습니까?"

"존자여. 교계하기를 청합니다. 세존께서는 이와 같이 계율을 제정하여 세우셨습니다. '비구는 마땅히 비구니를 교계해야 하느니라.'"

여러 비구들은 이 일로써 세존께 아뢰었고, 세존께서는 말씀하셨다.

"여러 비구들이여. 어리석은 자를 제외하고서 나머지의 비구가 교계하는 것을 허락하겠노라."

그때 한 병든 비구가 있었다. 여러 비구니들은 그 비구의 처소에 이르러 말하였다.

"존자여. 교계하기를 청합니다."

"자매여. 나는 병이 있는데, 어떻게 교계하겠습니까?"

"존자여. 교계하기를 청합니다. 세존께서는 이와 같이 계율을 제정하여 세우셨습니다. '어리석은 자를 제외하고서 나머지는 마땅히 비구니를 교계해야 하느니라.'"

여러 비구들은 이 일로써 세존께 아뢰었고, 세존께서는 말씀하셨다.

"여러 비구들이여. 어리석은 자와 병든 자를 제외하고서 나머지의 비구가 교계하는 것을 허락하겠노라."

그때 한 멀리 떠나는 비구가 있었다. 여러 비구니들은 그 비구의 처소에 이르러 말하였다.

"존자여. 교계하기를 청합니다."

"자매여. 나는 멀리 떠나야 하는데, 어떻게 교계하겠습니까?"

"존자여. 교계하기를 청합니다. 세존께서는 이와 같이 계율을 제정하여 세우셨습니다. '어리석은 자와 병든 자를 제외하고서 나머지는 마땅히 비구니를 교계해야 하느니라.'"

여러 비구들은 이 일로써 세존께 아뢰었고, 세존께서는 말씀하셨다.

"여러 비구들이여. 어리석은 자와 병든 자와 멀리 떠나는 자를 제외하고서 나머지의 비구가 교계하는 것을 허락하겠노라."

그때 한 비구가 숲속에 머물렀다. 여러 비구니들은 그 비구의 처소에 이르러 말하였다.

"존자여. 교계하기를 청합니다."

"자매여. 나는 숲속에 머무르는데, 어떻게 교계하겠습니까?"

"존자여. 교계하기를 청합니다. 세존께서는 이와 같이 계율을 제정하여 세우셨습니다. '어리석은 자와 병든 자와 멀리 떠나는 자를 제외하고서 나머지는 마땅히 비구니를 교계해야 하느니라."

여러 비구들은 이 일로써 세존께 아뢰었고, 세존께서는 말씀하셨다.

"여러 비구들이여. 아란야의 비구가 약속하고서 그 처소에서 교계하는 것을 허락하겠노라."

그때 여러 비구들은 교계하면서 알리지 않았다. 여러 비구들은 이 일로써 세존께 아뢰었고, 세존께서는 말씀하셨다.

"여러 비구들이여. 교계하면서 알리지 않을 수 없느니라. 알리지 않는 자는 악작을 범하느니라."

그때 여러 비구들은 교계하면서 책무를 끝마치지 않았다. 여러 비구들은 이 일로써 세존께 아뢰었고, 세존께서는 말씀하셨다.

"여러 비구들이여. 교계하면서 책무를 끝마치지 않을 수 없느니라. 책임을 끝마치지 않는 자는 악작을 범하느니라."

그때 여러 비구들은 여러 비구니들과 약속하고서 가지 않았다. 여러 비구들은 이 일로써 세존께 아뢰었고, 세존께서는 말씀하셨다.

"여러 비구들이여. 비구니들과 약속하고서 가지 않을 수 없느니라. 가지 않는 자는 악작을 범하느니라."

[비구와 비구니를 마친다.]

10) 몸의 장엄(莊嚴)

10-1 그때 여러 비구니들은 긴 허리띠를 착용하였고, 이것을 의지하여 허리를 주름잡아 장식하였다. 여러 사람들이 싫어하고 비난하였다.

"오히려 여러 욕망을 즐기는 여러 재가의 여인들과 같구나!"

여러 비구들은 이 일로써 세존께 아뢰었고, 세존께서는 말씀하셨다.

"여러 비구들이여. 비구니들은 긴 허리띠를 착용할 수 없느니라. 착용하는 자는 악작을 범하느니라. 여러 비구들이여. 비구니들에게 한 바퀴를 두르는 허리띠를 허락하겠으나, 허리에 주름으로 장식할 수 없느니라. 장식하는 자는 악작을 범하느니라."

그때 여러 비구니들은 대나무 껍질로 허리를 주름잡아 장식하였고, …… 나아가 …… 가죽의 천[18]으로 허리를 주름잡아 장식하였고, …… 나아가 …… 하얀 천[19]으로 허리를 주름잡아 장식하였고, …… 나아가 …… 엮은 면직물[20]로 허리를 주름잡아 장식하였고, 나아가 …… 늘어진 면직물[21]로 허리를 주름잡아 장식하였고, …… 나아가 …… 주라포(朱羅布)[22]로 허리를 주름잡아 장식하였고, …… 나아가 …… 엮은 주라포[23]로

---

18) 팔리어 Cammapaṭṭena(참마파떼나)의 번역이다.
19) 팔리어 Dussapaṭṭena(두싸파떼나)의 번역이다.
20) 팔리어 Dussaveṇi(두싸베니)의 번역이다.
21) 팔리어 Dussavaṭṭi(두싸바띠)의 번역이고, Dussa와 vaṭṭi의 합성어이다. Dussa는 '옷감' 또는 '천'의 뜻이고, vaṭṭi는 '가장자리' 또는 '늘어진 부분'을 뜻한다. 따라서 '늘어진 면직물'로 번역할 수 있겠다.
22) 팔리어 Colapaṭṭena(초라파떼나)의 번역이고, Cola와 paṭṭena의 합성어이다. Cola는 '옷감' 또는 '천'의 뜻이고, paṭṭena는 '붕대' 또는 '터번'을 뜻한다. 따라서 '휘감는 면직물'의 뜻이고, 따라서 '승가리의 옷감'이라고 번역할 수 있겠다.
23) 팔리어 Colaveṇi(코라베니)의 번역이다.

허리를 주름잡아 장식하였고, …… 나아가 …… 늘어진 주라포[24]로 허리를 주름잡아 장식하였고, …… 나아가 …… 엮은 실[25]로 허리를 주름잡아 장식하였고, 늘어진 실[26]로 허리를 주름잡아 장식하였다. 여러 사람들이 싫어하고 비난하였다.

"오히려 여러 욕망을 즐기는 재가의 여인들과 같구나!"

여러 비구들은 이 일로써 세존께 아뢰었고, 세존께서는 말씀하셨다.

"여러 비구들이여. 비구니들은 대나무 껍질로 허리를 주름잡아 장식할 수 없고, …… 나아가 …… 가죽의 천으로 허리를 주름잡아 장식할 수 없고, …… 나아가 …… 하얀 천으로 허리를 주름잡아 장식할 수 없고, …… 나아가 …… 엮은 면직물로 허리를 주름잡아 장식할 수 없고, 나아가 …… 늘어진 면직물로 허리를 주름잡아 장식할 수 없고, …… 나아가 …… 주라포로 허리를 주름잡아 장식할 수 없고, …… 나아가 …… 엮은 주라포로 허리를 주름잡아 장식할 수 없고, …… 나아가 …… 늘어진 주라포로 허리를 주름잡아 장식할 수 없고, …… 나아가 …… 엮은 실로 허리를 주름잡아 장식할 수 없고, 늘어진 실로 허리를 주름잡아 장식할 수 없느니라. 주름잡아 장식하는 자는 악작을 범하느니라."

10-2 그때 여러 비구니들은 소(牛)의 경골(脛骨)[27]로써 허리를 문질렀고, 소의 악골(顎骨)[28]로써 허리, 팔, 손등, 다리, 발등, 허벅지, 얼굴, 잇몸을 문질렀다. 여러 사람들이 싫어하고 비난하였다.

"오히려 여러 욕망을 즐기는 재가의 여인들과 같구나!"

여러 비구들은 이 일로써 세존께 아뢰었고, 세존께서는 말씀하셨다.

"여러 비구들이여. 비구니들은 소의 경골로써 허리를 문지르거나, 소의

---

24) 팔리어 Coḷavaṭṭi(코라바띠)의 번역이다.
25) 팔리어 Suttaveṇi(수따베니)의 번역이고, Sutta와 veṇi의 합성어이다.
26) 팔리어 Suttavaṭṭi(수따바띠)의 번역이다.
27) 정강이뼈를 가리킨다.
28) 턱뼈를 가리킨다.

악골(顎骨)로써 허리, 팔, 손등, 다리, 발등, 허벅지, 얼굴, 잇몸을 문지를 수 없느니라. 문지르는 자는 악작을 범하느니라."

10-3 그때 육군비구니들은 기름을 얼굴에 발랐고, 얼굴을 문질렀으며, 얼굴에 가루를 발랐고, 얼굴에 웅황(雄黃)29)을 칠하여 발랐으며, 사지(四肢)를 염색하였고, 얼굴을 염색하였으며, 사지와 얼굴을 염색하였다. 여러 사람들이 싫어하고 비난하였다.

"오히려 여러 욕망을 즐기는 재가의 여인들과 같구나!"

여러 비구들은 이 일로써 세존께 아뢰었고, 세존께서는 말씀하셨다.

"여러 비구들이여. 비구니들은 기름을 얼굴에 바르거나, 얼굴을 문지르거나, 얼굴에 가루를 바르거나, 얼굴에 웅황을 칠하여 바르거나, 사지를 염색하거나, 얼굴을 염색하거나, 사지와 얼굴을 염색할 수 없느니라. 염색하는 자는 악작을 범하느니라."

10-4 그때 육군비구니들은 눈썹을 그렸고, 경면(黥面)30)을 그렸으며, 창문으로 밖을 엿보았고, 문밖으로 몸을 절반을 드러내고 서 있었으며, 춤추는 것을 연출하고, 음녀(淫女)를 거느렸으며, 술집을 열었고, 정육점을 열었으며, 시장을 경영하였고, 대부(貸付)를 행하였으며, 상품을 판매하고, 남노비를 거느렸으며, 여노비를 거느렸고, 하인을 거느렸고, 하녀를 거느렸으며, 가축을 길렀고, 채소를 팔았으며, 칼집31)을 지녔다. 여러 사람들이 싫어하고 비난하였다.

"오히려 여러 욕망을 즐기는 재가의 여인들과 같구나!"

여러 비구들은 이 일로써 세존께 아뢰었고, 세존께서는 말씀하셨다.

---

29) 석웅황(石雄黃)을 가리키고, 삼류화비소를 주성분으로 하는 광석이다. 산의 양지쪽에서 캔 것은 웅황이고, 음지 쪽에서 캔 것은 자황(雌黃)이다. '등황색' 또는 '노란색'을 띠고 있다.
30) 얼굴에 가로로 선(線)을 그리는 것이다.
31) 팔리어 namataka(마나타카)의 번역이고, 비구들이 머리카락이나 수염을 자르기 위하여 지니는 칼집을 가리킨다.

"여러 비구들이여. 비구니들은 눈썹을 그리거나, 경면을 그리거나, 창문으로 밖을 엿보거나, 문밖으로 몸을 절반을 드러내고 서 있었거나, 춤추는 것을 연출하거나, 음녀를 거느리거나, 술집을 열거나, 정육점을 열거나, 시장을 경영하거나, 대부를 행하거나, 상품을 판매하거나, 남노비를 거느리거나, 여노비를 거느리거나, 하인을 거느리거나, 하녀를 거느리거나, 가축을 기르거나, 채소를 팔거나, 칼집을 지닐 수 없느니라. 지니는 자는 악작을 범하느니라."

10-5 그때 육군비구니들은 완전하게 파란 옷, 노란 옷, 붉은 옷, 천색(茜色) 옷, 검은 옷, 홍람색(紅藍色) 옷, 낙엽색(落葉色) 옷 등을 입었고, 연(緣)이 갈라진 옷, 연이 긴 옷, 꽃을 수놓은 연이 있는 옷, 뱀의 머리 모양이 있는 옷, 조끼32) 옷, 나무껍질 옷 등을 입었다. 여러 사람들이 싫어하고 비난하였다.
"오히려 여러 욕망을 즐기는 재가의 여인들과 같구나!"
여러 비구들은 이 일로써 세존께 아뢰었고, 세존께서는 말씀하셨다.
"여러 비구들이여. 완전하게 파란 옷, 노란 옷, 붉은 옷, 천색 옷, 검은 옷, 홍람색 옷, 낙엽색 옷 등을 입었고, 연이 갈라진 옷, 연이 긴 옷, 꽃을 수놓은 연이 있는 옷, 뱀의 머리 모양이 있는 옷, 조끼 옷, 나무껍질 옷 등을 입을 수 없느니라. 입는 자는 악작을 범하느니라."

[몸의 장엄을 마친다.]

11) 자구(資具)

11-1 그때 한 비구니가 있었고 장차 죽으면서 말하였다.
"내가 죽는다면 나의 자구를 승가에 돌려주겠습니다."

---

32) 팔리어 kañcuka(칸추카)의 번역이고, '재킷' 또는 '가운'을 뜻하고 상체를 덮는 간편한 옷을 가리킨다.

이때 여러 비구들과 여러 비구니들이 서로가 다투면서 말하였다.
"우리들에게 귀속되었습니다."
　여러 비구들은 이 일로써 세존께 아뢰었고, 세존께서는 말씀하셨다.
"여러 비구들이여. 만약 비구니가 장차 죽으면서 '내가 죽는다면 나의 자구를 승가에 돌려주겠습니다.'라고 말하였다면, 이것은 비구 승가의 소유물이 아니므로, 비구니 승가에 귀속되느니라. 여러 비구들이여. 만약 식차마나가 장차 죽으면서, …… 나아가 …… 만약 사미니가 장차 죽으면서 '내가 죽는다면 나의 자구를 승가에 돌려주겠습니다.'라고 말하였다면, 이것은 비구 승가의 소유물이 아니므로, 비구니 승가에 귀속되느니라.
　여러 비구들이여. 만약 비구가 장차 죽으면서 '내가 죽는다면 나의 자구를 승가에 돌려주겠습니다.'라고 말하였다면, 이것은 비구니 승가의 소유물이 아니므로, 비구 승가에 귀속되느니라. 여러 비구들이여. 만약 사미가 장차 죽으면서, …… 나아가 …… 만약 우바새가 장차 죽으면서, …… 나아가 …… 만약 우바이가 장차 죽으면서, …… 나아가 …… 혹은 나머지의 사람이 장차 죽으면서 '내가 죽는다면 나의 자구를 승가에 돌려주겠습니다.'라고 말하였다면, 이것은 비구니 승가의 소유물이 아니므로, 비구 승가에 귀속되느니라."

[자구를 마친다.]

12) 말라녀(摩羅女)

12-1 그때 옛날의 한 말라녀(摩羅女)가 있었는데, 비구니 승가의 가운데에서 출가하였다. 그녀는 도로에서 유약한 비구를 보았고, 어깨로 부딪쳐서 넘어지게 하였다. 여러 비구들이 싫어하고 비난하였다.
"무슨 까닭으로써 비구니가 비구와 부딪치는가?"
　여러 비구들은 이 일로써 세존께 아뢰었고, 세존께서는 말씀하셨다.

"여러 비구들이여. 비구니는 비구와 부딪칠 수 없느니라. 부딪치는 자는 악작을 범하느니라. 여러 비구들이여. 비구니가 비구를 보는 때에는 마땅히 도로에서 피하고 양보해야 하느니라."

[말라녀를 마친다.]

13) 발우

13-1 그때 한 여인이 있었는데, 남편이 없었던 때에 정부(情夫)와 인연으로 임신(妊娠)하였다. 그녀는 낙태하였고 항상 교화하는 비구니를 마주하고서 말하였다.
"이 낙태한 태아를 발우 안에 담아서 가지고 떠나시기를 청합니다."
이때 그 비구니는 그 낙태한 태아를 발우에 담았고 승가리를 사용하여 덮고서 가지고 떠나갔다. 이때 한 걸식비구가 발원하였다.
'내가 처음으로 얻은 음식을 비구이거나, 혹은 비구니에게 주지 않는다면 음식을 먹지 않겠다.'
이때 그 비구는 그 비구니를 보고서 말하였다.
"자매여. 청하건대 음식을 받으십시오."
"존자여. 아닙니다."
두 번째에도, …… 세 번째에도 비구는 그 비구니에게 말하였다.
"자매여. 청하건대 음식을 받으십시오."
"존자여. 아닙니다."
"자매여. 나는 발원하였습니다. '내가 처음으로 얻은 음식을 비구이거나, 혹은 비구니에게 주지 않는다면 음식을 먹지 않겠다.' 청하건대 음식을 받으십시오."
그 비구니는 그 비구에게 압박을 받아서 발우를 꺼내어 보여주면서 말하였다.

"그대는 보십시오. 발우 안에 태아가 있습니다. 누구에게도 말하지 마십시오."

이때 그 비구는 싫어하고 비난하였다.

"어찌하여 비구니가 낙태한 태아를 발우 안에 담아서 가지고 떠나는가?"

그 비구는 이 일로써 여러 비구들에게 알렸고, 여러 비구들의 가운데에서 욕심이 적는 자들은 싫어하고 비난하였다.

"무슨 까닭으로써 비구니가 낙태한 태아를 발우 안에 담아서 가지고 떠나는가?"

여러 비구들은 이 일로써 세존께 아뢰었고, 세존께서는 말씀하셨다.

"여러 비구들이여. 비구니가 낙태한 태아를 발우 안에 담아서 가지고 떠나갈 수 없느니라. 떠나가는 자는 악작을 범하느니라. 여러 비구들이여. 비구니가 비구를 보았다면 마땅히 발우를 열어서 보여주어야 하느니라."

13-2 그때 육군비구니들은 비구를 보고 발우를 뒤집고서 바닥을 보여주었다. 여러 비구들은 싫어하고 비난하였다.

"무슨 까닭으로써 육군비구니들은 비구를 보고 발우를 뒤집고서 바닥을 보여주는가?"

여러 비구들은 이 일로써 세존께 아뢰었고, 세존께서는 말씀하셨다.

"여러 비구들이여. 육군비구니들은 비구를 보고 발우를 뒤집고서 바닥을 보여줄 수 없느니라. 보여주는 자는 악작을 범하느니라. 여러 비구들이여. 비구니가 비구를 보았다면 마땅히 발우를 기울여서 보여주어야 하느니라. 만약 발우 안에 음식물이 있었다면, 마땅히 이것으로써 비구에게 베풀어 주어야 하느니라."

[발우를 마친다.]

14) 남근(男根)

14-1 그때 남근(男根)이 사위성의 도로 위에 버려져 있었는데, 여러 비구니들이 일심(一心)으로 바라보았다. 여러 사람들이 소리를 질렀고 여러 비구니들은 부끄러워하였다. 이때 그 여러 비구니들은 방사로 갔고, 이 일로써 여러 비구니들에게 알렸다. 여러 비구들의 가운데에서 욕심이 적은 자들은 싫어하고 비난하였다.

"무슨 까닭으로써 여러 비구니들이 남근을 바라보는가?"

여러 비구들은 이 일로써 세존께 아뢰었고, 세존께서는 말씀하셨다.

"여러 비구들이여. 비구니는 남근을 바라볼 수 없느니라. 바라보는 자는 악작을 범하느니라."

[남근을 마친다.]

15) 음식

15-1 그때 대중들이 음식을 여러 비구들에게 주었고, 여러 비구들은 여러 비구니들에게 주었다. 여러 사람들은 싫어하고 비난하였다.

"여러 대덕들은 어찌하여 보시를 받아서 수용하였던 것을 다른 사람에게 주는가? 우리들이 어찌 보시를 알지 못하겠는가?"

여러 비구들은 이 일로써 세존께 아뢰었고, 세존께서는 말씀하셨다.

"여러 비구들이여. 비구니들이 보시를 받아서 수용하였던 것을 다른 사람에게 줄 수 없느니라. 주는 자는 악작을 범하느니라."

그때 여러 비구들은 음식이 너무 많았다. 여러 비구들은 이 일로써 세존께 아뢰었고, 세존께서는 말씀하셨다.

"여러 비구들이여. 승가에 주는 것을 허락하겠노라."

주었어도 남았다. 여러 비구들은 이 일로써 세존께 아뢰었고, 세존께서는 말씀하셨다.
"여러 비구들이여. 역시 개인에게도 주는 것을 허락하겠노라."

그때 여러 비구들은 음식을 저장하였어도 너무 많았다. 여러 비구들은 이 일로써 세존께 아뢰었고, 세존께서는 말씀하셨다.
"여러 비구들이여. 비구들의 처소에 저장하였다면, 비구들과 비구니들이 취하여 수용하는 것을 허락하겠노라."

15-2 그때 대중들이 음식을 여러 비구니들에게 주었고, 여러 비구니들은 여러 비구들에게 주었다. 여러 사람들은 싫어하고 비난하였다.
"여러 비구니들은 어찌하여 보시를 받아서 수용하였던 것을 다른 사람에게 주는가? 우리들이 어찌 보시를 알지 못하겠는가?"
여러 비구들은 이 일로써 세존께 아뢰었고, 세존께서는 말씀하셨다.
"여러 비구들이여. 보시를 받아서 수용하였던 것을 다른 사람에게 줄 수 없느니라. 주는 자는 악작을 범하느니라."

그때 여러 비구니들은 음식이 너무 많았다. 여러 비구들은 이 일로써 세존께 아뢰었고, 세존께서는 말씀하셨다.
"여러 비구들이여. 승가에 주는 것을 허락하겠노라."

주었어도 남았다. 여러 비구들은 이 일로써 세존께 아뢰었고, 세존께서는 말씀하셨다.
"여러 비구들이여. 역시 개인에게도 주는 것을 허락하겠노라."

그때 여러 비구니들은 음식을 저장하였어도 너무 많았다. 여러 비구들은 이 일로써 세존께 아뢰었고, 세존께서는 말씀하셨다.
"여러 비구들이여. 비구니의 처소에 저장하였다면, 비구들과 비구니들이 취하여 수용하는 것을 허락하겠노라."

[음식을 마친다.]

16) 와구와 좌구

16-1 그때 여러 비구들은 와구와 좌구가 많았고, 여러 비구니들은 없었다. 여러 비구니들은 사자(使者)를 보내었고, 여러 비구들의 처소에 이르러서 말하였다.
"존자들이여. 잠시라도 와구와 좌구를 우리들에게 주십시오."
여러 비구들은 이 일로써 세존께 아뢰었고, 세존께서는 말씀하셨다.
"여러 비구들이여. 잠시 와구와 좌구를 비구니들에게 주는 것을 허락하겠노라."

16-2 그때 여러 비구니들은 월기(月期)가 있었으나, 평상에 덮어져 있거나, 소상에 덮어져 있는 와구에 앉았으므로, 좌구와 와구에 피가 묻었다.
여러 비구들은 이 일로써 세존께 아뢰었고, 세존께서는 말씀하셨다.
"여러 비구들이여. 평상에 덮어져 있거나, 소상에 덮어져 있는 와구에 앉을 수 없느니라. 앉는 자는 악작을 범하느니라. 여러 비구들이여. 월기의(月期衣)를 허락하겠노라."

월기의의 피가 묻었다. 여러 비구들은 이 일로써 세존께 아뢰었고, 세존께서는 말씀하셨다.
"여러 비구들이여. 생리대(生理帶)33)를 허락하겠노라."

---

33) 팔리어 āṇicolaka(아니초라카)의 번역이다.

생리대가 흘러내렸다. 여러 비구들은 이 일로써 세존께 아뢰었고, 세존께서는 말씀하셨다.

"여러 비구들이여. 끈으로써 묶은 뒤에 허벅지에 뒤에 묶는 것을 허락하 겠노라."

끈이 끊어졌다. 여러 비구들은 이 일로써 세존께 아뢰었고, 세존께서는 말씀하셨다.

"여러 비구들이여. 곤당(褌襠)34)과 허리띠35)를 허락하겠노라."

그때 육군비구니들은 평소에 허리띠를 지니고 다녔다. 여러 사람들은 싫어하고 비난하였다.

"오히려 여러 욕망을 즐기는 재가의 여인들과 같구나!"

여러 비구들은 이 일로써 세존께 아뢰었고, 세존께서는 말씀하셨다.

"여러 비구들이여. 비구니들은 평소에 허리띠를 지니고 다닐 수 없느니라. 지니는 자는 악작을 범하느니라. 여러 비구들이여. 월기가 있다면 허리띠를 허락하겠노라."

[와구와 좌구를 마친다.]

○ 둘째의 송출품을 마친다.

---

34) 팔리어 saṃvelli(삼벨리)의 번역이고, 하의의 안에 껴입는 속옷을 가리킨다.
35) 팔리어 kaṭisuttaka(카티수따카)의 번역이다.

3. 제3송출품

17) 수계(受戒)의 장애법(障礙法)

17-1 그때 구족계를 받은 여인들의 가운데에서 여인의 모습이 없는 여인, 여인의 모습이 적은 여인, 월기가 없는 여인, 항상 월기가 있는 여인, 항상 기저귀를 차는 여인, 소변이 새는 여인, 외음부가 높게 돌출된 여인, 황문(黃門)인 여인, 두 길이 합쳐진 여인, 여근이 무너진 여인, 이근(二根)인 여인 등이 있었다. 여러 비구들은 이 일로써 세존께 아뢰었고, 세존께서는 말씀하셨다.

"여러 비구들이여. 구족계를 주는 때에 스물네 가지의 장애법을 묻는 것을 허락하겠노라. 여러 비구들이여. 마땅히 이와 같이 물어야 하느니라.

'그대는 여인의 모습이 없지 않았는가? 여인의 모습이 적지 않았는가? 월기가 없지 않았는가? 항상 월기가 있지 않았는가? 항상 기저귀를 차지 않았는가? 소변이 새지 않았는가? 외음부가 높게 돌출되지 않았는가? 황문은 아닌가? 두 길이 합쳐지지 않았는가? 여근이 무너지지 않았는가? 이근인은 아닌가? 나병, 종기, 습진, 폐병, 간질병은 없는가? 사람인가? 여인인가? 자재(自在)한가? 부채(負債)는 없는가? 왕의 신하는 아닌가? 부모, 남편이 허락하였는가? 20살은 채웠는가? 발우와 옷을 갖추었는가? 이름은 무엇인가? 화상니(和尙尼)의 이름은 무엇인가?'"

17-2 그때 여러 비구들은 여러 비구니들에게 장애법을 물었다. 구족계를 받으려는 여인들은 곤혹스럽고 부끄러워서 능히 대답하지 못하였다. 여러 비구들은 이 일로써 세존께 아뢰었고, 세존께서는 말씀하셨다.

"여러 비구들이여. 비구들의 대중에게 일부(一部)의 구족계를 받고서, 이미 청정해진 뒤에 비구 대중에게 구족계를 받는 것을 허락하겠노라."

그때 여러 비구들이 구족계를 받고자 원하였던 여인들을 마주하고서 교계하지 않았으나, 장애법을 물었다. 구족계를 받으려는 여인들은 곤혹스럽고 부끄러워서 능히 대답하지 못하였다. 여러 비구들은 이 일로써 세존께 아뢰었고, 세존께서는 말씀하셨다.

"여러 비구들이여. 먼저 교계하고서 장애법을 묻는 것을 허락하겠노라."

승가의 가운데에서 교계하였으므로 구족계를 받으려는 여인들은 곤혹스럽고 부끄러워서 능히 대답하지 못하였다. 여러 비구들은 이 일로써 세존께 아뢰었고, 세존께서는 말씀하셨다.

"여러 비구들이여. 한쪽에서 교계하고서 장애법을 묻는 것을 허락하겠노라. 여러 비구들이여. 마땅히 이와 같이 교계해야 하느니라. 마땅히 먼저 화상을 뽑아야 하고, 화상을 뽑은 뒤에 발우와 옷을 보여주고서 마땅히 말해야 한다.

'이것은 그대의 발우이고, 이것은 그대의 승가리(僧伽梨)36)이며, 이것은 그대의 울다라승(鬱多羅僧)37)이고, 이것은 그대의 안타회(安陀會)38)이며, 이것은 그대의 부견의(覆肩衣)39)이고, 이것은 그대의 목욕의(沐浴衣)40)이니, 그곳으로 가서 서 있으라.'"

17-3 어리석고 우매한 비구니들이 교계하였으므로 구족계를 받으려는 여인들은 곤혹스럽고 부끄러워서 능히 대답하지 못하였다. 여러 비구들은 이 일로써 세존께 아뢰었고, 세존께서는 말씀하셨다.

"여러 비구들이여. 어리석고 우매한 비구니들이 교계할 수 없느니라. 교계하는 자는 악작을 범하느니라. 여러 비구들이여. 총명하고 현명하며

---

36) 팔리어 saṅghāṭi(산가티)의 음사이다.
37) 팔리어 uttarāsaṅga(우따라산가)의 음사이다.
38) 팔리어 antaravāsaka(안타라바사카)의 음사이다.
39) 팔리어 saṃkaccika(삼카찌카)의 번역이다.
40) 팔리어 udakasāṭikā(우다카사티카)의 번역이다.

능력있는 비구니가 교계하는 것을 허락하겠노라."

17-4 아직 뽑히지 않은 비구니가 교계하였다. 여러 비구들은 이 일로써 세존께 아뢰었고, 세존께서는 말씀하셨다.

"여러 비구들이여. 아직 뽑히지 않은 비구니가 교계할 수 없느니라. 교계하는 자는 악작을 범하느니라. 여러 비구들이여. 마땅히 비구니를 뽑아서 교계하는 것을 허락하겠노라. 여러 비구들이여. 마땅히 이와 같이 뽑아야 하느니라. 혹은 스스로를 뽑거나, 혹은 다른 사람을 뽑아야 하느니라. 무엇이 스스로를 뽑는 것인가? 마땅히 한 총명하고 현명하며 능력있는 비구니가 승가의 가운데에서 창언해야 한다.

'여러 대자(大姊)들께서는 허락하십시오. 누구 여인이 누구 대자를 쫓아서 구족계를 받으려고 원하고 있습니다. 만약 승가께서 때에 이르셨다면, 제가 누구 여인을 교계하도록 하겠습니다.'

이와 같이 스스로를 뽑는 것이다.

무엇이 다른 사람을 뽑는 것인가? 마땅히 한 총명하고 현명하며 능력있는 비구니가 승가의 가운데에서 창언해야 한다.

'여러 대자들께서는 허락하십시오. 누구 여인이 누구 대자를 쫓아서 구족계를 받으려고 원하고 있습니다. 만약 승가께서 때에 이르셨다면, 마땅히 누구가 누구의 여인을 교계하도록 하겠습니다.'

이와 같이 다른 사람을 뽑는 것이다."

17-5 그 뽑혔던 비구니는 구족계를 받고자 원하였던 여인들이 있는 곳에서 마땅히 말해야 한다.

"누구 여인은 나의 말을 들어라. 지금은 그대가 진실을 말할 때이고, 진실을 말하는 때이니라. 승가가 묻는 때에는 있다면 있다고 말하고, 없다면 없다고 말하고, 곤혹스러워하지 말며, 부끄러워하지 말라. 그대에게 이와 같이 묻겠노라.

'그대는 여인의 모습이 없지 않았는가? 여인의 모습이 적지 않았는가?

월기가 없지 않았는가? 항상 월기가 있지 않았는가? 항상 기저귀를 차지 않았는가? 소변이 새지 않았는가? 외음부가 높게 돌출되지 않았는가? 황문은 아닌가? 두 길이 합쳐지지 않았는가? 여근이 무너지지 않았는가? 이근인은 아닌가? 나병, 종기, 습진, 폐병, 간질병은 없는가? 사람인가? 여인인가? 자재한가? 부채는 없는가? 왕의 신하는 아닌가? 부모, 남편이 허락하였는가? 20살은 채웠는가? 발우와 옷을 갖추었는가? 이름은 무엇인가? 화상니의 이름은 무엇인가?'"

그들은 함께 왔다.

"그들은 함께 오면 아니된다. 교계하는 비구니가 먼저 와서 승가에게 알려 말해야 한다.

'여러 대자들께서는 허락하십시오. 누구 여인이 누구 대자를 쫓아서 구족계를 받으려고 원하고 있습니다. 나는 이미 그 여인을 교계하였습니다. 만약 승가께서 때에 이르셨다면, 누구 여인을 오도록 하겠습니다.'

마땅히 말한다.

'오게 하십시오.'

오른쪽 어깨를 드러내고 여러 비구니들의 발에 합장하고서 호궤 합장하고 구족계를 청하면서 애원해야 한다.

'여러 대자들이여. 저는 승가를 향하여 구족계를 청하면서 애원합니다. 승가께서는 애민하게 생각하시어 저를 제도하여 주십시오.'

두 번째에도, …… 세 번째에도 구족계를 청하면서 애원해야 한다.

'여러 대자들이여. 저는 승가를 향하여 구족계를 청하면서 애원합니다. 승가께서는 애민하게 생각하시어 저를 제도하여 주십시오.'"

17-6 마땅히 한 총명하고 현명하며 능력있는 비구니가 승가의 가운데에서 창언해야 한다.

"여러 대자들께서는 허락하십시오. 이 처소에서 누구 여인은 누구 대자를 쫓아서 구족계를 받으려고 애원하고 있습니다. 만약 승가께서 때에 이르셨다면, 나는 누구 여인에게 장애법을 묻도록 하겠습니다.

'그대는 여인의 모습이 없지 않았는가? 여인의 모습이 적지 않았는가? 월기가 없지 않았는가? 항상 월기가 있지 않았는가? 항상 기저귀를 차지 않았는가? 소변이 새지 않았는가? 외음부가 높게 돌출되지 않았는가? 황문은 아닌가? 두 길이 합쳐지지 않았는가? 여근이 무너지지 않았는가? 이근인은 아닌가? 나병, 종기, 습진, 폐병, 간질병은 없는가? 사람인가? 여인인가? 자재한가? 부채는 없는가? 왕의 신하는 아닌가? 부모, 남편이 허락하였는가? 20살은 채웠는가? 발우와 옷을 갖추었는가? 이름은 무엇인가? 화상니의 이름은 무엇인가?'"

17-7 마땅히 한 총명하고 현명하며 능력있는 비구니가 승가의 가운데에서 창언해야 한다.

"'여러 대자들께서는 허락하십시오. 이 처소에서 누구 여인은 누구 대자를 쫓아서 구족계를 받으려고 애원하고 있습니다. 청정하여 장애법이 없고 발우와 옷을 갖추었었으며, 누구 여인은 승가의 누구 대자를 화상니로 삼아서 구족계를 받으려고 애원하고 있습니다. 만약 승가께서 때에 이르셨다면, 승가는 마땅히 누구 대자를 화상니로 삼아서 누구 여인에게 구족계를 주겠습니다. 이와 같이 아룁니다.'

'여러 대자들께서는 허락하십시오. 이 처소에서 누구 여인은 누구 대자를 쫓아서 구족계를 받으려고 애원하고 있습니다. 청정하여 장애법이 없고 발우와 옷을 갖추었었으며, 누구 여인은 승가의 누구 대자를 화상니로 삼아서 구족계를 받으려고 애원하고 있습니다. 승가시여. 누구 대자를 화상니로 삼아서 누구 여인에게 구족계를 주겠습니다. 누구 대자를 화상니로 삼아서 누구 여인에게 구족계를 주는 것을 인정하신다면 묵연하시고, 인정하지 않으신다면 말씀하십시오.'

나는 두 번째로 이러한 일을 아룁니다.

여러 대자들께서는 허락하십시오. 이 처소에서 누구 여인은 누구 대자를 쫓아서 구족계를 받으려고 애원하고 있습니다. 청정하여 장애법이 없고 발우와 옷을 갖추었었으며, 누구 여인은 승가의 누구 대자를 화상니로 삼아서 구족계를 받으려고 애원하고 있습니다. 승가시여. 누구 대자를 화상니로 삼아서 누구 여인에게 구족계를 주겠습니다. 누구 대자를 화상니로 삼아서 누구 여인에게 구족계를 주는 것을 인정하신다면 묵연하시고, 인정하지 않으신다면 말씀하십시오.'

나는 세 번째로 이러한 일을 아룁니다.

여러 대자들께서는 허락하십시오. 이 처소에서 누구 여인은 누구 대자를 쫓아서 구족계를 받으려고 애원하고 있습니다. 청정하여 장애법이 없고 발우와 옷을 갖추었으며, 누구 여인은 승가의 누구 대자를 화상니로 삼아서 구족계를 받으려고 애원하고 있습니다. 승가시여. 누구 대자를 화상니로 삼아서 누구 여인에게 구족계를 주겠습니다. 누구 대자를 화상니로 삼아서 누구 여인에게 구족계를 주는 것을 인정하신다면 묵연하시고, 인정하지 않으신다면 말씀하십시오.'

'승가시여. 누구 대자를 화상니로 삼아서 누구 여인에게 구족계를 주는 것을 마쳤습니다. 여러 대자들께서 인정하신 것은 묵연하였던 까닭입니다. 나는 이와 같이 알고 이해하겠습니다.'"

17-8 곧 데리고서 비구 승가의 처소에 이르러 오른쪽 어깨를 드러내고 여러 비구니들의 발에 합장하고서 호궤 합장하고 구족계를 청하면서 애원해야 한다.

'여러 대덕들이여. 나 누구는 누구 대자를 쫓아서 구족계를 받으려고 애원하였고, 비구니 승가에게 일부의 구족계를 받았습니다. 이미 청정하오니, 승가를 향하여 구족계를 청하면서 애원합니다. 승가께서는 애민하게 생각하시어 저를 제도하여 주십시오.'

두 번째에도, …… 세 번째에도 구족계를 청하면서 애원해야 한다.

'여러 대덕들이여. 나 누구는 누구 대자를 쫓아서 구족계를 받으려고 애원하였고, 이미 비구니 승가에게 일부의 구족계를 받았습니다. 이미 청정하오니, 승가를 향하여 구족계를 청하면서 애원합니다. 승가께서는 애민하게 생각하시어 저를 제도하여 주십시오.'"

마땅히 한 총명하고 현명하며 능력있는 비구가 승가의 가운데에서 창언해야 한다.

"'여러 대덕들께서는 허락하십시오. 이 처소에서 누구 여인은 누구 대자를 쫓아서 구족계를 받으려고 애원하고 있습니다. 이미 비구니 승가에게 일부의 구족계를 받았고, 이미 청정합니다. 누구 여인은 누구로써 화상니로 삼아서 구족계를 애원하며 청하고 있습니다. 만약 승가께서 때에 이르셨다면, 승가는 마땅히 누구가 누구로써 화상니로 삼은 누구 여인에게 구족계를 주게 하십시오. 이와 같이 아룁니다.'

'여러 대덕들께서는 허락하십시오. 이 처소에서 누구 여인은 누구 대자를 쫓아서 구족계를 받으려고 애원하고 있습니다. 이미 비구니 승가에게 일부의 구족계를 받았고, 이미 청정합니다. 누구 여인은 누구로써 화상니로 삼아서 구족계를 애원하며 청하고 있습니다. 승가시여. 누구로써 화상니로 삼은 누구 여인에게 구족계를 주겠습니다. 누구로써 화상니로 삼은 누구 여인에게 구족계를 주는 것을 인정하신다면 묵연하시고, 인정하지 않으신다면 말씀하십시오.'

나는 두 번째로 이러한 일을 아룁니다.

'여러 대덕들께서는 허락하십시오. 이 처소에서 누구 여인은 누구 대자를 쫓아서 구족계를 받으려고 애원하고 있습니다. 이미 비구니 승가에게 일부의 구족계를 받았고, 이미 청정합니다. 누구 여인은 누구로써 화상니로 삼아서 구족계를 애원하며 청하고 있습니다. 승가시여. 누구로써 화상니로 삼은 누구 여인에게 구족계를 주겠습니다. 누구로써 화상니로 삼은 누구 여인에게 구족계를 주는 것을 인정하신다면 묵연하시고, 인정하지 않으신다면 말씀하십시오.'

나는 세 번째로 이러한 일을 아룁니다.

'여러 대덕들께서는 허락하십시오. 이 처소에서 누구 여인은 누구 대자를 쫓아서 구족계를 받으려고 애원하고 있습니다. 이미 비구니 승가에게 일부의 구족계를 받았고, 이미 청정합니다. 누구 여인은 누구로써 화상니로 삼아서 구족계를 애원하며 청하고 있습니다. 승가시여. 누구로써 화상니로 삼은 누구 여인에게 구족계를 주겠습니다. 누구로써 화상니로 삼은 누구 여인에게 구족계를 주는 것을 인정하신다면 묵연하시고, 인정하지 않으신다면 말씀하십시오.'

'승가시여. 누구로써 화상니로 삼은 누구 여인에게 구족계를 주는 것을 마쳤습니다. 여러 대덕들께서 인정하신 것은 묵연하였던 까닭입니다. 나는 이와 같이 알고 이해하겠습니다.'"

곧 해의 그림자를 헤아리고서 계절의 길이를 알려 주고, 날짜를 알려 주며, 법식을 알려주고서 여러 비구니들을 향하여 말해야 한다.

"이 비구니에게 세 가지의 의지[41]를 알려 주고, 여덟 가지의 일이 아닌 것[42]을 알려 주십시오."

[수계의 장애법을 마친다.]

18) 좌차(座次)

18-1 그때 여러 비구니들이 식당에서 오히려 앉는 자리가 확실하지 않아서 시간을 넘겼다. 여러 비구들은 이 일로써 세존께 아뢰었고, 세존께서는 말씀하셨다.

"여러 비구들이여. 여덟 명의 자리는 좌차를 따르고, 그 나머지는 오는 순서를 따르는 것을 허락하겠노라."

그때 여러 비구니들은 말하였다.
"세존께서는 여덟 명의 자리는 좌차를 따르고, 그 나머지는 오는 순서를 따르는 것을 허락하셨습니다."

---

41) 비구의 네 의지의 가운데에서 수하좌(樹下坐)는 제외한다.
42) 여덟 가지의 바라이를 가리킨다.

일체의 처소에서 여덟 명의 비구니는 좌차를 따랐고, 나머지는 오는 순서를 따랐다. 여러 비구들은 이 일로써 세존께 아뢰었고, 세존께서는 말씀하셨다.

"여러 비구들이여. 식당에서는 여덟 명의 비구니는 좌차를 따르고, 그 나머지는 오는 순서를 따르는 앉을 것이고, 그 다른 일체의 처소에서는 좌차를 따라서 앉을 수 없느니라. 앉는 자는 악작을 범하느니라."

[좌차를 마친다.]

19) 자자(自恣)

19-1 그때 여러 비구니들이 자자를 행하지 않았다. 여러 비구들은 이 일로써 세존께 아뢰었고, 세존께서는 말씀하셨다.

"여러 비구들이여. 비구니들이 자자를 행하지 않을 수 없느니라. 행하지 않는 자는 여법하게 다스릴지니라."

그때 여러 비구니들이 스스로가 자자를 행하였으나, 비구 승가에서는 자자를 행하지 않았다. 여러 비구들은 이 일로써 세존께 아뢰었고, 세존께서는 말씀하셨다.

"여러 비구들이여. 비구니들이 스스로가 자자를 행하였더라도, 비구 승가에서 자자를 행하지 않을 수 없느니라. 행하지 않는 자는 여법하게 다스릴지니라."

그때 여러 비구니들이 여러 비구들과 함께 일시에 자자를 행하면서 소란을 일으켰다. 여러 비구들은 이 일로써 세존께 아뢰었고, 세존께서는 말씀하셨다.

"여러 비구들이여. 비구니들이 여러 비구들과 함께 일시에 자자를 행할 수 없느니라. 행하는 자는 악작을 범하느니라."

그때 여러 비구니들이 식전(食前)에 자자를 행하면서 시간을 넘겼다. 여러 비구들은 이 일로써 세존께 아뢰었고, 세존께서는 말씀하셨다.
"여러 비구들이여. 식후에 자자를 행하는 것을 허락하겠노라."

식후에 자자를 행하면서 때가 아닌 때에 이르렀다. 여러 비구들은 이 일로써 세존께 아뢰었고, 세존께서는 말씀하셨다.
"여러 비구들이여. 비구니들이 오늘에 자자를 행하고서 다음 날에 비구 승가에서 자자를 행하는 것을 허락하겠노라."

19-2 그때 비구니 승가가 모두 자자를 행하면서 소란을 일으켰다. 여러 비구들은 이 일로써 세존께 아뢰었고, 세존께서는 말씀하셨다.
"여러 비구들이여. 한 총명하고 현명하며 능력있는 비구니를 뽑아서 비구니 승가를 위하여 비구 승가에서 자자를 행하는 것을 허락하겠노라. 여러 비구들이여. 마땅히 이와 같이 뽑아야 하느니라. 마땅히 먼저 비구니를 청하고 뒤에 마땅히 한 총명하고 현명하며 능력있는 비구니가 승가의 가운데에서 창언해야 한다.
'여러 대자들께서는 허락하십시오. 만약 승가께서 때에 이르셨다면, 승가는 누구 비구니를 뽑아서 비구니 승가를 위하여 비구 승가에서 자자를 행하겠습니다. 이와 같이 아룁니다.'
'여러 대자들께서는 허락하십시오. 승가는 누구 비구니를 뽑아서 비구니 승가를 위하여 비구 승가에서 자자를 행하겠습니다. 누구 비구니를 뽑아서 비구니 승가를 위하여 비구 승가에서 자자를 행하게 하는 것을 인정하신다면 묵연하시고, 인정하지 않으신다면 말씀하십시오.'
'승가시여. 누구 비구니를 뽑아서 비구니 승가를 위하여 비구 승가에서 자자를 행하게 하는 것을 마쳤습니다. 여러 대덕들께서 인정하신 것은 묵연하였던 까닭입니다. 나는 이와 같이 알고 이해하겠습니다.'"

19-3 마땅히 뽑혔던 그 비구니는 비구니 승가를 데리고 비구 승가에 이르러 오른쪽 어깨를 드러내고 여러 비구니들의 발에 합장하고서 호궤 합장하고 이와 같이 말해야 한다.

'여러 대덕들이여. 비구니 승가는 보았고 들었으며 의심하였던 것에 의지하여 비구 승가를 향하여 자자를 행하겠습니다. 비구 승가께서는 비구니 승가를 애민하게 생각하시어 말씀하시기를 청하오며, 죄를 보았다면 마땅히 참회하겠습니다.'

두 번째에도, …… 세 번째에도 호궤 합장하고 이와 같이 말해야 한다.

'여러 대덕들이여. 비구니 승가는 보았고 들었으며 의심하였던 것에 의지하여 비구 승가를 향하여 자자를 행하겠습니다. 비구 승가께서는 비구니 승가를 애민하게 생각하시어 말씀하시기를 청하오며, 죄를 보았다면 마땅히 참회하겠습니다.'

[자자를 마친다.]

20) 포살과 자자의 방해

20-1 그때 여러 비구니들이 여러 비구들의 포살을 방해하였고, 자자를 방해하였으며, 비구와 함께 서로가 말하였고, 비구와 함께 서로가 교계하였으며, 허락하였고, 비난하였으며, 억념시켰다.

여러 비구들은 이 일로써 세존께 아뢰었고, 세존께서는 말씀하셨다.

"여러 비구들이여. 비구니들이 여러 비구들의 포살을 방해할 수 없나니, 비록 방해하였더라도 역시 방해가 성립되지 않으며, 방해한 자는 악작을 범하느니라. 자자를 방해할 수 없나니, 비록 방해하였더라도 역시 방해가 성립되지 않으며, 방해한 자는 악작을 범하느니라. 비구와 함께 서로가 말할 수 없나니, 비록 말하였더라도 역시 말이 성립되지 않으며, 말한 자는 악작을 범하느니라.

교계할 수 없나니, 비록 교계하였더라도 역시 교계가 성립되지 않으며, 말한 자는 악작을 범하느니라. 허락할 수 없나니, 비록 허락하였더라도 역시 허락이 성립되지 않으며, 말한 자는 악작을 범하느니라. 비난할 수 없나니, 비록 비난하였더라도 역시 비난이 성립되지 않으며, 말한 자는 악작을 범하느니라. 억념시킬 수 없나니, 비록 억념시켰더라도 역시 억념이 성립되지 않으며, 말한 자는 악작을 범하느니라."

20-2 그때 여러 비구들이 여러 비구니들의 포살을 방해하였고, 자자를 방해하였으며, 비구니와 함께 서로가 말하였고, 비구니와 함께 서로가 교계하였으며, 허락하였고, 비난하였으며, 억념시켰다.

여러 비구들은 이 일로써 세존께 아뢰었고, 세존께서는 말씀하셨다.

"여러 비구들이여. 비구들이 여러 비구니들의 포살을 방해할 수 없나니, 비록 방해하였더라도 역시 방해가 성립되지 않으며, 방해한 자는 악작을 범하느니라. 자자를 방해할 수 없나니, 비록 방해하였더라도 역시 방해가 성립되지 않으며, 방해한 자는 악작을 범하느니라. 비구니와 함께 서로가 말할 수 없나니, 비록 말하였더라도 역시 말이 성립되지 않으며, 말한 자는 악작을 범하느니라.

교계할 수 없나니, 비록 교계하였더라도 역시 교계가 성립되지 않으며, 말한 자는 악작을 범하느니라. 허락할 수 없나니, 비록 허락하였더라도 역시 허락이 성립되지 않으며, 말한 자는 악작을 범하느니라. 비난할 수 없나니, 비록 비난하였더라도 역시 비난이 성립되지 않으며, 말한 자는 악작을 범하느니라. 억념시킬 수 없나니, 비록 억념시켰더라도 역시 억념이 성립되지 않으며, 말한 자는 악작을 범하느니라."

[포살과 자자의 방해를 마친다.]

21) 수레

21-1 그때 육군비구니들이 혹은 암소가 끌었고 남자가 부리는 수레에 타거나, 혹은 수소가 끌었고 여자가 부리는 수레를 타고서 갔다. 여러 사람들이 싫어하고 비난하였다.
"오히려 여러 욕망을 즐기는 여러 재가의 여인들과 같구나!"
여러 비구들은 이 일로써 세존께 아뢰었고, 세존께서는 말씀하셨다.
"여러 비구들이여. 비구니들은 수레를 타고서 갈 수 없느니라. 가는 자는 여법하게 다스릴지니라."

그때 한 비구니가 병이 있어서 능히 걸어갈 수 없었다. 여러 비구들은 이 일로써 세존께 아뢰었고, 세존께서는 말씀하셨다.
"여러 비구들이여. 병이 있는 비구니는 수레를 타는 것을 허락하겠노라."
이때 여러 비구니들은 사유하였다.
'암소의 수레를 타야 하는가? 수소의 수레를 타야 하는가?'
여러 비구들은 이 일로써 세존께 아뢰었고, 세존께서는 말씀하셨다.
"여러 비구들이여. 손으로써 암소와 수소를 끄는 것을 허락하겠노라."

그때 한 비구니가 수레가 흔들렸던 인연으로 고뇌하였다. 여러 비구들은 이 일로써 세존께 아뢰었고, 세존께서는 말씀하셨다.
"여러 비구들이여. 가마(輿)43)를 타는 것을 허락하겠노라."

[수레를 마친다.]

---

43) 팔리어 sivika(시비카)의 번역이다.

22) 사자(使者)의 수구족계(受具足戒)

22-1 그때 음녀(淫女) 반가시(半迦尸)⁴⁴⁾가 비구니 승가에 출가하였고, 그녀는 사위성으로 가서 세존의 처소에서 구족계를 받으려고 하였다. 여러 악인(惡人)들은 "음녀 반가시가 사위성으로 가려고 한다."라고 들었으므로, 도로를 막았다. 음녀 반가시는 "여러 악인들이 도로를 막았다."라고 들었으므로 세존의 처소에 사자를 보내어 말하였다.
"저는 구족계를 받고자 합니다. 저는 마땅히 무엇을 해야 합니까?"
이때 세존께서는 이것을 인연으로써 설법하셨으며, 여러 비구들에게 알려 말씀하셨다.
"여러 비구들이여. 사자가 구족계를 받는 것을 허락하겠노라."

22-2 비구의 사자에게 구족계를 주었다. 여러 비구들은 이 일로써 세존께 아뢰었고, 세존께서는 말씀하셨다.
"여러 비구들이여. 비구의 사자에게 구족계를 줄 수 없느니라. 주는 자는 악작을 범하느니라."

식차마나의 사자에게 구족계를 주었고, …… 나아가 …… 사미의 사자에게 구족계를 주었고, …… 나아가 …… 사미니의 사자에게 구족계를 주었고, …… 나아가 …… 우치하고 우매한 여인의 사자에게 구족계를 주었다.
"여러 비구들이여. 식차마나의 사자에게 구족계를 줄 수 없고, …… 나아가 …… 사미의 사자에게 구족계를 줄 수 없고, …… 나아가 …… 사미니의 사자에게 구족계를 줄 수 없고, …… 나아가 …… 우치하고 우매한 여인의 사자에게 구족계를 줄 수 없느니라. 주는 자는 악작을 범하느니라. 여러 비구들이여. 명하고 현명하며 능력있는 비구니를 사자로 삼아서 구족계를 주는 것을 허락하겠노라."

---

44) 팔리어 Aḍḍhakāsī(아따카시)의 번역이다.

22-3 그 구족계를 받는 사자인 비구니는 승가에 이르러 오른쪽 어깨를 드러내고 여러 비구니들의 발에 합장하고서 호궤 합장하고 이와 같이 아뢰어 말해야 한다.

"'누구 여인은 누구 대자를 쫓아서 구족계를 받으려고 애원하고 있습니다. 이미 비구니 승가에게 일부의 구족계를 받았고, 이미 청정합니다. 그 여인은 약간의 장애가 있어서 능히 오지 못합니다. 여러 대덕들이시여. 누구 여인은 승가를 향하여 구족계를 처하면서 애원하고 있으니, 승가께서는 애민하게 생각하시어 그 여인을 제도하여 주십시오.'

두 번째에도, …… 세 번째에도 호궤 합장하고 이와 같이 말해야 한다.

'누구 여인은 누구 대자를 쫓아서 구족계를 받으려고 애원하고 있습니다. 이미 비구니 승가에게 일부의 구족계를 받았고, 이미 청정합니다. 그 여인은 약간의 장애가 있어서 능히 오지 못합니다. 여러 대덕들이시여. 누구 여인은 승가를 향하여 구족계를 청하면서 애원하고 있으니, 승가께서는 애민하게 생각하시어 그 여인을 제도하여 주십시오.'"

마땅히 한 총명하고 현명하며 능력있는 비구가 승가의 가운데에서 창언해야 한다.

"'여러 대덕들께서는 허락하십시오. 누구 여인은 누구 대자를 쫓아서 구족계를 받으려고 애원하고 있습니다. 이미 비구니 승가에게 일부의 구족계를 받았고, 이미 청정합니다. 그 여인은 약간의 장애가 있어서 능히 오지 못합니다. 누구 여인은 누구로써 화상니로 삼아서 구족계를 애원하며 청하고 있습니다. 만약 승가께서 때에 이르셨다면, 승가는 마땅히 누구가 누구로써 화상니로 삼은 누구 여인에게 구족계를 주십시오. 이와 같이 아룁니다.'

'여러 대덕들께서는 허락하십시오. 누구 여인은 누구 대자를 쫓아서 구족계를 받으려고 애원하고 있습니다. 이미 비구니 승가에게 일부의 구족계를 받았고, 이미 청정합니다. 그 여인은 약간의 장애가 있어서 능히 오지 못합니다. 누구 여인은 누구로써 화상니로 삼아서 구족계를 애원하며 청하고 있습니다. 승가시여. 누구로써 화상니로 삼은 누구 여인에게 구족계를 주겠습니다. 누구로써 화상니로 삼은 누구 여인에게 구족계를 주는 것을 인정하신다면 묵연하시고, 인정하지 않으신다면 말씀하십시오.'

나는 두 번째로, …… 나는 세 번째로 이러한 일을 아룁니다.

'여러 대덕들께서는 허락하십시오. 누구 여인은 누구 대자를 쫓아서 구족계를 받으려고 애원하고 있습니다. 이미 비구니 승가에게 일부의 구족계를 받았고, 이미 청정합니다. 그 여인은 약간의 장애가 있어서 능히 오지 못합니다. 누구 여인은 누구로써 화상니로 삼아서 구족계를 애원하며 청하고 있습니다. 승가시여. 누구로써 화상니로 삼은 누구 여인에게 구족계를 주겠습니다. 누구로써 화상니로 삼은 누구 여인에게 구족계를 주는 것을 인정하신다면 묵연하시고, 인정하지 않으신다면 말씀하십시오.'

'승가시여. 누구로써 화상니로 삼은 누구 여인에게 구족계를 주는 것을 마쳤습니다. 여러 대덕들께서 인정하신 것은 묵연하였던 까닭입니다. 나는 이와 같이 알고 이해하겠습니다.'"

곧 해의 그림자를 헤아리고서 계절의 길이를 알려 주고, 날짜를 알려 주며, 법식을 알려주고서 여러 비구니들을 향하여 말해야 한다.

"이 비구니에게 세 가지의 의지를 알려 주고, 여덟 가지의 일이 아닌 것을 알려 주십시오."

[사자의 수구족계를 마친다.]

23) 아란야(阿蘭若)

23-1 그때 여러 비구니들이 아란야에 머물렀는데, 여러 악인들에게 염오되었다. 여러 비구들은 이 일로써 세존께 아뢰었고, 세존께서는

말씀하셨다.
"여러 비구들이여. 비구니는 아란야에 머무를 수 없느니라. 머무르는 자는 악작을 범하느니라."

[아란야를 마친다.]

24) 저장실

24-1 그때 한 우바새가 있었는데, 저장실을 비구니 승가에 보시하였다. 여러 비구들은 이 일로써 세존께 아뢰었고, 세존께서는 말씀하셨다.
"여러 비구들이여. 작은 창고를 허락하겠노라."

저장실이 부족하였다. 여러 비구들은 이 일로써 세존께 아뢰었고, 세존께서는 말씀하셨다.
"여러 비구들이여. 머무르는 방사를 허락하겠노라."

머무르는 방사가 부족하였다. 여러 비구들은 이 일로써 세존께 아뢰었고, 세존께서는 말씀하셨다.
"여러 비구들이여. 수리하는 것을 허락하겠노라."

수리하였어도 부족하였다. 여러 비구들은 이 일로써 세존께 아뢰었고, 세존께서는 말씀하셨다.
"여러 비구들이여. 개인을 위하여 짓는 것을 허락하겠노라."

[저장실을 마친다.]

25) 반려(伴侶) 비구니

25-1 그때 한 부인이 있었고, 임신하고서 비구니 승가에 출가하였다. 그녀는 출가하고서 한 사내아기를 낳았다. 이때 그 비구니는 사유하였다
'나는 이 사내아기를 어떻게 해야 하는가?'
여러 비구들은 이 일로써 세존께 아뢰었고, 세존께서는 말씀하셨다.
"여러 비구들이여. 능히 분별할 수 있는 때까지 기르는 것을 허락하겠노라."

이때 그 비구니는 사유하였다
'나는 혼자서 머무를 수 없고, 사내아기도 역시 다른 비구니들과 함께 머무를 수 없다. 나는 이 사내아기를 어떻게 해야 하는가?'
여러 비구들은 이 일로써 세존께 아뢰었고, 세존께서는 말씀하셨다.
"여러 비구들이여. 한 비구니를 뽑아서 그 비구니와 반려가 되게 하라. 여러 비구들이여. 마땅히 이와 같이 뽑아야 하느니라. 마땅히 먼저 비구니를 청하고 뒤에 마땅히 한 총명하고 현명하며 능력있는 비구니가 승가의 가운데에서 창언해야 한다.
'여러 대자들께서는 허락하십시오. 만약 승가께서 때에 이르셨다면, 승가는 누구 비구니를 뽑아서 누구 비구니의 반려가 되게 하겠습니다. 이와 같이 아룁니다.'
'여러 대자들께서는 허락하십시오. 승가는 누구 비구니를 뽑아서 누구 비구니의 반려가 되게 하겠습니다. 누구 비구니를 뽑아서 누구 비구니의 반려가 되게 하는 것을 인정하신다면 묵연하시고, 인정하지 않으신다면 말씀하십시오.'
'승가시여. 누구 비구니를 뽑아서 누구 비구니의 반려가 되게 하는 것을 마쳤습니다. 여러 대자들께서 인정하신 것은 묵연하였던 까닭입니다. 나는 이와 같이 알고 이해하겠습니다.'"

25-2 그때 그 반려인 비구니는 사유하였다

'나는 이 사내아기를 어떻게 해야 하는가?'

여러 비구들은 이 일로써 세존께 아뢰었고, 세존께서는 말씀하셨다.

"여러 비구들이여. 같은 방에서 있는 것을 제외하고서 이 사내아기를 다른 남자들과 같이 대우하는 것을 허락하겠노라."

25-3 그때 한 비구니가 있었고, 존법(尊法)을 범하여 마나타를 행하였다. 이때 그 비구니는 사유하였다

'나는 혼자서 머무를 수 없고, 나머지의 비구니들도 역시 나와 함께 머무를 수 없다. 나는 마땅히 어떻게 해야 하는가?'

여러 비구들은 이 일로써 세존께 아뢰었고, 세존께서는 말씀하셨다.

"여러 비구들이여. 한 비구니를 뽑아서 그 비구니와 반려가 되게 하라. 여러 비구들이여. 마땅히 이와 같이 뽑아야 하느니라. 마땅히 먼저 비구니를 청하고 뒤에 마땅히 한 총명하고 현명하며 능력있는 비구니가 승가의 가운데에서 창언해야 한다.

'여러 대자들께서는 허락하십시오. 만약 승가께서 때에 이르셨다면, 승가는 누구 비구니를 뽑아서 누구 비구니의 반려가 되게 하겠습니다. 이와 같이 아룁니다.'

'여러 대자들께서는 허락하십시오. 승가는 누구 비구니를 뽑아서 누구 비구니의 반려가 되게 하겠습니다. 누구 비구니를 뽑아서 누구 비구니의 반려가 되게 하는 것을 인정하신다면 묵연하시고, 인정하지 않으신다면 말씀하십시오.'

'승가시여. 누구 비구니를 뽑아서 누구 비구니의 반려가 되게 하는 것을 마쳤습니다. 여러 대자들께서 인정하신 것은 묵연하였던 까닭입니다. 나는 이와 같이 알고 이해하겠습니다.'"

[반려 비구니를 마친다.]

26) 환속(還俗)한 비구니

26-1 그때 한 비구니가 있었고, 학처를 버리고서 환속하였다. 그녀는 다시 돌아왔고 여러 비구니들을 향하여 구족계를 청하면서 애원하였다. 여러 비구들은 이 일로써 세존께 아뢰었고, 세존께서는 말씀하셨다.
 "여러 비구들이여. 비구니가 학처를 버리지 않고서, 만약 환속하였다면 곧 비구니가 아니니라."

26-2 그때 한 비구니가 있었고, 가사를 입고서 외도에 귀의하였다. 그녀는 다시 돌아왔고 여러 비구니들을 향하여 구족계를 청하면서 애원하였다. 여러 비구들은 이 일로써 세존께 아뢰었고, 세존께서는 말씀하셨다.
 "여러 비구들이여. 가사를 입고서 외도에 귀의하였다면 역시 구족계를 줄 수 없느니라."

[환속한 비구니를 마친다.]

27) 사소한 일

27-1 그때 여러 비구니들이 의심하고 두려워하면서, 남자들에게 예경, 머리를 깎는 것, 손톱을 깎는 것, 종기의 치료 등을 받지 않았다. 여러 비구들은 이 일로써 세존께 아뢰었고, 세존께서는 말씀하셨다.
 "여러 비구들이여. 그것을 받는 것을 허락하겠노라."

27-2 그때 여러 비구니들이 가부좌(跏趺坐)를 맺으면서 발꿈치의 감촉을 받았다. 여러 비구들은 이 일로써 세존께 아뢰었고, 세존께서는 말씀하셨다.
 "여러 비구들이여. 가부좌를 맺을 수 없느니라. 맺는 자는 악작을 범하느니라."

그때 한 비구니가 병이 있었고, 가부좌를 맺을 수 없어서 안은하지 않았다. 여러 비구들은 이 일로써 세존께 아뢰었고, 세존께서는 말씀하셨다.

"여러 비구들이여. 반가부좌(半跏趺坐)를 맺는 것을 허락하겠노라."

27-3 그때 측간에서 대변을 보았다. 육군비구니들은 그곳에서 낙태를 하였다. 여러 비구들은 이 일로써 세존께 아뢰었고, 세존께서는 말씀하셨다.

"여러 비구들이여. 비구니는 측간에서 대변을 볼 수 없느니라. 보는 자는 악작을 범한다. 여러 비구들이여. 비구니가 아래가 개방된 곳의 위에서 대변을 보는 것을 허락하겠노라."

27-4 그때 여러 비구니들은 고운 가루[45]를 사용하여 목욕하였다. 여러 사람들이 싫어하고 비난하였다.

"오히려 여러 욕망을 즐기는 재가의 여인들과 같구나!"

여러 비구들은 이 일로써 세존께 아뢰었고, 세존께서는 말씀하셨다.

"여러 비구들이여. 비구니는 고운 가루를 사용하여 목욕할 수 없느니라. 사용하는 자는 악작을 범하느니라. 여러 비구들이여. 왕겨의 가루[46]와 점토를 사용하는 것을 허락하겠노라."

그때 여러 비구니들은 향기 있는 점토를 사용하여 목욕하였다. 여러 사람들이 싫어하고 비난하였다.

"오히려 여러 욕망을 즐기는 재가의 여인들과 같구나!"

여러 비구들은 이 일로써 세존께 아뢰었고, 세존께서는 말씀하셨다.

"여러 비구들이여. 비구니는 향기 있는 점토를 사용하여 목욕할 수 없느니라. 사용하는 자는 악작을 범하느니라. 여러 비구들이여. 원래의 점토를 사용하는 것을 허락하겠노라."

---

45) 팔리어 cuṇṇa(춘나)의 번역이고, '가루' 또는 '비누 가루'를 가리킨다.
46) 팔리어 kukkusa(쿠꾸사)의 번역이다.

그때 여러 비구니들은 욕실에서 목욕하면서 소란스러웠다. 여러 비구들은 이 일로써 세존께 아뢰었고, 세존께서는 말씀하셨다.
"여러 비구들이여. 비구니는 욕실에서 목욕할 수 없느니라. 사용하는 자는 악작을 범하느니라. 여러 비구들이여. 원래의 점토를 사용하는 것을 허락하겠노라."

그때 여러 비구니들은 물을 거슬러서 목욕하면서 흐르는 물의 감촉을 받았다. 여러 비구들은 이 일로써 세존께 아뢰었고, 세존께서는 말씀하셨다.
"여러 비구들이여. 비구니는 물을 거슬러서 목욕할 수 없느니라. 목욕하는 자는 악작을 범하느니라. 여러 비구들이여. 원래의 점토를 사용하는 것을 허락하겠노라."

그때 여러 비구니들은 부적절한 장소[47]에서 목욕하였는데, 여러 악인들이 염오시켰다. 여러 비구들은 이 일로써 세존께 아뢰었고, 세존께서는 말씀하셨다.
"여러 비구들이여. 비구니는 부적절한 장소에서 목욕할 수 없느니라. 목욕하는 자는 악작을 범하느니라."

그때 여러 비구니들은 남자들에게 적절한 장소에서 목욕하였다. 여러 사람들이 싫어하고 비난하였다.
"오히려 여러 욕망을 즐기는 재가의 여인들과 같구나!"
여러 비구들은 이 일로써 세존께 아뢰었고, 세존께서는 말씀하셨다.
"여러 비구들이여. 비구니는 남자들에게 적절한 장소에서 목욕할 수 없느니라. 사용하는 자는 악작을 범하느니라. 여러 비구들이여. 여인들에게 적절한 장소에서 목욕하는 것을 허락하겠노라."

---

47) 팔리어 Atittha(아티따)의 번역이고, 'a'와 'tittha'의 합성어이다. 'tittha'는 '편리한 목욕 장소를 만든 여울' 또는 '포구(浦口)'이므로 "여울이 아닌 것"이라는 뜻이다. 따라서 '부적절한 장소', 또는 '부적절한 방법'이라고 번역할 수 있겠다.

[사소한 일을 마친다.]

○ 셋째의 송출품을 마친다.

◎ 이 건도에는 160사(事)가 있느니라. 섭송으로 설하겠노라.

구담미가 출가한 것과
여래께서 허락하지 않는 것과
도사(導師)께서 가비라위성에서
비사리성에 도착하신 것과

먼지에 덮여서 문앞에 서 있으며
아난에게 말한 것과
어머니와 양어머니의 이치로
출가를 구하였던 것과

백 세와 지금의 출가자와
비구가 없는 것과 두 가지의 법과
자자와 공경하는 법과
2년과 비난할 수 없는 것과

장애와 8법을 행하는 것과
목숨을 마치도록 행하는 것과
구족계를 받는 것과
1천년과 5백년과

도둑이 오는 것의 비유와
흰 곰팡이와 붉은 곰팡이와

이와 같이 정법이 감소하는 것과
제방 등으로 비유한 것과
이와 같이 정법이 머무는 것과

구족계와 존자와
좌차를 따르는 것과 하지 않는 것과
하물며, 함께 하는 것과
함께 하지 않는 것과 교계와

바라제목차와 누구와
방사와 알지 못하는 것과
가르침과 참회하지 않는 것과
여러 비구들과

여러 비구들이 받아들이는 것과
여러 비구니들이 받아들이는 것과
교계와 갈마와 비구와 싫어함과
여러 비구니들이 가르치는 것과

쟁송과 금지와 연화색과 사위성과
더러운 물과 예배하지 않는 것과
몸과 허벅지와 생지와 추악한 말과
교류와 육군비구와 예배하지 않는 것과

죄와 비구니가 같은 것과
금지와 교계와 가능함과 떠나간 것과
어리석은 자와 일이 없는 것과
결정한 것과 교계하는 것과

다섯 명의 승가와 두·세 사람과
행하지 않는 것과 어리석은 자와
병자와 멀리 떠나는 자와
아란야의 자와 말하지 않은 것과

알리지 않는 것과 오지 않은 것과
긴 허리띠와 대나무와 가죽포와
흰 천과 엮은 면직물과 늘어진 면직물과
주라포와 엮은 주라포와 늘어진 주라포와

엮은 실과 늘어진 실과
소의 정강이 뼈와 소의 턱 뼈와
팔과 손등과 발과 발등과
허벅지와 얼굴과 잇몸과 바르는 것과

마찰하는 것과 가루를 칠하는 것과
화장하는 것과 사지를 칠하는 것과
얼굴을 칠하는 것과 두 가지와
눈썹을 그리는 것과 가로로 그리는 것과

엿보는 것과 몸을 내미는 것과 춤추는 것과
음녀와 포주와 정육점과 시장과
대부와 판매와 남노비와 여노비와
하인과 하녀와 거느리는 것과

축생과 야채와 모직물을 지니는 것과
파란 옷과 노란 옷과 붉은 옷과 천색 옷과
검은 옷과 홍람색 옷과 낙엽색 옷과

연(緣)이 갈라진 옷과 연이 긴 옷과

꽃을 수놓은 연이 있는 옷과
뱀의 머리 모양이 있는 옷과
조끼 옷과 나무껍질 옷을 입는 것과

비구니와 식차마나와
사미니가 죽어서
자구를 양도하면
비구니가 주인인 것이 있다.

비구와 사미와 우바새와
우바이와 다른 사람이 죽어서
자구를 양도하면
비구가 주인인 것이 있다.

마라녀와 태아와 발우의 바닥과
남근과 음식과 너무 많은 것과
다시 많은 것과 저장한 음식과
여러 비구들과 같이
비구니도 역시 같은 것이 있다.

와구와 자구와 월기와 더럽혀진 것과
옷과 잘린 것과 평소의 때와
모습이 없는 것과 모습이 적은 것과
월경이 없는 것과 항상 월경하는 것과

항상 기저귀를 차는 것과 항상 흐르는 것과

음부가 긴 것과 돌출된 것과 황문녀와
두 길이 합쳐진 것과 여근이 파괴된 것과
이근과 모습이 없는 것부터 이근까지는
아래와 같아서 생략한다.

나병, 종기, 습진, 폐병, 간질의 질병과
사람인가? 여인인가? 자재한가? 등과
부채가 없는가?, 왕의 신하가 아닌가?
허락하였는가? 20세인가? 원만한가?
이름과 화상니는 누구인가? 등의
24종류의 장애법을 묻는 것이 있다.

구족계를 준 뒤에, 곤혹스러운 것과
교계하지 않은 것과 승가와
화상을 뽑는 것과 승가리와
울다라승과 안타회와 부견의와
목욕의 등은 설명하고서
뒤에 사용하는 것이 있다.

어리석은 것과 뽑지 않은 것과
서로에게 청하면서 구하는 것과
장애법을 묻는 것과
일부의 구족계를 받은 것과

비구 승가와 계절과 그림자와 날짜와
법식과 3의지와 8비사와
시간과 일체의 처소와 여덟 가지와
여러 비구니들이 자자하지 않은 것과

비구 승가와 소란과 식전과
때가 아닌 때와 요란과 포살과 자자와
함께 말하는 것과 교계와 허락과
어려움과 억념을 대선(大仙)께서
금지하신 것이 있다.

비구와 비구니와
대선께서 허락하신 것과
수레를 타는 것과
질병과 끌고 가는 것과

수레가 흔들린 것과
반가시와 비구와
식차마나와 사미와
사미니와 어리석은 여인과

아란야와 우바새의 저장실과
머무는 방사와 수리하는 것과
임신한 것과 혼자와 한 지붕의 아래와
공경하는 법과 버린 것과 돌아간 것과

예배와 손톱 깎기와 종기 치료와
가부좌를 맺는 것과 병든 자와
대변과 고운 가루와 향기와 욕실과
거스르는 물과 부적절한 곳과 남자와

구담미가 청하여 구하였고
아난이 이치로써 사유하였으며

승리자의 가르침에
사부대중이 출가하였네.

삶의 번민을 벗어나고자
정법을 증장시키고자
질병의 고통을 위한 약을
세존께서 이렇게 설하셨다네.

이와 같은 정법을 알았고
다른 여인들도 역시 이와 같다면
불멸의 처소에 이를 것이고
이르는 자는 근심이 없다네.

● 비구니건도를 마친다.

건도 제21권

제11장 오백결집건도(五百結集犍度)[1]

1. 제1송출품

1) 결집(結集)의 연기

1-1 그때 장로 마하가섭(摩訶迦葉)[2]은 여러 비구들에게 알려 말하였다.
 "여러 장로들이여. 한때에 나는 5백의 대비구들[3]과 함께 파바국(波婆國)[4]에서 구시나성(拘尸那城)[5]으로 가고 있었습니다. 여러 장로들이여. 이때 나는 도로에서 벗어난 한 나무의 아래에 앉아 있었습니다. 그때 한 사명외도(邪命外道)[6]가 만다라화(曼陀羅華)[7]를 가지고 파바국을 가고

---

1) 팔리어 Pañcasatikakkhandhaka(판차사티카깐다카)의 번역이다.
2) 팔리어 Mahākassapa(마하카싸파)의 음사이다.
3) 팔리어 mahatā bhikkhusaṅghena(마하타 비꾸산게나)의 번역이다. mahatā는 '위대한'의 뜻이고, bhikkhu는 '비구'를 뜻하며, saṅghena는 승가의 복수형이므로 전체적으로 번역하면 '대덕(大德)의 비구승가'라고 번역할 수 있다.
4) 팔리어 Pāvā(파바)의 음사이다.
5) 팔리어 Kusināra(쿠시나라)의 음사이다.

있었습니다. 여러 장로들이여. 나는 그 사명외도가 멀리서 오는 것을 보았고, 보고서 그 사명외도에게 말하였습니다.

'벗이여. 우리들의 스승을 아십니까?'

'벗이여. 나는 알고 있습니다. 오늘은 사문 구담이 열반(涅槃)[8]하고서 7일이 지났습니다. 나는 그곳에서 이 만다라화를 얻었습니다.'

여러 장로들이여. 이곳에서 욕망을 벗어나지 못한 여러 비구들은 혹은 손을 휘저었고, 혹은 몸을 던져서 구르면서 말하였습니다.

'세존께서는 어찌 빠르게 열반하셨는가? 세간의 눈은 소멸하였구나.'

욕망을 벗어난 여러 비구들은 정념(正念)과 정지(正知)로 인욕하였습니다.

'제행(諸行)은 무상(無常)한데, 어찌 항상함을 얻겠는가?'

여러 장로들이여. 나는 이때에 그 여러 비구들에게 말하였습니다.

'여러 장로들이여. 멈추시오. 근심하지 마십시오. 슬퍼하지 마십시오. 세존께서는 어찌 미리 말씀하지 않으셨습니까? 〈일체의 애락(愛樂)하는 것과 이별하고, 흩어져서 이별하며, 나누어져 이별하느니라.〉 여러 장로들이여. 어찌 항상함을 얻겠습니까? 태어나고 성장하며 존재하더라도 무너져서 없어지는 법이 있는데, 무너지고 없어지지 않게 하는 이러한 것은 마땅하지 않습니다.'

여러 장로들이여. 그때 마하라(摩訶羅)[9]가 있었고 수발타라(須跋陀羅)[10]라고 이름하였는데, 대중의 가운데에 앉아 있었습니다. 여러 장로들이여. 그때 마하라인 수발타라는 여러 비구들에게 알려 말하였습니다.

'여러 장로들이여. 근심하지 마십시오. 슬퍼하지 마십시오. 우리들은

---

6) 팔리어 Ājīvaka(아지바카)의 번역이고, 외도의 고행자를 가리킨다.
7) 팔리어 Mandārava(만다라바)의 음사이고, 산호수를 가리킨다. Erythrina를 가리키고 콩과 식물로 열대 및 아열대 지역에 분포하는 약 130종이 있다. 그 높이가 30m까지 자라고 붉은 꽃을 가지고 있다.
8) 팔리어 parinibbuta(파리니부타)의 번역이다.
9) 팔리어 Vuḍḍhapabbajita(부따파빠지타)의 번역이고, '늙은 나이의 출가자'라는 뜻이다.
10) 팔리어 Subhadda(수바따)의 음사이다.

그 대사문에게서 벗어났으니 역시 좋은 것이오. 이것은 마땅하고 이것은 마땅하지 않다고 하였으므로 우리들은 고뇌하였소. 지금 우리들은 하고자 한다면 곧 할 수 있고, 하지 않고자 한다면 하지 않을 수 있소.'

여러 장로들이여. 앞으로 비법은 성장하고 법은 쇠퇴할 것이며, 율이 아닌 것은 성장하고 율은 쇠퇴할 것이며, 비법으로 설하는 자는 강해지고 여법하게 설하는 자는 약해질 것이며, 율이 아닌 것을 설하는 자는 강해지고 율을 설하는 자는 약해질 것이니, 우리들은 마땅히 먼저 법과 율을 결집해야 합니다."

1-2 "그와 같다면 대덕이신 장로께서 비구들을 선택하기를 청합니다."

이때 마하가섭은 5백명을 선택하였는데, 한 사람이 부족하였다. 여러 비구들이 장로 마하가섭에게 말하였다.

"대덕이여. 이 처소에 장로 아난이 있습니다. 비록 유학(有學)이고, 다만 탐진치와 두려움이 있을지라도, 도가 아닌 것에 떨어지지 않았습니다. 또한 그 장로는 세존을 따라서 매우 많은 법과 율을 배웠습니다. 그와 같으니, 대덕이신 장로께서 장로 아난을 선택하기를 청합니다."

이때 장로 마하가섭은 역시 장로 아난을 선택하였다.

1-3 이때 여러 장로 비구들은 이렇게 사유하였다.

'우리들은 마땅히 어디에서 법과 율을 결집해야 하는가?'

이때 여러 장로 비구들은 이렇게 사유하였다.

'왕사성에는 음식이 풍족하고 좌구와 와구가 많다. 우리들은 마땅히 우안거를 머무르면서 법과 율을 결집해야 하고, 나머지의 여러 비구들이 왕사성의 우안거에 오지 못하게 해야 한다.'

1-4 이때 장로 마하가섭은 승가에게 알려 말하였다.

"여러 대덕들께서는 허락하십시오. 만약 승가께서 때에 이르셨다면, 승가에서 뽑았던 이러한 5백명의 비구들은 왕사성에서 우안거를 머무르면서 법과 율을 결집하겠고, 나머지의 여러 비구들이 왕사성의 우안거에 오지 못하게 하겠습니다. 이와 같이 아룁니다.'

'여러 대덕들께서는 허락하십시오. 승가에서 뽑았던 이러한 5백명의 비구들은 왕사성에서 우안거를 머무르면서 법과 율을 결집하겠고, 나머지의 여러 비구들이 왕사성의 우안거에 오지 못하게 하겠습니다. 승가에서 뽑았던 이러한 5백명의 비구들은 왕사성에서 우안거를 머무르면서 법과 율을 결집하겠고, 나머지의 여러 비구들이 왕사성의 우안거에 오지 못하게 하는 것을 여러 대덕들께서 인정하신다면 묵연하시고, 인정하지 않으신다면 말씀하십시오.'

'승가시여. 승가에서 뽑았던 이러한 5백명의 비구들은 왕사성에서 우안거를 머무르면서 법과 율을 결집하겠고, 나머지의 여러 비구들이 왕사성의 우안거에 오지 못하게 하는 것을 마쳤습니다. 여러 대덕들께서 인정하신 것은 묵연하였던 까닭입니다. 나는 이와 같이 알고 이해하겠습니다.'"

1-5 이때 여러 장로 비구들은 법과 율을 결집하기 위하여 왕사성으로 갔다. 이때 여러 장로 비구들은 이렇게 사유하였다.

'여러 장로들이여. 세존께서는 파손된 곳을 수리하는 것을 찬탄하셨습니다. 여러 장로들이여. 우리들은 첫 달에 파손된 곳을 수리하고 중간의 달에 집회하면서 법과 율을 결집해야 합니다.'

이때 여러 장로 비구들은 첫 달에 파손된 곳을 수리하였다. 이때 장로 아난은 사유하였다.

'내일은 집회가 있으나, 나는 유학이므로 집회에 가는 것은 마땅하지 않다.'

밤에 신념처(身念處)11)로 많은 부분을 지냈고, 밤을 지내고서 날이 밝았으므로 의지하였던 몸을 눕히고자 하였다. 머리가 베개에 닿지 않았

---

11) 팔리어 kāyagatāya satiyā(카야가타야 사티야)의 번역이다. 'kāyagatā'는 '신체와 관련된'의 뜻이고, 'sati'는 산스크리트어 'smṛti'에서 유래하였고, '기억하다.' 또는 '명심하다.'의 뜻이므로 신념처(身念處)로 번역할 수 있다.

고 발이 땅에서 떨어지지 않았으나, 그 사이에 여러 번뇌에서 벗어나서 마음을 해탈하였다. 이때 장로 아난은 아라한과를 얻고서 집회에 갔다.

1-6 이때 장로 마하가섭은 승가에게 알려 말하였다.

"여러 대덕들께서는 허락하십시오. 만약 승가께서 때에 이르셨다면, 나는 우바리에게 계율을 묻겠습니다."

장로 우바리는 승가에게 알려 말하였다.

"여러 대덕들께서는 허락하십시오. 만약 승가께서 때에 이르셨다면, 나는 장로 마하가섭에게 계율을 묻는 것에 대답하겠습니다."

이때 장로 마하가섭은 장로 우바리에게 말하였다.

"장로 우바리여. 어느 처소에서 제일(第一)의 바라이(波羅夷)를 제정(制定)하여 세우셨습니까?"

"대덕이여. 비사리성(毘舍離城)입니다."

"누구를 인연하였습니까?"

"수제나가란타자(須提那迦蘭陀子)12)를 인연하였습니다."

"무슨 일을 지었습니까?"

"부정법(不淨法)을 지었습니다."

이때 장로 마하가섭은 장로 우바리에게 제일의 바라이 일에서, 인연, 사람, 제정, 따르는 제정, 범한 것, 범하지 않은 것 등을 물었다.

"장로 우바리여. 어느 처소에서 제2의 바라이를 제정하여 세우셨습니까?"

"대덕이여. 왕사성(王舍城)입니다."

"누구를 인연하였습니까?"

"단니가도사자(壇尼迦陶師子)13)를 인연하였습니다."

"무슨 일을 지었습니까?"

"불여취(不與取)을 지었습니다."

이때 장로 마하가섭은 장로 우바리에게 제2의 바라이 일에서, 인연,

---

12) 팔리어 Sudinna kalandaputta(수딘나 카란다푸따)의 번역이다.
13) 팔리어 Dhaniya kumbhakāraputta(다니야 쿰바카라푸따)의 번역이다.

사람, 제정, 따르는 제정, 범한 것, 범하지 않은 것 등을 물었다.
"장로 우바리여. 어느 처소에서 제3의 바라이를 제정하여 세우셨습니까?"
"대덕이여. 비사리성입니다."
"누구를 인연하였습니까?"
"많은 비구 대중을 인연하였습니다."
"무슨 일을 지었습니까?"
"사람의 목숨을 빼앗았던 것입니다."
이때 장로 마하가섭은 장로 우바리에게 제3의 바라이 일에서, 인연, 사람, 제정, 따르는 제정, 범한 것, 범하지 않은 것 등을 물었다.
"장로 우바리여. 어느 처소에서 제4의 바라이를 제정하여 세우셨습니까?"
"대덕이여. 비사리성입니다."
"누구를 인연하였습니까?"
"바구강(婆裘河)14) 주변의 여러 비구들을 인연하였습니다."
"무슨 일을 지었습니까?"
"상인법(上人法)을 지었습니다."
이때 장로 마하가섭은 장로 우바리에게 제4의 바라이의 일에서, 인연, 사람, 제정, 따르는 제정, 범한 것, 범하지 않은 것 등을 물었다.
이러한 방편으로써 각 계목의 계율을 물었고, 장로 우바리는 묻는 것을 따라서 대답하였다.

1-7 이때 장로 마하가섭은 승가에게 알려 말하였다.
"여러 대덕들께서는 허락하십시오. 만약 승가께서 때에 이르셨다면, 나는 아난에게 법을 묻겠습니다."
장로 아난은 승가에게 알려 말하였다.
"여러 대덕들께서는 허락하십시오. 만약 승가께서 때에 이르셨다면, 나는 장로 마하가섭에게 법의 묻는 것에 대답하겠습니다."

---

14) 팔리어 Vaggumudā(바꾸무다)의 번역이다.

이때 장로 마하가섭은 장로 아난에게 말하였다.

"장로 아난이여. 어느 처소에서『범망경(梵網經)』15)을 설하셨습니까?"

"대덕이여. 왕사성과 나란다(那蘭陀)16) 중간의 왕의 암라희(菴羅絺) 별장17)입니다."

"누구를 인연하였습니까?"

"유행하는 범지(梵志) 수비(須卑)18)와 마납파(摩納婆)19)인 범마달(梵摩達)20)을 인연하였습니다."

이때 장로 마하가섭은 장로 아난에게『범망경』의 인연과 사람을 물었다.

"장로 아난이여. 어느 처소에서『사문과경(沙門果經)』21)을 설하셨습니까?"

"대덕이여. 왕사성의 기바(耆婆)22) 암바라원(菴婆羅園)23)이었습니다."

"누구와 함께 계셨습니까?"

"위제희(韋提希)의 아들24)인 아사세(阿闍世)25)입니다."

이때 장로 마하가섭은 장로 아난에게『사문과경』의 인연과 사람을 물었다.

이러한 방편으로써 5부(部)의 경을 물었고, 장로 아난은 묻는 것을

---

15) 팔리어 brahmajāla(브라마자라)의 번역이다. Dīgha Nikāya(디가 니카야, 세존의 긴 소경)에 결집된 4개의 경의 가운데에서 첫 번째이고, '브라흐마의 그물'이라는 뜻이다.
16) 팔리어 Nālanda(나란다)의 음사이다.
17) 팔리어 Ambalaṭṭhikā(암바라띠카)의 음사이고, 망고나무가 있어서 그늘지고 물이 있었다고 한다.
18) 팔리어 Suppiya(수삐야)의 음사이다.
19) 팔리어 Māṇava(마나바)의 음사이고, '젊은이'를 뜻하고, 특히 '젊은 브라만'을 가리킨다.
20) 팔리어 Brahmadatta(브라마다따)의 번역이다.
21) 팔리어 Sāmaññaphala(사만냐파라)의 번역이다.
22) 팔리어 Jīvaka(지바카)의 음사이다.
23) 팔리어 Ambavane(암바바네)의 번역이다.
24) 팔리어 Vedehiputta(베데히푸따)의 음사이다.
25) 팔리어 Ajātasattunā(아자타사뚜나)의 음사이다.

따라서 대답하였다.

[결집의 연기를 마친다.]

2) 소소(小小)한 계율의 논의

2-1 그때 장로 아난은 여러 비구들에게 말하였다.

"여러 대덕들이여. 세존께서 열반하시는 때에 일찍이 나를 마주하시고 말씀하셨습니다.

'아난이여. 내가 멸도(滅度)한 뒤에 승가가 만약 원한다면 소소한 계율26)을 버릴 수 있느니라.'"

"장로 아난이여. 무엇이 소소한 계율인가를 그대는 일찍이 세존께 청하여 묻지 않았습니까?"

"여러 대덕들이여. 무엇이 소소한 계율인가를 나는 일찍이 세존께 청하여 묻지 않았습니다."

일부의 장로는 말하였다.

"4바라이를 제외하면 나머지는 소소한 계율입니다."

일부의 장로는 말하였다.

"4바라이와 13승잔(僧殘)을 제외하면 나머지는 소소한 계율입니다."

일부의 장로는 말하였다.

"4바라이와 13승잔과 2부정(不定)27)을 제외하면 나머지는 소소한 계율입니다."

일부의 장로는 말하였다.

"4바라이와 13승잔과 2부정법과 30사타(捨墮)28)를 제외하면 나머지는

---

26) 팔리어 khudda anukhuddaka(쿠따 아누쿠따카)의 번역이다. khudda는 '작은' 또는 '하찮은'의 뜻이고, anukhuddaka는 '약간은 중요하지 않다.'는 뜻이다.

27) 팔리어 aniyata(아니야타)의 음사이다.

소소한 계율입니다."

일부의 장로는 말하였다.

"4바라이와 13승잔과 2부정법과 30사타와 92바일제(波逸提)29)를 제외하면 나머지는 소소한 계율입니다."

일부의 장로는 말하였다.

"4바라이와 13승잔과 2부정법과 30사타와 92바일제와 4제사니(提舍尼)30)를 제외하면 나머지는 소소한 계율입니다."

2-2 이때 장로 마하가섭은 승가에게 알려 말하였다.

"여러 대덕들께서는 허락하십시오. 우리들의 계율은 재가인과 관련이 있고, 비록 재가인이라도 역시 우리들에게 '이것은 그 석자들이 마땅히 행할 것이고, 이것은 그 석자들이 마땅히 행할 것은 아니다.'라고 알고 있습니다. 만약 우리들이 소소한 계율을 버린다면 혹은 어느 사람이 '사문 구담이 제자들을 위하여 제정하였던 계율이 오래지 않아서 연기와 같겠구나! 스승께서 머무시던 때에는 계율을 배우고 지금 스승이 열반하시니 계율을 배우지 않는구나!'라고 말할 것입니다.

만약 승가께서 때에 이르셨다면, 승가는 제정하지 않았던 것은 제정할 수 없고 이미 제정한 것은 무너트릴 수 없으며, 제정되었던 계율을 따라서 수지(受持)하면서 머물러야 합니다. 이와 같이 아룁니다.'

'여러 대덕들께서는 허락하십시오. 우리들의 계율은 재가인과 관련이 있고, 비록 재가인이라도 역시 우리들에게 〈이것은 그 석자들이 마땅히 행할 것이고, 이것은 그 석자들이 마땅히 행할 것은 아니다.〉라고 알고 있습니다. 만약 우리들이 소소한 계율을 버린다면 혹은 어느 사람이 〈사문 구담이 제자들을 위하여 제정하였던 계율이 오래지 않아서 연기와 같겠구나! 스승께서 머무시던 때에는 계율을 배우고 지금 스승이 열반하

---

28) 팔리어 nissaggiya pācittiya(니싸끼야 파시띠야)의 음사이다.
29) 팔리어 pācittiya(파시띠야)의 음사이다.
30) 팔리어 pāṭidesanīya(파티데사니야)의 음사이다.

시니 계율을 배우지 않는구나!)라고 말할 것입니다.

만약 승가께서 때에 이르셨다면, 승가는 제정하지 않았던 것은 제정할 수 없고 이미 제정한 것은 무너트릴 수 없으며, 제정되었던 계율을 따라서 수지하면서 머물러야 합니다. 만약 여러 대덕들께서 제정하지 않았던 것은 제정할 수 없고 이미 제정한 것은 무너뜨릴 수 없으며, 제정되었던 계율을 따라서 수지하면서 머무르게 하는 것을 인정하신다면 묵연하시고, 인정하지 않으신다면 말씀하십시오.'

'승가시여. 승가는 제정하지 않았던 것은 제정할 수 없고 이미 제정한 것은 무너트릴 수 없으며, 제정되었던 계율을 따라서 수지하면서 머무르게 하는 것을 마쳤습니다. 여러 대덕들께서 인정하신 것은 묵연하였던 까닭입니다. 나는 이와 같이 알고 이해하겠습니다.'"

2-3 이때 장로 마하가섭은 장로 아난에게 말하였다.

"장로 아난이여. 그대는 무엇이 소소한 계율인가를 일찍이 세존께 청하여 묻지 않았습니까? 이것은 악작이니, 이 악작을 참회하십시오."

"여러 대덕들이여. 나는 생각을 잃어버렸으므로 세존께 무엇이 소소한 계율인가를 청하여 묻지 못하였습니다. 나는 악작을 보지 않았으나, 여러 비구들을 신뢰하는 까닭으로 이 악작을 참회하겠습니다."

"장로 아난이여. 그대는 세존의 우욕의(雨浴衣)31)를 밟아서 꿰맸으므로 이것은 악작입니다. 이 악작을 참회하십시오."

"여러 대덕들이여. 나는 세존을 공경하지 않았던 까닭으로 세존의 우욕의를 밟은 것은 아닙니다. 나는 악작을 보지 않았으나, 여러 비구들을 신뢰하는 까닭으로 이 악작을 참회하겠습니다."

"장로 아난이여. 그대는 먼저 여러 여인들에게 세존의 사리(舍利)32)에 예경하게 하였고, 그 여인들이 울면서 눈물로 세존의 사리를 염오시켰습니다. 이것은 악작이니, 이 악작을 참회하십시오."

---

31) 팔리어 vassikasāṭika(바씨카사티카)의 번역이다.
32) 팔리어 sarīra(사리라)의 음사이다.

"여러 대덕들이여. 나는 두렵고 때가 아닌 때에 이르렀던 까닭으로 먼저 여러 여인들에게 세존의 사리(舍利)에 예경하게 하였습니다. 나는 악작을 보지 않았으나, 여러 비구들을 신뢰하는 까닭으로 이 악작을 참회하겠습니다."

"장로 아난이여. 그대는 세존께서 광대(廣大)한 모습을 보여주었고, 광대함을 나타내어 보여주었으나, 세존께 애원하면서 '세존이시여. 청하건대 1겁을 머무르십시오. 선서시여. 중생들의 이익을 위하여, 중생들의 안락을 위하여, 세간의 애민함을 위하여, 인간과 천상의 이익·행복·안락을 위하여 청하건대 1겁을 머무르십시오.'라고 아뢰지 않았습니다. 이것은 악작이니, 이 악작을 참회하십시오."

"여러 대덕들이여. 나는 악마에 사로잡혔던 까닭으로 세존께 애원하면서 '세존이시여. 청하건대 1겁을 머무르십시오. 선서시여. 중생들의 이익을 위하여, 중생들의 안락을 위하여, 세간의 애민을 위하여, 인간과 천상의 이익·행복·안락을 위하여 청하건대 1겁을 머무르십시오.'라고 아뢰지 못하였습니다. 나는 악작을 보지 않았으나, 여러 비구들을 신뢰하는 까닭으로 이 악작을 참회하겠습니다."

"장로 아난이여. 그대는 여인들에게 여래께서 설하시는 법과 율의 가운데에서 출가시키려고 노력하였습니다. 이것은 악작이니, 이 악작을 참회하십시오."

"여러 대덕들이여. 그 마하파사파제구담미는 세존의 이모이었고 양모이었으며 포유모이었고, 생모께서 목숨을 마치신 뒤에 젖을 주어서 기르셨으므로, 이와 같이 사유하였던 까닭으로, 여인들에게 여래께서 설하시는 법과 율의 가운데에서 출가시키려고 노력하였습니다. 나는 악작을 보지 않았으나, 여러 비구들을 신뢰하는 까닭으로 이 악작을 참회하겠습니다."

2-4 이때 장로 부란나(富蘭那)[33]는 대비구 5백명과 함께 남산(南山)[34]을 유행하였다. 이때 부란나는 장로 비구들이 법과 율을 결집하는 때에

뜻을 따라서 남산에서 머무른 뒤에 왕사성의 가란타죽림원의 여러 장로들의 처소에 이르렀다. 이르러서 여러 장로들과 서로가 문신하고서 한쪽에 앉았다. 한쪽에 앉은 때에 여러 장로들은 장로 부란나에게 말하였다.

"장로 부란나여. 여러 장로들은 법과 율을 결집하였으니, 이 결집을 받아들이십시오."

"여러 장로들이여. 결집하였던 법과 율이 비록 좋을지라도, 나는 세존께서 현전하셨던 때에 들었던 것과 같이 받아들이고 수지하겠습니다."

[소소한 계율의 논의를 마친다.]

3) 천타(闡陀)의 범단(梵壇)

3-1 그때 장로 아난은 여러 비구들에게 말하였다.

"여러 대덕들이여. 세존께서 열반하시는 때에 일찍이 나를 마주하시고 말씀하셨습니다.

'아난이여. 내가 만약 멸도한 뒤에 승가는 천타(闡陀) 비구에게 범단(梵壇)[35]을 행하라.'"

"장로 아난이여. 무엇이 범단인가를 그대는 일찍이 세존께 청하여 묻지 않았습니까?"

"여러 대덕들이여. 무엇이 범단인가를 나는 일찍이 세존께 청하여 물었고, 세존께서는 '아난이여. 천타가 여러 비구들과 말하려는 때와 같다면 여러 비구들은 말할 수 없고, 가르치고 인도할 수 없으며, 천타

---

33) 팔리어 Purāṇa(푸라나)의 음사이다.
34) 팔리어 dakkhiṇāgiri(다끼나기리)의 음사이다.
35) 팔리어 Brahmadaṇḍa(브라마단다)의 번역이고, brahma(브라흐마)와 daṇḍa(단다)의 합성어이다. daṇḍa는 '벌금' 또는 '처벌'을 뜻한다. 승가에서의 의미는 한 사람과의 모든 대화와 의사소통을 중단하는 행법을 가리킨다.

비구를 교계할 수 없다.'라고 말씀하셨습니다."

"장로 아난이여. 그와 같다면 그대가 스스로 천타 비구에게 범단을 행하십시오."

"여러 대덕들이여. 내가 어찌 천타 비구에게 범단을 행하겠습니까? 그 비구는 포악하고 추악(醜惡)합니다."

"장로 아난이여. 그와 같다면 여러 비구들과 함께 가십시오."

"여러 대덕들이여. 알겠습니다."

장로 아난은 여러 장로들에게 허락하였고, 대비구 5백명과 함께 상류(上流)로 가는 배를 타고서 구섬미국에 이르렀다. 배에서 내렸고 우타연나왕(憂陀延那王)36)의 원림(園林)의 근처의 나무 아래에 앉았다.

3-2 그때 우타연나왕은 여러 시녀들과 함께 원림을 이리저리 거닐고 있었다. 우타연나왕은 시녀들은 "우리들의 존사(尊師)이신 아난이 원림(園林)의 근처의 나무 아래에 앉아 있다."라고 들었다. 우타연나왕은 여러 시녀들은 우타연나왕에게 말하였다.

"대왕이시여. 우리들의 존사이신 아난께서 원림의 근처의 나무 아래에 앉아 있습니다. 대왕이시여. 우리들의 존사이신 아난을 보고자 합니다."

"그렇다면 그대들은 사문 아난을 보시오."

이때 우타연나왕의 여러 시녀들은 장로 아난의 처소에 이르렀다. 이르러서 장로 아난에게 예배하고 한쪽에 앉았다. 한쪽에 앉은 때에 장로 아난은 우타연나왕의 여러 시녀들을 위하여 설법하여 가르쳐서 보여주었고 인도하였으며 찬탄하였고 권장하여 그녀들을 기쁘게 하였다. 이때 우타연나왕의 여러 시녀들은 장로 아난이 설법하여 가르쳐서 보여주었고 인도하였으며 찬탄하였고 권장하여 그녀들을 기쁘게 하였던 인연으로 장로 아난에게 5백의 울다승을 보시하였다. 이때 우타연나왕의 여러 시녀들은 장로 아난의 설법을 듣고서 환희하고 용약하면서 자리에서

---

36) 팔리어 Udena(우데나)의 음사이다.

일어나서 아난에게 예배하고 오른쪽으로 돌면서 우타연나왕의 처소로 돌아갔다.

3-3 그때 우타연나왕은 여러 시녀들이 멀리서 오는 것을 보았고, 보고서 여러 시녀들에게 말하였다.

"그대들은 사문 아난을 보았는가?"

"대왕이여. 우리들은 존사이신 아난을 보았습니다."

"그대들은 사문 아난에게 조금이라도 주었는가?"

"대왕이여. 우리들은 존사이신 아난에게 5백의 울다라승을 주었습니다."

우타연나왕은 싫어하고 비난하였다.

"어찌하여 사문 아난은 이와 같이 많은 옷을 받았는가? 사문 아난은 옷을 장사하려고 하는가? 상점을 열고자 하는가?"

이때 우타연나왕은 장로 아난의 처소에 이르렀다. 이르러서 장로 아난과 서로가 문신하였고, 안부를 물었으며 한쪽에 앉았다. 한쪽에 앉았으므로 우타연나왕은 장로 아난에게 말하였다.

"아난이여. 나의 여러 시녀들이 이 처소에 왔었습니까?"

"대왕이여. 그대의 여러 시녀들이 이 처소에 왔었습니다."

"아난이여. 존자께 조금이라도 주었습니까?"

"대왕이여. 나에게 5백의 울다라승을 주었습니다."

"아난이여. 이렇게 많은 옷으로 무엇을 하고자 합니까?"

"대왕이여. 낡은 옷을 입은 여러 비구들에게 분배하고자 합니다."

"아난이여. 그대는 낡은 옷으로 무엇을 하고자 합니까?"

"대왕이여. 덮개를 짓고자 합니다."

"아난이여. 그대는 옛날의 덮개로 무엇을 하고자 합니까?"

"대왕이여. 요를 짓고자 합니다."

"아난이여. 그대는 옛날의 요로 무엇을 하고자 합니까?"

"대왕이여. 바닥의 부구를 짓고자 합니다."

"아난이여. 그대는 옛날의 부구로 무엇을 하고자 합니까?"

"대왕이여. 발수건을 짓고자 합니다."
"아난이여. 그대는 옛날의 발수건으로 무엇을 하고자 합니까?"
"대왕이여. 걸레를 짓고자 합니다."
"아난이여. 그대는 옛날의 걸레로 무엇을 하고자 합니까?"
"대왕이여. 잘게 부수어서 진흙과 함께 반죽하여 땅바닥을 바르고자 합니다."

이때 우타연나왕은 이 여러 석자들은 이와 같이 일체의 물건들이 흩어지지 않게 한다고 알았고, 다시 장로 아난에게 5백의 옷을 보시하였다. 이것은 장로 아난이 1천의 옷을 보시받은 첫째의 일이었다.

3-4 이때 아난은 구사라원(瞿師羅園)[37]에 이르렀다. 이르러서 펼쳐진 자리 위에 앉았다. 이때 구수 천타는 아난의 처소에 이르렀다. 이르러서 장로 아난에게 예배하고 한쪽에 앉았다. 한쪽에 앉은 때에 장로 아난은 장로 천타에게 말하였다.

"장로 천타여. 승가는 그대에게 범단을 행하게 하였습니다."
"대덕이신 아난이여. 어떻게 범단을 행합니까?"
"장로 천타여. 그대가 여러 비구들과 말하려는 때와 같다면 여러 비구들은 말할 수 없고, 가르치고 인도할 수 없으며, 천타 비구를 교계할 수 없습니다."

천타가 말하였다.

"대덕이신 아난이여. 여러 비구들과 말할 수 없고, 가르치고 인도받을 수 없으며, 교계를 받을 수 없고, 이와 같다면 나를 죽이는 것이 아닙니까?"

그 처소에서 기절하여 땅에 쓰러졌다. 이때 장로 천타는 범단에 매우 괴로워하였고 부끄러워하였으며 싫어하였고 스스로가 홀로 멀리 벗어나서 방일하지 않았으며 부지런히 정진하면서 머물렀다. 오래지 않아서 선남자가 집을 벗어나서 출가의 본래의 뜻을 품었고 현법(現法)의 가운데

---

37) 팔리어 Ghositārāma(고시타라마)의 음사이다.

에서 스스로가 지혜를 증득하였고 현법의 가운데에서 무상(無上)의 범행을 증득하여 구경(究竟)에 머물렀다. 지혜를 증득하여 태어남을 마쳤고 범행은 이미 섰으며 지을 것은 이미 지었고 후유(後有)를 받지 않았으며, 장로 천타는 아라한의 한 사람이 되었다.

이때 아라한이었던 장로 천타는 장로 아난의 처소에 이르렀다. 이르러서 장로 아난에게 말하였다.

"대덕이신 아난이여. 지금 내가 받았던 범단을 끝마치십시오."

"장로 천타여. 그대가 아라한을 증득하였던 때에 범단은 끝났습니다."

3-5 이 율장을 결집하던 때에 5백의 비구들이 있었고, 많지도 않았고, 역시 적지도 않았던 까닭으로 이 율장의 결집을 5백결집이라고 이름한다.

[천타의 범단을 마친다.]

○ 첫째의 송출품을 마친다.

◎ 이 건도에는 23사(事)가 있느니라. 섭송으로 설하겠노라.

불타[38])께서 열반[39])하시던 때에
가섭이라는 이름의 장로는
정법을 호지(護持)하기 위하여
비구 승가에게 알렸다네.

파바(波婆)를 유행하면서
수발타라가 말한 것과
비법이 번성하기 전에

---

38) 팔리어 sambuddha(삼부따)의 번역이다.
39) 팔리어 Parinibbuta(파리니뿌타)의 번역이다.

먼저 정법을 결집하였네.

5백명에서 한 명이 부족하였고
곧 아난을 뽑았으며
동굴에서 안거하며
법과 율을 결집하였네.

율을 우바리에게 물었고
경을 아난에게 물었으며
소소한 계의 다른 논의와
제정된 것을 따라서 머물렀다네.

청하여 묻지 않은 것과 밟은 것과
예경하는 것과 청하지 않은 것과
여인의 출가와 믿음으로써
악작을 참회한 것과
부란나와 범단과
우타연나가 있다네.

여러 여인이 주었던 것과
낡은 옷이 많은 것과
덮개와 요와 바닥의 부구와
발수건과 걸레와 섞어서 반죽하는 것과

아난의 이름으로써
처음으로 1천의 옷을 받는 것과
범단의 두려움과 사제(四諦)를 얻은 것과
5백명이 자재하였던 까닭으로

5백결집이라고 이름하였네.

◉ 오백결집건도를 마친다.

건도 제22권

제12장 칠백결집건도(七百結集犍度)[1]

1. 제1송출품

1) 결집의 연기

1-1 그때 세존께서 열반하시고서 1백년 뒤에 비사리의 발기자(跋耆子)[2]인 여러 비구들은 열 가지의 일을 지적(指摘)하였으니 이를테면, 기중염정(器中鹽淨)[3], 양지정(兩指淨)[4], 근취락정(近聚落淨)[5], 주처정(住處淨)[6], 후청가정(後聽可淨)[7], 상법정(常法淨)[8], 불각유정(不攪乳淨)[9], 음사루가주

---

1) 팔리어 Sattasatikakkhandhaka(사따사티카깐다카)의 번역이다.
2) 팔리어 vajjiputta(바찌뿌따)의 번역이다.
3) 팔리어 kappati siṅgiloṇakappa(카빠티 신기로나카빠)의 번역이다. 'kappati'는 '적합하다.'또는 '적합하다.'는 뜻이고, siṅgiloṇakappa는 '소금을 그릇에 저장한다.'는 뜻이다.
4) 팔리어 kappati dvaṅgulakappa(카빠티 드반구라카빠)의 번역이다.
5) 팔리어 kappati gāmantarakappa(카빠티 가만타라카빠)의 번역이다.
6) 팔리어 kappati āvāsakappa(카빠티 아바사카빠)의 번역이다.

정(飮闍樓伽酒淨)10), 무루변좌구정(無縷邊坐具淨)11), 금은정(金銀淨)12)이었다.

그때 장로 야사가건타자(耶舍迦乾陀子)13)가 있었고 발기국(跋耆國)14)을 유행하여 비사리성에 이르렀다. 이때 장로 야사가건타자는 비사리성의 대림 중각강당에 머물렀다. 그때 비사리의 발기자인 여러 비구들은 포살일에 따르던 물로써 구리 발우를 채우고서 비구 승가의 가운데에 내려놓았으며, 왔던 비사리의 여러 우바새들에게 말하였다.

"현자들이여. 승가는 자구(資具)가 필요합니다. 승가에게 1가리사반(迦利沙槃)15), ½가리사반, ¼가리사반, 1마사가(摩沙迦)16)를 주십시오."

이와 같이 말하는 때에 장로 야사가건타자는 비사리의 여러 우바새들에게 말하였다.

"현자들이여. 승가는 자구(資具)가 필요합니다. 승가에게 1가리사반, ½가리사반, ¼가리사반, 1마사가를 주지 마십시오. 금·은은 사문 석자에게 부정(不淨)합니다. 사문 석자는 금·은을 받지 않습니다. 사문 석자는 금·은을 취하지 않습니다. 사문 석자는 마니(摩尼)와 금·은을 바리고 금·은을 멀리합니다."

이와 같이 말하는 때에 비사리의 여러 우바새들은 승가에게 1가리사반, ½가리사반, ¼가리사반, 1마사가를 주지 않았다. 이때 이 밤이 지나갔고, 비사리의 발기자인 여러 비구들은 그 금전으로써 여러 비구들에게 나누어

---

7) 팔리어 kappati anumatikappa(카빠티 아누마티카빠)의 번역이다.
8) 팔리어 kappati āciṇṇakappa(카빠티 아친나카빠)의 번역이다.
9) 팔리어 kappati amathitakappa(카빠티 아마티타카빠)의 번역이다.
10) 팔리어 kappati jaḷogi pātu(카빠티 자로기 파투)의 번역이다.
11) 팔리어 kappati adasaka nisīdana(카빠티 아다사카 니시다나)의 번역이다.
12) 팔리어 kappati jātarūparajatanti(카빠티 자투루파라자탄티)의 번역이다.
13) 팔리어 Yasa kākaṇḍakaputta(야사 카칸다카푸따)의 번역이다.
14) 팔리어 vajjī(바찌)의 음사이다.
15) 팔리어 Kahāpaṇa(카하파나)의 음사이고, 정사각형 구리 동전을 가리킨다.
16) 팔리어 Māsaka(마사카)의 음사이고, 매우 낮은 가치의 작은 동전을 가리킨다.

주었고, 한 명·한 명에게 분배하였다. 이때 비사리의 발기자인 여러 비구들은 장로 야사가건타자에게 말하였다.

"장로 야사여. 이것은 그대에게 분배된 금전입니다."

"장로들이여. 나에게 금전을 분배하지 마십시오. 나는 금전을 받지 않겠습니다."

1-2 이때 비사리의 발기자인 여러 비구들은 말하였다.

"여러 장로들이여. 이 처소에서 야사가건타자는 신심이 있고, 청정한 마음의 여러 우바새들을 욕설하고 비방하였으며, 불신(不信)을 생겨나게 하였으므로, 우리들은 그에게 하의갈마(下意羯磨)를 행하겠습니다."

비사리의 발기자인 여러 비구들은 야사가건타자에게 하의갈마를 행하였다. 이때 장로 야사가건타자는 비사리의 발기자인 여러 비구들에게 말하였다.

"여러 장로들이여. 세존께서는 '하의갈마를 받은 비구에게 마땅히 반려를 부촉하여 따르게 한다.'라고 제정하여 세우셨습니다. 여러 장로들이여. 나에게 반려인 비구를 주십시오."

이때 비사리의 발기자인 여러 비구들은 한 비구를 뽑았고, 반려로써 장로 야사가건타자를 따르게 하였다. 이때 장로 야사가건타자는 반려인 비구와 함께 비사리성으로 들어갔고, 비사리의 여러 우바새들에게 말하였다.

"내가 신심이 있고 청정한 마음의 여러 우바새들을 욕설하고 비방하였으며, 불신을 생겨나게 하였습니까? 나는 곧 비법을 비법이라고 설하였고, 여법한 것을 여법하다고 설하였으며, 율이 아닌 것을 율이 아니라고 설하였고 율을 율이라고 설하였습니다."

1-3 "여러 현자들이여. 세존께서는 사위성의 기수급고독원에 머무셨습니다. 여러 현자들이여. 이곳에서 세존께서는 여러 비구들에게 알려 말씀하셨습니다.

'여러 비구들이여. 해와 달에는 네 가지의 염오(染汚)가 있고, 달과

해가 염오에 가려지면, 곧 빛나지 않고 광채가 없으며 비추는 것이 없느니라. 무엇이 네 가지인가? 여러 비구들이여. 구름(雲)17)은 해와 달의 염오이므로, 해와 달이 만약 이 염오로 가려지면, 곧 빛나지 않고 광채가 없으며 비추는 것이 없느니라.

여러 비구들이여. 안개(霧)18)는 해와 달의 염오이며, 해와 달이 만약 이 염오로 가려지면, 곧 빛나지 않고 광채가 없으며 비추는 것이 없느니라. 여러 비구들이여. 연무(煙霧)19)는 해와 달의 염오이며, 해와 달이 만약 이 염오로 가려지면, 곧 빛나지 않고 광채가 없으며 비추는 것이 없느니라. 여러 비구들이여. 아수라왕(阿修羅王)20) 라후(羅睺)21)는 해와 달의 염오이며, 해와 달이 만약 이 염오로 가려지면, 곧 빛나지 않고 광채가 없으며 비추는 것이 없느니라. 여러 비구들이여. 이와 같이 사문과 바라문에는 네 가지의 염오가 있고, 사문과 바라문이 염오에 가려지면, 곧 빛나지 않고 광채가 없으며 비추는 것이 없느니라.

이와 같이 사문과 바라문에는 네 가지의 염오가 있나니, 한 부류의 사문과 바라문이 이러한 염오에 가려지면, 곧 빛나지 않고 광채가 없으며 비추는 것이 없느니라. 무엇이 네 가지인가? 여러 비구들이여. 한 부류의 사문과 바라문이 곡주(穀酒)22)를 마시고 과일주(果酒)23)를 마시면서 능히 음주(飮酒)를 벗어나지 못하는 자라면, 여러 비구들이여. 이것이 사문과 바라문의 첫째의 염오이며, 한 부류의 사문과 바라문이 만약 이 염오로 가려지면, 곧 빛나지 않고 광채가 없으며 비추는 것이 없느니라.

여러 비구들이여. 한 부류의 사문과 바라문이 음행법(婬行法)24)을 익히

---

17) 팔리어 Abbha(아빠)의 번역이다.
18) 팔리어 Mahikā(마히카)의 번역이다.
19) 팔리어 dhūmaraja(두마라자)의 번역이고, dhūma와 raja의 합성어이다. dhūma는 '연기'를 뜻하고 raja는 '먼지' 또는 '오물'을 뜻한다.
20) 팔리어 Asūra(아수라)의 번역이다.
21) 팔리어 Rāhu(라후)의 번역이다.
22) 팔리어 sura(수라)의 번역이고, 증류주를 가리킨다.
23) 팔리어 meraya(메라야)의 번역이고, 발효주를 가리킨다.

고 부정법을 벗어나지 못하는 자라면, 여러 비구들이여. 이것이 사문과 바라문의 둘째의 염오이며, 한 부류의 사문과 바라문이 만약 이 염오로 가려지면, 곧 빛나지 않고 광채가 없으며 비추는 것이 없느니라. 여러 비구들이여. 한 부류의 사문과 바라문이 금·은을 받고 금·은을 받는 것을 집착하면서 벗어나지 못하는 자라면, 여러 비구들이여. 이것이 사문과 바라문의 셋째의 염오이며, 한 부류의 사문과 바라문이 만약 이 염오로 가려지면, 곧 빛나지 않고 광채가 없으며 비추는 것이 없느니라.

여러 비구들이여. 한 부류의 사문과 바라문이 삿된 생활(邪命)[25]로 살아가면서 삿된 생활을 벗어나지 못하는 자라면, 여러 비구들이여. 이것이 사문과 바라문의 넷째의 염오이며, 한 부류의 사문과 바라문이 만약 이 염오로 가려지면, 곧 빛나지 않고 광채가 없으며 비추는 것이 없느니라.'

여러 현자들이여. 이것을 세존께서는 설하셨고, 선서이신 존사(尊師)께서는 이것을 설하신 뒤에 다시 이러한 게송을 설하셨습니다.

한 부류의 사문과 바라문은
탐욕과 성냄에 얽혀 있고
사람들은 무명으로 장애되어
여러 색(色)을 즐거워한다네.

곡주와 과일주를 즐기면서 마시고
음욕법을 익히고 삿된 생활을 하며
그들은 그 진실한 성품에 무지하고
또한 금과 은을 받는다네.

---

24) 팔리어 methuna dhamma(메투나 담마)의 번역이다. Methuna는 '성교와 관련하여'의 뜻이고, 일반적으로 담마와 결합되어 '성적인 행위' 또는 '성교'를 나타낸다.
25) 팔리어 Jātarūparajata(자타루파라자타)의 번역이고, '금·은을 받다.'는 뜻이다.

한 부류의 사문과 바라문은
삿된 생활을 의지하며 살아가고
해의 종류를 세존께서는 설하셨나니
이것들은 모두 염오의 구름이라 이름하셨네.

한 부류의 사문과 바라문은
이러한 염오 등에 덮여서
만약 염오의 먼지와 티끌로 부정하여
곧 빛나지 못하고 비추지 못한다네.

맹목적인 어둠에 갇혀서
갈애(渴愛)의 노예로 집착하면
묘지의 공포처럼 두려워한다면
미래에 죽어서 다시 태어난다네.

나는 이와 같이 설하였는데, 어찌 신심이 있고 청정한 마음의 여러 우바새들을 욕설하고 비방하였으며, 불신을 생겨나게 하였겠습니까? 나는 곧 비법을 비법이라고 설하였고, 여법한 것을 여법하다고 설하였으며, 율이 아닌 것을 율이 아니라고 설하였고 율을 율이라고 설하였습니다.”

1-4 “여러 현자들이여. 한때에 세존께서는 왕사성의 가란타죽림원에 머무셨습니다. 여러 현자들이여. 그때 왕궁에 대중들이 모여서 앉아 있었고, 모여서 앉아 있었던 여러 사람들은 이와 같이 말하였습니다.
　'사문 석자는 금·은이 허락된다. 사문 석자는 금·은을 받는다. 사문 석자는 금·은을 취한다.'
　여러 현자들이여. 그때에 마니주계(摩尼珠髻)[26]의 취락주(聚落主)가

---

26) 팔리어 Maṇicūlaka(마니추라카)의 음사이다.

이 모임에 앉아 있었습니다. 여러 현자들이여. 그때 마니주계의 취락주는 그 모임에서 말하였습니다.

'여러 현자들이여. 이와 같이 말하지 마십시오. 사문 석자는 금·은이 허락되지 않았고, 사문 석자는 금·은을 받을 수 없으며, 사문 석자는 금·은을 취할 수 없습니다. 사문 석자는 마니와 금·은을 버려야 하고, 금·은을 멀리 벗어나야 합니다.'

여러 현자들이여. 마니주계의 취락주는 그곳에 모였던 대중을 이해시켰습니다. 여러 현자들이여. 마니주계의 취락주는 그곳에 모였던 대중을 이해시킨 뒤에 세존의 처소로 나아갔습니다. 나아가서 세존께 예경하고서 한쪽에 앉았으며, 한쪽에 앉아서 마니주계의 취락주는 세존께 아뢰어 말하였습니다.

'대덕이시여. 왕궁에 대중들이 모여서 앉아 있었고, 모여서 앉아 있었던 여러 사람들은 이와 같이 말하였습니다.

〈사문 석자는 금·은이 허락된다. 사문 석자는 금·은을 받는다. 사문 석자는 금·은을 취한다.〉

이와 같이 말하는 때에 나는 그 모였던 대중들에게 말하였습니다.

〈여러 현자들이여. 이와 같이 말하지 마십시오. 사문 석자는 금·은이 허락되지 않았고, 사문 석자는 금·은을 받을 수 없으며, 사문 석자는 금·은을 취할 수 없습니다. 사문 석자는 마니와 금·은을 버려야 하고, 금·은을 멀리 벗어나야 합니다.〉

나는 능히 그곳에 모였던 대중을 이해시켰습니다. 나는 이와 같이 말하였는데, 이것은 세존께서 말씀하신 것입니까? 거짓으로 세존을 비방한 것은 아닙니까? 법을 따른 설법입니까? 법을 수순하였고 바른 것을 수순하여 설하였으며 꾸짖음을 받을 곳에 떨어지지는 않았습니까?'

'취락주여. 그대가 이와 같이 설한 것은 진실이고, 이것은 내가 설한 것이며, 거짓으로 나를 비방하지 않았고, 법을 수순하였으며, 바른 것을 수순하여 설하였고, 꾸짖음을 받을 곳에 떨어지지 않았소. 취락주여. 사문 석자는 금·은이 허락되지 않았고, 사문 석자는 금·은을 받을 수 없으며, 사문 석자는 금·은을 취할 수 없습니다. 사문 석자는 마니와 금·은을 버려야 하고, 금·은을 멀리 벗어나야 하오.

취락주여. 금·은으로써 허락한 자는 5욕락(五欲樂)을 허락한 자이오. 오욕락을 허락한 자는 마땅히 일체의 법문의 법이 아니라고 마땅히 알아야 하고, 석자의 법이 아니라고 알아야 하오. 취락주여. 또한 나는 이와 같이 말하였소.

〈풀이 필요하다면 풀을 구할 것이고, 나무가 필요하다면 나무를 구할 것이며, 수레가 필요하다면 수레를 구할 것이고, 사람이 필요하다면 사람을 구해야 하느니라.〉

취락주여. 또한 나는 이와 같이 말하였소.

〈비록 무슨 일이 있더라도 역시 금·은을 받게 할 수 없고, 금·은을 구하여 취할 수도 없소.〉'

나는 이와 같이 설하였는데, 어찌 신심이 있고 청정한 마음의 여러 우바새들을 욕설하고 비방하였으며, 불신을 생겨나게 하였겠습니까? 나는 곧 비법을 비법이라고 설하였고, 여법한 것을 여법하다고 설하였으며, 율이 아닌 것을 율이 아니라고 설하였고 율을 율이라고 설하였습니다."

1-5 "여러 현자들이여. 한때에 세존께서는 왕사성에서 장로 우파난타를 인연하여 금·은을 금지하는 계율을 제정하셨습니다. 나는 이와 같이 설하였는데, 어찌 신심이 있고 청정한 마음의 여러 우바새들을 욕설하고 비방하였으며, 불신을 생겨나게 하였겠습니까? 나는 곧 비법을 비법이라고 설하였고, 여법한 것을 여법하다고 설하였으며, 율이 아닌 것을 율이 아니라고 설하였고 율을 율이라고 설하였습니다."

1-6 이와 같이 말하였던 때에 비사리의 여러 우바새들은 장로 야사가건타자에게 말하였다.

"대덕이여! 오직 존자 야사가건타자가 사문 석자이고, 그 비구들은 사문이 아니고 석자도 아닙니다. 대덕이여! 오직 존자 야사가건타자여!

비사리성에 머무르시길 청합니다. 우리들은 존자 야사가건타자께 진심으로 의복·음식·와구·좌구·필수 의약품을 공양하겠습니다."

이때 장로 야사가건타자는 비사리의 여러 우바새들을 이해시키고서 반려이었던 비구와 함께 승원으로 갔다.

1-7 이때 비사리의 발기자인 여러 비구들은 반려인 비구에게 물었다.

"장로여. 야사가건타자는 비사리의 여러 우바새들을 향하여 참회하였습니까?"

"장로들이여. 우리들에게 좋지 않습니다. 야사가건타자는 혼자 사문 석자이었고, 우리들은 모두 사문도 아니고 석자도 아닙니다."

이때 비사리의 발기자인 여러 비구들은 말하였다.

"여러 장로들이여. 이 처소에서 야사가건타자는 우리들이 뽑은 자가 아니었는데, 재가인을 위하여 널리 설하였으니, 우리들은 마땅히 그 비구에게 거죄갈마(擧罪羯磨)를 행해야 합니다."

그 비구들은 장로 야사가건타자에게 거죄갈마를 행하고자 모였다. 이때 장로 야사가건타자는 허공으로 날아올라서 구섬미국에 나타났다. 이때 장로 야사가건타자는 파리읍(波利邑)[27]과 아반제국(阿槃提國)[28] 남쪽 지역의 여러 비구들에게 사자를 보내어 말하였다.

"여러 장로들이여. 오십시오. 우리들에게 이전의 비법은 증가하였고 법은 쇠퇴하였습니다. 계율이 아닌 것은 증가하였고 계율은 쇠퇴하였습니다. 비법으로 설하는 자는 강대해졌고 여법하게 설하는 자는 약해졌습니다. 이전의 율이 아닌 것을 설하는 자는 강대해졌고 여법하게 설하는 자는 약해졌으니, 이것은 쟁사(諍事)로 받아들여야 합니다."

1-8 이때 장로 삼부타사나부사(三浮陀舍那婆斯)[29]는 아우긍하(阿吁恆

---

27) 팔리어 Pāva(파바)의 음사이다.
28) 팔리어 Avanti(아반티)의 음사이다.
29) 팔리어 Sambhūta sāṇavāsī(삼부타 사나바시)의 음사이다.

河)30)의 산속(山)에 머물렀다. 이때 장로 야사가건타자는 아우긍하 산속의 장로 삼부타사나부사의 처소에 이르렀다. 이르러서 장로 삼부타사나부사에게 예배하고 한쪽에 앉았다. 한쪽에 앉았으므로 장로 야사가건타자는 장로 삼부타사나부사에게 말하였다.

"대덕이여. 비사리의 발기자인 여러 비구들은 비사에서 10사(事)를 일으켰는데 이를테면, 기중염정, 양지정, 근취락정, 주처정, 후청가정, 상법정, 불각유정, 음사루가주정, 무루변좌구정, 금은정입니다. 대덕이여. 우리들에게 이전의 비법은 증가하였고 법은 쇠퇴하였습니다. 율이 아닌 것은 증가하였고 계율은 쇠퇴하였습니다. 비법으로 설하는 자는 강대해졌고 여법하게 설하는 자는 약해졌습니다. 이전의 계율이 아닌 것을 설하는 자는 강대해졌고 여법하게 설하는 자는 약해졌으니, 이것은 쟁사(諍事)로 받아들여야 합니다."

장로 삼부타사나부사는 장로 야사가건타자에게 대답하였다.

"장로여. 알겠습니다."

이때 파리읍에는 60명의 비구가 있었는데, 아란야 비구, 걸식 비구, 분소의 비구, 3의(衣)의 비구이었고, 아라한이었으며, 아우긍하의 산속에서 모였다. 아반제국의 남쪽 지역에는 88명의 비구들이 있었는데, 일부는 아란야 비구, 일부는 걸식 비구, 일부는 분소의 비구, 일부는 3의의 비구이었으며 모두가 아라한이었는데 아우긍하의 산속에서 모였다.

1-9 이때 여러 장로 비구들은 서로가 의논하면서 이렇게 사유하였다.

'이 쟁사는 거칠고 어렵구나. 우리들은 이 쟁사에서 힘이 있는 누구를 도당(徒黨)으로 삼아야 하는가?'

그때 이바다(離婆多)31)는 수리(須離)32)에서 머물렀고, 다문으로 아함(阿含)을 통달하였으며33), 법을 수지하였고 율을 수비하였으며 논을 수지

---

30) 팔리어 Ahogaṅga(아호간가)의 음사이다.
31) 팔리어 Revata(레바타)의 음사이다.
32) 팔리어 Soreyya(소레이야)의 음사이다.

하였고, 현명하며 총명하고 지혜가 있으며 부끄러움이 있고 참회가 있으며 배우기를 좋아하는 자이었다. 이때 여러 장로 비구들은 이렇게 사유하였다.

'이곳에는 장로 이바다가 수리에 머무르고 있고, 다문으로 아함을 통달하였으며, 법을 수지하였고 율을 수비하였으며 논을 수지하였고, 현명하며 총명하고 지혜가 있으며 부끄러움이 있고 참회가 있으며 배우기를 좋아하는 자이었다. 만약 우리들이 이바다를 도반으로 구할 수 있다면, 이러한 쟁사에서 힘이 있을 것이다.'

장로 이바다는 청정하고 초인(超人)적인 귀(耳)의 경계에서, 청정한 신통으로 여러 장로들이 서로 의논하는 것을 들었다. 듣고서 그는 이렇게 사유하였다.

'이 쟁사는 거칠고 어렵다. 나는 마땅히 이와 같은 쟁사를 피할 수 없다. 그러나 지금 그 여러 비구들이 온다면 도반이 많을 것이니, 안은하게 머무를 수 없다. 나는 마땅히 먼저 가야겠다.'

이때 장로 이바다는 수리에서 승가사국(僧伽賖國)34)으로 갔다. 이때 여러 장로 비구들은 수리로 가서 물었다.

"장로 이바다는 어느 곳에서 있습니까?"

그들은 말하였다.

"장로 이바다는 승가사국으로 갔습니다."

이때 장로 이바다는 승가사국에서 가나위사국(伽那慰闍國)35)으로 갔다. 이때 여러 장로 비구들은 승가사국으로 가서 물었다.

"장로 이바다는 어느 곳에서 있습니까?"

그들은 말하였다.

"장로 이바다는 가나위사국으로 갔습니다."

이때 장로 이바다는 가나위사국에서 우담바라국(優曇婆羅國)36)으로

---

33) 팔리어 Āgatāgama(아가타가마)의 음사이다.
34) 팔리어 Saṅkassa(산카싸)의 음사이다.
35) 팔리어 Kaṇṇakujja(칸나쿠짜)의 음사이다.

갔다. 이때 여러 장로 비구들은 가나위사국으로 가서 물었다.
"장로 이바다는 어느 곳에서 있습니까?"
그들은 말하였다.
"장로 이바다는 우담바라국으로 갔습니다."
이때 장로 이바다는 우담바라국에서 아가루라국(阿伽樓羅國)37)으로 갔다. 이때 여러 장로 비구들은 우담바라국으로 가서 물었다.
"장로 이바다는 어느 곳에서 있습니까?"
그들은 말하였다.
"장로 이바다는 우담바라국으로 갔습니다."
이때 장로 이바다는 아가루라국에서 살한야국(薩寒若國)38)으로 갔다. 이때 여러 장로 비구들은 아가루라국으로 가서 물었다.
"장로 이바다는 어느 곳에서 있습니까?"
그들은 말하였다.
"장로 이바다는 살한야국으로 갔습니다."
이때 여러 장로 비구들은 살한야국에서 장로 이바다를 보았다.

1-10 이때 장로 삼부타사나부사는 장로 야사가건타자에게 말하였다.
"장로여. 이 처소에는 장로 이바다가 머무르고 있고, 다문으로 아함을 통달하였으며, 법을 수지하였고 율을 수비하였으며 논을 수지하였고, 현명하며 총명하고 지혜가 있으며 부끄러움이 있고 참회가 있으며 배우기를 좋아하는 자입니다. 우리들이 만약 이바다에게 하나의 명제를 묻는다면 장로 이바다는 능히 오직 하나의 명제로 밤을 세워서 설할 것입니다. 장로 이바다는 따라서 송출하는 비구를 부를 것입니다. 그 비구가 송출하는 것을 마치면 그대가 이바다의 처소에 이르러 이러한 10사를 물으십시오."
장로 야사가건타자는 장로 삼부타사나부사에게 대답하였다.

---
36) 팔리어 Udumbara(우둠바라)의 음사이다.
37) 팔리어 Aggalapura(아까라푸라)의 음사이다.
38) 팔리어 Sahajāti(사하자티)의 음사이다.

"대덕이여. 알겠습니다."

이때 장로 이바다는 따라서 송출하는 비구를 불렀다. 이때 그 비구는 송출을 마쳤으므로, 장로 야사가건타자는 장로 이바다의 처소에 이르렀다. 이르러서 장로 이바다에게 예배하고 한쪽에 앉았다. 한쪽에 앉았으므로 장로 야사가건타자는 장로 이바다에게 말하였다.

"대덕이여. 기중염정은 청정합니까?"

"장로여. 무엇이 기중염정입니까?"

"대덕이여. 소금을 그릇안에 저장하고서 만약 소금이 없는 때에 그것을 먹는다면 청정합니까?"

"장로여. 부정입니다."

"대덕이여. 양지정은 청정합니까?"

"장로여. 무엇이 양지정입니까?"

"대턱이여. 그림자가 2마디를 지나간 때가 아닌 때에 먹는다면 청정합니까?"

"장로여. 부정입니다."

"대덕이여. 근취락정은 청정합니까?"

"장로여. 무엇이 근취락정입니까?"

"대덕이여. 음식을 먹었는데, '장차 취락에 들어가겠다.'라고 생각하고 잔식(殘食)이 아닌 것을 먹는다면 청정합니까?"

"장로여. 부정입니다."

"대덕이여. 주처정은 청정합니까?"

"장로여. 무엇이 주처정입니까?"

"대덕이여. 동일한 경계의 많은 주처에서 각자 포살을 행한다면 청정합니까?"

"장로여. 부정입니다."

"대덕이여. 후청가정은 청정합니까?"

"장로여. 무엇이 후청가정입니까?"

"대덕이여. 별중이 갈마를 행하고 만약 여러 비구들이 와 듣는 것을 구한다면 청정합니까?"

"장로여. 부정입니다."

"대덕이여. 상법정은 청정합니까?"

"장로여. 무엇이 상법정입니까?"

"대덕이여. '나의 화상의 상법은 이것이고, 나의 아사리의 상법은 이것이다.'라고 말하면서 그것을 행한다면 청정합니까?"

"장로여. 부정입니다."

"대덕이여. 불각유정은 청정합니까?"

"장로여. 무엇이 불각유정입니까?"

"대덕이여. 음식을 먹었는데, 우유가 아니고 낙(酪)도 아닌 우유이었으며, 잔식이 아니었는데, 먹는다면 청정합니까?"

"장로여. 부정입니다."

"대덕이여. 음사루가주정은 청정합니까?"

"장로여. 무엇이 음사루가주정입니까?"

"대덕이여. 거르지 않는 곡주[39]와 숙성되지 않는 과일주[40]를 마신다면 청정합니까?"

"장로여. 부정입니다."

"대덕이여. 무루변좌구정은 청정합니까?"

"장로여. 부정입니다."

"대덕이여. 금은정은 청정합니까?"

"장로여. 부정입니다."

"대덕이여. 비사리의 발기자인 여러 비구들은 비사에서 10사를 일으켰습니다. 대덕이여. 우리들에게 이전의 비법은 증가하였고 법은 쇠퇴하였습니다. 율이 아닌 것은 증가하였고 율은 쇠퇴하였습니다. 비법으로 설하는 자는 강대해졌고 여법하게 설하는 자는 약해졌습니다. 이전의 율이 아닌 것을 설하는 자는 강대해졌고 여법하게 설하는 자는 약해졌으

---

39) 팔리어 surā(수라)의 번역이다.

40) 팔리어 majja(마짜)의 번역이다.

니, 이것은 쟁사로 받아들여야 합니다."

장로 이바다는 장로 야사가건타자에게 대답하였다.

"장로여. 알겠습니다."

[결집의 연기를 마친다.]

○ 첫째의 송출품을 마친다.

2. 제2송출품

2) 쟁사의 판결

2-1 비사리의 발기자인 여러 비구들은 "야사가건타자가 이것을 쟁사로 받아들이려고 도반을 구한다."라고 들었다. 이때 비사리의 발기자인 여러 비구들은 이렇게 사유하였다.

'이 쟁사는 거칠고 어렵구나. 우리들은 이 쟁사에서 힘이 있는 누구를 도당으로 삼아야 하는가?'

이때 비사리의 발기자인 여러 비구들은 이렇게 사유하였다.

'장로 이바다는 다문으로 아함을 통달하였으며, 법을 수지하였고 율을 수비하였으며 마이(摩夷)를 수지하였고, 현명하며 총명하고 지혜가 있으며 부끄러움이 있고 참회가 있으며 배우기를 좋아하는 자이었다. 우리들이 만약 이바다를 도당으로 얻는다면, 곧 이 쟁사에서 힘이 있을 것이다.'

이때 비사리의 발기자인 여러 비구들은 매우 많은 사문의 자구를 준비하였는데 이를테면, 발우·옷·좌구·침통·허리띠·녹수낭·물항아리 등이었다. 이때 비사리의 발기자인 여러 비구들은 그 사문의 자구를 가지고서 배를 타고 강을 거슬러 올라가서 살한야국으로 갔다. 배에서 내렸으며 한 나무의 아래에서 음식을 나누었다.

2-2 이때 장로 사란(沙蘭)⁴¹⁾은 고요한 처소에 묵연히 머무르면서 이와 같이 사유하였다.

'누가 여법하게 설법하는 자인가? 파이나(波夷那)⁴²⁾ 비구인가? 혹은 파리(波利)⁴³⁾ 비구인가?'

이때 장로 사란은 법과 율을 관찰하고서 이와 같이 사유하였다.

'파이나의 비구는 비법을 설하는 자들이고, 파리의 비구들은 여법하게 설하는 자들이다.'

이때 한 정거천(淨居天)⁴⁴⁾ 천인(天人)⁴⁵⁾이 마음으로써 사란의 생각을 알았다. 곧 역사(力士)가 그의 어깨를 굽혔다가 펴는 것과 같이, 정거천에서 사라졌고 장로 사란의 앞에 나타났다. 그때 그 천인은 장로 사란에게 말하였다.

"옳습니다. 대덕이신 사란이여. 파이나의 비구는 비법을 설하는 자들이고, 파리의 비구들은 여법하게 설하는 자들입니다. 대덕이신 사란이여. 만약 그와 같다면 법을 따라서 이와 같이 머무십시오."

"전신이여. 나는 이전과 현재에도 모두 법을 따라서 이와 같이 머물렀소. 그러나 나는 마땅히 이 쟁사를 판결할 때까지 나의 견해를 드러내지 않겠소."

2-3 이때 비사리의 발기자인 여러 비구들은 사문의 자구를 가지고서 장로 이바다의 처소에 이르렀다. 이르러서 장로 이바다에게 말하였다.

---

41) 팔리어 Sāḷha(살하)의 음사이다.
42) 팔리어 pācīnaka(파치나카)의 음사이다. '동쪽의 비구'라는 뜻이고, 10사를 일으킨 발기자를 가리킨다.
43) 팔리어 pāveyyakā(파베이야카)의 음사이다. 'Pava'는 지역의 이름이고, 'pāveyyakā'는 '파바에 거주하는'의 뜻이다.
44) 팔리어 Suddhāvāsa(수따바사)의 번역이다.
45) 팔리어 Devatā(데바타)의 번역이다.

"대덕이신 장로여. 사문들의 자구인 발우·옷·좌구·침통·허리띠·녹수낭·물항아리 등을 받아주시기를 청합니다."

"여러 장로들이여. 나는 3의가 구족되었으니, 받지 않겠소."

그때 울다라(鬱多羅)⁴⁶)라고 이름하는 비구가 있었고, 법랍이 20년이었으며, 장로 이비다의 시자이었다. 이때 비사리의 발기자인 여러 비구들은 사문의 자구를 지니고 장로 울다라의 처소에 이르렀다. 이르러서 장로 이바다에게 말하였다.

"대덕이신 울다라여. 사문들의 자구인 발우·옷·좌구·침통·허리띠·녹수낭·물항아리 등을 받아주시기를 청합니다."

"여러 장로들이여. 나는 3의가 구족되었으니, 받지 않겠습니다."

"장로 울다라여. 여러 사람들은 사문의 자구로써 세존께 공양하였습니다. 세존께서 만약 받으셨다면 환희하셨고, 세존께서 만약 받지 않았다면 곧 아난에게 공양하면서 말하였습니다.

'대덕이신 장로여. 세존께서 받아주신 것과 같이 사문의 자구를 받아주시기를 청합니다.'

'대덕이신 울다라여. 장로께서 받아주신 것과 같이 사문의 자구를 받아주시기를 청합니다.'"

이때 장로 울다라는 비사리의 발기자인 여러 비구들에게 핍박을 받아서 하나의 옷을 취하면서 말하였다.

"여러 장로들이여. 만약 그와 같다면 필요한 것은 청하여 말하겠습니다."

"대덕이신 울다라여. 청하건대 장로에게 이와 같이 말해 주십시오. '대덕이신 장로께 승가의 가운데에서 〈제불께서는 동방(東方)의 국토에서 탄생하셨고, 파이나 비구들은 여법하게 설하는 자이며, 파리 비구는 비법으로 설하는 자입니다.〉라고 이와 같이 말하여 주십시오.'"

장로 울다라는 비사리의 발기자인 여러 비구들에게 대답하였다.

"장로들이여. 알겠습니다."

---

46) 팔리어 Uttara(우따라)의 번역이다.

장로 이바다의 처소에 이르렀고, 이르러서 장로 이바다에게 말하였다.

"청하건대 장로께서는 승가의 가운데에서 '제불께서는 동방의 국토에서 탄생하셨고, 파이나 비구들은 여법하게 설하는 자이며, 파리 비구는 비법으로 설하는 자입니다.'라고 이와 같이 말하여 주십시오."

말하였다.

"비구여. 그대는 비법에 떨어졌네."

장로 이바다는 장로 울다라를 쫓아냈다. 이때 비사리의 발기자인 여러 비구들은 장로 울다라에게 말하였다.

"장로 울다라여. 장로께서는 어떻게 말하였습니까?"

"여러 장로들이여. 우리들은 선하지 않습니다. '비구여. 그대는 비법에 떨어졌네.'라고 말하면서 쫓아냈습니다."

"장로여. 그대는 20년을 채우지 않았습니까?"

"그렇습니다. 여러 장로들이여."

"만약 그와 같다면 우리들을 의지하여 스승으로 삼으십시오."

2-4 이때 승가는 쟁사의 일을 판결하려고 모였다. 이때 장로 이바다는 승가에게 알려 말하였다.

"여러 대덕들께서는 허락하십시오. 우리들이 만약 이 처소에서 이러한 쟁사를 소멸시킨다면, 혹은 10사를 일으킨 비구들이 다시 갈마를 행할 것입니다. 만약 승가께서 때에 이르렀다면 승가는 마땅히 이 쟁사가 일어난 처소에서 이러한 쟁사를 소멸하겠습니다."

이때 여러 방로 비구들은 그 쟁사를 판결하고자 비사리성으로 갔다. 일체거(一切去)⁴⁷⁾라고 이름하는 최고령(最高齡)의 승가의 장로가 있었는데, 아난의 제자이었고, 구족계를 받았으며, 지금은 120살이었고, 비사리성에 머물렀다. 이때 장로 이바다는 장로 삼부타사나부사에게 말하였다.

"장로여. 나는 마땅히 장로 일체거께서 머무르고 있는 정사로 가겠습니

---

47) 팔리어 Sabbakāmī(사빠카미)의 번역이다.

다. 그대는 이른 아침에 일체거의 처소로 오셔서 이 10사를 물으십시오."

장로 삼부타사나부사는 이바다에게 대답하였다.

"장로여. 알겠습니다."

이때 장로 이바다는 장로 일체거가 머무르고 있는 정사로 나아갔다. 장로 일체거의 방안에는 와구와 좌구가 펼쳐져 있었는데, 장로 이비다의 처소는 곧 방 앞에 준비되었다. 이때 장로 이바다는 '이 장로는 연로하였으나 눕지 않는구나!'라고 생각하면서, 눕지 않았다. 일체거도 '이 객비구는 매우 피로하여도 눕지 않는구나!'라고 생각하면서 눕지 않았다.

2-5 이때 장로 일체거는 밤이 지나가고 밝은 모습이 나타나는 때에 장로 이바다에게 말하였다.

"그대는 지금 무슨 삼매(三昧)[48]를 많이 의지하는가?"

"대덕이시여. 지금 자삼매(慈三昧)[49]를 의지하여 머물고 있습니다."

"그대는 지금 넓은 자비의 삼매[50]에 의지하며 머물고 있구려. 자비의 삼매는 세속의 삼매(俗三昧)이오."

"대덕이시여. 나는 재가에 있을 때부터 자비를 익혔던 까닭으로 자삼매를 의지하여 머물고 있습니다. 그러나 나는 아라한을 증득하였습니다. 장로인 대덕께서는 지금 무슨 삼매를 의지하여 머무르십니까?"

"나는 지금 공삼매(空三昧)[51]를 의지하여 머물고 있소."

"대덕이시여. 장로인 대덕께서는 지금 대인삼매(大人三昧)에 의지하여 머무르고 계십니다. 대덕이여. 공삼매는 대인의 삼매입니다."

"나는 재가에 있을 때부터 공을 익혔던 까닭으로 공삼매를 의지하여 머물고 있소. 그러나 나는 옛날에 아라한을 증득하였소."

---

48) 팔리어 vihāra(비하라)의 번역이고, 본래는 '머무르다.'는 뜻이므로, 본 문장에서는 의역하여 삼매로 번역하였다.
49) 팔리어 Mettāvihāra(메따비하라)의 번역이다.
50) 팔리어 Kullakavihāra(쿨라카비하라)의 번역이다.
51) 팔리어 Suññatāvihāra(순냐타비하라)의 번역이다.

2-6 이와 같이 두 비구가 마주하고서 법담(法談)을 끝마치지 않았으나, 이때 장로 삼부타사나부사가 그의 처소에 이르렀다. 이때 장로 삼부타사나부사는 장로 일체거의 처소에 이르렀고, 이르러서 장로 일쳭에게 예배하고서 한쪽에 앉았다. 한쪽에 앉았으므로 장로 삼부타사나부사는 장로 일체거에게 말하였다.

"대덕이시여. 비사리의 발기자인 여러 비구들은 비사에서 10사(事)를 일으켰는데 이를테면, 기중염정, 양지정, 근취락정, 주처정, 후청가정, 상법정, 불각유정, 음사루가주정, 무루변좌구정, 금은정입니다. 장로이신 대덕께서는 화상의 처소에서 많은 법과 율을 익히셨습니다. 장로이신 대덕께서는 법과 율을 관찰하셨는데, 어떻게 생각하십니까? 누가 여법하게 설하는 자입니까? 파이나 비구입니까? 혹은 파리 비구입니까?"

"장로여. 그대도 역시 화상의 처소에서 많은 법과 율을 익히었소. 장로께서도 법과 율을 관찰하였는데, 어떻게 생각하시오? 누구가 여법하게 설하는 자이오? 파이나 비구이오? 혹은 파리 비구이오?"

"대덕이시여. 나는 법과 율을 관찰하고서 이와 같이 생각하였습니다. '파이나 비구들은 비법으로 설하는 자이고, 파리 비구는 여법하게 설하는 자이다.' 그러나 나는 마땅히 이 쟁사를 판결할 때까지 나의 견해를 드러내지 않겠다."

"장로여. 나는 법과 율을 관찰하고서, 역시 이와 같이 생각하였소. '파이나 비구들은 비법으로 설하는 자이고, 파리 비구는 여법하게 설하는 자이다.' 그러나 나는 마땅히 이 쟁사를 판결할 때까지 나의 견해를 드러내지 않겠다."

2-7 이때 승가는 쟁사의 일을 판결하려고 모였다. 이 쟁사를 판결하는 때에 끝이 없는 논쟁이 생겨났으나, 하나의 논쟁도 뜻이 분명하지 않았다. 이때 장로 이바다는 승가에게 알려 말하였다.

"여러 대덕들께서는 허락하십시오. 이 쟁사를 판결하는 때에 끝이 없는 논쟁이 생겨났으나, 하나의 논쟁도 뜻이 분명하지 않았습니다.

만약 승가께서 때에 이르렀다면 승가는 마땅히 단사인(斷事人)을 뽑아서 이 쟁사를 소멸하겠습니다."

파이나의 비구 네 명과 파리읍의 비구 네 명을 뽑았는데, 파이나의 비구는 장로 일체거, 장로 사란, 장로 불사종(不闍宗)52), 장로 바사람(婆沙藍)53)이었고, 파리읍의 비구는 장로 이바다, 장로 삼부타사나바사, 장로 야사가건타자, 장로 수마나(修摩那)54)이었다.

이때 장로 이바다는 승가에게 알려 말하였다.

"'여러 대덕들께서는 허락하십시오. 이 쟁사를 판결하는 때에 끝이 없는 논쟁이 생겨났으나, 하나의 논쟁도 뜻이 분명하지 않았습니다. 만약 승가께서 때에 이르렀다면 승가는 마땅히 파이나의 비구 네 명과 파리읍의 비구 네 명을 단사인을 뽑아서 이 쟁사를 소멸시키게 하겠습니다. 이와 같이 아룁니다.'

'여러 대덕들께서는 허락하십시오. 이 쟁사를 판결하는 때에 끝이 없는 논쟁이 생겨났으나, 하나의 논쟁도 뜻이 분명하지 않았습니다. 만약 승가께서 때에 이르렀다면 승가는 마땅히 파이나의 비구 네 명과 파리읍의 비구 네 명을 단사인을 뽑아서 이 쟁사를 소멸시키게 하겠습니다. 파이나의 비구 네 명과 파리읍의 비구 네 명을 단사인을 뽑아서 이 쟁사를 소멸시키게 하는 것을 여러 대덕들께서 인정하신다면 묵연하시고 인정하지 않는다면 말씀하십시오.'

'승가시여. 파이나의 비구 네 명과 파리읍의 비구 네 명을 단사인을 뽑아서 이 쟁사를 소멸시키게 하는 것을 마쳤습니다. 여러 대덕들께서 인정하신 것은 묵연하였던 까닭입니다. 나는 이와 같이 알고 이해하겠습니다.'"

그때 아이두(阿夷頭)55)라고 이름하는 비구가 있었는데, 법랍이 10년이

---

52) 팔리어 Khujjasobhita(쿠짜소비타)의 번역이다.
53) 팔리어 Vāsabhagāmika(바사바가미카)의 음사이다.
54) 팔리어 Sumana(수마나)의 음사이다.
55) 팔리어 Ajita(아지타)의 음사이다.

었고 승가의 설계하는 자가 되었다. 이때 승가는 비구 아이두를 뽑아서 여러 장로 비구들의 와구와 좌구를 분배하게 하였다. 이때 장로 비구들은 이렇게 사유하였다.

'우리들은 마땅히 어느 처소에서 이 쟁사를 소멸해야 하는가?'

이때 장로 비구들은 이렇게 사유하였다.

'이 바리가원(婆利迦園)[56]은 사랑스럽고 소음이 적다. 우리들은 마땅히 바리가원에서 이 쟁사를 소멸해야겠다.'

이때 장로 비구들은 이 쟁사를 소멸하고자 바리가원으로 갔다.

2-8 이때 장로 이바다는 승가에게 알려 말하였다.

"여러 대덕들께서는 허락하십시오. 만약 승가께서 때에 이르렀다면 나는 장로 일체거께 계율을 묻겠습니다."

장로 일체거는 승가에게 알려 말하였다.

"여러 대덕들께서는 허락하십시오. 만약 승가께서 때에 이르렀다면 나는 장로 이바다에게 계율을 대답하겠습니다."

이때 장로 이바다는 장로 일체거에게 물었다.

"대덕이여. 기중염정은 청정합니까?"

"장로여. 무엇이 기중염정입니까?"

"대덕이여. 소금을 그릇 속에 저장하고서 만약 소금이 없는 때에 그것을 먹는다면 청정합니까?"

"장로여. 부정합니다."

"어느 처소에서 금지하셨습니까?"

"사위성이고, 경분별(經分別)[57]에 있습니다."

"무슨 죄를 범합니까?"

"잔숙(殘宿)을 먹는 바일제입니다."

"여러 대덕들께서는 허락하십시오. 승가는 이 처소에서 첫째의 일을

---

56) 팔리어 Vālikārāma(바리카라마)의 음사이다.
57) 팔리어 suttavibhaṅga(수따비반가)의 번역이다.

판결하였습니다. 이 일은 삿된 법이고 삿된 율이며 스승의 가르침을 벗어났습니다. 이 처소에서 첫째의 산가지를 내려놓겠습니다."

"대덕이여. 양지정은 청정합니까?"

"장로여. 무엇이 양지정입니까?"

"대덕이여. 그림자가 2마디를 지나간 때가 아닌 때에 먹는다면 청정합니까?"

"장로여. 부정합니다."

"어느 처소에서 금지하셨습니까?"

"왕사성이고, 경분별에 있습니다."

"무슨 죄를 범합니까?"

"때가 아닌 때에 먹는 바일제입니다."

"여러 대덕들께서는 허락하십시오. 승가는 이 처소에서 둘째의 일을 판결하였습니다. 이 일은 삿된 법이고 삿된 율이며 스승의 가르침을 벗어났습니다. 이 처소에서 둘째의 산가지를 내려놓겠습니다."

"대덕이여. 근취락정은 청정합니까?"

"장로여. 무엇이 근취락정입니까?"

"대덕이여. 음식을 먹었는데, '장차 취락에 들어가겠다.'라고 생각하고 잔식이 아닌 것을 먹는다면 청정합니까?"

"장로여. 부정합니다."

"어느 처소에서 금지하셨습니까?"

"사위성이고, 경분별에 있습니다."

"무슨 죄를 범합니까?"

"때가 아닌 때에 먹는다면 바일제입니다."

"여러 대덕들께서는 허락하십시오. 승가는 이 처소에서 셋째의 일을 판결하였습니다. 이 일은 삿된 법이고 삿된 율이며 스승의 가르침을 벗어났습니다. 이 처소에서 둘째의 산가지를 내려놓겠습니다."

"대덕이여. 주처정은 청정합니까?"

"장로여. 무엇이 주처정입니까?"

"대덕이여. 동일한 경계의 많은 주처에서 각자 포살을 행한다면 청정합니까?"

"장로여. 부정합니다."

"어느 처소에서 금지하셨습니까?"

"왕사성과 관련된 포살입니다."

"무슨 죄를 범합니까?"

"계율을 범한 악작입니다."

"여러 대덕들께서는 허락하십시오. 승가는 이 처소에서 넷째의 일을 판결하였습니다. 이 일은 삿된 법이고 삿된 율이며 스승의 가르침을 벗어났습니다. 이 처소에서 넷째의 산가지를 내려놓겠습니다."

"대덕이여. 후청가정은 청정합니까?"

"장로여. 무엇이 후청가정입니까?"

"대덕이여. 별중이 갈마를 행하고, 만약 여러 비구들이 와서 듣는 것을 구한다면 청정합니까?"

"장로여. 부정합니다."

"어느 처소에서 금지하셨습니까?"

"첨파국(瞻波國)58)과 관련된 계율입니다."

"무슨 죄를 범합니까?"

"계율을 어긴 악작입니다."

"여러 대덕들께서는 허락하십시오. 승가는 이 처소에서 다섯째의 일을 판결하였습니다. 이 일은 삿된 법이고 삿된 율이며 스승의 가르침을 벗어났습니다. 이 처소에서 다섯째의 산가지를 내려놓겠습니다."

"대덕이여. 상법정은 청정합니까?"

"장로여. 무엇이 상법정입니까?"

"대덕이여. '나의 화상의 상법은 이것이고, 나의 아사리의 상법은 이것이다.'라고 말하면서 그것을 행한다면 청정합니까?"

---

58) 팔리어 Campa(참파)의 음사이다.

"장로여. 상법의 일부분은 청정하고, 일부분은 부정합니다."

"여러 대덕들께서는 허락하십시오. 승가는 이 처소에서 여섯째의 일을 판결하였습니다. 이 일은 삿된 법이고 삿된 율이며 스승의 가르침을 벗어났습니다. 이 처소에서 여섯째의 산가지를 내려놓겠습니다."

"대덕이여. 불각유정은 청정합니까?"

"장로여. 무엇이 불각유정입니까?"

"대덕이여. 이미 음식을 먹었는데, 우유가 아니고 낙도 아닌 우유이었으며, 잔식이 아니었는데, 먹는다면 청정합니까?"

"장로여. 부정합니다."

"어느 처소에서 금지하셨습니까?"

"사위성이고, 경분별에 있습니다."

"무슨 죄를 범합니까?"

"잔식이 아닌 것의 바일제입니다."

"여러 대덕들께서는 허락하십시오. 승가는 이 처소에서 일곱째의 일을 판결하였습니다. 이 일은 삿된 법이고 삿된 율이며 스승의 가르침을 벗어났습니다. 이 처소에서 일곱째의 산가지를 내려놓겠습니다."

"대덕이여. 음사루가주정은 청정합니까?"

"장로여. 무엇이 음사루가주정입니까?"

"대덕이여. 거르지 않는 곡주와 숙성되지 않는 과일주를 마신다면 청정합니까?"

"장로여. 부정합니다."

"어느 처소에서 금지하셨습니까?"

"구섬미국이고, 경분별에 있습니다."

"무슨 죄를 범합니까?"

"음주의 바일제입니다."

"여러 대덕들께서는 허락하십시오. 승가는 이 처소에서 여덟째의 일을 판결하였습니다. 이 일은 삿된 법이고 삿된 율이며 스승의 가르침을 벗어났습니다. 이 처소에서 여덟째의 산가지를 내려놓겠습니다."

"대덕이여. 무루변좌구정은 청정합니까?"
"장로여. 부정합니다."
"어느 처소에서 금지하셨습니까?"
"사위성이고, 경분별에 있습니다."
"무슨 죄를 범합니까?"
"절단(切斷)의 바일제입니다."
"여러 대덕들께서는 허락하십시오. 승가는 이 처소에서 아홉째의 일을 판결하였습니다. 이 일은 삿된 법이고 삿된 율이며 스승의 가르침을 벗어났습니다. 이 처소에서 아홉째의 산가지를 내려놓겠습니다."
"대덕이여. 금은정은 청정합니까?"
"장로여. 부정합니다."
"어느 처소에서 금지하셨습니까?"
"왕사성이고, 경분별에 있습니다."
"무슨 죄를 범합니까?"
"금·은을 받은 바일제입니다."
"여러 대덕들께서는 허락하십시오. 승가는 이 처소에서 아홉째의 일을 판결하였습니다. 이 일은 삿된 법이고 삿된 율이며 스승의 가르침을 벗어났습니다. 이 처소에서 아홉째의 산가지를 내려놓겠습니다."
"여러 대덕들께서는 허락하십시오. 승가는 이 10사를 판결하였습니다. 이 일은 삿된 법이고 삿된 율이며 스승의 가르침을 벗어났습니다."
"장로들이여. 이 쟁사는 이미 제거되었고, 이미 끝났으며, 이미 적정(寂靜)하고, 이미 잘 적정해졌습니다. 장로들이여. 그대들은 승가의 가운데에서 다시 나에게 10사를 물을 수 있고, 그 여러 비구들을 이해시키게 할 수 있습니다."
이때 장로 이바다는 승가의 가운데에서 이 10사를 장로 일체거에게 물었고, 장로 일체거는 묻는 것을 따라서 대답하였다.

2-9 이 율장을 결집하던 때에 7백의 비구들이 있었는데, 많지도 않았고,

역시 적지도 않았던 까닭으로 이 율장의 결집을 7백결집이라고 이름한다.

[쟁사의 판결을 마친다.]

○ **둘째의 송출품을 마친다.**

◎ 이 건도에는 25사(事)가 있느니라. 섭송으로 설하겠노라.

10사와 채운 것과 갈마와
따르는 반려와 들어가는 것과
네 가지와 금과 구섬미국과
파리읍과 수리와 승가사와

도로와 가나위사와 우담바라와
살한야국과 부른 것과
들은 것과 우리들의 누구와
발우와 배로 거슬러 갔던 것과

혼자와 주었던 것과 스승과
승가와 비사리와 자비와
승가와 판결과 갈마와 별주와

발생과 끝남과 소소한 계율과
처소와 분열과 의법과
포살과 비구니와
오백결집과 칠백 결집이 있다.

◉ 칠백결집건도를 마친다.

▣ 건도 소품을 마친다.

國譯 | 釋 普雲(宋法燁)

대한불교조계종 제2교구본사 용주사에서 출가하였고, 문학박사이다. 현재 대한불교조계종 교육아사리(계율)이고, 제방의 율원 등에도 출강하고 있다.

논저 | 논문으로「통합종단 이후 불교의례의 변천과 향후 과제」등 다수. 저술로『신편 승가의범』, 『승가의궤』가 있으며, 번역서로『팔리율』(Ⅰ·Ⅱ·Ⅲ), 『마하승기율』(상·중·하), 『십송율』(상·중·하), 『보살계본소』, 『근본설일체유부비나야』(상·하), 『근본설일체유부비나야약사』, 『근본설일체유부비나야파승사』, 『근본설일체유부비나야잡사』(상·하), 『근본설일체유부필추니비나야』, 『근본설일체유부백일갈마』외, 『안락집』(상·하) 등이 있다.

팔리율Ⅳ PALI VINAYA Ⅳ

釋 普雲 國譯

2023년 10월 30일 초판 1쇄 발행

펴낸이 · 오일주
펴낸곳 · 도서출판 혜안
등록번호 · 제22-471호
등록일자 · 1993년 7월 30일

주　소 · ㉾ 04052 서울시 마포구 와우산로 35길3(서교동) 102호
전　화 · 3141-3711~2 / 팩시밀리 · 3141-3710
E-Mail · hyeanpub@daum.net

ISBN 978-89-8494-704-7 93220

값 55,000 원